陈兴良作品集

篆刻：魏璟岳

陈兴良作品集 9

道外说道

陈兴良 著

北京大学出版社
PEKING UNIVERSITY PRESS

目　录

"陈兴良作品集"总序 …………………………………………… 001
前　言 …………………………………………………………… 001

一、著作序

1. 谢勇《法人犯罪学
　　——现代企业制度下的经济犯罪和超经济犯罪》序 ……… 003
2. 汤啸天、张滋生、叶国平、王建民《犯罪被害人学》序 …… 006
3. 周光权《刑法诸问题的新表述》序 ………………………… 008
4. 刘艳红《罪名研究》序 ……………………………………… 011
5. 张旭《国际刑法论要》序 …………………………………… 013
6. 邱兴隆《关于惩罚的哲学——刑罚根据论》代序
　　我所认识的邱兴隆：其人其事与其书 …………………… 015
7. 黄丁全《医事法》序 ………………………………………… 028
8. 周光权《法定刑研究》序 …………………………………… 031
9. 田宏杰《中国刑法现代化研究》序 ………………………… 033
10. 孙谦《逮捕论》序 …………………………………………… 037
11. 孙万胜《司法权的法理之维》序 …………………………… 041
12. 赵永琛《区域刑法论
　　　——国际刑法地区化的系统研究》序言 ………………… 044
13. 王丽《律师刑事责任比较研究》序 ………………………… 048
14. 刘树德《罪状建构论》序言 ………………………………… 051
15. 刘树德《宪政维度的刑法思考》序言 ……………………… 054
16. 徐岱《中国刑法近代化论纲》序 …………………………… 057
17. 邓子滨《刑事法中的推定》序 ……………………………… 061
18. 刘树德《绑架罪案解》序 …………………………………… 064
19. 北大法学院编《法学的诱惑
　　　——法律硕士论文写作优秀范例》序 …………………… 066

目　录　001

20. 李晓明《行政刑法学导论》序 …………………………… 070
21. 郭明《学术转型与话语重构
    ——走向监狱学研究的新视域》序言 ………………… 073
22. 许道敏《民权刑法论》序 ………………………………… 075
23. 付立庆《法治的脸谱》序 ………………………………… 080
24. 蔡道通《刑事法治：理论诠释与实践话语》序 ………… 083
25. 严励《反思与重构：中国基本刑事政策研究》序 ……… 087
26. 冀祥德《婚内强奸问题研究》序 ………………………… 091
27. 文盛堂《反职务犯罪论略》序 …………………………… 094
28. 黄兴瑞《人身危险性的评估与控制》序 ………………… 098
29. 汪明亮《严打的理性评价》序 …………………………… 102
30. 陈东升《赦免制度研究》序 ……………………………… 106
31. 卢宇蓉《加重构成犯罪研究》序 ………………………… 110
32. 蒋熙辉《单位犯罪刑事责任探究与认定》序 …………… 113
33. 王志远《犯罪成立理论原理——前序性研究》序 ……… 116
34. 杜宇《重拾一种被放逐的知识传统
    ——刑法视域中"习惯法"的初步考察》序 ………… 119
35. 王越飞《法官的使命》序 ………………………………… 126
36. 王文生《强奸罪判解研究》序 …………………………… 129
37. 林维《刑法解释的权力分析》序 ………………………… 132
38. 周长军《刑事裁量权论——在划一性与个别化之间》序 … 138
39. 文海林《刑法科学主义初论》序 ………………………… 141
40. 陈云龙主编《检察基础理论前沿问题研究》序 ………… 144
41. 于洪伟《违法性认识理论研究》序 ……………………… 147
42. 栾莉《刑法作为义务论》序 ……………………………… 149
43. 储槐植《刑事一体化论要》导读
    老而弥新：储槐植教授学术印象 ……………………… 152
44. 冯宾《中国律师的第二次飞跃：
    以律师法修改为契机》序 ……………………………… 170
45. 于志刚《论犯罪的价值》序 ……………………………… 173

46. 周少华《刑法理性与规范技术
    ——刑法功能发生机理》序 …………………………… 178
47. 黄祥青《刑法适用疑难破解》序 …………………………… 182
48. 姜伟《罪过形式论》序 …………………………………… 185
49. 王政勋《刑法的正当性》序 ……………………………… 190
50. 王明辉《复行为犯研究》序 ……………………………… 193
51. 匡科《刑上大夫
    ——治理腐败与刑事司法制度的演进》序 ……………… 196
52. 张晶《走向启蒙——基于监狱·矫正的视角》序 ……… 199
53. 劳东燕《刑法基础的理论展开》序 ……………………… 202
54. 曲新久《刑法的逻辑与经验》序 ………………………… 206
55. 付立庆《主观违法要素理论
    ——以目的犯为中心的展开》序 ………………………… 211
56. 吴旭《超越惩罚与规训
    ——犯罪人人格完善与多元社会主体参与行刑》序 …… 215
57. 蒋熙辉、郭理蓉、马冬梅、方文军《刑事政策之反思与
    改进》序 …………………………………………………… 218
58. 钱列阳《道与术》序 ……………………………………… 221
59. 韩忠谟《刑法原理》序 …………………………………… 224
60. 金星《诱惑侦查论》序 …………………………………… 229
61. 曾明生《刑法目的论》序 ………………………………… 232
62. 邓子滨《中国实质刑法观批判》序 ……………………… 236
63. 李卫红《刑事政策学》序 ………………………………… 248
64. 孙运梁《福柯刑事法思想研究
    ——监狱、刑罚、犯罪、刑法知识的权力分析》序 …… 251
65. 沈海平《寻求有效率的惩罚
    ——对犯罪刑罚问题的经济分析》序 …………………… 254
66. 古丽阿扎提·吐尔逊《中亚恐怖主义犯罪研究》序 …… 257
67. 赵颖《当代中国黑社会性质组织犯罪分析》序 ………… 260
68. 于爱荣《四维矫正激励
    ——基于未成年犯的视角》序 …………………………… 263

69. 刘树德《法政界面的刑法思考》序 …………………………… 266
70. 刘树德、喻海松《规则如何提炼：
    中国刑事案例指导制度的实践》序 …………………………… 269
71. 赵运恒、娄秋琴《从政警示：
    国家公务人员不可忽视的66种刑事法律风险》序 ……… 274
72. 马柏伟主编《罪名例解选读
    ——工商机关执法办案参阅手册》序 ………………………… 277
73. 劳东燕《罪刑法定本土化的法治叙事》序 …………………… 280
74. 江溯《犯罪参与体系研究：
    以单一正犯体系为视角》序 …………………………………… 284
75. 何庆仁《义务犯研究》序 …………………………………………… 288
76. 刘沛谞《宽严相济刑事政策研究》序 …………………………… 291
77. 王飞跃《刑法中的累计处罚制度》序 …………………………… 294
78. 王顺义《学科的秩序
    ——关于检察理论体系的一些基本问题》序 ……………… 298
79. 陈璇《刑法中的社会相当性理论研究》序 …………………… 301
80. 刘仁文《刑法的结构与视野》序 ………………………………… 307
81. 陈伟《人身危险性研究》序 ………………………………………… 311
82. 黄丁全《刑事责任能力的构造与判断》序 …………………… 314
83. 周振想《刑事法治的反思与实践——周振想文集》序 …… 318
84. 方鹏《出罪事由的体系和理论》序 ……………………………… 324
85. 蒋熙辉《公司犯罪刑事责任问题研究》序 …………………… 329
86. 张苏《量刑根据与责任主义》序 ………………………………… 332
87. 王俊《犯罪论的核心问题》序 …………………………………… 336
88. 古丽阿扎提·吐尔逊、阿地力江·阿布来提
    《中亚跨国犯罪问题研究》序 ………………………………… 342
89. 吴情树《法律的断章》序 ………………………………………… 346
90. 茅仲华《刑罚代价论》序 ………………………………………… 350
91. 但未丽编《草木有本心
    ——王作富学术人生自述与侧记》序 ………………………… 354
92. 文姬《人身危险性评估方法研究》序 ………………………… 356

93. 刘树德《实践刑法学讲义:刑法关键词》序 …… 361
94. 邹志刚编《罪名认定及办案期限一览表》序 …… 365
95. 项明《逐日——项明检察长司法理念及实践集萃》序 …… 368
96. 蔡桂生《构成要件论》序 …… 377
97. 王发旭《有效辩护之道:
　　王发旭律师无罪辩护策略案例选》序 …… 382
98. 王政勋《刑法解释的语言论研究》序 …… 388
99. 丁胜明《正当化事由的事实前提错误
　　——基于故意论的系统思考的研究》序 …… 393
100. 刘艳红主编《财产犯研究》序 …… 397
101. 林金文主编《毒品犯罪案件证据认定的理论与实务》序 …… 401
102. 姜金兵《现代监狱创制——江苏模式详解》序 …… 404
103. 邓子滨《中国实质刑法观批判》(第二版)序 …… 408
104. 车浩《阶层犯罪论的构造》序 …… 413
105. 车浩《刑法教义的本土形塑》序 …… 419
106. 于佳佳《医疗过失犯罪的比较法研究》推荐序 …… 425
107. 于改之主编《刑法知识的更新与增长
　　——西原春夫教授90华诞祝贺文集》序 …… 429
108. 王彦强《犯罪成立罪量因素研究》序 …… 432
109. 王复春《不能犯未遂的规范论研究》序 …… 437
110. 李波《过失犯中的规范保护目的理论研究》序 …… 441
111. 何志辉《澳门刑事法:制度源流与文本分析》序 …… 445
112. 葛磊《犯罪控制策略研究——以刑罚变革为背景》序 …… 449
113. 彭文华《刑法第13条但书与刑事制裁的界限》序 …… 453
114. 陈璇《正当防卫:理念、学说与判例》序 …… 457
115. 江溯主编《德国判例刑法(总则)》序 …… 465

二、丛书序

1. "北京大学刑法学博士文库"总序 …… 473
2. 北京大学法学院编"北大法学文存"(五卷本)序 …… 475
3. 王明、李振奇、谭京生主编"刑事名案精析系列丛书"序 …… 477

4. 梁根林"刑事政策研究系列"序 …………………… 480
5. "全国中青年刑法学者专题研讨会文集"丛书总序 ………… 484
6. "司法法学文丛"序 …………………………………… 488
7. 于爱荣主编"21世纪监狱管理创新丛书"总序 ………… 492
8. "台湾法学研究精要丛书"序 ………………………… 496
9. 王牧主编"中国犯罪学研究30年综述丛书"序 ………… 499
10. 梁根林主编"当代刑法思潮论坛"序 ………………… 501
11. 金赛波主编"金融犯罪法律实务丛书"序 …………… 505
12. "司法实务培训丛书"序 ……………………………… 508

三、中译本序

1. 〔美〕博西格诺著,邓子滨译《法律之门》中译本序 …… 513
2. "刑事法学译丛"总序 ………………………………… 516
3. 〔日〕山口厚著,付立庆、刘隽译《从新判例看
   刑法》中译本序 ……………………………………… 518
4. 〔美〕乔治·弗莱彻著,邓子滨译《反思刑法》中译本序 …… 522
5. 〔日〕山口厚著,付立庆译《刑法总论》中译本序 ……… 526
6. 〔日〕山口厚著,王昭武译《刑法各论》中译本序 ……… 531
7. 〔日〕高桥则夫著,戴波、李世阳译《规范论与刑法
   解释论》中译本序 …………………………………… 538
8. 〔美〕琼·比斯丘皮克著,方鹏、吕亚萍译《改变美国
   联邦最高法院:大法官奥康纳传》中译本序 ………… 544
9. 〔德〕乌尔里希·齐白著,周遵友、江溯等译《全球风险与信息
   社会中的刑法:二十一世纪刑法模式的转换》中译本序 … 547
10. 〔德〕克劳斯·罗克辛著,蔡桂生、何庆仁译《德国
    最高法院判例选辑:刑法总论》中译本序 …………… 552
11. 〔日〕佐伯仁志、道垣内弘人著,于改之、
    张小宁译《刑法与民法的对话》中译本序 ………… 561
12. 〔德〕乌尔斯·金德霍伊泽尔著,蔡桂生译《刑法总
    论教科书(第六版)》中译本序 ……………………… 565

13. 〔德〕埃里克·希尔根多夫著,江溯、黄笑岩等译
    《德国刑法学:传统与现代》中译本序 …………………… 569
14. 林维主编《最高法院如何掌控死刑
    ——美国联邦最高法院死刑判例经典选编》中译本序 …… 574
15. 〔日〕西田典之著,江溯、李世阳译《共犯理论的
    展开》中译本序 …………………………………………… 578
16. 〔日〕佐伯仁志著,丁胜明译《制裁论》中译本序 ………… 583
17. 甘添贵总主编、林东茂主编《德国刑法翻译与解析》,
    甘添贵总主编、余振华主编《日本刑法翻译与解析》序 …… 588
18. 〔日〕山口厚著,付立庆译《刑法总论(第3版)》
    中译本序 …………………………………………………… 590
19. 〔德〕埃里克·希尔根多夫主编,何庆仁、王莹、徐凌波、
    梁奉壮译《德语区刑法学的自画像》中译本序 …………… 593
20. 〔日〕高桥则夫著,李世阳译《刑法总论》中译本序 ……… 596

四、其他序跋

1. 理灵《女检察官手记》序 ……………………………………… 603
2. 孙顺林《古新集》跋 …………………………………………… 606
3. 王志建《古城月色》序 ………………………………………… 610
4. 陈东升《浙江法治十年观察》序 ……………………………… 612
5. 鲁佳《美国法学院也有诗与远方》序 ………………………… 616
6. 李建平《在水一方》摄影集序 ………………………………… 622

"陈兴良作品集"总序

"陈兴良作品集"是我继在中国人民大学出版社出版"陈兴良刑法学"以后,在北京大学出版社出版的一套文集。如果说,"陈兴良刑法学"是我个人刑法专著的集大成;那么,"陈兴良作品集"就是我个人专著以外的其他作品的汇集。收入"陈兴良作品集"的作品有以下十部:

1. 自选集:《走向哲学的刑法学》
2. 自选集:《走向规范的刑法学》
3. 自选集:《走向教义的刑法学》
4. 随笔集:《刑法的启蒙》
5. 讲演集:《刑法的格物》
6. 讲演集:《刑法的致知》
7. 序跋集:《法外说法》
8. 序跋集:《书外说书》
9. 序跋集:《道外说道》
10. 备忘录:《立此存照——高尚挪用资金案侧记》

以上"陈兴良作品集",可以分为五类十种:

第一,自选集。自1984年发表第一篇学术论文以来,我陆续在各种刊物发表了数百篇论文。这些论文是我研究成果的基本载体,具有不同于专著的特征。1999年和2008年我在法律出版社出版了两本论文集,这次经过充实和调整,将自选集编为三卷:第一卷是《走向哲学的刑法学》,第二卷是《走向规范的刑法学》,第三卷是《走向教义的刑法学》。这三卷自选集的书名正好标示了我在刑法学研究过程中所走过的三个阶段,因而具有纪念意义。

第二,随笔集。1997年我在法律出版社出版了《刑法的启蒙》一书,这是一部叙述西方刑法学演变历史的随笔集。该书以刑法人物为单元,以这些刑法人物的刑法思想为线索,勾画出近代刑法思想和学术学派的发展历史,对于宏观地把握整个刑法理论的形成和演变具有参考价值。该书采用了随笔的手法,不似高头讲章那么难懂,而是娓娓道来亲近读者,具有相当的可读性。

第三,讲演集。讲演活动是授课活动的补充,也是学术活动的一部分。在授课之余,我亦在其他院校和司法机关举办了各种讲演活动。这些讲演内容虽然具有即逝性,但文字整理稿却可以长久地保存。2008年我在法律出版社出版了讲演集《刑法的格致》,这次增补了内容,将讲演集编为两卷:第一卷是《刑法的格物》,第二卷是《刑法的致知》。其中,第一卷《刑法的格物》的内容集中在刑法理念和制度,侧重于刑法的实践;第二卷《刑法的致知》的内容则聚焦在刑法学术和学说,侧重于刑法的理论。

第四,序跋集。序跋是写作的副产品,当然,为他人著述所写的序跋则无疑是一种意外的收获。2004年我在法律出版社出版了两卷序跋集,即《法外说法》和《书外说书》。现在,这两卷已经容纳不下所有序跋的文字,因而这次将序跋集编为三卷:第一卷是《法外说法》,主要是本人著作的序跋集;第二卷是《书外说书》,主要是主编著作的序跋集;第三卷是《道外说道》,主要是他人著作的序跋集。序跋集累积下来,居然达到了一百多万字,成为我个人作品中颇具特色的内容。

第五,备忘录。2014年我在北京大学出版社出版了《立此存照——高尚挪用资金案侧记》一书,这是一部以个案为内容的记叙性的作品,具有备忘录的性质。该书出版以后,高尚挪用资金案进入再审,又有了进展。这次收入"陈兴良作品集"增补了有关内容,使该书以一种更为完整的面貌存世,以备不忘。可以说,该书具有十分独特的意义,对此我敝帚自珍。

"陈兴良作品集"的出版得到北京大学出版社蒋浩副总编的大力支持,收入作品集的大多数著作都是蒋浩先生在法律出版社任职期间策划出版的,现在又以作品集的形式出版,对蒋浩先生付出的辛勤劳动深表谢意。同时,我还要对北京大学出版社各位编辑的负责认真的工作态度表示感谢。

是为序。

陈兴良
2017年12月20日
谨识于北京海淀锦秋知春寓所

前 言

2004年我在法律出版社出版了两部序跋集,这就是《法外说法》和《书外说书》。其中,《法外说法》分为自序、他序和自跋三部分,《书外说书》收录的则是我主编著作的序。转眼之间,十多年过去了,序跋又写了不少,尤其是为他人著作所写的序跋数量超过为自己著作写的序跋。当然,这也正常。因为自己的著作总是有限的,而为他人写序的机会更多。为此,着手续编序跋集。经过初步整理归拢,这些序跋的总字数居然达到一百二十多万,这个数字也吓了我自己一大跳。这些序跋大多数是近十年来写的,日积月累,字数可观,将这些序跋加以编纂,形成目前三卷本的规模,成为我的著述中最具特色的作品。

序跋集的第一卷《法外说法》,保留了自序和自跋的内容,将他序分离出去单独成书。自序和自跋是为本人著作所写的序跋,之所以能够单独成书,主要是因为某些著作经常再版或者重印。因此,一部著作往往会有多篇不同的序跋。对于我来说,序跋是著作不可分割的组成部分,我对此十分重视,同时也有较大的写作兴趣。如果说,著作的正文是"内";那么,序跋就是"外"。因此,在写序跋的时候,可以跳出著作的框架,兴之所至,随心所欲,表达一些自己的感想。因此,正文的写作和序跋的写作是两种完全不同的心情和风格。在自序中,自己较为满意的是《刑法哲学》(再版)前言,这是一篇短序,其中一段话表达了当时我的心情:"钱钟书先生曾言:'大抵学问是荒江野老屋中,二三素心人商量培养之事。'如此说来,做学问难免要坐冷板凳,不甘寂寞难以成就大学问。在当前世俗社会里,学问显得不合时宜,甚至成为一种奢侈。尽管如此,潜心向学仍是我的不渝之志。"这篇前言写于1996年年初,当时的学术气氛比较压抑,个人也有际遇窒碍之感,这才有利用《刑法哲学》一书重印写序的机会,略抒胸臆。在自跋中,自己较为满意的是《刑法的价值构造》的后记,其中有段话是为我所孜孜追求的形式美所作的辩护:"在本书中,我一如既往地追求体系结构的形式美,但愿它不致对思想内容的阐述与表达造成太大的妨害。其实,书和人一样,都是有一定风格的,一般来说是文如其人,思想风格应当与文章风格求得契合与一致。在我看来,正如存在工笔与写意这两种风格迥异的绘画形式,在学术著作中也存在这种风格上的差异。以往,我们一般在艺术中讲究流派与风格,例如诗的豪放与婉约等。而在学术理论中则注重思想内容的科学性,忽视表现形式的完美性,这不能不说是一种遗憾。把时间往回推移到18世纪,康德与黑格尔的著作尽管语言晦涩令人无法卒读(也许是翻译上的原因),思想深刻使人难以理解(也许是水平上的问题)。但对于读懂读通的人来说,其阅读快感又岂能用语言来表达!这种阅读快感来自他们对真理的无限信仰与崇敬,以及惊叹于其思想体系的高度完美性。毫无疑问,还有其语言表达的精辟性。当头顶的灿烂星空与心中的道德律令引起康德敬畏之情的时候,我们能不为这种敬畏而敬畏么?当黑格尔预言密涅瓦的猫头鹰要等待黄昏到来才会起飞的时候,我们能不为这种等待而等待么?而在当今的学术理论中,风格形式上的无个性化与八股文化绝不比思想内容上的陈旧性与呆板性的程度更轻一些。因此,我们在呼唤观点上的突破的同时,也应当为形式上的创新而呐喊。"这些文字虽然都是随意之笔,但确实也表达了我的某些对于学术著述的美学追求。除了这些文字以外,还有些序跋其实可以视为著作的一部分,这就是以代序或者代跋的形式创作的序跋,这些序跋本身就是一篇可以单独成文的文章或者论文。例如,《法外说法》中收录的《刑法疏议》一书的代跋,这篇代跋有个副标题,这就是:"法的解释与解释的法"。这篇代跋全文共计一万五千字,相当于一篇论文。《刑法疏议》是1997年《刑法》颁布之后,我对刑法的逐编、逐章、逐节、逐条、逐款、逐项的解释。当然,这是一部速朽的著作。在我所有的著作中,只有这部著作至今没有修订再版,因为刑法立法和司法解释发展太快,已经完全没有修订再版的必要。因此,该书唯一留下值得珍惜的也就是这篇代跋。应该说,这篇代跋并不是先有论文然后充当代跋,而确实是在正文完成以后专门撰写,一气呵成,未作修改。代跋完成以后我对其中内容略加整理,成为一篇论文,以《法的解释与解释的法》为题发表在《法律科学》1997年第4期。这篇代跋是我从刑法的形而上的哲学研究向刑法的解释学,也就是现在所说的教义学转向的标志,可以说,在我的刑法学术生涯中具有"节点"的性质。这篇代跋留下了撰写时间:1997年3月21日,这也正是我四十周岁的生日。1997年《刑法》是1997年3月14日通过颁布的,而我在此时点之前已经根据刑法修订草案完成了《刑法疏议》一书的写作,《刑法》颁布以后,根据正式文本对书稿进行修改。因此,《刑法》颁布一周以后,《刑法疏议》一书就定稿了,这才有3月21日代跋的写作。现在翻阅这些文字,重新回顾这段经历,令人感慨万分。除此以外,我为《刑法的启蒙》一书撰写的代跋——"缅怀片面",也是较有特色并引起了反响的。《刑法的启蒙》同样写作于1997年,只不过完成于盛夏。这部著作是蒋浩的约稿,以学术随笔的名义来写的,介绍了十位西方刑法思想史上的刑法人物。当这部书完成的时候,我对西方刑法思想史有了一个概括的认知,归纳为四个字,这就是"缅怀片面"。虽然这只是简短的议论,但也给人留下较深的印象。

序跋集的第二卷《书外说书》,收录的是我主编著作的序跋,是在第一版的基础上增添内容而成的,也可以说是一种续编。在我的学术生涯中,主编占了较大的精力和较多的时间。学术著作的主编,也许是具有中国特色的一种学术活动。主编不限于教科书,还包括各种大型著作。应该说,诸如法律评注或者法律词典之类的鸿篇巨制,个人力量难以企及,采取主编制,集众人之力量,采众人之智慧,具有合理性。但一般的论著也采取主编的方法,确实不太合乎学术研究的规律。因为,文科不同于理工科,学术研究具有个体性,写作更应当是个人的智力活动。不过,在中国学术恢复重建的特殊历史时期,主编制的写作方法还是盛行一时。我亦未能免俗,主编了一些著作。这些著作应一时之需,还是能够发挥一些作用的。其实,主编本身也是一件难活,要把不同知识程度、不同背景的作者组织起来,按时完成写作任务,并且统稿成书,都是十分麻烦的。在我主编的著作中,印象比较深刻的是两套丛书:第一套是中国检察出版社出版的三本系列著作,这就是《中国死刑检讨——以"枪下留人案"为视角》《中国刑事司法解释检讨——以奸淫幼女案司法解释为视角》和《中国刑事政策检讨——以"严打"刑事政策为视角》;第二套是法律出版社出版的三本系列著作,这就是《法治的使命》《法治的界面》和《法治的言说》。这些著作都是讲座或者讲演等学术活动的副产品,参与人数众多,讨论热点问题,因此具有较大的社会影响力。当然,这些著作也同样具有一定的时效性。值得说明的是,这些著作虽然是我主编的,但我的学生都有深度参与,成为这些著作的重要创作者。在《书外说书》中,《刑事法评论》的主编絮语和《刑事法判解》的卷首语占据了较大篇幅。《刑事法评论》从

1997年创刊,到2017年,正好20周年,总共出版了40卷。从第一卷开始,每一卷我都撰写主编絮语,对各卷收录的论文逐篇进行介绍,由此形成惯例。《刑事法判解》是1999年创刊的,编辑宗旨不同于《刑事法评论》,它更注重司法的实务性。《刑事法判解》的出版虽然命运多舛,但至今仍然正常出版。担任这两个连续出版物的主编,是我从事刑法学术活动的一个主要组成部分,它为年轻学者发表论文提供了园地,而且也确实发表了大量年轻作者的优秀作品。在主编絮语和卷首语中,对此作了介绍,也成为推出年轻学者的重要举措。现在,这些文字编入《书外说书》,对我来说是一种留念和纪念。

序跋集的第三卷《道外说道》,收录的是为他人著作撰写的序跋,因为这部分内容较多,所以从《法外说法》中独立出来单独成书。道外说道的"道",是道理的"道",也是作为法之理的"道"。我之为他人写序,这里的他人,绝大多数是青年学者,写序同时亦有推荐之意。事实上,当我自己刚进入学术圈的时候,出版著作也往往需要老一辈学者写序,唯有如此,出版社才能接受出版。据我所知,某些书序是求序人所自撰,作序人只是进行个别文字修改。这些名为他序实为自序,其内容是枯燥的,没有趣味的。当然,这种现象现在已经减少了。就我而言,只要答应作序,都要先阅读书稿然后动笔写序。现在网络发达,书稿的电子版很容易发送,这也为写序前阅稿带来极大的便利。收入《道外说道》一书的他序分为四个部分:第一部分是为他人著作写的序,这部分序涉及的著作达到100多部,其中博士论文居多。著作是作者对本学科某些重要专题的深入研究的学术成果,因此也称为专著。对于学者来说,专著是其学术成果的最重要载体,因而受到高度重视。一位学者在其一生中可以发表数量较多的论文,但出版著作的数量则是有限的。现在,真正有水平的著作往往都是博士论文,教授撰写的著作反而较为少见了。因此,为这些著作写序对于我来说也是一件幸事。我是抱着认真的态度写这些序的。在序中,除了对著作的评价性文字以外,还包括本人对相关论题的见解等,可以直抒胸臆。在这些序中,我为邱兴隆写的代序值得一提。基于对邱兴隆的了解与理解,从知人论世的古训出发,对邱兴隆的传奇一生作了描述,结果写成了一篇人物传记。当然我对大多数求序人并没有像对邱兴隆这样了解,有些求序人甚至并不认识。有些求序人不仅写序前不认识,即使在写完序以后也没有见过面。写完序以后,出版遥遥无期的也有,有的人书出版了以后甚至没有想到给我寄一本。对此,我都能够淡然面对。第二部分是丛书序,这是为他人主编或者出版社编辑的各类丛书所写的序,但不包括我本人主编的丛书。第三部分是中译本序。近些年来,随着我国对外开放,越来越多其他国家的优秀著作被翻译介绍进来。这些译者中,有相当一部分是我的学生。为此,我有机会为这些中译本写序。在这些国外作者中,不乏世界著名的刑法学家。例如,德国的罗克辛教授,日本的西田典之教授、山口厚教授等。其中,尤其要提到西田典之教授,为中日刑事法交流作出了重要的贡献,也与我结下了深厚的友情。为了我的《刑法的知识转型(学术史)》一书的日译本能够顺利在日本出版,西田典之教授竭力向出版社推荐,并承诺支付出版费用等,使我十分感动。当我获悉我的学生江溯和李世阳共同翻译西田典之教授的代表作《共犯理论的展开》的时候,感到十分高兴,并受邀于2012年10月22日完成了序的写作。然而,翻译和出版的过程十分漫长。在此期间,西田典之教授不幸于2013年6月14日因病去世,因而在生前未能见到该书中译本的出版,这是令人遗憾的。为此,我主编的《刑事法评论》(第33卷)专门开辟了悼念西田典之教授的专栏,同时也发表了我为西田典之教授上述著作撰写的序,以此作为纪念。及至2017年西田典之教授的著作才在中国法制出版社正式出版,成为对西田典之教授的在天之灵最好的慰藉。第四部分是其他序跋,这是最有特色的内容,是为非刑法著作撰写的序跋,其中包括散文、诗词、摄影集等类别。这些作者大都是我的至交故友,为之写序义不容辞。其中,为高中同学李建平的摄影集撰写的序,回忆了我与李建平交集的一段学习、工作和生活的经历,如同撰写自己的回忆录,令人难忘。

在某种意义上,我是把序当作一种写作题材对待的,尤其是为他人写序,虽然是为他人作嫁衣裳,但借此平台,述说自己的感想与情怀,也不失为一种言说的方式。现在这些序跋能够结集出版,我最想感谢的是蒋浩先生。2004年蒋浩先生在法律出版社任职,约我出版了两卷本的序跋集。现在,蒋浩先生又大力支持我将序跋集编成三卷本,对此深表谢意。

序是一部著作的开篇,而跋是一部著作的完结。人生正如一部书,也会有开端与终结,我们都在人生的征途中艰难跋涉。阅读一部著作,也是阅读作者的人生。因此,反过来说,书也如同人生。人与书的这种相似性,使得我们在书写著作的同时,也是在书写人生的篇章。在这个意义上说,序跋集也是我的人生传记。从序跋集中不仅可以看到他人的人生,也可以看到自己的人生。

是为前言。

陈兴良
谨识于北京海淀锦秋知春寓所
2019 年 11 月 3 日

一、著作序

1. 谢勇《法人犯罪学——现代企业制度下的经济犯罪和超经济犯罪》[①]序

　　法人作为法律关系的主体,是相对于自然人而言的。法人制度起源于古罗马法,然而法人制度的兴盛与发达却是近代工业革命的产物。[②] 法人自从其产生之日起,就存在一个犯罪问题。随着法人数量的不断增加,其社会地位的日益提高,法人犯罪越来越成为困扰现代社会的一个问题。在这种情况下,法人由民法进入刑法调整的范围,无论是英美法系还是大陆法系,在立法上确认法人犯罪已经成为法律事实。

　　刑法确认法人犯罪是法人犯罪学的逻辑起点,它同时向我们提出了一个严肃而重大的问题:如何从理论上解释法人犯罪现象?谢勇同志的新著《法人犯罪学——现代企业制度下的经济犯罪和超经济犯罪》为我们提供了一种理论解释——不仅仅是犯罪学,而且是社会学的解释。以往法人犯罪研究的著述,大多未能将法人犯罪置于社会的广阔视野中去透析,因而现象罗列有余,理性分析不足。而谢勇同志的《法人犯罪学——现代企业制度下的经济犯罪和超经济犯罪》一书以将近一半的篇幅论述从个人主义社会到法人社会的变迁,以此为背景来理解和把握法人犯罪的本质,并由此提出通过完善现代企业制度、健全法人社会来控制法人犯罪现象,达到了相当的理论深度,反映出一个青年学者的理性洞察力。

　　在18世纪的西方社会,个人主义的法律思想极为盛行,认为法人制度足以约束个人自由,妨害社会的进步。于是这一时期的法律思想,除了个人之外,只承认国家存在,还有些学者如卢梭甚至认为,国家也是由于个人的契约而成立的。所以,介于个人与国家之间的团体,不问其目的如

　　[①]　谢勇:《法人犯罪学——现代企业制度下的经济犯罪和超经济犯罪》,湖南出版社1995年版。
　　[②]　参见马俊驹:《法人制度通论》,武汉大学出版社1988年版,第20页。

何,应予禁止。① 根据这种社会设计,个人与国家直接发生联系,公民个人之间通过订立社会契约建立国家,国家根据社会契约行使对社会的管理职能。而法人团体的存在,割断了个人与国家的这种直接联系,既妨害了个人自由,又影响了国家权力对公民个人的直接作用力,因而法人团体的社会存在价值曾一度遭到否定。随着大规模的现代化生产的发展,法人已成为现实经济的实际需要,只有法人才能适应生产社会化的客观需要。在这种情况下,团体主义的法律思想开始流行,法人作为个人之间的联合体,成为联结个人与国家的中介。在经济生活,甚至在社会生活中,国家面临的不再仅仅是以个体为单位的自然人,而且大量的是法人。法人的迅速发展造成了对社会市场的垄断,如果法人对自己的力量滥加使用,则会不可避免地对社会产生消极的破坏作用。因而,国家对法人行为的刑事干预就成为必要。只有从法人社会的这一背景出发,我们才能理性地把握法人在现代社会生活中的意义,并为分析法人犯罪现象奠定基础。在中国传统社会,家国一体,血缘宗法关系成为社会关系的纽带,家庭曾经在社会生活中发挥重大的作用。中华人民共和国成立以来,在高度集中统一的计划经济体制之下,贯彻以国家利益为中心的社会本位原则,个人利益受到漠视,企业成为国家的附庸,社会面貌呆板,极大地阻碍了社会发展。在经济体制改革以后,在农村推行以家庭为主的联产承包责任制,家庭又重新成为基本的生产单位,也因此具有了一定的独立意义。在城市实行简政放权、政企分离,引入法人制度,在一定程度上搞活了经济。随着市场经济的进一步发展,法人作为独立的经济主体,在社会生活中发挥着越来越重要的作用。法人特殊利益的确认,对法人的自律提出了更高的要求。由于我国当前市场经济的法律秩序尚不健全,因而法人犯罪现象大量发生。面对法人犯罪的"浪潮",我们应当具有理性的态度,这种理性态度正是建立在对法人犯罪的科学解释的基础之上的。对法人犯罪的解释是犯罪学面临的一个新问题。因为传统犯罪学是以自然人犯罪为研究对象的,这种理论显然难以完全适用于法人犯罪。正如美国学者克林纳德和耶格尔指出的,即使法律把法人视为无形的人,法人的不法行为也不能在适用于个人的越轨行为和犯罪行为的理论结构中进行充分研

---

① 参见顾肖荣、林建华:《法人犯罪概论》,上海远东出版社1992年版,第68页。

究。相反,要理解法人的不法行为,首先就要停止把法人类推为人的做法,而按照法人的本来面目,即一个复杂的组织,来分析法人的行为。① 应该说,谢勇同志的新著在运用社会组织理论分析法人犯罪方面,作出了具有开拓性的贡献,从而使我们对法人犯罪现象的认识与理解达到了一个更高的水平。尤其是作者通过对法人犯罪的分析,提出走向成熟的法人社会的构想,远远超出了法人犯罪学的狭窄范围,实现了社会认知上的更大飞跃。

我与谢勇同志交往的时间不长,但思想上与理论上的契合却难以用时间来衡量。谢勇同志在硕士生期间受过社会学的专业训练,由此知识背景进入法学领域,专门从事犯罪学的理论研究,充分发挥了其社会学的知识专长,从而在推进犯罪学学科理论方面建树卓然。我相信,读过本书的人对此都会留下深刻的印象。我以从事刑法理论研究为主,由于犯罪学尚未建立严密的专业槽,我偶尔也伸过头去吃上几口。但愿在不远的将来,经过像谢勇这样一些犯罪学研究者不懈的努力,犯罪学可以建构起严密的专业槽,我虽被拒之槽外,心亦甘矣。

承蒙谢勇同志不弃,邀我为本书作序,聊发以上感想,是为序。

陈兴良
谨识于北京塔院迎春园寓所
1995 年 6 月 10 日

---

① 参见〔美〕马歇尔·克林纳德、彼得·耶格尔:《法人犯罪——美国大公司内幕》,何秉松等译,中国广播电视出版社 1992 年版,第 55 页。

2. 汤啸天、张滋生、叶国平、王建民《犯罪被害人学》[①]序

被害人学(victimolvgie),又称为犯罪被害人学或刑事被害人学,是一门以被害人为研究对象的学科。对被害人的研究,起始于犯罪学的研究。犯罪学的创立是以意大利著名学者龙勃罗梭发表《犯罪人论》一书为标志的。因此,早期的犯罪学研究的理论视野始终局限在犯罪人身上。实际上,犯罪人作为加害人与被害人是相依存的:没有加害就没有被害,反之亦然。由此可见,犯罪与被害之间具有某种互动性。20世纪20年代,德国律师本杰明·门德尔松(Benzamin Mendelsohn)发表了《论被害人的人格》一文,首开被害人学的先河。门德尔松提出了"被害性"(victimity)这一静态概念,即其所谓"概括各类被害人的特定共同现象的一般概念,而不问其被害原因如何",旨在寻求作为犯罪被害人共性的生理、心理和社会特征。此后,德国学者汉斯·冯·亨蒂格(Hans Von Hentig)又于1949年出版了被害人研究专著《犯罪人及其被害人》一书。在该书中,亨蒂格不是简单地将犯罪和被害看作一个绝对静态的概念,相反,将犯罪(即正在成为罪犯)和被害(即正在成为被害人)置于社会互动过程中来加以研究,由此进一步推动与深化了被害人学的研究。1956年门德尔松又发表了《被害人学——生理、心理、社会学的一门新学科》一文,主张把被害人的研究从犯罪学中分离出来,将其体系化、学科化,与刑法学、犯罪学并列而成为一门独立的学科。迄今为止,尽管在被害人学与犯罪学的关系上还存在不同认识:一些学者将被害人学研究归入犯罪学的领域,把它作为犯罪学的一个分支学科;另一些学者则主张把被害人学从犯罪学中划分出来成为独立的学科。但无论如何,被害人学作为一门学科、一个独立的研究领域已经为学者所公认。现在,在国际上被害人学已经成为一门显学,受到人们的广泛重视。在我国,犯罪被害人的研究是从20世纪80年代开始起步的。1989年,我国出版了两部被害人学的著作:

[①] 汤啸天、张滋生、叶国平、王建民:《犯罪被害人学》,甘肃人民出版社1998年版。

一部是汤啸天、任克勤著，中国政法大学出版社出版的《刑事被害人学》；另一部是赵可主编，中国矿业大学出版社出版的《被害者学》。这两部被害人学的著作都力图结合中国实际，对被害人作出系统研究，使我国的被害人学研究从一开始就建立在一个比较高的起点之上。此后，张滋生、汤啸天在1994年由群众出版社出版的《预防犯罪导论》一书中，也设立专章论述了被害预防问题，使对被害人学的研究更为深入。

经过多年潜心研究，现在汤啸天、张滋生、叶国平、王建民四位同志又完成了《犯罪被害人学》一书。在该书即将付梓之际，我有幸先睹为快。翻阅书稿，我感到本书对被害人的研究达到了相当的广度与深度，完成了在学术上的自我超越。从广度上来说，本书首先从犯罪被害人的一般特征入手，进而探讨犯罪被害原因，并对单位被害、国家被害、特殊被害等各种被害形态作了较为充分的论述；其次转入对被害人过错的分析，探讨由被害人向犯罪人转化的一般规律；最后，对被害预防、被害人的保护、被害赔偿与补偿作了颇有力度的阐述，从而建立起一个被害人学的完整理论体系。从深度上来说，本书对被害人研究当中的一些热点与难点问题的探讨都达到了相当的理论水平，例如关于被害人特征的界定、被害预防、被害赔偿与被害补偿等问题，都发表了独到的见解，从而使我们对被害人学的认识大为深化。

我本人对被害人学缺乏研究，但深切地感到被害人学的研究对于我们从更深层次上认识犯罪具有重要的意义。尤其是通过被害预防从而达到预防犯罪的目的，其优越性是事后对犯罪的惩罚所不可比拟的。本书作者都是资深的犯罪学学者，我为他们写出如此高水平的新著而感到高兴，并乐于为之推荐。

此为序。

陈兴良
谨识于北京塔院迎春园寓所
1997年5月27日

3. 周光权《刑法诸问题的新表述》①序

光权君所著的《刑法诸问题的新表述》即将出版,邀我写序,我因而得以先睹为快,系统翻阅了全稿。内中有些论文以前曾经讨论过,尽管如此,这次通读还是给我一种新鲜感与兴奋感。

首先,我想谈一下本书的书名。我以为,书名是十分重要的,对全书具有画龙点睛之意义。脱稿之后,光权曾拟过几个书名,征求我的意见,被我一一否定了。最后,光权以"制度选择与规范信赖"这一书名示我,我深以为然。② 可以说,这个标题恰当地概括了作者在刑法理论上的价值追求,也是其论文在刑法学界的标新之处。文中论述的制度安排,是制度经济学中的一个术语,由于经济学渗入法学,当下的法学界也经常使用这一术语。但是,光权认为,在刑法学领域,仅仅讨论制度安排还不够,制度选择的意义比制度安排更为深远。而在以往的刑法理论中,更多的也是对立法完善的讨论,很少有人从制度选择的高度对刑事体制的合理构造做出学理上的探讨。可以说,光权在这方面是得风气之先者,做出了很大的努力。其实,刑事政策学在刑事政策的安排上,存在一个制度选择的问题。因此,制度经济学的研究方法在刑法理论中的运用是大有潜力的。制度选择具有人为的性质,作为一种刑事制度,选择的主体一般来说是立法者。在一个社会里,刑事制度是社会控制与社会整合的手段之一,因而它是面向社会的。在这种情况下,制度选择的合理性不能由制度本身来证明,而应当从社会大众对这项制度的认同与接受上去寻求。规范信赖,就是这种认同的表现。因此,可以在制度选择中合乎逻辑地引申出规范信赖问题。在规范信赖这一名目下,作者提供了刑法研究的另一个视角——一个不同于国家视角的学者立场。以往,我们的刑法学家

---

① 周光权:《刑法诸问题的新表述》,中国法制出版社1999年版。
② 周光权示我的书名是"制度选择与规范信赖",因而以下论述是围绕这一书名展开的。但书稿交到出版社,编辑出于市场的考虑,改为现书名。我序中提及的书名也作了置换,因而使拙序之内容变得不知所云,特此说明。

主要站在国家立场上考察刑法,因而具有浓厚的国家主义色彩。当我们站在市民社会的立场上考察刑法,就展示出刑法理论研究的一个新视野。光权为完成这一视角转换作了不懈的努力,这在我国刑法学界也是具有首创性的。本书中关于法律多元的刑法学分析,建立了国家法与民间法的二元分析框架;关于忠诚理论的叙述,凸现了公众认同对于刑法目的之实现的重要性。这些论述,在我国刑法学界都是新鲜的。

其次,我想谈一下本书的性质。从形式上看,本书中的各章具有相对独立性,其中有少数章节曾以论文的形式在国内的重要刊物上发表过,多数则是未发表过的。但如果细读本书就会发现,这并不是一般意义上的"论文集",更不是内容各不相关的散见于各种刊物上的论文的简单汇集,而是贯穿着作者基本价值取向的一部论著,因而应当将其当作一部具有鲜明个性的专著来读。光权在1996年考上我的博士时,就确立了自己较为独特的研究道路,有一个大致的写作计划。近两三年来,光权在分别写作这些文章时,一直就有统一的筹划:探讨选择和建构合理的刑法制度的可行性及其路径,确立公众对刑法制度和规范的信赖感,从而为刑事领域法治秩序的生成提供可能。思路的连贯性和清晰化使得这些文章彼此照应、互相关联,有一以贯之的主导思想,不会给人以散乱之感。在我看来,它们基本上反映了作者的学术水平,读者也可以从中窥见作者的学术心路历程以及一种刑法学研究转向的隐约线索。

最后,我想谈一下本书的写作。从写作上来说,一是要有思想,二是要把这种思想完美地表述出来,这两者都离不开研究方法。从本书的内容可以看出作者是有思想的:想人之所未想,言人之所未言,出新之处所在多有,能给人以启迪。我想,在这一点上读者是不会失望的。本书在表述上也是很有特点的:语言鲜活,逻辑严谨。更使我看重的还是作者的研究方法,可以说,本书内容之丰富,观点之新颖,都是作者将法社会学、法经济学等各种研究方法用于刑法研究的结果。例如,在关于权力构造与犯罪构成的相关考察中,作者引入了福柯的权力分析方法,得出结论:在刑法学的知识视野内,权力不止一个主体,不具有单一性;在一个被称作"刑事的"案件中,往往是多种权力因素交互作用、形成合力和对合力的抵制,在此过程中,特定的个人成了"犯罪者"。以此为基础,作者对犯罪构成进行了重述,使我们有可能透视犯罪成立的复杂机制和权力轮番作用于个体的场景。凡此种种，都说明研究方法的更新使光权在刑法理论研究上突破了传统理论的桎梏，开辟了一块属于自己的理论园地，从而显示出其学术个性。

  光权是我指导的第一个博士生，平时在学术上的交流是比较多的，本书中的许多思想与观点我都是最早获知的。就我而言，并未给予其更多的指导，只是作了一些提示并与之切磋而已。因此，光权今天能够在学术上获得如此成就，都是他个人努力的结果。看到光权的这些成就，我想起两句成语：后生可畏与新人辈出。确实，学术是一个积累的过程，只有前人与后人共同努力，其薪火才能得以相传。作为光权本人来说，年方少，路正长。本书的出版，也只是一个学术上的起点。只有不懈努力，才能向更高的学术高峰攀登。

  是为序。

陈兴良
谨识于北京西郊稻香园寓所
1999 年 8 月 12 日

4. 刘艳红《罪名研究》①序

罪名是刑法中的一个基本问题。凡罪必有名,这里的名不仅仅是犯罪的某种称谓,而且是对犯罪本质特征的高度概括。在重视"名正言顺"的中国,罪名理当引起学术上的兴趣。尤其是在 1997 年刑法修订以后,刑法典增加了大量新罪,这些新罪如何得以正名,成为刑法学界关注的一大问题。这个问题虽然通过最高人民法院与最高人民检察院的司法解释得以解决,使罪名法定化,但法律的解决不等于理论的解决,尽管司法解释使罪名在法律上得以确立,刑法理论仍然可以对罪名问题加以研究。何况"两高"关于罪名的司法解释之间仍存在分歧,这也给理论研究留下了一定的余地。

刘艳红同学在硕士学习期间,适逢 1997 年刑法修订,因而选择了罪名问题作为硕士论文的题目,完成论文并得以答辩通过。考入北京大学法学院攻读博士研究生以后,她对罪名问题的研究意犹未尽,正好有一个出版的机会,顺势在硕士论文的基础上加以补充修订,终于完成这本《罪名研究》的学术专著。从目前来看,刘艳红同学的这本专著,是我国刑法学界对罪名问题研究上最为全面深入的学术成果,使罪名问题的研究达到了相当的理论水准。

我有幸得以在出版前通读书稿,在我看来,刘艳红同学在罪名问题的研究上确实是下了功夫的。这主要体现在以下三个方面:①罪名的语言逻辑研究。罪名是犯罪的名称,这一名称具有语言特征与逻辑特征。本书从语言与逻辑的角度对罪名进行了深入的分析。其中罪名的语言特征包括词义特征,即罪名的特殊语义要求,例如精练、简明;以及语法特征,即罪名的特殊语法模式。罪名的逻辑特征是将罪名作为一个概念,根据逻辑学的原理分析其逻辑内容。这种语言逻辑分析,可以从语言学与逻辑学上考察罪名,使罪名理论进一步科学化。②罪名的法理研究。罪

---

① 刘艳红:《罪名研究》,中国方正出版社 2000 年版。

名是对刑法规定的犯罪特征的理论概括。虽然在刑法典中未明示罪名,但罪名是从罪状中抽象出来的,因而对罪名的法律分析是罪名研究的重要内容。本书以较大篇幅对罪名作了法理上的分析,例如根据刑法条文中罪状的表述,对单一性罪名、排列式罪名与选择性罪名都进行了较为深入的研究。③罪名的比较研究。本书不仅立足于我国刑法论述罪名,而且对罪名进行比较研究,考察世界各国罪名立法模式。以此作为理论平台,对我国罪名立法模式加以反思与展望。此外,本书将罪名确定分为罪名辨定和罪名取定两个类别,并分别就这两个类别深入探讨了各自的确定标准。这一研究思路打破了我国刑法理论研究上习惯于笼统探讨罪名确定标准问题的做法,极大地推动了罪名理论发展,并具有重要的实践意义。上述特点表明,本书是作者经过深入研究的学术成果,而非一般理论泛泛之作。

刘艳红同学虽然仍在博士生阶段学习,但由于她个人的努力以及对刑法的感悟,已经在重要法学刊物上发表了一些具有独到见解的论文,从而在学术上崭露头角。从刘艳红同学目前已经发表的学术论文来看,她较为娴熟地掌握了刑法基本原理,并具备较强的科研写作能力,因此在学习阶段就能成果迭出,这确是令人瞩目的。尤其是进入北京大学法学院师从张文教授攻读刑法学博士学位以后,理论上的进步是明显的。当然,对于刘艳红同学,我们可以悬置更高的标准,期望她通过大量的阅读,进一步拓展理论视野,通过博士生阶段的学习,在理论上更上台阶。若此,则其学术前途不可限量,这是我对刘艳红同学的期许。本书是刘艳红同学的第一本专著,期待着将来会有更为高深的刑法专著出版。

是为序。

陈兴良
谨识于北京西郊稻香园寓所
2000年2月20日于北京

5. 张旭《国际刑法论要》①序

国际刑法是一个重要的研究领域,尤其是随着我国对外开放的扩大和与国际社会联系的进一步加强,在刑法上也存在一个与国际社会接轨的问题。张旭博士长期从事国际刑法的教学与研究,并有在国外进修访问的背景,积数年之功,完成了《国际刑法论要》一书。付印之前,嘱我为之作序。盛情难却,故有此序之作。

国际刑法虽然重要,然而过去并没有受到应有的重视。除思想认识上的原因以外,主要问题在于国际刑法的学科定位没有得到圆满解决。换言之,国际刑法属于国际法还是属于刑法,抑或是国际法与刑法的交叉学科?正是由于国际刑法在国际法与刑法之间的这种边缘性,使得国际刑法既不受宠于国际法,又不受惠于刑法。据我观察,目前我国从事国际刑法研究的绝大多数是刑法学人。张旭博士就是其中的一位。关于国际刑法的定性,张旭博士强调了国际刑法的国际性与刑法性的统一与协调,并侧重以刑法为视角确定国际刑法的性质。在本书中,张旭博士指出:国际刑法是存在于国际法和国内法之中,旨在同国际性犯罪和跨国性犯罪做斗争,规定国际犯罪和国际禁止行为,调整国家之间、地区之间刑事司法协助方面的规范、原则和制度的总称。这是一个大国际刑法的概念,容纳了狭义的国际刑法、国际刑事司法协助等内容。尤其值得注意的是,本书提出了"两重性"的命题,这种"两重性"包括组成结构的两重性——国际法的刑法方面和国内刑法的涉外方面,体现意志的两重性——各国独立意志和国际共同意志的协调,法律内容的两重性——兼容实体法与程序法,表现形式的两重性——国际性文献和国内刑事法,以及执行模式的两重性——直接执行模式和间接执行模式并存。"两重性"特征像一条主线贯穿在她的国际刑法的研究中,并成为本书的基本理论线索。可以说,国际刑法的"两重性"是本书的精彩之笔,并为国际刑法理

---

① 张旭:《国际刑法论要》,吉林大学出版社2000年版。

论的体系化提供了逻辑支撑,使本书具有创新意义。

理论研究是为现实服务的,国际刑法研究也是如此。我国是世界上的一个重要国家,在预防和惩治国际犯罪,进行国际刑事司法协助方面也应当发挥积极作用。张旭博士在国际刑法研究中,始终强调中国的本位,以中国为视角去研究国际刑法问题,力图找到既与国际普遍认同的国际刑法理论接轨,又不失我国原则和立场的结合点,并以此为基础,直面我国国际刑事司法实践遇到的问题,进而提出建立和完善我国与国际刑事立法和惩治国际犯罪相关的刑事立法建议。可以说,张旭博士的研究体现了一个中国学者的使命感。

国际刑法具有刑法的属性,与国内刑法理论存在相同之处,这是不言而喻的。但也不可否认,国际刑法又具有其独特的理论范畴与研究范式。因此,并非每一个研究刑法的学者都能胜任国际刑法的研究,对于我来说就是如此。当然,从大刑法观念出发,国际刑法作为刑法的一个分支,应当纳入我们的理论视野,予以更多的关注。唯有如此,刑法学科才是齐备的,刑法理论才是全面的。我高兴地看到,目前我国刑法学界对于国际刑法研究越来越重视,许多学者,尤其是年轻学者,投身国际刑法的研究,并不断地有学术成果推出。张旭博士就是其中杰出的一位。她师从于我国著名刑法学家何鹏教授,专攻比较刑法,奠定了深厚的理论基础。获得博士学位以后,又负笈赴欧从事博士后研究,开始钻研国际刑法,开拓其研究的新领域。现在,张旭博士完成了本书的写作,因此本书是集其数年研究的心血之作。我作为一个刑法同仁,为之欢欣,并祝张旭博士在国际刑法研究领域不断有新作问世。

以上数语不一而足,是为序。

陈兴良
2000年5月23日谨识于北大

6. 邱兴隆《关于惩罚的哲学——刑罚根据论》①代序
我所认识的邱兴隆:其人其事与其书②

邱兴隆君的博士论文《关于惩罚的哲学——刑罚根据论》即将交付出版,其导师,也就是我的导师高铭暄教授,是当之无愧的作序者。邱兴隆邀我也为之作序,我答应了。因为邱兴隆其人其事或此或彼地与我有一定的关系,尤其是阅毕作为本书代跋的《学海沉浮录》,感慨良多,言至笔端。这就是此序的由来。

我与邱兴隆的相识,是在1984年4月中旬。在时任中国人民大学法律系刑法教研室主任鲁风老师的带领下,我、赵秉志、周振想、张智辉四人外出为收集硕士论文资料进行调研,从北京赴成都,由成都至重庆,过三峡抵武汉,经长江到上海,然后返京,历时月余。这是我第一次外出调研,顺便游览祖国大好河山。经重庆时(4月26日),我们一行到了西南政法学院,参观了歌乐山麓的中美合作所旧址,印象颇深。当时的西南政法学院是全国唯一的重点政法院校,我国著名刑法学家伍柳村教授、邓又天教授、董鑫教授均在此任教。为我们的到来,西南政法学院刑法教研室全体教师还专门开会,听取我等关于硕士论文写作构想的汇报,并提出意见。这种隆重的场景,我想,在此后的硕士生论文调研中再也不会有了。因为我们毕竟是1980年《学位条例》出台以后招收的首届攻读硕士学位的研究生。当时全国与我们同届攻读刑法的硕士生也不过13人。午饭过后,我们到西南政法学院研究生宿舍走访。因该校未招收与我们同届的刑法专业硕士生,而比我们低一届的刑法硕士生也正好不在,我们来到了比我们低两届、当时是研究生一年级的邱兴隆等的宿舍。当时的宿舍条件十分简陋,我们的走访时间也有限,因此,我们只是作了简单的交谈

---

① 邱兴隆:《关于惩罚的哲学——刑罚根据论》,法律出版社2001年版。
② 邱兴隆于2017年9月20日病逝于湖南长沙,享年54岁(1963—2017)。——2018年7月4日补记

就离去了。首次相识,邱兴隆这个人只给我留下了一个模糊的印象。

回京以后,我收到《法学杂志》1984年第1期,该期新设了一个"青年论坛"栏目,我的处女作论文《论我国刑法中的间接正犯》就发表在该栏目,同期该栏目发表的还有邱兴隆的一篇文章,题目我忘了。这又拉近了我和邱兴隆之间的距离。

此后就是论文写作,直至1984年12月通过硕士论文答辩。大约在1985年二三月份,我将硕士论文《论我国刑法中的正当防卫》寄给了邱兴隆一份,此后我们便开始通信交往。在通信中,我谈了刑法理论应当以罪刑关系为研究对象的想法,正好与邱兴隆不谋而合,这就奠定了我们此后合作的基础。1985年7月4日我在日记中记载:"收到邱兴隆来信,没想到,关于罪刑关系,我和他不谋而合。他已经有所研究,并有些材料。马上给他回信,谈罪刑关系。"从我的日记看,此后一段时间通信频繁,只是记载简单,通信内容记不清了。到1985年8月20日,当天日记记载:"收到邱兴隆电报,21日上午到(京),要去接他。"8月21日日记记载:"上午去火车站接邱兴隆。"这是邱兴隆第一次到北京,为硕士论文搜集资料,其间我们多次讨论罪刑关系。

1986年,在我和周振想的鼓励下,邱兴隆报考高铭暄教授的博士生。我曾向高师面荐邱兴隆。正如邱兴隆本人在《学海沉浮录》中所言,他的英语成绩不甚理想。但经高师的力争,邱兴隆和王勇、李海东一同入学,成为86级刑法专业博士生。该年10月,邱兴隆入学以后,我们有机会当面切磋,很快着手《罪刑关系论》一文的写作,论文写完后投给《中国社会科学》杂志,并经反复修改,发表于该刊1987年第4期。1987年10月,我又与邱兴隆合作完成了《罪刑关系再论》一文,分上、下两篇,约2万字。上篇是对历史上的三个刑法学体系(行为中心论、行为人中心论和苏联的社会危害性中心论)的反思,主要由邱兴隆执笔;下篇是对我国刑法学体系的反思与重构,主要由我执笔。后将下篇打印,以《刑法学体系的反思与重构》为题作为提交在烟台举行的1987年刑法学年会的论文。该文后发表在《法学研究》1988年第5期上。上篇则未发表,后来,我在《刑法哲学》中采用了本文的内容。

此后,我忙于写作博士论文,未再与邱兴隆合作。但罪刑关系论作为一个刑法学理论的命题,成为我后来学术研究的逻辑起点。邱兴隆也开始忙于写他的《刑罚学》,该书于1988年由群众出版社出版。我对《刑罚学》一书始终予以高度的评价,正是这部书提升了我国刑罚理论的水平。在此期间,我和邱兴隆的学术交流一直在持续。邱兴隆对刑罚理论情有独钟。记得在他临近毕业的时候,一度想到司法部预防犯罪研究所工作,曾经对我谈起,如果到该所工作,就以匿名的形式假充囚犯到监狱体验一段监狱生活,除监狱长以外,其他人一概保密,以便体验到原汁原味的监狱生活。对他的这一当"志愿囚"的想法,我深以为然。因为研究刑罚的人如果没有亲身体验过监狱生活,不能不说是一种遗憾。不曾想,这种监狱生活(严格地说,是看守所的囚禁生活,但看守所的囚禁生活比监狱生活更为恶劣与黑暗)不用刻意追求,在后来就不期而然地降临在邱兴隆身上。一言成谶语,预想化为现实,此是后话。行文至此,我想起孟子的那句名言:"天将降大任于斯人也,必先苦其心志、劳其筋骨。"诚哉斯言。

　　正如邱兴隆在《学海沉浮录》中所言,他的变化起因于1987年底的海南之行。当时海南建省在即,10万人才赴海南,烘托起全岛的一派繁荣。对此,邱兴隆心有所动,人虽在岸,心先下海,开始成为一名准书商。自从邱兴隆从海南回来,可以看出他精神面貌的变化:少了书生气,多了商人味。自此,邱兴隆是身在学校心在商海,无心向学。因此,他1989年的博士论文选题由《刑罚根据论》改为《刑罚功能论》,文章基本上是其硕士论文的简单扩充。就在举行博士论文答辩前不到一个月,即1989年7月20日,邱兴隆被北京市公安局以"涉嫌非法出版"为名收容审查。这一收审就是185天。

　　在1990年春节前一天,邱兴隆被取保候审。记得当天下午5点多钟,邱兴隆获自由后马上来到当时还在中国人民大学红二楼120房间的我家。只见邱兴隆面容憔悴,衣衫褴褛,我当即安排他洗澡、吃饭,饭后陪他去中友商场购买全套衣服。就在陪他去中友商场的途中,对他予以一番安慰后,我也曾劝他说:"这一次收审虽然是错的,但你以后也要注意,不要折腾了。"谁知,邱兴隆说了这样一句我至今记忆犹新的话,大大出乎我的意料:"这次吃了这么大的苦,以后再大的苦也不怕了。"颇有革命样板戏《红灯记》中李玉和那句著名台词"有妈的这碗酒垫底,我什么样的酒都能对付"所表达的气概。虽然邱兴隆也许是因为对司法错误的强烈不满才基于逆反心理而口出此言，但是，我从他的话中也感到他似乎已无上岸之意，由此，我产生了一种莫名的担忧。当然，我当时没好意思对邱兴隆说出这种感觉与担忧。

到1990年9月，邱兴隆不辞而别，彻底失踪了。我则依然坚守在学校，那是一个商潮涌动、人心浮躁、人文衰落、斯文扫地的时期，对于像我这样潜心向学的人来说，充满了一种压抑感。正是在这种氛围下，我于1991年完成了《刑法哲学》一书的写作。该书架构了一个罪刑关系中心论的刑法学理论体系，它就是在我和邱兴隆合作的《罪刑关系论》一文的基础上发展起来的，并为我以后的刑法理论研究奠定了基础。当我写《刑法哲学》的时候，邱兴隆已经失踪，在我写于1991年9月22日的《刑法哲学》一书的后记中，我以这样的口吻提及邱兴隆："在此，我还要提到一位与本书写成具有重要关系的人，这就是邱兴隆君。我在1985年就开始与还在西南政法学院攻读硕士学位的邱兴隆通信讨论罪刑关系问题，自他于1986年考入中国人民大学攻读博士学位以后，这种讨论更加深入，并合作发表了有关罪刑关系的论文。可以说，本书也包含着邱兴隆君的一份心血。"这里的"一份心血"并非虚言，确是实情。《刑法哲学》一书尽管我自己很不满意，但它成为我的代表作，给我带来了一定的声誉。据邱兴隆后来告诉我，在1991年底，他在火车旅行途中巧遇其学长程燎原先生，而程正好在此次到北京公干时与我见过面，知道我的《刑法哲学》一书即将出版，因而与邱兴隆谈起过此书。但邱兴隆此时对学界之事已经没有兴趣，因此，他始终未见过此书。直至1998年2月出狱，邱兴隆已经萌生回归学界之心，想了解他离开学界这段时间刑法理论的发展情况，因此，出狱后的第一件事就是到书店购买了我的《刑法哲学》等书，当即阅毕。就在他出狱后与我的第一次通话中，邱兴隆对我在该书后记中如实记载了我与他的合作过程而深表感动，同时也谈了一些他对《刑法哲学》的看法。此时，距离该书的出版已是6年之后。

自从邱兴隆失踪，我就再也没有他的音讯，偶尔听说他重操旧业，又涉足书界，在石家庄一带活动。1992年11月，在西安参加刑法学年会，我认识了硕士毕业于中国政法大学刑法专业、当时在河北省社会科学院法学研究所工作的张金龙先生。后文要专门提到，此君与邱兴隆的重获自由关系重大。我与张金龙十分谈得来，会议期间他还就《刑法哲学》中的某一问题与我切磋。当时我向张金龙说起邱兴隆的为学与为人,并说邱兴隆在石家庄一带活动,以后若有机会,遇到邱兴隆,代为致意。

后来,从《读者文摘》(现已改名为《读者》)的一则启事上,我得知邱兴隆因涉嫌参与盗版《读者文摘》精华本而被石家庄警方收审。知道邱兴隆下落以后,我曾经多次委托来自河北石家庄的高法班学员打听邱兴隆,请他们在可能的情况下予以关照。我还于1996年8月为一个案件到过石家庄,并到石家庄市公安局看守所会见过被告人,当时就想邱兴隆是否关押在这里。久而久之,邱兴隆逐渐被淡忘了。

记得在1997年5月的一天,我突然接到一个来自石家庄的电话,来电者是张金龙。自1992年西安一别,我再也没有与他联系过,后来才得知他已经下海当律师。① 张金龙在电话里对我说:"邱兴隆找到了,我正在为他当辩护律师。"这时,我才想起在西安时对张金龙的交代,没想到这么多年过去了,他还始终记得。原来,张金龙同所的一位律师为一名被告辩护,张金龙偶尔拿起这份起诉书,作为同案被告,邱兴隆的大名赫然在上。张金龙未见过邱兴隆,但马上想起我在西安向他谈起过邱兴隆。因此,张金龙主动到审理此案的石家庄中级人民法院,打听邱兴隆是否聘请了辩护人,并对办案人员表示,如邱兴隆本人同意,他愿担任邱的辩护人。此时,邱兴隆恰好因胃出血住进了监狱医院,邱兴隆的家人经法院办案人员的介绍,找到了张金龙,后征得邱兴隆的同意聘请了张金龙担任他的辩护人,开始了艰难的诉讼过程,并为邱兴隆提供了精神与物质上的双重帮助。对此,邱兴隆在《刑罚理性导论》后记中有真切的叙述。

在与我通话后没几天,张金龙带着邱兴隆的起诉书来北京见我。我看了起诉书后大为不解,此时已是1997年刑法修改以后,投机倒把罪名早就被取消了,而且刑事诉讼法也已于1996年作了修改。但在1997年起诉至法院的起诉书竟然用的是一份文号为1994年的起诉书,罪名为投机倒把罪。根据张金龙的介绍,邱兴隆一案发生在1993年,由于事实不清、证据不足以及其他种种原因,一直结不了案。但在1994年,正值全国开展"扫黄打非"运动,为了抓典型,邱兴隆案在邱兴隆等被收审1年零5个多月后,上报了省委宣传部,随之作为重大案件引起了当时的省委主要

---

① 张金龙现为河北张金龙律师事务所主任,一级律师。——2018年7月9日补记

领导人的重视①,邱兴隆等被匆匆转为逮捕。但是,由于案件事实不清、证据不足,法院多次退回补充侦查,因而久拖不决。从起诉书所描述的案情来看,邱兴隆并非这起盗版活动的主谋者,只是因为债务上的原因为他人联系了一家印刷厂,证明其主观上明知该印刷品为盗版的证据并不充分。主谋者在逃,被起诉的是印刷厂的厂长和代为联系印刷的邱兴隆。看完起诉书,我始知一起惊动省委主要领导人的重大案件原来是这么一种案情,不禁心里松了一口气。还以为邱兴隆犯了什么十恶大罪,原来不过如此。我和张金龙讨论了无罪辩护的思路,并托他带去500元钱供邱兴隆花销。同时,我还介绍张金龙去找邱兴隆在西南政法学院读研究生时的同学胡云腾,他此时已经博士毕业于中国人民大学法学院刑法专业,在中国社会科学院法学研究所工作。② 我知道胡云腾是兼职律师,具有丰富的辩护经验与较强的辩护能力,也许能够为张金龙的辩护提供某种帮助。后来,胡云腾果真与张金龙一道为邱兴隆重获自由奔走呼号,在邱兴隆案件的最终解决上起了关键性作用。此后,这个案件一波三折,从一审判决有罪到二审改判无罪,历经曲折,其中详情,难以一言道尽。

  记得在1997年年底,邱兴隆在一审判决后被取保候审获得自由的第二天晚上,给我打来电话,互致问候以后,邱兴隆对我说起,在看守所关押期间写了一部书,叫《刑罚理性导论》,想请我看一下有无出版价值。当时我沉默了一下,很难想象在离别刑法学界近10年,在恶劣的囚禁环境、没有任何参考资料的情况下,邱兴隆能写出什么像样的东西。何况,在邱兴隆离开学界的这些年,刑法理论又是以前所未有的速度进步着。也许邱兴隆在电话那边感受到了我的沉默,又追问了一句:"怎么样?"我当即说:"要等我见到你的稿子以后才能回答。"第二天,在一个聚会中遇到中国政法大学出版社副社长李传敢先生,我向李传敢说起邱兴隆在看守所里写了一部书想出版。李传敢对邱兴隆其人早有耳闻,对我说:"只要你认为这本书能出我们就出。"过了几天,通过胡云腾,邱兴隆的《刑罚理性导论》的一大堆杂乱的手稿交到了我的手里。一口气读完,觉得这本书虽然是在完全封闭的情况下写成的,缺乏与学术界的交流与对话(全书无注就

---

① 此主要领导人为程维高,现在可以点名了。——2004年1月17日补记
② 胡云腾现任最高人民法院专职委员、第二巡回法庭庭长。——2018年7月9日补记

是一个明证),但作为在监禁这么一个特殊环境里完成的一部刑罚学术著作,具有自身的内在理论逻辑,其学术水平大大超过我的预想。我给我带的博士生周光权看后,他也同意我的这一看法,认为达到了出版水平,具有出版的价值。于是,我把书稿推荐给中国政法大学出版社,并于1998年6月出版。在1999年1月,邱兴隆又在该社出版了《刑罚理性评论》。后来我才知道,邱兴隆还在看守所里写了近200万字的法制报告文学作品,其中"黑"字系列三种——《黑道》《黑昼》《黑日》于1999年在中国检察出版社出版。原来曾听张金龙说过,邱兴隆在看守所期间还写了一本《看守所工作概论》。在邱兴隆出狱后,我曾问过他本人,证实确有此事。以一个被看守者的身份,写了一本关于看守工作的著作,可谓奇迹。

1998年5月,为出版事宜,邱兴隆来到北京,我们在中国政法大学出版社于离别近10年后首度见面。当时,一审尚判有罪,我看到邱兴隆精神状态尚好,说了一些离别后的情况。邱兴隆告诉我,他的很多同学都在关心他,刚才一位下海经商的同学来看他,并倾其身上所带的2万元给了他。听了这些,当时我也很受感动,对邱兴隆说:"你的这些同学这么关心你,除了同学之情,也是看重你的才。你应该好好做你的学问,才对得起这些关心你的人。"当时,邱兴隆点了点头,我觉得这句话他是听进去了。

出版进展很顺利,我对中国政法大学出版社的李传敢社长、丁小宣编辑十分敬佩。邱兴隆当时尚处于上诉与取保候审期间,终审判决结果尚难预料,出版他的书难免要冒一定风险。李传敢社长毅然拍板,并且破例在未出书前给邱兴隆预支部分稿酬,以免其经济拮据。最初,邱兴隆拟署名"东山人",虽然湘乡确有其山,但也反映邱兴隆"东山再起"之志。不过,只要是刑法圈内人士,从此书的前言、后记一眼便知此是邱兴隆的大作。因此,我劝其署真名,以示学术活动的连贯性。不然,刑法后人会问:此"东山人"何许人也?

1998年12月20日,终审改判无罪以后,邱兴隆为其将来去向征询我的意见,得知其母校西南政法大学(其前身即西南政法学院)有意让他回去,就欣然表示赞同。这样,邱兴隆从歌乐山下出来,经过12年的磨难,绕了一圈,又回到了歌乐山下。当时邱兴隆对我说起,能否来北大重新攻读博士,因为我于1998年年初离开学习、工作了16年的中国人民大学,回到母校北京大学任教。我对邱兴隆说,这没有必要;不知道能不能征得导师高铭暄教授的同意,在中国人民大学完成博士论文答辩。当时我们都认为希望渺茫,因为在读完博士10年以后再回校答辩获得博士学位的,全国似乎尚无先例。但我认为还是可以争取的,导师高铭暄教授惜才如命,爱徒如子,这在法学界是有口皆碑的。曾经有一次,高师对我谈起自己所带的博士生10余人中,只有两个未获博士学位,一个是李海东,另一个是邱兴隆,都是同一级的。李海东后来在德国艾伯特-路德维希大学获得了博士学位,唯独邱兴隆不好交待。由此可以看出,邱兴隆未获得博士学位,不只是他本人的一种莫大的遗憾,而且也是高师一块莫大的心病。

果然,后来,邱兴隆本人正式提出了博士论文答辩的申请,而高师则更是为他的论文答辩之事奔走,费尽曲折,终于为邱兴隆争取到了答辩的资格。接下来,邱兴隆开始准备博士论文。邱兴隆以博士论文选题征询我的意见,我倾向于完成10年前已定的博士论文题目,即"关于惩罚的哲学——刑罚根据论",这么一个好题目,不做可惜了。很快,邱兴隆寄来第一章"刑罚报应论",我阅毕大为赞赏,以至于有一种马上要和邱兴隆通话的冲动。至此,我对邱兴隆刮目相看,认为他的学术水平上了一个台阶。如果说,《刑罚理性导论》和《刑罚理性评论》还只是恢复到接近于10年前出版的《刑罚学》的学术水平,那么,"刑罚报应论"一章表明邱兴隆实现了学术上的自我超越。当即我就给邱兴隆打电话,对"刑罚报应论"一章予以充分肯定,断言如果按这一思路写完全文,将会是一篇优秀的博士论文。该文被收入我所主编的《刑事法评论》(第6卷),在主编絮语中,我作了如下评述:"从本文可以看出,邱兴隆对于刑罚一系列基本范畴的思考达到了相当的理论高度,尤其是旁征博引,颇为大气,不再是一个'孤独'的思考者,而是融入了世界范围内的刑罚理论话语。不仅文章可读,其学术经历更为难能可贵!"果然,邱兴隆一气呵成,完成了博士论文,达到了我所预想的学术水平。作为他的论文评阅人之一,我理所当然地在论文评阅书中对该文给予了充分肯定与高度评价,认为该文是一篇优秀的博士论文。

2000年5月25日下午,邱兴隆的博士论文答辩会如期举行。高铭暄教授由于是导师,按照规定应该回避,因而未出席答辩会,但高师一直在楼上办公室静候。答辩委员会成员除德高望重的王作富教授以外,我、赵秉志教授、周振想教授是邱兴隆的学兄;而胡云腾研究员是邱兴隆硕士生的同学兼学长,博士生却比邱兴隆晚5年入学,现在成为答辩委员会成员,这也可以说是一种阴差阳错。答辩开始,为这迟到了11年的答辩,激动的邱兴隆未语泪先流。我也不禁为之动容。答辩圆满通过,得到了答辩委员会的一致好评,邱兴隆终于圆了他的博士梦。

1999年5月,我到重庆市高级人民法院参加专家咨询活动,顺访西南政法大学,也想去看看邱兴隆回母校后的工作情况。这是我时隔15年后再次来到这所坐落在歌乐山麓的著名的政法学府。

我对西南政法大学情有独钟,虽然我并非这所学校出身,但我所接触过的许多优秀法学人才,均出自这所学府。似乎歌乐山有一种仙气,从歌乐山走出来的学生都有一种成仙得道的感觉,尤其是哲学功底明显胜出一筹。15年间,变化是巨大的,西南政法大学的校舍错落有致地铺陈在歌乐山下,绿树成荫,环境怡人,使久居京城身处车水马龙包围之中的我,有一种误入武陵源的错觉。在此,我又见到了邱兴隆,并与陈忠林、张绍彦一同到他宽敞的寓所小叙,还拜见了爱惜人才的田平安校长和德高望重的邓又天教授、董鑫教授。从与邱兴隆本人的交谈中我感觉到他对自己的景况甚为满足,同时,校方对邱兴隆回校后的教学与科研情况予以充分肯定。

记忆更为深刻的是,在邱兴隆的提议下,他与张绍彦陪我来到了沙坪公园内的"文革群墓"。那是一个阴雨天,细雨如丝,微风似诉似吟。我们顶伞踏草来到沙坪公园的尽头,但见一片断壁残垣,入得其内,在阴森森的树丛与深可没腰的杂草中,竟有大大小小上百个红卫兵坟墓,都是在1967年"文化大革命"武斗中丧生的,有数人合葬墓,也有单人墓,形状各异,都有墓碑。经过30多年风霜雨雪的冲刷,墓碑上的碑文已经依稀难辨。努力辨认之下,其碑文均是记述某一次武斗的经过,并称这些红卫兵是为捍卫无产阶级文化大革命而英勇献身、永垂不朽云云。印象最深的还是这些死者的年龄:大多在20岁上下。这些人活到现在,也只不过50岁左右!从陵园出来,一种悲哀的情绪笼罩着我。我想起一句诗:"有的人活着,他已经死了;有的人死了,他还活着。"那么,这些红卫兵呢?死了,就是死了,不再活着。是的,对于大多数人来说,他们活着,就是活着;他们死了,就是死了,不存在死的活着、活的死了的问题。作为芸芸众生的一分子,我们不要去想死了以后的活着,而是使活着的时候真切地活着。

由于这些与我们差不多同龄,至少是同代的死难者——也可以说是"文化大革命"这场运动的殉葬者,想起邱兴隆,想起由我们这些个体的人所组成的我们这个社会,不由得感慨难抑。

在《刑罚理性导论》一书的前言中,邱兴隆说:"从来便没有平庸的时代,而只有平庸的人。"我认为,人是在一定时代中生活的,因此,人是社会中的人,人是被社会塑造的。邱兴隆作为这么一个社会的人,他的命运就是这个社会的命运,这个时代的命运。

邱兴隆和我一样,属于"新三届"(1977、1978、1979级)大学生,赶上了改革开放的好年头。邱兴隆16岁就跨入大学的校门,这是幸运的,尤其是与那些在"文革"武斗中死去的红卫兵相比。从《学海沉浮录》可以看出,邱兴隆在本科阶段打下了扎实的专业基础,并已经自觉地将刑法作为主攻方向。在硕士研究生阶段,邱兴隆已经开始从单纯地学习刑法知识向研究刑法理论发展,并且发表了不少论文。尽管正如他本人所言,现在看来,这些论文是稚嫩的,但也足以反映出邱兴隆的理性思辨能力。当邱兴隆硕士研究生毕业的时候,其硕士论文《刑罚功能论》可以说显示了他在刑罚理论上的创新精神,对此我始终予以高度评价。在此之前,我国刑罚理论是极为薄弱的,其学术性无法与犯罪论相比。邱兴隆的《刑罚功能论》独辟蹊径,从刑罚功能展开刑罚的理论思辨。在当时,是一项填补空白之作。现在,刑罚功能论已经成为我国刑法教科书的不可或缺的内容,这在很大程度上是吸收了邱兴隆的研究成果。换言之,邱兴隆的这项研究成果已经得到我国刑法学界的认同而成为通说。

从歌乐山下来到北京,邱兴隆在名师的指点下,学业大有进步。尤其是1988年出版的《刑罚学》一书,我认为是他的成名作。写这部书的时候(1987年),邱兴隆只有24岁,出版这部书的时候(1988年),他才25岁。这部书的思想深度与他的年龄形成了一种大的反差,在这个意义上可以说,邱兴隆是早慧的。我清楚地记得,《刑罚学》一书的写作是在中国人民大学东风二楼133室那个昏暗的房间里,没日没夜,确实倾注了邱兴隆的满腔心血。那时我还住在人大校内红楼陋室,经常光顾邱兴隆那个昏暗的房间,翻阅他那杂乱无章、字迹潦草的手稿。可以说,我是这部书的第一个读者。从一开始,我对这本书的学术价值就深信不疑。该书的出版,奠定了邱兴隆的学术地位。尽管现在邱兴隆本人对于该书的某些观点和内容已经十分不满并作了修正,但我始终认为它是邱兴隆的代表作。

那个时期,我和邱兴隆是接触最为密切的,聊天、喝酒、切磋学问,是经常的节目。对于邱兴隆个人性格上的一些弱点和缺陷,也是这个时期了解的。当时的邱兴隆桀骜不驯且玩世不恭,尤其是他性格上的易变和情绪上的急躁,多少为他后来的变故埋下了伏笔。邱兴隆又是一个极不安分的人,创新冲动与冒险心理同时主宰着他。创新使人进取,冒险难免失误。也许正是如此,成功和挫折总是与邱兴隆同在。当邱兴隆1987年年底去海南的时候,在社会的浮躁风尚与个人的急躁心理的双重合奏下,他开始了一段人生的冒险经历。如果当时的社会能够给邱兴隆创造一个良好的学术环境,甚至在他第一次解除收审后,社会能像现在一样多给他一些同情、理解与宽容,我想他绝不至于义无反顾地"下海"。当然,邱兴隆本人也曾抱有一种"以商养学"的心理。但在我看来,商是商、学是学,商学难以两全。"以商养学"的结果只能是"弃学经商"。

难能可贵的是,在身陷囹圄的绝境中,邱兴隆没有沉沦。"抬头见刑法,低头见罪犯"的囚禁环境,倒是为他思考刑法问题提供了客观上的条件,这真可谓"祸兮,福之所倚"。在这个意义上,我是敬佩邱兴隆的生活态度和生存能力的。在被囚禁这种人身最不自由的状况下,他展开了思维的翅膀,重新开始了被中断的学术进程。在一个最不适宜从事学术研究的地方,一无资料二无交流,有的只是等待判决的漫长时间,邱兴隆搞起了学问。

在监禁生活中,邱兴隆最初的想法,还是基于从事刑法研究的学术本能,搜集一些关于犯罪与刑罚研究的实际素材,也是为了消磨那些无聊得难以打发的时间。这就是当时写法制报告文学的来由。出狱以后,邱兴隆曾经对我说,为了解死囚心理,他千方百计结交关押在同号的死囚,与之交谈。由于邱兴隆的特殊身份,死囚也愿意把本身的犯罪情况告诉他。为了获得更多的死囚心理素材,当同监号的死囚情况了解得差不多后,他甚至故意违反监规,以便调换监号,再接触其他更多的死囚。在这里,邱兴隆又表现出一种煞费苦心的聪明——以他的聪明将不利的环境变成了一种得天独厚的研究条件,使他掌握了大量第一手的死刑材料,为他后来从事死刑研究奠定了基础。

当然,进行学术写作,是十分困难的。因为邱兴隆已经完全脱离学界,又没有任何资料。不过,邱兴隆的记忆力是超人的,开始尝试着把硕士论文《刑罚功能论》回忆复记下来了6万多字。此后,又依靠逻辑推理,写出了《刑罚理性导论》。在我看来,《刑罚理性导论》是在囚禁条件下创作的一本特殊的学术著作,有其自身的价值,但同时也包含着由于这种环境的局限而产生的种种缺陷。它是在没有学术上的沟通与交流的情况下的一种孤独的"自说自话"。尽管对此我们不能苛求,但如果从严格的学术规范来衡量,不能认为是一本成功之作。因此,我更愿意将邱兴隆的这部书定位为一部刑罚思想著作,而不认为它是一部严格意义上的刑罚理论著作。当然,这未必代表邱兴隆本人以及读者的定位。

当邱兴隆经历了炼狱般的整个刑事诉讼而恢复自由的时候,他曾一度产生隐居山野的出世之心。但这个时候,人才受到了重视,学术环境发生了变化,社会以一种宽容姿态接纳了邱兴隆,这才有了邱兴隆重返母校西南政法大学任教并在不到1年的时间内破格晋升正高职称,也才有了他回到中国人民大学完成迟到了11年的博士论文答辩。这一切,在过去是不可想象的。应当说,我们这个社会还是在进步的;当然,邱兴隆也没有辜负这个社会。一回归学界,邱兴隆便以一种喷薄欲发的态势投入到了刑法学术研究当中。当邱兴隆完成其博士论文《关于惩罚的哲学——刑罚根据论》的时候,我认为邱兴隆在学术上获得了新生。从这个意义上来说,邱兴隆的冤屈没有白受:正是囚禁生活成就了邱兴隆。如果没有这段囚禁生活中断了邱兴隆的经商经历,也许我们看到的是一个成功(或者失败)的书商,而不是一个作为学者的邱兴隆,当然也就不可能读到他现在的这部完全应该定位为刑罚理论著作的力作。当然,我们没有任何理由为现实生活中的司法黑暗辩护,更不会为其歌功颂德。因为,这种司法黑暗不知吞噬了多少天才的梦想!毕竟,像邱兴隆这样能够大难不死、劫后余生的只是个案。这也正是作为刑法学家的我,始终为我国的刑事法治呼唤呐喊的内在动力!

由邱兴隆的东山再起,我想起一句名言:"没有蹲过监狱的人,不是一个完整的人。"确有其理乎?司马迁遭遇刑辱写出了《史记》,列宁在流放期间写出了《国家与革命》,德·萨德数度入狱却成为了著名的启蒙犯罪学家……所有这些人似乎都在以其成就证明着这句名言。然而，我想，这句话也只能适用于这些个别的天才人物。监狱可以使一些人的人格更为完整，但也可以使更多人的人格变异乃至堕落。退一步说，就算监狱是一个只会使人成为完整的人的处所，我想，也不会更不容许人人都为了追求完整的人生而都去坐牢，否则，监狱早已人满为患了。因此，虽然邱兴隆在出狱后曾多次对我提及，对于他来说，蒙冤入狱的这几年是一笔难得的财富，我也深以为然，但是，我并不希望有人刻意为获得这样的财富而入狱。我始终认为，邱兴隆现象是个别的，也是不可克隆的，因而不可避免地带有传奇性。从这个意义上说，邱兴隆绝不是一个平庸的人。但我宁愿大家都在一个平庸的时代做一个平庸的人，也不愿看到邱兴隆现象在我们任何一个人身上的重演。

《关于惩罚的哲学——刑罚根据论》是证明邱兴隆的学术实力的一部著作。我想，每一个人都会对此作出客观的评价。关于本书的成功，已经有高铭暄教授的序予以客观而全面的概括，我再说任何话都是多余的。因此，当我答应邱兴隆为本书作序又反复拜读高师的序之后，如果仅就书而论书，我还真有一种无从下笔之感。但是，一旦拿起笔来，我和邱兴隆前后15年交往的经历如潮般地涌向笔端。于是，我记下了这一切，描述了一个历经磨难后复归学界的邱兴隆，以及我对这个邱兴隆的理解。这已经不像一篇序，如果需要一个题目的话，可以称为"我所认识的邱兴隆：其人其事与其书"。

古人历来注重知人论事，只有知其人，才能论其事，才能读懂其书。在这个意义上，本序也可以作为本书的一个背景性资料，甚或是一朵花絮，但愿能够增添读者的读兴。

此为序。

陈兴良
谨识于北京西郊稻香园寓所
2000年7月29日

7. 黄丁全《医事法》[①]序

我与黄丁全先生的相识,是黄先生在北京大学法学院攻读刑法专业博士期间。1998年5月,黄先生在著名刑法学家杨春洗教授的指导下,以《刑事责任能力的比较研究》为题,完成博士论文,并获通过。该论文被选入北京大学刑法博士文库,由中国方正出版社出版。从博士论文中,可以看出黄丁全先生不仅在刑法理论上造诣颇深,而且对于刑事责任能力问题中涉及的医学知识亦十分娴熟,使得其博士论文内容丰富,观点精确。后与黄先生进一步交往,获知黄先生长期在台湾高雄担任检察官,并兼任高雄医学院讲师,讲授医事法,对于医事法研究独步法坛,著述颇丰,先后有《医事法规概论》《医事法》《医学、法律与生命伦理》等著作出版。在我1999年7月访台期间,适逢其新著《护理事故的理论与实例》一书出版,黄先生以该书相赠,成为此次访台的一个意外收获。在上述著作中,《医事法》是他的代表作,该书于1995年11月由台湾元照出版公司出版,1998年7月再次印刷,1999年即将全面修订再版,可见其受读者欢迎的程度。此次修订改版,黄丁全先生邀我作序,令我惶恐。因我长期从事刑法理论研究,对于医事法所知甚少,实难对《医事法》一书做出中肯的评价。我之所以仍然接受作序之邀,是想从一个大陆学者的视角,对黄丁全先生所从事的医事法研究略书观感,或许别有意义。

法学的研究,素来重视民事法、刑事法、行政法、诉讼法等这样一些基础学科。诚然,这是法学研究的天然疆域。然而,随着一个社会的法治建设的发展,法的领域逐渐扩张。尤其是随着关系到社会生活的各个方面的学科,诸如"水法""建筑法""医事法""商标法""专利法"的出台,法学研究的范围也随之而扩大。在这种情况下,专门法(不同于民、刑等部门法)的研究,不仅需要法学基础理论的素养,还需要相关领域的专业知识。

[①] 黄丁全:《医事法》,台湾元照出版公司2000年修订版,中国政法大学出版社2003年版。

例如，从事医事法的研究，如果只有法学基础知识，而没有医事专业知识，是难以胜任的。而即便是法学知识，也不能局限于某一部门法的专业知识，而是要通晓各部门法。由此可见，从事专门法的研究，要求研究者具备综合的理论素质。这里就涉及一个科学整合的问题，也就是各学科知识的互补渗透。从《医事法》一书中，灼然可见黄丁全先生在科学整合方面所下的功夫。

医事，关系到人的生死，乃人之大事，因而需要法律加以规范。医事法，按照《医事法》一书所下的定义，乃规定医疗业务之法律规章及行政命令，亦即规范医事人员之资格、业务范围及其他业务活动关系之法律及命令的总称。由此可见，医事法大抵上属于行政法的范畴。但医事法同时涉及民事责任及刑事责任，在《医事法》一书中，作者对执业资格、医药业务、医疗过失、医师与病患的关系、医疗诉讼与医疗责任进行了全面的论述，涉及医疗活动的各个方面，其中包括大量医疗业务的内容，同时对此进行法律分析，使两者和谐地融合在一起。读者阅读本书，可以获取医疗与法律的双重知识。例如医疗文书一章，从叙述什么是医疗文书开始，继而对医疗文书的性质进行分析，认为医疗文书是诉讼的证据文件，又是卫生行政的指导文件。接着作者还对作为医疗文书主要种类的病历的阅览及誊写等请求权、病历涉及的患者的隐私权加以说明，最后讨论了医疗文书之伪造、变造与登载不实的民事责任与刑事责任。通过以上叙述，使我们获得了医疗文书及其相关的法律问题的完整而正确的知识。从我个人而言，过去对于医事法是了解甚少的，通读《医事法》一书以后，深感医事法研究的必要，也为该书丰富的内容、精当的论述所吸引。

从一个大陆学者的角度来看，我认为《医事法》一书对于大陆的医事法研究是颇有启迪与借鉴意义的。大陆的医事法正在建立与完善过程之中，以往的医疗机构大多是官办，因而具有浓厚的行政化色彩，卫生行政机关与医疗机构之间是一种行政关系。随着体制改革，医疗机构从行政化向社会化转变，因而与卫生行政机关的关系也产生了变化，需要通过法律加以规范。为此，执业医师法等相关法律开始颁订。1997年修订后的《刑法》以专节规范了危害公共卫生罪，其中医疗事故罪、非法行医罪的设立，十分引人注目。相比较之下，大陆关于医事法的规范是滞后的。应当指出，大陆没有采用医事法的概念，而称为卫生法，并有卫生法学的研究。

这里的卫生法学,实际上就是台湾地区所称的医事法学。我相信,随着大陆卫生法制的发展,卫生法学的研究必将进一步深入。在这种情况之下,《医事法》一书对于大陆同行的参考价值也将更加显现。

黄丁全先生毕业于台湾大学法律系,并获法学硕士,此后又在中山大学及北京大学攻读博士学位。通过海峡两岸两座著名大学——台湾大学和北京大学的学习,黄丁全先生对于海峡两岸的法律制度和法学理论有了较深的了解和较高的造诣。这为两岸的法学交流提供了良好的条件。事实上,黄丁全先生也一直在身体力行地从事着这方面的努力,对此我是一个见证人。我主编一部连续出版物《刑事法评论》(中国政法大学出版社出版),曾向他约稿,他很快给我送来数量颇丰的论文,先后发表在《刑事法评论》上,例如在第三卷上的《事实认识错误与法律认识错误——以日本实例见解为中心》和第四卷上的《论刑事责任理论中的危机理论——期待可能性》,都对刑法理论中的某一论题进行了深入的展开与分析,从而拓展了刑法的学术视域,引起了大陆同行的关注。我期望黄丁全先生在两岸法学交流上进一步作出贡献,并有更多更好的佳作问世。

值此《医事法》一书修订出版之际,拉杂地写下这些感想,是为序。

陈兴良
谨识于北京西郊稻香园寓所
千禧年5月13日

8. 周光权《法定刑研究》[①]序

周光权的博士论文在略作修改以后即将由中国方正出版社出版,作为他的导师,我为之感到高兴。应作者之邀,草就数语,聊表祝贺之意。

法定刑是刑法学中一个不大不小的命题,对这一问题作研究,可以从一个较小的视角出发,讨论较为广泛的刑法学理论。我当初之所以同意周光权以此作为博士论文的题目,主要是考虑到理论刑法学研究是他的强项,他的知识视野、学术眼光都是独树一帜的。我还想让他通过博士论文的写作,在注释刑法学领域有更大的提高,从而达致理论刑法学和注释刑法学研究比翼齐飞。从目前博士论文的内容看来,我认为,其还是比较真实地反映了周光权在理论刑法学与注释刑法学两个方面的学术功底。尤其是通过博士论文的写作,周光权在对法条内容的领悟与理解上达到了一定的境界,这是值得嘉许的。

法定刑即指法定之刑罚处罚标准。刑罚之法定是罪刑法定主义的题中应有之义。因此,法定刑的合理设置在一定程度上能够反映一部刑法的科学性。在本书中,周光权从法定刑的立法配置与司法适用两个视角对法定刑作了理论研究。从立法配置上说,周光权先后论述了法定刑配置根据、配置原则、配置模式、法定刑种类配置和法定刑幅度配置问题,这些问题从抽象到具体层面渐次展开。尤其是在法定刑配置根据一章中,周光权以法定刑配置的正当根据为切入点,分别以报应论、功利论和综合论为分析框架,在基本上肯定综合论的基础上,从法治的高度进一步说明自己的观点,从而使理论思辨与技术分析融为一体,表现出一种较高的学术追求。在法定刑的司法适用方面,周光权先后分析了刑罚裁量的基准、量刑情节冲突时的选择方案、社会危害性和责任对量刑的影响、刑罚裁量前的事实评价过程等复杂问题,并得出了一些富有启发性的结论,为未来的刑罚学研究提供了新的资源。

---

① 周光权:《法定刑研究》,中国方正出版社2000年版。

毋庸讳言,博士论文作为一种学位论文,自有其局限性。我始终认为,博士论文应以"过关"为原则,至于攻读博士学位者未来要从事法学研究,那是借助于读书期间的知识积累继续努力的事情。因此,博士论文写作的"最佳"境界是四平八稳,滴水不漏,经得起持不同观点的人士的批评,所以,博士论文成为经典之作的事例是十分罕见的。当然,从博士论文中也可以看出作者的理论偏好与学术志趣。从这个意义上说,我相信,这篇博士论文只是周光权博士刑法学理论跋涉过程中的一个新的起点,他将来一定会有更好的著作问世,不会辜负时代与社会的期待。

陈兴良
谨识于北京西郊稻香园寓所
2000年6月18日

9. 田宏杰《中国刑法现代化研究》[①]序

　　田宏杰的博士论文《中国刑法现代化研究》即将由中国方正出版社出版,因为我曾经担任田宏杰的博士生导师,田宏杰邀我为之作序,我欣然应允。

　　我认识田宏杰是在1996年11月四川乐山举行的刑法学年会上,在驱车前往成都双流机场准备返京的路上,田宏杰向我表达了报考刑法专业博士生的想法。当时我对田宏杰并无多少了解。此后时任川大法学院院长的赵炳寿教授又郑重其事地向我推荐了田宏杰,由此获知她在川大法学院攻读硕士学位期间,奠定了刑法专业的良好基础。自1997年考入中国人民大学法学院以后,田宏杰潜心向学,其刻苦钻研的精神是极为可嘉的,在学业上的进步也是明显的。在我1998年调到北京大学法学院任教以后,田宏杰转由赵秉志教授指导。现在终于顺利地完成学业,博士论文即将出版,这是应当为之高兴的。

　　刑法现代化,这是一个极具魅力的题目。就我所知,国内有好几位年轻刑法学人对这个题目垂青。当田宏杰就这个选题征询我的意见时,我感到这是一个不太容易把握的题目。我对博士论文的选题,一直有着个人的见解,认为博士论文以通过为原则,宜小题大做。刑法现代化,显然不是一个小题,而是一个大题,而且是一个前沿性的题目。虽然我知道田宏杰对刑法理论问题情有独钟,但对于她是否有足够的学术能力把握刑法现代化这个题目,我不无几分担忧。当然,当时我并未向田宏杰表示这种忧虑,而是予以了鼓励,这个题目如果做好,能够做出一份极有分量的博士论文。选题确定以后,田宏杰投入到了积极的写作之中。当她将初稿送给我征求意见的时候,翻阅书稿,我认为田宏杰很好地把握了这个题目,虽然个别问题上还存在瑕疵。从博士论文选题,可以看出田宏杰在学术研究上是具有挑战精神的,这是一笔宝贵的财富,对于将来从事学术研

---

① 田宏杰:《中国刑法现代化研究》,中国方正出版社2001年版。

究也会有所裨益。

我之所以认为田宏杰很好地把握了中国刑法现代化这个题目,主要是因为这篇博士论文在对中国刑法现代化的解读上,历史与逻辑相结合的方法运用得较为得当。刑法现代化是一个过程、一种趋势,是一个时间的概念。田宏杰在中西刑法现代化的比较中进行了历史回顾,从而使博士论文在对中国刑法现代化的阐述上获得了一定的历史感,这对于初习者来说是不太容易的。同时,刑法现代化又是一种状态、一种建构,是一个空间的概念。田宏杰在阐述中国刑法现代化的精神实质的基础上,分别对中国刑事立法的现代化与中国刑事司法的现代化及中国刑法现代化的模式设计等问题进行了讨论。这些问题关涉中国刑法现代化的构造,因而具有重大意义。因此,从博士论文的结构安排上来看,是合理的。

在对中国刑法现代化一些基本问题的论述上,田宏杰都表述了她个人的见解。例如,关于中国刑法现代化的宏观架构,田宏杰提出了形神兼备、形式合理性与实质合理性相融合的观点,就是颇有见地的。中国古代法律,关注的是实质合理性而忽略形式合理性。那么,中国刑法现代化,对于形式合理性与实质合理性应当如何选择呢?田宏杰指出,对于中国这样一个偏重实质合理性的国家来说,中国刑法现代化所追求的应当是形式合理性优先、实质合理性垫后的合理性,总体设想是:刑事立法应当更多的关注实质合理性,强调"恶法非法";刑事司法则应当注重形式合理性,坚持"恶法亦法"。这也就是所谓形神兼备:形式合理性是形,实质合理性是神。在立法与司法两个不同的语境,各有其强调的重心。这样一种分析,是客观全面的,也是具有启迪的。又比如,对于中国刑法现代化中如何建立公民法律信仰的讨论,也是博士论文的精彩之笔。田宏杰提出了信仰是现代刑事法治的精神意蕴的命题,对信仰在刑法现代化中的作用进行了深入的挖掘,指出要实现中国刑法的现代化,首先就必须培育公民对刑法的信仰。只有培育起信仰,公众对刑法才没有疏远和敬畏,有的只是由这种信仰所产生的归宿感与依恋感,由此才会激发人们对法律的信任、信心和尊重,并愿意为之献身。只有在这种社会普遍的刑法情感氛围中,刑法才能最终找到其自身正当性与合理性的真正基础与根源;也只有在这个基础和根源当中,刑法才能获得真正的、有普遍社会感召力的神圣性。由此,刑法的至上性和最高权威也才能真正得以确立和存续。以上议论,我认为是精辟的。在专制社会,刑法是恐怖物,人们对它只有恐惧没有好感;在法治社会,刑法不再使人疏远,成为人们忠诚与信仰的客体。对刑法从恐惧到忠诚,是刑法现代化的精神转换的一条基本线索。当然,由于大题之故,博士论文对于刑事司法解释与刑事判例等问题的论述未能突破现有的理论研究水平,因而流于平淡。如果作者能够从刑法现代化这样一个独特的视野关照这些问题,而不是泛泛而论,其实是能够出新的,这是以后写作中应当注意的。

田宏杰的这篇博士论文给我一种强烈印象,就是作者读书涉猎面是十分广泛的,已经远远超出了刑法的范围。例如第一章历史回放:中西刑法现代化起源之比较考察,田宏杰对现代化进行了正确的解读,对市民社会理论予以了正确的阐述,以此建立中国刑法现代化的研究理路,反映了作者的学术功底。读书破万卷,下笔方能有神。读书是学术研究的基础,这是我向学生经常强调的。只有大量的读书,才能汲取各种知识养分。读书的范围与数量,直接决定了一个人思考问题的知识背景。在博士论文中,田宏杰不仅运用所读之书的观点建立起中国刑法现代化的框架,而且引证大量资料对本人观点加以论证。这些资料就是学术大厦的砖瓦,没有砖瓦,岂有学术大厦之平地而起?田宏杰的博士论文引用资料是十分丰富而翔实的,使其学术观点建立在扎实的基础之上。当然,在资料的引用与铺陈上,也还存在一些技术性问题有待解决。资料就像珠子,要有一根线给串起来,否则就会杂乱无章。在论文中,间或有这种凌乱感。例如对清末沈家本主持的刑律修订活动的描述,资料堆砌有余,理论分析不足。凡此种种,均是学术火候不到之处。我相信,随着时间的推移,田宏杰在学术写作上会走向成熟与老道。

这篇博士论文,是田宏杰六年法学求学经历的一个总结,除田宏杰本人学术上的努力之外,还应归功于中国人民大学法学院刑法专业博士点宽容的学术气氛。人大刑法博士点在高铭暄教授的主持下,在刑法解释学方面对我国刑事立法与刑事司法贡献巨大,但同时也并不排斥理论刑法学的研究,这有我的亲身经历为证。其实,学术宽容是学术成长与发展的必要条件,关键是我们自己所搞的东西是否具有学术价值。

以上这些,是对田宏杰的博士论文的评价,也是我个人的读后感。写在这里,作为序,供读者参考。

陈兴良

谨识于北京海淀稻香园寓所

2000 年 12 月 8 日

10. 孙谦《逮捕论》[1]序

逮捕作为一种刑事强制措施,涉及对犯罪嫌疑人的人身自由的剥夺,因而受到各国法律的高度重视。对于这样一个刑事诉讼法中的重大理论问题,以往我国尚缺乏系统而深入的研究。孙谦同志以在最高人民检察院刑事检察厅担任副厅长并分管批捕工作之亲身经历,经过深入研究,完成了博士论文《逮捕论》并顺利地通过答辩,现在又正式由法律出版社出版,可以说是填补了逮捕制度研究上的一个空白。我参加了在吉林大学举行的孙谦同志的博士论文答辩会并荣幸地担任答辩委员会主席。在论文答辩会上,孙谦同志从容、流畅地回答答辩委员会成员的提问,给我留下了深刻印象。现在,这篇博士论文出版在即,孙谦同志邀我为之作序,作为论文的先睹者,我十分乐意向读者介绍并推荐。因此,我痛快地答应了作序之请。此乃本序之所由。

以往我国对逮捕制度的研究,大多囿于对刑事诉讼法规定的诠释,重点在于论述逮捕条件及程序。孙谦同志的这部著作突破了规范阐述的樊篱,在更为广阔的理论背景之下,深刻地把握逮捕制度的性质,可谓立意高远,具有某种法哲学的意蕴。这对于孙谦这样长期从事司法实际工作的同志来说,是十分难能可贵的。尤其是孙谦同志从人权的高度,对逮捕制度进行了理论分析。可以说,逮捕与人权是具有关联的,法国1789年《人权宣言》关于逮捕作出了如下规定:"除非有法律所规定的情况并按照法律所指示的手续,不得控告、逮捕或拘留任何人。"此后,非经合法批准公民不受逮捕,就成为各国宪法的原则。由此可见,人权保障必然要求对逮捕加以限制。在本书中,孙谦同志深刻地揭示了逮捕的悖论性:"逮捕存在的根本目的之一就是为了保障人权,然而却是以限制或剥夺具体人的基本人权——人身自由为条件的。逮捕既可以成为保障绝大多数人安全,保障大多数人生存权、自由、财产所有权的手段,同时也可能成为侵

---

[1] 孙谦:《逮捕论》,法律出版社2001年版。

犯人权的凶手。人权从原理上是排斥逮捕的,但它又从来没有离开过逮捕以及刑罚等暴力对自己的保护,一旦失去这些保护,人权很可能荡然无存。"这一对逮捕的性质的认识,我认为是十分有见地的。李斯特曾言,刑罚犹如一把双刃剑,用之得当,则个人与社会两受益;用之不当,则个人与社会两受害。逮捕何尝不是如此呢?在正当的法律程序严格限制下的逮捕,是追究犯罪的有效手段,具有其存在的正当性。而不受限制的、滥用的逮捕,则会成为践踏人权的工具。因此,孙谦同志将逮捕视为国家的宪法权力,对于逮捕的合宪性问题予以充分关注。

  在关注逮捕制度的合宪性的同时,孙谦同志还注重逮捕制度本身的法律建构。尤其是关于逮捕原则的梳理与归纳,具有重要的理论意义与实践意义。逮捕是一种国家宪法权力,国家又将这项权力赋予有关司法机关行使。根据我国刑事诉讼法规定,检察机关具有逮捕的批准权与决定权、审判机关具有逮捕的决定权、公安机关具有逮捕的执行权。那么,这些司法机关在行使逮捕权(包括决定权、批准权和执行权)的时候,应当遵循什么样的法律原则呢?孙谦同志认为,逮捕原则包括以下五项:①逮捕的合法性原则,即逮捕必须符合法定条件,符合"正当的法律程序";②逮捕的公正原则,即逮捕是不得已而为之,是为了使正义以及绝大多数人的利益免遭不法侵害而对具体人人身自由的剥夺;③逮捕的谦抑原则,即减少和抑制逮捕;④逮捕的即时原则,即执行逮捕的司法官员收到逮捕证,应当"不迟延"地执行;⑤逮捕的示证和告知权利原则,即执行逮捕的司法官员应出示事先依法取得的逮捕证,必须有效地告知被逮捕者在特定状况下享有的权利。以上对逮捕原则的论述是全面而细致的,对照我国目前逮捕制度的实际状况,尤其引起我的兴趣的是逮捕的谦抑原则。我的理解,这里的谦抑就是必要,逮捕的谦抑原则就是逮捕的必要性原则。甚至可以说,凡是不必要的逮捕,就是不正当的。因此,逮捕是否必要,并非只是多捕一人或者少捕一人的问题,也不仅是一个可捕可不捕的捕还是不捕的问题,实际上是一个逮捕是否正当的问题。因此,逮捕的必要性乃是逮捕的正当性的前提与基础。逮捕并非刑事追诉的必经程序,只是为防止逃跑、串供或者毁灭罪证等妨碍刑事追诉的情况出现而设置的一种例外性的刑事强制措施。因此,刑事诉讼法规定,具有逮捕必要的可以逮捕。由此可见,必要性始终是法律所确认的逮捕条件之一。

但是,在我国司法实践中,逮捕在一些地方已经不是刑事追诉的例外而成了必经程序。在经法院判决有罪的刑事案件中,95%以上的被告人都被采取了逮捕这一强制措施。难道如此之众的逮捕都是必要的吗?我的回答是否定的。出现这种情况,究其原委,一是人权观念淡漠,二是法律规定含混。人权观念淡漠主要表现为,没有充分考虑逮捕对犯罪嫌疑人人身自由限制的副作用。法律规定含混主要表现为,我国刑事诉讼法只是规定采取取保候审、监视居住等方法,尚不足以防止发生社会危险性,而有逮捕必要的,应即依法逮捕。对于这里的逮捕必要没有加以明文列举,因而为司法机关过多地适用逮捕留下了空隙。过多地适用逮捕的后果是极其恶劣的,导致审判前长期羁押,看守所人满为患,并使证据不足或者证据无法认定的案件,因为已经逮捕羁押而使法院作出无罪判决增加了难度。在1996年刑事诉讼法修改以后,由于取消了收容审查,因此放松逮捕条件的呼声高涨,尤其是侦查机关对此有强烈要求。对此,我始终不以为然。我认为,逮捕虽然是侦查的一种有效手段,但它是以牺牲犯罪嫌疑人的人身自由为代价的,司法机关侦查上的不力不应转嫁到犯罪嫌疑人身上。在刑事法治理念中,逮捕只能是不得已而为之的例外的、极端的、最后的手段。否则,犯罪嫌疑人的正当权利就得不到应有的保障。因此,我曾经指出"逮捕应当掌握最低限度的起诉条件"的命题。这一观点还仅是就逮捕条件与起诉条件的关系而论的。如果在没有逮捕必要的情况下,即使是符合最低限度的起诉条件,也不应逮捕。孙谦同志关于逮捕原则的论述,引发我上述关于逮捕必要性的思考,这完全是有感而发,这种感想也许可以作为理解孙谦同志提出的逮捕原则的一种背景性资料。我相信,其他读者在读了孙谦同志的这部著作以后,都会有自己的感想,这不正是本书的成功之处吗?

  逮捕虽然是刑事诉讼法中的一项制度,但它与刑法中的犯罪与刑罚这些实体问题同样具有密切联系。本书的一大特色,是对于逮捕制度的研究不局限于程序法,而是结合实体法加以论述,因而体现了我所一直倡导的刑事一体化的理念。在本书中,孙谦同志专章论述了逮捕与犯罪(第三章)和逮捕与刑罚(第四章)。逮捕与犯罪具有内在的逻辑关系,对此孙谦同志作了深刻的描述:"逮捕以犯罪的发生为前提,逮捕的目的是追诉犯罪。同时,犯罪对逮捕具有制约作用,即犯罪是否存在,决定着逮捕是否适用,犯罪经过判决是否成立,是检验逮捕适用是否正确的重要尺度。如果对没有犯罪的人或犯罪没有达到相当的程度而限制某人的人身自由,是缺乏正当性、合法性的,是司法行为缺乏理性的表现。"对于这一观点,我深表赞同。关于逮捕与刑罚的关系,孙谦同志揭示了两者之间内在的、必然的联系,即被逮捕者的罪行可能判处一定的刑罚是逮捕的不可缺少的条件。值得注意的是,孙谦同志提出了逮捕与刑罚具有"同向性"的命题,这种同向性表现为二者都具有惩罚性:逮捕是"先予性惩罚",刑罚是"终局性惩罚"。对于这一观点,我以为是值得商榷的。刑罚具有惩罚性毫无疑问,因为惩罚是刑罚的题中之意。但逮捕是否也具有惩罚性呢?我的回答是否定的。逮捕可能导致惩罚,但其本身并不是惩罚。逮捕只是一种刑事强制措施,属于程序法的范畴,而惩罚是一种实际处分,两者不可混同。在已经逮捕但被判决无罪的情况下,逮捕的惩罚性是无从体现的。根据无罪推定原则,行为经法院判决有罪以前,犯罪嫌疑人、被告人被假定是无罪的,无罪怎么会受到惩罚呢?至于"先予的惩罚",对于经逮捕被判决有罪的犯罪人,其先前羁押的日期折抵一定的刑期,似乎能够成立。但这种刑期的折抵只是一种不得已的做法,不能由此引申出先前的羁押具有惩罚性的结论。对于我的这一观点,不知孙谦同志以为然否?尽管存在上述可以进一步推敲之处,对于孙谦同志从程序法与实体法的关联上对逮捕制度加以全方位的考察的思想,我深以为然。

  我与孙谦同志相交时间并不很长,但孙谦同志勤于思考、勇于探索的精神给我留下深刻印象。现在,孙谦同志担任了国家检察官学院院长①,可以说与学术靠得更近了。我相信,孙谦同志会在这一岗位上工作得更为出色,并会有更好的学术成果奉献给社会。

陈兴良
谨识于北京西郊稻香园寓所
2000 年 9 月 18 日

---

① 孙谦现任最高人民检察院副检察长。——2018 年 7 月 9 日补记

11. 孙万胜《司法权的法理之维》[①]序

孙万胜同志的博士论文《司法权的法理之维》即将由法律出版社出版,我对这本书的看法,可以归结为一句话:这是一本令时下许多学者汗颜的书。不知我的这一感觉对不对,也许它只能代表我自己。因此,我将这句话改为:这是一本令我汗颜的书。

记得是今年5月份,孙万胜同志通过上海大学法学院副院长严励教授找到我,从而得知孙万胜同志正在吉林大学法学院在职攻读博士学位,今年即将答辩,并将其博士论文初稿交给我,让我审读。孙万胜同志具有长期从事司法工作的经历,曾先后担任长春市的公安局长、长春市国家安全局长、长春市中级人民法院院长。以其对司法活动的切身感受,写出一篇解决司法实务中疑难问题的博士论文,我不会感到吃惊,也合乎常理。令我意外的是,孙万胜同志选择了司法权这样一个十分具有理论意蕴的题目,并且以一种十分理论化的方式予以展开。我认为,这是难能可贵的。我想从思想、知识、写作三个方面来对孙万胜同志的论文作一简要的评价。

思想是一篇论文的核心,决定着一篇论文的质量:有即优,无即劣。司法权是一个重大的理论问题,也是整个司法改革的关键。司法改革,说到底就是一个司法权的重新分配与调整的问题。因此,没有对司法权的理论把握,对司法改革的思考是不可能深入的。孙万胜同志作为一个法院院长,可以说是司法权的直接行使者,对于司法权是熟知的。但熟知并不等于真知,由于缺乏距离,反而会出现古人所云"不识庐山真面目,只缘身在此山中"的被遮蔽感。身在此山,跳出此山,这是十分不容易的。而孙万胜同志的这篇论文,可以说做到了这一点。例如,书中对司法改革任务的阐述,提出了司法权外部运行结构的合理化与司法权内部运行结构的合理化的命题。前者,通过对司法权与行政权、立法权关系的分析,论

---

① 孙万胜:《司法权的法理之维》,法律出版社2002年版。

证了法院独立之必要性;后者,从司法权是判断权,法官是独立的判断主体的前提出发,论证了法官独立之必要性。当然,无论是法院独立还是法官独立,都是相对的。孙万胜同志在论文中提出,司法权与立法权和行政权之间具有一种制度性关系。我理解,这种制度性关系实际上是一种相互之间的制约关系。因此,法院独立是指使这种制约法律化、制度化,在法律范围内的、制度基础上的独立,这种独立是针对立法权和行政权对司法权的制度化的干预而言的。同样,法官独立也并不是法官可以恣意妄行,孙万胜同志在论文中指出,法官的权力必须受到有效的道德性约束和制度性约束。以上对于司法改革的任务的界定,我认为是符合司法权运行规律的,对于我国正在进行的司法改革也是十分具有针对性的。在本书中,孙万胜同志提出了许多具有思想性的观点与命题,可以说是真知灼见。

知识是思想的载体与媒介,正是知识决定着思想的广度与深度。一篇好的论文,不仅要有思想,而且要对这些思想进行体系性阐述,进行逻辑论证,从而使读者清晰地把握各种思想的来龙去脉。就此而言,知识对于一篇好的论文,与思想同样重要。孙万胜同志在知识方面面对的挑战,绝不亚于思想方面。对于一个司法实务者来说,积累了大量的司法实践经验,具有的是司法实务的知识。而理论知识,尤其是一些高深的、抽象的法理性知识,是较为生疏的。但在本书中,孙万胜同志表现出具有丰富的理论知识,其知识面之深之广,在一般司法实务工作者中是极为罕见的。在本书主要参考书目中,孙万胜同志就列出中文书目 127 种,外文书目 10 种。从本文的内容来看,孙万胜同志确实是运用了这些参考书中所提供的各种知识。例如书中关于司法权运行类型的划分,就是运用了韦伯类型学的分析方法。韦伯提出了理想类型的概念,这种理想类型是从社会现象中抽象概括提升而来,又可以通过这种理想类型与社会现象之间的对比,以一种多种类型化的特定成分来解释,分析包含着多种特性可能的复杂的社会现象,从而完成对社会现象的属性定位。根据这种类型学的分析框架,孙万胜同志将司法权分为以下三种类型:国家本位型司法权、程序本位型司法权和目的本位型司法权。同时,孙万胜同志又指出:国家本位型、程序本位型和目的本位型司法权只是司法权的纯粹形态,实际上,任何一个国家的司法权体系都不可能以上述三种类型中的一种作为其全部的构成成分,都只能是三种类型成分的混合体和结合体,只不过在一定的时期某种类型成分在一个国家司法权体系中显著一些、强烈一些,而其他类型则初露端倪,未成为该国司法权体系的主流。这样一种分析,我认为是辩证的,也活用了韦伯的类型学分析方法。

写作是对观点的论证与叙述,论文的写作具有不同于其他文体的特征,要想把握好这种写作方式也是极为不易的。尤其是来自司法实际部门的同志,对于学术论文的写作是较为陌生的,因而往往带有工作报告、经验总结之类的应用文体的写作痕迹。孙万胜同志的博士论文,在写作上也是极为规范的,完全符合学术论文的标准。

当然,本书也不是完美无缺的,个别地方还值得商榷。例如,司法权的现实与理想,与理想相对应的现实似应是现实状况,只有在此意义上理解现实,才能与此后的通过司法改革实现司法理想相对应。但文中所说的司法权的现实,诸如司法权的有限性、保守性、风险性、疏远性、依存性、迟延性都是指司法权的局限性,这种局限性是司法权与生俱来难以摒除的,它与司法权的理想,诸如司法公正与司法效率相统一、司法宽容与司法规序相统一、司法理性与司法经验相统一、司法判断与司法良知相统一、司法专业化与司法民主化相统一、司法工具理性与司法价值理性相统一等,并不形成对应关系。当然,这只是一种体例编排上的问题,其叙述的观点与内容还是十分到位的。

我有幸参加孙万胜同志博士论文的答辩,并担任答辩委员会主席。在博士论文答辩会上,孙万胜同志顺利地通过了论文答辩,答辩委员会对孙万胜同志的博士论文给予了高度评价。孙万胜同志的这篇博士论文,使我提高了对我国法治建设发展前景的合理期待。

是为序。

陈兴良
谨识于北京海淀蓝旗营寓所
2001 年 7 月 13 日

12. 赵永琛《区域刑法论——国际刑法地区化的系统研究》①序言

赵永琛教授的博士论文《区域刑法论——国际刑法地区化的系统研究》即将由法律出版社出版。由于我曾经担任过赵永琛的博士生导师，对于赵永琛的学术经历及该论文的写作过程比较了解，因而当他请我作序时，我慨然应允。

目前攻读博士学位的往往有两种人：一种是从大学本科、硕士一路读上来的，这些人年纪较轻，思想活跃，可塑性强；另一种是已经参加教学科研工作或者机关、企业工作，甚至已经取得突出成绩的人，为进一步深造而脱产或者在职攻读博士学位。这些人年纪较大，思想成熟，科研能力较强。对于指导教师来说，对这两种人的培养是大不一样的。对于前一种人是雪中送炭；对于后一种人则是锦上添花。赵永琛就属于后者。他1983年毕业于西南政法学院（现为西南政法大学），此后分配到中国人民公安大学从事教学科研工作②，其主要研究领域是国际刑法、侦查学。尤其是在国际刑法研究方面，赵永琛是国内为数不多的致力专攻者中的出类拔萃者。在进入北京大学法学院攻读博士学位之前，就已经取得了丰硕成果。

赵永琛在公安院校从教，在一般人的印象中，公安院校是较为封闭的，何以赵永琛研究起国际刑法并颇有成就？这应当说是对外开放的机遇使然。1984年9月，我国加入国际刑警组织，赵永琛被派往国际刑警组织中国国家中心局实习、协助工作，并开始了对国际警察合作及涉外警务的研究，在此基础上出版了第一部专题研究国际刑警组织的学术著作——《国际刑事警察组织——理论与实践》。这部专著不仅是赵永琛的第一部个人专著，也是我国在这一研究领域的第一本专著。以此为契

---

① 赵永琛：《区域刑法论——国际刑法地区化的系统研究》，法律出版社2002年版。
② 赵永琛现任中国驻格林纳达特命全权大使。——2018年7月9日补记

机,赵永琛将其研究进一步扩大到国际刑法的各个领域,最终形成了包括跨国犯罪、国际警务、国际刑警组织、国际刑事司法协助等相关内容的相对完整的国际刑法理论体系,这些研究成果集中反映在其1994年出版的个人专著《国际刑法与司法协助》一书中。该书虽然不是我国在国际刑法领域的第一部专著,但从书名中可以看出,该书不是对国际刑法的纯学术研究,而是关注各国在刑事领域的司法协助,从而使本书在内容上独具特色,在我国刑法学界受到广泛好评。此后,赵永琛于1994年至1995年间到英国伦敦经济政治学院做访问学者,为他收集资料带来了极大的便利。在此基础上,赵永琛出版了第三部个人学术专著《国际刑事司法协助研究》。该书的出版填补了国际刑事司法协助领域的研究空白,并获得北京市哲学社会科学优秀成果二等奖,由此确立了赵永琛在国际刑法,尤其是国际刑事司法协助领域的学术带头人地位。

在进入北大法学院以后,赵永琛在北大这所百年名校受到熏陶,理论水平大有提高。在学习的过程中,赵永琛写出了题为《论区域刑法》的学术论文,该文提出了一个新概念——区域刑法,并对此进行了初步研究。我认为该论文具有学术上的创新性,经他修改后发表在我主编的连续出版物《刑事法评论》第5卷上。在临近博士论文开题的时候,赵永琛向我征询博士论文的选题,我鼓励他将区域刑法的研究进一步进行下去,以此作为博士论文。现在出版的《区域刑法论——国际刑法地区化的系统研究》就是他的博士论文,也是我国在区域刑法研究领域取得的一个前沿性成果,填补了这一领域研究上的空白。

区域刑法是本书的一个核心概念,也是赵永琛在研究国际刑法和国际刑事司法合作问题的过程中提出的一个新术语。按照本书的定义,区域刑法是一种地区性的刑法(regional criminal law)。因此,区域刑法显然不同于国内刑法,它具有跨国性、涉及国际性。但区域刑法又不同于传统意义上的国际刑法,因为国际刑法是全球性或者世界性的,涉及各个国家,而区域刑法只涉及部分国家。当然,就区域刑法与国内刑法和国际刑法的关系而言,我认为区域刑法与国际刑法的联系是更为紧密的。区域刑法可以说是局部的国际刑法或者是国际刑法的地区化。从本书的副标题——国际刑法地区化的系统研究,也可以看出作者对区域刑法的定位。我认为,本书的最大理论贡献是论证了区域刑法的这种现象的客观存在,并阐述了区域刑法的适用机制。

在以往的理论研究中,我们只注重国内刑法与国际刑法,而没有看到在这两者之外,还存在一种区域刑法。区域刑法是伴随着国际关系的地区化而出现的一种法律现象。在目前的国际关系中,尽管全球化是一种重要的趋势,但在全球化的同时还存在着区域化的现象。例如,欧盟、东盟以及其他地区性的国际组织在国际事务中发挥着越来越重要的作用。这些区域组织出现了在政治、军事、经济、法律方面一体化的倾向,甚至形成对国家主权的某种限制。在法律方面,特别是在刑事立法与司法两个方面都有了重大进展。在立法方面,表现为出现了区域性的刑事法。最为明显的是,自20世纪50年代以来欧洲理事会分别通过了《欧洲引渡公约》(1957)、《欧洲刑事互助公约》(1964)、《欧洲缓刑和假释公约》(1964)、《欧洲惩治道路交通肇事罪公约》(1964)、《关于刑事判决国际效力的欧洲公约》(1970)、《欧洲儿童遣返公约》(1970)、《欧洲刑事诉讼移转管辖公约》(1972)、《关于反人道罪和战争罪不适用时效的欧洲公约》(1974)、《欧洲引渡公约附加议定书》(1975)、《关于剥夺驾驶机动车权利国际效力的欧洲公约》(1976)、《欧洲惩处恐怖主义公约》(1977)等。这些以地区公约形式出现的法律文件,实际上就是区域刑法。在司法方面,地区性的刑事司法协助迅速发展,在一定程度上影响了各国的刑事司法制度。在本书中,赵永琛对区域刑法的产生和发展都有详尽的论述。作者认为,区域刑法主要是由区域条约、习惯、地区性组织的指令、规则以及一般原则组成的,区域刑法的诞生不是偶然的,它是社会需要的产物。这些观点对于我们正确地认识区域刑法具有重要意义。

尽管我倾向于主张博士论文应当力求四平八稳,滴水不漏,经得起持不同观点的人士的批评。但我还是非常鼓励在博士论文中有所创新的,因为只有创新才是理论发展的必由之路。在我看来,赵永琛的这篇博士论文就是一部创新之作,不仅选题新、资料新,而且内容新、观点新,这是难能可贵的。它具备了一篇优秀的博士论文的基本特征。

最后应当指出,我的学术专长并非国际刑法,而是刑法的一般原理,因此我也很难给予赵永琛学术上更多的指导,本篇博士论文就是赵永琛在广泛搜集资料的基础上独立完成的。实际上,我也从来没有把自己看做是老师,而是学术上的志趣相同者,互相学习,互相砥砺。赵永琛长期从事国际刑法的教学研究工作并且卓有成就,最近赵永琛已到与他的专业研究对口的实际部门工作,我相信赵永琛能够学以致用。从这个意义上来说,博士论文的出版,是赵永琛过去学术研究经历的一个总结,也是将来的实务工作的一个起点。

是为序。

陈兴良
谨识于北京海淀蓝旗营寓所
2002 年 5 月 21 日

13. 王丽《律师刑事责任比较研究》[①]序

王丽女士的博士论文《律师刑事责任论》,经修订后改为现名《律师刑事责任比较研究》即将出版,嘱我写序,我欣然接受。因为我参加了王丽的博士论文答辩,对她写作的过程也比较了解。在我看来,这是一篇论述律师刑事责任的力作。它的出版,不仅对于刑法理论研究有填补空白之功,而且对于律师学理论的发展也可以说功不可没。因此,我乐于为之推荐。

通读《律师刑事责任比较研究》一书,在以下三个方面给我留下较为深刻的印象:

第一,作者身份与本书内容的契合。

王丽女士是一位执业律师,并且担任德恒律师事务所主任。德恒律师事务所是从司法部中国律师事务中心演变而来的,现有律师100多名,不仅在国内一些大城市设立了分所,而且在纽约、海牙等地设立了国外分所,是我国律师事务所在国外设立分所为数不多的律师事务所之一。王丽女士不仅从事律师业务,管理律师事务所,而且对于推动我国律师行业的发展,乃至于推进我国法治建设,都有着自己独特的想法。王丽在吉林大学法学院师从著名刑法学家何鹏教授,攻读刑法专业博士学位。在博士论文选题的时候,她毫不犹豫地选择了律师刑事责任这个题目。王丽女士以执业律师的身份研究律师刑事责任问题,是十分合适的。王丽在多年的律师执业生涯中,对于律师执业活动的酸甜苦辣是有着切身感受的,在本书的引言中,作者列举了一大串律师在刑事辩护中因伪证罪或妨害作证罪而锒铛入狱的案例,并且直白地表露了本文的写作动机:选中这个题目既不是出于职业偏好,也不是出于职业相轻,而是基于一种责任,即律师自己应该认识自己的职业责任。本文的研究逻辑是:只有认清律师自身之职业责任,包括刑事责任,才能厘清其在整个司法活动包括刑

[①] 王丽:《律师刑事责任比较研究》,法律出版社2002年版。

事司法活动中的角色、位置及行为界限,进而才能提高和完善整个国家的法治水平。因此,王丽女士虽然是在讨论一个与其职业密切相关的问题,但却没有职业偏见,不是情绪宣泄,而是从律师职业在整个司法活动中的正确定位出发,对律师的刑事责任进行了理性与客观的探讨,这种学术态度是严谨而科学的。只有这样,才能保证论文的立论公允可信。

第二,实证资料与理论分析的契合。

律师刑事责任在当前中国是一个引人瞩目的热点问题,在现实生活中,就有许多律师在执业中被抓。王丽女士在本书中十分重视这些实证资料的运用,尤其是利用身处京城的便利条件,从中华全国律师协会的刑事专业委员会专门搜集了发生在全国各地的律师被抓案例,并对此进行了法理上的分析。值得关注的是,王丽女士不是孤立地探讨律师的刑事责任,而是从律师职业特色出发,在律师职业责任的视野中讨论律师刑事责任。作者提出,律师职业责任是相对于其人身责任而言的,职业责任是基于职业产生的。律师作为一种社会职业,尤其像有些国家称谓的那样是自由职业,必然有其特定的职业责任。律师之职业责任包括四个层次,这就是伦理责任、行业或行政责任、民事责任和刑事责任。由此可见,刑事责任是律师责任的最高层次,也是最重要的律师责任。律师的刑事责任,根据本书的界定,是指律师在执业活动中因触犯刑事法律规范而应承担之责任。作者依照现行刑法的规定,对我国律师刑事责任问题进行了分析,尤其是提出了以下两个值得研究的问题:第一是对《刑法》第306条规定的质疑。《刑法》第306条规定了辩护人、诉讼代理人妨害作证罪。作者认为,这一规定从立法理念、特殊主体设置、条文拟制、司法平衡、审判实践及实施后果上看都是极为失败的,并且造成中国法制建设之反动。因而,作者提出了迅速废止《刑法》第306条的建议。第二是关于律师刑事责任之豁免命题之提出。律师刑事责任之豁免包括以下三项内容:①律师在刑事辩护中发表的言论,不受法律追究;②律师在刑事诉讼中向法庭提供或出示之文件、材料失实的,不受法律追究;③在刑事诉讼中,律师之人身自由、人身权利不受侵犯。以上观点的提出及其论证,对于我国法治发展和律师队伍建设具有战略性意义。王丽女士在本书中把实证材料与理论分析有机地结合起来,因而使本书的内容持之有据,言之成理。

第三,中国立场与世界视野的契合。

王丽女士在关于律师刑事责任之论述中,不仅注重中国现实中的律师刑事责任问题,从而具有鲜明的中国立场,同时,本书还引入世界视角,从大量的比较研究中可以看出作者在这方面所作的努力。由于律师刑事责任是一个全球性的问题,对于中国来说还是一个新问题。因此,作者在广泛搜集外国第一手文献资料的基础上,从法律规定到制度设置上加以比较,对于我们正确地认识律师刑事责任问题具有重要的借鉴意义。

随着我国法治建设的发展,律师队伍也必将随之壮大,因而将会涌现出一批具有高学历、高学位、高素质的优秀律师,他们是律师中的佼佼者,王丽女士就是其中一员。因此,对于王丽女士的博士论文之出版,可以看作我国律师素质正在逐步提高的某种象征。

陈兴良
谨识于北京海淀蓝旗营寓所
2001年12月20日

14. 刘树德《罪状建构论》[①]序言

刘树德在博士论文基础上修订而成的专著《罪状建构论》即将交付出版，由于我和树德的师生关系，请我作序，我欣然应允。

刘树德大学本科学的是国际政治，但一直对法律专业感兴趣，经过努力考上了刑法专业硕士研究生，当时我还在中国人民大学法学院任教，其硕士论文是我指导的。应该说，刘树德还是一个比较勤奋的人，在硕士生阶段就打下了扎实的基础，其硕士论文《行为犯研究》经我推荐于2000年在中国政法大学出版社出版，凡8万余字，对行为犯这个刑法中虽小但十分重要的范畴作了深入的研究。该书出版以后，受到好评。硕士生毕业之后，刘树德于1997年又考上了我的博士研究生，继续攻读刑法学。在我1998年调到北京大学法学院任教以后，刘树德转由我的导师高铭暄教授继续指导，并顺利地完成学业。曾经做过导师的我，为之感到高兴。

罪状是刑法分则条文的重要内容，按照苏联著名刑法学家А. Н. 特拉依宁的说法，罪状是犯罪构成的"住所"。我国刑法学界以往对罪状问题还是重视不够的，尤其是在犯罪构成体系的建构中，没有对罪状作为犯罪构成要件的法律载体予以充分确认。当初，刘树德选择罪状作为博士论文的选题，虽然符合我关于学位论文应当"小题大做"的一贯思想，但以我国目前对罪状的研究现状，能否达到博士论文的最低字数要求，仍然不无忧虑。刘树德不仅顺利地完成了以罪状为题目的博士论文的写作，而且经过修订充实，成为一部30多万字的专著，这多少有些超出我的预想。

在通读本书初稿以后，我感到罪状虽然是一个技术性的论题，但刘树德还是倾注了较深的人文关怀。这主要体现在该书的导言"罪状建构的'合宪性'审查——刑事法治的宪政基础"与该书的代跋"罪状建构的'有利于被告人原则'——刑事法治的理念基础"当中。刑事法治是我近年来关注的一个重大课题，《刑事法治的宪政基础》与《刑事法治的理念建构》

[①] 刘树德：《罪状建构论》，中国方正出版社2002年版。

是我先后完成的两篇论文的题目,可以看出与刘树德在这一问题上不谋而同。我想,刘树德是要在刑事法治的背景下考察罪状建构问题。例如,在导言中,刘树德指出:罪状——具体犯罪构成要件的居所——建构的"合宪性"审查无疑是确保实质意义上的刑事法治的重要举措,还认为罪状的建构应从民主性、法定性、均衡性、平等性、谦抑性和明确性六个方面接受"合宪性"审查。通过这些论述,可以明显地看出刘树德在对罪状研究中,并不满足于对罪状的纯技术性阐述,而是力图提升其研究的人文蕴含,对此我深以为然。

当然,罪状毕竟是一个技术性论题,刘树德还是花费了极大的心血对罪状进行深入的研究。在论述方法上,本书是有一定创新之处的。例如,简单罪状正如其名所示,是十分简单的。要想深入研究,也是有一定难度的。刘树德在本书中通过对故意杀人罪状的立法例加以比较的方法,列举了德、日、意、法、俄、加、美及我国刑法关于故意杀人罪的罪状规定,通过比较揭示各种立法例的利弊并表明自己的观点。尤其是本书制作了一些图表,对于读者理解问题是有较大帮助的。同时,刘树德还对罪状中最主要的内容——空白罪状问题作了重点论述,所占篇幅也相当多。在罪状所有问题中,空白罪状是最引人注目的。空白罪状之空白,使罪状形成"空框结构",增强了刑法条文的包容量,对于保持刑法典的稳定性是有利的。但空白罪状之空白也给人带来了一个疑虑:它是否有悖于罪刑法定原则?我想,在一定限度内的"空白"是不会违反罪刑法定原则的,但超出一定限度的"空白"就难免有违反罪刑法定原则之嫌。刘树德在本书中对此问题可谓浓墨重笔地展开论述,对空白罪状建构的合理性进行了追问,其中包括法律民主性原则角度的追问、法律专属性原则角度的追问、法律明确性原则角度的追问。这些理性追问,使本书对空白罪状的研究达到了一个相当的理论深度,也是本书的精彩之笔。

本书在罪状研究中,紧紧围绕我国刑法关于罪状的立法规定与司法解释展开,这也是一个主要特点。书中大量援引我国刑法中的罪状规定,并从理论上加以评价,对于将来立法完善具有参考价值。本书还注重罪状的司法适用,例如罪状解释问题。刘树德在该书代跋中提出了罪状解释的"有利于被告人原则"。刘树德从"找法"角度界定罪状解释的意义,可以说是抓住了问题的实质。

综上所述,刘树德的《罪状建构论》一书是一部有所创新的著作,尽管在我看来,某些论述有过于繁琐之嫌,但对于作者的学术努力是值得充分肯定的。刘树德获得博士学位以后,在最高人民法院工作,这为他展示自己的才华提供了一个很好的舞台。如果能把在学校所学的刑法理论知识与刑事司法实践结合起来,我想刘树德无论是在学术上还是在业务上都是大有发展潜力的。

写到这里,权且为序。

陈兴良

谨识于北京海淀蓝旗营寓所

2001年8月6日

15. 刘树德《宪政维度的刑法思考》[①]序言

刘树德的新著《宪政维度的刑法思考》让我作序，一见这书名，就为之叫好。翻阅全书，我感到这些思考是独到的，对于推进我国刑法学研究是有意义的，因而乐于为之推荐。

北京大学法学院储槐植教授倡导"在刑法之中研究刑法，在刑法之外研究刑法，在刑法之上研究刑法"，我深以为然。以往我国刑法学界大多是"在刑法之中研究刑法"，而鲜有"在刑法之外研究刑法"与"在刑法之上研究刑法"。近年来，随着我国刑法理论的发展，不仅刑法的规范研究新作迭出，而且刑法的超规范研究也可以说是新人辈出。刑法研究路径的多元化，对于繁荣刑法学理论是十分重要的。刘树德找到了适合自己的研究路径，这就是从宪政视角审视刑法，这是一种"在刑法之外研究刑法"的方法。如同本书后记所言，刘树德本科是学国际政治的，奠定了政治学的理论基础。从硕士研究生开始跟随我学习刑法，当时我就注意让刘树德利用政治学的知识资源来研究刑法。当然，从一个学科转入另一个学科，存在一个入门的问题，刘树德经硕士而博士，在刑法的学术殿堂开始登堂入室。现在终于拿出了这方面的研究成果，这是令我高兴的。

从宪政角度思考刑法，这是对刑法的合宪性与正当性的考察，这是一个独特的视角。这一视角的形成又是与我国宪政理论的发展相呼应的。这几年来，宪政越来越成为一个引人瞩目的热点问题。法治是以宪政为基础的，没有宪政秩序，法治是难以实现的。因此，法治建设的推进必然触及宪政问题。宪法在一个国家的法律体系中处于母法的地位，包括刑法在内的部门法都是子法。因此，对刑法的深入研究同样也离不开宪法理论。对于宪法之于刑事法治的意义，是令我关注的一个学术问题。在《刑事法评论》（第10卷）的主编絮语中我曾经指出，我国虽然一直有宪法，但宪法往往只具有陈列的意义，对于现实生活没有规范作用，对于

[①] 刘树德：《宪政维度的刑法思考》，法律出版社2002年版。

部门法没有规制作用。因此,虽有宪法却无宪政。在这种情况下,宪法只不过是一纸具文而已。随着法治建设的发展,宪政的问题越来越多地被提到学者的面前。宪法学者开始从静态宪法到动态宪法、从形式宪法到实质宪法展开宪法理论的新探讨,宪政这一曾经沉寂的术语开始悄然复活,并日益成为宪法理论的关键词。不仅如此,其他部门法学者也从本部门的实际问题出发,触及宪政问题。可以说,合宪性是对合法性的一种审问,是最高层次的合法性,乃至于是对合法性的正当性审视。它表明我国部门法的研究正在向着更高的理论层次攀登,各部门法都以不同的角度实现着宪法的价值内容。正是在上面所讲的这种历史背景下,我从刑事法治出发,分别撰写了《刑事程序的宪政基础》①与《刑法的宪政基础》②两文。现在,我高兴地看到刘树德以一种理论的自觉同样也选择了宪政视角对刑法进行思考,使我有一种"吾道不孤"之感。

在本书中,刘树德以专题的形式对刑法中的宪政问题作了深入思考。在"刑事法治的宪政基础"一章中,作者认为罪刑规范建构应引入"合宪性"审查,并且提出了"刑事领域的宪法司法化"的命题,指出:刑事领域的宪法司法化反映到诸多问题之中。例如,犯罪构成体系如何建构才能确保宪法规定的基本权利不受刑事立法机关的不经意的侵犯;刑事责任的归责结构如何建造才有利于确保犯罪嫌疑人的人身、自由、财产权利不受刑法之外的限制或剥夺;具体罪刑规范如何建构才能确保刑法所规定的法律面前人人平等原则在刑事法领域得到有效的体现;等等。这些问题的提出,是具有重大意义的,也是传统的刑法理论不能回答的。作者在本书中从不同的角度对这些问题进行了探讨。再如空白罪状问题,以往我国刑法理论只限于从适用角度加以论述。而本书则从宪法"立法权力"安排的角度,对空白罪状进行正当性追问,包括法律民主性原则角度的追问、法律专属性原则角度的追问和法律明确性原则角度的追问。在这种追问的基础上,又提出了空白罪状的空白要件进行填补的方法,并主张空白要件的填补应确保不背离罪刑法定原则。这样一些探讨,确实是以往

---

① 陈兴良:《刑事程序的宪政基础》,载陈兴良主编:《刑事法评论》(第9卷),中国政法大学出版社2001年版。
② 陈兴良:《刑法的宪政基础》,载陈兴良主编:《刑事法评论》(第11卷),中国政法大学出版社2002年版。

不曾见到的,给人以启迪。

  应当指出,本书的大部分内容是作者参加工作以后写就的。博士生毕业以后,刘树德到最高人民法院从事刑事审判工作,得以有机会接触大量的司法实践情况。繁忙的工作并没有使他被具体案件和具体问题所淹没,而在继续思考研究一些宏观的理论问题,利用工作之余的时间,读书思考,笔耕不辍,终于有这些作品奉献给读者。对于作者的这种勤勉,曾经是他导师的我,为之高兴。我期待着刘树德不断拓展自己的研究领域,同时有更多的著作问世。

陈兴良
谨识于北京海淀蓝旗营寓所
2001 年 12 月 20 日

16. 徐岱《中国刑法近代化论纲》[①]序

吉林大学法学院徐岱博士的博士论文《中国刑法近代化论纲》即将出版,由于在博士论文答辩前,我参加论文评议时审读过这篇论文,更因为我对清末刑法改制这段关系到中国刑法近代化的历史抱有极其浓厚的兴趣。因此,当徐岱博士邀我为该书作序时,我欣然应允。借此机会重读徐岱的博士论文并重温清末刑法改制这段历史,不由感慨系之。

中国是一个具有悠久的法律文化传统的国家,中华法系一脉相传,自成一体,尤其是以刑法为核心的成文法延续数千年,蔚为壮观。然而,时至清末,随着中国与西方列强的碰撞,为适应中国社会从传统封闭的农业社会向现代开放的工业社会转型,开展了一场深刻的变法运动,刑法改制就是其重要内容之一。变革的结果是沿袭数千年的中华法系传统被中断,而引入了大陆法系。对于中国的法律发展来说,这是一次突变,从而奠定了中国法律现代化的基础,其影响至深至巨,大有研究之必要。徐岱的博士论文从刑法近代化这样一个专业的角度对清末刑法改制这段历史进行了深刻的反思,这是具有重大理论意义与现实意义的。我认为,本书在以下几个方面具有作者本人的独到见解:

一是关于清末刑法改制的动因。任何一种社会改革,包括法律改革,都是各种社会矛盾激化的结果。中国清末的法律改革也是如此,对此在法史学界已经有过各种探讨。但仅仅满足于对清末刑法改革的社会动因的探讨还是不够的,还需要探讨清末刑法改制的法律动因。在这一点上,本书的探讨是极为成功的。作者将清末刑法改制的法律动因归结为治外法权的丧失与收回之欲望,我深以为然。治外法权,也就是领事裁判权,是指一国公民在他国领土上居住,不受居住国法律的管辖,而由驻在该国的本国领事,依据本国法律对其行为行使裁判权。显然,治外法权是对中国主权的侵犯,以往我们往往只拘泥于对治外法权的政治分析,而对

[①] 徐岱:《中国刑法近代化论纲》,人民法院出版社2003年版。

于治外法权形成的缘由以及它对中国法律近代化的影响则语焉不详。其实,治外法权本身就是中外法律冲突的产物。在19世纪中叶,西方国家经过资产阶级革命的洗礼,先后完成了从封建化向资本主义化的历史性转变。以罪刑法定、罪刑均衡和刑罚人道为精神的资本主义刑法较之以罪刑擅断、罪刑失衡和刑罚残酷为特征的封建主义刑法,具有明显的进步。反观中国,清末法律不良,刑罚苛酷,一人犯罪罚及一家的株连制度不合法理,封建官吏视外国人为夷狄,法律上不予以平等权利。凡此种种,都反映了清末刑法的野蛮性与落后性。正是在这样一种历史背景下,外国列强以保护本国国民为由,主张领事裁判权,外国人在中国领域内犯罪不受中国刑法管辖而适用本国刑法。我们应当看到,治外法权当然是外国列强侵害中国主权之举,清末的刑法改制活动正是以收回治外法权为契机展开的。清政府的"务期中外通行"的修律宗旨厘定了近代刑法改制活动的走向——借鉴、移植,从而使中国近代的刑法在体例上、内容上,或确切说在形式上接近或雷同了西方刑法体例,摆脱了中国封建社会的制律模式,使中国刑法趋向近代化。当然,我认为,清末刑法改制并不能从根本上解决治外法权问题。只有通过反帝反封建的革命才能彻底收回治外法权,维护中国的主权独立与完整,这也已经为后来的历史所证明。作者运用历史分析方法,对清末刑法改制的法律动因进行了科学的阐述,我认为是十分到位的。

二是关于罪刑法定原则之引入。罪刑法定原则是近代刑法的内在精神,也是法治社会的刑法与专制社会的刑法的根本区分之所在。西方各国在启蒙思想的影响下,刑法领域开始出现罪刑法定的强烈呼声,并成为抨击封建专制刑法有力的思想武器。经由资产阶级革命,罪刑法定完成了从学理到法律的重大转变,成为西方各国刑法的内在生命。而在中国古代,尽管已经具有数千年成文刑律的传统,但由于受封建专制社会性质所决定,从来不曾有过罪刑法定原则。正如作者指出:罪刑法定原则与中国古代的皇权擅断是不相容的,它在中国古代刑法史没有存在的理由。在清末刑法改制中,罪刑法定原则的引入就成为一个不容回避的重大问题。应该说,在中国刑法中确立罪刑法定原则并非易事,因为罪刑法定原则是建立在否定类推适用基础之上的,而以比附援引为内容的类推适用在中国封建刑法中被认为是理所当然的。因此,罪刑法定原则的引入必然面临着和以罪刑擅断为特征的中国封建刑法思想的剧烈冲突。最终的结果还是在《大清新刑律》中确认了罪刑法定原则,《大清新刑律》规定:"凡律无正条者不论何种行为不得为罪。"这一规定确认了"法无明文规定不为罪"这一罪刑法定原则的基本内容,这是罪刑法定原则首次载入中国刑法,也是清末刑法改制的一个重要成果。当然,清末刑法改制中引入罪刑法定原则仍是不彻底的。对此,作者也进行了深刻的分析。《大清新刑律》虽然引入罪刑法定原则,不允许比附援引,但却准许自然解释。什么是自然解释呢?《大清新刑律》草案补笺言明:"自然解释者,即所犯之罪与法律正条同类或加甚之时,则依正条解释而用之也。同类者例如修筑马路,正条只禁马车经过,则象与骆驼自然在禁止之列也。加甚者,例如正条禁止钓鱼,其文未示及禁止投网,而投网较垂钓加甚。自可援钓鱼之例定罪也。"正如作者指出,上述所称的自然解释已不是原本意义上的自然解释,而是作为类推适用的替代物而存在的。在刑法解释学上,这种自然解释是指当然解释。当然解释并非当然地合乎罪刑法定原则。当然解释有两种:一种是常理上之当然,即法条未规定之事项与法条已规定之事项存在着逻辑上的类似关系,禁止牛马通过,骆驼也在禁止之列是也;二是逻辑上之当然,即法条未规定之事项与法条已规定之事项存在着逻辑上同一事物的发展关系,这是同一关系的延伸。显然,前者是一种类推解释,有悖于罪刑法定原则;后者是一种文理解释,合乎于罪刑法定原则。《大清新刑律》在废除比附援引的同时,又肯定自然解释,实际上还是《唐律》所规定的"入罪,举轻以明重"的类推的思维方法在起作用。这生动地反映了《大清新刑律》中确立罪刑法定原则的不彻底性,也表明相沿千年的中国传统比附援引的法律文化是具有多么顽强的生命力。

三是刑罚体系的近代化。刑罚是最能够反映刑法的性质和内容。因此,任何刑法改革与刑法进步都离不开刑罚制度的进化。可以说,一部刑法发展史在相当程度上就是一部刑罚进化史。中国古代刑法,由其封建专制的性质所决定,创制了一套残酷的刑罚体系。尽管从旧五刑——墨、劓、剕、宫、大辟到新五刑——笞、杖、徒、流、死,在刑罚的残酷性上有所轻缓,但它仍然是以对人的肉体与精神的折磨为特征的,更何况法外用刑,法所难禁。这套残酷的刑罚制度沿袭到清末,与经过刑罚改革以后以自由刑为主要内容的西方刑罚制度形成鲜明的对比。在这种情况下,改革中国传统的刑罚制度,就成为清末刑律改革的重中之重。在清末刑制改革中,完成了中国刑罚体系的近代化,这是值得大书特书的。《大清新刑律》参照《日本刑法典》的刑名体系,将刑名分为主刑和附加刑两种,且按照由重到轻排列,主刑分为死刑、无期徒刑、有期徒刑、拘役、罚金;附加刑分为剥夺公权和没收。这里尤其应当指出的是,清末刑罚改革中,死刑执行唯一原则的确立。中国古代封建专制社会刑法,为增强死刑的威慑力,往往在死刑的执行方法上花样翻新,制造鲜血淋淋的行刑场面,展示专制权力。因此,死刑执行方式表现为多元化。例如西汉时期,常见的死刑执行方法有夷三族、腰斩、弃市、枭首、磔等;及至《唐律》死刑执行方法定型化为绞与斩两种,但在法律规定中常有例外,例如《明律》中有凌迟的死刑执行方法,《清律》中又有凌迟、枭首和戮尸的死刑执行方法。这些死刑执行方法反映了中国封建专制刑罚的残酷性与野蛮性。在清末刑制改革中,废除了凌迟、枭首、戮尸和斩首四种死刑执行方法,并将死刑执行方法确定为绞,实现了死刑执行方法的唯一。通过对死刑执行方法的改革,在刑罚的轻缓化、人道化方面跟上了历史发展的潮流,这不能不说是一个历史性的进步。作者在本书中对刑罚体系的近代化从各个不同的角度作了细致的分析,为我们清晰地勾勒出清末从以身体刑为中心的刑罚体系向以自由刑为中心的刑罚体系转变的发展轨迹。

中国刑法的近代化是一个过程,同时也是中国法制史上的一次突变,我们今天的刑法制度就是以此为肇始的。从这个意义上说,清末刑法改制的成果惠及当代。作为一个刑法学者,这种历史感可以使我们更加深刻地认识与理解现行的刑法制度。徐岱博士对清末刑法改革与中国刑法近代化的生动刻画与描述,对于我们建立正确的刑法历史观是功不可没的,这是我的一个结论。

是为序。

陈兴良
谨识于北京海淀蓝旗营寓所
2002年11月12日

17. 邓子滨《刑事法中的推定》①序

邓子滨的博士论文《刑事法中的推定》经大幅补充修订后,即将由中国人民公安大学出版社出版,他请我为该书作序。我作为他的博士生导师曾经指导了这篇论文的写作,作序之请义不容辞。

当邓子滨确定博士论文选题时,是我建议他研究推定问题的,尤其是从实体法的角度确立推定的一般规则。事实上,推定作为法学中的一个重要问题,从立法到司法,从实体法到程序法,从民商法到刑事法,从一般原则到具体规则,都涉及推定。推定作为一个认识论问题,是指根据查明的已经存在的基础事实和人们在大量社会实践基础上总结出来的行为规律或经验法则,来作出某种判断,判断的内容是某事物的存在、不存在或该事物的状态,并允许当事人提出反证予以推翻。简言之,推定的逻辑学含义是从已知事实认识未知事实。因此,推定具有某种司法认识论的性质。在经开题论证最终确定这个选题的时候,我深知这是一个难题。现在展现在读者面前的,就是邓子滨博士的研究成果。我认为,这篇论文虽有不尽如人意之处,但基本上较为圆满地实现了写作初衷。

理论与实践相结合,是本文写作的第一个特点。全文分为理论上的推定与实践中的推定这样两个组成部分。理论上的推定,是对推定一般原理的探讨,涉及推定的含义、作用、根据和理由等一般性问题。在这当中,作者对推定的价值取向作了较为客观的分析,他指出:推定带来效率,带来便利,但用之不当,也必然带来侵犯公民权利的后果。立法推定和司法推定,其控方推定主体总是掌握权力的一方,推定既然这样便利,由于人性使然,有权者会乐于使用推定作为实现自己目的的手段。因此,它是一个温柔的陷阱,必须加以严格的限制。温柔的陷阱,是对推定功用的一个十分深刻的认识,也是在司法活动中适用推定时必须警惕的。基于对推定的这样一种深刻的理论把握,作者以刑事立法与刑事司法为

---

① 邓子滨:《刑事法中的推定》,中国人民公安大学出版社2003年版。

背景,进一步论述了实践中的推定。作者强调从实践中总结出推定的规则,尽管认为这是一项不可能的任务,但还是作了尝试与努力,取得了重大的进展。推定不是一个纯理论问题,脱离实践会如坠云雾不知所云;推定尽管是一个实践问题,但不从理论上予以把握,就会迷失方向不知所然。本文从理论与实践两个视角研究推定,在方法论上是成功的,也使我们对推定获得了新知。

立法与司法结合,是本文写作的第二个特点。推定本身就贯穿立法与司法两个领域。立法上的推定是指作为一种立法方法的推定;司法上的推定是指作为一种司法方法的推定,因此,推定既是一种立法现象又是一种司法现象。当然,更为重要的是司法中的推定,本文对此也作了深入的阐述。其实,推定是司法认知的一个重要方法。我国以往在法理学上,对推定缺乏深入研究,因而在司法活动中还不能正确地运用推定方法来确定某一法律事实。这里关键是缺乏应有的推定规则,没有规则的推定是十分可怕的,会演化成司法擅断。

实体法与程序法相结合,是本文写作的第三个特点。以往对推定的定位,往往将其囿于程序法领域,尤其是证据法领域。而作者认为,在实体法上同样存在推定问题。因此,探讨实体法上的推定,包括正确地界定实体上的推定与程序法上的推定,是本文写作的一个重要任务。作者从刑事一体化的角度,探讨了推定作为一种技术如何起到了缩短实体与程序距离的作用,这是具有重大意义的、值得充分肯定的观点。作者认为,实体与程序是有距离的,因为立法在设置实体规则的时候是以对司法实践的归纳总结为基础的,这种归纳总结不可能囊括既存的所有现实情况,更不可能完全精确地预见未来。因此,实体规则制定出来以后,难免与司法实践中的程序操作相脱节。而推定能够在一定程度上弥补这种脱节,从而起到缩短实体与程序距离之作用。这一论述,我认为是令人信服的。

除内容上的特点以外,我认为本文在写作方法和语言表述上也别具特色。和动辄数十万字的鸿篇巨制相比,本文不过十数万言而已,在目前的博士论文中篇幅是较小的。但本文短小精悍,绝无废话,也没有当下学位论文体中十分流俗的程式化的现象,而是言之有物,按照事物自身的逻辑层层推进,引人入胜。尤其是本文还引用了一些案例,包括英美法的判例,使自己的观点更具有说服力。当然,我一再强调,本文并非完美,缺点在于缜密的论证还显不足。作者擅长于穿针引线式的铺陈,逐渐展开命题,但在紧要处却往往未能深入地进行层层递进式的论证。因而许多论述虽不乏思想火花,但却有浮光掠影之感,无入木三分之力。这既是一个表述方法问题,也是一个研究方法问题,作者不可不引起警觉。

在我的学生中,邓子滨是一个勤奋的人。在三年博士生期间,他除完成博士论文以外,还翻译出版了 86 万字的《法律之门》一书,评价较高。现就职于中国社会科学院法学研究所,专门从事理论研究工作。我寄厚望于邓子滨,能在刑法理论上有更大的收获。

陈兴良
谨识于北京海淀蓝旗营寓所
2003 年 7 月 7 日

18. 刘树德《绑架罪案解》[①]序

刘树德的又一本新著《绑架罪案解》即将问世，令人惊喜。在博士毕业后短短的两年时间中，刘树德先后有多项科研成果问世。这里既包含了刘树德长期以来的学术积累，又有他在最高人民法院工作学术资源丰富这样一个得天独厚的条件。尤其是这本以个罪为内容的书，更是刘树德在注意搜集整理大量案例的基础上写成的。这表明刘树德从抽象法治到具体法治，从宏观法治到微观法治这样一种学术径路上的转向。

刘树德具有政治学方面的知识背景，进入刑法学领域以后，对于事关刑法基础的罪刑法定等一系列重大问题颇有兴趣，并且利用本人的知识优势，对刑事法治的宪政基础进行了深入的研究，出版了《宪政维度的刑法思考》(法律出版社2002年版)一书，这本书代表了我国刑法学界在这个领域的前沿性研究成果。在我为该书所作的序中曾经指出："繁忙的工作并没有使他被具体案件和具体问题所淹没，而在继续思考研究一些宏观的理论问题。"这里我是在赞赏刘树德超越现实工作环境从事刑法之外研究刑法的功力。不过，在此却似乎有对具体案件和具体问题的不屑与不恭之嫌。其实不然，在为刘树德《罪状建构论》(中国方正出版社2002年版)所写的序中，我就曾经指出："刘树德获得博士学位以后，在最高人民法院工作，这为他展示自己的才华提供了一个很好的舞台。如果能把在学校所学的刑法理论知识与刑事司法实践结合起来，我想刘树德无论是在学术道路上还是在业务上都是大有发展潜力的。"现在看来，本书确实是刘树德在从事刑事司法实践的理论研究方面取得的一项重要成果，这是值得庆贺的。这也是刘树德未来学术研究的主战场。

绑架罪是刑法中一个不大不小的罪名。从现实司法实践来看，绑架罪时有发生，由于立法与司法上的原因，也给绑架罪的定罪量刑带来一些疑难问题。在本书中，刘树德立足于我国绑架罪的立法与司法，对绑架罪

[①] 刘树德:《绑架罪案解》，法律出版社2003年版。

展开了全方位的理论研究。初阅书稿,本书给我留下两点深刻印象:其一,疑难问题分析到位。在绑架罪的认定中,存在一些疑难问题,对此本书均有涉及,并进行了精当的分析。例如,如何理解"杀害被绑架人",即这里的杀害被绑架人是一种加重情节还是一种加重结果?如果是加重情节,只要实施了杀人行为,即使未发生死亡结果,也可以适用《刑法》第239条第2档法定刑死刑;而如果是加重结果,虽实施了杀人行为,未发生死亡结果的,就不能适用《刑法》第239条第2档法定刑死刑。对于这个问题,刘树德在本书中进行了较为深入的分析,得出了加重结果论具有相对合理性的正确结论。其二,真实案件充实本书。作为本书的重要特点之一,书中引用了大量的真实案例,使本书的问题得以引出,并增加了本书的可读性。对于个罪研究来说,真实案例是基础,否则只能成为纸上谈兵。刘树德搜集了大量的绑架罪案例,但又不囿于对个案的分析,而是理论叙述与案例分析融会贯通,达到了较好的学术效果。

在本书后记中,刘树德提出编写"刑事法'教义学'案解丛书"的设想,我深以为然。以往刑法分则的研究是不能令人满意的,要么是就案论案,要么是就法论法,现在需要在搜集大量案例的基础上,对个罪进行法理分析。尤其是那些常见多发的罪名,更应如此。刘树德的这本书是个罪教义学研究的努力之一,我期望刘树德继续沿着这条学术道路走下去,这样他必将有所收获,也将会对我国刑法理论作出独特的贡献。

是为序。

陈兴良
谨识于北京海淀蓝旗营寓所
2002年10月1日

19. 北大法学院编《法学的诱惑——法律硕士论文写作优秀范例》[①]序

2001年北京大学出版社出版了《法学魅力——北京大学法学院2000届本科生优秀毕业论文集》一书,收入本科生的论文45篇,洋洋百万言,展现了北大法学院本科生的学术水平。该书出版后,颇受学界好评,也使世人一睹北大法学院本科生的学术风采。在该书的序言中,时任法学院院长的吴志攀教授提及北大法学院学术委员会作出决定,每年出版一本北大法学院本科生毕业论文选集。现在看来,这个计划难以为继。虽然北大法学院每年都有大量的本科生优秀毕业论文问世,非2000届所专美,但出版涉及论文的遴选、编辑、时间、经费等诸多问题,每年出版确实难以做到。好在今年将出版一本法律硕士优秀论文集,可以在一定程度上弥补上述缺憾。

北大法学院是从1996年开始招收法律硕士的,至今已经7年。法律硕士是法学学位中的一个新品种,法律圈外的人很难把它与法学硕士区分开来。我国的法学学位,本来是按照法学学士、法学硕士、法学博士这样一个层次建立起来的。从20世纪90年代中期开始,随着我国法治建设的发展,法律人才,尤其是高层次的应用型法律人才的社会需求剧增。在这种情况下,以美国法学院的JD学位为借鉴,我国开始了法律硕士的培养工作,北大法学院是全国第一批招收法律硕士的八所大学法学院之一。法律硕士的培养目标十分明确,人才定位也十分准确,就是高层次的应用型法律人才,以此区别于法学硕士。但毕竟是从零开始,没有任何经验,一切都在摸索之中。因此,法律硕士如何进行培养就成为法学教育中的一个重大问题。由于目前在法学学位上是法学硕士与法律硕士并存的双轨制,这就给法律硕士的培养造成了几分尴尬:对于法律硕士,不知是

---

① 北大法学院编:《法学的诱惑——法律硕士论文写作优秀范例》,法律出版社2003年版。

当作法学硕士来培养还是当作法学学士来培养。我作为一名法学教授,同样存在这样的困惑。给本科生上课,我知道应当讲些什么;给法学硕士上课,我也知道应当讲些什么;就是给法律硕士上课,我不知道应当讲些什么。到目前为止,也还没有一套形式与内容俱佳的法律硕士教科书。即使是在毕业论文的写作上,也存在争议。由于法律硕士的学制一般是两年,比法学硕士少一年,加上法律硕士毕业以后主要从事法律实务工作。因此,法律硕士还做不做毕业论文,都是存在争议的。即使是法律硕士要写论文,也不知应当写成什么样子。当然,也有对法律硕士论文的质量表示怀疑的观点。随着这几年法律硕士的大量招生,以北大法学院为例,每年招收的法律硕士就已达300多人,差不多是本科生、法学硕士与法学博士招收人数的总和。而且,法律硕士又分各种不同的层次:有政法系统的法律硕士,这当中又有脱产班与不脱产班之分;还有本科非法律专业的法律硕士等。在这种情况下,以实际行动破除对法律硕士培养的疑虑,将法律硕士打造成为与MBA一样的金牌学位,就成为当务之急。经过研究,北大法学院学术委员会决定从已经毕业的300多名法律硕士论文中选择一些优秀论文结集出版,向世人展示北大法律硕士的质量。因为,学位论文是两年学习成果的集中体现,它是对法律硕士学习情况的最好检验。现在呈现在读者面前的这本书,就是北大法学院学术委员会这项决定的直接结果。

  从本书的论文可以看出,法律硕士的论文选题集中在行政法、刑法、民商法、经济法、诉讼法这样一些应用学科,而绝少理论的或者历史的论文,这是法律硕士论文与法学硕士论文的一个区别,这也表明法律硕士对现实法律问题的充分关注。在写作方法上,既有法社会学的描述性方法,例如,方俊鹏的《讯问方式:在合法与有效之间》一文,就采用描述性的方法,反映了刑事司法活动中讯问这一法律行为的真实面貌,并就如何在讯问中保持其合法性与有效性问题进行了一些思考。也有采用传统的注释法学方法,对法律规范进行精确地诠释。例如,张雯的《论单位犯罪的主体》一文,对《刑法》第30条规定的单位犯罪的各种主体进行了深入细致的阐述。尤其应当指出的是,张辉的《扒窃案件侦查研究》一文,是对反扒经验的总结与提炼。这种经验型的事项难以在理论上深化,因此,作为学位论文选题往往是事倍功半。但张辉同志深入反扒斗争第一线,积累了大量的原始素材,对扒窃犯罪的一般规律的概括和对于反扒斗争的实战经验的总结,形成了这篇图文并茂的学位论文,给人留下深刻的印象。我认为,这些法律硕士论文的质量是高的,与法学硕士论文相比毫不逊色,足以让法律硕士们自豪。应当指出,收入本书的 16 篇论文是从已经获得法律硕士学位的近 300 多篇中遴选出来的。诚然,这 16 篇论文是优秀的,但我要说其他论文同样是优秀的,只是由于篇幅所限,加上考虑专业、导师、毕业年份等因素,使许多优秀论文遗漏而不能入选本书,这确实是一种遗憾。

在此,我还要谈及这些论文的指导教师。北大法学院的教师们承担着繁重的教学科研任务。就以指导研究生而言,硕士生导师每年要指导 3~5 名法学硕士;博士生导师除指导 1~2 名法学硕士以外,每年还要指导 2~3 名法学博士。而在每年有数十个,甚至近百个法律硕士毕业的情况下,还承担着繁重的法律硕士的论文指导工作,尤其是民商法、经济法等热门学科,教师们的指导任务更是超负荷。对于法律硕士论文的指导虽然与法学硕士的论文指导不完全相同,但北大法学院的教师们仍然严格把关、一丝不苟。尤其是一些知名教授,也承担着大量的法律硕士论文的指导工作。这一点,从本书指导教师的豪华阵容中可以看得出来,在 16 位导师中,13 位是博士生导师。从这个意义上来说,北大法学院的法律硕士也是幸运的,他们能够受到名师的指点,还有的法律硕士毕业以后又考上了博士研究生,本书的作者中有人就有这种经历,从而更上一层楼,进入更高层次的法律专业的深造。北大法学院不仅注意对法律硕士论文的指导,而且也重视法律硕士的论文答辩。这几年来,在申请法律硕士论文答辩的人中,每年都有近十人甚至十多人未通过论文答辩。论文经过润色并经充分准备以后,再参加重新答辩。答辩委员会的这种手下不留情的做法,对于法律硕士论文质量的逐年提高,无疑起到了重要的作用。可以说,北大法学院的法律硕士学位是不掺水分的,含金量是高的。更重要的,它是经得起社会检验的。

本书之所以名曰《法学的诱惑》,是因为法律硕士中有相当一部分同学是以非法律专业的经历,通过法律硕士的入学考试,进入法学之门的。在本科阶段,他们有的是学管理的,有的是学经济、金融的,有的是学中文、外语的,还有的是学理工科的。因为受到法学的诱惑而改学法律,这也正反映了法学的魅力。这里应当指出,本科生优秀毕业论文集的书名也是我提议的,称为《法学的魅力》,但在出版编辑当中,"的"字被漏掉了,从而成为《法学魅力》。《法学的诱惑》之命名与《法学的魅力》相对称以示有魅力而被诱惑之意。

最后,我还要感谢北大法学院负责法律硕士教务工作的臧文素老师、张捷老师和乔玉君老师,感谢北大法学院法律图书馆馆长叶元生老师,她们不仅为法律硕士的培养付出了辛勤的劳动,而且也为本书论文的遴选提供了便利。这里还要特别地感谢法律出版社的贾京平社长,他以一个出版家的胸怀,慷慨地应允出版这样一本也许经济效益并不被看好的书;感谢法律出版社社长助理蒋浩编辑,他为本书的出版付出了大量的心血。在本序行将结束之际,我还要为本书略缀数语以示广而告之之意:这是一本买了让人不后悔的书,正在上学的法律硕士应该人手一册,它会告诉你:法律硕士论文是怎样写成的,法律硕士学位是如何获得的……

陈兴良
谨识于北京海淀蓝旗营寓所
2002年6月5日

20. 李晓明《行政刑法学导论》[①]序

苏州大学法学院李晓明教授近年来一直从事行政刑法学研究,在几次见面时,他都对我提起这件事,并将写作提纲寄给我,在电话中进行过讨论。现在李晓明终于完成了这一研究项目,我亦为之高兴。在《行政刑法学导论》一书付梓之际,李晓明嘱我写序,我慨然应允,略述我对本书以及行政刑法研究的一己之见。

行政刑法这一概念,始于德国学者郭特希密特在1902年出版的《行政刑法》(德文 Verwaltungsstrafrecht)一书,至今恰好一百年整。但是,迄今为止行政刑法的概念本身尚未澄清,甚至存在着一名二物的现象:行政法说认为行政刑法属于行政法,是指行政处罚法。在这个意义上,行政刑法中的刑法一词只是借用而已,意指行政法中的处罚规范。而刑事法说则认为行政刑法属于刑事法,是指刑法中规定行政犯(亦称法定犯)的法律规范。显然,行政法说所称行政刑法与刑事法说所称行政刑法是名同实异。在这样一个背景下,行政刑法研究的难度之大是可想而知的。从现在的情况看来,对行政刑法感兴趣并进行研究的,大多是刑法学者,至少在我国的情况是如此。毕竟,行政刑法还是刑法。因此,李晓明对行政刑法的研究也可以看作刑法学者对这个课题研究的一种努力。在我看来,行政刑法有狭义与广义之分。狭义上的行政刑法是指刑法规定的行政犯及其处罚规范,广义上的行政刑法除上述狭义上的行政刑法以外,还应当包括行政处罚中的治安处罚,即德国法中的警察刑法。在我国,这些内容包括治安管理处罚、劳动教养以及相关的治安处分措施。由此可见,行政刑法既不像刑事法说那样仅限于刑法中的行政犯及其处罚规范,又不同于行政法说那样指整个行政处罚。之所以应当把公安部门做出的治安处罚(劳动教养实质上是一种治安处罚)纳入行政刑法研究的视野,是因为这些内容与刑法有着密切的衔接关系。由于我国刑法中的犯

[①] 李晓明:《行政刑法学导论》,法律出版社2003年版。

罪概念包含了数量因素,因而犯罪范围极为狭窄。在西方国家,犯罪分为重罪、轻罪和违警罪。这里的违警罪就属于警察刑法管辖的范畴,相当于我国的违反治安管理的行为。从西方刑法演进的情形来看,存在一个违警罪的非犯罪化趋势。我认为,我国不能简单地照搬西方的做法,我国的当务之急恰恰在于犯罪化,即建构一个轻罪处罚体系。因为我国目前警察权过大,尤其是劳动教养,一种可以剥夺公民人身自由三年之长的处罚措施由公安机关单方决定,不符合刑事法治的基本要求,因此提出了劳动教养行为的轻罪化与劳动教养决定的司法化的要求,我认为是合理的。因此,行政刑法应当关注这些刑法的边缘性问题,尤其是解决刑事处罚与行政处罚的衔接问题,而不是仅仅研究刑法分则中已经规定的行政犯。否则,行政刑法只不过是刑法分则的局部研究,其学术意义将大为贬低。

在李晓明之前,我国已经出版过多部专门研究行政刑法的著作,例如1990年张明楷主编的《行政刑法概论》、2001年黄河所著的《行政刑法比较研究》等,这些著作都是我国行政刑法研究领域的开拓之作。本书在上述研究成果的基础上,对行政刑法进行了更为体系化的研究,这是本书的一个重要特点,也是本书的一个突出贡献。李晓明力图通过本书建立起一个行政刑法学的学科体系,这一学术意图是十分明显的,其学术努力也是值得肯定的。从这个意义上来说,本书是对行政刑法的一种体系性叙述。这种体系,不仅仅是指本书的写作体系,更重要的是行政刑法的学科体系。在以往出版的行政刑法著作中,大多是行政刑法的分则性的个罪研究,而总论性的基础理论的研究是极为薄弱的。李晓明在本书中对行政刑法的基本原理进行了体系性的阐述,占有的资料是翔实的,叙述框架是合理的,论证是充分的,从而成为我国在行政刑法研究领域取得的前沿性的学术成果。当然,体系性叙述也存在局限性,尤其是在按照刑法学体系的基本框架对行政刑法的内容进行叙述时,不可避免地带有某种"复印"的痕迹。这里存在一个如何处理普遍性与特殊性的关系问题。行政刑法作为刑法的子学科,它在内容上既有特殊性又有普遍性,我们更应关注的是该子学科的特殊性,否则这一学科的独特内容就会被冲淡。在本书中,李晓明对行政刑法的一般原理的叙述部分我认为是有新意的,包括第一章"行政刑法的产生与归属"、第二章"行政刑法学的提出与论证"、第六章"我国行政刑法的建设与完善"。而第三章"行政刑法规范的创制与发展"、第四章"行政犯罪的认定与分类"、第五章"行政刑法责任的承担与实现",与刑法学的内容有着较多的重合。当然,在这些章节中,也有一些独特的探讨。例如第四章第三节"行政犯罪要件的重构:由四要件说到三要件说",作者对犯罪构成的一般理论进行了具有一定新意的探讨,提出了罪行、主体、罪过三要件说。我认为,这些内容作为一般刑法学的理论内容加以论述会更好一些。

我认识李晓明教授已有五六年了,当初李晓明是从事犯罪学研究的,较早地出版了《中国犯罪学论纲》一书,奠定了他在我国犯罪学界青年学者的学术地位。此后,他被引入苏州大学法学院,转而从事刑法学研究,这对李晓明来说是一个重大的转折,毕竟犯罪学与刑法学在研究内容与研究方法上是存在着较大差异。在李晓明进入刑法学研究领域以后,我和他有过较多的学术交流。我明显地可以看出面对这一学术转向,李晓明十分勤奋却也难免有几分学术上的焦虑。现在,《行政刑法学导论》一书已出版,这表明李晓明已经成功地完成了这一学术转向,这是值得充分肯定的。我期待着李晓明教授在刑法学理论研究方面作出更大的贡献。

是为序。

陈兴良
谨识于北京大学法学楼
2003 年 6 月 9 日

21. 郭明《学术转型与话语重构——走向监狱学研究的新视域》[①]序言

郭明先生的著作《学术转型与话语重构——走向监狱学研究的新视域》一书出版在即,作者邀我作一简短书序。窃以为,本人并非作序的合适人选,因为我对监狱学并无专门研究,但由于我研究刑法,其中亦涉及行刑方面的问题,与监狱学,尤其是监狱法学有一些关联,加上郭明先生是我家乡的学者,基于这一层同乡之谊,此序我是乐而为之的。

过去也接触过一些监狱学,感到监狱学是一门综合性的学科,主要是监狱管理的内容,也涉及教育学、心理学、经济学、社会学甚至建筑学等,当然也包括法学。作为一名刑法学者,我关注的主要是监狱法学,它又可以涵括在广义的刑事法的范畴之内。应该说,在刑事法各学科中,监狱法或者说是行刑法是相对薄弱的研究领域。这主要表现在:监狱法的研究成果要么是对监狱法的简单注释,要么是对行刑实践的经验总结。在这个意义上说,监狱法学没有建构起自身的专业槽。我高兴地看到,郭明先生在致力于监狱法学的学术转型与话语重构方面,作出了自己独特的贡献。郭明先生的这本著作,虽然是他过去发表或者未发表的一些论文的汇编,尽管这些论文涉及监狱学的各个方面,还是可以发现郭明先生一以贯之的学术追求,这就是试图用一种令人耳目一新的叙事方法,去讨论一些监狱学的问题,这种努力在一定程度上提升了监狱学的学术水平。本书的内容是十分丰富的,基础理论作者尤为注重,占一半的篇目。任何一个学科,意欲自立于学科之林,必须强调与重视本学科的基础理论。在基础理论部分,作者对中国古代监狱知识进行了系统的梳理,对监狱学的产生进行了历史追溯。这些内容虽然属于监狱史学,但正如作者所指出的那样,任何一门成熟学科都有其学科史,但监狱学没有。郭明先生致力

---

① 郭明:《学术转型与话语重构——走向监狱学研究的新视域》,中国方正出版社2003年版。

于填补这一空白。尤其是我获悉郭明先生的博士论文选题是《中国监狱学史论纲》,我期待着这一博士论文早日问世。

读过郭明先生的这本书,使我对监狱学,包括监狱法学在中国的崛起抱有希望,满怀期待。监狱法与行刑法领域,已经有一批中青年学者崭露头角,他们的学术思路、叙事方法都已经从传统理论体系中剥离出来,更多地融入了现代学术思考。郭明先生是他们中的一员。我坚信,监狱学的繁荣发展是指日可待的。

是为序。

陈兴良
2003 年 4 月

22. 许道敏《民权刑法论》①序

我国刑法学界对刑法的研究,越来越不满足于对法条的注疏,而热心于刑法的形而上的研究,理论触须直指刑法的根基。许道敏的博士论文《民权刑法论》就是在这方面努力的最新成果之一。

本书是以民权刑法这一命题为中心而展开的一种刑法价值的建构。民权刑法这个概念,是李海东先生首先在我国提出的。李海东根据国家与公民在刑法中的地位把历史上的刑法划分为两种类型:国权主义刑法与民权主义刑法。以国家为出发点,而以国民为对象的刑法,称之为国权主义刑法,国权主义刑法的基本特点是,刑法所要限制的是国民的行为,而保护国家的利益;以保护国民的利益为出发点,而限制国家行为的刑法,称之为民权主义的刑法。② 国权主义刑法与民权主义刑法的分野,对于我们正确地认识刑法的性质与机能具有重要意义。在《从政治刑法到市民刑法——二元社会建构中的刑法修改》③一文,我曾经提出政治刑法与市民刑法的命题。这里的政治刑法与市民刑法在一定程度上可以对应于国权刑法与民权刑法。应该说,民权刑法与市民刑法,从本质上说,就是法治国的刑法,从而区别于国权刑法与政治刑法。李海东只提出了民权刑法这样一个命题,而许道敏则不仅论证了民权刑法的成立,而且从理论上予以深入展开,从而为我们深刻地认识刑法的性质打开了一个窗口。

在本书中,许道敏在论证民权刑法这个命题的时候,提出了刑法命题的五个等式。这五个等式,实际上是对民权刑法从五个方面所作的论证。这种论证有正面的,也有反面的。通过这种论证,民权刑法的内涵得以清晰。例如:国权刑法=权力刑法,民权刑法=权利刑法。这是从权力与权

---

① 许道敏:《民权刑法论》,中国法制出版社2003年版。
② 参见李海东:《刑法原理入门(犯罪论基础)》,法律出版社1998年版,第4—5页。
③ 陈兴良:《从政治刑法到市民刑法——二元社会建构中的刑法修改》,载陈兴良主编:《刑事法评论》(第1卷),中国政法大学出版社1997年版。

利角度对刑法性质所作的解说。由此可见,国权刑法与民权刑法中的国权与民权是两种截然相反、甚至在一定程度上相互对立的权:国权之权是指权力,而民权之权是指权利。在国权刑法中,刑法是国家单方面镇压犯罪的工具,因而刑法是用来限制公民行为的,而国家刑罚权本身则往往不受这种限制。而在民权刑法中,刑法不仅限制公民行为,更重要的是用来限制国家刑罚权的,具有政治国家与市民社会的某种契约性。正是这种契约性,使民权刑法获得了正当性,使民权刑法建立在宪政基础之上,使民权刑法作为法治国刑法在性质上根本区别于专制社会的国权刑法。我认为,本书从权力与权利的对立上阐述国权刑法与民权刑法在性质上的对立性,可谓切中要害。

本书还进一步从自然法学派与马克思主义刑法观的整合上,探讨了民权刑法的本质。作者提出:"新中国成立后,我国法学界长期受维辛斯基关于法定义的影响,强调法是规范的总和,法是阶级统治和阶级斗争的工具。由此可见,长期以来我们所强调的马克思主义法本体论把统治阶级的物质利益绝对化为单极的本体世界,难免被解释为国家主义,这是应当纠正的,但它的真理性在于它看到了法本体是具体的人的利益,即民权的真实存在。"这里涉及对马克思主义刑法观的反思,也是在确立民权刑法时首先需要澄清的问题。以往,我们简单地把马克思主义刑法观的内容确认为:刑法是统治阶级意志的体现,是阶级斗争的工具。在这一命题中只有国家主义的立场,而无民权刑法的踪影。受这种观念的影响,刑法成为阶级专政的工具,形成我所称的专政刑法,这种专政刑法实际上是专制刑法与国权刑法。那么,这种对马克思主义刑法观内容的认识果真是符合马克思主义本意的吗?这是一个需要清理的问题。实际上,马克思主义只是提出了法,包括刑法是由一定的社会物质生活条件制约的,阐明了法背后支配着法的利益关系。那种认为既然刑法是统治阶级意志的体现,因而立法者基于国家主义的立场,可以任意地把一种行为规定为犯罪的理解,是对马克思主义刑法的曲解。这种观点是一种主观的犯罪概念,正如意大利刑法学家帕多瓦尼所言,主观的犯罪概念将犯罪的实质归纳为违背忠于国家的义务。从维护专制国家的目的出发,这种概念认为每一个社会成员都只能是有组织的社会集体的一分子,或者说只能是实现社会整体目标的工具;为实现社会的目标服务,就是个人生存的意义。

这样,犯罪就被理解为一种敢于反抗,敢于擅自不服从社会的个人意志的体现。对这种观念来说,行为是否体现了行为人违背忠诚义务的意志是判断行为构成犯罪的根本标准,而行为是否在实际上侵害了某种法益或将某种法益置于危险之中,则无关紧要。如果坚持这种犯罪观念,立法者就不会以法益受侵害为限来确定犯罪的范围,这必然会从根本上导致刑事立法的无限扩张,完全改变刑事责任的看法,即不再以行为人的行为而是以行为人整个的生活方式作为刑事责任的根据。① 应该说,马克思是强调犯罪的客观性的。马克思指出:"如果犯罪的概念要有惩罚,那么实际的罪行就要有一定的惩罚尺度。实际的罪行是有界限的。因此,就是为了使惩罚成为一种实际,惩罚也应该有界限。"②正是这种犯罪的界限,形成对国家刑罚权的客观限制。因此,马克思认为行为是刑事责任的客观根据。马克思指出:"我只是由于表现自己,只是由于踏入现实的领域,我才进入受立法者支配的范围。对于法律来说,除了我的行为以外,我是根本不存在的,我根本不是法律的对象。"③因此,马克思是强调犯罪的客观性的。尽管什么行为是犯罪以及应处以何种刑罚,都是由立法者加以规定的。但是,根据马克思的观点,立法机关,甚至执法机关的法律评价可以把普通的过错行为变成应受刑事惩罚的行为,可以臆造犯罪。问题只在于确定:立法者这种自由扩展到什么限度?④也就是说,立法者这种自由是极其有限的,因为正如马克思所说:"违法行为通常是不以立法者意志为转移的经济因素造成的。"⑤因此,犯罪作为一种社会现象是客观的存在,立法机关对犯罪的反应应当以此为基础。在这个意义上说,统治者的意志并不能决定犯罪,更不能把刑法单纯地视为统治工具。从民权刑法的命题出发,刑法恰恰具有对国家刑罚权的限制机能。因此,民权刑法命题的提出,对于我们重新认识刑法的机能具有十分重大的意义。

民权刑法不仅仅是一个简单的概念,而且具有极丰富的内容。许道

---

① 参见〔意〕杜里奥·帕多瓦尼:《意大利刑法学原理》,陈忠林译,法律出版社1998年版,第76—77页。
② 《马克思恩格斯全集》(第1卷),人民出版社1960年版,第139页。
③ 《马克思恩格斯全集》(第1卷),人民出版社1960年版,第16—17页。
④ 参见〔苏〕斯皮里多诺夫:《刑法社会学》,陈明华等译,群众出版社1989年版,第84页。
⑤ 《马克思恩格斯全集》(第13卷),人民出版社1960年版,第552页。

敏在本书中对民权刑法的理论予以展开,其中涉及对刑法目的的探讨,我认为是十分必要的。刑法的目的是刑法理论的题中之意,但在我国以往的刑法理论中,刑法的目的并未引起理论上的足够重视。我国刑法强调的是刑法打击犯罪的作用,在这个意义上说,打击犯罪是我国刑法的目的。但正如李海东所言,一个国家对付犯罪并不需要刑事法律,没有刑法也并不妨碍国家对犯罪的有效镇压和打击,而且,没有立法的犯罪打击可能是更加及时、有效、灵活与便利的。如果从这个角度讲,刑法本身是多余和伪善的,它除了在宣传与标榜上有美化国家权力的作用外,起的主要是束缚国家机器面对犯罪的反应速度与灵敏度的作用。① 因此,不能将打击犯罪视为刑法存在的正当性根据。刑法的正当根据应当从保障人权的角度去加以论证。刑法的存在主要是为了限制与规范国家惩治犯罪的活动,这才是法治社会的刑法之目的。只有以此为目的的刑法,才是"宪法性刑法",即作为犯罪人大宪章的刑法。基于刑法目的性的观念,本书对刑法的工具性认识予以否定。本书指出:"要保持刑法的正义、目的性和稳定性,就必须区分刑法与政治的界限,摒弃刑法是政治统治的单纯工具的泛政治化观念,确保刑法不受统治者个人的权威的恣意扩张,导致刑法独立性荡然无存的恶果。明确刑法自身的目的,维护刑法的稳定性和连续性,是刑法保持自身独立性的前提。"我认为,对刑法目的的这种认识是完全正确的,只有正确地确定目的,才能为实现这一目的选择与安排妥当的方法与手段。刑法如果丧失了正确的目的,只能成为一种为恶的工具,成为利维坦暴政的利器,就不存在正当性。

民权刑法本身不仅仅是一种纯粹的理论,民权刑法的思想必须贯彻于刑事立法与刑事司法之始终。许道敏在本书中除对民权刑法进行学理上的阐发以外,还讨论了民权刑法的规范建构与实现的问题,从而涉及了具体而广泛的规范刑法问题。例如犯罪构成就是一个极其重要的问题。正如本书指出:"民权刑法的理念强调刑罚权发动的条件依据和限制,这个条件便是犯罪构成。"基于这一观点,许道敏对大陆法系、英美法系与我国刑法中的犯罪构成体系进行了比较研究,并提出了个人见解。此外,本书对刑法的原则、刑事法律关系等刑法中的基本理论问题均有所涉及。

---

① 参见李海东:《刑法原理入门(犯罪论基础)》,法律出版社1998年版,第3—4页。

从民权刑法角度审视这些问题,使我们对此有一种新的理解。由此可见,民权刑法命题是十分重要的,它的确立与贯彻,会导致刑法理论的重新构造。至于民权刑法观念在刑事立法与刑事司法中的推行,会产生一种全新的刑事立法观念与刑事司法观念。在当前刑事法治的建设过程中,民权刑法命题有着重要的推进作用。我始终认为,理念应当是实践的先导,如果没有正确的理念指导,就不会有正确的实践。因此,理念是先行的。在刑事法治建设中,法治理念的启蒙是必不可少的。许道敏的这本书,在某种意义上可以说是一本关于刑事法治理念的著作,这正是它不同于一般以刑法规范为研究对象的注释刑法学著作的不同之处。在我看来,目前我们国家《民权刑法论》这样的刑法著作还十分罕见,因而有必要加强对刑法的形而上的研究,使之与注释刑法学形成良性的互动关系。

许道敏当初博士论文开题的时候,选择《民权刑法论》作为博士论文题目,是有一些争议的,我当时就说过这是一个尖端领域,因而也是有风险的。但我一直坚信这是一个具有挑战性的题目,如果能够写好,会是一篇优秀的博士论文。许道敏不畏艰难,潜心钻研,终于完成了这篇博士论文并且获得通过,这是值得嘉许的。北大法学院刑法学科一直以推进我国刑事法治为使命,在刑法理论研究方面,理论刑法学与规范刑法学并重,更强调对刑法的超规范的形而上的刑法哲学研究。许道敏的本书既是他个人的学术成果,也是北大法学院刑法学科的学术成果。

值此《民权刑法论》行将付印之际,遵许道敏之嘱,写上以上文字,既是重读这篇博士论文的一些感想,也略抒我对民权刑法的一些见解。

是为序。

陈兴良
谨识于北京海淀蓝旗营寓所
2002 年 11 月 29 日

23. 付立庆《法治的脸谱》[①]序

付立庆的第一本书就要出版了,这是令人欣慰的。正如第一声啼哭是初降人世的婴儿对这个陌生世界的问候,第一本书是作者思想锋芒的初露,同样是值得纪念的。

读一本书,应当关心这本书的作者。付立庆作为北大法学院的一名在校生,在提前结束硕士生阶段的学习、通过硕博连读的途径进入博士生阶段学习之际,出版了他个人的第一本书。尽管现在学生出书已经不再是一件新鲜事,但付立庆能够在学生时代出版这本书,还是足以说明他是北大在校生中的佼佼者。学生在校期间应当以学为主,这是没有疑问的,但学习要与研究并重,尤其应当注重写作的训练。以往学生由于缺乏必要的写作训练,故而很难在学习期间出成果。现在,北大以及其他高校都十分强调学生在学习之余从事科研活动,并把在学习期间发表一定的科研成果作为一个硬指标。付立庆的出书,也正是这一制度的正确性的一个明证。北大目前实行硕博连读制度,那些学习成绩优秀而又具有科研成果的硕士生经过两年学习就可以免试直接攻读博士,从而为优秀人才的脱颖而出提供了一个途径。在硕博连读的选拔中,科研成果是一个重要的选拔指标,只有那些已经在科研上崭露头角的同学,才表明是有培养前途的。付立庆在硕士学习期间勤奋好学,已经在报纸杂志上发表了多篇文章,因而幸运地得以提前直攻博士。现在,付立庆又把这些文章结集出版,不正可以看作一份答卷么?是的,付立庆以这样一本书为自己的硕士阶段的学习划上了一个完美的句号。

从本书的内容来看,这是付立庆发表在报刊上以及尚未公开发表的文章的结集。严格来说,这不是一般意义上的学术专著,而是更偏重于思想性的杂文散论。正因为如此,也许这本书是更可亲近的。在人们的印象中,法学是一门严肃的学问,法学著作也是一些高头讲章。确实,法学

[①] 付立庆:《法治的脸谱》,中国检察出版社2004年版。

著作样式当中有一些是高深学问的载体,非经一般专业训练是难以读懂的。但当下流行的法学著作样式中,也有一些是法学散论,包括杂文、散文等各式文体。这些文章的特点是篇幅短小但思想深刻,文字犀利。这种文章大多刊登在报刊上,深受广大读者的欢迎。付立庆收集在本书中的大多就是这类文章,读后让人记忆深刻。记得有一天我读《检察日报》上的一篇小文,题目是《市长的"慷慨"和友邦的"惊诧"》,内容是在一次中美市长的电视对话中,中方市长邀请美方市长来华访问。当美方市长表示没有这笔费用时,中方市长慷慨地表示将支付对方访华的一切费用。从中方市长的"慷慨"与美方市长的"吝啬"中,作者解读出了造成这两种思维的制度性根源。读到这里,我不禁为作者的深刻见解而称好,忍不住去看一下作者是谁,没想到作者就是付立庆,而且此类文章已经不是第一篇。因而当付立庆向我表示想把散落在报刊上的文章以及新近写成的文字结集出版的时候,我表示了积极的肯定与支持。现在,本书终于同读者见面了。从报刊上读过这些文章的人,对于这些文章会有一种"旧友重逢"的感觉,而更多初读这些文章的人则会有一种"第一次亲密接触"的感受——不管何者,我相信都会从中获得思想的启迪。

  由杂文类的文体所决定,收入本书的文章大多是针砭时弊的,因而语言泼辣、笔触犀利,对此我是深表赞许的。读这样的文章,会使萎靡者振作,会使麻木者清醒。应当指出,我国是一个正在积极向前发展的社会,处于转型时期。在此过程中,出现一些社会丑恶现象也是十分自然的。揭露这些丑恶现象不仅无损于我国社会的形象,而且表明在我国社会中有一些清醒者,他们在观察、在思考,在通过表达发出自己的声音。这正是我国社会的希望所在。通过付立庆的这本书,我看到许多社会热点问题的讨论,例如黑熊事件、婚内强奸、安乐死等。这些问题所以引起社会的广泛关注,就在于它们在一定程度上触及了一些体制上的积弊,在一定意义上揭示了价值观念上的冲撞。例如在《处女嫖娼案:一种一丝不挂的清白》一文中,作者对警察权的滥用与国家赔偿法的窘迫表示了深深的悲哀与无奈,发出了"处女嫖娼案"的闹剧绝版的呼吁。但这只是一种美好的愿望而已,在现实生活中,不仅处女嫖娼案一再重演,而且"大学生嫖娼案"乃至于"教授嫖娼案"也出现了。相比之下,"处女嫖娼案"的女主角还算是幸运的,毕竟她的名誉得到了恢复,而"教授嫖娼案"中的教授,最终只是一死了之,成了某种制度性陷阱的牺牲品、殉葬品。"教授嫖娼案"的"剧情"是这样的:生活严谨的武汉某大学教授程树良去家乡奔丧,却因一个证据不明的死因而在湖北黄梅猝死。官方对此的解释是程树良因为"嫖娼"被"举报",并且被警察"抓获",因为"不服管教"而从警车上"跳车"而死。但是,官方的解释矛盾百出,难圆自说。当地百姓对官方这一说法也不太相信,他们普遍认为程树良中了最令人恐怖的"抓嫖生财"圈套。参见《南方周末》2002年5月23日报道的《教授嫖娼致死案疑云》一文。我们应当承认,丑恶现象是在现实生活中存在的,而且远远超出我们的想象。对于这些丑恶现象,如果我们连暴露、针砭的勇气都没有,又谈何消除呢?因此,我们不要担忧暴露阴暗面会产生消极影响。事实上,让丑恶现象永远隐藏在阴暗中不让它曝光,这才会有消极影响。而对阴暗面的揭露,正是曝光的初现。当然,我还是要说,付立庆的这些文章能够见诸各大报章,能够结集出版,还是证明我们这个社会是有希望的,这不仅是付立庆个人之幸,也是社会之幸。

是为序。

陈兴良
谨识于北京海淀蓝旗营寓所
2002年5月30日

24. 蔡道通《刑事法治:理论诠释与实践话语》[①]序

刑事法治,在某种意义上说是我创造的一个词汇,我想用该词来表述刑事法领域的法治状态。我从1999年开始从事北京大学法学院985项目,题目就是"刑事法治研究",并发表了《刑事法治的理念建构》等阶段性成果。[②] 现在我高兴地看到,刑事法治这一概念逐渐得到学界的认同。当蔡道通将其大作《刑事法治:理论诠释与实践话语》的书稿寄给我的时候,我确有一种"吾道不孤"之感觉。通读全书,我认为这是一部在刑事法治基本理论研究方面的力作,在刑事法研究领域有其独特的学术价值。

蔡道通的这部著作是围绕着理论诠释与实践话语两个方面展开刑事法治理论的,这一点从本书的标题中可以清楚地看出。在理论诠释这一主题下,本书涉及刑事法治的理念、刑事法治与宪政意义等重要课题,同时还有历史叙述(清末刑法改制的分析)与逻辑展开(刑法机能的分析)以及从后现代视角对中国刑事法治建设的考察。从以上内容来看,理论触角宽广,并且分析视角独特。

在本书的理论诠释方面,在关于中国法治化的社会结构基础分析中,蔡道通运用市民社会理论对中国社会结构进行了分析。根据市民社会理论,自从私人利益产生以后,从逻辑上说,社会便分裂成市民社会与政治国家两个区域。在前资本主义社会,政治国家与市民社会是高度重合的,这就是一元社会结构。资本主义使市民社会与政治国家相分离,从而形成二元社会结构。只有在二元社会结构中,法律才不至于成为国家单方面约束公民行为、镇压犯罪的工具,而同时也成为限制国家权力与保障公民自由的措施。也只有在这种情况下,法治,包括刑事法治才是可欲的。在本书中,蔡道通叙述了中国社会从一元社会结构向二元社会结构

---

① 蔡道通:《刑事法治:理论诠释与实践话语》,法律出版社2004年版。
② 参见陈兴良:《刑事法治的理念建构》,载陈兴良主编:《刑事法评论》(第6卷),中国政法大学出版社2000年版。

转变的历史过程,从而揭示了中国刑事法治社会基础的生成规律。这样一种分析,就不是单纯的法律分析,而且是一种社会分析,是更有说服力的。在我看来,刑事法治本身就不是一个规范刑事法学的命题,而是刑事法哲学的问题;它所探讨的不是刑事法的规范而是刑事法的价值;不是一种实然的分析,而是一种应然的判断,是在刑事法之上研究刑事法。刑事法治不仅仅是逻辑演绎的结果,同时也是历史与现实分析的结果。

在历史方面,本书回顾了清末刑法改制这段牵动人心的历史。它是关系到中国法治从传统中脱胎而走向现代的一个重要关头。凡是对法制史略为粗通的人,无不对这段历史有兴趣,我也不例外。分析这段历史的书已经很多,我看蔡道通选择的是法律与社会互动这样一个独特的视角,分析是十分精湛的。本书以法律与社会存在一种互动关系为其理论预设。法律影响社会而社会又制约着法律,法律与社会相吻合才能发挥其应有的作用,法律与社会相脱节则法律必然被时代废弃或者被社会虚置。蔡道通指出了在清末刑法改制中的两种法律与社会的脱节:一种是作为清末刑法改制起因的法律与社会脱节,即在清末,随着社会剧变,传统中国法律已经不适应社会需要,因而导致变法;另一种是作为清末刑法改制结果的法律与社会脱节,即引入以大陆法系为摹本的西方刑事法律制度,包括罪刑法定等原则,由于在当时的中国缺乏其实在的立足和生长基础而被虚置。即便如此,本书对于清末刑法改制的意义还是予以充分肯定,因为它毕竟是中国刑法近代化的一个光辉的开端。正如蔡道通指出的,清末刑法改制对于我们今天刑事法治建设的启迪就在于:法律的发展与变化最终为社会的发展与变化所制约,法律脱离社会或完全超越于社会,都是不可能有效的,也都是应当进行变革的。尽管法律具有引导社会发展的功能,但这种导引功能的发挥是有其限制的。过于超前的立法或法律移植不但不能起到原来的预想的作用,反而会因为法律得不到真正实施而使法律应有的尊严受到威胁,甚至摧毁人民对法律的真诚与期盼。从这个意义上说,法制现代化是同整个社会的现代化不可分割的,没有社会的政治、经济、文化乃至全社会的观念现代化就不可能有真正的法制现代化。中国的刑事法治建设也应遵循同样的规律,也需同样的社会经济、政治、文化等诸多条件的支持与支撑。我认为,这一结论是具有现实指导意义的。发生在19世纪末20世纪初的清末刑法改制已经过去一百多年了,在20世纪末21世纪初,我国又面临着一场刑事法律的改革,在这场改革中我们同样面临着如何处理法律与社会的互动关系问题。历史具有惊人的相似之处,而人类绝不能再次踏入同一条河流,这就是历史的借鉴意义。

在实践话语方面,本书从具有典型性的个别话题切入,这些话题包括婚内强奸问题、扰乱法庭秩序罪问题、犯罪与秩序问题、刑事政策问题等。这些问题或大或小,在刑事法治的视野中都得以细腻的阐述。例如婚内强奸问题,这是近些年来引起刑法学家、犯罪学家、社会学家广泛兴趣的一个问题。蔡道通坚持"婚内有奸"的观点,不仅从法律与社会的视角进行分析,而且从女权主义视角进行了追问。在以往关于婚内强奸的讨论中,存在着应然与实然相混淆的情况,影响了对婚内强奸的深层次思考。从应然上说,婚内强奸是一个立法的问题,即应否将婚内强奸犯罪化。从实然上来说,婚内强奸是一个司法的问题,即在现行法律下婚内强奸是否构成犯罪。蔡道通从应然角度论证了"婚内有奸"的命题,论证充分,理论视野宽阔,不失为在婚内强奸问题上的一篇精品之作,有令人信服的感染力。关于刑事政策的探讨,也是本书的一个亮点问题。相对于婚内强奸而言,刑事政策是一个大之又大的问题。在本书中,蔡道通提出了"抓大放小"的刑事政策思想。"抓大"是指对待严重的有组织犯罪、暴力犯罪、国家工作人员的职务犯罪等严重危及社会生存与发展、民众安宁与秩序的犯罪,即不能不矫治或矫治有困难的犯罪/犯罪人实行严格的刑事政策;"放小"是指对于情节较轻的刑事犯罪、偶发犯罪、无被害人犯罪、可与被害人"和解"的犯罪等,也就是不须矫治或矫治有可能的犯罪/犯罪人实行宽松的刑事政策。这一"抓大放小"的刑事政策与西方实行的重重轻轻的刑事政策在含义上基本可以等同,对于我国目前处理犯罪问题是有启发意义的。当然,在刑事政策的讨论中,未能对"严打"问题进行深入分析,这不能不说是一个遗憾。其实,"严打"与刑事法治的关系是十分密切的,这里关系到刑事政策的限度问题。当然,仅就本书的分析来看,蔡道通提出问题与概括问题以及分析问题的方法都是有别于其他同道的,表现出其学术个性。

在我看来,学术个性的形成是一个学者成熟的标志。就此而言,本书可以视为蔡道通的成名之作,因为本书充分体现了蔡道通的学术能力。

对于蔡道通的学术成长经历,我是有发言权的。记得1996年春季,我正在写作《刑法的价值构造》一书,当时蔡道通在中国政法大学刑法专业攻读硕士学位,也正在收集资料写作硕士论文。为此,蔡道通来到我塔院迎春园寓所拜访。他本拟以罪刑法定原则为题,见我在"罪刑法定的中国命运"一文,也就是《刑法的价值构造》的一节中,已经就罪刑法定问题作了较为充分的展开,就改题为《类推制度的当代命运》。论文写出后,给我一份留存。该硕士论文给我留下深刻印象,及至1997年我主编的《刑事法评论》出版,在第1卷发表了该文。从中国政法大学毕业后,蔡道通回到淮阴师专任教。在这期间,他由于种种原因未能成为我的学生,而在1999年开始拜师于我国著名法理学家公丕祥教授门下攻读博士学位。在公丕祥教授的悉心指导下并受公先生博大理论胸怀的影响,蔡道通学术视野为之宽阔,对刑法问题的把握日见其精,可谓后生可畏。在攻读博士学位期间,蔡道通于2000年10月至2001年6月作为高级访问学者在北京大学法学院进修,在此期间,我以指导教师的身份与蔡道通有了更多的学术交往,本书若干作品都曾经发表在我主编的《刑事法评论》上,使拙书得以增色。以后,我又参加了蔡道通的博士论文答辩,可以说是亲眼看着蔡道通在学术道路上向前迈进的。对于蔡道通的每一个进步都深感欣慰。近闻蔡道通即将调入南京师范大学法学院任教,以后的学术天地将更为宽广,我相信蔡道通的学术潜力将有更大限度发挥的余地。本书是蔡道通学术之路上的一个具有标志性的起点,相信在这一高起点上,必将有更多的佳作问世。

是为序。

陈兴良
谨识于北京锦秋知春寓所
2003年9月25日

25. 严励《反思与重构：中国基本刑事政策研究》①序

　　刑事政策研究在我国刑事法理论中是一个薄弱的领域。以往虽有以刑事政策为题的著作出现，但基本上囿于对惩办与宽大相结合政策的诠释，带有浓厚的注释刑法学与规范刑法学的色彩，与刑事政策本身所具有的建构性、批判性的内在精神是格格不入的。近年来，外国学者关于刑事政策的著作传入我国，例如法国著名学者米海依尔·戴尔玛斯-马蒂著、卢建平译《刑事政策的主要体系》（法律出版社2000年版），日本著名学者大谷实著、黎宏译《刑事政策学》（法律出版社2000年版），这些刑事政策的著作为我国学者打开了通向刑事政策理论的科学殿堂的大门。在这一背景下，我国刑事政策研究进入一个科学时代。刑事政策成为我国刑事法理论的知识增长点，并且屡屡成为博士论文的选题。曲新久的博士论文《刑事政策的权力分析》（中国政法大学出版社2002年版）就是在刑事政策方面别开生面的创新之作。本书作者严励的博士论文《反思与重构：中国基本刑事政策研究》同样是这一研究领域的拔萃之作。严励的这一博士论文即将出版，在其写作过程中我曾与之讨论过其中的一些问题，并对这一论文给予过关注，严励嘱我为之作序，我欣然接受。

　　严励是上海大学法学院副院长、博士生导师。严励曾经长期在公安部门从事调研工作，对我国司法实践是较为熟悉的，他对理论研究颇有兴趣，并以犯罪学作为入门之道。早年在犯罪学研究方面曾经下过功夫，并且出版过《犯罪文化学》②的专著，对犯罪文化进行研究，并建构了犯罪文化学的理论体系。20世纪90年代中期，严励以人才引进的方式调入上海大学法学院从事教学科研工作。环境的变换，使严励站在一个更高的起点上，继续他的学术研究，并且学术兴趣亦从犯罪学转

---

① 严励：《反思与重构：中国基本刑事政策研究》，法律出版社2004年版。
② 严励、崔晓芳、祝大安：《犯罪文化学》，中国人民公安大学出版社1996年版。

为刑事政策学。在严励考入吉林大学法学院师从当时尚在吉大任教、现担任中国政法大学刑事司法学院院长的我国著名犯罪学家王牧教授以后,其博士论文的选题亦毫不犹豫地选择了刑事政策。现在严励的博士论文即将出版,并且是他对刑事政策宏大研究计划中的第一步,甚为可贺。

我本人对刑事政策虽有兴趣,但限于精力,对刑事政策未做深入研究。尽管如此,我对刑事政策也有一些思考。例如,我认为我国的刑事政策存在严重的策略化倾向。刑事政策的策略化观念直接来源于革命战争时期对敌斗争策略的总结。在刑事政策的策略化倾向的掩盖下,刑事政策的内容局限于分化瓦解和打击犯罪分子的对策,使刑事政策的视野大为遮蔽。在我看来,这种刑事政策策略化倾向是对刑事政策的极大误解。刑事政策的首倡者费尔巴哈将刑事政策界定为"国家据以与犯罪作斗争的惩罚措施的总和"①。这里的"惩罚措施的总和"尽管还不是对刑事政策内容的完整概括,但比斗争策略显然更为宽泛。日本学者大谷实则将刑事政策理解为国家机关(国家和地方公共团体)通过预防犯罪、缓和犯罪被害人及社会一般人对于犯罪的愤慨,从而实现维持社会秩序的目的的一切措施政策,包括立法、司法及行政方面的对策。② 这就把防止犯罪的一切措施都涵括到刑事政策概念之中,由此形成的刑事政策观念具有更为广阔的视野。我高兴地看到,严励是基于反思与重构的理论出发点,对基本刑事政策进行深入研究的,他对刑事政策的理解,并非囿于刑事策略,而是能够在国家与社会的观照中正确地揭示刑事政策的现实基础。例如,法国学者提出了刑事政策的模式这一概念,认为刑事政策可以分为国家模式与社会模式两种类型,国家模式又可以分为自由社会国家模式、专制国家模式和极权国家模式。自由社会国家模式受自由思想影响。根据这一模式的结构,自由作为首要的价值有着双重保障:一是对犯罪和越轨进行区分的保障——社会团体对个人的压力有中断;二是对国家干预的范围进行限制的保障,将国家干预仅限在犯罪领域——压力强度的限制。专制国家模式与自由国家模式的区别是,在专制模式的基本结构中存在着

---

① 参见杨春洗主编:《刑事政策论》,北京大学出版社1994年版,第81页。
② 参见〔日〕大谷实:《刑事政策学》,黎宏译,法律出版社2000年版,第3页。

对越轨行为(只要越轨行为有或似乎有危险)进行国家反应的安全网。而极权国家模式将所有的偏离规范的行为用一个圆圈圈起来,对犯罪行为与越轨行为不加区分地进行围追堵截,将一种思维方式与行为方式强加给所有的人,一切的人都被同化、混合在一个完全一致的统一体中。一旦国家拥有了这样的手段或确立了这样的目标,不论其刑事政策的思想基础是什么,其政策模式就变成了极权的模式。国家模式的共同之处在于它们都以国家为核心,都以国家性反应来对付全部或部分犯罪现象。与此不同,社会模式排斥了一切国家反应,因而社会模式也更加复杂。刑事政策的社会模式可以分为自主社会模式与自由社会模式。自主社会模式的首要特征是对犯罪行为的社会反应,这里仍然能看到犯罪与越轨的区别。面临着国家的衰微,市民社会对犯罪现象承担起了责任,但在方式上仍然仿效国家。这种模式代表了赞同自主管理的思想,称为自主社会模式。而自由社会模式对犯罪与越轨不加区分,因而是在没有国家的社会中对犯罪的反应。法国学者对刑事政策模式的论述,采用了韦伯类型学的分析方法,是刑事政策的一个理想类型。在论述当中,法国学者首先区分国家与社会,然后根据对犯罪的国家反应与社会反应的特征建构起各种刑事政策模式。在本书中严励将法国学者的这种分析方法称为"戴氏模式分析",认为这种模式分析具有创新性,同时也指出了其不足。在此基础上,严励提出了刑事政策模式的国家本位型、国家—社会双本位型和社会本位型三种模型。我认为,严励对上述三种刑事政策模式的论述是较为可取的。刑事政策模式的分析告诉我们:刑事政策在一个社会的实施不是自足的,而是受到这个社会的客观环境制约的。尤其是刑事政策作为一种对犯罪的反应,是与权力紧密联系在一起的。因此在考察刑事政策的时候,必须将刑事政策与政治制度结合起来。正是在这个意义上说,尽管刑事政策的目的都是预防犯罪,但达到这一目的的方式是有所不同的,因而刑事政策的模式也是有所不同的。由此可见,严励在借鉴外国学者对刑事政策的学术研究成果的基础上,有所发展,有所创新,这对于我国刑事政策研究来说,是极为重要的。

　　刑事政策研究的生命在于其建构性与批判性,对于我国学者来说这是需要学术勇气的。唯有如此,我国刑事政策研究才能登堂入室,与外国学者平等对话。严励在本书中对刑事政策的研究立足于反思与建构，为我国刑事政策研究带来一股清新之风气，令人鼓舞。我期望严励在刑事政策领域辛勤耕耘，收获更多的学术成果。

是为序。

陈兴良
谨识于北京锦秋知春寓所
2003 年 12 月 29 日

26. 冀祥德《婚内强奸问题研究》[①]序

冀祥德的专著《婚内强奸问题研究》即将出版,由于该书是在其法律硕士论文的基础上扩增而成的,我曾是他法律硕士论文的指导教师,对其论文写作的经过比较了解,并且其硕士论文《婚内强奸犯罪法研究——从客观事实到法律事实的演进》收入北京大学法学院编的《法学的诱惑——法律硕士论文著作优秀范例》(法律出版社2003年版)一书,我在"导师点评"中,对论文曾经作过点评。现在,冀祥德在论文基础上补充修订而成的专著又要出版了,嘱我作序,义不容辞。在"导师点评"的基础上略加扩充,遂有此序。

冀祥德是我在给法律硕士授课时认识的,课间休息时间,他经常和我探讨问题,从而慢慢地熟悉起来。此后,对冀祥德的经历有了进一步的了解,获知他毕业于警校,后经自学获得法律本科文凭。在一家警校任教期间兼职从事律师工作,后来索性下海当专职律师。尽管从事律师工作,平日十分繁忙,冀祥德仍然十分喜欢钻研理论问题。功夫不负有心人,正应了这句老话,当法律硕士在政法系统招生的时候,冀祥德终于如愿以偿,进入北大法学院。在法律硕士脱产学习的一年期间,他放弃了报酬优厚的律师业务,一门心思钻研理论,收获颇丰:在《政法论坛》等杂志上发表学术论文14篇,成为法律硕士中的佼佼者。在临近毕业的时候,冀祥德向我征询硕士论文题目,并希望我担任他的指导老师,我应允了。冀祥德一直对近年来刑法学界讨论热烈的婚内强奸问题颇有兴趣,并已经发表了一些论文,希望以此为题。我对婚内强奸问题虽有所关注,但并未深入涉足,只不过在个别文字中表明了我"婚内有强无奸"的观点。但对冀祥德以婚内强奸作为硕士论文的选题,我还是鼓励的,并与他就个别问题进行了讨论。时隔不久,冀祥德写出了洋洋14万字的初稿,几乎可以成为一本专著,我审读后认为质量已经达到硕士论文的水平,按照要求将论

---

① 冀祥德:《婚内强奸问题研究》,人民法院出版社2005年版。

文删减成5万多字。硕士论文顺利通过,并且成为法律硕士论文写作优秀范例出版,这是令人高兴的。硕士论文通过以后,冀祥德趁热打铁,扩充增写,形成本书。我认为,本书具有以下三新:

一是选题新。选题是论文写作的一个重要环节,选题成功是论文写作成功的一半,此言不虚。好的选题,可收事半功倍之效;差的选题,则有事倍功半之累。当然,随着硕士和博士人数的逐年增加,目前硕士论文和博士论文的选题可以说是越来越难,尤其是重复选题越来越多。在这种旧题新作的情况下,如果作者没有深厚的理论功底,不能超越现有的学术水平,则很难获得成功。而新题新作又要冒相当的学术风险,难度也是颇大的。应该说,婚内强奸并非刑法理论上的一个传统论题,而是近年才开始探讨的新课题。冀祥德选择婚内强奸作为硕士论文的题目,其学术探索的勇气是可嘉的。当然,他也不是一味地追求时髦的题目,而是在深入思索的基础上确定选题,因而避免了盲目性。从本书的内容来看,以婚内强奸这样一个新的选题,能够写成一本近20万言的专著,内容充实,资料丰富,应该说是难能可贵的。

二是角度新。由于婚内强奸是一个新问题,从什么角度切入进行阐述,是一个十分重要的问题。在硕士论文中,有一个副标题:"从客观事实到法律事实的演进"。我认为这就是冀祥德对婚内强奸问题研究的角度。从我国目前刑法规定及司法实践情况来看,婚内强奸虽然是客观存在的,但并非法律意义上的犯罪。例如,在白俊峰被控强奸案中,最高人民法院的裁判理由指出:根据婚姻法的规定,合法的婚姻,产生夫妻之间特定的人身和财产关系。同居和性生活是夫妻之间对等人身权利和义务的基本内容,双方自愿登记结婚,就是对同居和性生活的法律承诺。因此,从法律上讲,合法的夫妻之间不存在丈夫对妻子性权利自由的侵犯。相反,如果妻子同意与丈夫以外的男子发生性关系却构成对合法婚姻的侵犯。所以,如果在合法婚姻关系存续期间,丈夫不顾妻子反对,甚至使用暴力与妻子强行发生性关系的行为,不属刑法意义上的违背妇女意志与妇女进行性行为,不能构成强奸罪。① 但现行刑法未将婚内强奸规定为犯罪,不等于婚内强奸不应为罪。冀祥德的本书对婚内强奸应为罪的理

---

① 参见最高人民法院刑一庭:《刑事审判参考》(第3辑),法律出版社1999年版,第25页。

由进行了深入阐述，提出了婚内强奸犯罪化的命题，使本书获得了一个全新的理论视角，也为本书创作的成功创造了条件。

三是观点新。观点之新是以理论之深为前提的，任何新观点都不外乎是作者深入研究的结果。在本书中，冀祥德运用比较的方法、法理学的方法和社会学的方法，透过婚姻法、民法和刑法之视角，对丈夫能否成为强奸罪的主体进行了全面的理论解析，并从解释论和立法论两个领域，对婚内强奸公权救济予以学理解释及法理阐述。例如，作者提出耦合权利义务论，为婚内强奸犯罪化提供理论根据。耦合权利义务论认为，性权利作为一种绝对权，是自然人享有的一项人身权利，具有对世性、专属性和排他性的特点。以耦合权利义务说分析性行为，既要求性权利之主张不得随意滥用，又要求性义务之履行不得无故拒绝。在婚姻关系中，夫妻双方的性权利是平等的，这种平等是二元的、相对的，而不是单元的、绝对的。建立在平等权基础之上的性权利自然排斥另一方以不平等乃至暴力方式实现性权利之可能，任何一方不情愿地屈从自己的意志被迫履行性义务，都违反了性权利平等原则。这些观点，对于论证婚内强奸应为罪是有说服力的。我认为，本文对婚内强奸问题的思考在我国刑法学界处于前沿地位。

在完成法律硕士学习之后，冀祥德经过努力，又考上了博士研究生，师从北大法学院汪建成教授，研习刑事诉讼法理论。我预祝冀祥德继续在学术之路上前行，并且走得更远。

是为序。

陈兴良
谨识于北京锦秋知春寓所
2003年12月29日

27. 文盛堂《反职务犯罪论略》[①]序

职务犯罪是指国家工作人员或者其他从事公务的人员不尽职责、滥用职权、贪污受贿、侵害国家机关的管理活动,侵害职务行为的廉洁性,致使国家和人民的利益遭受重大损失的行为。在我国刑法中,职务犯罪主要包括贪污贿赂罪和渎职罪。文盛堂同志撰写的《反职务犯罪论略》一书对职务犯罪进行了全方位的研究,是作者长期以来潜心研究职务犯罪的最新成果。在本书即将出版之际,文盛堂同志邀我作序。却之不恭,将我通览书稿后的一些感触写在这里,权且为序。

如何认识职务犯罪,这是在职务犯罪研究中首先需要解决的一个问题。对于这个问题,文盛堂同志在本书的开篇就有一段提纲挈领的宏论:"职务犯罪是人类社会发展到一定阶段的产物,是社会公共权力异化的结果,是国家公职人员利用职务便利非法获取额外的物质或非物质私利的行为。由于世界各国的政治制度、经济发展进程、文化意识传统等的差异,各国的职务犯罪程度和表现形式也不尽相同。但在当今世界,职务犯罪现象如同社会瘟疫一样严重侵蚀各国的政治、经济和文化,影响社会稳定,阻碍经济发展,造成资源浪费,导致分配不公,毒化社会风气。无论是发达国家,还是发展中国家和不发达国家,虽然其社会制度不同,经济发展阶段各异,但都面临着反职务犯罪的共同课题。"这段话涉及对职务犯罪的本质的揭示,其中将职务犯罪视为是社会公共权力异化的结果这一命题,我深以为然。任何职务犯罪,都具有职务的相关性,都是对权力的滥用和对职责的亵渎。因此,对职务犯罪的分析,权力是一个重要的切入点。

在职务犯罪中,贪污受贿等贪利型职务犯罪占有相当大的比重,这类犯罪被形象地称为腐败。在这个意义上说,反职务犯罪在很大程度上就是反腐败。腐败现象在任何一个国家的任何一个历史阶段,都是客观存

[①] 文盛堂:《反职务犯罪论略》,北京大学出版社2004年版。

在的,因而腐败现象具有其共性,它们都是公共权力异化的结果。但是,腐败现象又是各个社会的产物,只有联系一定社会的政治、经济和文化的特征,才能对这个社会中存在着的腐败现象进行准确的分析。就目前中国的情况而言,我认为腐败现象的大面积存在主要与我国的权力结构本身的缺陷有关。我国当前的腐败不是个别性的腐败,而是一种结构性的腐败。结构性腐败的特点是,腐败的根源在于体制内部存在的某种失调,因此这种结构性腐败也可以说是体制性腐败。在这种情况下,清除腐败不能仅靠法律惩治,更重要的是依靠体制调整,乃至于体制改革与制度创新。从司法实践情况来看,以下两种腐败案件是应当引起我们重视的:一是窝案,即拔起萝卜带出泥。拔起萝卜带出泥又有两种情况:一是拔起一个大萝卜带出泥,一把手腐败,往往使某一部门、某一地区的相当一部分官员腐败;二是拔起一个小萝卜带出泥,一个低级别官员的腐败案件往往引发腐败大案,顺藤摸瓜,牵涉到高级别的官员。二是串案,前仆后继型的腐败案件,前任官员因腐败而被判处重刑,甚至被判处死刑。尸骨未寒,后任官员又重蹈覆辙,腐败案件东窗事发。窝案和串案,从空间和时间两个方面,使我们看到腐败绝非个别的、零星的现象,甚至腐败也不能仅仅归咎于少数官员的道德上的败坏,腐败实际上是目前这种权力结构下产生的一种权力腐败。据我个人的观察,我国权力结构存在的主要问题在于权力过于集中,换言之,某一个人或者某一机关的权力过大。权力集中的相反面,是权力分散。权力分散的最大特征就是权力之间的互相制约,即用权力来限制权力。这里涉及一个政治学上的问题,权力如何行使与权力性质本身是否有关?我认为,权力行使方式是一个技术问题,对于确保权力不被异化是至关重要的,尽管它与权力性质有关,但并不具有必然联系。因为权力的性质是就权力整体而言的,只要权力的根本属性不变,权力并不会因为分散而改变其性质。权力性质的改变是由更深刻的社会政治、经济原因造成的。正如君主制也有独裁与开明之分,民主制同样也可能演变为多数人的专制。这些道理,古代的亚里士多德,近代的孟德斯鸠都有科学的论述,需要我们更深的领会。

在解决腐败问题的思路上,我以为尚有进一步探讨之必要。对于权力过于集中而产生腐败这一点已经达成共识,但到底如何解决权力过于集中问题,根据我的观察,存在两种思路:一是权力制约,二是权力监督。

权力制约,就是分权的思路。这里的制约,是指约束、束缚、限制、牵制、制止等,它通过对事物划定界限、规定范围、设定原则、制造对象、建立机制、控制程序、进行评价等方式表现。① 请注意作者关于权力制约与权力制衡之间区别的论述。权力制约,是以分权为前提的。由于权力过于集中,经过分权使权力分散。因此,权力制约并没有增加权力的总量,而只是对权力进行了分割。分权前,权力 = A;分权后,权力 = A(B+C+D+E+F+……)。权力监督,是对权力加以限制的思路。这里的监督,具有监察、督促之意。因此,权力监督是在现有的权力之外引入一种监督权,以此限制现有的权力。由此可见,权力监督具有权力之外与权力之上的特征。权力之外,是指监督权是原权之外的一种权力,由于监督权的引入,原权没有分散,只是增加了一种权力。因此,引入监督权以后,权力的总量有所增加。引入监督权前,权力 = A;引入监督权后,权力 = A(原权)+B(监督权)。权力之上,是指监督权,确切地说,一种有效的监督权必然是一种在原权之上的权力,监督本身是以监督者与被监督者之间的上位与下位关系为前提的。相对于监督权而言,被监督的原权是一种下位价的权力;监督权是一种上位价的权力。作为一种下位价的权力,表明这种权力不具有至上性与终极性。监督权固然可以使原权等而下之,但它本身又成为一种至上性的权力,因而又引出谁来监督监督者,即如何限制监督权的问题。为此,在监督权 B 之外,又要设置监督权 C,由此形成无限循环使社会成本大量增加,国家不堪重负。由上分析,权力制约与权力监督两种思路孰优孰劣是一目了然的。

　　当然,权力制约以分权为前提,而分权又是以权力具有可分割性为前提的。权力的可分割性意味着,没有一种权力是绝对的,任何权力都具有相对性。更为重要的是,权力不具有先天性,任何权力都来自社会,是公民个人权利的集存。因此,在强调以权力限制权力的同时,还应当关注以权利限制权力。权利具有不同于权力的特点,权利具有先天性,即所谓天赋人权,而权力具有后天性。权利具有弥散性,不仅有法定的权利,而且还有推定的权利。对于公民来说,法无禁止即自由。而权力具有边界性,不得逾越法律勘定的权力边界。对于权力行使者来说,法无授予即禁

---

① 参见林喆:《权力腐败与权力制约》,法律出版社 1997 年版,第 160 页。

止,只有在法律授权范围内才是可为的。

应当指出,在强调权力制约的情况下,并非完全否定权力监督的作用。我只是说,没有权力限制,奢谈权力监督是解决不了腐败问题的。使我感到忧虑的是,目前权力监督一再被重视,而权力限制则没有提到应有的高度。当然,这是一个政治学问题,作为一个法律学者,对此置喙似乎有些杞人忧天倾之意然也。

对于腐败问题,我一直在关注,既因为我的专业视角,更因为我的社会良知。当然,我的学术能力与学术精力有限,对于腐败问题的研究是心有余而力不足,例如,我曾经有过写一本"腐败政治学"的闪念。我认为,一般意义上的政治学,都是正面的政治学,是清明政治学。但对于资治来说,清明政治学尚不够,还需要一种腐败政治学,这是一种反面的政治学,它可能具有别具一格的资治功能。正如同美学不仅研究美,而且还要研究美的反面——丑一样。

文盛堂同志长期在最高人民检察院工作,具有丰富的反贪经验,摆在我们面前的这一本《反职务犯罪论略》从立法到司法,从犯罪学到刑法学,从现象描述到对策设定,对职务犯罪进行了跨学科的探讨,其中有不少新材料、新思路。尤其是科技论部分,论述了电脑技术、激光技术、芯片技术、DNA 技术等在反职务犯罪中的运用,颇有新意。当然,从一个学院派的学者来看本书,学术规范的讲究上还是有所欠缺的,这也是实务部门同志论著的一个共同特点,即经验总结强于理性思考,材料堆砌多于理论分析。当然我也知道,这些同志写书的目的并不单纯是学术的,更多的考量是对实务工作的指导。在这种情况下,过多地从学术规范角度的评价似乎有苛求之嫌。对于文盛堂同志的本书,也应当作如是观。

是为序。

陈兴良
谨识于北京锦秋知春寓所
2004 年 1 月 23 日

28. 黄兴瑞《人身危险性的评估与控制》①序

人身危险性如同社会危害性一样,是刑法理论中的基石范畴,正是对这些基石范畴研究的不断深化,推进了一门学科的发展。浙江警官职业学院院长黄兴瑞的新著《人身危险性的评估与控制》一书可以说是我国刑法学界对人身危险性研究领域取得的前沿性成果,可喜可贺。

人身危险性在我国刑法学界曾经是一个危险的概念,它充满争议而又饱受指责。例如在我国20世纪80年代初出版的刑法教科书中,对人身危险性理论进行了以下批判:"刑事人类学派是以'天生的犯罪人'来代替犯罪行为,刑事社会学派则是以人的'危险状态'来代替犯罪行为。他们就是这样把犯罪构成的学说变成了'犯罪人'的学说。他们拒绝和否认把法律确切规定的犯罪构成当做刑事责任的基础。不难看出,这样的理论是为帝国主义资产阶级破坏法制、加强镇压劳动人民服务的。这些理论为资产阶级法院的专横和任意制裁大开方便之门,为资产阶级施行恐怖政策提供理论根据。"②这一批判极尽将人身危险性理论妖魔化之能事,其中既有误读与误解,也有挥之不去的意识形态的阴影。对于人身危险性理论需要重新解读与重新认识,而这一切始于对人身危险性的去魅。随着我国刑法理论的不断深化,尤其是当刑罚个别化原则受到肯定,人身危险性理论也逐渐在一种科学态度的指导下被纳入刑法学界的研究视野。在《刑法哲学》一书中,我提出了犯罪本质的二元论,强调社会危害性与人身危险性对于犯罪的同等意义,并且认为人身危险性是指犯罪可能性,属于未然之罪。这里的犯罪可能性,既包括再犯可能性,即犯罪人本人再次实施犯罪的可能性,又包括初犯可能性,即犯罪人以外的其他人,主要是指潜在的犯罪人的犯罪可能性。这一人身危险性的概念虽然与传统意义上的人身危险性有所不同,但我认为这一概念更能科学地反

---

① 黄兴瑞:《人身危险性的评估与控制》,群众出版社2004年版。
② 参见高铭暄主编:《刑法学》(修订本),法律出版社1984年版,第94页。

映未然之罪的本质,在通过对传统的人身危险性的概念进行重新界定的基础上完全可以使用,这也是一种推陈出新吧。[①] 随着人身危险性概念在刑法理论中地位的确定,对其研究随之而展开并不断地深入,并从人身危险性概念中进一步引申出犯罪人格的概念,例如张文、刘艳红在《中外法学》2000年第4期发表的《犯罪人理论的反思与重构——以犯罪人格为主线的思考》一文,就是在这一领域的创新之作。在此基础上,张文教授提出了刑事法人格化的构想,认为要把犯罪危险性人格引入定罪的机制,建立行为加人格的二元定罪机制,即认定犯罪嫌疑人、被告人是否有罪,不仅要查明其有无符合刑法规定的构成要件的行为,而且要鉴定其有无犯罪危险性人格。只有二者同时具备,且法有明文规定的,才能认定其为犯罪人,才能对其判处刑罚。[②] 这些观点,对于我国传统刑法理论来说,都是一些新思与新识,值得重视。同时还值得肯定的是,中央司法警官学院的霍中东教授,其出版的《刑法中的人格问题研究》一书,将我国对人身危险性理论的研究提升到了更高的学术水平。这书着力解决人身危险性的评估问题,提出了人格——一种评估人身危险性的可操作性工具的命题,指出:"人身危险性是近代学派理论中的核心概念,其成立与否及其能否测定对近代学派所主张的观点的学术地位有着直接关系。因而,近代学派的学者在肯定人身危险性存在的前提下,力图解决人身危险性的评估测定问题,但是,未能取得实质的进展。然而,一旦将人格概念纳入刑法视野后,人身危险性测定便有了些眉目,人们对人身危险性测定不再无从着手。"[③]从这个意义上说,正是人格测定这一工具拯救了人身危险性的概念,从而使人身危险性理论具有了可操作性。

从人身危险性之被否定到重新受到肯定,从人身危险性之无法测定到引入犯罪人格概念使人身危险性具有可测定性,随之人身危险性从纯然的理论概念进入司法操作层面的研究,这个过程不过十年。可以说,这十年之间我国刑法学界在人身危险性问题的研究上取得了长足的进步。在此基础上,我们再来审视黄兴瑞的《人身危险性的评估与控制》一书,仅从书名我们就可以充分看出作者是站在人身危险性理论的前沿上进行研

---

① 参见陈兴良:《刑法哲学》(修订版),中国政法大学出版社2004年版,第147页。
② 参见陈兴良主编:《法治的言说》,法律出版社2004年版,第556页。
③ 翟中东:《刑法中的人格问题研究》,中国法制出版社2003年版,第40—41页。

究的:评估与控制恰恰是人身危险性理论迫切需要解决的问题。

在人身危险性的解读上,黄兴瑞提出了"刑事一体化视野中的人身危险性"的命题,我以为是颇具新意的。本书认为,人身危险性作为超越了狭义的刑法学意义上的一个重要概念,只有在刑事法学的学科系统内确定地位,它的学术功能和价值才能得到最佳的发挥,同时也才能真正解决罪与刑关系的脱节。本书提出:在刑事一体化的视野中,人身危险性的意义体现在:①人身危险性是影响刑罚裁量的重要因素;②人身危险性是刑罚执行的根据;③人身危险性是保安处分的基本条件。在人身危险性的涵义上,黄兴瑞接受了我关于人身危险性是初犯可能与再犯可能的观点,并对人身危险性作出如下界说:"人身危险性是指行为人在人格上存在的严重危害社会的可能性。人身危险性的主体既包括犯罪人再犯的可能性,也包括具有犯罪倾向的人初犯的可能性。同时,人身危险性并不受行为人的责任能力的限制,即使无责任能力者,只要具有严重危害社会的可能性,也可构成人身危险性的主体。"这一对人身危险性的较为宽泛的理解,显然有利于在更为广阔的视野内对人身危险性进行研究,对此我深以为然。

在本书中,我最感兴趣的还是初犯可能性评估与再犯可能性评估两章,其中虽然有较大篇幅介绍国外关于初犯预测与再犯预测的学术观点,但作者本人对此都有亲自开展的实证研究。在初犯预测上,作者与同事曾赟、孔一组成课题组采用分层和判断抽样的方法,对浙江省500名在押少年犯和浙江省500名在校中学生进行了调查。在再犯预测上,作者与同事孔一、曾赟在浙江省第六监狱、浙江省金华监狱、杭州市东郊监狱、浙江省女子监狱进行了大量的调查研究。这些实证调查的统计数据,对于初犯可能与再犯可能的预测是具有较高价值的。这表明,人身危险性的理论研究在一个实证的层面将被进一步展开。当然,本书也还是存在不足之处的,其中狱内风险评估、暴力风险及性犯罪风险的评估与人身危险性评估之关系尚须进一步厘清。此外,对国外有关资料的介绍上有堆砌之嫌,应在积极消化的基础上加以铺陈。当然,这主要还是一个表述问题,对于第一次这样前沿性学术写作的作者来说似乎不应苛求。

黄兴瑞是我的同乡,身兼浙江警官职业学院院长之职。在繁忙的公务之余,能够写出颇具学术水平的专著,是难能可贵的。今年8月4

日,我出差到杭州,顺道来到位于杭州下沙高教园区的浙江警官职业学院,拜访了黄兴瑞院长及其同事,给我留下深刻印象。在院领导的以身作则的榜样作用的感召下,浙江警官职业学院具有较为浓厚的学术氛围,形成了学术研究的小气候,其必将在刑事司法及监狱化研究方面有所作为,这是可以期待的。

是为序。

陈兴良
谨识于北京海淀锦秋知春寓所
2004 年 8 月 14 日

29. 汪明亮《严打的理性评价》[①]序

严打是刑事法领域的一种极具中国特色的现象,从1983年开始的严打,已经伴随着中国社会走过了20年,至今严打的思维还在持续着。如何正确地看待严打,确实是一个不可回避的重大理论问题。汪明亮在北大法学院学习期间,在其导师刘守芬教授的鼓励下,以严打作为博士论文的选题,其学术勇气是极为可嘉的,尽管作为北大刑法博士点的一位成员,我对汪明亮的选题是持肯定态度的,但暗地里还是不禁为汪明亮的大胆选题捏一把汗,毕竟严打是一个需要冒险的题目。不过,汪明亮圆满地完成了博士论文,并通过了答辩。现在,博士论文又要正式出版,这是可喜可贺的。在博士论文行将出版之际,汪明亮嘱我为其博士论文的出版作序,我是乐而为之的。在我看来,汪明亮的这篇博士论文在对严打的研究上具有以下特点,是值得充分肯定的:

一是对严打的理性立场。严打是在我国社会转型,犯罪率大幅度增加这样一个特定的历史环境下出台的一项刑事政策。不可否认,严打在一定的历史条件下对于维护社会治安确实发挥过较好的作用。但是,严打本身以其"运动式"的运作方式,潜藏着破坏法治的危险。对此,刑法学界是多有诟病的。汪明亮对于严打政策既不是站在歌功颂德的立场上一味地肯定,或为之辩解;也不是站在批判的立场上简单地否定,或对之唾弃。在本文中,汪明亮以一种实事求是的理性态度对待严打。在作者看来,对待严打刑事政策,不能片面、局部去理解、评判。从现实层面说,严打刑事政策有其存在的现实基础;从理性角度看,严打刑事政策又有其思辨的余地。这样一种观点,是较为客观的。因此,我们可以看到本文对严打的现实基础进行了科学的揭示,由此得出结论:在当今历史条件下,选择严打刑事政策是建立在一定的现实基础之上的。其中,转型期的特殊国情,犯罪形势严峻,是发动严打的最直接原因;特殊民情、民众报应

[①] 汪明亮:《严打的理性评价》,北京大学出版社2004年版。

情感强烈,是发动严打的群众基础;我党长期以来依靠政策治理国家的经验,是发动严打的组织条件。同时,本文还有对严打的理性思辨。当然,我更感兴趣的还是理性思辨。我理解,这里所谓对严打的理性思辨,就是指对严打的反思。在这种反思中,作者尤其批判了严打万能论。当然,严打万能论是汪明亮对某些关于严打的错误认识所戴的一项"帽子"。我看这顶帽子不大不小刚刚好,分寸合适。在本文中,汪明亮列举了严打万能论的主要表现:包括对严打刑事政策寄予过高的希望,忽视了平时及时依法打击犯罪。当对严打的过高希望得不到满足时,又常常轻视严打,如此等等,不一而足。本文正确地指出了严打的局限性甚至消极性,这对那些视严打为对付犯罪的神丹妙药的严打信奉者来说,不啻是当头棒喝。正是这种对严打的理性态度,使本文获得了某种学术上的正确性。

　　二是对严打的多视角考察。严打虽然是我国在一定时期实行的刑事政策,但它并非是一种简单的策略。严打既包含了我国对于犯罪的一种对策,又包括了社会治理的某种策略。作为一个学术问题,严打更不能标签化、标语化。那样的话,对严打的理论分析就会显得肤浅,这也正是博士论文之大忌。我高兴地看到,汪明亮以严打为考察对象,采取了多视角的观照,将严打放在理论的聚光灯下,一个棱面一个棱面地打量,使我们获得对严打的全方面把握。因此,本文既有对严打的刑事政策的分析,又有对严打的刑法法理的分析,又有对严打的犯罪学分析,还有对严打的经济学分析。如此等等,对严打的分析之全面、之深入,是以往研究中所未曾有过的。这些年来,严打越来越成为刑法理论研究中的一个主要课题。例如2003年中国刑法研究会在长沙召开的年会上,年会召集者指出:1983年至今,我国先后开展了三次严打专项斗争,严打整治的成效显著,但也存在诸多的问题。如何正确看待、总结、反思严打所体现的刑事政策,正确看待严打的成绩与问题,总结经验,制定并实施更为科学的刑事政策,是当前我国刑法理论界和实务界共同关注的一项重大课题。本次研讨会将"1983年以来我国刑事法治与刑事政策的回顾与研究"作为议题之一,希望通过对近20年国家刑事政策的发展变化进行理论总结,并进一步探讨如何实现国家刑事政策的科学化。[①] 其实,严打成为刑法学年会议题,长沙会议并非第一次。如果我没有记错的话,2001年的济南年会上,严打也是议题之一。从与会者提交的年会论文来看,作者们都对严打作了较为深入的研究,从而推动了严打的理论研究,实际上也为汪明亮撰写博士论文奠定了基础。当然,关于严打的年会论文也存在不足,主要是理论视野较为狭窄,只是从刑事政策角度对严打的分析。汪明亮对严打的研究,刑事政策当然是一个重要的视域,但并未局囿于此,而是引入刑法学、犯罪学,甚至经济学等多个学科的理论视界,从而达到对严打的更加全面的把握,这是难能可贵的。因为如果没有对多学科方法论的掌握,以及多学科知识的累积,这种多学科探讨是不可能的。当然,由于是以多学科架构本文的,视角既多,广则广矣,深则难哉,这也是毋庸讳言的。

三是对严打的科学态度。这里的科学态度,主要是指研究态度。严打是一个十分世俗的、现实的问题,如果不从实践上把握,成为一种经院哲学式的研究,那么其结论的意义就会大打折扣。为此,汪明亮为本文的写作,在实际资料的搜集上可谓煞费苦心。汪明亮告诉我,为实际掌握公众对严打的态度,他曾经精心设计了一份关于严打的问卷调查表,想在从北京回苏州探亲的火车这一流动人群聚集之交通工具上进行这次问卷调卷。这个想法虽有偷懒之嫌,但在火车上十几个小时之无聊时光做这么一件有益之事,也未尝不可,或许不失为一个好的创意。始料不及的是,问卷调查表刚刚发下去,就把列车上的乘警给召来了,以为发生了什么政治事件。待了解清楚原委后,乘警感到十分为难,这种事情可是在火车上第一次发生,法律没有明文允许,一般是要禁止的。请示上级或可宽容,但在这奔驰的火车上,上哪儿去请示?独自做主又不敢。汪明亮见状,只好草草收场,这次精心策划的问卷调查就在乘警的干预下流产。这是一个具有戏剧性的插曲,说明我们的乘警严打这根弦是绷得很紧的,阶级敌人想搞点破坏也难。问卷调查的无疾而终,使我们不能在汪明亮的博士论文中看到这方面的资料,令人遗憾。当然,遗憾不仅仅在于此。在我国目前要想对严打作点实证研究还真有点难,刑事司法统计数据是不

[①] 参见赵秉志、张军主编:《中国刑法学年会文集(2003年度)》,中国人民公安大学出版社2003年版,前言,第3页。

公开的,在这种情况下,对严打的分析就不可能是建立在扎实的实证资料基础之上的,这也在很大程度上影响了汪明亮博士论文的科学性。我想,如果刑事司法统计数据开放的话,汪明亮的论文是会更有说服力的。因此,我只能说汪明亮的研究态度是科学的,至于研究结论的科学性则非其力所能逮也。

汪明亮在进入北京大学法学院攻读博士学位之前,在苏州大学法学院任教,具有较为扎实的刑法理论基础。在北大学习的三年期间,学术功力见长,这是要归功于他本人的努力的,当然与北大法学院的学术环境也是分不开的。在这三年学习期间,我与汪明亮有一段师生之谊,也时有学术交流。当汪明亮为毕业以后的工作去向征询我的意见时,我还是鼓励他继续从事学术工作,因为他有这方面的兴趣与能力。现在,汪明亮落足于上海复旦大学法学院,我对他是有学术期许的。

是为序。

陈兴良
谨识于北京锦秋知春寓所
2004年2月3日

30. 陈东升《赦免制度研究》[①]序

陈东升的博士论文即将由中国人民公安大学出版社出版,邀我作序。陈东升这篇题为《赦免制度研究》的博士论文是在我指导下完成的,因而为之写序也是义不容辞的。为写本序,我又把陈东升的博士论文找出来,重新读了一遍,有些感想写在这里,权且为序。

赦免是一个小问题,而且是一个冷门的话题,并且其学科归属本身就存疑问。因此,当初我提议陈东升以赦免作为博士论文选题时,在开题报告过程中,已经过世的杨春洗教授是有些不以为然的。杨老师提出,赦免是一个宪法问题,不是刑法问题。好在杨老师宽容,这个选题也就这样定下来了。

我之所以提议陈东升以赦免制度作为博士论文选题,还是有我的考虑的。陈东升在我所招的博士生中是最为特殊的一个,他本科和硕士都在华中师范大学学习教育学,在教育学方面颇有造诣,并且与其导师一起出过专著。教育学硕士毕业以后分配到中国人民公安大学从事教学管理工作,由此而与法律沾上边。陈东升是一个有心的人,也是一个好学的人,感到在公安大学工作,一点也不懂法是不行的。因此,陈东升边工作边自学法律。学习告一段落以后,产生了报考刑法专业博士的想法。我对招收的学生并无特殊要求,一个朴素的想法就是"不拘一格选人才"。当然,像陈东升这样没有任何法律学历来报考刑法专业博士生,我还是不无疑虑的。因为博士生入学考试的专业试题还是很难的,没有经过严格的专业训练,恐怕难以通过。没想到,陈东升居然通过了博士生入学考试,这样就招收入学了。由于陈东升是在职学习,本身法律的底子就不太好,本职工作又那么忙,博士课程的学习不能不受一定的影响。对此,我是有些担心的。一晃三年过去了,我提议陈东升选择赦免这个冷门的题目作博士论文,也是为保险起见。当然,冷门题目自有冷门题目的难处。

[①] 陈东升:《赦免制度研究》,中国人民公安大学出版社2004年版。

正因为冷门题目生僻,涉猎的人少,因而资料难搜集,可供借鉴的东西也不多。陈东升不畏艰难,广泛搜集关于赦免的资料,"小题大做",以赦免这样一个平时绝少有人论及的问题写出洋洋洒洒二十余万言,这是出乎我的意料的,这也充分证明了陈东升的学术实力。作为导师,我为之高兴。

赦免,之所以是一个生僻的话题,主要是因为在立法与司法两个方面,赦免都受到前所未有的冷落。在中国古代封建社会,赦免常见载于史书。古代典籍中多有"大赦天下"的记载,表明赦免是封建统治者缓解社会矛盾的一种政治措施。因而新皇即位或者出现特殊天象(天象实际上是民情的一种反映),往往赦之。赦,释之也。以赦而获取民心,非仁慈,自有其功利之所在也。只有推行苛法的秦始皇,如同《史记》所载:"刚毅戾深,事皆决于法,刻削无仁恩和义,然后合五德之教。于是急法,久者不赦。"其结果,秦二世而亡。虽然封建王朝的存亡非由赦与否而决定,但政治经验丰富的封建统治者往往将赦免作为一种治理方法,有助于巩固其统治。由于封建统治的性质所决定,当时的赦免不可避免地带有人治的色彩。在一个法治社会,还要不要实行赦免制度?对此,贝卡里亚是予以否定的。在论及恩赦时,贝卡里亚指出:"仁慈是立法者的美德,而不是执法者的美德;它应该闪耀在法典中,而不是表现在单个的审判中。如果让人们看到他们的犯罪可能受到宽恕,或者刑罚并不一定是犯罪的必然结果,那么就会煽惑起犯罪不受处罚的幻想。既然罪犯可以受到宽恕,那么人们就认为:无情的刑罚不是正义的伸张,反而是强力的凌暴。如果君主把恩赦即公共安全赐给某个人,并且这种不明智的私人仁慈行为成了不予处罚的公共法令,那么,我能说什么呢?"①当然,我们必须注意,根据贝卡里亚的观点:只有刑罚严酷,因而才需要恩赦。而随着刑罚变得日益宽和,恩赦才不那么必要了。对此,边沁也有过深刻的论述:"如果法律太严厉,赦免权就是一个必要的矫正,但是,这一矫正,本身又属于一种恶。已被制定的好法律将不需要一根有权宣告自身无效的魔杖。如果刑罚是必要的,那就不应该被减少;如果刑罚是不必要的,那就

---

① 参见〔意〕贝卡里亚:《论犯罪与刑罚》,黄风译,中国方正出版社2004年版,第99页。

不应该对罪犯适用。"①如同贝卡里亚一样,边沁也是一个立法上的完美主义者,总是认为可以制定出一部宽严适当的理想的刑法典。在这种情况下,赦免当然是没有存在的任何必要。但立法并不总能如人所愿,因此,即便是在一个法治社会,赦免仍然有其存在的正当理由。李斯特就阐述了赦免的刑事政策意蕴,指出:"赦免的目的在于,相对于法律的僵化的一般性,提出公平要求(但总是有利于被判刑人,绝不会反过来);它还可以纠正(事实上的或被认为的)法官的误判,或者达到刑事政策上之目的。"②我以为,李斯特对赦免的理解是更为深刻的。我国目前在法律上,只有宪法与刑法涉及赦免这个概念。《宪法》第67条规定,决定特赦是全国人大常委会的职权。第80条规定,发布特赦令是主席的职权。刑法也只是在关于累犯的规定中,提及赦免这个词。可以说,我国法律对于赦免既无实体规定又无程序规定,赦免是法外之物,完全被边缘化了。从实践的角度来看,我国只是在20世纪对有关战犯实行过7次特赦,这种特赦与其说是一种法律行为,不如说是一种政治举动。

当前,我国处在严打的态势之下,对于普通刑事犯罪的赦免当然是不可能提上议事日程的。即使是对民营企业家所谓原罪的赦免,也是一个敏感的话题。可以说,在一个缺乏宽容的社会,赦免是难以实行的。这里的宽容,既包括政府的宽容,又包括民众的宽容。因此,没有宽容,也就没有赦免。我国社会宽容之缺乏,是长期以来阶级斗争之类极"左"思潮的余毒以及极端政治的恶果,与法治文明是格格不入的。对此,我忧心戚戚然也。我高兴地看到,陈东升通过对赦免的研究,达到了相当高的思想境界,以下这段话即是明证:

> 现代赦免制度,这个源自于民主宪法,遵从法治原则,折射着人性光辉,饱含着人道意蕴的刑事政策,正是人们秉持善的冲动、追求法的实体公正和人文品格的天才创设。赦免制度通过以宪法为法律依据,以民主、法治为基本规则,以尊重和保障人权为价值导向,在犯罪人和国家之间构筑起了一个人道而又理

---

① 参见〔英〕边沁:《立法理论》,李贵方等译,中国人民公安大学出版社2004年版,第409页。

② 参见〔德〕李斯特:《德国刑法教科书》,徐久生译,法律出版社2000年版,第487页。

性的屏障与庇护所,从而在现代宪政体制中扎下了根基。可以说,承认赦免的独特价值并适时实施赦免,是一个国家法治进步的标志,是人权保障的表征,是政治体制和刑事司法制度成熟而自信的体现。

是为序。

陈兴良
谨识于北京锦秋知春寓所
2004 年 2 月 11 日

31. 卢宇蓉《加重构成犯罪研究》①序

卢宇蓉的博士论文《加重构成犯罪研究》作为"北大刑法博士文丛"的一本,即将在中国人民公安大学出版社出版,作为导师我感到十分高兴。在博士论文出版之际,作者请我作序,遂提笔写下一些随感,权且为序。

卢宇蓉,似乎是一个女孩的姓名。好在未见面之前给我的来信中,附有一张生活照,这才没有发生性别上的误解。这个"蓉"字,大约是"芙蓉国"之"蓉",以表明其出生地。后来,同学当中约定俗成地省略了这个"蓉"字,称为卢宇,这样我们也都称卢宇。似乎那个"蓉"字是多余的,只有作为书面的、正式的场合,像本书的署名才称卢宇蓉。不过,我还是习惯称卢宇,本文也是如此。

卢宇大学本科是在湘潭大学读的,本科毕业的时候,当时的湘潭大学法律系主任,现任湖南省政协副主席、湖南高级人民法院副院长谢勇教授与我相识,并有学术上的交往。当时我还在中国人民大学法学院任教,谢勇教授介绍卢宇考我的硕士生。在这种情况下,卢宇在考前给我来过一封信,谈了一些学习与考试方面的情况,我回了一封信,对考研予以了鼓励。后来,卢宇就考上了硕士生,顺理成章地我成了他硕士生导师。1998 年卢宇硕士生毕业,我恰好调回母校北京大学法学院任教,卢宇也就跟着我考上了北京大学法学院的博士研究生。在我的印象中,卢宇是我第一个从硕士带到博士的学生,前后有长达 6 年的交往,因而我对卢宇还是比较了解的。

卢宇给我最深刻的印象就是"懂事",包含着性格上的稳重成熟,学习上自觉钻研等,因而对于为师者来说,这是一个让人十分省心的学生。应当说,这些品格对于现在的年轻人来说,是极不容易具备的。6 年的求学生涯很快过去了,卢宇已经走上了工作岗位。尽管卢宇对于学术也有很

---

① 卢宇蓉:《加重构成犯罪研究》,中国人民公安大学出版社 2004 年版。

高的造诣,毕业时也有知名高校请他加盟任教,但卢宇还是放弃了学术之路,而是投身于司法实务。对于卢宇的这一选择,我也是深表赞同的。以卢宇的专长来说,从事司法实务是更能有所为的。博士论文作为卢宇6年学习研究刑法的总结,在答辩通过以后,我一直催促他修订出版,卢宇本人也有这个愿望。如今这个愿望终于实现了,但愿它不是卢宇的最后一本学术著作。

加重构成犯罪是刑法所规定的一种犯罪形态,它是指在基本构成的基础上,发生了法定的加重事由而使其刑罚得以加重的一种犯罪。相对于加重构成犯罪而言,在刑法中还存在着减轻构成犯罪。无论是加重构成犯罪还是减轻构成犯罪,其设置对于区分罪之轻重从而正确地适用刑罚,都具有十分重要的意义。我国刑法中也大量设置了加重构成犯罪,尤其是在1997年刑法修订时,为使刑法规定更加细密,罪刑结构更为合理,在吸纳司法解释的基础上,更多地出现了加重构成的犯罪形态。在外国刑法中,加重构成犯罪主要是指结果加重构成,相比之下,我国刑法中规定的加重构成犯罪形态更为丰富。加重构成犯罪的认定与处罚,涉及刑法理论中的一系列重大问题。其中,既有刑法总论方面的问题,又有刑法分论方面的问题。为此,卢宇在本书中对加重构成犯罪的研究,分为总论与分论两篇。在总论中,专门研究加重构成犯罪的基本理论问题。例如,未完成罪、共同犯罪、犯罪竞合等,这部分内容具有很强的理论性,将加重构成犯罪的研究进一步引向深入,也反映了卢宇较为扎实的刑法专业基础。在分论中,对加重构成犯罪进行了类型化的研究。卢宇根据我国刑法规定,将加重构成犯罪分为情节加重犯、结果加重犯、数额加重犯、对象加重犯、身份加重犯、手段加重犯、时间加重犯、地点加重犯和行为加重犯这样九大类,分别结合实务进行了较为深入的研究。这些内容,对于司法实践中正确地认定加重构成犯罪是具有指导意义的。从全书的体例上来看,可谓逻辑清晰,结构合理,是一篇凝聚卢宇学识与智慧的倾心之作。卢宇的博士论文答辩是在2002年5月21日举行的,当时我正在美国纽约考察访问,未能亲自参加卢宇博士论文的答辩。但回国以后获知,答辩委员会对卢宇的博士论文从选题到内容给予了较高评价。

在一个人的学术经历中,博士论文的出版是具有里程碑意义的,无论这个人将来是从事还是不从事学术研究。对于卢宇来说,也是如此。尽管他现在从事司法实务工作,但博士论文的写作以及在博士生学习期间所受到的学术熏陶,都会在很大程度上影响乃至于塑造一个人的司法品格,并长久地在司法过程中发生作用。我相信,卢宇会在工作过程中继续向司法实践学习,成为一个具有学术背景的法律人。

是为序。

陈兴良
谨识于北京锦秋知春寓所
2004 年 6 月 28 日

32. 蒋熙辉《单位犯罪刑事责任探究与认定》①序

单位犯罪是我国刑法中一种特殊的犯罪形态，相对于个人犯罪而言，单位犯罪的定罪量刑都是值得专门加以研究的。我国到目前为止，已经出版了不下五六种单位犯罪的著作，虽然对于推进单位犯罪的理论发展都有各自的贡献，但不可否认的是，单位犯罪仍然是理论研究较为薄弱的一个领域。蒋熙辉的新作《单位犯罪刑事责任探究与认定》在一个新起点上，对单位犯罪问题做了有益的理论探索，是值得嘉许的。

我国 1979 年《刑法》中并无单位犯罪的规定，这主要是因为在当时计划经济的模式中，单位尚不存在自身特殊的经济利益，因而不存在单位犯罪现象。此后，随着从计划经济体制向市场经济体制的转换，尤其是随着企业制度的改革，单位犯罪现象从无到有，因而在 1987 年《海关法》中开单位犯罪立法之先河，并在 1988 年《全国人大常委会关于惩治走私罪的补充规定》中第一次以单行刑法的形式确认了单位犯罪。而 1997 年《刑法》采取总则与分则相结合的立法模式确认了单位犯罪的刑事责任，标志着我国刑法的惩治对象由个人的单一对象到个人与单位的双重对象的进展。理论作为立法的先导，早在 20 世纪 80 年代就开始对单位犯罪进行研究。但直至今日，关于单位犯罪的研究仍因为三个方面的原因而没有深入：一是事实与法律，即单位犯罪作为事实存在，法律作为社会现实的反映应当作出应对；二是应然与实然，单位的合法性是一种应然，肯定单位犯罪的存在并对单位犯罪行为予以纠正是一种实然的承认；三是单位的犯罪能力问题，单位犯罪存在双重机制，表层是代表人的行为，深层是单位的行为，只有认识到单位是一个自然属性与社会属性的统一体，方能肯定单位的犯罪能力。这些都是困扰着单位犯罪理论研究的问题，这些问题不从理论上加以解决，单位犯罪的刑事责任就始终是一个悬而未决的问题。我曾经对单位犯罪进行过专门的研究，认为惩罚单位犯罪存在

---

① 蒋熙辉：《单位犯罪刑事责任探究与认定》，人民法院出版社 2005 年版。

历史、社会、理论三个方面的根据,并具体研究了单位犯罪的构成特征和处罚制度。我的单位犯罪研究凸现三个结论:第一,以法人犯罪为原型研究单位犯罪,认为法人是社会属性与自然属性的统一,具有独立的意志,法定代表在法人意志支配下的行为,其法律后果应当由法人承担;由法人犯罪推演,犯罪单位并不以所有制性质、责任有限与否为界限。第二,单位犯罪构成上,必须符合我国刑法规定的主观与客观的犯罪构成要件。主观上,单位故意与单位过失都可能存在;客观上,单位行为通过组织机构做出决策并付诸实施,表现为决策机构决定与负责人员决定两种形式。第三,单位犯罪的处罚上,法人人格有限独立是两罚制的根据,两罚制的实质是对法人的整体处罚,是同一刑事责任在法人整体内的分配。但是,对单位犯罪基础理论和司法实践的研究仍有待深入。尽管我的这些研究是微不足道的,并且我对单位犯罪的研究始终只停留在专题研究的范围内,没有单位犯罪的专著出版,但这并不意味着我对单位犯罪不重视。事实上,从单位犯罪现象引起我国刑法理论关注的第一天开始,我就一直对单位犯罪抱有浓厚的理论兴趣,并对单位犯罪的刑事责任持一种肯定的观点。时至今日,虽然在立法上已经确立了单位犯罪,但单位犯罪仍然是刑法理论上的一个重要课题。

蒋熙辉对单位犯罪也始终抱有兴趣,一直从事单位犯罪刑事责任的研究。还在中国人民大学法学院硕士生学习阶段,蒋熙辉就在其硕士生导师黄京平教授的指导下,撰写了单位犯罪刑事责任的硕士论文,并获得通过,由此而获得了法学硕士学位。2001年,蒋熙辉考入北京大学法学院,跟随我继续从事刑法理论研究。在博士生学习期间,蒋熙辉仍勤奋不断,笔耕不辍,先后在各级学术刊物上发表过一些作品,其中不乏创见。现他将其硕士学位论文整理出版,从理论与实践两个方面对单位犯罪进行了深入探讨,这种既注重理论努力又关注现实法治实践的品格是我所欣赏的。理论方面,他独创性地提出要对自然人犯罪与单位犯罪实现责任等构,并提出责任构造的三重结构:刑事义务与归责能力—刑事归责要素—责任负担与处罚原则。这种理论创新是值得鼓励的。本书还细致地比较了中外单位犯罪立法,对我国现行单位犯罪立法的沿革与现状加以分析,获得了一个单位犯罪立法模式的分类结论。同时,对中国单位犯罪的现行立法提出质疑,认为应当采取责任一体化的方法对单位犯罪加以立法,并认为多种刑法制度需要因应单位犯罪予以完善。实践方面,蒋熙辉对一些问题的提炼和回答颇为独到,也是长期思考的结晶,兴许能为司法实践提供些许启示。本书还对单位犯罪诉讼程序问题专门予以研究,篇幅虽短,但体现了刑事一体化的思路,也是对我国以往刑事实体法与程序法各自为政的一种反思。结束语中,蒋熙辉对自己的研究进行了一定的回顾,认为这种研究的深度开掘在四个方面,即:责任一体化研究、非法人单位法人化研究、刑事政策导向性研究、制度实践化研究。这种归结性的方法是值得借鉴的。

值得高兴的是,蒋熙辉的博士论文仍以单位犯罪为对象,侧重于研究公司犯罪的刑事责任,从而进一步推进了单位犯罪的理论研究。蒋熙辉这种"咬定青山不放松"的锲而不舍的精神,是难能可贵的。我相信,蒋熙辉对单位犯罪的系列研究成果必将成为我国刑法理论中关于单位犯罪刑事责任研究的前沿性成果,因而在刑法学界占有一席之地。作为蒋熙辉的博士生导师,看到像蒋熙辉这样一代青年学子的成长,心喜悦然也。

是为序。

陈兴良
谨识于北京锦秋知春寓所
2003年12月30日

33. 王志远《犯罪成立理论原理——前序性研究》[①]序

犯罪构成是刑法理论中的一个重大课题,它不仅关系犯罪体系的构造,而且与刑法理论的发展完善都具有重要意义。我国现行的犯罪构成理论是从苏联传入的,经过近二十年来的本土文化改造,已经形成独特的理论体系。当然,改革开放以后,随着大陆法系和英美法系的犯罪构成理论不断被介绍到我国,犯罪构成的反思与重构的努力在我国刑法学界始终没有停止过。以犯罪构成为题的博士论文,就为数不少,有些博士论文出版以后颇受好评,例如刘生荣博士的《犯罪构成原理》(法律出版社1997年版)、肖中华博士的《犯罪构成及其关系论》(中国人民大学出版社2000年版)等。在我国犯罪构成理论面临重大突破的这种情况下,王志远同志的博士论文《犯罪成立理论原理——前序性研究》一书即将出版,我以为是正逢其时之作,也可以说是这种努力的一个组成部分。

本书讨论的是犯罪构成的体系问题,这个问题恰恰是犯罪构成理论首先需要解决的问题。在我看来,犯罪构成理论中涉及两个方面的问题,一是形式问题,二是内容问题。形式问题主要是指犯罪构成的体系问题,而内容问题则是指犯罪构成的要件问题。一般而言,犯罪构成的要件在不同国家是较为相近的,诸如行为、结果、故意、过失这些要件对于犯罪成立来说都是不可或缺的。差别较大或者说争议较大的恰恰是如何把这些要件组合排列起来的体系问题。我较为感兴趣的,也是犯罪构成的体系问题。王志远在本书中,对犯罪构成的体系进行了详尽的探讨,这种探讨的深度与广度在以往是不多见的。在本书的导读中,作者开宗明义地指出:本书研究的直接目的是要解构我国传统的犯罪成立理论,也就是犯罪构成理论,重新建构一个最终有利于妥当地实现公正定罪这一现实目标的理论体系。由此可见,本书作者为自己设定的目标是解构与建构。

解构,本来是一个哲学用语,被结构主义用来表示对现存事物、秩序

[①] 王志远:《犯罪成立理论原理——前序性研究》,中国方正出版社2005年版。

的颠覆。在一般意义上,解构又往往被作为反思或者破除使用。本书的解构对象是我国现行的犯罪构成体系,作者采用了一种贴标签的方法,概括出我国现行犯罪构成体系的特征——"平面化"。对于我国现行犯罪构成体系的特征,我国刑法学界已经有过多种揭示,我称之为"耦合式",肖中华称之为"齐合填充式",等等。作者所谓的"平面化",是指我国传统的犯罪成立理论体系中,作为犯罪构成这一整体的体系性组成部分四个方面的要件,即犯罪客体要件、犯罪客观方面要件、犯罪主观要件、犯罪主体要件四要件之间是构成要素集合这样一种平行的关系,没有层次性。可以说,这些标签在不同程度上揭示了我国现行犯罪构成体系的缺陷。本书在这方面虽然着墨不多,但可谓切中要害,从而为作者所理想的犯罪构成体系的建构铺平了道路。

应该说,建构我国犯罪成立理论的新体系是本书的重点。作者为此作了大量的理论铺垫,不仅比较了大陆法系的"多元立体结构"和英美法系的"双层平衡结构",而且对我国刑法学界关于犯罪构成体系的各种建构模型进行了评析。在此基础上,作者提出了其本人应然的犯罪成立理论结构:即将犯罪成立分为四个阶段。一是形式化的犯罪认定标准:构成要件符合性。二是罪的实质修正判断之一:基于观念的修正。三是罪的实质修正判断之二:基于自由的修正。四是罪的实质修正判断之三:政策性的修正。作者认为,只有通过这样一个过程,我们才能在认定犯罪的过程中实现决定犯罪的实质观念和实际存在的犯罪的平衡状态,也才能真正实现人权的保障,正确处理保障人权和保护社会的关系。作者关于犯罪成立结构的这样一种建构是别出心裁的,也是十分新颖的,可以说是作者独到的见解。当然,这里也存在一个值得研究的问题,就是这样一种犯罪成立条件是否具有可操作性,尤其是罪的实质修正判断涉及的三种修正判断,基于观念的修正、基于自由的修正、基于政策的修正,是否会使犯罪成立条件在获得了实质性评价的同时丧失了其定罪的基准性?我以为这是一个值得深思的问题。

本书其实提出了或者说涉及了一个关于犯罪成立条件理论的重大问题,这就是犯罪成立条件是犯罪的法律模型或者解释犯罪的方法,还是作者所认为的那样,是一种认定犯罪的思维方法或步骤?应该说,我国现行的犯罪构成体系是一种犯罪成立条件的总和,更具有静态的犯罪模型的意蕴,其缺点是各种犯罪成立条件之间的位阶关系不明确,因而不能为司法机关认定犯罪提供一种动态的、步骤上的指导。大陆法系的犯罪构成体系则将犯罪成立条件的位阶关系处理得比较好,使三个犯罪成立条件之间呈现出递进性,从而符合了司法机关认定犯罪的思维进程。本书作者强调犯罪成立条件在认定犯罪过程中作为一种思维方法或者步骤的意义,这当然是正确的,但如何把犯罪成立条件等同于犯罪判断过程则是值得商榷的。犯罪构成问题,实质上还是一个犯罪成立条件问题,犯罪构成体系也是一个犯罪成立条件的互相关系问题。对于犯罪认定者来说,犯罪构成要件都是认识的客体,也就是判断的对象。判断客体是客观存在的,并且不以判断主体的主观认识与主观意志为转移,它与如何判断或者决断步骤是两个不同层次的问题。当然,一种理想的犯罪构成体系的作用不应囿于简单地提供判断客体,也应该在判断客体中隐含着如何判断的引导性信息。但两者又不可本末倒置:对于犯罪构成体系来说提供犯罪成立条件永远是首要的任务。这种犯罪成立条件是立法者通过立法而设置的,但它又离不开刑法学家的解释。正是在这个意义上,犯罪构成体系是在刑法规定基础上的一种理论建构。

犯罪构成是一个十分复杂的问题,需要投入大量的学术资源,以往我国刑法学界对这一问题的探讨虽有进展但成效不大,往往停留在低水平重复上。王志远在本书中进行的探讨尽管其结论我未必赞同,但他涉及了关于犯罪构成的根本性问题,这些问题如果能够得以澄清,我国犯罪构成体系的重构是指日可待的。在王志远给我的信中谈到,本书只是他关于犯罪成立理论写作计划的第一步,下面还有《犯罪成立理论原理——标准性研究》和《犯罪成立理论原理——证成性研究》两书。我期待着王志远的写作计划早日完成,并有裨于我国犯罪构成理论的发展完善。

是为序。

陈兴良

谨识于北京海淀锦秋知春寓所

2005 年 6 月 20 日

34. 杜宇《重拾一种被放逐的知识传统 ——刑法视域中"习惯法"的初步考察》①序

顷接杜宇来电,邀我为其博士论文《重拾一种被放逐的知识传统——刑法视域中"习惯法"的初步考察》作序。再读杜宇发给我的博士论文电子版,虽然有些不适应,但还是重新唤起了我对杜宇构造的习惯法理论境域的向往。根据传统的建立在罪刑法定主义基础之上的刑事法治理论,习惯法是被排斥的,因而习惯法知识也是被"放逐"的。杜宇的博士论文力图在罪刑法定与习惯法之间进行某种沟通,消除其间的紧张关系,这一学术努力是难能可贵的。说老实话,当初我听说杜宇以刑事习惯法为博士论文选题的时候,吃惊不小。这意味着杜宇将在一条崎岖的学术之路上前行,并且,非有十分功力难以见到道路尽头的曙光。但我对杜宇还是有所期待的。尽管这是一个我所见到过的刑法专业最难的博士论文选题,但相信杜宇在刑事习惯法这一学术处女地上的耕耘定会有所收获。当我读到杜宇的博士论文的时候,我的这一期待并没有落空。杜宇独辟蹊径的研究打开了一片别有洞天的学术空间,这是对杜宇学术能力的最好明证。

对于杜宇在刑事习惯法方面的学术兴趣,我是一个旁观者。杜宇与博士论文同名的第一篇关于刑事习惯法的论文就发表在我所主编的《刑事法评论》(第12卷)(中国政法大学出版社2003年版)上。现在看来,这篇论文基本上是杜宇博士论文的一个梗概,后来在博士论文中得以展开的核心观点在该文中已经定型。

刑事习惯法这一特定视域的界定,为我们重新审视刑法,乃至于重新审视制定法提供了某种契机。制定法与习惯法的二元区分,是为基本法理所承认的。但两者与历史之间形成一种反向关系:越是古老的社会,习

---

① 杜宇:《重拾一种被放逐的知识传统——刑法视域中"习惯法"的初步考察》,北京大学出版社2005年版。

惯法越是强大而制定法越是微弱,越是现代的社会,制定法越是壮大而习惯法越是衰落。如果说,习惯法在现代社会的民事法中还有一席之地,那么,习惯法在现代社会的刑事法中则几乎遭受被放逐的命运。杜宇特别喜欢选用现在已经很少使用的"放逐"一词,来形容习惯法在现代刑法中的命运,确实是意味深长的,从中反映出一种无奈,一种被迫以及一种同情。在博士论文中,杜宇引用了孟德斯鸠一段法之社会历史地理决定论的名言以说明习惯法的起源:

> 法律应该和国家的自然状态有关系;和寒、热、温的气候有关系,和土地的质量、形势与面积有关系;和农、猎、牧各种人民的生活方式有关系。法律应该和政制所能容忍的自由程度有关系;和居民的家教、性癖、财富、人口、贸易、风俗、习惯相适应。最后,法律和法律之间也有关系,法律和它们的渊源,和立法者的目的,以及和作为法律建立的基础的事物的秩序也有关系。应该从所有这些观点去考察法律。①

孟德斯鸠确实为我们客观实在地考察法律提供了一种视角,尤其是在这段话中论及法律与习惯的关系,即法律应当与习惯相适应。但是,孟德斯鸠又绝对不是一个习惯法论者,恰恰相反,他是一个制定法的至上主义者。正是孟德斯鸠首先提出了罪刑法定的思想并进行了论证。他指出:在共和国里,政制的性质要求法官以法律的文字为依据,否则在有关一个公民的财产、荣誉或生命的案件中,就有可能对法律作有害于该公民的解释了。② 因此,孟德斯鸠否认法官有解释法律的权利,这一观点在其追随者贝卡里亚那里发挥到极致。贝卡里亚指出:刑事法官根本没有解释刑事法律的权利,因为他们不是立法者。严格遵守刑法文字所遇到的麻烦,不能与解释法律所造成的混乱相提并论。这种暂时的麻烦促使立法者对引起疑惑的词句作必要的修改,力求准确,并且阻止人们进行致命的自由解释,而这正是擅断和徇私的源泉。当一部法典业已厘定,就应逐

---

① 〔法〕孟德斯鸠:《论法的精神》(上册),张雁深译,商务印书馆1961年版,第7页。
② 参见〔法〕孟德斯鸠:《论法的精神》(上册),张雁深译,商务印书馆1961年版,第76页。

字遵守,法官唯一的使命就是判定公民的行为是否符合成文法律。① 在这种制定法与成文法至上的观念支配下,习惯法之被放逐是必然后果。以孟德斯鸠、贝卡里亚为代表的刑事古典学派之所以成为坚定的制定法主义者,是具有其历史原因的。在中世纪,盛行罪刑擅断,公民生活在恐怖之中。正是为了以立法权限制司法权,保障公民个人的权利与自由,刑事古典学派才极度张扬制定法之限制功能,并力主罪刑法定主义。罪刑法定正是与成文法相联系的,因而在这一奠基于制定法之上的罪刑法定主义的语境中,习惯法是被排斥的。这样一种罪刑法定主义,确实体现了其"深刻的片面"。

此后,随着绝对罪刑法定主义向相对罪刑法定主义的演变,尤其是解释论的发达、开放的构成要件的设置,都为罪刑法定容纳习惯法提供了一定的理论空间。当然,在此应对"排斥习惯法"——这一罪刑法定主义的派生原则作出科学的界定。我认为,罪刑法定之排斥习惯法,是指不得以习惯法作为入罪的根据。基于罪刑法定的理念,对一个公民定罪,在任何情况下都必须遵循成文法。然而,以习惯法作为出罪根据,罪刑法定是并不排斥的。换言之,习惯法在吸纳某些社会道德观念,消解成文法的僵硬性,使一个案件的处理更加合乎情理方面所起的作用,主要是一种出罪功能,这是不可否认的。我将习惯法的这一作用命名为"消解作用"。此种作用是有利于被告人的,因而在这一意义上习惯法并不为罪刑法定所排斥。例如,德国学者耶赛克虽然承认罪刑法定原则对于习惯法的排除性,但其含义为:任何人不得仅仅根据习惯法受处罚。并且,对行为人有利的习惯法,例如建立新的合法化事由,则是允许的。② 日本学者大塚仁是在法源意义上理解罪刑法定之排斥习惯法这一原则的,他指出:习惯法和条理不能作为直接的法源,作为罪刑法定主义派生原则的排除习惯刑法,即是此义。既然刑罚法规的法源以狭义的法律为原则,习惯和条理就当然不能成为法源。同时,大塚仁也指出,习惯和条理在刑法上并非毫无意义。关于构成要件的理解和违法性的判断根据等,不少情形下应根

---

① 参见〔意〕贝卡里亚:《论犯罪与刑罚》,黄风译,中国大百科全书出版社1993年版,第12、13页。
② 参见〔德〕汉斯·海因里希·耶赛克、托马斯·魏根特:《德国刑法教科书(总论)》,徐久生译,中国法制出版社2001年版,第164、165页。

据习惯和条理。例如,关于构成要件的解释,《日本刑法典》第 123 条妨害水利罪中的水利权一般是由习惯法所承认的,第 218 条保护责任者遗弃罪中的保护责任也可以说是以习惯和条理为根据的。关于违法性,也往往从条理上的观点承认广范围的超法规的阻却事由。另外,虽然形式上没有采取废除的程序,但是已经完全不适合今日社会的法规,往往在习惯法上解释为废除了其适用。这被称为习惯法的废除效力(derogierende Kraft;desuetude)。① 当然,对于这一点意大利学者帕多瓦尼似乎是反对的,他认为:根据法律渊源效力等级原则,即使在免除犯罪(或者排除刑事责任)方面,习惯法也不能成为刑法的渊源。因为免除犯罪的规定,实际上是不适用犯罪规范的规定,而任何犯罪规范的适用范围,都只有同等级的法律才能规定限制。当然,帕多瓦尼也认为,当法律明确规定习惯是犯罪构成要件之一时,它也可以发挥补充性法律(secundum legem)的作用。② 我认为,在刑法解释中,尤其是对一些关涉社会伦理观念的概念的解释,例如猥亵、淫秽等,习惯因素当然是要考虑的,这个意义上习惯法的作用是中性的,它对于罪刑法定原则具有某种补充功能。而在某些特殊情况或者特殊区域,习惯法的出罪功能也是应当承认的,这与成文法之作为法源的一般原理并不矛盾。因为法源是就入罪根据而言的,并不包括出罪根据。在这个意义上,我是赞同大塚仁教授观点的。以往论及罪刑法定排斥习惯法之派生原则,往往存在简单化倾向,没有区分作为出罪根据的习惯法与作为入罪根据的习惯法。对于习惯法在刑法解释中的功能也缺乏深入分析。这些都是由于过于迷信罪刑法定而出现的后果。杜宇的博士论文使我们从罪刑法定这一"元叙事"的遮蔽中解脱出来,将学术眼光投向习惯法,这一解蔽作用是值得充分肯定的。

我最欣赏的,还是杜宇在论文中透过个案所展示出来的制定法与习惯法之间的一种互动关系。他指出:

> 尽管习惯法对于刑事制定法的实施具有深刻影响,但并不等于制定法便完全不发挥作用。制定法在受到习惯法的置换或

---

① 参见〔日〕大塚仁:《刑法概说(总论)(第三版)》,冯军译,中国人民大学出版社 2003 年版,第 67 页。

② 参见〔意〕杜里奥·帕多瓦尼:《意大利刑法学原理(注评版)》,陈忠林译评,中国人民大学出版社 2004 年版,第 23 页。

扭曲之际,习惯法本身也受到制定法的挤压与反作用。

杜宇使用"扭曲""挤压"这样一些形象的话语,生动地刻画了制定法与习惯法的互动性。整篇论文,杜宇都在为改变习惯法的被放逐的地位而努力,可以说是刑事习惯法的一篇"翻案"文章。当然,杜宇是睿智而清醒的,他虽然竭力推荐习惯法,但也清楚地意识到,这绝不意味着习惯法知识和秩序便具有自足的优越性,更不意味着刑事制定法便应该完全让位于习惯法。在此基础上,杜宇进而指出:

> 本文的真正目的毋宁是,试图揭示出在国家的、现代的和唯理主义的立场下被长期遮蔽的一些东西,破除对"排斥习惯法"原则的一味尊崇和极度痴迷。因而,本文的研究首先是颠覆性的,至少也是挑战性的。当然,文章的意旨并不止于此点。应该说,我的更高目标在于,在近距离观察理论与实践的基础上,在凸显理论叙述与实践操作之间巨大的悖反与断裂关系的前提下,进一步重新思考和估价刑事制定法与习惯法的关系定位。唯其如此,本文就不仅是一种颠覆性的研究,而且更是一种建构性的研究。

此言可谓本文的点睛之笔。杜宇的学术追求或者形象一点说是学术野心跃然纸上。我亦为之叫好!不仅仅是刑事制定法与习惯法,而且是一般意义上的制定法与习惯法之间的定性,都是值得反思的课题。杜宇在本文中引用的哈耶克关于自发秩序的论断,这也正是我近年来反复思考与关注的一个问题。在市场经济中,存在一种自发的经济秩序,我们的法律只能顺应并且维护这种秩序,并且限制其消极作用。例如对不正当竞争及垄断的禁止即是如此。同样,在市民社会中,也存在一种自发的社会秩序,它是法治的基础。哈耶克引用博兰尼关于自生自发形成的"多元中心秩序"(a polycentric order)的命题:

> 当社会的秩序是通过允许人们根据他们自发的意图进行互动的方式——仅受制于平等一致适用于人人的法律——而实现

的时候,我们便有了一种自生自发的社会秩序的系统。①

在此基础上,哈耶克阐述了其对立法的见解:

> 从这个意义上讲,立法者的任务并不是建立某种特定的秩序,而只是创造一些条件,在这些条件下,一个有序的安排得以自生自发地型构起来并得以不断地重构。②

这里描述自生自发秩序的"型构"与"重构"这两个词,当然是译者邓正来先生独具特色的表达,其实我以为称为"形成"与"复制"也许更为贴切。自发的社会秩序是自动生成的,并且可以复制的,其中存在一种规律。法律不能违抗这一规律,只能遵从这一规律。当然,这种自发的社会秩序也并非是自然法学家所虚构的自然状态下的自然秩序,它是以法律为支点的。例如,这种自发的社会秩序的原动力是具有独立自主性的公民,而公民的自由与权利恰恰是由法律加以保障的,至于公民依据个人主动性而行动,这并非法律所能安排。这种自发的社会秩序是与人为控制的秩序相对应的,而后者往往与专制相联系。只有自发的社会秩序才是法治之本。基于对这一自发的社会秩序的向往,我们可以减少对于制定法的依赖与迷恋。当然,这些话题似乎已经超出了杜宇博士论文的研究范围。

回到杜宇的博士论文上来。我以为,知识的广博与语言的华美是两个鲜明的特色,也是本文引人入胜的地方。在博士论文中,杜宇论及地方性知识、自发秩序等这样一些时下流行的话题,尤其是如同杜宇所言,本文采用了政治国家与市民社会、形式理性与实质理性、精英话语与大众话语、外部规则与内部规则、法律教义学有效性与社会学有效性等五组分析框架,提供了厘定制定法与习惯法关系的五个具体维度,这就是社会背景、精神理念、话语表达、规范属性和法律效果。至于表述之流畅和语言之俏丽,都是读者可以感受到的。博士论文是杜宇在北大法学院博士生阶段三年学习的总结,从文末所附参考文献那 209 本长长的中英文书单

---

① 〔英〕哈耶克:《自由秩序原理》,邓正来译,生活·读书·新知三联书店 1997 年版,第 200 页。

② 〔英〕哈耶克:《自由秩序原理》,邓正来译,生活·读书·新知三联书店 1997 年版,第 201 页。

中,我们可以想见杜宇是如何从中汲取知识并化解为自己的见识,从而写出一篇令人刮目相看的博士论文的。可以说,杜宇的博士论文,正是北大法学院刑法专业博士生培养的一个典范,其学术追求也正是北大法学院刑法专业的学术追求。一言以蔽之,杜宇的博士论文是刑事习惯法这一领域后人难以超越的一座珠穆朗玛学术高峰。

是为序。

陈兴良
谨识于北京海淀锦秋知春寓所
2005 年 12 月 19 日

35. 王越飞《法官的使命》[①]序

王越飞同志的《法官的使命》一书即将出版,邀我为之作序。因越飞在北京大学法学院攻读法律硕士学位时,我曾担任其授课教师,讲授过刑法;越飞的硕士论文又是我指导的,因而我和越飞之间存在一段师生之谊,故乐而为之作序。

北大法学院每年除招收本科非法律的法律硕士以外,还招收政法系统的法律硕士。后一种法律硕士主要招收来自司法实务部门的法官、检察官、律师以及其他司法实务人员。这些来自政法系统的法律硕士,具有丰富的司法实践经验,对于法学理论十分渴求,为他们上课对于教师本身也是一种挑战。我曾经给多个年级的政法系统的法律硕士讲授过刑法,越飞是给我留下深刻印象的同学。这不仅因为在读时他就担任河北省石家庄市中级人民法院副院长,更在于他潜心向学的精神。为兼顾工作与学习,越飞经常在石家庄与北京这两个城市之间奔波,大多数周末时间都是在火车上度过的,其艰辛可想而知。功夫不负有心人,经过在北大法学院的刻苦学习,越飞的理论水平有很大提升,其硕士论文专门对集资诈骗罪进行了法理上的分析,由于能够结合司法实践,并在理论观点的叙述中穿插了一些个案的研讨——这些个案大多数是越飞亲自审理过的——因而增添了论文的可读性,在答辩过程中,受到答辩委员会的好评。更为难得的是,越飞能够将法学理论用于司法实践,尤其是以一种全新的法治理念指导司法活动,成为一名法治的实践者,实实在在地推动着我国法治的进程,这是使我们作为教师感到十分欣慰的。我经常把我自己的一部分工作称为法治的启蒙,这是弘扬法治理念。尽管建设法治国家已经载入宪法,但在中国这样一个具有数千年封建专制传统的国家,法治建设是一个极为艰难的过程,需要提高全社会的法治意识。在这一法治建设进程中,像越飞这样司法机关的领导同志更能作出其应有的贡献。

[①] 王越飞:《法官的使命》,国际文化出版公司、中央文献出版社2005年版。

本书是越飞二十多年从事司法工作的一份纪念，也是越飞实践法官的使命所留下的足迹，因而是弥足珍贵的。收入本书的既有刑事法方面的论文，也有民事法及经济法方面的论文，更有一些考察报告和总结文章。这一纷杂的内容，既反映了越飞的司法工作经历，又反映了越飞对其所从事的各个法领域的职业性思考。我国目前有十多万名法官，像越飞这样担任领导职务的法官也数以千计，但并非每一个法官都能著书立说，也不是每一个法官都能以学术追求为乐趣，在这个意义上，越飞是他们中的佼佼者。这里应当指出，对于越飞的著作不能简单地套用学术标准去衡量，实际上它并不是一般意义上的学术作品，而是一个法官的思考。无论这种思考的理论深度如何，它总是我国法官素质的一个切面，正如同一滴水能够折射出阳光的所有光谱，通过越飞的著作，我们也可以对我国法官素质的现状作出一个基本的评估。我相信，越飞对法学理论的追求对于法治前景来说，是一个令人振奋的昭示。

随着法学教育的职业化转向，越来越多像越飞这样具有丰富司法实践经验的法官、检察官、警官、律师以及其他法律工作者走入大学，尤其像北大这样的百年学府。我们的法学院能够为他们提供什么样的知识产品，这是一个令人深思的问题。显然，传统的本科，甚至法学硕士的教学方法，都不能照搬到政法系统的法律硕士身上。如果说，本科生是在对法学一无所知的状态下接受法学教育的，因而法学教育可收到"给点阳光就灿烂"之功效，那么，政法系统的法律硕士是带着十多年司法经历中积累的问题来到法学院的，因而法学教育若不考虑其特殊性，就可能会出现"洒点雨露不解旱"之后果。为此，必须结合政法系统的法律硕士的特点因材施教。在这方面，我还是积累了一点心得的。我强调在教学过程中"授之以渔，而非授之以鱼"，对于他们来说方法论的训练之重要性大于知识传授，更不能让他们的问题意识牵着法学教育的鼻子走，而是要通过理论讲授使其提高自身解决问题的能力，并且能够举一反三。硕士论文的写作，是检验法律硕士阶段学习成果的最佳途径。在政法系统的法律硕士论文的写作中，我从来不鼓励他们去写一些学术性的题目，而是要求他们将硕士论文的写作与本职工作结合起来，从而可收事半功倍之效。例如在高级人民法院从事死刑二审及复核工作的同学，我要求其将近五年来本院将一审死刑立即执行改判为死缓的所有案件搜集齐全，分析改判理由,对司法事件中死缓适用的实际情况加以描述,以此出发,考察该院对《刑法》第 48 条死缓条件"不是必须立即执行"是如何实际掌握的,存在什么问题,应当如何改进,这对于限制死刑具有重要的现实意义,对于死缓制度的研究也具有重要的理论意义。又如,关于缓刑和假释,以往在刑法理论中大都只是围绕法条对适用条件进行一般性的阐述,很难深入下去。我要求在基层法院和监所、检察院工作的同学对近五年来适用缓刑和假释的案例加以搜集、整理和分析,从中找出规律性的东西,在此基础上进行研究才能言之有物,言之成理。越飞的硕士论文是关于集资诈骗罪与非法吸收公众存款罪之比较研究,论文的写作初衷也是为解决其所遇到的司法实践问题。在论文中,除一般性的理论分析以外,专设一节进行实例分析。论文分析了越飞在司法工作中经历的两个实例:一是石家庄市八小时之外读书服务总部集资诈骗案,二是河北省卫生产业企业集团公司非法吸收公众存款案。这样一种理论结合实践,学以致用的写作方法,使硕士论文成为理论水平提升的一根标杆。

2005 年 11 月 10 日,我受邀到越飞任职的石家庄市中级人民法院举办了一场"法治社会的刑法理念"的讲座。我看到石家庄市中级人民法院在司法改革中司法理念大有改变,尤其是在刑事审判中,惩治犯罪与人权保障并重,严格限制死刑适用。凡此种种改革举措,都使我看到了我国刑事法治建设的美好前景。

值此越飞的著作出版之际,草草写下这些感想,权且为序。

陈兴良

谨识于北京海淀锦秋知青寓所

2005 年 11 月 16 日

36. 王文生《强奸罪判解研究》[①]序

强奸罪是我国司法实践中一种常见罪,也是一种典型的自然犯。王文生同志的大作《强奸罪判解研究》一书即将由人民法院出版社出版,他邀我为之作序,我慨然应允。

我认识王文生同志差不多有 15 年了。大约在 1990 年前后,时任吉林省四平市中级人民法院副院长的王文生同志作为高法班第一期学员,来到中国人民大学法学院学习。当时我在中国人民大学法学院任教,曾经给第一期高法班讲授刑法专题。由于第一期高法班学员均是来自全国中、高级人民法院的刑事审判的业务骨干,这期高法班被称为"黄埔一期",目前大多在全国中、高级人民法院担任更为重要的领导职务。我与这期高法班学院结下了较深的友谊,至今还与其中很多学员有联系。当然,与王文生同志的进一步交结,是在 1995 年左右。该年王文生同志又回到中国人民大学法学院,经过一个时期的学习,共有 15 名高法班学员获得了法学硕士学位,王文生同志是其中之一。我有幸作为王文生同志的硕士论文的指导老师,又有了共同讨论与商讨的机缘。王文生同志硕士论文就是以强奸罪为题的,这也是本书的由来。在获得法学硕士学位以后,王文生同志在四平市中级人民法院工作一段时间以后,又调任四平市司法局局长。在司法局局长的位置上一干就是 8 年,新近升任吉林省辽源市人民检察院检察长。王文生同志的司法经历之丰富是他人所没有的,在这种丰富的司法经历中积累的司法经验也是他人所无法企及的。尽管王文生同志有着丰富的司法经历与司法经验,但王文生同志绝不是一个司法的经验主义者,他对于法理的重视,尤其是对于刑法学理论的追求是十分迫切且难能可贵的。像王文生同志这种学习型,甚至学者型的司法工作者身上,恰恰寄托着我国法治的希望。

本书是王文生同志历经 10 多年的努力而完成的一部专著,凝聚着作

[①] 王文生:《强奸罪判解研究》,人民法院出版社 2005 年版。

者的心血。虽然强奸罪是司法实践中常见之罪,但在刑法理论上对该罪的研究却是较为薄弱的。因此,本书对强奸罪的深入系统研究,具有重要意义。本书对中外刑法关于强奸罪的规范都作了完整介绍,虽然只是资料蒐集,但对于我们正确地理解我国刑法中强奸罪的规定还是具有参考价值的。本书对强奸罪中的一些疑难复杂问题都进行了极有深度的探讨。例如,婚内强奸问题,是近年来在强奸罪中争论较为热烈的一个问题。在本书中,王文生同志在介绍了关于婚内强奸的肯定与否定两种观点以后,明确地指出:不论是从我国刑法的立法本意、司法实践,还是从法理民情、社会效果来看,丈夫都不能成为强奸妻子的主体,丈夫违反妻子意志与妻子强行发生性交行为只能是广义上的强奸,而不是我国刑法所规定的强奸,不能将丈夫作为我国刑法所打击惩罚的对象。对于婚内无奸的观点我是赞同的,当然,在婚姻非正常存续期间婚内强奸是否构成犯罪,还是可以讨论的。作为法院的判例认为是可以构成强奸罪的,对此本书则持不同意见。由此可见,婚内强奸这个问题确实具有一定的复杂性,完全达到共识,不太可能,但王文生同志这种探索精神是难能可贵的。此外,本书还对强奸罪中的重点问题进行了论述。例如,强奸罪中的违背妇女意志就是在强奸罪的司法认定中不可回避的一个问题,我认为是强奸罪的本质特征。王文生同志的硕士论文,就对这一问题进行了探讨,由此成为王文生同志对强奸罪研究的起点。在本书中,对违背妇女意志问题的探讨更为深入。本书认为,强奸罪中的妇女意志,是指妇女性的自主性,即妇女对性交本身是否完全出于内心的自愿,是指其有责任能力的妇女在发生性交行为时的心理状态。在此基础上,本书又对违背妇女意志进行了分析,认为这里的违背,必须从强奸手段上理解。根据我国《刑法》第236条之规定,违背妇女意志的手段可以概括为以下三种:暴力手段、胁迫手段或者其他手段。这种违背妇女意志的情形还须达到一定程度,唯有如此才能构成强奸罪。这种从强奸罪的本质特征和犯罪手段的统一性上分析强奸罪的观点,对于司法机关正确地认定强奸罪,具有一定的指导意义。

  本书名曰"判解研究",由此可见作者是想尽量地结合司法实践来研究强奸罪,这也是本书的特点之一。这里所谓判解,大体上是判例与解释之简略表述。当然,由于我国没有严格意义上的判例制度,因此,判例又在更为确切意义上是指案例。本书在对理论问题的探讨中穿插了大量的案例，这些案例既有较为权威的最高人民法院有关刊物上刊登的，也有从报纸杂志或者其他书籍当中搜集的，也有作者办案经历中积累的，它们都从不同侧面深化了论题，并且使本书具有更高程度的可读性。这里的解释，主要是指司法解释。在我国，司法解释具有法律效力，各地司法机关应当一体遵行。关于强奸罪，也有不少司法解释，这些司法解释对于正确地认定强奸罪具有重要意义。例如，2003年1月17日公布的《最高人民法院关于行为人不明知是不满14周岁的幼女，双方自愿发生性关系是否构成强奸罪问题的批复》，该批复明确规定奸淫幼女构成强奸罪须以明知是不满14周岁的幼女为主观要件。这一司法解释颁布以后，引起社会广泛关注，也招致一些批评与指摘。对此，本书旗帜鲜明地为这一司法解释作了辩护，认为这一批复是正确的，完全符合我国关于强奸罪的立法本意，也是合情、合理、合法的。批复解决了我国刑法学界和司法界长期争论不休和执法不统一的问题，起到了答疑解惑的作用，有利于我国法治的统一。由于本书结合判解对强奸罪进行研究，使本书的内容更加贴近实践，这也正是本书区别于以往强奸罪论著的重要特色。

著书立说本是学者的本分，但现在有越来越多的司法实务工作者在履行司法职责的同时进行法理研究，大有"抢"学者"饭碗"之势。在我看来，这种趋势本身对于学者是一种促进，促使学者向着理论的纵深发展，去做一种更为深奥的学问。如此，则无丢饭碗之忧。同时，我历来强调理论的层次性，学者与司法工作者绝不应思考同一个问题。学者应做高深学问，将与司法实践直接关切的理论领域让出来，随着我国司法工作者理论素质的不断提高，他们会越来越多地进入这一研究领域。在这种情况下，学者与司法工作者各有分工，高层次理论与浅层次理论形成一种良性互动，这才是我国刑法理论发展的必由之路。不是么？

是为序。

陈兴良
谨记于北京海淀锦秋知春寓所
2004年12月21日

37. 林维《刑法解释的权力分析》[①]序

林维的博士论文《刑法解释的权力分析》[②]终于完成并顺利地通过了答辩,作为导师的我不禁暗暗地松了一口气。林维是1999年入学的,至今已经有6个年头,主要是因为在职学习,加上又兼行政职务,因而他的博士论文一拖再拖。此外,林维是个认真而又追求完美的人,对他之未能按时完成博士论文,我也保持了足够的耐心。不过,当他的博士论文初稿以40万余字之鸿篇巨制交给我的时候,我还是吓了一跳。这是我指导过的博士论文中篇幅最长的一篇,以量取胜是次要的,能否以质取胜才是我最为关心的。通读全文,我的心终于放下来了。可以说,林维的博士论文是一篇上乘之作,达到了他学术研究的新高峰,同时也达到了我国刑法学术的前沿水平,可喜可贺。

刑法解释是一个老题,甚至是一个老生常谈的题目,曾经多次作为博士论文选题,而且还曾经成为我国刑法学年会的议题之一。就这一问题的科研成果及论文数以百计,论著也有十几部。尽管老题亦可新做,但对作者的学术功力是一个重大的挑战。当林维确定以权力分析作为视角对刑法解释进行研究的时候,我才有所期待,这毕竟是一个前人所未及的切入点,足以开辟一个研究视阈。当然,何为权力分析,究竟如何对刑法解释进行权力分析,这些都是横亘在林维面前的实际问题,他较好地解决了这一问题。

尽管我国刑法学界对刑法解释进行了较多的研究,但研究深度是远远不能令人满意的。这主要是因为,我国刑法学界对刑法解释的研究大多囿于对刑法解释的一般问题,尤其是对解释方法等问题所作的静态分析,未能将刑法解释作为一种法律适用活动进行动态的研究,尤其是未能从司法权行使的角度深刻地把握刑法解释问题,而林维恰恰做到了这

[①] 林维:《刑法解释的权力分析》,中国人民公安大学出版社2006年版。
[②] 林维的博士论文《刑法解释的权力分析》于2008年被评为全国百篇优秀博士论文。

一点。正是从刑法解释活动这一视角切入,从而获得了对刑法解释之重要性的再认识:

> 对刑法解释重要性的认识或者我们对解释的关注并不完全地在于解释结论对我们生活的重大影响,而在于人们认识到我们必须客观地、科学地把握刑法解释活动,不仅仅知道解释结论的具体内容,还在于理解解释结论的真实面貌以及生成过程。现行法律是一张由过去的立法决定和司法决定或者习惯法的种种传统所构成的不透明网络的产物,实际上,在这张网络中对现行法律包括解释产生影响远非仅仅局限在立法决定、司法决定,大量的在解释情境中所涉及的因素,都或多或少地对解释结论进行微妙的干涉。也只有理解了这张复杂的关系网络,我们才可能真正地认识到网络的每一个网眼,才可能真正地认识到解释的重要性。

由此可见,我们不仅要关心刑法解释的结论如何,更应关注这种结论是如何获得的,只有深入刑法解释背后去触摸这张法律网络的每一个网眼,才能真正理解刑法解释。当然,中国的刑法解释具有完全不同于西方的特殊性。西方语境中的刑法解释,除学理解释以外,有权解释主要是指法官对刑法的解释。这种解释是以判决书作为载体的,因而是一种个案性解释。而在我国,刑法解释主要是指最高司法机关(包括最高人民法院和最高人民检察院,以下简称"两高")的司法解释,不仅法官个人,甚至最高人民法院以下的各级人民法院是没有司法解释权的,而最高人民检察院具有司法解释权,又是中国特色之一。在这种情况下,我国的司法解释更是一种权力之行使,在某种意义上甚至是一种准立法权。因而司法解释也就具有司法法的性质。司法法是我杜撰的一个概念,其实并非十分贴切。在传统的法律分析中,通过司法机关适用的法是司法法,以此区别于行政法,即通过行政机关适用的法。而我是从立法主体角度对此作出界定的。根据传统的分权理论,只有立法机关才有权制定法律,司法机关和行政机关则无权制定法律,而只是适用立法机关所制定的法律而已。但传统的三权分立模式已经被打破,主要表现在行政机关有权制定行政法规。我们现在使用的行政法这个概念实际上包括了立法机关制定的行政法律和行政机关制定的行政法规。按照行政法规这一思路,通过司法机关制定的司法解释实际上也是一种法,我称之为司法法,即司法机关制定的法。尽管这种司法法以解释为名,实际上大多已经走出了解释的权限,而是对法所未作规定的事项加以规定,具有法律创制的性质。就此而言,我国的司法解释是一种亚法,正因为如此,才由最高司法机关垄断。我对司法解释性质的这种认识,完全是一种实然的描述,并不包含任何价值上的肯定。恰恰在这一点上,是容易引起误解的。我并不认为最高司法机关垄断司法解释权是天然合理的,也不认为这种司法法具有何种正当性,只不过对于这一现状我们首先应当承认,这是分析问题的第一步。

在博士论文之中,林维对刑法解释作出如下界定:一是作为法律活动或者行为的刑法解释;二是作为特定结论的刑法解释;三是作为技术或者方法的刑法解释;四是作为制度及其动作的刑法解释。在对刑法解释性质的理解中,贯穿始终的一个基本思路是,刑法解释是一种权力运用。该博士论文不仅对刑法解释程序和形式中的权力因素进行了解析(第三章),而且对刑法解释的利益相关性及其政策影响作了深入分析(第四章),这样就深入到刑法解释的背后,描述出刑法解释结论形成过程中各种权力因素的作用。本文从利益相关性出发,对司法解释权的各种制约因素进行了分析,提出了刑法解释过程中作为压力团体的存在这一命题,认为这种压力团体既包括国内各种利益相关机构,也包括利益相关的国外机构,因为在开放背景下的刑事立法及其解释,可能涉及国际机构及其所代表的主体的利益,因而相应国外机构也可能向有关有权解释的主体施加压力或者影响。本文还以"两高"制定的《关于办理侵犯知识产权刑事案件具体应用法律若干问题的解释》为例加以说明。在这一司法解释起草过程中,先后多次、多渠道、采取多种方式听取了中国外商投资企业协会、欧盟委员会、商业软件联盟、中国商业软件联盟、美国电影协会、中国美国商会、美国信息产业机构等行业协会和部门的意见。近些年,我参加了许多为制定司法解释征求专家意见的会议,对于司法解释制定过程台前幕后的情况大多有所了解,切实地感受到这种压力的存在。作为一名研究者,林维能够通过搜集各种资料,对此作出精当的描述,在我看来是极不容易的,但这也正是本文的成功之处。

我本人较为感兴趣的还是林维对非正式刑法解释的权威作用及其演

变的分析(第八章)。因为林维的博士论文是对刑法解释的权力进行分析,法律解释可以分为有权解释与无权解释。我国的有权解释就是指司法解释,对其当然可以进行权力分析。那么,无权解释如何进行权力分析呢？林维认为,在整个刑法解释体系中,非正式解释或者学理解释似乎是一个体制外或者边缘化的存在,对它的讨论尤其少见。事实上,非正式刑法解释已经超出了我们所想象的范围,知识就是力量,它的确在刑事法律实践过程中发挥着具体而客观的权力作用。同时,对于非正式刑法解释不仅应当而且可能进行权力分析。当然,对于非正式刑法解释这一概念我并不十分赞同,这里暗含的前提是,作为有权解释的司法解释是正式的刑法解释,而作为无权解释的学理解释则是一种非正式刑法解释。实际上,刑法解释并无正式与非正式之分。尽管如此,这部分内容中还是触及了一些以往刑法解释理论中没有触及或者浅尝辄止的问题。

这里首先应当提及的是林维所说的在中国成为问题而备受争议的专家意见。目前,我国社会上对于专家出具法律意见书各执一词。对某些重大疑难案件听取专家意见并不鲜见,征求专家意见的有各级司法机关,在刑事案件中有被告人或者被害人,在民事案件和行政案件中则有原告或者被告。对于司法机关听取专家意见似乎并无指责,对于民事案件与行政案件中的原告或者被告请求专家出具的法律意见书,指责似乎也不多。指责主要针对应辩护律师之邀请为被告人出具法律意见书。其争执在于是否影响了审判独立,是否是一面之词,是否存在利益交换,等等。其实,在这种指责性观点背后主要还是专家的伦理正当性问题。因为提供专家意见是以支付一定金钱为代价的,指责者由此将专家置于伦理上的不利境地。如果专家义务提供法律意见,似乎就不会受到这种伦理上的质疑。但这种伦理上的指责其实是十分可笑的。任何一种智力劳动或者体力劳动都有权获得相应的经济报酬,无偿劳动当然是有的,但那只是例外而非常态。任何劳动并不因其有偿而受到玷污。辩护律师除法律援助案件以外,其职业行为是有偿的,但并不能指责辩护律师职业的正当性。同样,专家在参加某些公益活动中也可能是无偿的,但在提供专业知识服务的时候当然也可以是有偿的,专家并不因为这种有偿性而使其人格受损,恰恰这种有偿性才体现专家人格的受尊重性。那种要求专家只能无偿提供法律服务,只要有偿就是人格污损的偏见,才是对专家人格的最大侮辱。孔子收取弟子的束脩并不影响其有教无类的伟大。教育家的人格,难道不是这样么？在当前市场经济条件下,竟然还存在对于有偿性的这种偏见,确实令人震惊。实际上,这种指责背后折射出来的还是对权力的垄断态度,尤其是当被告人以专家意见对抗强力部门的时候,往往使某些权力主体感受到其权威被冒犯。因此,对专家意见的轻视实际上就是对被告人权利的漠视,因为专家意见是作为被告人万不得已的一种救济手段而采用的。至于专家意见应以何种形式进入诉讼程序,这本身只是一个法律技术问题。关键在于,我国的司法制度能否容纳专家意见书,这恰恰是对我国司法制度之民主化的一块试金石。至于那种认为专家意见书会干预司法独立的想法,可能是过高估计了专家的权威,专家意见发挥作用的机理并非权力干预而是说服。对此,林维作出了以下我认为是十分准确的分析:

> 对于一份法律意见书而言,它的意义并不在于为法院提供裁判书的模本或者基础,而在于一种观念多元化的商榷性的民主机制下提供另外一种差异的意见,这是我们讨论专家意见书存在合理性的前提。刑法学理解释并不具备任何正式意义上的权力要素,因而只能通过其意见书的内容达到说服作用,而专家权威性仅仅构成了微妙的说服机制的一个因素,它可能为法官阅读这一意见书而提供理由,也可能为法官接受意见书的内容提供理由,甚至也可能成为坚定法官作出某一结论的理由。但是,它不能替代法官作出独立的判决,不能将法官作出错误判断的责任归罪于专家意见书,就好像不能归罪于当事人的律师所提出的即使是诡辩的辩护理由一样。事实上,专家的参与仅仅是特定群体的参与,当我们将这一特定人群扩张至所有公民时,我们就能够意识到,意见书对于日益官僚化的司法审判有着重要意义。

所言极是,我亦深以为然。专家意见书是一种当事人的自发行为,也是一种市场行为。专家意见书存在的必要性与正当性并不是由某个人所决定的,而是取决于当事人的选择。如果我国司法体制完善了,专家意见书这一救济渠道不复需要,或者专家意见没有发挥任何作用,专家意见书当然也就不可能再存在下去。但是,当我参加某次讨论,当事人明知专家意见不可能被司法机关采用,而仅仅是想留下一个历史记录的时候,我不由得百感交集,一种无奈之情顿时涌上心头。专家意见不具有权力的特征,但它以其说理性而独具价值,这是难以否定的。因此,专家意见书以说理为生命,否则它就不可能生存。

刑法解释是个永久的课题。当它作为一个方法论问题而被提出以后,对它的研究还将永远地继续下去。林维的博士论文将是这一领域的一个学术山峰,对刑法解释研究来说,将是永远也绕不过去的,这就是我对林维博士论文的最终评价,我以为是不过分的。

是为序。

陈兴良
谨记于北京海淀锦秋知春寓所
2005 年 12 月 18 日

38. 周长军《刑事裁量权论——在划一性与个别化之间》[①]序

周长军是 2004 年 7 月从北大法学院毕业的。毕业以后又进入中国政法大学博士后流动站,师从卞建林教授从事刑事诉讼法学研究。经过修订增补,周长军的博士论文《刑事裁量权论——在划一性与个别化之间》即将付印。作为导师,我又重读了一遍周长军的博士论文,感到经过增补以后,博士论文内容更为充实,观点更为成熟,这是十分可喜的。

我认识周长军已有 12 年之久了。记得是在 1993 年春季,我应邀到川大法学院为刑法专业 1992 级硕士研究生讲授刑法分论,当时周长军就是该年级的学生。课程本来是安排了两周,但因接到学校要评教授职称的紧急通知,我只讲了一周就乘火车匆匆返京。此后我就投入忙碌的教学科研之中,偶然也听到一些川大法学院 1992 级刑法专业同学们的消息。周长军从川大法学院硕士毕业以后,回到老家山东大学法学院任教,由于教学需要,没有教刑法,而是转行教刑事诉讼法。不过,周长军很快就完成了角色的转换,一头扎进刑事诉讼法领域,发表了一些论文。尤其是和川大法学院左卫民教授合著的《刑事诉讼的理念》(法律出版社 1999 年版)和《变迁与改革——法院制度现代化研究》(法律出版社 2000 年版)两书,使周长军在刑事诉讼法学界崭露头角。2001 年春天,周长军向我表达了想到北大法学院攻读博士学位的意愿,此时周长军已经在山东大学法学院被破格晋升为副教授。对于接纳从事刑事诉讼法教学科研的周长军来北大法学院上刑法专业博士生,我并没有过多的犹豫。因为经过 1997 年至 1999 年在北京市海淀区人民检察院的两年挂职锻炼,我已经对刑事诉讼法产生了浓厚的兴趣,并且深信刑法与刑事诉讼法之间是能够而且应当打通的。虽然北大法学院在博士生阶段有专业之分,但

[①] 周长军:《刑事裁量权论——在划一性与个别化之间》,中国人民公安大学出版社 2006 年版。

北大法学院还是强调并且有能力提供通识教育的。经过考试,周长军正式被北大法学院录取,成为刑法专业2001级的博士研究生,在北大法学院三年学习期间,周长军付出很多,他不像有些在职学习的同学那样只在北大报个到,大部分时间仍然忙于工作,而是在北大法学院整整待了三年,听了不少课(包括各种各样的讲座),读了不少书(主要是补读刑法方面的书)。功夫不负有心人,在这三年中,周长军的学识是大有长进的。在博士论文选题的时候,我建议周长军选择一个能够兼容刑法与刑事诉讼法的题目。经过慎重考虑,周长军的博士论文定题为《刑事裁量权研究——在划一性与个别化之间》。

刑事裁量权,按照周长军在博士论文中的界说,是指广义的刑事司法机关及其成员在刑事案件的处理过程中,根据法律的授权和案件的具体情况,在两个或两个以上的选择项中进行斟酌并作出合理决定的权力。由此可见,周长军对刑事裁量权的理解是广义的,既包括刑法中的裁量权,如定罪的裁量权与量刑的裁量权;也包括刑事诉讼法中的裁量权,如事实认定权与证据采信权等。在这个意义上,正如周长军所言:"刑事裁量作为刑事司法活动的基本组成部分,贯穿于刑事诉讼的整个过程中。具体而言,在事实认定、程序运作、罪之确定与刑之量定中都存在着刑事裁量活动。"因此,周长军是从刑法与刑事诉讼法两个方面对刑事裁量权进行研究的,从而充分施展了周长军在刑法与刑事诉讼法两个方面的学术才能,这是这篇博士论文的成功之处。

美国著名法学家罗斯科·庞德曾经把规则与裁量的此消彼长看作整个人类法律发展史的基本线索。庞德指出:"有关稳定必要性与变化必要性之间的协调问题,从某个方面来看,变成了一个在规则与自由裁量权之间进行调适的问题,变成了一个在根据确定的规则(或至多根据从严密确定的前提所作出的严格的推论)执行法律与根据多少受过训练的有经验的司法人员的直觉进行司法之间进行调适的问题。"[①]由此可见,法律史是由规则与裁量的互动所构成,规则体现的是法律稳定的一面,而裁量则反映法律变动的一面。就此而言,规则与裁量是法律稳定性与变动性的统一。从另一个角度来看,规则又是体现法律静态的存在,而裁量则是体现法律动态的存在;只有通过裁量,法律才能被适用于个案。因此,对于

---

① 〔美〕罗斯科·庞德:《法律史解释》,邓正来译,中国法制出版社2002年版,第2页。

法治来说,无规则当然无法治,但若虽有规则而不行,同样也无法治可言。以此观之,规则与裁量是法律的规范性与适用性的统一。在以前的法学研究中,我们更重视对规则的规范法学的研究。因此,规范法学永远是法学知识形态的主流部分。对于裁量的研究则相对缺乏,因此法学理论难以生动起来。现在,周长军的博士论文关于刑事裁量权的研究,可以被看作一种动态法的研究或者法的动态研究的标志性事件。

在博士论文的结尾,周长军提出了"裁量性司法"的命题,认为这是中国刑事司法的走向。当然对此是需要加以解释的,否则会与刑事法治的理念相悖。我感兴趣的是周长军引入了裁量权的总量守恒规则。美国律师协会在19世纪50年代的一次大规模调查表明,刑事司法体制自身处于一种相对自我平衡的状态,其不同的部分相互依赖,资源配置处于这样一种样式:试图改变其中任何一部分,控制任何一个结论点,都会影响其他部分。因此,周长军的结论是,在刑事裁量权总量不变的前提下,应当对不同主体的刑事裁量权加以适当调整。具体方案是:在整体上紧缩警察裁量权的同时,减少乃至废除立法解释以及最高人民检察院和最高人民法院的司法解释,加强法官在具体个案中的法律适用解释权,限制法官的程序性裁量权和刑罚裁量权,同时强化检察机关在刑事司法过程中的裁量权。对于这一设想,我是赞同的,但本文的缺点也恰恰在于此,即整个刑事裁量权的研究,实际上还是以刑事诉讼法为主的,刑法上的刑事裁量权或多或少地被忽视了。或者在某种意义上说,对刑法上的刑事裁量权与刑事诉讼法上的刑事裁量权在本文中有时没有能够清楚地界分。因此,本文更像是一篇刑事诉讼法学的博士论文。当然,只要写得好,论文的专业归属并不重要,这是我的看法。

周长军将来可能还是以刑事诉讼法学的教学科研为主,但他有刑法博士生学习的这段经历,对于他从事刑事法学的研究应当是有益无害的。其实,学问是相通的,专业的界限是可以被打通的。我期望周长军在以后的学术研究中,能够自由地穿行于刑法与刑事诉讼法之间……

是为序。

陈兴良
谨识于北京海淀锦秋知春寓所
2005年7月2日

39. 文海林《刑法科学主义初论》[①]序

文海林的《刑法科学主义初论》一书即将由法律出版社出版,邀我为之作序,我十分高兴。因为本书是文海林过去10多年来,坚持不懈地对刑法的前沿问题进行思考的一个总结。作为一个旁观者,我对文海林的学术思考有所了解,因而也有责任向读者介绍并推荐文海林的学术成果。

我与文海林见面很晚,2005年10月在重庆西南政法大学法学院举办刑事违法性认识的学术研讨会,才第一次见到文海林。当时他的身份还是四川省广安市人民检察院研究室干部。2006年5月在成都第二次见面时,他的身份已经转换为西南财经大学法学院教师。这一身份的转换,是文海林长期从事刑法理论研究的一种回报,也为其将来进一步从事刑法理论研究提供了一个极好的平台。我早就知道文海林其名,但与之真正交往还是在2001年他向我主编的《刑事法评论》投稿。文海林投寄给我的第一篇论文是《回应社会的刑法》,该文的题目就让我眼睛为之一亮,刑法如何回应社会,确实是一个值得关注的重大问题,也是考量刑法的一个独特视角。可以说,该文的切入点是独特的,当然在论证上并非尽善。例如,该文的第一节标题是"形式的没落",最后一节标题是"目的的升腾",以形式对目的似乎并不贴切。该文对刑法应当回应社会作了具有说服力的论证,但对刑法如何回应社会以及刑法在回应社会中自身的局限性还有待商榷。例如对于刑法由于坚持罪刑法定原则而具有的形式主义特征应当如何正确评价,罪刑法定原则对于刑罚权的严格限制与刑法的社会功能之间的紧张关系如何处理等,都是值得进一步探讨的问题。尽管这些问题在该文中并未完全得到解决,但文海林当时作为一名从事检察实务工作的检察官能够以一种独特的方式提出这个问题,其思想认识与学术视野已经在很大程度上超越了我们许多刑法理论工作者。论文发表在我主编的《刑事法评论》(第8卷),也是我所经手编发的文海林的第

[①] 文海林:《刑法科学主义初论》,法律出版社2006年版。

一篇论文。紧接着,文海林又给我寄来第二篇论文,题目是《刑法:从形式到目的——以法的一般发展为背景》。该文实际上是前文的延续,从历史的角度对刑法的功能的演变过程进行了考察,在这一考察中文海林坚持社会的视角,认为政治、道德、经济的视角都具有局限性。应该说,该文在理论的叙述与素材的撷取上,都是颇见功力的。在该文中,文海林坚持了对目的刑法的向往,并且将从形式到目的作为刑法演变的一条基本线索。对于这一观点,我个人还是有保留的。目的刑法与李斯特大有关系,是李斯特首倡目的刑主义,并且形成了刑事社会学派。目的刑是在抨击报应刑的基础上提出的,与之对应的并非刑法形式主义,而是盲目的刑法本能主义。对此,李斯特曾经作过以下生动的描述:"在我们能够认识的最早的人类文化史时期的原始形态下,刑罚是对于从外部实施侵犯个人及个人的集团生活条件行为的盲目的、本能的、冲动的一种反动行为。它没有规定任何目的象征,而它的性质是逐渐演变的。即这种反动行为从当初的当事人集体转移至作为第三者的冷静的审判机关,客观地转化成刑罚,有了刑罚的机能才可能有公正的考察,有了经验才可能认识刑罚合乎目的性,通过观念目的理解了刑罚的分量和目的,使犯罪成为刑罚的前提和刑罚体系成为刑罚的内容,刑罚权力在这种观念目的下形成了刑法。那么以后的任务是把已经发展起来的进化在同一意义上向前发展,把盲目反动向完全有意识地保护法益方向改进。"①目的观念在刑法中的引入,使刑法更具能动性,能够更好地回应社会,以克服其盲目性与本能性。但刑法的能动性不能超越罪刑法定主义的形式理性限制,这也就是李斯特曾言的罪刑法定主义永远是刑事政策不可逾越的樊篱之意。应该说,文海林在该文中对目的主义刑法及其实现作了十分详尽的论证,在同类论文中是十分出众的。因而,该文发表在《刑事法评论》(第9卷)。此后,文海林又寄给我第三篇论文,题目是《三分刑法史》,一个有趣的题目,这是文海林对刑法史的研究成果。其三分乃是:绝对目的刑法、绝对形式刑法和混合刑法目的。对历史可以有各种解读与重写:思想认识到什么程度历史就被改写到什么程度,因为历史本来就是人类的心灵史。对刑法史的认识也是如此,文海林的三分法是对刑法史的一种梳理。对

---

① 转引自〔日〕木村龟二主编:《刑法学词典》,顾肖荣等译,上海翻译出版公司1991年版,第407页。

于我们正确认识刑法的本质与目的都具有启发意义。我国目前对刑法史研究极为薄弱，因而文海林的论文是具有学术价值的。论文发表在《刑事法评论》（第 11 卷），也是我编发的文海林的第三篇论文。如此密集地发表一个作者的论文，在《刑事法评论》的编辑史上并不多见。这三篇论文是文海林刑法研究成果中的上乘之作，现在收录在本书中，也构成了本书的核心内容。

从本书的后记中可以看到，文海林没有机会到大学深造接受法律科班训练，而是在自学过程中逐渐积累法律知识，并潜心研究刑法理论。现在文海林调入大学成为一名刑法理论工作者，这是难能可贵的。本书是文海林在调入大学之前交出的一份理论答卷，在某种意义上说，是文海林在学术"玩票"之作。我想在专门从事刑法理论研究以后，文海林交会交出更为优秀的答卷。

是为序。

陈兴良
谨识于北京海淀锦秋知春寓所
2006 年 8 月 12 日

40. 陈云龙主编《检察基础理论前沿问题研究》[①]序

浙江省人民检察院素来重视检察理论研究，自2002年以来在全省检察系统推行课题制。本书收录的是2005年度课题的结集报告，名曰《检察基础理论前沿问题研究》，即将交付印刷出版，我受邀作序，乐而为之。

从本书的书名可以看出，课题的内容属于检察基础理论，而这恰恰是以往我国法学界缺乏深入研究的一个重大课题。现在检察官自己结合检察实务对检察基础理论进行深入研究，是一种十分可喜的现象。在我国法学体系中，类似于检察学、审判学、律师学这样一些以某种法律实务活动为研究对象的学科，在法学体系中是否应当有其合适的地位，长期以来是一个没有得到很好解决的问题。我认为，主要原因还是在于它与一些部门法学之间具有某些重合，例如与刑事诉讼法学、司法制度等。如果在研究方法与研究内容上没有重大差别，则检察学之类的研究只不过是刑事诉讼法学的重复而已，难以有其独特的学术价值。我以为，检察学与刑事诉讼法学之间确实存在某种交叉，因为检察机关在刑事诉讼中的职权等都是由刑事诉讼法规定的，离开刑事诉讼法难以对检察业务作出正确的描述。但是，检察学与刑事诉讼法学都以刑事诉讼法为依据，并不意味着两者在内容上必然重复。实际上，两者的研究对象是有所不同的。刑事诉讼法学是以刑事诉讼法的规范为研究对象的，更多的是采用注释的方法，使法规范的内容得以明晰。而检察学则是以检察业务活动为研究对象的，更多的是采用描述性的实证研究方法。以公诉制度为例，刑事诉讼法对起诉和不起诉（包括绝对不起诉与相对不起诉）都有明确规定，对起诉与不起诉的法定条件加以阐释，这主要是刑事诉讼法学所要作的研究。但公诉制度并不简单地等同于起诉条件与不起诉条件，这些条件是静态的；关键是在检察活动中如何正确地掌握这种起诉与不起诉的条件，这是动态的。因此，检察学应当以检察业务活动为研究对象，唯有如

---

① 陈云龙主编：《检察基础理论前沿问题研究》，中国检察出版社2006年版。

此方能与刑事诉讼法学区别开来,确立检察理论研究的自主性。在检察理论中,更应当强调的是检察基础理论的研究,因为这些检察基础理论关系到检察制度的走向,更应予以重视和强调。收入本书的部分课题,例如关于职务犯罪侦查监督机制的研究、民事行政检察监督范围的研究、民事行政检察监督程序的研究,都与检察机关的法律监督职能息息相关。我认为,这些检察基础理论问题的深入研究,对于强化检察机关法律监督权的正当行使,具有重大指导意义。

从本书的书名来看,收入本书的课题不仅属于检察基础理论,而且是对其前沿问题的研究。这是对本书课题内容在学术上的高度要求。前沿这个词,目前在学术界反复引用,例如强调学者应当引领学术前沿。那么,何谓前沿？前沿本来是一个军事用语,指战争中防御阵地最前面的边沿,引申为学术研究中最新或领先的领域。问题在于:军事上的前沿是有形的,距离敌人最近的地方就是前沿。因此我们知道前沿在什么地方,可以走向前沿阵地。而学术上的前沿则是无形的,如果对整个学术研究缺乏把握,我们很难找到学术前沿。在检察理论的研究中也是这样,只有亲临检察业务活动的第一线,我们才能知道什么是检察基础理论的前沿问题。在本书中,也确实涉及了某些检察基础理论的前沿问题,这些问题的研究不仅有利于检察活动的正常开展,也有利于有关立法的发展完善。例如关于公诉案件撤回起诉制度,就是这样一个前沿性问题。起诉与撤回起诉是一对矛盾,起诉是公诉权的积极形态,而撤回起诉则是公诉权的消极形态。但撤回起诉的滥用又会损害公诉权,甚至侵犯审判权。因此,对撤回起诉的性质、条件及其法律后果的深入探讨就显得十分重要。在本书中,有两个课题涉及对撤回公诉制度的研究,从内容上看,都达到了相当的理论深度,这是值得赞许的。此外,本书中还有刑事诉讼程序性违法的法律后果问题的研究,也是一个前沿问题。以往我国司法实践中关注的是实体违法,对程序违法则往往忽视,更谈不上程序性违法的法律后果。现在刑事诉讼法学界已经开始对程序性违法及其法律后果进行研究,并且出版了这方面的专著。本书中将程序性违法的法律后果作为一个研究课题纳入检察官的视野,表明这个问题的重要性已经获得了司法实务部门的认同。

浙江省检察机关历来重视检察业务的理论研究,尤其是各级检察长亲自担任课题的主持人,对于检察业务理论研究起到了积极的推动作用。前任浙江省人民检察院检察长、现任最高人民检察院副检察长朱孝清同志,在主持浙江省人民检察院工作期间,就以身作则从事检察理论研究,对侦查监督的研究尤为专深,使浙江省检察机关形成了重视学习、重视理论研究的良好传统。本书是浙江省各级检察机关2005年学术研究成果的集中展示,体现了浙江省检察机关在检察基础理论研究方面的雄厚实力,对于全国检察机关建设学习型检察院乃至于研究型检察院都具有某种示范作用。作为一名法学工作者,同时也作为一名家乡人,对浙江省检察机关在2005年取得的研究成果表示衷心的祝贺,期望这一研究风气能够长久地坚持下去。

是为序。

陈兴良
谨识于北京海淀锦秋知春寓所
2006年8月13日

41. 于洪伟《违法性认识理论研究》[①]序

违法性认识是刑法中的一个重要理论问题,也是一个理论难题。于洪伟知难而进,选择违法性认识作为博士论文的题目,并较为圆满地通过了论文答辩,令人高兴,现在,于洪伟的《违法性认识理论研究》一书即将付梓,嘱我为序,义不容辞。

随着博士生招生规模的逐年扩大,博士论文的选题越来越难,对于这一点,我在博士生指导工作中也深有感触。任何一个学科的知识范围总是有限的,以刑法学科为例,全国各院校以每年近百人的规模招收博士生,就刑法总论而言,一年就可以将二级标题的题目做一遍,两年就可以将三级标题的题目做一遍,就刑法各论而言,如果每个罪名写一篇博士论文,不到五年就可以把我国刑法中的罪名写完。在这种情况下,博士论文的重复选题就不可避免。于洪伟在选题的时候,也碰到这个问题,如果他自己没有主见或者缺乏定力,光是一个博士论文的选题就会使人精疲力竭,好在他一直对违法性认识问题有兴趣,在选题上并没有太费周折,但如何把握这个问题,却颇见一个人的学术功力。

违法性认识,基本上是一个大陆法系刑法理论的概念。以往我国刑法理论虽有所介绍,但深入的研究还较为匮乏,只有个别的小册子,例如,田宏杰博士的《违法性认识研究》(中国政法大学出版社1998年版)。在论文写作过程中,于洪伟对资料进行了系统的梳理,因为违法性认识主要是大陆法系的理论话语,有必要对德日的违法性认识理论现状进行深入的了解。于洪伟参加了2005年10月25日至26日在西南政法大学举办的"违法性认识专题研讨会",并向大会提交了《论违法性认识的概念》的论文,被收入研讨会论文集并于2006年由北京大学出版社结集出版。通过参加学术研讨会,于洪伟进一步开阔了理论视野,为博士论文的写作奠定了扎实的理论基础。

[①] 于洪伟:《违法性认识理论研究》,中国人民公安大学出版社2007年版。

在于洪伟的博士论文中,关于违法性认识的讨论,尤其是引入我国刑法理论的时候,遇到的一个重大问题就是故意说与责任说的争论。这个问题与犯罪论体系有关,即使是在采用三阶层犯罪论体系的德日刑法理论中也存在争论。我国采用的是四要件的犯罪构成体系,引入违法性认识这一要素以后,就涉及它在犯罪构成体系中的地位问题。我个人认为,违法性认识无疑是一种归责要素,在有责性作为独立的构成要件的条件下,当然应该把违法性认识纳入有责性要件中去,但在我国目前的四要件的犯罪构成体系中,心理事实与主观归责是不加区分的。在这种情况下而不得已将违法性认识当作犯罪故意的构成要素,是有一定道理的,在这个意义上,似乎也是一种故意说,但它与德日刑法理论中的故意说又存在差异,对此,有必要加以区分。我主张对我国的犯罪构成体系进行改造,赞同引入大陆法系的犯罪论体系,在这个意义上,我又站在了责任说的立场上。在博士论文中,于洪伟对目前我国的犯罪构成体系是否能够容纳违法性认识是存在疑问的,认为引入违法性认识存在制度性障碍。这个问题当然是值得讨论的,但于洪伟在违法性认识这一具体问题的讨论中,能够从犯罪论体系的整体上予以关照,是值得肯定的一种研究方法。

当初,于洪伟面临多种就业选择,在征求我的意见时,我是力主他到高校从事教学科研工作的。现在,于洪伟已经在中央财经大学法学院从事刑法教学科研工作,这个岗位对他的科研水平提出了更高的要求,我期望在博士论文出版以后,于洪伟能有更多的佳作问世。

是为序。

陈兴良
谨识于北京海淀锦秋知春寓所
2007 年 1 月 21 日

42. 栾莉《刑法作为义务论》[①]序

栾莉的博士论文《刑法作为义务论》即将出版,这次出版的是博士论文的修订版,在博士论文的基础上增加了大量的内容,使论文更加充实,也使问题的研究更加深入。

就选题而言,不作为的作为义务是一个较好的选题。随着刑法理论的发展,博士论文的选题越来越小。20年前,在我当博士生的时候,选的是"共同犯罪论",这基本上是教科书的二级标题(章)。由于当时我国刑法学研究刚刚起步,共同犯罪的研究极为薄弱。在这种情况下,二级标题选为博士论文题目尚有情可原。后来,随着刑法学研究的深入,博士论文选题从二级标题发展到三级标题,例如"教唆犯论"等。现在,即使是三级标题作为博士论文题目也有过大之嫌。因此,博士论题的题目又发展到四级标题。博士论文选题越来越小,恰恰是我国刑法学理论嬗变的一个明显标志。栾莉的这个选题,基本上是四级标题:罪体—行为方式—不作为—作为义务。因此,我认为这个选题是恰当的,符合博士论文"小题大做"的特征。

作为义务不仅是一个大小适宜的博士论文题目,而且这是一个具有现实意义与理论意义的刑法问题。在现实生活中,遇到一些疑难复杂的案件,其能否定罪就与作为义务直接相关。对于不作为,我国刑法无论是总则还是分则,对不作为及不作为的作为义务均未作规定,在刑法中甚至并未出现不作为这一概念。在这种情况下,需要从法理上对不作为及作为义务进行深入研究,从而为司法认定提供理论依据。栾莉的博士论文对不作为的作为义务的研究,分为本体论与适用论两个层次。在本体论中研究的是作为义务的基本理论问题,尤其是作者对作为义务的合理性根据问题进行了深入的论述。作者将作为义务的根据分为实质根据与形式根据,并分别对此做了学理上的分析。应当说,作为义务的范围是和

[①] 栾莉:《刑法作为义务论》,中国人民公安大学出版社2007年版。

一个国家的性质相关联的。在一个以义务为本位的社会,与之相适应刑法的作为义务必然是十分宽泛的。例如,中国古代是一个家族社会,法律赋予家长对家庭成员以相当宽大的统治权,因而当家庭成员犯罪时,家长就负有某种制止的义务,若不制止则产生某种刑事责任,包括不作为的刑事责任。而在一个以权利为本位的社会,更强调个体的独立性,则刑法的作为义务也必然是较为狭窄的。由此可见,我们在分析刑法上不作为的作为义务的时候,不应满足于法律上的形式判断,还应当深入到法律上的作为义务之产生的社会背景,考虑到刑法上作为义务确定的伦理因素、历史因素以及其他社会因素。只有这样,才能得出正确的结论。

在适用论中,栾莉围绕着作为义务的司法认定,对作为义务涉及的各种问题,包括一些疑难问题都展开了论述。有些问题的论述还是具有一定新意的。例如,关于刑法作为义务人的自危要求中,就论述了司机在醉酒者的要求下将其置于高速公路致其死亡案。在这个案件中,就涉及对于受益人的自危要求能否免除不作为人的刑事责任这一法律问题。对于本案,作者的结论是:醉酒者的行为虽然是一种自危要求,但醉酒者对生命权的自危要求并不能阻却司机的作为义务。所以本案司机有作为义务并能积极予以履行。这一分析是从司机有无救助的作为义务角度出发的,但在这一案件中,司机的刑事责任的根据并不在将醉酒者放下以后是否有义务救助的问题,而在于是否应将醉酒者放在高速公路上因而致其死亡的问题,换言之,这里涉及的是刑法中的作为问题而非不作为的问题。刑法责难的是司机的弃置行为而非不救助行为。由此可见,不作为与作为的区分本身就是一个十分复杂的问题。从各种疑难案件中提炼出法理问题并在理论上予以分析,这是本文的一种分析进路,本身是可取的,尽管在个别案件的分析上还可能存在值得推敲之处。

博士论文在学术著作中是一种较为独特的类别,它是学术新人之新作,也是走向学术之路的处女作。对于博士论文,我们不能过于苛求,只要具有一定的新意,发表了自己的一定独到的见解,就是值得肯定的。对于出版社来说,博士论文的出版,也是扶持学术新人之举,是功德无量的。完成博士学业以后,栾莉选择了在中国人民公安大学从教,因而走上了一条艰难的学术之路。我一直以为,从事学术研究是博士的最好归宿。尽管将来还可能会出版很多的学术著作,但本书无疑对于栾莉来说是更为重要的一本,也是更有纪念意义的一本,我期待着栾莉在学术道路上走得更远。

在栾莉博士论文即将出版之际,应邀写下一些感慨,是为序。

陈兴良
谨识于北京大学法学院科研楼 609 工作室
2006 年 6 月 2 日

43. 储槐植《刑事一体化论要》[①]导读

老而弥新：储槐植教授学术印象

储槐植教授是我的老师，也是我的同事——我1998年调回北京大学法学院任教，与储槐植教授至今恰好有十年同事之谊。在储槐植教授集一生学术之精华的《刑事一体化论要》一书即将由北京大学出版社出版之际，积极促成本书出版的蒋浩先生热情邀请我为本书写一篇导读，盛情难却。储槐植教授是一位"老而弥新"的学者，这里的"老"是指年龄，这里的"新"是指思想，因而很难对储槐植教授的学术思想进行全面的述评。在此，只能依我个人的视界之所见，力图描述我对储槐植教授的学术印象。

对储槐植教授的学术定位，应该将他置于北大刑法学科这样一个学术背景之下，因而有必要了解北大刑法学科的历史。北大刑法学科，学术渊源可以追溯到民国时期，更久远的已成为历史。我所能触摸到的首先是蔡枢衡教授，他精通中外刑法，尤其是晚年治中国刑法史，自成一体。我虽未面见过蔡枢衡教授，但他的晚年正是我的学术启蒙期，1983年广西人民出版社出版的《中国刑法史》，是我在研究生期间买的一本书，尽管因文字考据的内容过多影响了我对其内容的掌握，但仍然是一本给我留下深刻印象的学术著作。我所见过并且聆听过课的是甘雨沛教授，甘雨沛教授和蔡枢衡教授一样，都是留学日本，通过日本而将现代刑法学知识引入我国的先驱者。我1981年9月在北大法律学系本科学习期间报考中国人民大学法律系刑法专业研究生，为此选了甘雨沛教授为我们所开的外国刑法的课程。那时甘雨沛教授应该已有70多岁，属于高龄老教授。这门课选的学生并不多，我那时对刑法并无多少了解也并无多少兴趣，选修外国刑法完全出于功利目的，想在本科阶段多了解一些外国刑法知识，在研究生阶段好轻松一些。但几次课听下来觉得收获不大，主要是甘

[①] 储槐植：《刑事一体化论要》，北京大学出版社2007年版。

雨沛教授几十年没上讲台,加上年事已高,不太适应课堂讲授,更由于老先生讲授的内容过于艰涩,我实在听不下去,后来就逃课了。好在那时北大为学生提供了较为宽松的环境,我抓紧时间看了一些法外之书。1984年甘雨沛教授的《外国刑法学》(上册)在北京大学出版社出版,此时我已初入刑法之门,买后反复阅读以作补课。但甘雨沛教授的书面语言同样诘拗难懂,但在当时资料稀缺的情况下,甘雨沛教授的《外国刑法学》首次为我打开了通向外部世界的学术之门,我对大陆法系刑法的初步知识就是这部书给予的。在北大刑法学科中,20世纪80年代最为闻名的是三杨:大杨是杨春洗教授,小杨是杨敦先教授,另外一位是从事监狱法研究的杨殿升教授。小杨老师是我在北大本科期间刑法总论与刑法分论的主讲老师,杨殿升老师也为我们讲过当时还称为劳改法的选修课。大杨老师没有给我讲过课,但我早就耳闻,后来大杨老师成为北大刑法学科的学术带头人,为北大刑法学科创立了博士点。唯独储槐植教授,在我北大法律学系四年本科学习期间一直未能与闻。当我离开北大以后,差不多是在1987年,储槐植教授出版了《美国刑法》一书,此后储槐植教授又时有惊人之作发表,以一种全新的学术形象矗立在我国刑法学界,形成自成一格的学术品格,使北大刑法学科大为增色。

　　储槐植教授从学术建树上讲,完全是大器晚成。因为1987年《美国刑法》出版的时候,储槐植教授已近55岁。可以说,储槐植教授的学术命运是与国家的命运紧密相连的。储槐植教授是1933年生人,与我父亲是同龄人,正好属于我的父辈。1955年从北京政法学院毕业,被分配到北京大学法律学系任助教。北大法律学系在1950年院系调整中被撤销,大部分并入北京政法学院。1954年北大法律学系恢复重建,1955年从中国人民大学、北京政法学院迎来一批毕业生充实教师队伍。储槐植教授能够成为他们中的一员,足以表明他在大学期间学习成绩的优异。来到北大以后,储槐植教授科研热情迸发,在1954年《学习》杂志第5期上发表了《中国的辩护制度》一文,得以崭露头角。但好景不长,在1957年"反右"斗争中,因莫须有的罪名被划作"中右",于1958年1月离开北大,下放到北京玻璃厂当学徒工,1960年1月调到北京化工学校教书,1965年10月再调到158中学教书,直到1978年才回到北大。整整20年,与北大无缘,与刑法无缘。这是一个没有法治的时代,当然也是一个不需要法学的时代。1978年,当储槐植教授回到北大法律学系时,已经45岁。而这一年3月我考上北大法律学系,正好20岁。就这样,我和储槐植教授的命运在北大相遇。然而,从1978年3月到1982年1月,整整4年我在北大法律学系学习期间,不仅没有见过储槐植教授,甚至没有听说过,这不能不说是一种遗憾。1978年春天,我来到北大求学,而储槐植教授则回到阔别20年的北大任教,当时有一个通俗的说法称为"归队"。20年,使一个婴儿成长为一个青年,不能说储槐植教授虚度了20年光阴,但至少对于刑法研究来说,这20年期间完全中断,在某种意义上说,储槐植教授这一代人也许是政治动乱的最大受害者。

如果我的猜测不错的话,储槐植教授在中学应该是教英语的,因此具有较好的英语基础。因而在1981年国门初开,储槐植教授得以有机会到美国芝加哥大学做访问学者。正是在美国的为期一年的进修学习,使储槐植教授学术眼界大开,站在了一个学术制高点上,为自己找到了恰当的学术位置。1987年北京大学出版社出版的《美国刑法》一书,奠定了储槐植教授的学术地位,我也正是通过《美国刑法》一书认识储槐植教授的。从本书的题目来看,这是一本介绍美国刑法的著作。一般来说,这种介绍性著述,往往思想性不足,而以知识性取胜,因而学术含量并不会太高。但储槐植教授《美国刑法》一书却恰恰是一个例外,虽然储槐植教授在对美国刑法学理的介绍中秉持一种价值中立的态度,不动声色地作客观介绍。在该书初版的"说明"中就事先声明:"本书虽然包含作者某些研究所得,但是仍然保持了著述的客观性。为节约篇幅,对许多具体法律内容的政治评价留给读者自己进行。"只是在1996年本书第二版时,储槐植教授才写了《美国刑法的价值基础》一文,作为代前言,对美国刑法作了一个总点评。尽管是客观介绍,但我以为《美国刑法》一书的最大成功之处在于:它是一位大陆法系学者眼中的美国刑法。我国基本上属于大陆法系国家,虽然20世纪50年代从苏俄引进社会主义刑法学,但仍然保留着大陆法系刑法理论的框架。对于英美刑法学,我国以往一直缺乏深入了解。储槐植教授的《美国刑法》一书既使我们得以掌握美国刑法的基本内容,又对我国刑法学研究大有助益。因为储槐植教授的《美国刑法》是写给中国人看的,因而在内容体例上都作了某种适应大陆法系思维方式的调整。《美国刑法》一书,分为四篇,第一篇"绪论"相当于大陆法系刑法学科书的刑法论。第二篇"犯罪总论",与大陆法系刑法教科书完全相同。第三篇"具体犯罪",第四篇"刑罚及其执行"。这两篇的顺序不同于大陆法系刑法教科书,"刑罚及其执行"相当于大陆法系刑法教科书中的刑罚总论,一般放在犯罪总论之后。"具体犯罪"相当于大陆法系刑法教科书的罪刑各论,应放在犯罪总论与刑罚总论之后。尽管个别顺序不完全相同,但《美国刑法》一书在内容叙述上十分易于我们所接受。尤其是在"犯罪总论"中,储槐植教授勾画出了英美法系双层次的犯罪构成体系,成为我国研究犯罪构成问题的一个重要参照系。犯罪构成或者构成要件是大陆法系刑法学中所特有的概念,并在此基础上形成了十分精致的犯罪论体系。严格来说,英美刑法中并无类似概念,储槐植教授将 constitution of a crime、ingredients of a crime 译为犯罪构成,并将美国刑法中的犯罪构成体系形象地称为双层次的犯罪构成模式。储槐植教授对双层次的犯罪构成模式作了以下描述:

> 刑法分则性条款规定的种种犯罪定义,其多种多样构成要件被抽象为两方面内容——犯罪行为和犯罪心态,这就是犯罪本质要件。它是刑事责任基础,所有犯罪都不得缺乏这两方面内容。刑法分则性条款犯罪定义是建立在行为本身具有刑事政策上的危害性和行为人具备责任条件的假设前提之下的。在刑事司法中,公诉一方只需证明被告人行为符合犯罪本质要件,即可推定被告人具有刑事责任基础;如果被告人不抗辩,犯罪即告成立。在行为特征符合犯罪本质要件时,如果被告人能说明自己不具有"责任能力"(responsibility),如未成年、精神病等;或者说明自己的行为正当合法(justification),不具有政策性危害,如正当防卫、紧急避险、执行职务、体育竞技等;或者说明有其他可宽恕(excuse)的情由,如认识错误、被胁迫、警察圈套;等等,便可不负刑事责任。这些刑事诉讼中的合法辩护,经过长期司法实践,在此基础上加以理性总结,将诉讼原则上升为实体化的总则性规范,是判例法传统的产物。从反面表明,要成立犯罪除应具有犯罪本质要解外,还必须排除合法辩护的可能,即具备责任充足条件。在理论结构上,犯罪本体要件(行为和心态)为第一层次,责任充足条件为第二层次,这就是美国刑法犯罪构成的

双层模式①。

在该书中,储槐植教授还将美国的双层次犯罪构成模式与德国的递进式犯罪构成体系进行了比较,从而使我们加深了对大陆法系犯罪构成理论的认识。之所以不厌其详对《美国刑法》一书进行介绍,是因为在该书中包含着后来储槐植教授的所有学术思想的萌芽。我以为,每个学者都有一个学术根基,这一学术根基生发了,同时也制约着一个学者的学术径路,甚至影响着学术风格。储槐植教授就是从对美国刑法研究入手,形成自己学术思想的,这一点极为明显。对于大陆法系刑法学的思维方法、概念体系和思想内容,储槐植教授虽然有所了解,但并非其所长。而英美法系的思维方法则恰恰在储槐植教授身上打下了深刻的烙印。可以说,储槐植教授大体上是用英美法系方式思考刑法问题的一个学者,这也正是储槐植教授的学术独特性,在我国这样一个素有大陆法系传统的国家,这种独特性更为明显。尤其是储槐植教授的同辈学者都深受苏俄法学的影响,一种本土化了的苏俄刑法学成为我国刑法学的学术主流的背景之下,具有英美法系思维方式的储槐植蓦然之间出现在我国刑法学界,不能不说是一种学术上的"异教"。我始终认为,形成自己独特的学术风格是一个学者成熟的标志,而决定这种学术风格的正是学术个性,学术个性的张扬对于学者、学术界来说都是不可或缺的。而学术个性张扬的表现就是"标新立异",这里的"新"与"异"是相等于学术上的"旧"与"同"而言的,重复陈言滥调,淹没在泛泛之论当中,永远没有学术上的"出头"之日。在我的印象中,储槐植教授不仅在老一辈学者中,即便算上新一代学者,也属于一位敢于"标新立异"的学者,有许多学术话语都是储槐植教授提出并产生了强大的学术影响的。因此,这里的"新"不仅是观点上的"新",而且是表述上的"新"。下面,我列举十大具有储槐植教授学术标签意义的独特表述特征的用语:

1. 一个半因果关系

因果关系问题是刑法中的一个重要理论问题,我国20世纪80年代初期曾经围绕着刑法中的因果关系展开过一场声势浩大——在我现在看来又是毫无意义的讨论。当时我也曾陷其中,可以说因果关系是引起我

---

① 参见储槐植:《美国刑法》(第二版),北京大学出版社1996年版,第51页。

的学术兴趣的第一个刑法问题,正是因果关系问题使我的学术爱好从哲学转向刑法学。在某种意义上说,因果关系也是刑法学中最具哲学蕴含的一个问题。当时围绕着因果关系主要存在必然因果关系说与偶然因果关系说的争论。前者主张刑法中的因果关系只能是必然因果关系,后者认为刑法中的因果关系除必然因果关系以外,还存在偶然因果关系。正在这两种观点相持不下之际,储槐植教授站出来说,存在一个半因果关系。储槐植教授把只承认必然因果关系的观点称为一个因果关系说,把既承认必然因果主义又承认偶然因果关系的观点称为两个因果关系说。储槐植教授指出:一个因果关系说和两个因果关系说各自都有相对应的长处和短处。一个因果关系说是对条件即原因说的矫枉,不免有"过正"之弊,两个因果关系说是对一个因果关系说的矫枉,也有"过正"之弊,否定之否定,等于肯定了条件即原因说,能不能找到一种矫枉而不过正的途径?折中性质的"一个半因果关系说"试图达到这样的目的。储槐植教授指出:一个半因果关系说的基本点是,刑法上的因果关系应以哲学上两种因果关系形式为基础,但又不完全包括两种形式,即刑法上的因果关系的范围等于全部(一个)必然因果关系加上一部分(半个)偶然因果关系。[①]《一个半因果关系》一文在《法学研究》1987年第3期刊登,读后给人以一种别开生面的感觉。这里的别开生面不仅是指"一个半因果关系"的表述,更是指概率方法在刑法因果关系研究中的运用。概率是指某一事件在一定条件下出现的可能性大小。概率在大于0和小于1之间都属于"偶然性"范畴。概率为1就是"必然性"。如果用数轴来表示,必然性是一个"点",而偶然性是一个"区间"。因此,储槐植教授根据概率高低将偶然性区分为高概率的偶然因果关系与低概率的偶然因果关系。在刑法上,因果关系的范围包括必然因果关系和高概率的偶然因果关系,这就是一个半因果关系。在刑法因果关系问题上,大陆法系刑法理论本来是围绕条件说与原因说展开的。苏俄刑法学将哲学上的必然与偶然这对概念照搬到刑法学关于因果关系的讨论中来,形成必然因果关系与偶然因果关系。储槐植教授引入概率论,为刑法中的因果关系理论的思考提供了一种新思路。

---

① 参见储槐植:《一个半因果关系》,载《法学研究》1987年第3期。

2. 严而不厉

新思想与新表述的有机统一,在严而不厉的刑事政策上得到完美实现,也成为储槐植教授对我国刑事政策具有实质性贡献的突出标志。严厉本来是一个常见词,并且是一个生活用语,但储槐植教授将两字分拆使用,并赋予两字以不同含义:严指刑事法网严密,刑事责任严格;厉主要指刑罚苛厉,刑罚过重。储槐植教授认为现代刑法(广义)在法条中体现出来的政策思想的主要倾向在于"厉而不严",将来我国刑法的改革方向应当是"严而不厉"。① 对于厉而不严,作为对我国20世纪80年代以后经历过"严打"的人来说,是深有体会的。因此,"厉而不严"是对我国刑事立法与刑事司法现状的极为生动的描述,反映了储槐植教授的洞察力。而"严而不厉"刑事政策的提出,则反映了储槐植教授的睿智。《严而不厉:为刑法修订设计政策思想》一文发表于1989年,当时储槐植教授就提出了废除纯财产经济犯罪即投机倒把罪和盗窃罪死刑的观点,这是极为超前的。就以盗窃罪死刑为例,在20世纪90年代初,根据有关司法解释甚至盗窃公私财物个人所得数额达到了万元以上的就可以判处死刑。直到1997年刑法修订才将盗窃罪的死刑限制在盗窃金融机构,数额特别巨大,以及盗窃珍贵文物,情节严重这两种情形。学术的超前我认为是十分重要的,这也是衡量一个学者的学术贡献的重要标准。如果学术落后于社会,落后于法律发展,这样的学术对社会、对法治又有何用?当然,学术的超前又不是那么容易的,要求学者具有洞察力与睿智的品格。我认为,就思想内容而言,"严而不厉"是储槐植教授对我国刑法和刑事政策的最大贡献,也是最有价值的理论观点之一。

3. 刑法例外规范

例外和规范正好是相反,甚至对立的两个概念,但储槐植教授却认为刑法中的例外是一种普遍现象,存在一种刑法的例外规律。所谓例外规律,储槐植教授认为是指例外规范作为普遍现象其所包含的内部本质联系和发展必然趋势。在这篇《刑法例外规律及其它》的论文中,表现出储槐植教授不同于常人的思维方式,勇于破除陈见,不受思维定势的束缚,这是一种非常优秀的学术品格。我认为,本文是在储槐植教授的所有

---

① 参见储槐植:《严而不厉:为刑法修订设计政策思想》,载《北京大学学报》1989年第6期。

著作中最具哲学意蕴的一篇论文,尤其是本文提出了研究刑法哲学的想法,甚至初步建构了刑法哲学体系:刑法哲学以刑事责任(国家与公民、个人与社会、主体与客体的一种特殊关系)理论为主线,初步设想,大体由四部分构成。第一部分为刑法一般理论,包括刑法性质、刑法功能、刑法发展的原因和趋向。第二部分为刑事责任论,包括刑事责任和本质、刑事责任价值取向、刑事责任结构。第三部分刑事责任的起因——犯罪论,包括犯罪本质、刑事责任与犯罪、刑事政策与犯罪、犯罪化与非犯罪化、行为主义与行为人主义、犯罪行为理论、犯罪构成理论中的其他哲学问题。第四部分为刑事责任的实现——刑罚论,包括刑罚目的的理想与现实、刑法功能和效应、现代犯罪学与刑罚制度、行刑效果对判刑制度的反馈作用、刑罚权的控制与非刑罚化、刑罚体系及其变化趋势。① 储槐植教授的本文发表时,我正在积极构思刑法哲学体系。在我 1992 年出版的《刑法哲学》一书的导论中,就引用了储槐植教授以刑事责任为中心的刑法哲学体系,作为我国学者关于刑法哲学体系的一种标本。② 使我感到疑惑的是,关于刑法哲学这么一个重大问题的思考成果,储槐植教授为什么会放在刑法例外规律这样一个不起眼的题目下讨论,总感到有些题轻文重。当然,储槐植教授后来并没有进一步把刑法哲学的研究继续下去,这是十分遗憾的。

4. 犯罪场

犯罪场也是储槐植教授提出的一个概念。"场"是一个物理学上的概念,实物之间的互相作用是依靠相应的场来实现的。如物体的万有引力作用是在引力场中实现的。储槐植教授将"场"的概念引入犯罪学领域,创造了"犯罪场"的概念,认为犯罪场是存在于潜在犯罪人体验中、促成犯罪原因实现为犯罪行为的特定背景。从犯罪场概念出发,储槐植教授引申出犯罪学的研究方法问题。储槐植教授从犯罪学方法论的意义上界定犯罪场,并以犯罪场概念提出为例说明了经验直觉在理论研究中的作用,指出:犯罪场(起先为犯罪作用场)这一概念在作者脑海中浮现仿佛是突如其来的灵感。这种以经验为基础的直觉思维可能有片面性和表面性的缺点,需要靠逻辑推理来弥补。对犯罪场的理论分析和论证,如前所

---

① 参见储槐植:《刑法例外规律及其它》,载《中外法学》1990 年第 1 期。
② 参见陈兴良:《刑法哲学》(修订三版),中国政法大学出版社 2004 年版,第 20—21 页。

述有一个从较多疏漏到较少疏漏的过程,这个过程远未完成,今天充其量也只能说是疏漏少于以前的犯罪场论。① 由此可见,储槐植教授擅长于将其他学科的方法、观点、概念引入刑法学、犯罪学的研究当中来,因而时有新意迸发。

5. 数量刑法学

数量刑法学的命题是储槐植教授在《我国刑法中犯罪想象的定量因素》一文中提出来的。在本文中,储槐植教授对我国刑法关于犯罪概念中的但书规定——"情节显著轻微危害不大的,不认为是犯罪"进行了充分肯定,认为但书把定量因素明确地引进犯罪的一般概念之中,反映了人类认识发展的时代水平,是世界刑事立法史上的创新。储槐植教授对刑法中定量分析方法的重视与提倡具有积极意义,尤其是在本文第四部分,储槐植教授提出了建立一门新的刑法分支学科数量刑法学的设想,这是难能可贵的。储槐植教授指出:数量刑法学的研究对象就是刑法内部的数量变化关系。建立某些数学模型,用以比较精确地反映刑法的某些规律,便于刑事司法工作的实际应用,这是该学科的目的和任务。② 尽管我国目前还没有正式建立数量刑法学这样一门学科,但对于刑法中的数量关系的研究已经有了长足的发展,例如储槐植教授的高足白建军教授长期从事实证法学研究,主要就是运用定量分析方法,得出了许多定性分析所无法获得的结论。

6. 罪数不典型

罪数不典型是储槐植教授对罪数理论研究以后提出的命题,其学术成果体现在《罪数不典型》一文中。罪数问题是最具大陆法系理论特色的一个研究领域,在该文中储槐植教授深入地讨论了惯犯、结合犯、转化犯、想象竞合犯、连续犯等概念,是在储槐植教授所有论文中最具大陆法系理论色彩的一篇论文。但储槐植教授也并没有采用传统的大陆法系的分析方法,而是引入典型与不典型这一对分析范式进行展开。储槐植教授指出:典型一罪和典型数罪在刑法适用(定罪和量刑)上都不会发生问题,因而不是罪数问题研究的对象。罪数问题的研究重心是罪之合并,实是或相似的数罪作为一罪处罚。通常的思路是在"一罪"形态上作文章,使得

---

① 参见储槐植主编:《犯罪场论》,重庆出版社1996年版。
② 参见储槐植:《我国刑法中犯罪概念的定量因素》,载《法学研究》1988年第2期。

罪数这块研究领域成了迷茫丛林。种种不同观点,都围绕一罪还是数罪的归属问题上。因视角相异,结论也就不同。虽以为可转换思路,绕开迷茫丛林,建立一个"罪数不典型"概念,将讨论的重心放在犯罪构成特殊数量形态上,看看能否找到一条简化条理的出路？储槐植教授提出的罪数不典型,是指犯罪要件组合数不标准形态。在内涵上,罪数不典型就是既非典型一罪也非典型数罪而被当作(立法规定为或者司法认定为)一罪处罚的犯罪构成形态。① 可以说,储槐植教授提出的罪数不典型的命题具有在罪数理论上"拨开迷雾见太阳"的使人豁然开朗之功效。这也表明储槐植教授不为时论所囿,别出心裁,别开生面。

7. 关系刑法论

关系刑法,也是储槐植教授较为重要的具有标签意义的学术用语之一。储槐植教授提出了"刑法存活关系中"的命题,并力图建构"关系刑法学"。这一学术成果体现在《刑法存活关系中——关系刑法论纲》一文中。储槐植教授阐述了关系的概念以及建立在关系概念基础之上的关系实在论,作为关系刑法的方法论根据。储槐植教授指出：关系刑法论的研究对象是"关系刑法",指刑法的外部关系和内部关系对刑法的存在样态和运作方式的影响,即在关系中存活的刑法。"关系"即相互作用。恩格斯认为,相互作用是事物发展的真正的终极原因。进一步说,相互作用就是事物之间的相互联系、相互影响。相互联系是关系的形式,相互影响是关系的本质。影响包括制约和促进两个方面。当代西方和东方兴起了一种哲学理论——关系实在论：关系即实在,实在即关系。这一理论抛弃了两千多年来支配西方哲学的绝对实体观(实体本体论)。刑法存活于关系之中,关系是刑法的本体,关系是刑法的生命。② 在 1997 年北京大学出版社出版的文集中,储槐植教授将"关系刑法论"纳入书名③,表明对这一观点的重视。按照我的理解,关系刑法论的研究径路,就是摒弃就法论法的研究方法,把刑法放到整个关系网络中去进行研究,这种方法储槐植教授称为"关系分析法"。我们只要罗列一下本文的二级标题,就可以看

---

① 参见储槐植：《罪数不典型》,载《法学研究》1995 年第 1 期。
② 参见储槐植：《刑法存活关系中——关系刑法论纲》,载《法制与社会发展》1996 年第 2 期。
③ 参见储槐植：《刑事一体化与关系刑法论》,北京大学出版社 1997 年版。

出储槐植教授的思路:(1)社会经济与刑法,这是把刑法放到社会经济背景中进行研究,尤其揭示经济对刑法的制约。(2)政权结构与刑法,这是刑法与政治关系的研究,也就是研究权力结构对刑法的作用机理。(3)意识形态与刑法,这里的意识形态是指政治、法律、道德、哲学、艺术、宗教等社会观念样式。储槐植教授提及苏俄及我国对偶式四要件犯罪构成理论将犯罪客体(社会主义社会关系被侵害)独立为一要件并置于四要件之首,突出了阶级性,增添了刑法的意识形态色彩。但从字面表述来看,储槐植教授也是不同意这种泛意识形态化作法的。在我看来,虽然老一辈学者都深受政治教条和意识形态的荼毒,但储槐植教授是在刑法研究中"去意识形态之魅"做得最好的学者之一。重理性分析,不迷信政治教条,使储槐植教授在年老仍思想清新,值得我辈学习。(4)犯罪与刑法。(5)行刑与刑法。(6)其他部门法与刑法。这些都是刑法的内部关系,也和储槐植教授长期关注的犯罪学、监狱学等学科领域相关。

8. 关系犯罪观

储槐植教授在提出关系刑法论的同时,还提出了关系犯罪观,即采用关系分析方法研究犯罪学,力图形成一种犯罪学哲学。在《犯罪在关系中存在和变化——关系犯罪观论纲,一种犯罪学哲学》一文中,储槐植教授系统地阐述了关系犯罪观的思想,指出:关系犯罪观(现在尚不能称"学",还只是一种观念理论),即从关系角度以关系分析方法来研究犯罪。犹如,"犯罪人类学"从生物学角度研究犯罪,"犯罪心理学"从心理学角度研究犯罪,"犯罪社会学"从社会学角度研究犯罪,"犯罪经济学"从经济学角度研究犯罪,等等。这里,"关系"作为哲学范畴,以此范畴为基点进行犯罪学研究。所以,也可视为犯罪学哲学,属于门类哲学。[①] 储槐植教授从犯罪内部关系与犯罪外部关系两个方面,对关系犯罪观的基本学理作了叙述。尽管是一种论纲,但其建立犯罪学哲学的学术宗旨是令人耳目一新的。我高兴地看到,白建军教授继承乃师的学术意愿,完成了《关系犯罪学》一书,这是我国在理论犯罪学方面取得的最重要的学术成果之一。在《关系犯罪学》一书中,白建军教授明确示:"关系犯罪观"由储槐植先生首次提出,是当代中西最为精深的犯罪学思想之一。本

---

① 参见储槐植:《犯罪在关系中存在和变化——关系犯罪观论纲,一种犯罪学哲学》,载《社会公共安全研究》1996年第3期。

书旨在丰富、推进这一犯罪学思想。① 白建军教授将关系犯罪观列为其著作最重要的理论资源之一,并将关系研究作为犯罪学的基本研究方法,是犯罪学实证分析的重要方面。犯罪学研究在我国尚处于一种举步维艰的困境,其中除犯罪学研究所需要的实际犯罪司法素材难以获得这一客观原因之外,犯罪学方法论是落后也一个不可回避的原因。储槐植教授在犯罪学领域的思考虽然只是提纲挈领性质的,但大多击中要害。尤其是关系犯罪观的提出,跳出传统的意识形态的遮蔽,能够真切地发现犯罪存活的状态,从而为我国犯罪学研究,尤其是犯罪学哲学的建立提供了某种可能。

9. 复合罪过形式

复合罪过形式是储槐植教授一直倡导的一个概念。复合罪过这个词在大陆法系刑法学中本来是有的,但储槐植教授力图赋予其一种新的含义,认为复合罪过形式是指同一罪名的犯罪心态既有间接故意又有过失的罪过形式。《复合罪过形式探析——刑法理论对现行刑法内含的新法律现象之解读》一文对复合罪过形式作了系统论述。复合罪过形式是对传统的故意—过失二元罪过形式的突破,储槐植教授用来解释我国《刑法》第397条玩忽职守罪和滥用职权罪。② 值得注意的是,在复合罪过论证中,储槐植教授引入了模糊学的思想,以此作为复合罪过形式的认识论基础。无论我们是否同意该文的观点,但储槐植教授对于现实法律问题的敏感性,以及采用其他学科的新知识在刑法上进行创造性思维的勇气是令人赞叹的。

10. 刑事一体化

刑事一体化是最能代表储槐植教授的学术思想的一个标签性用语,放在最后叙述恰恰说明这一话语的重要性。刑事一体化命题是储槐植教授在《建立刑事一体化思想》中首次提出的,在该文中,储槐植教授对刑事一体化的内涵作了以下界定:刑事一体化的内涵是刑法和刑法运行内外协调,即刑法内部结构合理(横向协调)与刑法运行前后制约(纵向协调)。这个意义上的刑事一体化,实际上是就刑事政策而言的,其基本

---

① 参见白建军:《关系犯罪学》,中国人民大学出版社2005年版。
② 参见储槐植、杨书文:《复合罪过形式探析——刑法理论对现行刑法内含的新法律现象之解读》,载《法学研究》1999年第1期。

思想是关系刑法论极为接近,都是主张从刑法的内部与外部关系入手,实现刑法运行的内外协调。① 作为一种刑法研究方法论的刑事一体化,是在《刑法研究的思路》中提出来的,在该文中,储槐植教授提出了从刑法之外研究刑法、在刑法之上研究刑法和在刑法研究之中研究刑法的多方位立体思维的方法。在刑法之外研究刑法这个话题下,储槐植教授指出:刑法不会自我推动向前迈进,它总是受犯罪态势和行刑效果两头的制约和影响,即刑法之外事物推动着刑法的发展,这是刑法的发展规律。正因为犯罪决定刑法,刑法决定刑罚执行,行刑效果又返回来影响犯罪升降。刑法要接受前后两头信息,不问两头(只问一头)的刑事立法不可能是最优刑法。不问两头的刑法研究不可能卓有成效。在这个意义上,储槐植教授指出:研究刑法必须确立刑事一体化意识,刑法研究者要有健全的知识结构——具有一定的犯罪学和行刑学(劳改学、监狱学)素养。② 以上储槐植教授从刑事政策与方法论两个方面对刑事一体化进行了阐述,可以说,储槐植教授对刑事一体化本身只是一种简约的概述,并没有长篇大论地展开,但刑事一体化这一命题提出以后,在我国刑事法学界产生了出乎意料的重大影响,我想这与 20 个世纪 90 年代我国刑法知识经过一个时期的恢复积累以后所处的蓄势待发的这一特定背景有关。刑事一体化不仅是对刑法的一种新思路,而且也是对刑法研究的新思路。储槐植教授本人就是身体力行地秉持刑事一体化的研究方法,在刑法、刑事政策、犯罪学、监狱学等各个相关学科领域辛勤耕耘的一位学者。我为 1997 年创刊的《刑事法评论》写的编辑宗旨就将刑事一体化确立为一种研究模式:竭力倡导与建构以一种现实社会关系与终极人文关怀为底蕴的、以促进学科建设与学术成长为目标的、一体化的刑事法学研究模式。③《刑事法评论》被我国学者称为刑事一体化的自觉实践。④ 从总体上看,刑事一体化从最初作为一种刑事政策思想被提出,后来越来越成为一种刑事化研究方法而获得广泛认同。在刑事一体化的名义下,刑法研究者打破刑法

---

① 参见储槐植:《建立刑事一体化思想》,载《中外法学》1989 年第 1 期。
② 参见储槐植:《刑法研究的思路》,载《中外法学》1991 年第 1 期。
③ 参见陈兴良主编:《刑事法评论》(第 1 卷),中国政法大学出版社 1997 年版。
④ 参见付立庆:《刑事一体化:梳理、评价与展望——一种学科建设意义上的现场叙事》,载陈兴良、梁根林主编:《刑事一体化与刑事政策》,法律出版社 2005 年版,第 27 页。

与其他刑事法学科的间隙与隔膜,对刑法以及相关刑事法进行系统研究,因此,储槐植教授的学术思想也越来越被整合到刑事一体化的名目之下。可以说,刑事一体化已经成为储槐植教授刑事法思想的一个学术标签。

从储槐植教授的学术径路来看,竭力地将哲学等方法引入刑法研究之中,在刑法研究中开展学术创新,是储槐植教授持之以恒的不懈努力。从这里也可以看出,储槐植教授善于接受哲学上的新知识,并将之转化为刑法研究的新思想。在储槐植教授的论著中,用得最多的可能是以下四个哲学用语,它们都被储槐植教授得心应手地用于刑法的学术表述之中:

结构

结构是一个常见的哲学用语,结构主义哲学与解构主义哲学都与结构一词有关。结构并被认为是客观事物的一种存在方式。储槐植教授是在系统论的定义上使用结构一词的,认为系统结构是实现系统功能的组织基础[1],并在此基础上引申出刑法结构与刑罚结构等概念,更多地论及的是刑罚结构。例如,储槐植教授指出:刑罚结构是刑罚方法的组合形式。所谓组合形式,是指排列排序和比例份额。研究刑罚结构关键是研究刑罚方法的比例关系及其在刑罚运行过程中的实际意义。[2] 在此基础上,储槐植教授提出了结构协调的命题。

机制

机制也是储槐植教授用得较多的一个哲学用语。储槐植教授指出:机制通常可被理解为事物的运行方式。[3] 在此基础上,储槐植教授对刑法机制进行了描述,刑法机制就是刑法的运行方式,储槐植教授认为我国刑法运行只受犯罪情况的制约即单向制约:犯罪→刑罚,这是有缺陷的机制。健全的刑事机制应是双向制约:犯罪情况→刑罚←行刑效果。刑法运行不仅受犯罪情况的制约而且要受刑罚执行情况的制约。[4] 因此,储槐植教授提出了完善刑法机制的命题。

---

[1] 参见储槐植:《建立刑事一体化思想》,载《中外法学》1989年第1期。
[2] 参见储槐植:《论刑法学若干重大问题》,载《北京大学学报》1993年第3期。
[3] 参见储槐植:《论刑法学若干重大问题》,载《北京大学学报》1993年第3期。
[4] 参见储槐植:《建立刑事一体化思想》,载《中外法学》1989年第1期。

关系

关系,在哲学上是指客观事物之间的相互联系和相互影响。相互联系是关系的形式,相互影响是关系的内容。相互联系和相互影响,进一步概括,就是相互作用。储槐植教授指出:关系哲学的兴起,抛弃了两千多年来支配西方哲学的"实体本体论"(认为本体是实质,"实体"曾是西方哲学中最核心的范畴)。随着社会发展和人类认识深化,"关系"范畴日益显示其重要性。① 将关系哲学引入刑法学研究,储槐植教授提出了关系刑法学的命题;将关系哲学引入犯罪学,储槐植教授提出了关系犯罪观的命题。可以说,关系以及建立在关系之上的观念,也就是所谓关系哲学,是储槐植教授研究犯罪与刑法问题的一个基本逻辑出发点。

系统

储槐植教授曾经引用普通系统论的创立者、美籍奥地利理论生物学家贝塔朗菲关于系统的定义:"系统"的定义可以确定为处于一定的相互联系中并与环境发生关系的各组成部分(要素)的总体(集)。储槐植教授深受系统论的影响,将之用于对犯罪原因的研究,提出了犯罪原因是一个系统的命题。② 20 世纪 80 年代初期,系统论、控制论、信息论曾经盛行一时,被称为"三论",成为一种科学方法论被人们所热捧。当时我就是控制论的痴迷者,想建构法律控制论,对控制论的创始人维纳的《人有人的用处》一书留下了深刻印象。我想储槐植教授也一定受过"三论"的洗礼,果不其然,储槐植教授也论及"三论",指出:"三论"(系统论、控制论、信息论)方法是介于哲学方法和专门方法之间的适用于各学科的通用研究方法。③ 在"三论"中,对储槐植教授影响较大的似乎是系统论。储槐植教授采用系统方法对犯罪原因进行研究,提出了犯罪场的理论。

储槐植教授的学术思想此前主要集中在《刑事一体化与关系刑法论》(北京大学出版社 1997 年版)与《刑事一体化》(法律出版社 2004 年版)两书当中,分别以论文集的形式呈现给读者。储槐植教授除《美国刑

---

① 参见储槐植:《犯罪在关系中存在和变化——关系犯罪观论纲,一种犯罪学哲学》,载《社会公共安全研究》1996 年第 3 期。
② 参见储槐植:《犯罪原因概述》,载《犯罪学教程》,中央广播电视大学出版社 1990 年版,第九章。
③ 参见储槐植:《犯罪场概论》,载《犯罪场论》,重庆出版社 1996 年版,第一篇。

法》一书是体系性叙述以外,主要习惯于采用论文的方式表达自己的学术观点。论文的好处是能够及时地展示一个学者的新近学术思想,具有效率快的效果。不足之处是缺乏体系性,难以详尽地叙述。储槐植教授的学术思想主要集中在1987年到1997年这十年间发表的一系列重要论文中,遗憾的是未能以专著的形式经体系化、集约化地将学术思想呈现出来。如今储槐植教授年事已高,要想再出一部规模宏大的专著已是不可能。在这种情况下,经过北京大学出版社蒋浩先生的玉成,并由储槐植教授的四位高足梁根林、白建军、宗建文和王平教授的共同努力,采用编纂(而非汇编)的方式,形成了摆在我们面前的《刑事一体化论要》一书,这是储槐植教授学术思想的集大成之作,为我们学习与研究储槐植教授的刑事一体化思想提供了极大的便利,这是值得庆贺的。

我清楚地记得在2003年12月20日至21日,作为北京大学法学院百年院庆的重要组成部分,北大刑法学科在燕园举办了"刑事一体化与刑事政策学术论坛",在12月20日上午的大会上,储槐植教授作了《再说刑事一体化》的主旨报告。据我所知,这是我国刑法学界迄今为止举办的第一次以个人的某一学术观点为题的专门性的学术研讨会,来自全国数十位刑法专家学者参加了这一盛会。会议论文集《刑事一体化与刑事政策》(陈兴良、梁根林主编)一书由法律出版社于2005年出版。这次会议实际上具有为储槐植教授庆贺70大寿的含义。储槐植教授的生日是1933年12月25日,2003年12月25日正好是七十寿辰。但储槐植教授一再以"内容重于形式"为由拒绝了祝寿的形式,因而举办了一场以刑事一体化为主题的学术研讨会。在主旨报告中,储槐植教授在提出刑事一体化命题差不多15年以后,再次对刑事一体化的含义作了阐述,并谈及刑事一体化思想与李斯特"整体刑法学"理念的"不谋而同"。这是储槐植教授对刑事一体化思想的权威阐释,为郑重起见,抄录于兹:

> 刑事一体化思想有两层意思:作为观念的刑事一体化和作为方法的刑事一体化。
>
> 刑事一体化作为观念,旨在论述建造一种结构合理和机制顺畅(即刑法和刑法运作内外协调)的实践刑法形态。迄今为止,刑法学科群(注释刑法学、刑法史学、比较刑法学、刑法哲学、国际刑法学、外国刑法学等)基本上是静态的文本刑法和理念刑

法理论。动态的实践刑法认知尚未形成系统的学问即理论。可以说是一个缺憾。刑法在运作中存在和发展,刑法本性是动态的和实践的。根据刑法的本性打造一门学问,是刑法本身的需要。作为观念的刑事一体化与刑事政策的关系极为密切,一方面它要求良性刑事政策为之相配,同时在内涵上又与刑事政策兼容并蓄,因为刑事政策的基本载体是刑法结构和刑法机制。

  刑事一体化作为刑法学研究方法,重在"化"字,即深度融合。刑法在关系中存在和变化,刑法学当然也在关系中发展,刑法学研究如果只局限在刑法自身,要取得重大进展实在困难。此处的"关系"首先指内外关系。内部关系主要指罪刑关系,以及刑法与刑事诉讼的关系。外部关系更加复杂:其一为前后关系,即刑法之前的犯罪状况,刑法之后的刑罚执行情况;其二为上下关系,即刑法之上的社会意识形态、政治体制、法文化、精神文明等,刑法之下主要指经济体制、生产力水平、物质文明等。"关系"的外延也许太过宽泛,作为刑法学方法的一体化至少应当与有关刑事学科(诸如犯罪学、刑事诉讼法学、监狱学、刑罚执行法学、刑事政策学等)知识相结合,疏通学科隔阂,关注边缘(非典型)现象,推动刑法学向纵深开拓。

  刑事一体化思想的提出尽管已有十多年,还只算是粗浅的开头,尚需进一步深入和展开。诚望对此感兴趣的同仁共同参与。果如是,则欣莫大焉。①

  一如其人,在储槐植教授的引文中也表现出谦逊的品格。在我认识的老一辈学者中,像储槐植教授这样的谦谦君子并不多见。储槐植教授与人为善,不党不朋,以学术而自得其乐,不愧为一个纯粹的学者。储槐植教授的亲和力,以及温和的性情,颇得江南山水之神蕴。我对于老家在南方的老一辈知识分子颇有好感,无论是文科的还是理科的,他们都有相同的慈祥、相同的和蔼、相同的乡音。储槐植教授只是这个群体中的一员,但在储槐植教授性情上的随和中我分明看到他思想上的执着。如果

---

① 参见陈兴良、梁根林主编:《刑事一体化与刑事政策》,法律出版社2005年版,第19—20页。

没有这种执着,历经20年的命运坎坷,很难在50岁以后重拾学业,锲而不舍地坚持到底,并作出重大的学术成就。我认为,任何一个人的成功都不是偶然的,必然有其性格上的、性情上的决定性因素。储槐植教授无疑是老一辈刑法学人中的佼佼者,永远处于学术前沿,这就是我印象中的储槐植教授:上下求索,矢志不悔。作为新一代刑法学人,我是在储槐植教授以及他那一辈刑法学人的教诲下成长起来的。更为幸运的是,我正逢国家法治建设的黄金季节,从1978年入学开始研习法律,到现在近30年时间,一直在高校从事我所喜欢的刑法学研究,没有命运的挫折,没有教条的束缚。虽然在自己的学术研究上也做出了一些成就,但与储槐植教授相比,我辈确实是问心有愧的。今年我正好50岁,储槐植教授的50岁是1983年,绝大多数作品都是在50岁以后,甚至在60岁以后完成的,这种精神为我辈所难以企及。50岁的我已经开始发出"人书俱老"的感慨,而75岁的储槐植教授还在不停地思考。

历史不会重演,人生难以重复,储槐植教授的学术也永远无法重制……

陈兴良
谨识于北京依水庄园渡上寓所
2007年6月16日

44. 冯宾《中国律师的第二次飞跃：以律师法修改为契机》[①]序

顷接冯宾律师的电话，说他写了一本关于律师现状的书，邀我为之作序。这是一本律师自己写自己的书。翻阅过后，感觉本书的资料是丰富的，对律师现状的描写尚属客观，书中涉及的许多律师，像田文昌、徐建、张建中等，有的认识有的熟悉。读过本书后，谈一点个人的感受，就算是序。

律师在我国社会中的形象，曾经被神圣化，而后又被妖魔化，要想给律师这个职业十分精确地作出描述，还真是一件颇为困难的事情。也许文学作品对人的影响太深刻，相当多的人对律师的印象，都来自于文学作品，尤其是电影，律师的神圣形象也许来自20世纪60年代曾经流行一时的电影《风暴》中的施洋。看过这部电影的人便以为律师都应当像施洋那样为正义而生、为正义而死。而律师的负面形象，大都来自美国的黑帮电影，诸如《教父》等。在这些电影中，黑帮老大身边总有一个律师，帮助打理法律上的麻烦。因此，在我国出现黑社会性质的犯罪以后，为涉嫌黑社会性质犯罪的被告人辩护的律师，就自然让人联想起那些黑帮电影中的人物而成了"黑律师"。对于社会大众来说，对律师最容易发生的一个误解是：当你为"好人"辩护的时候，你是一个"好律师"；当你为"坏人"辩护的时候，你是一个"坏律师"。对于这一点，田文昌律师是最有切身体会的：过去10年，田律师始终是以一名"好律师"的形象存在于公众视野中的，因为他有不畏权势扳倒禹作敏等业绩。但，当他成为黑社会性质犯罪的首要分子刘涌的辩护律师，一夜之间就成了"坏律师"。有的人为田文昌可惜：为什么为刘涌这样的黑社会老大辩护呢，一世英明毁于一旦！看到这里，我就想起美国哈佛大学法学教授艾伦·德肖微茨曾经说过的

[①] 冯宾：《中国律师的第二次飞跃：以律师法修改为契机》，中国民主法制出版社2007年版。

一句话:"有时你得提醒公众,在刑事案件诉讼中被告的辩护律师没有犯罪,正像产科医生自己并没有生孩子一样,犯罪的只是他们的委托人。"可见,即使在美国这样的法治发达国家,公众对律师职责的这种误解也是难免的,因而也是需要时常提醒的。当善良的人们告诫律师应当为好人辩护而不应当为坏人辩护的时候,我总是哭笑不得;如果律师在受理案件的时候,就知道谁是好人谁是坏人,律师岂非成了神!当佘祥林因"杀妻"被捕,并有200多位村民联名写信给司法机关要求判处其死刑的时候,他的辩护律师在这些村民眼里岂不就是在为杀人犯——一个坏人辩护么?这种律师职责的履行是要触犯众怒的,甚至在个别案件中是冒天下之大不韪。10多年过去了,佘祥林之妻死而复生的时候,人们恍然大悟:原来佘祥林不是坏人,他是受冤枉的。这时,律师才能为他辩护吗?在这样一种背景下,当一个律师,尤其是辩护律师,是很难的。

　　当然,在我国律师执业之难,不仅在于公众的误解,还来自司法体制的缺陷。就辩护律师而言,其履行辩护职责的一些基本权利或者没有规定,或者规定了未能落实。我记得福建省有两位律师为在侦查期间会见犯罪嫌疑人而把公安局的看守所告上法庭,这也算是千古奇案了,只有在中国才会发生。更不用说《刑法》第306条律师伪证罪之设,简直就是悬在律师头上的一把达摩克利斯之剑。经常有律师和我讨论《刑法》第306条,要求取消306条。而反对者则认为,《刑法》第399条有徇私枉法罪的规定,对于司法工作人员去包庇犯罪人的行为也有专门规定,为什么就不能专门规定律师伪证罪?取消第306条有违刑法面前人人平等的原则。在我看来,在是否取消第306条上争执是有理说不清的。实际上,保留第306条,只要取消"威胁、引诱证人违背事实改变证言或者作伪证"这一行为即可。第306条规定了三种行为:一是辩护人、诉讼代理人毁灭、伪造证据;这一行为是容易认定的,律师如果犯有这种行为,追究其刑事责任并无不妥;二是帮助当事人毁灭、伪造证据,这一行为同样是容易认定的,律师若实施了这一行为,亦应追究其刑事责任;三是威胁、引诱证人违背事实改变证言;在这种情况下,判断完全丧失了客观基础。事实证明,因第306条而被抓的律师都是触犯了这一项。因此,我认为只要取消这一项规定,保留前两项,就可解律师后患之忧。我国律师,尤其是刑事辩护律师,确实是在一个较为复杂的法治环境下从业的。因此,通过司法改革,改善法治环境,律师应当是最大的受益者。正是在这个意义上说,律师也应当成为司法改革的积极推动者。

本书是律师业的一幅自画像,对于业外人士与社会公众了解律师业是有所裨益的。书中的素材都是真实的,冯宾对这些素材进行了编辑,增加了本书的可读性。当然,我也要说,本书对律师现状的描述也并非是全面的,更多的笔墨落在了诉讼律师的执业活动上,对非诉讼律师的执业活动则着墨不多。这也许与作者的执业经历与观察视角有关,以后应当让社会公众对律师的非诉讼业务有更多的了解。

是为序。

陈兴良
谨识于北京海淀锦秋知春寓所
2007 年 11 月

45. 于志刚《论犯罪的价值》[①]序

《论犯罪的价值》是于志刚教授的博士后出站报告，洋洋数十万言，蔚为可观。虽然是经济学的博士后，但作为刑法学专业的博士，于志刚的出站报告研究犯罪问题并不奇怪。但是在经过经济学的熏陶以后，这份以"犯罪的价值"为题的博士后出站报告，更多地呈现出对犯罪的经济学、社会学，乃至于哲学视角的关照，在一定程度上偏离了规范的刑法学而向思辨的犯罪学转向，这是于志刚的学术转向之作，我为之高兴。

于志刚1991年进入中国人民大学法学院学习，至2001年获刑法专业的法学博士学位。其博士生导师是赵秉志教授。经过十年人大法学院的法律专业训练，于志刚奠定了扎实的规范刑法学的专业基础，并且表现出在学术研究上的坚韧性，这一点在于志刚以往的研究中表现得十分突出。例如，刑法中的追诉时效制度，是一个极小的题目，相对来说也不那么重要，因而长期被人忽略，在刑法教科书中也只不过寥寥千字提及而已。但于志刚在本科阶段的研究中就对追诉时效制度感兴趣，以填补空白之愿将追诉时效制度作为学士学位论文。在硕士研究生阶段，于志刚仍然矢志研究追诉时效制度，进一步推进了这一课题的研究，并在博士生入学的时候，就出版了20余万言的《追诉时效制度比较研究》(法律出版社1998年版)一书。此后又出版了达40万言的《追诉时效制度研究》(中国方正出版社1999年版)一书。在博士生阶段，于志刚的博士论文仍然以追诉时效为基点，扩展到刑罚消灭制度，由此完成了66万言的《刑罚消灭制度研究》(法律出版社2002年版)的博士论文。于志刚这种一而再、再而三地深入挖掘一个问题，体现出了学术研究上的钻研精神，和那种浅尝辄止的做法形成了鲜明对照，这种精神我是极为赞赏的。记得1998年我调离中国人民大学法学院不久，收到于志刚赠送给我的《追诉时效制度研究》一书时，对于于志刚这种刻苦钻研的精神就曾经作过肯定。

[①] 于志刚:《论犯罪的价值》，北京大学出版社2007年版。

从于志刚以往的研究成果来看,基本上属于规范研究。应该说,规范研究是法学研究,也是刑法学研究的基本功,也是法学研究的主要方法,法的规范知识是法学知识的主体内容。对此,必须予以强调。但我始终认为,刑法学研究,包括整个法学研究,局限在规范研究领域是远远不够的,应当进行超规范研究,以此作为规范研究的补充。只有在刑法的规范研究与超规范研究这两个领域都有所建树,才是一个全面的刑法学人。但是,规范研究与超规范研究又是具有一定的排斥性的,因为两者的思维方法是有所不同的。长期从事规范研究,尤其是研究规范刑法学达到一定深度以后,容易形成思维定势,就像一个人掉进泥淖难以自拔。而如果单纯地从事超规范研究,则又会形成天马行空式的思维,喜欢文本上的宏大叙事,将对具体规范问题的研究视为精神上的坠落——从天上到地下,也可以说是一种堕落,耻于为之。因此,在规范研究与超规范研究之间存在一种人为的或者客观上存在的隔阂。如何打通规范研究与超规范研究,对于刑法学人来说始终是一个难题。于志刚的博士后出站报告,完成了从规范研究到超规范研究的转型,从而达到了一个更高的学术境界。

于志刚的博士后出站报告以《论犯罪的价值》为题,那么,什么是这里的犯罪价值呢?在本书第八章,于志刚对价值以及无价值、负价值这些概念作了考察。从词义上来看,于志刚认为价值就是任何事物对任何事物有用途或积极作用。当然,没有用途或者积极作用就是无价值,而存在消极作用就是具有负价值。统观全书,于志刚的命题是:犯罪具有负价值,而没有正价值。如果我们将正价值与负价值哲学化地表述为:客观存在与主体需要相符合时,就有正价值;与主体需要相悖时,就有负价值。那么,我们就可以把犯罪具有负价值而没有正价值这一命题进一步理解为:作为客体的犯罪与作为主体的社会的需要是相悖的。犯罪不可能与社会需要相符合,犯罪是被社会否定并排斥的。正是为了论证这一命题,全书展开了对"犯罪有益论"的批判。本书的内容涉及面十分广泛,从学科来说,涉及刑法学、犯罪学、经济学、社会学、伦理学等。从人物上来说,涉及马克思、恩格斯、迪尔凯姆、黑格尔以及我国某些刑法学家与经济学家。可以说,本书是一部学科跨度宽、知识含量大、批判性精神强的著作,对于年轻学者的理论驾驭能力是一个重大挑战。正是由于本书所具有的批判性,也就使于志刚本人站在了被批判者的对立面,因而且应当具备接受反批判的勇气。

　　犯罪的价值是一个极为复杂的理论问题,于志刚在本书中所批判的"犯罪有益论",是相对主义犯罪观的一种表述形式。如何看待这种相对主义犯罪观,这确实是值得深入思考的。我个人不太主张采用"犯罪有益论"这样一种表述,但在绝对意义犯罪观的对立意义上还是倾向于赞同相对主义犯罪观,因而也会成为本书的批判对象。其实,这种批判是一种学术批评、学术争鸣,对于学术进步来说绝对是必要的。正是在这种互相的批判中,学术是非得以明辨、学术理路得以廓清。在《刑法的人性基础》(中国人民大学出版社 2006 年第 2 版)中,我曾经在犯罪的社会功能这一命题下论及犯罪,指出:从功能分析的意义上说,犯罪的存在还有其一定的合理性,它为社会提供一定的张力,从而使社会在有序与无序、罪与非罪的交替嬗变中跃进。尤其当社会规制或者价值规范落后于社会生活的时候,作为违反这种社会规制或者价值规范的所谓犯罪往往成为要求社会变革的先兆,以其独特的形式影响社会的发展,最终引起犯罪观念的变化,并将自身从法律规范定义上的犯罪桎梏中解脱出来,完成从罪到非罪的历史性飞跃。(第 354—355 页)我在这段话中使用了"张力"一词,在当时确实没有经过仔细斟酌,只是随笔带出。在本书中,于志刚对张力一词从物理学、生理学、心理学、社会学等角度作了深入考据与考查,这种治学的严谨态度令人肃然起敬。从物理学上来说,张力是物体受到外力作用产生形变后,其内部产生的欲使物体恢复原来形状的力。因此,我赞同于志刚的观点,张力不是推动力,而是使物体保持原来形状的力。对于一个社会来说,具有张力意味着这个社会的结构具有韧性,即使遇到某些离心力的破坏,也能够以一定的向心力而维持其社会结构的稳定性。当然,具有一定合理性的犯罪能否以及如何为社会提供一定的张力,这个问题确实有些似是而非。这说明,对某些习惯性的说法加以深究,恐怕或多或少地都会发现问题。例如"等额选举"是一个十分流行的用语,但选举是"选而举之",即在数个候选人当中进行挑选,它必然是以差额为前提,等额则无选举。从语言文字学上推敲,"等额选举"是明显地违背逻辑规则,逻辑不通的词语。① 因此,于志刚这种深入思考的治学精

---

① 参见顾骧:《随笔二则:"学点文法和逻辑"》,载《随笔》2007 年第 5 期,第 125 页。

神是值得肯定的。

当然,犯罪是否具有一定条件下的正价值而不仅仅只是具有负价值,这个问题仍然是值得讨论的。那种伪造货币的犯罪促进货币防伪技术的进步之类的说法,当然是庸俗的,不能以此作为犯罪具有一定合理性的例证。正如于志刚在本书一开始就提出,犯罪与其防控体系在对抗中发展,这种对抗性发展中的任何一方的发展,都应当被认为是对社会有限资源的耗费,是一种巨大的浪费。因此,从应然意义上说,犯罪没有任何正价值,只有负价值。这里的应然意义上的犯罪,是指刑法所规定的犯罪确实是侵害法益,对社会具有危害性。但从实然意义上说,随着社会变动,某些被刑法规定为犯罪的行为实际上并不具有对社会的危害性,甚至对这种犯罪的惩罚已经成为社会发展的一种阻碍。例如我国1997年刑法中的投机倒把罪,完全是计划经济的产物,将长途贩卖、居间渔利,甚至地下运输队等个人经济行为都作为投机倒把犯罪加以惩治。在从计划经济向市场经济转轨过程中,这种犯罪的规定显得越来越不合理并且不合时宜。在这种情况下,当时的投机倒把犯罪行为虽然在法律上仍然是犯罪,但它实际上是对计划经济体制的一种冲击,代表了市场经济的发展方向,成为经济体制改革的先导与前兆。正是在这个意义上,我们不能不肯定这种所谓犯罪是具有合理性的,甚至是推动社会进步的一种力量。我以为,迪尔凯姆也主要是在这个意义上主张犯罪有益论的。例如迪尔凯姆认为,犯罪除了间接地有益于社会之外,它还能直接有益于社会的进化。犯罪不仅使社会产生改革的需要,而且在某些情况下还能直接地为这些改革做准备。犯罪不仅能使一些旧的集体意识、旧的方法有必要改为新的集体意识、新的方法,有时候它还能够引导一些旧的思维方法演变到新的思维方法上去。有些犯罪行为,看起来是触动了现时的道德,实际上他已经预定了将来的道德。[①] 因此,犯罪的价值以及犯罪是否对社会有益,这个命题在不同语境下可能会有不同的回答。于志刚在本书中坚持犯罪只有负价值而没有正价值,这是在刑法规定的犯罪应该都是具有社会危害性这个意义上而言的。但如果从刑法规定的个别犯罪实际上不反对社会、没有社会危害性,反而对社会的发展是具有积极意义这一角度出

[①] 参见〔法〕E. 迪尔凯姆:《社会学方法的规则》,胡伟译,华夏出版社1999年版,第57页。

发,得出犯罪在一定条件下具有相对合理性这一结论,还是能够成立的。当然,这是我的见解,于志刚未必认同。无论如何,犯罪是一种复杂的社会观念与法律观念,绝对与相对、应然与实然、正面与负面都是需要进行双重考量的,这是我在通读本书以后的一点感想。

于志刚对一些较为边缘性的题目感兴趣,并且持之以恒地加以开掘,这一点是令人印象深刻的。例如于志刚的《虚拟空间中的刑法理论》(中国方正出版社2003年版)一书,对网络虚拟空间给刑法以及刑法学带来的挑战进行了系统的理论探讨,尤其是资料搜集之完整,堪称一绝。可以看出,于志刚在科研方面的基本功是扎实的,也是具有科研潜力的。从《论犯罪的价值》一书,也可以感觉到于志刚在资料搜集方面的功力。在某些论述中,或有神来之笔。例如本书中在对犯罪唤起审美感的批判中,论及现代电影中的暴力美学。当然,资料翔实,也会带来一个弊端,就是容易导致资料堆砌。尤其是一些费尽心力搜集起来的资料,作者在把玩之余,就想尽情地展示给读者,不知不觉当中就使读者进入资料的迷宫。这也许是于志刚在以后的写作中应当注意的。

学术是一个累积的过程,贵在坚持。只有持之以恒地学习与思考,才能走出一条属于自己的学术之路,这也是我所期望于于志刚的。

是为序。

陈兴良
谨识于北京海淀锦秋知春寓所
2007年9月15日

46. 周少华《刑法理性与规范技术——刑法功能发生机理》[①]序

为文乃为人也,正所谓文如其人。因此,给一本书写序,仿佛给一个人画像。书是别人的,序是自己的;正如人是别人的,像是自己的。在书与序、人与像之间如何能够获得某种通感,这是一个问题。其实,书就是书,人就是人,又岂因序而不成其为书、岂因像而不成其为人?这是我在为周少华的《刑法理性与规范技术——刑法功能的发生机理》写序时,偶尔浮现在脑际、流露在笔端的一些闲言散语。我的潜意识是说,少华的书本来就是一种自在之物,并不因我的序而有所损益。不过,既然答应了少华的作序之请,总要有所言说。

我国以往的刑法研究,大多为法条所囿,像戴着脚镣跳舞,有些施展不开,仿佛有一种寄"法"篱下的感觉。我倡导刑法哲学的研究,又忽如天马出厩昂首云际,仿佛过眼云烟虚无缥缈。其实,刑法研究还存在各种不同的径路,只不过我们是否得其门而入。在本书中,少华给我留下最为深刻的命题,就是作为一种技术的刑法。从技术的向度追问刑法功能的实现机制,少华为我们更为真切地领悟刑法打开了一个视窗。这是一本讨论刑法功能的著作,事实上刑法也是功能性最为强烈的一种法律。然而,在相当长的一个时期内,对刑法功能的观念为意识形态所遮蔽。例如我手头就有一本名为《中华人民共和国宪法是无产阶级专政的工具》(中国人民大学出版社1958年版)的书,该书指出:"我国刑法是镇压敌人、惩罚犯罪、保护人民、巩固无产阶级专政、保卫社会主义革命和社会主义建设的有力工具。"这是一种典型的工具主义论调。这种对刑法的政治功能的过分的、甚至是夸张的强调,完全扭曲了刑法功能的观念。通过在刑法功能问题上的去意识形态之魅,使我们能够以一种更为客观的、理性的态度对待刑法功能,不断发现刑法除政

[①] 周少华:《刑法理性与规范技术——刑法功能发生机理》,中国法制出版社2007年版。

治功能以外的功能,例如经济功能、伦理功能、社会功能等。问题在于,我们不能满足于对这些功能的描述,更为重要的是要揭示这些功能的实现机制。正是在这一点上,少华提出了"规范技术"这样一个对于理解刑法功能的实现机制具有重要意义的概念。少华指出:"书名里的'规范技术'概念具有特别复杂的内容,以至于难以一言蔽之。概括地说,我是用它指称人们通过自身的理性,以各种技术性要素建构刑法功能的发生机制的那些原理、技巧、策略或者方法。"这里的"技术性要素"包括立法者的技术手段(体系形成、规范表达、概念设立)和司法者的技术手段(法律适用、法律解释、法律推理)。全书正是围绕着这些技术手段展开论述的,少华把这些成果称为刑法的工具性知识,并自谦地认为这些工具性知识不属于刑法学研究的正途。其实,少华在本书中讨论的这些所谓工具性知识,恰恰是刑法学研究的前沿性问题。因为,只有这些刑法的工具性知识发达了,才能促进与推动刑法的价值性知识或者本体性知识的发展。可以说,刑法知识是丰富多彩的,存在各个侧面与各种层次,对刑法知识本身进行考察也是十分必要的。刑法知识论正是目前我思考的一个问题,少华提出的刑法的工具性知识以及对此所作的深入探讨,对我的刑法知识论思考无疑是一种启迪。

少华本书的内容,并非一时之兴一日之思,而是长期研究之累积所得。有些部分已经以论文的形式在有关法学刊物上发表。当我读到这些论文的时候,就感到论文背后少华的一贯之思,并且已经呈现出其内容与表述两个方面的独特性。现在,少华的研究成果以一种体系性的方式得以问世,使我们能够更为全面地观赏与欣赏少华的学术成果。我以为,少华在刑法研究中已经树立起自己独特的学术形象,并为将来的进一步发展奠定了基础。可以说,少华是刑法研究的同龄人中的佼佼者,期盼着他在刑法学术研究上有更大作为。

少华是在刑法理性的相关性中讨论规范技术的,因此,本书中充满了理性的色彩,无论是在观念上还是在表述上。可以说,本书是对刑法的理性之思。从本书的文本中,我们很难想象少华曾经是一位诗人。少华以冰河为笔名,曾经发表过不少诗作,这些诗作的结集《冥想的石头》于2004年由中国文联出版社出版,少华给我寄过一本,一直蜷缩在我的书架上的众多刑法以及人文社科书籍所排列而成的书墙之一隅。在写作疲倦之时,有时也拿出来翻一翻,就像累时吸一棵烟一样,作为一种精神的放松。少华的诗作我有不少是喜欢的,也许是出于文字工作者的敏感,我还是更偏爱《燃烧的文字》一诗。好在诗不长,抄录于兹:

> 燃烧的文字
> 不会化为灰烬
> 犹如激情奔腾之后
> 一年的积雪并没有消失
> 而是获得一种渗透的力
> 可以深入岁月和灵魂
>
> 燃烧的文字
> 也不会冷凝为岩石
> 那深处涌动的岩浆
> 以太阳的热度煮沸岁月
> 煮沸万代英雄的傲骨
>
> 燃烧的文字
> 是以血为油的灯盏
> 梵高的色彩
> 贝多芬的敲门声
> 同一种光焰乘着时间的马车
> 照亮过去和现在
> 并将无限抵达

我从少华的诗中读出一种永恒:这是思想的永恒、精神的永恒,而文字只不过是思想与精神的载体而已。每个人青春年少时或多或少都会有些诗人气质,当然未必都能成为诗人。诗人其实不是一个职业、不是一个爱好,而是一种气质、一种禀赋。一个人如果具有这种诗人的气质与禀赋,无论他/她从事什么职业,都会在其作品中自然地流露出某种诗性。从少华的这本理论著作中,我也可以感受到这种诗性——理性背后的诗性。正因为这种诗性而使理性具有了一丝暖意,不再是一副冷冰冰的面容。

是为序。

> 陈兴良
> 谨识于北京海淀锦秋知春寓所
> 2007 年 3 月 25 日灯下

47. 黄祥青《刑法适用疑难破解》[①]序

黄祥青博士的《刑法适用疑难破解》一书即将由法律出版社出版,嘱我写序。我通读了书稿,又看了最高人民法院张军副院长为该书所作的序,确如张军在序中所评价的那样,"祥青同志在日常审判工作中做了'有心人',随时发现、提出问题,形成自己的认识,同时引起大家共同关注、思考、研究解决这些问题,殊为可贵"。诚哉斯言。

从我国 1979 年第一部刑法颁布,到 1997 年刑法修订,还不到 30 年时间。在这期间,我国的刑事法治有了很大的进步,刑法理论也已经有了很大的发展。但不可否认的是,相对于刑事法治与刑法理论发达的国家而言,我国的刑事法治与刑法理论都还处在一个较低的水平上。在这当中,刑法理论工作者与刑法实践工作者的互动是十分重要的:刑法理论工作者应当更多地关注司法实践,从中汲取刑法理论的营养。同时,刑法实践工作者也应当从事实务问题的研究,从而为刑法理论提供更多的素材。唯有如此,我国的刑法理论才有出路。而在当前,我国的刑法理论与司法实践之间还是存在一定隔膜的:刑法理论工作者往往从概念到概念,从法条到法条,难以深入司法实践中,更谈不上对司法实践的理论指导。而刑法实践工作者往往就案论案,不能提出问题并进行法理上的分析。这种现状确实是不能令人满意的。当然,要冲突与突围却谈何容易。我记得张明楷教授在谈到日本刑法学界的现状时指出:就刑法总论研究而言,教授的理论水平要高于法官;就刑法各论研究而言,法官的理论水平要高于教授。因此,在法治发达国家,包括法官、检察官在内的刑法实践工作者,都具有相当高的理论水平,他们创制的判例具有准法律的效力,是刑法理论研究不可或缺的法律素材。

我之所以在本序中如此繁琐地谈及刑法理论工作者与刑法实践工作者之间的关系,是因为两者对于刑事法治建设与刑法理论发展负有共同

[①] 黄祥青:《刑法适用疑难破解》,法律出版社 2007 年版。

的使命。黄祥青博士在本书中为我们展示的是他对刑法适用中的疑难问题的思考,这种思考对于我国刑法理论具有独特的贡献。《刑法适用疑难破解》一书涉及刑法总论与各论的29个专题,既有理论性的题目,也有实践性的题目。本书的内容既不是刑法教科书的详写,也不是刑法专著的略写,而是从司法实践中提出问题,并从刑法理论上加以解答,具有明显的针对性,对于刑事审判具有重要的指导意义。例如,在1997年刑法修订以后,对于单位贷款诈骗行为能否以贷款诈骗罪论处,这是一个在刑法理论存在较大争议的问题。因为《刑法》分则第193条并未规定单位可以成为贷款诈骗罪的主体,因而有些学者主张根据罪刑法定原则,单位贷款诈骗行为不能定罪处罚。另一些学者则认为,单位不能成为贷款诈骗罪主体,但并不妨碍对单位的直接负责的主管人员和直接责任人员追究刑事责任。这里既涉及罪刑法定原则的司法适用,又涉及单位犯罪中单位责任与自然人责任之间的关系。关于这个问题,我记得是上海市高级人民法院首次提出单位贷款诈骗行为从客观表现来看,完全符合罪的构成要件,应以合同诈骗罪追究单位与自然人的刑事责任的观点,这一观点的首倡者在我印象中就是黄祥青博士,并且为最高人民法院所采纳。2001年1月21日《全国法院审理金融犯罪案件工作座谈会纪要》指出:"根据刑法第30条和第193条的规定,单位不构成贷款诈骗罪。对于单位实施的贷款诈骗行为,不能以贷款诈骗罪定罪处罚,也不能以贷款诈骗罪追究直接负责的主管人员和其他直接责任人员的刑事责任。但是,在司法实践中,对于单位十分明显地以刑法占有为目的,利用签订、履行借款合同诈骗银行或其他金融机构贷款,符合刑法第224条规定的合同诈骗罪构成要件的,应当以合同诈骗罪定罪处罚。"在本书中,黄祥青对这一找法活动作了分析,认为定罪实际上是一项理性的找法活动,即应当将具体危害行为置于整个刑法系统中,寻找有无完全符合或者该当的犯罪构成。判断一个危害行为在刑法中有无明文规定,应当坚持运用原则性与灵活性相结合的思路或方法。其原则性就是必须坚持以有无完全相符合的犯罪构成为判断标准,不因各种非难而动摇;其灵活性则是应当在整个刑法系统中多层面、多角度地寻找有无完全相符合的犯罪构成,不能囿于直观对应的一个刑法条文或相关规定而简单地作出判断结论。我以为,黄祥青的上述论断是具有方法论意义的,它涉及如何正确地解释刑法,因而对于贯彻罪刑法定原则具有重要启迪。

黄祥青1997年毕业于武汉大学法学院,获法学博士学位。此前黄祥青曾经在苏州大学法学院任教,博士毕业后选择到上海司法机关工作,由此获得了一个将刑法理论适用于司法实践的平台,并且卓有成效,成为上海法院系统,乃至于全国法院系统颇有名气的刑法实务专家。记得在1998年的一个深秋,我到上海出差,第一次与黄祥青见面,那时他进入法院工作不久,当时一起见面谈论甚洽的还有游伟、刘华、龚培华等人,他们是上海刑法学界的一个小圈子,经常讨论一些刑法理论问题,并且具有明显的海派文化的地域特征,即注重刑法理论的应用性。我虽然当时还醉心于形而上的刑法哲学,但因偶尔造访上海而参与他们的讨论,我的理论兴趣也受到一定的感染。转眼之间,七八年过去,物是人非,变化之大令人感叹。当时在华东政法学院任教的游伟教授,现担任上海市第一中级人民法院副院长,当时在上海社会科学院法学研究所任职的刘华研究员,现担任上海市高级人民法院副院长,当时在上海市人民检察院研究室工作的龚培华,现任上海市人民检察院研究室主任,黄祥青开始是升任上海市高级人民法院刑一庭副庭长,继而转任刑二庭庭长。尽管游伟、刘华都像黄祥青一样由刑法理论研究转而从事刑法实务工作,并且担任领导职务,在上海刑事司法界具有重要的影响,我想,他们不会忘记七八年前的聚会。许多对于学者来说是一个观点选择的问题,而对于他们来说则已经是一个案件处理结果的拍板、刑事政策的决策问题,可以通过司法活动将法治理念现实化。这是一种角色的转换,我期待他们站稳刑法实践工作者的立场,心里仍然保有刑法理论工作者的情怀,保持学者的纯真。对于我来说,他们仍然是我的良师益友,尽管我身为学者更多地从事理论思考,但我和他们仍然保持着精神上的某种默契,志趣上的某种投合。黄祥青博士的本书,使我坚信:他们没有离开刑法学界,而是以一种独特的方式为刑法理论作出自己的贡献。

是为序。

陈兴良
谨识于北京海淀锦秋知春寓所
2006年12月19日

48.姜伟《罪过形式论》①序

姜伟的《罪过形式论》一书是其1992年群众出版社的《犯罪故意与犯罪过失》一书的再版,该书是在其博士论文的基础上修改而成的。一本书在出版16年以后再版,说明这本书的学术生命力仍然存在,这是值得庆贺的。

罪过形式,这是十分中国化的一种表述。它是对俄文 вина 一词的翻译,相当于德文的 schuld 一词或者英文的 fault 一词。现在,该词越来越多地被翻译为责任或者罪责。尽管表述形式有所不同,但罪过是指犯罪的主观条件,而罪过形式则是犯罪故意与犯罪过失的上位概念,对此并无争议。本书第一版书名是《犯罪故意与犯罪过失》,再版改为《罪过形式论》,第二版的书名更为简洁,因而也更为可取。

在犯罪构成各个要件中,犯罪的主观要件是最为复杂的,也是刑法理论上的难点。我以为,这种复杂性主要在于如何处理罪过之中的心理要素与规范要素的关系。关于罪过中的心理要素与规范要素的分离,在大陆法系刑法理论中,随着心理责任论向规范责任论的转变而得以完成。但在苏俄犯罪构成理论中,对于在罪过中引入归责要素始终持一种排斥的态度。美国著名刑法学家弗莱彻曾提出了一个"无归责的罪过"的命题,经过对苏联法律理论与英美法律理论的比较研究,弗莱彻指出:

> 仔细观察苏联法律理论和英美法律思想近来对归责的态度,可以得知它们之间的相似性比我们预想的要多。两种法律制度都寻求培植一种没有归责概念的刑事责任理论。苏联曾经努力培植一种"无归责的罪过"的理论,对该理论的研究特别能够说明问题。这一理论不仅阐明了其法理的政治基础,而且有

---

① 姜伟:《罪过形式论》,北京大学出版社2008年版。

助于理解英美法律思想中的同步发生的运动。①

弗莱彻教授关于苏俄刑法学中的罪过是一种"无归责的罪过"的观察是十分独到的,正是这种"无归责的罪过"与大陆法系刑法学中的"有归责的罪过",即规范责任论区别开来。当然,弗莱彻教授关于苏俄刑法学中的罪过理论与英美刑法学中的罪过论之间具有相似性的观点,有待进一步考察。在此,我之所以引述弗莱彻教授的上述论断,主要是基于我国刑法学中的罪过理论与苏俄刑法学中的罪过理论之间的传承关系。苏俄的犯罪构成理论在 20 世纪 50 年代初传入我国,罪过理论亦随之传入。姜伟在本书中提及彭仲文译、上海大东书局 1950 年印刷的苏联司法部全苏法学研究所主编孟沙金教授任总编辑的《苏联刑法总论》(上、下册)一书,是最早把故意与过失译为罪过的。该书明确地将罪过理解为一种心理关系,尤其是对于德国的规范责任论进行了批判,指出:

> 依照他们(指新康德派——引者注)的意见,罪过问题和一切法律部门一样,是属于纯粹规范科学的研究,在原则上和属于实在世界的一切部门完全一致。用这种观点来看,罪过只是人的行为违反规范法令或禁令的消极的评价。把罪过作为评价范畴的康德式的认识,乃是主观唯心论的认识。把罪过作为纯粹评价范畴的观念,在当代资产阶级的刑法著作中,颇为盛行,不过,在这里,并非对罪过作这样认识的一切人都意识到其实际的哲学基础。康德派关于罪过的理论,将应当与实在相隔离,并否定罪过为犯罪主体对其行为之心理关系,在政治关系来说,这乃是为资产阶级法院在确定罪过时之武断行为作辩护。②

在这一论述中,可以明显地看出苏俄学者以建立在实在论基础之上的心理罪过论对抗所谓新康德派建立在规范论基础之上的规范责任论的格局。我国在 20 世纪 80 年代初刑法学恢复重建以后,基本上沿袭了心理罪过论,对于故意与过失的罪过并无深入研究。在权威的刑法教科书中,故意和过失被看作行为人的两种不同的心理态度,是犯罪构成的主观

---

① 参见〔美〕乔治·弗莱彻:《反思刑法》,邓子滨译,华夏出版社 2008 年版,第 364 页。
② 〔苏〕苏联司法部全苏法学研究所主编:《苏联刑法总论》(下册),彭仲文译,大东书局 1950 年印刷,第 393 页。

要件。参见高铭暄主编:《刑法学》(修订本),法律出版社 1984 年第 2 版,第 146 页。因此,当时我国刑法学中的罪过理论只不过是对刑法学中故意与过失的简单解读而已,并没有形成具有学术性的理论观点。在这样一个学术背景下,姜伟在本书中对罪过理论进行了全面而深入的理论建构,可以说本书是我国刑法学中的罪过理论的开山之作。从姜伟的这本书中,我们可以明显看出作者如何立足于原有的基本理论框架,不断地填充各种理论内容,并对心理罪过向以心理罪过为基础的归责理论的形成的过程作出了卓越的学术贡献。

归责要素的缺乏,是我国当时刑法学中的罪过理论的重大缺失,这一缺失源自苏俄刑法学。在刑法理论中如何处理事实与评价、实在与规范、心理与归责这些关系,始终是我国刑法学未能很好解决的问题。之所以出现这种现象,主要是因为苏俄学者把心理与归责对立起来,以心理取代归责,否定归责的独立价值。其实,归责是以心理事实的存在为前提的,对入罪提出了更为苛刻的条件,因而体现出对刑罚权的严格限制。至于那种认为在罪过中引入归责要素,就会导致以法官的评价代替行为人的主观心理,因而会发生罪刑擅断的判断,完全是一种误会。在姜伟的这本书中,罪过被定义为刑法所否定的行为人实施行为时所持的、将造成的危害社会结果的心理态度。在此,罪过尽管还是归结为行为人的主观心理,但在具体内容上已经引入归责理论。例如,期待可能性理论被认为是规范责任论诞生的标志。在苏俄刑法学中不见期待可能性的踪影。姜伟发表在《法律科学》1994 年第 1 期的《期待可能性理论评说》一文,可以说是我国学者研究期待可能性的第一篇论文。在《犯罪故意与犯罪过失》一书中,姜伟设专节对罪过形式与期待可能性进行了讨论,指出:

> 期待可能性不是罪过心理以外的独立要件,也不是罪过形式本身的构成要素。期待可能性无非是客观自由程度的外在形式,是评价行为人认识能力和意志能力大小的根据,是罪过心理产生的前提。①

如果我们把这里的罪过理解为构成要件的故意与过失,期待可能性

---

① 姜伟:《犯罪故意与犯罪过失》,群众出版社 1992 年版,第 81 页。

当然不是这种主观心理之构成要素。姜伟是把期待可能性当作罪过心理产生的前提。这里的罪过又似乎是包括归责要素的刑事责任根据,就此而言,两者之间是存在一定矛盾的。这个矛盾,只有重新界定心理与归责的关系才能得到解决。姜伟在对期待可能性的评价中,看到了期待可能性理论有其科学内核和实用价值,尽管囿于当时的罪过理论,未能解决期待可能性在犯罪构成中的体系性地位问题,但它为此后的进一步研究开辟了道路,其学术贡献是不可抹杀的。

违法性认识是另一个归责要素,在本书中也有所涉及。对于违法性认识是否为归责要素,在大陆法系刑法学中也是一个充满争议的问题。在苏俄及我国刑法学中,对于违法性认识的探讨往往被社会危害性认识的讨论所取代、所遮蔽。姜伟在本书中以较长的篇幅讨论了社会危害性认识(本书中称为社会危害意识)问题,并对此予以了充分强调。与此同时,姜伟还对违法性认识(本书称为违法意识)问题作了阐述。尽管姜伟认为违法意识不是犯罪故意的认识内容,但还是从违法意识与社会危害意识之间的辩证统一的关系上,揭示了社会危害意识对于认定犯罪故意的重要意义。这些观点,在当时我国刑法学研究中都是具有前瞻性的,也为后来的进一步探讨创造了条件。

本书除对犯罪故意与犯罪过失这两种罪过形式本身进行的探讨以外,我最为欣赏的还是姜伟关于复杂罪过的研究,包括混合罪过、复合罪过、共同罪过等。这些研究成果都达到了相当高的理论水平,至今都没有过时,它成为我国罪过理论的重要组成部分。

今年是改革开放 30 周年,也是我国刑法学恢复重建 30 周年。我和姜伟都是我国刑法学恢复重建的亲历者,我们共同见证了我国刑法学是如何经历"文化大革命"十年浩劫以后在学术废墟上重新建立起来的,我们都为我国刑法学的重建作出了贡献。姜伟的这本书就是这种贡献的最好证明。这 30 年来,我国刑法学得到了长足的发展,刑法理论的繁荣也是有目共睹的。但我国刑法学仍然面临着刑法知识的转型问题,我们不能忘记历史,但更应当面对未来。我国刑法学就站在这样一个历史的转折点上,我们应当推动刑法学的转型,也应当铭记那些曾经为我国刑法学清理过地基、贡献过思想的学者,我想姜伟就是杰出的一位。读其书想其人,我和姜伟在中国人民大学法学院刑法教研室求学共事的情景历历在目、恍如昨日,30年也只不过是瞬间而已。

是为序。

陈兴良

谨识于北京海淀锦秋知春寓所

2008年5月29日

49. 王政勋《刑法的正当性》①序

王政勋教授的《刑法的正当性》一书即将交付出版,政勋嘱我为之作序,并将书稿电邮于我,使我得以先睹为快。阅读这本政勋在后记中称为"40年的人生历程、20年的法律职业生涯、10年的刑法学研究道路的一个总结"的著作,可以感受到政勋对刑法的正当性孜孜以求的情怀。作为政勋的博士生导师,亲眼看到政勋在刑法学术道路上越走越远,刑法学术追求越来越高,这是令人振奋的。

政勋是北大法律学系1988年本科毕业的,当其1984年入学之时,我已经离开北大在人大读研究生,因此当时并不认识。我是通过《正当行为论》一书认识政勋的,可谓未识其人先读其书。在2000年左右,我从书店购买了政勋的《正当行为论》(法律出版社2000年版)一书。因为我的硕士论文就是以正当防卫为主题的,并且于1987年在中国人民大学出版社出版了《正当防卫论》一书,因此对于正当行为这一学术领域是十分关注的。读了政勋的《正当行为论》以后,感到该书资料翔实,论证充分,颇具新意。由于未见过政勋在该书出版之前的刑法论文,因而我感觉政勋这本书的出版犹如"横空出世",突如其来地呈现在刑法学人的面前,这也可以说是政勋在学术上的"闪亮登场"。2002年,西北政法学院举办刑法学年会时,我得以第一次见到政勋,这时政勋又出版了《刑法修正论》(陕西人民出版社2001年版)一书,并赠送给我。在此后的交往中,政勋向我表达了想回北大攻读博士研究生的愿望,这一愿望到2004年才正式实现。从2004年到2006年,整整两年时间,政勋抛家舍业坚持在燕园埋头苦读。这读书经历,政勋自己称之为"闭关",我认为是极为贴切的。在此期间,我和政勋有过多次学术交流。政勋在入学前曾有十多年司法经历,又有数年刑法教学经历,在学术上起点较高,在这种情况下,如何能在博士生阶段在学术上来一个"脱胎换骨"的改变,这确实是一个难题;不仅是政

---

① 王政勋:《刑法的正当性》,北京大学出版社2008年版。

勋面临的,也是我所面对的。既有的司法经历与学术积累当然是一笔宝贵的精神财富,然而也有可能成为学术上进一步提升的障碍。在这个意义上说,只有摒弃前见才能获得新知。这是一个自我否定也是自我超越的痛苦蜕变的过程,也是一个浴火重生的过程。在本书中,政勋在刑法学术思想乃至于风格上演变与形成的轨迹得以呈现。

本书书名中,政勋提出了一个关键词,这就是刑法的正当性。这可以说是点睛之词,也是本书学术精神的高度概括。刑法的正当性,当然是一种对刑法的形而上的探讨,也是一种刑法的价值论研究,这在我国还是研究较为薄弱的一个领域。政勋自觉地把理论的触须伸向这一领域,关注刑法的正当性问题,是值得赞赏的。当然,刑法的正当性也并不是只有一个视角,而是可以从不同的视角加以考察。换言之,刑法的正当性存在不同界面。其中一个不应忽视的视角,就是刑法解释论。政勋在本书后记中提出了他对刑法解释的理解:刑法解释不能离开正当性的要求,刑法适用更应该强调正当性的价值。解释者应该往返穿梭于案件事实和刑法文本、形式意义和实质意义之间,沟通主体和客体,实现解释者和刑法文本的"视域融合",实现事实判断和价值判断、形式合理性和实质合理性的统一。对于政勋的这一观点,尤其是其对于刑法解释与刑法的正当性之间关系的这种解读,我深以为然。对于刑法正当性,我们不仅要关注"是什么"以及"为什么"的问题,我以为更应关注"如何获得"的问题。通过什么途径获得刑法的正当性,这是刑法正当性这一命题中的应有之义。这里涉及刑法的方法论问题。刑法方法也就是一种技术,包括立法技术与司法技术,对此的探讨应当成为刑法理论不可缺的重要组成部分。在本书中,政勋对刑法的文理解释进行了较为深入的研究,并且将刑法解释作为博士论文的选题,将在这一领域深入下去,不断开掘。为此,政勋在燕园读了不少解释学和语言学方面的书籍,已经有了较为充足的知识积累。我想,政勋在这一领域一定会作出自己独特的学术贡献。

从事学术研究,这是一项崇高的事业,也是一场智力的考验。在学术研究包含学与思两个方面。学是指知识的继受与积累,思是指观点的形成与定型。学与思两者缺一不可,正如孔子所云:"学而不思则罔,思而不学则殆。"只有思学并重,才能学识见长。当然,我强调学术活动中的知识要素,并非轻视学术活动中的勤奋对于学术成就的重要意义。学术成果是以著述为载体的,思想需要表达出来才能接受社会的评判。这一表达过程就是写作过程。写作是学者的生存之道,一个好的学者应该是一个得心应手的写手。其实,写作是一种技能,它并不神秘。学者之写作,正如农民种地、工人做工,唯熟能生巧而已。政勋是一个勤奋的人,我期盼着政勋在学业上有更大的成就。

陈兴良
谨识于北京海淀锦秋知春寓所
2007 年 9 月 18 日

50. 王明辉《复行为犯研究》[1]序

王明辉博士的《复行为犯研究》一书是在其同名博士论文的基础上修订而成的。王明辉的同名硕士论文曾经得到我的赏识,并在我所主编的《刑事法评论》(第4卷)(中国政法大学出版社1999年版)发表,其博士论文我也参加过评审。由于存在这样一段学术上的交往关系,因此王明辉在该书即将付梓之际,向我求序,我慨然允之。

复行为犯,又称为二行为犯,是实行行为论中的一个概念。我国传统刑法教科书中并无复行为犯的概念,更遑论对于复行为犯的深入研究。我国刑法学界较早提出复行为犯概念的是熊选国,熊选国在其博士论文《刑法中的行为论》中,在论及构成要件的行为单数时指出:

> 复行为犯是指一个独立的构成要件中包含了数个实行行为的犯罪。例如上述强奸罪,此外还有抢劫罪、受贿罪等。这些犯罪中的两个实行行为之间,由于往往具有手段(如暴力、威胁等强制行为)与目的(奸淫行为、劫取财物行为)等关系,因此,刑法将其两个单纯的行为,熔合成刑法意义上的一个行为,视为一个构成要件行为。[2]

复行为犯是自然意义上的行为复数而构成要件意义上的行为单数。因此,熊选国是在实行行为的单复数的意义上论及复行为犯的。应该说,行为的单复数只是复行为犯的一个视角。在更为重要的意义上说,复行为犯是犯罪的一种特殊形态或者类型。王明辉正是立足于复行为犯的这一特征,对复行为犯展开深入理论研究的。从硕士论文到博士论文,王明辉着力于同一问题进行深入开掘,摆在我们面前的《复行为犯研究》这一专著可以说是王明辉在长达近十年的时间里,对复行为犯这一犯罪类

---

[1] 王明辉:《复行为犯研究》,中国人民公安大学出版社2008年版。
[2] 熊选国:《刑法中的行为论》,人民法院出版社1992年版,第297页。

型进行理论研究的最终成果。王明辉这种持之以恒的学术追求精神,是值得充分肯定的。

从王明辉这本书的内容来看,可以说其对复行为犯的研究达到了相当的理论深度。本书以行为理论作为复行为犯研究的逻辑起点,进而讨论行为单复的问题。因为行为单复是复行为犯的本体论与形态论,几乎涉及复行为犯的构成以及各种复杂形态。尤其是本书中增补了复行为犯个罪研析的内容,建构了一个总论与各论相结合的复行为犯的理论体系,令人叹为观止。

王明辉关于复行为犯的研究,是刑法理论研究的一个样本,对后来者具有启发意义。刑法本身是一个庞大的理论体系,在初入刑法之门时,要对刑法的全貌有一个初步的掌握,否则就会陷入盲人摸象的尴尬。但一个人的学术精力与能力是有限的,一口吃不成一个胖子,因而我们又要在刑法学体系中找到一个点,采用一种小题大做的方式,不断地将刑法理论研究深入下去。小题大做作为一种学位论文的选题方法,历来是我所倡导的。在某种意义上也可以说,博士论文选题的大小足以反映一个学人刑法理论研究的水平。如上所引熊选国的博士论文题目是"刑法中的行为论",这基本上是刑法教科书中的二级标题,其一级标题是犯罪客观方面。熊选国是1991年获法学博士学位的,这一题目相对于我1988年的博士论文选题——《共同犯罪论》,已经深入一步了。因为共同犯罪是刑法教科书中的一级标题。经过十多年的刑法理论发展,王明辉的博士论文选题为"复行为犯研究",而复行为犯几乎是达到了四级标题甚至五级标题的程度,表明我国刑法理论研究这些年来的快速进展。在十多年前,复行为犯的概念闻所未闻,怎么可能以此作为博士论文的选题呢?因此,复行为犯是一个小题,这当然没有争议。但仅是小题还不够,关键在于能否"大作"。如果小题只是"小作",未能深入,那仍然是失败的。这里所谓"大作",是以小见大之"大"。因为复行为犯虽然只是刑法学中的一个概念,但它实际上包含了刑法学的所有内容。只有深入进去才能豁然开朗。从王明辉关于复行为犯的研究成果来看,我以为是达到了"别有洞天"的学术效果。我认为,本书是建立在王明辉对刑法学的整体性、体系性的知识结构基础之上的。因为复行为犯是一个"麻雀虽小五脏俱全"的题目。作为一篇优秀的博士论文,要从复行为犯这个小题中展示作者刑法学的全部学识与学养,这是十分不容易的。但王明辉做到了,可谓难能可贵。

刑法学的知识体系是由一个个概念构成的,而复行为犯就是这样一个概念,它虽然小但又十分重要。复行为犯是对某种刑法规定的犯罪现象的理论概括,对于我们正确地理解刑法所规定的犯罪现象是极为有用的一种工具性概念。正是这样一些概念的积累形成了刑法理论的话语体系,也形成了刑法学科的专业槽。对于像复行为犯这样一些概念进行深入研究,也就是为刑法学专业槽添砖加瓦。因此,王明辉所做的学术努力,对于刑法学科建设自有功在。

吉林大学法学院刑法学科历来注重对刑法学中的一些犯罪形态进行研究。吴振兴教授曾经主编了"犯罪形态研究系列",本人受邀忝列副总主编。该系列出版了一批吉大法学院的刑法学博士论文,形成了自己的独特风格,成为我国刑法学理论研究中具有特色的学术成果。现在,王明辉的《复行为犯研究》又为这一犯罪形态的系列研究增添了新著,令人高兴。

王明辉从吉林大学法学院硕士毕业以后在中国刑事警察学院任教,又在职完成了博士学业,终于以《复行为犯研究》的博士论文获得了博士学位。作为一名年青的刑法学人,王明辉还有很长一段学术道路要走,我相信会走得很远……

是为序。

陈兴良
谨识于北京海淀锦秋知春寓所
2008 年 6 月 27 日

51. 匡科《刑上大夫
  ——治理腐败与刑事司法制度的演进》[①]序

如何建构一套严密的治理腐败的刑事司法体制,这是当前反腐倡廉中迫切需要解决的一个问题。匡科的新作《刑上大夫——治理腐败与刑事司法制度的演进》一书,在一定程度上为解决上述问题提供了某种思路,值得一读。

腐败的治理涉及预防与惩治两个方面:前者治本,后者治标。在我国当前腐败现象极为严重的情况下,对于腐败的治理来说,应当是标本兼治,这已经成为共识。治理腐败主要依靠什么?对于这个问题,我们过去是不甚了的。现在,制度反腐败的思路已经基本形成,我也是深以为然的。当然,我还应当进一步强调法治反腐败。法治反腐败的命题,意味着在腐败的预防和整治中都必须依靠法治。以腐败的预防而言,腐败之所以猖獗,和我们当前权力的行使没有纳入法治轨道相关。某些人、某些机构的权力过于集中、过于垄断、不受制约,在法律上没有限制。在这种情况下,权力被滥用、被腐蚀乃势所必然。因此,只有对权力进行分解,使不同的权力部门互相之间形成牵制,使权力的行使在法律上具有明确的依据与限制,才能从源头上杜绝腐败。腐败的惩治同样离不开法治,这里的法治主要是指刑事法治,包括刑事实体法与刑事程序法。惩治腐败必须严格按照刑法和刑事诉讼法的规定,使腐败犯罪受到法律的应有惩罚。由此可见,法治反腐败应当成为我国治理腐败的基本思路。

匡科在本书中,主要从刑事司法制度的历史演进及其建构的视角,为反腐败法治的制度化与法律化提供了学理上的资源,对于治理腐败犯罪是具有重大现实意义的。本书以"刑上大夫"为题,可谓别有深意。中国从春秋时起就有"刑不上大夫"的古训,这被认为是官吏的一种特权。当然,"刑不上大夫"的含义本身还是存在争议的,究竟是指不受刑罚惩处还

---

① 匡科:《刑上大夫——治理腐败与刑事司法制度的演进》,法律出版社2008年版。

是指不按普通刑事诉讼程序治罪,或者两者兼而有之?匡科认为,"刑不上大夫"是大夫犯罪不受刑之意,也有不经狱讼之意,似乎是同意上述两者兼有之意。当然,在一般公众的观念上,更多的是把"刑不上大夫"理解为大夫犯罪不受刑之意。考虑到我国古代刑法中存在"官当"等制度,以上理解似乎不无道理。但从我国古代刑法史来看,严刑苛罚不仅是针对老百姓施行的,对于官吏也同样适用。在某些朝代,例如朱元璋之明初,对于官吏贪渎实行"剥皮实草"等惩治手段,其对贪官的残酷不在对民众的残酷之下。由此可见,"刑不上大夫"可能更侧重于刑事程序法方面,也就是对大夫犯罪与普通民众犯罪在刑事程序的设置上是有所不同的。现代法治原则的基本要义之一是法律面前人人平等,这里的法律既指实体法也指程序法。因此,"刑不上大夫"与现代法治原则是格格不入、背道而驰的。正是在这个意义上,匡科反其义,以"刑上大夫"为题,我认为是符合刑事法治精神的。正如匡科所言,本书以治理腐败为题,讨论的是如何"刑上大夫"的问题,即用刑事司法手段侦查、起诉并审判涉嫌犯罪官员的制度或程序。刑上大夫,对于腐败犯罪在刑事司法方面应当充分关注其特殊性,以便建立起有效的惩治腐败犯罪的刑事司法制度,这是本书的主题。当然,在追求反腐的有效性和维护公民权利与自由之间如何取得某种平衡,这是一个值得研究的问题。匡科也清楚地认识到,我们不可能以牺牲公民的人身权利为代价来反腐败。对此,我是极为赞同的。例如"双规"对于破获腐败犯罪案件是极为有效的,但"双规"涉及对相关人员的人身自由之限制乃至于剥夺,是否应当作为刑事强制措施经过法定程序由法定机构来决定适用,从而使之在刑事诉讼法上获得正当授权而合法化?这个问题就是值得研究的。此外,纪检部门与作为腐败犯罪案件的法定侦查机关的检察院反贪局,在反腐的职能上的如何区分、在反腐的程序上如何衔接,这里涉及反腐的权力资源的合理配置问题,也需要加以深入探讨。

  本书的副标题是"治理腐败与刑事司法制度的演进",因而带有某种历史的视角,这也是本书的特色之一。在本书中,历史叙述占有相当的篇幅,古今中外的反腐刑事司法制度都有所涉猎,具有某种大视野,为我们观察与思考我国当前反腐刑事司法制度提供了借鉴,开阔了视野。尤其值得肯定的是,匡科在本书中秉持的"以通俗的文字叙述专业的问题"这样一种写作态度，使本书更具有可读性，其专业内容也更容易为读者所理解、所掌握。因此本书不同于一般的学术著作，而是带有学术普及性的作品，其读者范围将更为广泛。

匡科在本书导论中自叙："记得十八年前读硕士时，导师伍柳村教授要求，学习刑法，从读贝卡里亚《论犯罪与刑罚》起；学习民法，从读罗马法起。"这段话使我回忆起与匡科的相识，我是在1992年春认识匡科的，如果我没有记错的话，那时匡科在读硕士二年级。当时我在中国人民大学法学院任教，受时任四川大学法学院院长的赵秉寿教授的邀请，为匡科这一年级的刑法专业硕士生讲授外国刑法的课程，前后大约两周时间。在上课时，匡科的学习成绩出众，引起我的关注。在川大上课期间，我还拜会了匡科提及的伍柳村教授，当时伍老已经近八十，虽已离休在家，仍然思维活跃。我回到北京以后的第二年匡科硕士毕业，给我寄来其硕士论文《行政刑法研究——比较与立论》，这是一篇相当优秀的硕士论文，我一直保留着。1997年我主编《刑事法评论》时，将匡科近五万字的硕士论文全文刊载在第1卷，我认为这是我国行政刑法领域的开拓之作。1993年我又回川大法学院为下个年级的硕士生开过同一门课，当时还见过匡科，此后就一直没有再见面。1997年为刊登匡科的论文，我与其联系过，获知他在四川省工商局工作。当时还为匡科放弃刑法研究而感到惋惜。此后一直就没有匡科的消息。直到这次匡科约我为其新作写序，我才获知匡科已于2003年调到中共四川省纪委工作。从本书的作者简介中我得知匡科已经取得法学博士学位，并担任中共四川省纪委第四纪检监察室副主任。对于匡科的进步，我深感高兴。正是在纪委任职之余，匡科重拾学术兴趣，完成了这本与其本职工作相关的著作。在本书的前言中，匡科自道："思考不必有答案，思考本身就是答案。我思故我在，良知在希望在。保持思考的能力，以免在庸碌的重复中沦落为工具；保留话语的权利，以免在徐庶般的际遇中蜕变为寒蝉。"思考，基于良知的思考，这是对于一个人的严格要求。匡科做到了，难能可贵。

是为序。

陈兴良
谨识于北京海淀锦秋知春寓所
2007年12月24日

52. 张晶《走向启蒙
——基于监狱·矫正的视角》[①]序

张晶是从事监狱管理工作的,长年与监狱打交道。由于监狱的深墙大院往往给人以神秘感,而监狱里的囚犯又往往与深重罪孽相联系。在这种情况下,监狱管理人员与书生似乎难以相联系。不过,我认识的张晶,虽然没有书生的形象,但本质上是书生。书生在当今社会是一个很高的评价,只有那种将浮躁摒弃于心外,以读书为乐、以思考为荣的人,才能无愧于书生这一称号。当张晶将他的《走向启蒙——基于监狱·矫正的视角》的书稿寄给我的时候,我分明从本书的字里行间读出了张晶的学识与才情。

本书并不是一部构思缜密的专著,也不是一部专业精深的论文集,而是张晶在过去一段时间所思所想的结晶,大多与书有关,称为读书心得或者读书笔记也是可以的。这是一部思想性与可读性并重的作品,从书中我们不仅可以获取各种知识,尤其是关于监狱和矫正的信息,更重要的是可以从书中受到启迪,开拓我们的思路。对于这本书来说,"开卷有益"这四个字当之无愧。

也许是专业的缘故,张晶在本书中涉及较多的还是监狱与矫正。在某种意义上说,张晶关于监狱的理念是十分超前的。以张晶从事监狱管理工作的职业性质与身份,具有如此超前的监狱理念,我在惊叹之余又有几分敬佩。当今社会是由各种职业构成的,职业对于一个人的影响,从性情到思想是十分巨大的,职业也造成一个人视界的局限,因此人们发明了一个名词,叫作职业病,其中最为典型的是:在警察眼中每个人都是犯罪嫌疑人。如果照此推理,在监狱管理人员眼中就应该每个人都是囚犯了。但我在张晶的身上,一点也看不出这种职业的痕迹。恰恰相反,张晶完全是把囚犯当作人来对待的,因而提出了"囚权主义"的命题。这里的"囚

[①] 张晶:《走向启蒙——基于监狱·矫正的视角》,法律出版社 2008 年版。

权"是一种形象的说法,实际上是指罪犯的权利。张晶还主张在监狱管理中倡导人性化原则。监狱管理的人性化可能是更容易引起争议的一个话题,它和我们传统的监狱理念是相悖的。以往我们都是把监狱当作国家机器的象征,把对罪犯的惩罚当作是实行无产阶级专政,这些理念都是建立在罪犯是阶级敌人这样一个逻辑前提之上的。在这种情况下,按照对敌人的仁慈就是对人民的残忍的逻辑,对罪犯实行人性化管理是难以想象的。现在,我们的监狱理念已经有了重大变化,《监狱法》明文规定了在押人员的各项权利与义务,从而将监狱行刑法治化。当然,由于思维定势的影响,我们的思想或多或少地留有某种意识形态的残渣并会自觉不自觉地表露出来。对于人性化问题也是如此,张晶不仅倡导监狱管理的人性化,而且对人性化作了正确的阐述。我发现,张晶的思想是十分敏锐的。例如"把罪犯当人看",我们都会认为这是监狱管理人性化的一种理念,但张晶却揭露了这一命题背后的荒谬:要么犯人不是人,只是出于同情才把犯人当人看;要么犯人是人,我们曾经或有时不把犯人当人看。第一种情况是不能成立的,第二种情况则是不能容忍的。至于当下在某些监狱流行的允许表现好的罪犯特优会见(同居)等满足罪犯的纯生理需求的举措,也只是一种庸俗的人性化。在张晶看来,监狱管理的人性化的确切内涵应当是指:犯人就是公民,有公民的权利,有特别的权利。这里的权利是罪犯作为社会主体的价值确证方式,尽管他的权利受到限制,有的甚至受到剥夺。只有在这个意义上讨论监狱管理的人性化问题,才能获得科学的认识。张晶对监狱的这些认识,是难能可贵的,也是需要胆识的。我总是想,这种胆识从哪里来?答案还是张晶自己解答的。在其《正义试验》一书的自序《心——丈量我的虔诚》中,张晶有这样一句自白:

对于监狱事业,我有宗教般的虔诚。

正是这种对监狱事业的宗教般虔诚,使张晶痴迷于监狱事业,才有了本书的言论。当然,本书并不是一部阐述监狱理念的著作。从内容上来看,本书涉及面是十分广泛的,尤其第五部分"诗意栖居",是张晶阅读小说、散文等文学作品的感想。在对这些文字作品的解读中,也充满了张晶对现代理念的理解和期待。这些随笔反映了张晶从文学作品中汲取精神养分,使理性知识浸润感性的雨露。我总是以为,在各个领域内思想超群、行止特立的人,都有一些文人气质。正是这种文人气质使其卓尔不群。我虽然与张晶接触不多,但从张晶的文字中可以感受到这种文人气质。

张晶的这部作品,多多少少与我有些瓜葛。收入本书的《启蒙——不得不说的话题》一文,是读书札记,所读之书就是拙著《刑法的启蒙》(法律出版社 2003 年版)。张晶曾经将这篇读书札记通过 E-mail 发送给我,令人深受感动。本书的书名《走向启蒙——基于监狱·矫正的视角》也表达了张晶对于启蒙的某种追求。的确,我们这个社会,所需要就是思想的启蒙。可以说,我们正处在一个启蒙的时代。因而,《走向启蒙——基于监狱·矫正的视角》这个书名是极为确切的。

期待着张晶有更多更好的作品问世,与读者一起分享精神的盛宴。是为序。

陈兴良
谨识于北京海淀锦秋家园寓所
2007 年 7 月 3 日

53. 劳东燕《刑法基础的理论展开》[①]序

劳东燕博士的刑法文集《刑法基础的理论展开》一书即将由北京大学出版社出版。作为"中青年刑法学文库"的主编,我得以先睹为快,通读了该书的电子版。尽管从劳东燕的第一篇论文开始,我就是第一个读者,收入本书中的大多数论文,在发表之前或者发表之后也都读过,但当这些论文以一种体系化、集约化的方式展现在我的面前,仍然有一种震撼感,感受到一种来自文本的学术冲击力。

本书的主题是刑法的基础理论,这是一个关涉我国刑法学的型塑的重大课题。我近年来致力于推动我国刑法知识的转型,在这当中包含了破与立这两个方面。在我看来,本书作者是以创立与我国社会相适应的刑法理论作为学术追求的,因而我们可以从一位年青刑法学人的视野中看到我国刑法理论的未来图景的基本轮廓。在过去相当长的一个时期,我国刑法学一直强调理论联系实际,我国刑法学者一直致力于解决司法实践中的疑难问题。这种建立在刑法学是一门应用法学的学科定位基础上的学术追求,当然具有其合理性。但是刑法学的应用性恰恰是以理论性为前提的。所谓应用,正是刑法理论之应用。因此,如果刑法理论本身不发达,侈谈刑法学的应用性就会成为无源之水、无本之木。正是在这样一个背景之下,我历来是强调刑法学的理论性的。在我看来,刑法学的理论性与应用性是两种层次、两种境界和两种分工。就两种层次而言,我们首先应当把刑法的理论性与应用性加以区隔,意识到这两者是不同的,从而为正确地处理刑法学的理论性与应用性提供逻辑前提。就两种境界而言,理论性的刑法学与应用性的刑法学是刑法理论的两种语境。尽管两者之间存在密切联系,但在理论形态上呈现出不同的特质。就两种分工而言,从事理论刑法学的研究与从事应用刑法学的研究应当有所分工,由不同的人来完成。基于学术资源合理配置上的考虑,我认为在大

---

① 劳东燕:《刑法基础的理论展开》,北京大学出版社 2008 年版。

学以及专门研究机构中的刑法学者更应将学术重心放在理论刑法学上,应用刑法学的研究可以由司法机构中的研究人员来承担。若能形成适当的学术分工,必将有利于我国刑法学的良性、健康发展。将理论刑法学与应用刑法学作如上区隔,绝对没有重理论轻应用之意,而是为使两种理论形态各得其所。回顾这些年来的刑法学发展,我以为其标志之一就是理论刑法学的发达。理论刑法学从应用刑法学中析离出来,逐渐形成自身的话语体系和学术品格。

对于理论刑法学的追求,在我国年轻刑法学人身上体现得更为明显。原因有三:一是历史包袱未曾形成压力。我国刑法学存在苏俄刑法学的历史包袱,像我这一代刑法学人都是在苏俄刑法学的哺育下成长起来的,由此形成苏俄刑法学的思维定势而难以超越。但像劳东燕这一代刑法学人,是在一个摆脱了苏俄刑法学独尊的学术环境下渡过了自己的学术青春期的,自然就没有感受到苏俄刑法学这一历史包袱的压力。二是现实关怀给予学术支撑。刑法理论与法治建设之间存在一种相关性。在某种意义上说,刑法理论的发达程度是一个社会刑事法治发达程度的标志。刑法理论很难超越刑事法治的发展水平,这是一个不争的事实。在这个意义上说,刑法理论是受刑事法治制约的。这些年来,我国的刑事法治有了长足的进步。尽管仍然存在不完善、不满意的地方,但"前途是光明的,道路是曲折的"这句名言,恰可以形容我们对刑事法治理想的憧憬。在这样一种现实环境中成长起来的刑法学人,获得了现实社会对学术的更强有力的支撑,其理论品格的独立性与独特性也就是可期待的。三是国际格局打开理论视界。我们这一代刑法学人基本上还是在一种自闭的社会环境中完成学术启蒙的,因而或多或少地存在学术上的遮蔽。而像劳东燕这一代的刑法学人则是在学术对外开放的宽松环境下成长起来的,从而形成了全球性的学术视野,这就为将来进一步的刑法学理论研究积累了丰富的学术资源。以劳东燕为例,她在北大攻读博士学位期间就有机会到现代刑法学的故乡——德国的慕尼黑大学法学院深造一年,从而接触了前沿性的刑法学成果。到清华任教后又有机会到美国名校宾州大学法学院和耶鲁大学法学院访学一年,增加对英美刑法的感悟。新生代的刑法学人就是在这样一种背景下脱颖而出的,劳东燕是其中的佼佼者。本书所展现的是劳东燕从2000年以来的学术成果,其理论性的品格给我留下深刻印象,因而本书取名为《刑法基础的理论展开》,我认为是名副其实的。

本书的内容可以分为三大部分:第一部分是风险社会与刑法理论,第二部分是罪刑法定与犯罪构成,第三部分是刑法的法理学思考。在这三部分内容中,第一部分更多地涉及刑法的理念层面,第二部分更多地涉及刑法的制度层面,第三部分则更多地涉及刑法的技术层面。从上述三部分内容可以看出,劳东燕的学术兴趣是较为广泛的,涉及刑法理论的各个层面,这是值得肯定的。刑法如何适应风险社会,这是劳东燕长期以来思考的一个问题;围绕这一问题,劳东燕发表了相关论文。刑法应当因时制宜、与时俱进,因为刑法本身就是社会生活的一部分。我国当前正在进行深刻的社会转型,刑法的功能以及刑法的相关制度也应当随之而进化。例如刑法中的责任主义,在风险社会里它是如何演变的?这种演变本身怎样以一种微观的局部反映出整个刑法制度的变迁,因而具有示范效应?在对这些问题的探讨中,劳东燕能够以小见大,从而显现出理论的张力。而对罪刑法定与犯罪构成的探讨,也是劳东燕从博士论文写作开始思索的一个问题。罪刑法定当然关涉刑法的价值,而犯罪构成应当是一个理论模型,但其背后彰显的是定罪的刑法制度性构造。犯罪构成是我国当前讨论的热点问题之一,劳东燕能够将罪刑法定与犯罪构成这两个看似分离实则相关的问题纳入同一思维过程进行思考,因其视角的独特而会收获新知。例如在犯罪构成体系的重构中,劳东燕提出了以下五个准则,我以为是极有见地的。这五个准则是:(1)形式性准则;(2)阶段性准则;(3)价值性准则;(4)技术性准则;(5)司法性准则。这五个准则实际上揭示了犯罪构成体系的五个侧面、五种属性,因而对于犯罪构成体系的重构具有重要参考意义。在刑法的法理学思考中,劳东燕的思路可以说是超出了实体刑法的范围,而涉及程序法、证据法和犯罪学等相关学科。在研究生学习期间,劳东燕就表现出对刑事诉讼法的学术兴趣,也许这与她做过两年检察官的经历有关。在我国目前的学术研究中,学科间的疏离现象还是十分严重的,刑法与刑事诉讼法之间也存在一条学术上的鸿沟。尽管储槐植教授倡导刑事一体化,但能够在理论研究中的躬行者并不多见。这当然与学术精力有关,更与研究思路有关。劳东燕能够在学术研究的起步阶段,就将刑事诉讼法以及相关学科纳入刑法研究的学术视野,这是难能可贵的。

除博士论文之外,本书是劳东燕的第一本学术专著。从学术价值上来看,劳东燕的学术起点是较高的。在自序中,劳东燕自述了从北大求学时用宏大的眼光看待刑法到清华任教后开始关注刑法解释学的细节这一学术转向的过程,对此我是赞许的。刑法内容是多元的,刑法理论是多向度与多层次的。作为一名刑法学人,我们应当既能够对刑法作超规范的思考,又能够对刑法作规范的探讨,这才是一名完整的刑法学人。本书的出版是劳东燕在漫长的刑法学术研究中迈出的第一步,我想劳东燕会在刑法学术研究之路上越走越远……

是为序。

陈兴良
谨识于北京海淀锦秋知春寓所
2008 年 5 月 6 日

54. 曲新久《刑法的逻辑与经验》[①]序

曲新久教授的文集即将由北京大学出版社出版,该文集名为《刑法的逻辑与经验》。新久教授嘱我为其文集写几句话,那就从这个书名讲起吧。

《刑法的逻辑与经验》这一书名,令我想起美国著名法官霍姆斯的那句名言:"法律的生命在于经验而非逻辑。"美国学者博登海默在其代表作《法理学:法律哲学与法律方法》一书中引用过霍姆斯的以下论断:

> 法律的生命始终不是逻辑,而是经验。可感知的时代必要性、盛行的道德理论和政治理论、公共政策的直觉知识(无论是公开宣称的还是无意识的),甚至法官及其同胞所共有的偏见等等,所有这一切在确定支配人们所依据的规则时,比演绎推理具有更大的作用。法律所体现的乃是一个民族经历的诸多世纪的发展历史,因此不能认为它只包括数学教科书中的规则和定理。[②]

博登海默把霍姆斯与另一美国著名法官卡多佐相比,认为霍姆斯更加蔑视逻辑推理在审判中的作用。事实上,卡多佐也曾经引用霍姆斯的这句名言,并作了某些补充性的论述:

> 霍姆斯在一句现在已成为经典的话中曾告诉我们:"法律的生命一直并非逻辑,法律的生命一直是经验。"但是,霍姆斯并没有告诉我们当经验沉默无语时应忽视逻辑。除非有某些足够的理由(通常是某些历史、习惯、政策或者正义的考虑因素),我并不打算通过引入不一致、无关性和人为的例外来糟蹋法律结构

[①] 曲新久:《刑法的逻辑与经验》,北京大学出版社2008年版。
[②] 转引自〔美〕E. 博登海默:《法理学:法律哲学与法律方法》,邓正来译,中国政法大学出版社1999年版,第151页。

的对称。如果没有这个理由,那么我就必须符合逻辑,就如同我必须不偏不倚一样,并且要以逻辑这一类东西作为基础。①

显然,卡多佐并没有霍姆斯那么绝对,他至少还是承认在没有经验可供引据的情况下,逻辑推理对于司法过程的重要性。当然,无论是霍姆斯还是卡多佐,都是英美学者。如果是大陆法系的学者,那么就会从"法律的生命在于经验"返回到"法律的生命在于逻辑"。看来,法律的生命到底是逻辑还是经验,这还真是一个问题。新久教授以《刑法的逻辑与经验》为其书名,我想这里包含的意思是:"法律的生命既是逻辑又是经验。"这当然是一种较为折中的观点,但也许更能全面地反映法律的精神。事实也是如此,本书中既有对刑法的逻辑演绎,也有对刑法的经验分析。

收入本书的《试论刑法学的基本范畴》(载《法学研究》1991年第1期)一文,是新久教授早期的一篇论文,也是最能体现其逻辑思辨性的一篇论文。该文建构了一个以刑事责任为核心的刑法学,也可以说是刑法哲学的体系。在此后出版的《刑法的精神与范畴》一书中,新久教授对这一体系作了以下进一步的阐述:

> 刑事责任根据是刑事责任理论的一个十分重要的问题。客观违法行为是主观归责的根据,由此可以得出"无责任即无犯罪,无犯罪即无刑罚"的原则,并形成"责—罪—刑"的逻辑结构。"责—罪—刑"的逻辑结构表现了犯罪与刑罚的存在以责任定义为原则,刑事责任的归责原则是犯意责任而不是结果责任。在这一结构中,责任与犯罪形成直接的联系,责任与刑罚通过犯罪形成间接的联系。犯罪行为是法律效果意义上的刑事责任的根据,由此可以得出"无犯罪则无刑事责任,无刑事责任则无刑罚"的原则,并形成"罪—责—刑"的逻辑结构。在这一逻辑结构中,犯罪决定刑事责任,刑事责任决定刑罚,刑事责任成为犯罪与刑罚的中介,犯罪与刑罚之间不再直接发生联系,而是加入了刑事责任这个调节器,犯罪通过刑事责任这一中间环节对刑

---

① 〔美〕本杰明·卡多佐:《司法过程的性质》,苏力译,商务印书馆1998年版,第17—18页。

罚产生影响、发挥作用,罪刑关系被间接化。①

以上这段论述是具有较强的逻辑性的,当然,如果从"责—罪—刑"的结构转换为"罪—责—刑"的结构,如果不对刑事责任这个概念加以两种含义的区分,是不太容易理解的。"责—罪—刑"结构中的责,是指主观归责,即责任主义意义上的责。在这个意义上说,"无责任即无犯罪"。但"罪—责—刑"意义上的责,是指"实施犯罪行为的人应受惩罚、制裁的法律地位或者可能性"意义的责任,这一责任是对刑罚起制约作用的。因此,"无责任即无刑罚"。以刑事责任作为我国刑法学体系建构的基石范畴,曾经是20世纪80年代末90年代初的一种学术努力,新久教授是其中的代表人物之一。对此,我在《刑法哲学》一书中曾经作过评论。② 现在,刑事责任越来越向责任主义回归,尤其是引入大陆法系三阶层的犯罪论体系以后,归责问题成为犯罪成立的一个重要条件,人们在此基础上展开了深入探讨。现在回顾起来,20世纪80年代末期开始的刑事责任理论的讨论,是我国刑法学超越法条、摆脱刑法教科书,追求刑法学自身的体系化、学术化与科学化的一个标志,对于这段学术史可能还有总结的必要。新久教授是在20世纪80年代后期进入刑法学术界的,受到当时刑事责任理论的影响,其硕士论文也是以刑事责任为题的。可以说,新久教授是以刑事责任作为其学术起点的,这也在很大程度上决定了其理论品格。当然,从刑事责任转向刑事政策,并以刑事政策为题完成其博士论文,这种理论进路也是十分鲜明的:始终不满足于对刑法的规范研究,而是超越规范,更多地从规范之外审视刑法,这成为新久教授的刑法学研究的一大特色。

在新久教授的研究中,对司法实践问题的重视也是显而易见的,因而刑法的经验性研究更是其一个重要的理论向度。1994年我和新久教授合编过《案例刑法教程》(中国政法大学出版社1994年版)一书,这是我们将刑法理论运用于个案分析,并且从个案中引申出刑法规则的一种尝试。该书的前言是新久教授执笔的,反映了我们当时写作的指导思想:

---

① 参见曲新久:《刑法的精神与范畴》(2003年修订版),中国政法大学出版社2003年版,"前言"第8页。

② 参见陈兴良:《刑法哲学》(修订三版),中国政法大学出版社2004年版,第18—19页。

本书既不是单纯地解释评论现行《刑法》条文,也不是简单地分析评说实际案例,而是从实际案例出发,提出问题并解释问题,以求理论与实际连为一气,融会贯通。读者可以从实例分析中明了刑法,又可以从法理研讨中了解实际,做到理论联系实际,学以致用。①

《案例刑法教程》一书出版以后,受到学生的好评,至今还有法官、检察官向我提及该书对他们刑法入门的引领作用。在此以后,新久教授始终保持着对司法实践问题的兴趣,以解决司法实践疑难问题作为自己的学术关注点。在这个意义上说,新久教授不是一个书斋里的学者,而是汲取司法经验充实刑法理论的践行者。新久教授对信用卡诈骗罪中信用卡的解读,就是一个很好的例子。1997年《刑法》增设了信用卡诈骗罪,刑法对信用卡并未定义,由于银行信用卡业务早期并未细分贷记卡与借记卡,信用卡业务习惯上包括借记卡。对于利用借记卡诈骗的,认定为信用卡诈骗罪,这在理论上是没有争议的。但1999年1月27日中国人民银行颁布了《银行卡业务管理办法》,该办法规定银行卡包括信用卡和借记卡两种,信用卡是银行卡的一种,借记卡不再属于信用卡,信用卡不再等同于广义的银行卡。在这种情况下,利用借记卡诈骗,到底是解释为信用卡诈骗罪还是金融凭证诈骗罪或者普通诈骗罪?通过对信用卡一词使用历史的分析、形式判断与实质判断以及法律体系内的解释,新久教授最终得出结论:

> 根据《刑法》分则第三章第四节、第五节的上下文以及信用卡一词的使用历史,借记卡应当归入广义信用卡的范畴,继续解释为信用卡。

在此理论的基础上,新久教授进一步对刑法解释的一般原理作了以下阐述:

> 刑法对于专门术语的解释应当与专门领域的行政法规保持一致,专业领域的法律概念发生变化时,刑法上的这一专业术语原则上应当同步变化。这是一般规则。但是,在信用卡一词的

---

① 参见陈兴良、曲新久:《案例刑法教程》(上卷),中国政法大学出版社1994年版。

刑法解释上,尽管专业领域的行政法法规规定发生了变化,但是在刑法分析体系内进行合理解释的结果是,必须继续延续以往的刑法适用历史上的广义解释,这并没有使刑法显得荒谬,而恰恰更符合逻辑、历史以及未来的发展需要。①

及至 2004 年 12 月 29 日,全国人大常委会通过了《关于〈中华人民共和国刑法〉有关信用卡规定的解释》,该立法解释指出:刑法规定的"信用卡",是指由商业银行或者其他金融机构发行的具有消费支付、信用贷款、转账结算、存取现金等全部功能或者部分功能的电子支付卡。可以说,立法解释的规定与新久教授的解释在结论上是一致的。我们不能轻易地得出结论,说立法机关采纳了新久教授的观点;即使立法解释与新久教授的解释相左,我们也不能说新久教授的解释就一定错误。这种不以立法规定与司法解释作为判断刑法观点的正确与错误的标准的观点,是我一直所坚持的,关键是理论本身是否能自圆其说、站得住脚。从对信用卡一词的刑法解释上,我们可以看到新久教授的睿智。面对司法实践,解决实际问题,是新久教授的学术追求,也是对本书书名的最好诠释。

《刑法的逻辑与经验》一书是新久教授以往发表的论文的结集,也是一种学术总结与清理。通过这本书,我们可以清楚地观察到曲新久教授过去 20 年的刑法学理论研究的轨迹。我相信,这一学术轨迹还将继续延续下去。

是为序。

陈兴良
谨识于北京海淀锦秋知春寓所
2008 年 6 月 2 日

---

① 参见曲新久:《认定信用卡诈骗罪若干问题研究》,载《刑事司法指南》(2004 年第 3 集),总第 19 集,法律出版社 2004 年版。

55. 付立庆《主观违法要素理论——以目的犯为中心的展开》[①]序

《主观违法要素理论——以目的犯为中心的展开》一书是付立庆在其博士论文基础上修改而成的,即将由中国人民大学出版社出版。作为导师,我为付立庆感到高兴。虽然此前付立庆已经出版过《法治的脸谱》(中国检察出版社2004年版)和《法治的声音》(中国人民公安大学出版社2006年版)两本书,但这两本书分别是随笔集和评论集。因此,严格说来,本书是付立庆的学术处女作,可以看作付立庆在刑法学术道路上迈出的第一步。

付立庆在北大学习期间思想较为活跃,笔耕也较勤,硕博连读进入刑法学术领域。但规范刑法学的真正训练还是应该从博士论文的写作算起。在付立庆博士论文选题的时候,因为我在《法学研究》2004年第3期发表了《目的犯的法理探究》一文,对目的犯的研究大有余兴未了之感。在这种情况下,我建议付立庆以目的犯为题进行博士论文的写作。应该说,我国目的犯的研究还是较为薄弱的,资料也比较匮乏。当时正好有一个去日本东京大学访学的机会,我就推荐付立庆,付立庆也把握住了这个机会。在东京大学两年,几乎是日语的学习与专业的学习同时展开。在此基础上,付立庆搜集了大量日本刑法学界关于目的犯的资料,并进而将研究范围扩展到作为目的犯的上位概念的主观违法要素,由此完成了博士论文,并顺利地通过了论文答辩。

如果说目的犯这个概念在我国目前四要件的犯罪构成体系中还有存在的余地,那么,主观违法要素这个概念则不能为我国四要件的犯罪构成体系所容纳。在本书第一章,付立庆清晰地勾勒出主观违法要素理论的嬗变过程。在大陆法系刑法理论中,存在"违法是客观的,责任是主观的"

[①] 付立庆:《主观违法要素理论——以目的犯为中心的展开》,中国人民大学出版社2008年版。

这样一句格言。而正是主观违法要素的发现,破除了"违法是客观的"观念。因此,描述主观违法要素理论的演变过程,也就是回顾犯罪论体系发展的历史。从这个意义上来说,主观违法要素虽然是一个小之又小的问题,但它在犯罪论体系中却具有标志性意义。如何正确地处理主观违法要素,就成为各种犯罪论体系需要解决的一个问题。在我国目前通行的四要件的犯罪构成体系中,并没有违法性这一要件,也不是在构成要件该当性的形式判断之后再进行违法性的实质判断的。在我国的犯罪构成体系中,形式判断与实质判断没有严格加以区分,社会危害性的概念实际上起到了实质判断的功能,但社会危害性并不是犯罪构成的一个具体要件。对于社会危害性,我国刑法学界的通说是客观危害与主观恶性的统一。在这样一种犯罪构成体系中,自然也就没有主观违法要素存在的余地。付立庆在本书的前三章,以较大篇幅对德日刑法学尤其是日本刑法学中的主观违法要素理论进行了梳理与评述,虽然涉及资料较为丰富,但并非简单的资料堆砌,而是渗入了作者本人的思考,这是难能可贵的。作者在坚持客观违法论、彻底的结果无价值和构成要件的违法类型说的基本立场上,详细地批驳了对立立场的不合理性,清晰地描述了主观违法要素在采纳这一立场下的犯罪论体系中所处的位置及其范围,为我们勾勒出了彻底的结果无价值立场下德日三阶层犯罪论体系的宏观轮廓。当前,我国刑法学界主张全面引入德日的犯罪论体系的呼声此起彼伏——某种意义上我也是这种主张的支持者和推动者,在这样的背景下,全面了解德日犯罪论体系的全貌成为继受这一体系的前提。可以说,以主观违法要素理论为切入点,付立庆所勾勒的三阶层式的犯罪论体系,对于我们全面而客观地了解德日犯罪论体系的全貌,具有重要意义。

  当然,我在通读本书的时候,还是有一种前后难以衔接的感觉。也就是说,前三章是以讲述主观违法要素为主,但到了第四章中国部分,就只能讲述目的犯。虽然目的犯是主观违法要素的下位概念,但两者毕竟不能等同。对于这种论题和语脉上的难以衔接,付立庆自己也意识到了并且作了适当的说明。但是,这种不协调多多少少是令人遗憾的。后来我仔细思考,之所以出现这样的问题,主要还是由于我国四要件的犯罪构成体系与德日三阶层的犯罪论体系之间的差别所决定的。如果不从犯罪论体系上打通,在一些具体问题上的探讨很可能会出现隔阂。这一点,在我与日本同行的交流中也时常感觉到。例如,在刚刚于山东大学法学院召开的"西原春夫教授刑法理论国际研讨会"(2008年3月1日—2日)上,我和日本立命馆大学松宫孝明教授就同一个主题——犯罪论体系进行主题发言并互相提问。在松宫孝明教授的论文中,涉及消极构成要件的理论,即将正当防卫等违法性阻却事由等称其不存在是犯罪成立的必要条件意义上的"消极性构成要件要素"。对此,松宫教授和大多数德日刑法学者一样是持否定态度的。松宫教授在论文中指出,"消极构成要件要素理论"之所以不受欢迎,原因正如罗克辛教科书中所总结的:"违法性阻却"="正当化"并非单纯地局限于该行为不符合某犯罪的"构成要件"的意思。"构成要件"该当性的判断是类型判断,而并非实施该行为好不好的判断。由于"容许规范"是"从全体法秩序中实质性引申出来的",因此很难融入询问事前被类型化的行为的该当性的判断。这段话并不好懂,因此在提问时我又问松宫教授对消极构成要件为什么持否定的态度。但松宫教授回答以后,我还是不甚了然。我之所以对这个问题感兴趣,是在我的犯罪构成体系建构中,想采用消极构成要件的理论。直到研讨会结束返京以后,今天下午我和台湾东吴大学陈子平教授坐在北大法学院科研楼一层的咖啡厅闲聊,又谈到消极构成要件问题,我才突然开窍。原来在德日犯罪论体系中,构成要件是作纯事实理解的,是一种类型性判断。而违法性是在具备了构成要件该当性以后所作的价值判断,这是两种性质完全不同的判断。一个行为具备杀人罪的构成要件该当性,因其是正当防卫杀人,具有违法阻却事由。如果把正当防卫等违法阻却事由当作一个消极构成要件,因其存在而否定构成要件,这当然是不符合逻辑的。正当防卫杀人也是杀人,违法阻却事由不是否定构成要件而是否定该当构成要件行为的违法性。在这个意义上理解,消极构成要件的概念确实不能成立。但我国刑法学界习惯于把构成要件等同于犯罪构成,对犯罪构成又习惯于作事实与价值相统一的理解,因此难以对德日刑法学的某些观点直接了然。因为我们已经掌握的苏俄刑法知识恰恰成为我们对德日刑法知识接受的某种障碍与遮蔽。基于对德日刑法学之否定消极构成要件理论的原因的正确理解,如果我们改变前提,则消极构成要件的概念还是可以采用的。例如我在《规范刑法学》(第二版)中,将正当化事由作为罪体排除事由纳入罪体,这里的罪体排除事由就是消极的构成要件。与之相对应的是以行为事实为内容的罪体构成要素,罪体构成要素是积极的构成要件。因为我把罪体界定为行为事实与规范评价的统一,行为事实是形式判断、类型判断,也是积极判断;而规范评价是实质判断、价值判断,也是消极判断。积极构成要件要求控方举证,而消极构成要件则要求辩方举证。在这样一个语境中,消极构成要件的概念仍然有其存在的合理性。从上述我对消极构成要件这样一个概念的领悟过程来看,就会发现破除知识隔阂的困难。因此,我对付立庆以主观违法要素这样一个纯德日刑法学问题作为研究对象,深感其难度以及对智力的挑战。

在本书结语的第二部分,付立庆提出了"前进中的中国刑法学的学者使命"这样一个命题,并作出了自己的回答。我以为,这个回答可以看作是付立庆完成本课题研究以后的感悟,我也颇有同感。我一直有个判断,认为当前我国正处在刑法知识的转型过程当中。现在,转型一词十分常见,经济转型、社会转型,如此等等。但我并非随便采用转型一词,而是在十分严肃的意义上使用转型这个词,用它来说明我国刑法知识目前所处的状态。正是面对刑法知识转型这样一个特定背景,刑法学者才顿时觉得使命沉重。当然,"沧海横流,方显英雄本色"。刑法知识转型,对于刑法学者来说既是挑战也是机遇。我们都要扪心自问:什么是我的贡献?!——引苏力的这句广为人知的名言作为本序的结语。

是为序。

陈兴良
谨识于北京海淀锦秋知春寓所
2008年3月4日

56. 吴旭《超越惩罚与规训
——犯罪人人格完善与多元社会主体参与行刑》[①]序

吴旭同志的专著《超越惩罚与规训——犯罪人人格完善与多元社会主体参与行刑》一书即将付梓,吴旭约我为之作序。我阅读了吴旭发给我的专著电子版,深感本书是一部具有创新性的著作,故乐而为之作序。

《规训与惩罚——监狱的诞生》是法国著名学者福柯的一本名著的书名。该书的副标题是"监狱的诞生",因此,这是一部监狱史的著作,也是讨论监狱功能的著作。刑罚在近代监狱诞生以前早就存在,那时的刑罚惩罚是以人的肉体为祭坛的,充分体现了刑罚的残酷性。而近代监狱的产生就是以规训为使命的,通过监狱这个中介,一方面与法律惩罚手段相统一,另一方面与规训机制相统一。规训是以人的灵魂为对象的,规训本身具有矫正性。应该说,福柯以上观点的提出,对于我们正确理解监狱功能是具有重大意义的。吴旭的这本著作以《超越惩罚与规训——犯罪人人格完善与多元社会主体参与行刑》为书名,反映了作者的某种企图,以下这段话明白无误地表达了作者的观点:

> 监狱的诞生使国家刑罚实现了对犯罪人从肉体到灵魂的控制。但是,作为规训主导下的惩罚工具的监禁刑并不是有效的,而且,作为监禁刑之替代措施的各种方式也非常值得怀疑。这些替代措施指向一个核心问题:监狱的未来是什么?我认为,监狱的未来必定是以尊重服刑人人格为特征的社区,监狱必定要实现从灵魂控制到人格尊重的转变过程。

本书的副标题揭示了吴旭超越惩罚与规训的两个途径:一是以人格完善为中心重构监狱功能;二是以行刑主体多元为切入点改造监狱结构。

---

① 吴旭:《超越惩罚与规训——犯罪人人格完善与多元社会主体参与行刑》,江苏人民出版社2008年版。

在本书中,吴旭将犯罪人的人格完善称为新刑罚目的,从而将刑罚目的理论与人格理论加以嫁接,提出了在刑罚目的中占有重要地位、但以往都被忽视的行刑目的问题。所谓刑罚目的,是指制刑、量刑与行刑的目的。在制刑、量刑与行刑这三个环节都应当考虑刑罚目的的因素。但在这三者之中,行刑活动是受刑罚目的影响最大的一个环节,也是刑罚目的的实现的主要途径。在行刑活动中,虽然惩罚是必不可少的要素,但更应当强调对犯罪人的教育改造,这是教育刑思想的题中之意。那么如何进行教育改造,或者说,教育改造的切入点是什么?这个问题在以往的研究中都不甚了。吴旭在本书中提出了人格完善这一目标,并将其作为罪犯心理矫正工作的目标取向,为我们思考这个问题提供了一个思路。在心理学研究中,人格研究的成果已经相对成熟,并形成了人格心理学,建构了体系化的人格理论。在刑法学研究中,也有学者借鉴人格心理学原理,进行人格刑法学的研究。在这种情况下,吴旭将人格理论引入监狱学研究,并作为行刑目的中的一个核心概念,我以为是十分可取的。这实际上反映了行刑科学化的要求,相对于过去在行刑问题上抽象地讨论教育改造,不能不说是一个重大的进步。当然,人格本身还存在一些不可知的要素,如何清晰地提供人格转变的轨迹与人格完善的标准,这些属于操作层面上的问题,同样也是十分重要的,在这方面还需要深入地加以探讨。

行刑主体多元化,是本书的另一个主题。同时它与人格完善具有相关性。因为作者认为,多元社会主体的全面参与是犯罪人人格完善的基本要求。在某种意义上说,行刑主体多元化体现了行刑社会化,这也正是现代监狱发展的必然趋势。刑罚有监禁刑与非监禁刑之分,因此,行刑主体多元化对于监禁刑与非监禁刑也是有所不同的。对于监禁刑的行刑主体多元化问题,吴旭从罪犯劳动入手,提出了监狱劳动社会化的构想,这与我国当前正在进行的监企分开的改革精神是一致的。本书还重点探讨了非监禁刑的社区矫正制度。社区矫正充分体现了行刑主体多元化的思想,这是值得充分肯定的。我国正在进行社区矫正试点,并且取得了初步成功。在社区矫正中,关键是建立起完善的社区,这涉及社会组织的重构,尤其是非政府组织的发展壮大等问题。行刑主体的多元化,是一个重要的命题,它对行刑活动的性质、功能与目的都带来深远的影响。本书对于行刑主体多元化的探讨,我认为对于我国行刑实践的发展具有重大意义。

《超越惩罚与规训——犯罪人人格完善与多元社会主体参与行刑》一书,是我国监狱行刑领域的前沿性理论研究成果,这是值得充分肯定的。吴旭同志长期在监狱部门工作,并且担任过监狱长,对于监狱管理工作颇有心得。现在,吴旭同志将监狱管理经验上升为行刑理论,这是值得嘉许的。我始终认为,监狱本身具有其特殊性,对于监狱的研究,监狱管理工作者具有比学者更多的便利与优势,因而我国的监狱学理论研究主要寄希望于监狱管理工作者。本书的出版,就是对我国监狱学理论研究所作出的重要理论贡献。这也更坚定了我的以上信念。最后,我期待吴旭同志将来有更多的佳作问世。

是为序。

陈兴良

谨识于北京海淀锦秋知春寓所

2009 年 2 月 8 日

57. 蒋熙辉、郭理蓉、马冬梅、方文军《刑事政策之反思与改进》[①]序

刑事政策是当前我国刑事法理论研究中的一个热点问题,我亦曾经涉足其间,主编过一本《宽严相济刑事政策研究》(中国人民大学出版社2007年版)。现在,蒋熙辉、郭理蓉、马冬梅、方文军四名青年同仁协力完成的《刑事政策之反思与改进》一书即将付梓,这是令人振奋的。蒋熙辉博士嘱我写序,我慨然应允。

刑事政策研究是刑事法理论研究的基础,没有厚重的刑事政策理论底蕴,刑事法的规范研究是难以深入与深刻的。以往我国刑事法学理论之浅显,很大程度上与刑事政策研究之缺乏有关。当然,相对于刑事法的研究,刑事政策的研究还是滞后的,这种滞后性主要是由方法论的偏颇所导致的。我们可以看到,我国对刑事政策的研究在相当长时期内,停留在诠释与解读的层次。这实际上是采用规范论的方法来研究刑事政策,以假定现行的刑事政策完全正确为逻辑演绎的起点,以此建构起来的刑事政策理论体系是缺乏反思性与批判性的,因而必然是肤浅的。我高兴地看到,蒋熙辉等青年学者立足于反思与改进而展开对刑事政策的理论探讨。在本书导论中,著者就提出了"反思刑事政策"这样一个令人耳目一新的命题。刑事政策何以需要反思?著者提出现有刑事政策的三个不足:一是刑事政策与刑事策略不分;二是刑事政策与刑事法律不分;三是重刑主义倾向对刑事政策的影响。在以上三个问题中,我最感兴趣的还是第一个问题:刑事政策与刑事策略不分。当然,"不分"已经是一种较为客气的说法,严重地说,简直就是刑事政策与刑事策略的混淆。我曾经指出:我国刑事政策存在策略化倾向,把刑事政策混同于刑事策略,包括以往的惩办与宽大相结合政策与现在的宽严相济刑事政策,都具有极为浓

[①] 蒋熙辉、郭理蓉、马冬梅、方文军:《刑事政策之反思与改进》,中国社会科学出版社2008年版。

厚的策略意味。在与犯罪作斗争中当然要讲究策略,因而刑事策略本身也是刑事政策重要组成部分,这是不可否认的。但是,刑事策略绝不能等同于刑事政策,前者只是后者的极少一部分。在某种意义上,我较为赞同刑事政策就是刑事政治的命题,只有从政治的高度看待刑事问题,才能深刻地揭示刑事政策的内涵。

以一种反思与批判的精神来研究刑事政策,就不是简单地从现行的刑事政策出发,满足于图解与注释现行的刑事政策,而是立足于现行的刑事政策,通过对现行刑事政策的反思而达致改进刑事政策的目的。在这个意义上说,反思刑事政策只不过是改进刑事政策的手段而已。基于反思刑事政策的命题,我们可以把刑事政策分为应然的刑事政策与实然的刑事政策。应然的刑事政策与实然的刑事政策的命题,是梁根林教授提出的,他指出:

> 应然的刑事政策(criminal policy as it ought to be),是应当如此的刑事政策,是人类根据对犯罪现象客观规律的认识和把握的程度而提出的合目的和合理的预防和控制犯罪的准则、方案或措施。
>
> 实然的刑事政策(criminal policy as it is),是实际如此、现时应用的刑事政策,即国家与社会针对犯罪问题实际所采用的刑事政策,包括以刑事司法为手段与刑事司法以外的其他措施为达致控制犯罪的目的所进行的国家活动。[①]

在以上两种刑事政策中,实然的刑事政策是我们的重要研究对象,更是反思和批判的对象。在更高目标的指引下,我们的刑事政策研究应当对应然的刑事政策有所贡献。

《刑事政策之反思与改进》一书采用专题研究的方式,对刑事政策制定、运作、评估等有关实务问题,以及刑事政策的价值、模式等理论问题都作了颇有深度的探讨。尤其是对刑事政策与刑法解释、刑法改革、刑事一体化、刑事诉讼变革等相关重大理论与实践问题作了视野较为宽阔的论述,反映出本书著者在刑事法理论方面的深重功力,这是值得肯定的。

---

① 参见梁根林:《解读刑事政策》,载陈兴良主编:《刑事法评论》(第11卷),中国政法大学出版社2002年版,第17、32页。

作为本书的重点,著者还对宽严相济刑事政策、"严打"政策、死刑政策等当下极受关注的重大问题都作了专题研讨,提出了个人观点,这对于推进我国刑事政策的理论研究具有正面的、积极的价值。

德国学者罗克辛教授提出了体系性思考与问题性思考这两种研究方法。体系性思考是建立一套话语—逻辑体系,将相关问题纳入这一体系之中,而问题性思考则是从具体问题出发,提供解决问题的各种方案。应该说,这两种思考各有利弊。我在先前的学术研究中,对体系性思考是偏爱的,现在却逐渐地向问题性思考靠拢。我高兴地看到,《刑事政策之反思与改进》完全是采用问题性思考的方法对刑事政策进行研究的,这就克服了体系性思考所带来的繁琐性,直接切入主题,风格明快,这是值得嘉许的。

参与本书写作的都是北大和人大的法学博士,他们的工作岗位各不相同,但在对刑事政策的共同学术兴趣的感召下,协力完成了《刑事政策之反思与改进》一书,这是难能可贵的。本书是司法部的科研项目,尽管项目之作难免有命题作文之嫌,但我还是从本书中看到了年青同仁闪光的思想火花与扎实的学术功力。

是为序。

陈兴良
谨识于北京海淀锦秋知春寓所
2008 年 10 月 29 日

58. 钱列阳《道与术》[①]序

钱列阳律师所著"大律师之精彩刑辩系列丛书"之《道与术》一书即将出版,因我和钱列阳律师有着近10年的交情,钱律师嘱我为他的第一本书作序,我乐而为之。以下,我围绕本书的书名——颇为冗长的丛书名与极为精练的正书名——中截取的四个关键词:大律师、刑辩、道、术,略作议论,以之为序。

大律师当然是相对于小律师而言的。在香港特区律师界,御用大律师是一种正式的头衔,而在大陆则将律师分为一至四级,并与教授、副教授、讲师和助教相对应。我曾经参加过北京市司法局的律师职称评审,但律师的申报积极性似乎不高,律师的名片上也罕见自称几级律师的。不过,近来"大律师"这个称呼却有在民间流传之势。它不是官方加封的,当然更不是自封的,而是民间公认的。因此,在见到某位律师的时候,经常听到他人介绍:这是某地的大律师。也正是因为大律师并非一种正式的头衔,因而没有统一的标准。某人在外省某地是大律师,若在京城执业,也许就骤然降为小律师了。当然,尽管大律师没有统一的标准,但也不是随便什么人都能够获得这一美誉的。一般来说,凡称得上大律师的,必然在某地执律师界之牛耳,资深出名、人脉深广,尤其是办过大案要案,这些都是不可或缺的要件。在某种意义上说,凡能称得上大律师的,必定是名利双收,乃律师业的成功人士也。我是1999年认识钱列阳律师的,当时钱列阳律师已经从海淀区公安分局下海当律师8年,正在北大法学院念法律硕士。应该说,在我初识钱列阳律师的时候,钱列阳律师尚未进入大律师行列,但已经初露几分大律师的潜质。近年来,钱列阳律师办了一些轰动性的大案,展示了自己的刑辩才华,因而赫然成为京城刑辩大律师。从目前钱列阳律师的名气和能力来看,大律师之名当之无愧。我作为一名旁观者,正是一步步地看着钱列阳是如何成长为大律师的。

[①] 钱列阳:《道与术》,中国法制出版社2008年版。

本书可以说是钱列阳成长为大律师的艰难跋涉过程中留下的足迹,钱列阳律师正是通过这些脚印而走向了刑辩的事业高峰。

刑辩是贯穿本书的一条主线,更是值得一说。律师虽然是一种职业,但从事的具体法律业务则大不相同,例如诉讼业务与非诉讼业务之间就有天壤之别。在20世纪80年代中期,律师业务刚刚开展的时候,律师以从事诉讼业务为主。随着对外开放和市场经济的深入发展,律师业务向非诉讼业务倾斜。尤其是在法治环境不尽如人意的情况下,诉讼业务有所萎缩,非诉讼业务大为拓展。在这种情况下,以从事非诉讼业务为荣的倾向在律师界出现了,以至于我听到一名著名律师向我自夸:我从事律师业务这么多年,法院大门朝南开还是朝北开都不知道。言下之意,鄙人根本不从事诉讼业务,也多少有些鄙视诉讼业务的意思。在诉讼业务中,又可以分为民商事诉讼和刑事诉讼业务,当然还有行政诉讼业务,不过数量较小。相对而言,在民商事诉讼业务中,律师所能发挥的作用较大且收费较为丰厚,因而从之者众。刑事诉讼,也就是通常所说的刑辩,则是等而下之的。因为刑辩业务收入小不说,还具有较大的执业风险,甚至沦为阶下囚的事例也并不鲜见。对于更多的刑辩律师来说,最大的苦恼也许还是不为人所理解,为"坏人"辩护,律师似乎也成了"坏人"。正如美国哈佛大学法学院教授德肖微茨所说的那样:需要不断地提醒公众,律师如同助产士,助产士为孕妇接生,但她本人并不生产。律师为被告人辩护,但他本人并不是被告人。这番话是极为生动的,这也说明刑辩律师是容易被误解的。与此同时,刑辩律师的烦恼还来自于在当前我国的司法体制框架下,律师的作用难以真正发挥,因而大有"英雄无用武之地"之感慨。由于我从事刑法研究,因而打交道的大多是刑辩律师。对于他们,我是深怀敬意的,因为正是他们的坚持,使我国的刑事法治得以一点一滴地进步。我们的社会,我们的公众,应当给刑辩律师以更多的理解、更大的支持,他们确实是值得尊敬的一群人,钱列阳律师就是他们中的杰出代表。

道乃刑辩律师所坚守的、担当的职业之道,我认为应当是法治的理念。要想当好一名刑辩律师,应当心怀正义,具有对法治的信仰,这是执业之本。在本书中,钱列阳律师通过一个个他亲自承办的案例,为我们展示了他对法治的追求,这是相当不容易的。律师这一职业近商,因此也有不少律师沾染上了商人的习性，游走于"法—商"之间。但是，如果一位律师不再有对法治的执着，不再有对正义的向往，那么他们是很难胜任律师职业，也很难让当事人满意的。刑辩律师尤其如此，尽管目前从事刑辩业务的绝大多数还是初入律师业的小律师，但通过刑辩业务而领悟律师职业之道，每个律师都有自己的理解。钱列阳律师的理解是独特的。通过本书，可以加深我们对刑辩职业之道的理解。

术是指辩护技巧，这是本书可以提供给读者的，也是本书具有特色的内容之一。要当一名称职的刑辩律师，仅仅精通法律是远远不够的，要在从事刑辩业务过程中不断地积累经验，掌握技巧。钱列阳律师作为一名较为专业的长期从事刑辩业务的资深律师，在办理一系列大案名案的过程中，运用刑辩技巧，取得了较好的辩护效果。例如，钱列阳律师对法庭辩论的技巧就有专门的讲授，确实是他的经验之谈。我们过去对法律职业，尤其是律师职业往往存在认识上的误区，更多地强调法律职业对法律的依赖性。其实，法律职业要求执业者具有对社会的深刻理解，对人性的深入把握，这些对法律职业会产生极大的影响。在这个意义上说，法律人应该是社会思想家，是实践着的语言学家、实践着的逻辑学家。这一切都需要在执业过程中学习，在法学院的课堂上是难以学到的。钱列阳律师对刑辩执业技巧的总结，为那些有志于从事刑辩业务的初入行者来说，是极好的教材，是对法学院课程的重要补充。

钱列阳律师是北大法学院的法律硕士，现在又担任北大法学院法律硕士的兼职导师。法律硕士这一学位，就是以培养应用性、复合性的律师人才为宗旨的。可以说，钱列阳律师是法律硕士中的佼佼者。尤其令我感动的是，钱列阳律师从 2004 年开始，赠款 20 万元人民币在北大法学院设立钱列阳奖学金，资助那些品学兼优的学生。并且，每年的奖学金颁发仪式都成为一个刑辩大讲堂，为法学院的学生传道授术，输送精神食粮，这是十分难能可贵的。

是为序。

陈兴良
谨识于北京依水庄园渡上寓所
2008 年 4 月 4 日

59. 韩忠谟《刑法原理》[①]序

前台湾大学法学院韩忠谟教授的代表作《刑法原理》一书,获财团法人韩忠谟教授法学基金会授权,其简体字版在北京大学出版社出版,这是海峡两岸刑法学术交流的一个盛举。作为一名大陆刑法学人,我受韩忠谟教授法学基金会吴淑妙秘书长的热情邀请,为《刑法原理》一书的简体字版在大陆的出版略缀数语,以之为序。

韩忠谟教授1915年生于安徽省休宁县,1934年以会考第一名的成绩毕业于南京安徽中学,同年考入国立中央大学法律学系,1946年任江苏省吴县地方法院推事,1948年赴美国耶鲁大学深造,1950年获硕士学位,1951年自美去台。从1954年起先后任台湾地区大学法学院法律学系副教授、教授,历任法律学系主任、法律学研究所所长、训导长、法学院院长,并于1979年任台湾大学教务长,1993年逝世于台北温州街寓所。纵观韩忠谟教授的一生,其亦学亦官,但以学为主,尤其是在刑法学上造诣精深。韩忠谟教授1955年出版的《刑法原理》一书,可以说是奠定了台湾地区当今刑法学术之基础。该书在20世纪80年代初传入祖国大陆,惠及大陆学人,演绎了一段两岸刑法学术交流的佳话。

在《刑法原理》自序中,韩忠谟教授以优美的文笔,饱含深情地写下了以下这段"意境与涵义极佳"(林山田语)的话,足以反映韩忠谟教授的整个刑事法思想:

> 纵观数百年来,各国刑制之演变,远迈前古。考其缘由,乃刑事思潮之奔腾澎湃有以致之。而刑事思潮,又为政治、经济、伦理,多种要素之激荡融会,因以形成。远者姑不具论,近者如人权思想之勃兴,遂导致博爱时期之刑制革新。而社会与自然科学之发扬,又使刑制趋于特别预防之途。目前刑事思想于社会责任与道义责任之探求,正感彷徨歧路,其影响于政策之取

[①] 韩忠谟:《刑法原理》,北京大学出版社2009年版。

舍,及人权之保障者,至大且巨,非徒学理之论争而已。中国刑制,历史悠长,自清末改革,以迄于兹,取法大陆,粗具规模。然立法之抉择,又必准据固有之文化背景,乃可切合实情,有裨于治理,是为立法者所宜深究。且法律之规条,恒属固定,而世事之变化,每至无穷。以有限之法文,绳无穷之事实,而能因应时宜,悉中肯綮,更有赖于执法者衡情酌理,善为解释,是则欲尽法律之用者,于法理之探研,尤未可忽。

在以上论断中,韩忠谟教授纵论古今刑制之演变,极究刑事思潮之兴衰,并将两者并而论之,揭示了刑制演变与刑事思潮之间的相关性:一方面,刑事思潮对于刑制改革具有某种引领作用。以西方近代刑事学派之嬗变为例,从刑事古典学派到刑事人类学派,再到刑事社会学派,犹如一浪接一浪,后浪推前浪。而刑制正是在刑事思潮的推动下,从中世纪的专制中得以解放,并向着人权保障与社会保护的目标迈进。韩忠谟教授强调刑事思潮对于刑制改革的推动作用,但同时又揭示了刑事思潮本身又被各种社会情势所决定,包括政治、经济、伦理等。因此,只有从社会情势出发才能真正领会各种刑事思潮之真谛。

除对刑制演变与刑事思潮之辩证关系的科学阐述以外,韩忠谟教授对中国刑制的发展作了粗略的描述,这里主要涉及外来法制与固有文化之关系。中华民族具有延续了两千多年的自成一体的法系,命名为中华法系。依附于中华法系的法学,名之曰律学。中华法系与律学相依存共命运,存活千年之久而一脉相延。但清末改革,中华法系传统为之中断,律学亦随之殉葬,殊为可惜。在清末改革中,引入了大陆法系的法制传统,刑法亦莫能自外。但韩忠谟教授深刻地指出了固有文化对于法治及社会治理的重要性。外来法制只有与固有文化相契合,治理才能成功。当然,固有文化本身也需要加以改造,使之不能成为抵制法治的消极因素。

刑法学之功用,也受到韩忠谟教授的高度关切,这就是刑法学通过对法条的解释为刑法适用提供便利。中国古人就有"法有限,情无穷"之议,以有限之法条绳无穷之事实,唯有刑法解释可担当此重任。因此,韩忠谟教授十分强调刑法解释之重要性,认为欲以有限之法而御无穷之情,变而通之,唯解释是赖,刑法亦复如是。刑法基本原理,正是为刑法解释提供理论根据,其功用性恰落脚于此。

韩忠谟教授的《刑法原理》一书,内容与书名正相吻合,即以刑法基本原理为叙述客体,是刑法基本原理的体系性展开,提供了刑法的基本知识。因此,台湾地区著名刑法学家蔡墩铭教授在评价韩忠谟教授《刑法原理》一书时称,本书最大之特征在于:专注于刑法之基本观念、刑法理论及刑法学之介绍,而对于刑法之用语及效力均置于保安处分之后予以讨论。韩教授不顾刑法之效力与用语被列于刑法前面几条条文,欲将其放在最后讨论,表示对于刑法基本观念及刑法理论特别寄予重视,值得后辈学者注意。①正因为《刑法原理》一书重视刑法基本原理,因而虽刑法条文变动,其理论价值犹在。

韩忠谟教授20世纪40年代学成于祖国大陆,后去美留学,转赴台湾地区,其学术成就于台湾地区。这是一段令人心酸的历史,韩忠谟教授自1948年离开祖国大陆,以后终其一生均未返回祖国大陆,最终客死台北寓所,每念及此无不令人唏嘘。值得欣慰的是,早在20世纪80年代初期,韩忠谟教授的《刑法原理》一书就以影印形式流传于大陆刑法学人之间,我亦受惠于该书。对此,我曾经作过以下回忆:

> 令我印象深刻的是韩忠谟的《刑法原理》一书,该书约购于1983年前后,影印的是1981年5月增订14版,版权页上印有"内部参考,批判使用"八个大字。初读该书,对于当时初入刑法学之门的我辈来说确有眼界大开之感,并且如饥似渴地从中汲取学术营养。我在1984—1985年期间初次发表的习作,无不是采用《刑法原理》以及洪福增的《刑法理论之基础》、陈朴生的《刑法总论》等著作中的概念作为分析工具,结合我国刑法规定进行理论解说。②

我从本科开始,接受的基本上是苏俄法学知识。尽管在20世纪60年代中苏交恶,即使在80年代初亦未能恢复正常,但在当时法学重建时,恢复的还是20世纪50年代初从苏俄引入的法学知识。刑法学亦不

---

① 参见蔡墩铭:《刑法原理的犯罪观与刑罚观》,载《刑事思潮之奔腾——韩忠谟教授纪念论文集》,财团法人韩忠谟教授法学基金会2000年台北印行,第6页。
② 参见陈兴良:《刑法知识论》,中国人民大学出版社2007年版,第43页。

例外,在学习刑法时,苏联著名刑法学者 A.H.特拉伊宁的《犯罪构成的一般学说》被奉为经典。相对于充斥着政治教条的苏俄刑法教科书,《犯罪构成的一般学说》毕竟还具有一定的学术性。在学术封闭的情况下,20世纪80年代初影印出版台湾地区学者的法学著作,似乎在黑暗的屋子里打开了一扇窗户,学术光线投射进来,吸引着我们求知的双眼。学术优劣,立见分晓,正是由此开始,我逐渐偏离苏俄刑法学而接近大陆法系的刑法学术。像间接正犯、片面共犯、共同正犯等这样一些概念,在苏俄刑法学中是没有的。这些概念对于我的老师辈学者来说,似乎是20世纪50年代被清除了的旧法术语,他们敬而远之、避之不及。而对于我这样的初入门者来说,则是如获至宝。由于台湾地区学者的著作大多以浅显的文言文写成,这对于厌烦了以政治话语表述学术观点的我来说,别有一种吸引力,在不知不觉中我的文字亦受感染。这个阶段,我正处在学术的青春期,在模仿与叛逆之间徘徊,文字也是如此。正如高铭暄教授当时批评我的那样:"不文不白"。第一篇习作完成,投稿给《法学研究》,虽被采用,但刑法编辑廖增均老师也说我的文字晦涩,希望修改得通俗易懂一些。一时之间,我对自己文字水平的自信心遭受重创,对自己的学术能力也有所怀疑。这是一个学习的过程,也是一个成长的过程。韩忠谟教授的《刑法原理》一书成为我刑法学的启蒙读物之一,每每看到该书,总有一种饮水思源的感念涌上心头。

  随着时代的发展,我国大陆的刑法学术也有了长足的进步,尤其是对外学术开放,德日的、英美的以及其他国家的刑法著作大量译介引入,使我们的学术视野大为开阔。与此同时,海峡两岸的刑法学术交流与日俱增。在我任教的北京大学法学院2005级本科生班上,我在课堂上谈及台湾地区学者韩忠谟教授的观点,下课以后走过来一位女生,自我介绍名叫韩其珍,来自台湾地区,韩忠谟是她的爷爷。以后,我又通过韩其珍认识了她的母亲吴淑妙女士——财团法人韩忠谟教授法学基金会的秘书长,近年来一直致力于从事两岸法学交流。2007年5月,我和张明楷、曲新久、刘明祥等教授赴台参加学术会议,韩忠谟教授的公子韩联甲先生和吴淑妙女士又设宴招待,还馈赠韩忠谟教授的著作,使我们倍感亲切。

  《刑法原理》一书简体字版2004年由中国政法大学出版社出版,得以在大陆正式发行。在版权期满以后,吴淑妙女士希望该书由北京大学出版社出版,并将稿费捐给北京大学法学院刑法专业研究生作为助学奖励之用。北京大学出版社蒋浩先生玉成此事,功不可没。

随着《刑法原理》一书在北京大学出版社的出版,韩忠谟教授的刑法学术生命将会以《刑法原理》一书为载体而得以永远地存活,这对于早年离开祖国大陆的韩忠谟教授来说,百年之后虽身葬他乡,学术之魂却荣归故里,这是一种最好的纪念。

是为序。

陈兴良
谨识于北京依水庄园渡上
2009 年 8 月 31 日

60. 金星《诱惑侦查论》[①]序

诱惑侦查是刑法理论中一个小之又小的问题,一般刑法教科书均未涉及,我在1988年的博士论文《共同犯罪论》中也只是简略地讨论而已。现在,金星博士却以《诱惑侦查论》为题,写出了15万字的博士论文,这是令人欣慰的,也从一个侧面反映了这二十年来,我国刑法理论取得的长足进步。

诱惑侦查在英美法系和大陆法系有不同的制度和理论。英美法系刑法一般称为"警察圈套",作为一种排除犯罪的事由,在合法辩护中讨论;大陆法系刑法一般称为"诱惑侦查",但也称为"陷阱理论",在教唆犯中讨论。总之,诱惑侦查本身仍然是一个存在聚讼的概念。在本书中,金星博士通过对英美法系和大陆法系刑法关于诱惑侦查制度沿革的历史考察,对诱惑侦查的概念作了较为科学的界定。金星博士认为,诱惑侦查可分为广义和狭义两种解释。广义的诱惑侦查是指在刑事侦查中所有带有诱惑含义或形式的侦查手段。而狭义的诱惑侦查是指以诱饵为引诱手段使受引诱人志愿接受引诱的侦查行为。本书所研究的是狭义上的诱惑侦查,这一诱惑侦查的概念为本书理论研究提供了逻辑前提,具有十分重要的意义。

对于诱惑侦查的研究,可以从诱惑者与被诱惑者两个方面展开,本书的基本内容也是以此为框架的,可谓找到了问题的实质。

就诱惑者而言,诱惑侦查主要是一种侦查行为与侦查制度。对于在犯罪侦查活动中,能否采用诱惑侦查的手段,在刑事法上一直是存在争议的。这主要是因为诱惑侦查行为具有利弊兼具的特征:一方面,诱惑侦查具有侦破犯罪案件,尤其是侦破集团犯罪案件的有效性,对于打击犯罪具有积极意义;另一方面,诱惑侦查手段如果不加限制而被滥用,就会对公民权利造成严重侵害,甚至陷人以罪,其恶无穷。由此可见,诱惑侦查是

[①] 金星:《诱惑侦查论》,法律出版社2009年版。

一把双刃剑:用之恰当,则有利于打击犯罪;用之不当,则有侵犯人权之虞。对于诱惑侦查必须加以控制,使之法治化,这是建立诱惑侦查制度的必要性与正当性。应该说,我国尚没有形成诱惑侦查的正式法律制度,只是作为一种侦查手段在破案活动中使用。本书对各种诱惑侦查的概念与特征,尤其是合法性根据,都作了深入探讨,对于建立具有中国特色的诱惑侦查制度具有重要的参考价值。

就被诱惑者而言,主要存在一个被诱惑情节对其定罪量刑的影响问题。因为被诱惑者是在他人的诱惑下实施犯罪的,那么,被诱惑者是否对其在他人诱惑下的犯罪行为承担刑事责任以及承担何种程度的刑事责任呢?这些问题都是值得研究的。我国有关司法解释对毒品案件中特情引诱犯罪问题作了专门规定,这一规定指出:

> 运用特情侦破案件是有效打击毒品犯罪的手段。在审判实践中应当注意的是,有时存在被使用的特情未严格遵守有关规定,在介入侦破案件中有对他人进行实施毒品犯罪的犯意引诱和数量引诱的情况。"犯意引诱"是指行为人本没有实施毒品犯罪的主观意图,而是在特情诱惑和促成下形成犯意,进而实施毒品犯罪。对具有这种情况的被告人,应当从轻处罚,无论毒品犯罪数量多大,都不应该判处死刑立即执行。"数量引诱"是指行为人本来只是实施数量较小的毒品犯罪的故意,在特情引诱下实施了数量较大甚至达到可判处死刑数量的毒品犯罪。对具有此种情况的被告人,应当从轻处罚,即使超过判处死刑的毒品数量标准,一般也不应判处死刑立即执行。

上述司法解释把被引诱而发生的犯罪分为犯意引诱与数量引诱,并对在这两种不同的引诱下被诱惑人的刑事责任作出了区分对待的规定,我以为是十分正确的。该司法解释虽然是对毒品犯罪的特别规定,但其基本精神可推广适用于其他被诱惑实施犯罪的刑事责任规定的场合。本书认为,应当尽快完善刑事诉讼法(或者在证据立法中规定),对诱惑侦查进行规定,在近期内不能实现立法的情况下,建议以条例形式确立适用原则,使司法实践中的诱惑侦查有章可循,改变目前的无序状态。我以为,这一建议是可行的。总之,只有从法律上规范诱导侦查,才能获其利而防其弊。

金星博士长期在检察机关从事司法实务工作,具有较为丰富的司法实践经验,同时,金星博士兼职攻读博士学位,对诱惑侦查这一课题孜孜以求地深入钻研,终于完成了这一博士论文,并行将出版面世,这是可喜可贺的。金星博士曾经与我讨论过诱惑侦查作为博士论文选题的可行性,我予以了鼓励。现在,金星博士的博士论文已经完成,我通读以后感到这是我国对诱惑侦查问题研究最为系统也最为深入的一本学术专著,达到了预期的写作目的,具有较高的学术价值与实践意义。

金星博士在本书出版之际求序于我,我慨然应允,写下以上读后感,以之为序。

陈兴良
谨识于北京海淀锦秋知春寓所
2008年8月30日

61. 曾明生《刑法目的论》①序

曾明生的《刑法目的论》一书即将出版，作者邀请我为之作序。因为曾明生的《刑法目的生成基础及其制约》一文在我所主编的《刑事法评论》(第16卷)(中国政法大学出版社2005年版)发表过，此后我又粗略地拜读过本书的原稿，对曾明生从事的刑法目的论的研究有所了解，因而愿意为之写序，以作推荐。

刑法目的论并非我国刑法学中一个通常的研究范式，在有关的刑法学词典中甚至找不到刑法目的这个词条，更遑论对刑法目的问题的深入研究。当然，在我国刑法学中，存在着与刑法目的极为接近的研究领域，这就是刑法机能与刑罚目的。刑法机能，也称为刑法功能，基本上是从大陆法系刑法学中引入的一个范畴。在我国刑法中只有刑法任务的规定而没有关于刑法机能的规定。例如日本学者曾根威彦把刑法的机能看作一种社会控制机能，而这种社会控制机能又可以进一步划分为第一次社会控制机能与第二次社会控制机能。第一次社会控制机能是指刑法的法益保护机能，而第二次社会控制机能是指人权保障机能，即通过制约国家刑罚权的行使，保障罪犯不受国家滥用权力的侵害，并进而保障一般国民的权利和自由。② 刑法是强调第一次社会控制机能还是强调第二次社会控制机能，可以成为对刑法的性质进行分析的一个十分重要的指标。刑法从保护神意(包括以神的名义而存在的专制统治者的利益)到保护法益，这是近代刑法的第一次性质转变。应该说，囿于法条的局限，我国刑法学界对刑法目的问题的研究是极为匮乏的。即使是刑法任务的讨论，也仅仅是对我国《刑法》第2条的解释而已，并未从社会本体论切入而予以深入的展开。当然，我国学者也有从不同角度对刑法目的的研究。例如周少华的《刑法理性与规范技术——刑法功能的发生机理》(中国法

---

① 曾明生:《刑法目的论》，中国政法大学出版社2009年版。
② 参见〔日〕曾根威彦:《刑法学基础》，黎宏译，法律出版社2005年版，第5—7页。

制出版社2007年版)一书,在刑法功能的名义下涉及对刑法的目的性的探讨。尤其是周少华更为关注目的实现手段,也就是刑法的规范技术。周少华指出:

> 刑法自有其目的在,但是,刑法目的的实现,又有赖于一系列的制度技术作为支撑。技术是服务于目的的,对目的的表达和追求必须借助于一定的技术手段。因此,我们首先必须以人类迄今为止的惩罚技术经验为基础,对现代刑法在社会中的运行逻辑加以考察。因为只有通过这种考察,我们才能真正理解人类理性之存在,以及理解法律之为人类精心设计与理性选择之结果。①

应该说,周少华对刑法之目的及其实现手段的关系从理论上加的分析,是十分精辟的。因此,刑法目的论是一个重要的刑法命题。当我国刑法理论走到今天,应当开始触及这些问题。唯有如此,我国刑法理论才能不断地得以深化。

曾明生的《刑法目的论》一书,就是对刑法目的问题的言说。在这种言说中,作者引入了一些以前没有采用过的话语,这是值得充分肯定的。在本书中,曾明生以目的与盲目作为一对范畴,从哲学目的论到法学目的论,勾画了法学中从盲目主义到目的主义演进的过程。这一基本思路,对于思考刑法问题也是极为重要的。例如,德国著名刑法学家李斯特,秉承耶林法律目的论,1882年在马尔布赫大学作了题为《刑法的目的思想》的讲演,由此提出了目的刑的命题。李斯特指出:

> 在我们能够认识的最早的人类文化史时期的原始形态下,刑罚是对于从外部实施侵犯个人及个人的集团生活条件行为的盲目的、本能的、冲动的一种反动行为。它没有规定任何目的象征,而它的性质是逐渐演变的。即这种反动行为从当初的当事人集体转移至作为第三者的冷静的审判机关,客观地演化成刑罚,有了刑罚的机能才可能有公正的考察,有了经验才可能认识刑罚合乎目的性,通过观念目的理解了刑罚的分量和目

---

① 周少华:《刑法理性与规范技术——刑法功能的发生机理》,中国法制出版社2007年版,第87页。

的,使犯罪成为刑罚的前提和刑罚体系成为刑罚的内容,刑罚权力在这种观念目的下形成了刑法。那么以后的任务是把已经发展起来的进化在同一意义上向前发展,把盲目反动向完全有意识地保护法益方向改进。①

在此,李斯特就明确提出了刑法的目的在于保护法益的思想。当然,我们通常都将李斯特的目的主义称为目的刑主义。在刑罚目的的名义下加以讨论。刑罚目的确实是我国刑法学中讨论较多的一个问题,但刑罚目的与刑法目的之间到底是一种什么样的关系,对于这个问题人们以往是不甚了然的。在本书中,曾明生也论及刑罚目的,认为刑罚目的是刑法目的总和或整合性意图体系中极为特殊而又不可或缺的部分。在此,曾明生将刑罚目的纳入刑法目的体系加以定位,这是十分可取的。当然,对于刑罚目的在刑法目的体系中的特殊性似乎所言尚不深。以往在我国刑法学中,只谈刑罚目的而不言刑法目的,使刑罚目的无所依归。曾明生展开刑法目的体系,并将刑罚目的纳入其中,这是一种较为可取的思路。

在本书中,曾明生着力较多的是刑法目的的概念性建构。这与我国关于刑法目的的研究尚在拓荒阶段是有关的。概念性建构好比是为理论体系清理地基,是一种必不可少的理论准备。当然,纯理论叙述毕竟有些空洞,尤其是第四章"国家刑法目的的嬗变——强势选择",我觉得有些程式化、符号化。尽管在这一历史叙述中,作者引入了强势选择与弱势选择这一分析范式,但对历史阶段的划分难免武断,对历史内容的陈述难免枯燥。相对来说,我以为第五章"刑法目的生成基础及其制约"内容较为丰满,话语较为新颖,更为我所喜欢。

从曾明生的简历来看,他的第一学历并不显赫,法律基础是通过自学考试奠定的。通过勤奋学习,完成了刑法专业硕士学业并正在攻读博士学位。在这种情况下,曾明生能够在硕士论文的基础上修订而成这样一本具有前沿性的刑法专著,是难能可贵的,值得充分肯定。尽管本书还存在青涩与稚嫩之处,但作者立意高远,视野开阔,足以显示其学术潜力。

---

① 转引自〔日〕木村龟二主编:《刑法学词典》,顾肖荣、郑树周等译校,上海翻译出版公司1991年版,第407页。

我相信,本书只是曾明生在学术道路上的一个起点,将来必有更专、更深的刑法著作问世,为我国刑法学理论大厦添砖加瓦。

是为序。

陈兴良
谨识于北京大学法学院科研楼 609 工作室
2008 年 6 月 25

62. 邓子滨《中国实质刑法观批判》[①]序

邓子滨博士的大作《中国实质刑法观批判》一书即将付梓，嘱我为之作序，我欣然应允。

甫见《中国实质刑法观批判》这一书名，就令人眼前一亮，似乎嗅到了扑面而来的学术火药味，但我还是为之叫好。在我印象中，除郭沫若的《十批判书》这一书名给我留下深刻的印象外，以"批判"一词而入书名的，不仅法学界没有，人文社会科学界也极为罕见。书名如同人名，虽然不能人因名贵，因为有时名实不符，但一个好名还是令人过目不忘，至少能够引起人们对该书的阅读兴趣。当然，一本书的好评还是来自于这本书的学术质量。在我国法学界，缺乏理性的学术批评久矣，更不用说针锋相对的学术批判。因此，我对邓子滨博士在本书中所表现出来的批判精神是十分欣赏的。在本书构思过程中，邓子滨博士曾经向我表示过某种担忧：过于张扬的批判，是否会冒犯他人？被批判者能否安然地接受？尤其是，本书的批判对象涉及邓子滨博士所尊敬的学者。这种担忧当然是可以理解的，大张旗鼓地批判确实不太合乎我国目前法学界的学术生态。但我以为，学术批评，乃至于学术批判是对事不对人的。关键在于：这种批评和批判本身是否能够令人信服。这里的人，不仅包括一般读者，也包括被批评与批判者。这里，需要对批评与批判本身作出一些必要的界定。

首先，批评与批判必须是平等的，而不是居高临下的。有时，为了使被批评与批判者能够接受，批评与批判者要放下架子，降低身段。我们已经见过许多居高临下的批评与批判，这种自以为是的批判是一种"文革"遗风，切不可取。

其次，批评与批判必须是学术的，而不是政治的或者意识形态的。学术是可以讨论的，因而学术批评与批判是学术的生成之道。但是，过去我们往往不容易区分学术与政治的界限，因而存在以政治批判代替学术讨

[①] 邓子滨：《中国实质刑法观批判》，法律出版社2009年版。

论的现象,学术批评与批判被意识形态所遮蔽。

再次,批评与批判必须是理性的,而不是情绪的或者非理性的。理性的批评与批判是摆事实、讲道理,是允许反驳的,尤其是允许被批评与批判者的反批评与反批判的。而批评与批判如不秉承理性精神,则必然为情绪所主宰。在这种情况下,批评与批判就会沦为人格诋毁。

如果符合上述我对批评与批判的界定,那么,这种学术批评与批判就是健康的、正常的,有利于我国刑法学术研究发展的。我看了邓子滨博士本书的初稿,感到他的批评与批判是符合上述精神的,是以一种诚恳的心态从事学术研究:没有谩骂,没有哗众取宠,这也是本书之所以将在我国刑法学史占据一个独特位置的前提。

不仅批评与批判是需要勇气的,被批评与被批判更需要勇气,而且还需要学养。任何一种新说的出现,都是以批评与批判旧说为号召的,同时也会因其是"新生事物"而受到旧说的围剿。批评与反批评、批判与反批判,由此形成推动学术向前的一种内在动力。相对来说,批评与批判是较为容易的,而容忍他人的批评与批判是较为不易的。这里涉及一个被批评与被批判者如何正确看待批评与批判的问题。我以为,批评与批判可以分为两种情形:一是事实上的批评与批判,二是价值上的批评与批判。前者是一个事实判断问题,例如在我的著述中存在硬伤,把一些基本事实搞错了,揭露出这样的问题,对被批评与被批判的我来说,当然是十分羞愧的,但不能恼羞成怒,因为这样的错误是明摆着的,应当予以纠正而不是掩饰。后者是一个价值判断问题,即在学术立场上的对立。这种基于不同学术立场而提出的批评与批判,被批评与被批判者无论能否接受,对其都不存在任何伦理上的贬低。对此,被批评与被批判者大可采取能够接受的就接受,不能接受的可以进行反批评与反批判。当然,真正有价值的学术批评与批判是后一个意义上的,前一个意义上的批评与批判只需要批评与批判者的善意提醒而已。后一个意义上的批评与批判才需要双方的学养。在我看来,一种令人信服的批评与批判,恰恰是对我最大的褒奖。如果一位学者能够写出数十万字的论著来批判我,这难道不是一种学术上的最大尊重吗?邓子滨博士这部具有学术批评与批判性质的论著,开启了我国刑法学界学术研究的批判性径路,这是应当予以充分肯定的。

《中国实质刑法观批判》一书在写作风格上也是独具特色的:它不像一般论著的写法,从概念到概念,进行抽象的逻辑推理,而是以鲜活的语言,娓娓道来。悲情的抒发,机智的点评,不仅使本书具有较高的学术品味,而且引人入胜,去除了学术著作天生具有的枯燥。因此,本书在法学著作的文风上也是有所突破的。在本书中,邓子滨博士穿插了许多活生生的案例,有些甚至是作者本人亲身经办的案例,对于某些疑难问题的论证,更具有说服力。

这里摘取两个案例加以说明:一个是偷渡案,另一个是纽扣案。这两个案件都是邓子滨博士作为兼职律师亲身经历的案件。偷渡案涉及以使用骗取的证件出境行为是否属于非法偷越国(边)境的问题。有关人员持有的出境证件,其中护照和签证都是真实的,但在获取签证过程中采取了欺骗手段,在这种情况下,能否认定相关人员的行为是偷渡呢?这个问题涉及对违法性是作形式判断还是实质判断的选择。邓子滨博士在办理这个偷渡案的时候,曾经多次与我沟通,共同探讨其中的法律问题,并且专门撰写了《就一起组织他人偷越国(边)境案向虚拟陪审团所作的辩护》[载陈泽宪主编:《刑事法前沿》(第二卷),中国人民公安大学出版社2005年版]一文。在该文中,邓子滨博士批驳了"以合法证件形式掩盖非法出国目的"行为属于偷渡的观点。对于偷渡案,我是完全赞成邓子滨博士的观点的。为此,我也专门撰写了《使用骗取的合法证件出境行为之定性研究——顾国均组织偷越国(边)境案》一文,刊登在陈泽宪教授主编的《刑事法前沿》(第二卷),与邓子滨博士的上述论文编在同一专栏,后又收入我的《判例刑法学》(中国人民大学出版社2009年版)一书。在该文中,我提出:

> 如何界定这里的合法与非法?按照裁判理由,出境的合法与非法,是根据出境意图判断的,以旅游为名出境,实际上想在当地定居或者从事劳务,这就是非法出境。在这种情况下,对出境的合法与非法的判断,就不是一种形式判断,而是一种实质判断。显然,这种观点是不能成立的。我认为,出境的合法与非法是指出境证件的合法与非法。只要持合法证件出境,就属于合法出境。只有无证出境或者持有伪造、变造等证件出境,才属于

非法出境。①

以上讨论的虽然是出境的合法与非法问题,它与犯罪论体系中的违法性判断还是存在一定差别的。但我国刑法中的构成要件该当的行为在大多数情况下都存在规范要素,即以"非法"为前提,例如非法行医等。在这种情况下,行为的非法性判断对于违法性的判断是前置性的条件。因此,在我国刑法的语境中,对非法是作形式的判断还是作所谓实质的判断,将关系到行为之出入罪。邓子滨博士在偷渡案中的分析坚持形式的判断,我以为是十分正确的。尽管这一观点在司法实践中还不被有关司法机关所接受。

在纽扣案中,遇到的是对毁坏这一行为是作形式解释还是作实质解释的问题。纽扣案的案情是为报复他人而将装在袋中、摆在庭院周围的大量不同型号的铜纽扣倒在地上,掺杂在一起。委托鉴定报告上写的被毁坏财物的损失是10多万元。那么,将各种铜制纽扣掺杂在一起的行为是毁坏财物的行为吗?对此,邓子滨博士进行了深入的分析。纽扣案,同样也是邓子滨博士亲身经历的一起案件,在辩护过程中,他也多次与我探讨。这里的关键是对毁坏作何种理解:如果作形式解释,就难以将这种行为入罪,但如果作实质解释,就容易将这种行为入罪。邓子滨博士为此案可谓呕心沥血,他还专门撰写了《应一起故意毁坏财物案向虚拟陪审团所作的辩护》一文,刊登在陈泽宪教授主编的《刑事法前沿》(第四卷)(中国人民公安大学出版社2008年版)。这一论文,实际上就是在该案的辩护词的基础上改写而成的,因为在现实世界难以被司法机关采纳,因而改为向虚拟陪审团倾诉,其悲愤的心情跃然纸上。在该文中,邓子滨博士提出:刑法上的毁坏,从物理上说,主要是使财物严重变形,丧失其完整性,如踏坏鸟笼、砸碎玻璃、撕破衣服;或者是使财物灭失、流失,如当着物主的面,将他人储存的饮用水倒在地上;或者是使财物外观受损,如向他人的画卷上喷涂油污。邓子滨博士认为,将各种铜纽扣掺杂在一起,只要将其分离开来,并不改变纽扣的物理和化学性质,也不影响其使用价值,因而不是刑法中所说的毁坏。对于邓子滨博士的这一观点,我是完全同意的。毁坏财物之毁坏,不仅仅是使他人财产受到损失,而是采取毁坏

---

① 陈兴良:《判例刑法学》(上卷),中国人民大学出版社2009年版,第84页。

的方式造成这种损失。因此,不能因为存在财产损失,就归咎为毁坏行为,而是要看造成他人财产损失的方法本身是否符合毁坏的特征。这里的毁坏,包括物理性质损毁与功能性损毁。而在纽扣案中,纽扣并没有发生物理性损毁,虽然纽扣分拣需要投入人力物力,但纽扣本身并没有发生功能性损毁。因此,分拣费用可以通过民事赔偿方式加以解决。在司法实践中,对毁坏作实质性解释的案件为数不少,这是一种刑法解释方法论问题,对这一问题的探讨具有一般性的法理意义。因此,我也专门撰写了《故意毁坏财物行为之定性研究——朱建勇案、孙珍案、李焕强案》一文,刊登在《国家检察官学报》2009年第1期,并收入《判例刑法学》。

在本书中,邓子滨博士写下了这么一段充满了激愤的话语:

> 说到罪刑法定的现实困境,我可能比别人有更多的感触。其中一个重要感触令我自己都觉得震撼:罪刑法定写入《刑法》12年来,司法解释和审判实践都证明了这个原则的彻底失败。

以上结论是有所偏颇的,也是过于悲观了一些。也许邓子滨博士亲身办案,受过现实的挫折,其对司法活动的感触比我们来得更加真切、更加深刻。但我还是要为司法现实作一点辩护:尽管罪刑法定的司法化还障碍重重,但比以前还是有了重大进步。现在的问题是,为什么在一些疑难案件中,罪刑法定的精神总是被司法本能地抵触,而入罪的冲动又是那么势不可挡?我认为,在这里除了体制性的原因以外,司法理念与司法技术的原因也是值得我们关注的。

就司法理念而言,我国虽然完成了从废除类推到罪刑法定原则立法化的历史性转折,但是,作为类推的理论根据的社会危害性观念并没有得到彻底的清算,内涵于罪刑法定原则的形式理性的观念并没有得到弘扬,这不能不说是一个重要的因素。在我国刑法学界,我是最早开始对社会危害性理论进行批判性反思的,我的《社会危害性:一个反思性检讨》一文,发表在《法学研究》2000年第1期,我是把该文当作一篇檄文来写的,其激愤之情溢于言词。该文发表以后,虽然获得一些正面呼应,但阻力也不小。因为社会危害性理论不仅仅是一种学术性话语,更是刑法学中的政治话语、意识形态话语。并且,经过数十年的宣传,社会危害性理论已经根深蒂固,形成了思维定势。在这种情况下,根除社会危害性理念是十分困难的,与社会危害性理论作斗争是一场持久战。因此,在时隔6

年之后,我又撰写了《社会危害性理论:进一步的批判性清理》一文,发表在《中国法学》2006年第4期,对社会危害性理论作了进一步的历史反思与逻辑辩驳。我认为,社会危害性理论恰恰就是实质刑法的理论基础。因此,不从社会危害性理论批判入手,实质刑法是难以从理论上得到彻底清理的。社会危害性理论本身具有反形式主义的特征,也就是具有实质主义法学的特征。它生长于类推盛行的刑法环境,而与罪刑法定原则是格格不入的。因为罪刑法定原则所倡导的是形式理性的司法理念。可以说,形式理性的司法理念,也是我近年来一直号召的一个学术符号,它是罪刑法定原则的题中之意。尤其是在形式理性与实质理性发生冲突的情况下,我认为应当毫不犹豫地选择形式理性而非实质理性,我指出:

> 在司法活动中,只能以是否符合刑法规定,即行为是否具有刑事违法性作为区分罪与非罪的唯一标准。因此,在司法活动中,当实质理性与形式理性发生冲突的时候,我认为应当选择形式合理性而放弃实质合理性。唯此,才能坚守法的独立价值,才能通过法律实现社会正义。在这种情况下,虽然牺牲了个案公正,使个别犯罪人员逍遥法外;但法律本身的独立价值得以确认,法治的原则得以坚持,这就有可能实现更大程度的社会正义。①

我国目前罪刑法定原则的司法化存在各种思想上的障碍,我认为是与司法理念没有得到完全的转换具有一定的关联。因此,要推动罪刑法定司法化,刑法观念与司法理性的转变是至关重要的。

除了司法理念以外,我认为还存在一个司法技术问题。罪刑法定原则并不是一条抽象的标语,它的实现必将借助于一定的司法技术。这里的司法技术,包括对刑法解释的方法、刑法教义学的推理方法等。在刑法解释中是采取形式解释论还是实质解释论,这并不仅仅是一个刑法解释方法的抉择问题,而且是一个司法技术问题。而且,这一刑法解释方法又是受掣于一定的犯罪论体系的,而以构成要件为中心的犯罪论体系恰恰就是罪刑法定原则的基石。我国目前通行的是来自苏俄刑法学的四要件的犯罪构成体系,这一体系对四个犯罪成立要件的逻辑关系没有加以确

---

① 陈兴良:《刑事法治论》,中国人民大学出版社2007年版,第10页。

定,因而是平面的耦合关系。在这一犯罪构成体系中,各个要件之间的位置是可以随时掉换的。因此,根据这一犯罪构成体系进行定罪活动,基于定罪的意向性思维习惯,总是先去寻找有罪的要件,容易忽视无罪的要件,因此易于将人入罪。尤其是在社会危害性的刑法语境中,往往先作实质判断,定罪的过程只不过是为社会危害性寻找证据的过程,先入为主的意向十分强烈。而德日刑法学中的三阶层的犯罪论体系,是以构成要件为中心的,构成要件所具有的类型化的特征,为罪刑法定司法化提供了实体性的根据。因此,近代德日刑法学中的犯罪论体系是作为罪刑法定原则实现的技术条件而构造的,构成要件所具有的限制司法权、保障人权的机能是不应否认的。可以说,没有三阶层的犯罪论体系为罪刑法定原则提供技术支撑,罪刑法定的司法化也是不可能的。正是从司法技术的意义上,我们应当重新给犯罪论体系的机能定位。三阶层的犯罪论体系,通过构成要件该当性、违法性、有责性这样的一种层层递进的定罪活动的安排,使定罪活动从客观判断到主观判断、从形式判断到实质判断、从类型判断到个别判断,形成逻辑上的位阶关系,从而保证定罪活动的中立性、独立性与正确性。在三阶层的犯罪论体系中,构成要件该当性是前置性要件,也是核心要件,它具有对行为的筛选功能。日本学者西田典之教授在论及构成要件论的机能时指出:

> 如果认为构成要件这一犯罪要件是出于罪刑法定主义的要求,构成要件最为重要的机能便在于"没有构成要件该当性则无犯罪"这种保障机能。[1]

而我国四要件的犯罪构成体系,虽然存在犯罪客体—犯罪客观方面—犯罪主体—犯罪主观方面四个互相对应的犯罪成立条件。但实际上四要件的犯罪构成体系是没有构成要件的犯罪构成体系。因为在这一犯罪构成体系中,四个要件都是犯罪构成要件,因而也就使构成要件泛化为犯罪成立的一般条件,从而使构成要件的机能荡然无存。日本学者西田典之教授曾经指出,构成要件具有以下三项重要机能:

(1) 通过将构成要件限定于具有可罚性的违法、有责类

---

[1] 〔日〕西田典之:《日本刑法总论》,刘明祥、王昭武译,中国人民大学出版社2007年版,第53页。

型,可得以坚持其最重要的机能,即保障机能。

(2)通过将构成要件理解为违法构成要件与责任构成要件的组合,得以有可能维持其犯罪个别化机能。

(3)通过承认违法构成要件该当性、责任构成要件该当性分别具有违法推定机能和责任推定机能,得以承认诉讼法的机能。①

以上构成要件机能的论述表明,构成要件并不能简单地等同于犯罪成立条件。而在我国四要件的犯罪构成体系中,由于把犯罪成立的所有条件都纳入犯罪构成,因而构成要件的保障机能、个别化机能、违法推定机能、责任推定机能等都无从发挥。在这种情况下,以构成要件为中心的犯罪论体系对于定罪活动的规制功能也就不复存在。归根到底,犯罪论体系是为定罪活动提供某种方法论的资源,因而是一个定罪的司法技术问题。无论是三阶层的犯罪论体系还是四要件的犯罪构成体系,都是为定罪提供方法论依据的,它本身不是一个政治意识形态问题,而纯粹是一个司法技术问题。只要是技术,就有高下之分。就两种犯罪成立条件理论比较,我认为三阶层的犯罪论体系具有更高的技术含量,它体现了在罪刑法定原则下对定罪的司法活动所提出的更加精确、更加精密、更加精致的要求,因而是更为可取的。正是基于这一认识与信念,近年来我一直在推动以三阶层的犯罪论体系取代四要件的犯罪构成体系,认为这是我国刑法知识转型的基础性工作。刑法知识的当代转型,这是我们这一代学人必须担当的学术使命。只有完成这一知识转型,我国刑法学才能有广阔的发展前景。否则,只能是低水平重复,导致学术上的自生自灭。

邓子滨博士在《中国实质刑法观批判》一书中所展示的学术立场、学术胆识,都是有其过人的独到之处的。我认为,邓子滨博士的刑法学术思想的形成,并不是逻辑演绎的结果,也不能说受了我的多少影响,而恰恰是司法的严峻现实的当头棒喝,使他猛然觉醒。因而,相对于那些没有受到棒喝的学者,邓子滨博士是先觉的。先觉,当然也就是痛苦的,这种痛苦是精神上的,是一种心灵上的哀痛。我从邓子滨博士的字里行间也能

---

① 〔日〕西田典之:《日本刑法总论》,刘明祥、王昭武译,中国人民大学出版社2007年版,第53—59页。

够读懂这种痛苦,并深有同感——感同身受之同感。当然,也许我比邓子滨博士要更为乐观一些罢了。

实质刑法,或者实质主义刑法学,并不是邓子滨博士命名的,而是刘艳红教授对自己刑法学术观点的一种概括或者标识。在《走向实质解释的刑法学——刑法方法论的发端、发展与发达》(载《中国法学》2006年第5期)一文中,刘艳红教授对实质刑法的观点作了体系性的阐述,对此我是极为欣赏的。记得刘艳红教授在北大法学院博士生毕业以后,到武汉大学法学院从事博士后研究。2003年在武汉举办的刑法学年会上,我就问过刘艳红关于博士后出站报告的选题,她说主要进行刑法方法论研究,并略述其实质解释论的想法。对于实质刑法我当然是近乎本能地抵触的,但对于刘艳红的研究思路我是十分肯定的:她已经在向立一家之说的方向努力。尽管5年多过去了,刘艳红教授关于实质刑法的系统研究成果即将问世,但毕竟还是没有出版。当然,从刘艳红教授这些年来发表的一系列重要论文来看,其实质刑法学的思想锋芒已经毕现,令人瞩目。我以为,在学术研究上最忌讳的是重复、雷同,没有独立见解,这将使一个人的学术生命永无出头之日。而只有创新,才是学术成长的必然规律。在这方面,刘艳红教授作出了自己的努力,形成了自己的独特观点。在我看来,实质刑法的思潮在德日刑法学中的出现,有着特殊的学术背景,但能否在我国刑法学中采用,则存在一个语境问题。

一般认为,古典派的犯罪论体系是主张形式的与客观的构成要件论的,而将实质判断与主观判断放到违法性与有责性这两个要件之中。此后,随着新古典派的犯罪论体系在构成要件中发现主观违法要素和规范要素,动摇了古典派犯罪论体系中的构成要件的形式性与客观性。当目的论的犯罪论体系以目的为中心重构行为理论,并完成了从心理责任论向规范责任论的转变,将故意与过失等心理事实纳入构成要件,使构成要件更多地包含了主观内容。后来,目的理性的犯罪论体系将客观归责作为构成要件的重要内容,进一步使构成要件向实质化方向发展。在这种情况下,日本学者西原春夫甚至提出"构成要件论发展的历史实际上也正是构成要件论崩溃的历史"的命题。[①] 刑法学上的这一实质化运动,不仅

---

① 〔日〕西原春夫:《犯罪实行行为论》,戴波、江溯译,北京大学出版社2006年版,第56页。

仅出现在构成要件论,而且贯穿整个刑法领域。例如,罪刑法定主义从强调形式侧面到强调实质侧面,实质的故意概念的提出,作为义务的实质论,即保证人地位的实质化运动,实质的正犯概念以及犯罪支配理论的创立,等等。其中,有两本著作值得我们关注。第一本是日本学者前田雅英的《现代社会与实质的犯罪论》。在该书中,前田雅英从刑事政策角度对刑法学的发展倾向作了描述,这就是刑法学逐渐脱离教义学,而向刑事政策接近。在这种情况下,出现了犯罪论的实质化的走向。① 第二本是德国学者考夫曼的《类推与"事物的本质"——兼论类型理论》。在该书中,考夫曼从事物本质与概念出发,考察了类推作为法律适用的补充性技术的正当性,具有明显的实质主义倾向。考夫曼指出:

> 那么,我们该如何看待刑法上所谓的禁止类推,这个今天多数人仍然相信我们可以由"无法律无犯罪"原则导出的禁令呢?如果认为,我们虽然容许法律解释,也容许扩张解释,但却禁止类推,这是否也是一种天真呢?我们只要查阅一下相关文献,对于可允许的解释与被禁止的类推之区别均承认:实际界定是完全无可行性。而且,这涉及的绝非只是一种高难度的区分,而是从根本性质上看无从区分。因为当我们说,解释可以及于"可能的文义"时,其实我们已经在类推之中了,因为这种"可能的文义"既非本义亦非相当,而是一种类似。②

类推与罪刑法定原则是直接对立的,而考夫曼竟然为类推张目,这是令人震惊的。难怪我国学者在拜读以后,用"惊异、怀疑、震撼"这三个感叹词来形容其心情。③ 但如果就此认为我国亦应采用类推,则言之过早矣。我们要来看看,考夫曼所讲的需要通过类推解决的案件到底是一些什么案件?对于这种案件我们又会如何解决?考夫曼曾经专门讨论过盐酸案,案情如下:X携带盐酸泼洒于一名女会计的脸上,进而抢走她的钱包。在联邦法院的判决中,涉及的问题在于:X是否违犯了加重强盗罪。

---

① 参见〔日〕前田雅英:《现代社会与实质的犯罪论》,东京大学出版社1992年版,第10页。
② 〔德〕考夫曼:《类推与"事物的本质"——兼论类型理论》,吴从周译,台北学林文化事业有限公司1999年版,第11页。
③ 参见朱峰:《不同法治背景下的类推制度》,载《环球法律评论》2004年第1期。

根据行为当时有效的《刑法》第250条规定,加重盗窃罪的构成在于:"当行为人……携带武器实施强盗行为,而以武力或以武力胁迫,防止或压制他人的反抗时。"因而必须判断的是:在该案中使用的盐酸是否为一种"武器"。联邦法院肯定了这一点。因为这个判决相当有争议,并且多数人认为应该采否定的立场,所以立法者相应地修改了《刑法》第250条,现在的规定是:"携带武器或者其他器械或方法实施强盗行为,而……"在考夫曼看来,联邦法院在盐酸案中将盐酸认定为刑法所规定的武器,这是采用了类推的方法,指出:

> 联邦法院究竟是如何将盐酸与武器等同处置的呢?照字面及可能的字义是不行的。体系的因素也得不出这种结论,因为法律秩序中(武器法)没有任何一处将化学药品视同武器。主观(历史)解释同样也提不出历史的立法者有这样一种想法。联邦法院得出它的结论只是根据一个极端客观目的论的、扩张的解释,它已经深入到类推里去了。因此,正确的应被提出的问题在于:这里涉及的究竟是被允许的或禁止的类推?①

可以想见,对于盐酸是否能够等同于武器这样的问题,在我国司法实践中可以不假思索地得出肯定性判断,甚至把仿真枪也等于持枪抢劫中的枪支。而在德国刑法学界却普遍认为,这是一个类推的问题。因此,在我国与德国之间关于类推的理解上的差距何其大也。如果按照德国刑法学界的标准,我国在司法实践中几乎是天天在进行类推。因此,我们不能被字面所遮蔽,而是要考虑我国与德国等法治发达国家之间在法治发展阶段上的差别、在法律语境上的区隔。德日刑法学中的犯罪论体系是过于形式化了,因而才会提出实质化的问题;德日刑法学中的教义学是太发达了,才会提出引入刑事政策的思考,如此等等。而我们所面临的问题却完全不同于德日刑法学。我国刑法学在社会危害性理论的影响下,是过于追求实质价值了,形式理性完全没有建立起来。我国刑法学中教义学太不发达了,因而刑事政策往往成为法教义的障碍。正因为我国面临的问题不同于德日,因而不能简单地引入目前德日流行的理论话语。在这个意义上,我认为邓子滨博士本书第九章的标题是一句十分贴切的箴言:

---

① 〔德〕考夫曼:《法律哲学》,刘幸义等译,法律出版社2004年版,第138页。

回归古典学派

邓子滨博士于2002年从北大法学院博士生毕业以后,来到中国社会科学院法学研究所从事职业的法学研究工作,除出版了《刑事法中的推定》(中国人民公安大学出版社2003年版)以及在《法学研究》等重要杂志发表了一系列重要论文以外,还翻译出版了《法律之门》(英文第六版即中文第一版,华夏出版社2002年版;英文第八版即中文第二版,华夏出版社2007年版)和《反思刑法》(华夏出版社2008年版)两部法理学与一部刑法学巨著,从而奠定了自己的学术地位。邓子滨博士在学术上对自己还是具有较高的期许的,曾经与我多次讨论撰写一部刑事自然法的著作,惜乎译事的纷扰而未能成事。现在推出的《中国实质刑法观批判》一书,是这些年来邓子滨博士学术积累与积淀的产物,虽然邓子滨博士年逾不惑,但仍怀初生牛犊之勇,不掩其学术锋芒,此乃后生可畏也。《中国实质刑法观批判》一书是一个前序,我仍然期待邓子滨博士《刑事自然法研究》一书早日问世。

是为序。

陈兴良
谨识于北京海淀锦秋知春寓所
2009年7月13日

63. 李卫红《刑事政策学》[①]序

在我国当前刑事法理论研究中,刑事政策正在成为一个重要的知识增长点。李卫红教授的《刑事政策学》一书,以教科书的形式对刑事政策相关理论进行了体系性的叙述,成为我国第一部个人独自完成的刑事政策学的教科书,这是值得肯定的。

刑事政策学教科书是以建立刑事政策的学科体系为宗旨的,这表明刑事政策学在我国的刑事法学科中正在成为一门独立学科。刑事政策学不同于刑法学这样的规范法学,刑法学是以刑法规范为研究客体的,尽管在犯罪论体系上存在一些理论模式上的选择,但就学科体系而言,基本上与刑法典存在对应关系,因而可以说是大同小异。但刑事政策学则与之不同,刑事政策学具有超法规的性质,它不受法典的桎梏,其学科体系取决于每个学者对刑事政策的理解,不同理解就会存在不同的刑事政策学的学科体系,因而可以说是小同大异。在本书中,李卫红教授对各种刑事政策学的理论体系作了描述,可以发现其中的差别是很大的。其中,如何处理刑事政策学与犯罪学之间的关系可能是一个关键问题。当然,犯罪学本身也有狭义的和广义的之分。狭义上的犯罪学,是指犯罪原因学,侧重于揭示犯罪产生的原因,包括宏观的社会原因与微观的个体原因。这个意义上的犯罪学,类似于诊断学。但广义上的犯罪学,除对犯罪原因的研究以外,还包括犯罪对策的研究,犯罪对策可以分为社会对策与法律对策,法律对策又可以分为立法对策与司法对策,这些内容都是犯罪学的研究对象。在这样一个广义的犯罪学体系中,有关刑事政策的内容往往涵括其间。目前的趋势是刑事政策学逐渐从犯罪学中分离出来,成为一个独立的学科。我以为,刑事政策学尽管与犯罪学之间存在密不可分的学科渊源关系,但两个学科还是可以互相独立的。犯罪学具有事实学科与经验学科的性质,而刑事政策学则具有价值学科的性质,刑事政策学所具

---

① 李卫红:《刑事政策学》,北京大学出版社2009年版。

有的反思性与批判性的理论品格,正是犯罪学所不具备的。

刑事政策学教科书当然是讲究体系性的,通过一定的体系建构将相关知识内容纳入其间,形成一个较为系统的刑事政策知识体系。因此,在评价一本刑事政策学教科书的时候,体系是否科学完整当然是我们所要关注的。从本书来看,李卫红教授基本上把刑事政策学的内容分为总论与各论两部分:总论是指对刑事政策基本原理的叙述;各论是指对具体刑事政策的探讨。上述两部分内容是相辅相成互相补充的。只有刑事政策的基本理论而缺乏对具体刑事政策的阐述,刑事政策理论就会显得空洞。而只有对具体刑事政策的研究却没有扎实的刑事政策基本原理作为支撑,刑事政策理论就会流于肤浅。我们可以看到,李卫红教授在刑事政策的基本理论与具体刑事政策的专门研究这两个方面,都投入了较大的学术资源,从而达到了一定的理论深度。

就刑事政策的基本理论而言,李卫红教授对刑事政策的当代品格的把握是到位的,尤其是在刑事法治的视野下考察刑事政策,揭示了刑事政策的价值内容。例如,在本书中作者以较大的篇幅论述了刑事政策的人道化、法律化与科学化,这些内容都在很大程度上改变了刑事政策的策略化现象,能够从人性与政治、法律与科学的角度深化对刑事政策的理解。当然,这里也存在一些值得探讨的问题。例如,本书专门讨论了刑事政策的价值蕴含,指出了刑事政策所具有的自由、平等、博爱、公正、效率、人道等价值理念。现在的问题是:这些价值理念是刑事政策本身所具有的或者应当具有的,还是在刑事政策之外对刑事政策所形成的某种文化的与文明的制约?我个人认为,刑事政策是追求惩治犯罪有效性的,只不过在不同时代刑事政策的这一目的是受到文化与文明的制约的。在当代社会,刑事政策不再赤裸裸地追求惩治犯罪的有效性,或者说刑事政策目的的实现应当受到自由、平等、博爱、公正、效率与人道这些因素的制约。只有从逻辑上厘清刑事政策与这些价值理念之间的关系,才能对此作出科学的论述。

就刑事政策的具体内容而言,本书涉及"严打"刑事政策、宽严相济刑事政策、死刑刑事政策,这些刑事政策对我国的刑事立法与刑事司法曾经或者正在发生着重要作用,对其专门研究是十分必要的,也是本书的实体内容之所在。但在这部分内容的安排上,我觉得不无改进的余地。作者是按照实然刑事政策与应然刑事政策、宏观刑事政策与微观刑事政策这两对范畴进行排列的,由此组合成实然宏观刑事政策与实然微观刑事政策、应然宏观刑事政策与应然微观刑事政策。在这样的内容排列中,"严打"刑事政策就被分割为实然的考察与应然的探讨这两个部分。其实,实然与应然、宏观与微观只不过是一些视角,刑事政策的学科安排不应以此为根据,而是应该以专门问题为线索。因此,在具体刑事政策这一部分,若能专门对"严打"刑事政策、宽严相济刑事政策、死刑刑事政策、未成年人刑事政策、精神病人刑事政策进行实然与应然、宏观与微观相结合的全面研究,反而条理更为清晰。

在我国刑事法学界,目前专门研究刑事政策学的人并不多,李卫红教授是其中的一位,并且取得了丰硕的学术成果。此前,李卫红教授已经出版了《刑事政策学的重构及展开》(北京大学出版社 2007 年版)一书,本书是在该书基础上的体系化叙述,在理论的广度上有所扩展,在理论的深度上有所加强,两书之间可以明显地看出承继关系。我期待李卫红教授继续在刑事政策学领域进行学术耕耘,以形成自己的学术风格,推进我国刑事政策学的理论研究。

是为序。

陈兴良
谨识于北京海淀锦秋知春寓所
2008 年 11 月 3 日

64. 孙运梁《福柯刑事法思想研究 ——监狱、刑罚、犯罪、刑法知识的权力分析》①序

孙运梁的《福柯刑事法思想研究——监狱、刑罚、犯罪、刑法知识的权力分析》一书即将出版,作为导师,我感到十分高兴。当初孙运梁与我商量博士论文选题的时候,对将福柯的刑事法思想作为博士论文的选题还有一些疑虑。在我的鼓励下,孙运梁完成了博士论文的写作,并顺利地通过了论文答辩,成为第一篇研究福柯刑事法思想的博士论文,也可以说是一篇填补空白之作。

对于刑事法学界来说,福柯是谁,这是一个首先需要回答的问题。而这个问题,恰恰是一个最难以回答的问题。英国学者路易丝·麦克尼在《福柯》一书中指出:

> 福柯的著作博大精深,不容易将其归入哪一门学科,并且这通常导致难以对它们加以批判性的接受。历史学家们拒绝了福柯的著作,因为它们太哲学化了;哲学家们拒绝了福柯的著作,因为它们缺少形式上的严密性;社会学家们拒绝了福柯的著作,因为它们带有文学和诗意的性质。②

我们刑事法学界当然既没有资格拒绝,也没有资格接纳福柯。其实,福柯不属于任何一个学科,但他又对每一个学科产生了影响,因而被每一个学科所研究。这就是福柯——一个大百科全书式的思想家:他的思想属于每一个学科。

福柯的著作之所以具有如此大的影响力,我以为主要在于他创造了一种对社会的分析方法,即权力分析方法。在此之前,对于政治、法律与社会的解读,往往是采用精神分析法或者经济决定论。前者如唯心主义

---

① 孙运梁:《福柯刑事法思想研究——监狱、刑罚、犯罪、刑法知识的权力分析》,中国人民公安大学出版社2009年版。
② 〔英〕路易丝·麦克尼:《福柯》,贾湜译,黑龙江人民出版社1999年版,第1—2页。

者,例如黑格尔;后者如唯物主义者,例如马克思。福柯则从权力关系切入,把人置入权力关系的网络之中,社会也无非是一种权力的建构。因此,在福柯看来,权力是揭示社会秘密的一个路径。福柯用权力来解读社会,也用权力来解读刑罚。在对于刑罚的分析中,福柯采用了权力/肉体的分析范畴,这是一种权力技术学的分析。福柯指出:

> 我们可以有把握地接受一个基本观点,即在我们今天的社会里,惩罚制度应该置于某种有关肉体的"政治经济"中来考察:尽管它们并不使用粗暴的、血腥的惩罚,尽管它们使用禁闭或教养的"仁厚"方法,但是,最终涉及的总是肉体,即肉体及其力量、它们的可利用性和可驯服性、对它们的安排和征服。①

因此,福柯重写了刑罚史:从以道德观念或法律结构为背景的惩罚史到以肉体史为背景撰写的惩罚史。正是在权力与肉体的互动中,福柯揭示了刑罚发展的内在根据。可以说,福柯的这些论断,对于我们理解刑罚是具有重要启迪的。

孙运梁在《福柯刑事法思想研究——监狱、刑罚、犯罪、刑法知识的权力分析》的博士论文中,对福柯的刑事法思想作了系统的论述,其内容正如博士论文的副标题所提示的,涉及监狱思想、刑罚思想、犯罪思想和刑法知识,并着重于权力分析。由此可见,孙运梁博士对福柯刑事法思想的探讨是极为系统全面,也是十分深入的。

刑事法,这里主要是指刑法,首先是一门规范学科,其主体内容当然是对刑法的规范研究。但是,刑法不仅仅是一种规范,而且是一种社会现象,甚至是一种思想观念。在这种情况下,对刑法进行超规范的研究,也是十分必要的,它对刑法的规范研究会有促进作用。以往刑法专业博士论文的选题,绝大部分集中在规范研究的领域。而孙运梁能够采用权力分析方法、循着福柯的思想径路,对刑事法进行某种超越规范的理论研究,这种学术勇气是值得嘉许的。从孙运梁的博士论文内容来看,其并不是简单地归纳梳理福柯的刑事法思想,而是站在一定的理论高度,对福柯的刑事法思想进行评价与分析,因而达到了相当的思想深度与理论高度。

---

① 〔法〕福柯:《规训与惩罚》,刘北成、杨远婴译,生活·读书·新知三联书店1999年版,第27页。

我国的刑事法思想,长期以来受政治意识形态的教条影响,以专政作为中心思想加以解读,对刑事法,包括犯罪、刑罚、监狱等制度的分析,更多的是采用阶级分析法与政治分析法。即使是现在,对于刑事法的理解也还没有完全从阶级专政的教条遮蔽中摆脱出来。在这种情况下,通过孙运梁的博士论文,了解福柯对刑事法所进行的权力分析的思想谱系,对于转变我们的刑事法观念,不啻是打开了一扇思想门窗,使我们的刑事法知识获得增量。因此,孙运梁的博士论文对于我国刑法知识的转型与刑法观念的转变,具有理论意义与现实意义。

孙运梁本科毕业于中国人民大学新闻学院,于2002年考入北京大学法学院,追随我学习刑法,从硕士生到博士生,经过六年的苦读,终于结束了这段求学生涯,博士论文是这段求学生涯的一个句号。现在,孙运梁博士在北京航空航天大学法学院任教。博士论文的出版是学术生涯的起点,我相信孙运梁博士会在学术的路上越走越远。

是为序。

陈兴良
谨识于北京依水庄园渡上寓所
2009年5月24日

65. 沈海平《寻求有效率的惩罚——对犯罪刑罚问题的经济分析》[①]序

刑法的经济分析,可以归入法经济学的学术领域。无论是经济学者还是法学者,都对这个问题进行了研究。沈海平的博士论文《寻求有效率的惩罚——对犯罪刑罚问题的经济分析》,是这一研究的延续,我认为本书为刑法的经济分析的理论发展作出了重要的学术贡献。

刑法所关涉的犯罪与刑罚,都是政治性极强的问题,关系到统治关系能否维系,因而深刻地打上了意识形态的烙印。尤其是在中世纪以前,民智未开,统治者极尽愚弄人民之能事,将刑法纳入宗教神学的话语系统,人们对于犯罪与刑罚的观念也被宗教神学所笼罩。其中,关于刑罚性质的天罚或者天谴之学说,产生了深远的影响,从而使封建专制的刑罚披上了一件神圣的外衣。随着欧洲文艺复兴运动的兴起,一个法律的世俗化,包括刑法的世俗化的过程开始了。刑法的世俗化过程,也就是一个刑法的启蒙过程,刑法的去魅过程。在这个过程中,经济分析方法起到了重大的作用。刑法的启蒙人物无不以经济分析之利器,去除披在刑法身上的宗教神学外衣,从而使刑法的研究成为一种理性的思考。例如近代著名刑法学家贝卡里亚虽然仍把神明启迪和自然法则、社会的人拟协约相并列,作为产生调整人类行为的道德原则和政治原则的源泉,但贝卡里亚指责了被虚伪的宗教所亵渎了的神明。在贝卡里亚所指称意义上的神明,是指去除了神学色彩的宗教。贝卡里亚提出了政治算术的概念,在刑法学研究中引入几何学的计算方法,从而为建立在理性基础之上的现代刑法学开辟了道路。此后,英国著名学者边沁创立了功利主义哲学,在对犯罪与刑罚的研究中,边沁也同样采用了功利主义的方法。所有这些,都被看作刑法经济学研究之肇始,甚至也是法经济学研

---

① 沈海平:《寻求有效率的惩罚——对犯罪刑罚问题的经济分析》,中国人民公安大学出版社2009年版。

究之先河。随着经济学方法论在社会科学研究中的广泛运用,出现了所谓经济学帝国主义。经济学帝国主义在法学领域的殖民,直接导致法经济学这一学科的诞生。

我国的刑法学研究,从来都受到伦理与政治的深刻影响。在我国古代社会,法被伦理化,刑法也是如此。因此,对刑法的研究更多的是一种伦理的研究,这也就是我国古代伦理法的性质。及至现代,我国的刑法又打上了政治的烙印,在某种意义上是一种政治刑法。因此,对刑法的研究在很大程度上是一种政治的研究,往往用政治话语代替法律判断,具有明显的意识形态的倾向。在这种情况下,刑法及刑法研究的自主性,就成为我们所面临的一个重大问题。可以说,我国刑法学研究需要去意识形态之魅。因此,引入经济学方法,对犯罪与刑罚等刑法的基本范畴进行经济分析,我认为是具有重要意义的。可以说,刑法的经济分析给我们开启了刑法研究的一个新领域,揭示了刑法研究的另一种可能性。

沈海平博士自1993年从中国政法大学刑法专业获得硕士学位以后,到《检察日报》从事法制新闻工作。在告别校园13年以后,又来到北大法学院在职攻读刑法专业的博士学位。在博士论文的选题上,颇费周折。沈海平本想利用对司法实务了解的便利,进行刑罚效益的实证研究。后来发现这一题目有一定难度,从而又转向运用经济分析方法对刑罚的效率进行研究,现在的论文实际上不仅是对刑罚的经济分析,基本上是一篇刑法经济分析的论文。沈海平在完全没有经济学专业背景的情况下,利用工作之余,恶补经济学知识,经过艰难的写作,终于完成了博士论文,并在答辩中受到好评。对于沈海平写出如此水平的刑法经济分析论文,我也是感到意外的,沈海平这种超越自我的刻苦钻研精神是令人感动的。

我认为,沈海平的博士论文最大的特点是能够将刑法经济学的一般分析与具体分析紧密地结合起来,从而使刑法经济分析达到一种更为细致的理论程度。以往的刑法经济分析,大多停留在对犯罪与刑罚的一般分析上,过于空泛。在本博士论文中,沈海平除对刑法经济分析一般理论的探讨以外,对犯罪与刑罚的经济分析,都分为总述与分述两个板块。在总述中,是对犯罪与刑罚的一般分析,也正好对应于犯罪总论与刑罚总论。在分述中,沈海平选择了财产犯罪、腐败犯罪、暴力犯罪和过失犯罪等4种犯罪类型,以及死刑、罚金刑、监禁刑等3种刑罚类型,进行了深入具体的经济分析,由此推进了刑法经济分析的深度与广度。尤其是,沈海平还对非公共执法进行了经济分析,涉及社会规范与刑事和解等问题。刑事和解虽然不是一个完全意义上的刑法问题,但与刑事纠纷的解决具有密切关系,也是当前刑事法领域的一个热点问题。对刑事和解制度,从刑法经济分析角度进行研究,是十分必要的,也是具有新意的。当然,我更感兴趣的还是对社会规范的经济分析,尽管社会规范本身似乎不是一个法律问题,更不是一个刑法问题。在博士论文中,沈海平对社会规范的性质作了论述,提到一个十分重要的命题:社会规范是一种自发秩序。自发秩序这个概念,是哈耶克首先提出来的。哈耶克认为在市场经济中存在一种自发的经济秩序。其实,在社会生活中也同样存在一种自发的社会秩序。这种自发秩序不是法律规范的对象,而恰恰是法律保护的对象,甚至是法治的基础。法治必须建立在自发秩序之上,只有如此,法治才是具有生命力的。自发秩序与法律的关系、与刑法的关系,都是值得我们深入探讨的。在博士论文中,沈海平对社会规范及其与刑法相关性所作的经济分析,为我们重新理解刑法的功能及其作用机制,提供了一种新视角。

在博士论文写作过程中,为保证写作时间与精力,也为回归学术,沈海平调任国家检察官学院副教授。博士论文的出版,是沈海平在学术道路上的新起点。我相信,在教学科研岗位上,沈海平能够作出更大的学术贡献。

是为序。

陈兴良
谨识于北京大学法学院科研楼609工作室
2008年12月15日

66. 古丽阿扎提·吐尔逊《中亚恐怖主义犯罪研究》[①]序

当前,世界各国都面临着恐怖主义犯罪的威胁,中国也是如此。恐怖主义犯罪对各国刑法是一种挑战,如何处理恐怖主义犯罪对于任何一个文明社会都是一个不可回避的问题。在这种情况下,加强对恐怖主义犯罪的研究,就成为一个重大的课题。古丽阿扎提·吐尔逊的博士论文《中亚恐怖主义犯罪研究》,对中亚这一区域的恐怖主义犯罪进行了深入研究,可以说是我国在恐怖主义犯罪研究领域取得的前沿性成果。

中亚毗邻中国,两者的关系可谓源远流长,古代的丝绸之路曾经盛极一时。在过去的半个多世纪,由于地缘政治上的原因,中国与中亚各国虽然在地理上没有变化,但心理上却隔绝了,政治、经济与文化的交流处于停滞状态。苏联解体、东欧剧变以后,中亚各国从苏联分离出来,获得了政治上的独立。适逢中国实行改革开放的政策,中国与中亚各国之间的交流也得以恢复,重现丝绸之路的辉煌的言论也时常见诸报端。中国的改革开放,最初是东南沿海的开放。此后,西北地区向中亚各国的开放也开始提上议事日程。尤其是中央"西部大开发"战略的确立,新疆成为西北地区开放的桥头堡。中亚各国地处亚洲腹地,新疆与中亚各国存在着历史的、民族的和经济的紧密联系。因而,向中亚各国的开放对于改变中国在世界地理格局中的位置,意义不可低估。在向中亚开放的过程中,我们遇到了一个中亚恐怖主义犯罪的问题。发生在中亚各国的恐怖主义不仅对中亚各国的经济发展与社会稳定是一种严重的威胁,而且对于中国边疆地区的经济发展与社会稳定也同样具有危害性。尤其是中国境内的宗教极端主义、民族分裂主义与恐怖主义这"三股势力"与中亚各国的恐怖主义犯罪交织在一起,其社会危害性十分严重。古丽在《中亚恐怖主义犯罪研究》一书中,在综述恐怖主义犯罪的一般特点的基础上,对中亚恐

[①] 古丽阿扎提·吐尔逊:《中亚恐怖主义犯罪研究》,中国人民公安大学出版社2009年版。

怖主义犯罪的状况、类型和原因作了相当深入的论述,并提出了具有针对性的惩治中亚恐怖主义犯罪的对策。全书谋篇布局合理,论证也较为充分。古丽是维吾尔族,又长期在新疆生活、学习与工作,对中亚恐怖主义犯罪问题的关注与研究具有地缘上与语言上的优势。古丽搜集了中亚恐怖主义犯罪的大量资料,并对这些资料进行了细致的梳理。尤其是本书在正文中穿插了37份表格,以一种更为直观的形式展示了与中亚恐怖主义犯罪相关的资料,使结论建立在扎实的实证资料的基础之上。本书使我们对中亚恐怖主义犯罪有了全景式的把握,将我们的目光吸引到中亚这一陌生的区域,感受到来自恐怖主义犯罪的威胁,也进一步坚定了我们和中亚恐怖主义犯罪作斗争的信念。我认为本书达到了较高的学术水平,在博士论文答辩过程中也获得了答辩委员会委员的一致好评,这是令人欣喜的。

古丽是我指导的博士研究生,她在考取北京大学法学院刑法专业博士研究生之前,在新疆大学获得过国际政治的硕士学位,并没有学过法律。但古丽对法律,尤其是刑法极感兴趣,自学法律并连考三年,其矢志不渝之努力终于得到了回报,实现了成为维吾尔族第一位法学博士生的心愿。入学以后,古丽面临着生活与学习以及语言方面的巨大压力和挑战。对于在新疆喀什边远地区长大的古丽来说,语言的压力是最大的。古丽在高中阶段才接触到汉语,本科阶段才开始学习英语。因此,古丽的汉语水平与英语水平相差不多。来北大不久,古丽求学心切但语言成为障碍,她开始时有些自卑和怯意。作为导师,我对古丽进行了鼓励。像她这种情况能够考取北大法学院的博士研究生,已经是一个不大不小的奇迹了,适应生活与学习应该是不成问题的。古丽不负众望,以一种刻苦的精神投入到学业中去,我在各种课堂和讲座中常能见到古丽的身影。在完成刑法专业博士生课程的同时,古丽又选修了国际人权法的课程,还出国访学,在学业上取得了丰硕的成果。在博士论文选题时,因为古丽本来对中亚跨国犯罪就有研究,并且曾经撰写过专著,虽然未能出版,但也有相当的基础。在这种情况下,古丽提出以中亚恐怖主义犯罪作为博士论文研究的课题,我欣然同意。在博士论文题目确定以后,古丽全身心地投入到博士论文写作当中,终于交出了一份漂亮的答卷。

对于一个学者来说,第一本书的出版是最为重要的,它使学者获得某种学术自信,并成为此后学术生涯的一个起跑点。《中亚恐怖主义犯罪研究》这篇优秀的博士论文,是古丽的第一本专著,又是一个很高的起点,也是古丽在将来的学术研究中需要自我超越的一个高度。在北大获得法学博士学位以后,古丽将回到新疆,在新疆大学法学院从事法学教学与研究工作。新疆大学作为新疆维吾尔自治区的最高学府,必将会给古丽提供一个更大的学术平台。我期望古丽在学术的征途上越走越远。

是为序。

陈兴良
谨识于北京大学法学院科研楼609工作室
2008年12月23日

67. 赵颖《当代中国黑社会性质组织犯罪分析》[①]序

黑社会性质组织犯罪是我国刑法规定的一种十分具有中国特色的犯罪。这里所谓具有中国特色,是指在黑社会组织犯罪中所添加的"性质"二字,具有"准"黑社会组织犯罪的含义。这表明我国立法机关认为,我国的黑社会组织犯罪尚处在较低的发展水平上,它与那种成熟的黑社会组织犯罪形态还是存在较大差别的。反映在我国《刑法》第294条对黑社会性质组织犯罪的描述上,立法机关采用了"称霸一方,为非作恶,欺压、残害群众"这样一些具有一定文学色彩的词汇,表明对黑社会性质组织犯罪的法律特征是较难把握的,尤其是黑社会性质组织犯罪与所谓黑恶势力犯罪的区分,始终是法律上的一个难题。在这种情况下,对黑社会性质组织犯罪的理论研究就显得格外重要。赵颖同志的《当代中国黑社会性质组织犯罪分析》一书,立足于当代中国的刑事立法与刑事司法,对中国黑社会性质组织犯罪进行了较为深入的专门研究,对于我们正确地界定黑社会性质组织犯罪具有一定的参考价值,这是值得肯定的。

对黑社会性质组织犯罪的犯罪学研究与刑法学研究有机地加以结合,这是《当代中国黑社会性质组织犯罪分析》一书的特点之一。黑社会性质组织犯罪作为一种犯罪现象,具有其他犯罪所不具有的特殊性。如何从犯罪学上分析黑社会性质组织犯罪的特征,这是黑社会性质组织犯罪研究的一个难点问题。在本书中,赵颖同志采用犯罪学的分析方法,较为生动传神地揭示了黑社会性质组织犯罪的特征,对于正确认定当代中国黑社会性质组织犯罪具有参考价值。例如在本书中,赵颖同志在描述当代中国黑社会性质组织犯罪的状态时,提出当代中国黑社会性质组织犯罪具有两种形式、三大阶段、四种动向、五种类型。所谓两种形式:一种是努力寻找保护伞;另一种是自己打伞。所谓三大阶段:第一阶段是黑社会性质组织的萌芽;第二阶段是黑社会性质组织的发展;第三阶段是黑社

---

① 赵颖:《当代中国黑社会性质组织犯罪分析》,辽宁人民出版社2009年版。

会性质组织的升级。所谓四种动向:第一种动向是在社会影响上,从横行乡里到开始有意识笼络人心;第二种动向是在敛财方式上,从见利就夺到学会"高端经济犯罪";第三种动向是在犯罪方式上,从抢砍刀、挥拳头到学会钻市场经济空子;第四种动向是在保护犯罪上,从寻求保护伞到自我"打伞"与保护伞相结合。所谓五种类型:地域型、亲缘型、帮会型、流动型、渗透型。黑社会性质组织犯罪的现象是十分复杂的,犯罪学分析的使命是透过现象抓住当代中国黑社会性质组织犯罪的本质。我认为,本书所描述的两种形式、三大阶段、四种动向和五种类型,以一种生动活泼的笔触揭示了当代中国黑社会性质组织犯罪的特征,反映了赵颖同志对犯罪学方法较为娴熟的掌握。从整个结构上来看,本书按照现象—原因—对策这样一种犯罪学的范式展开对当代中国黑社会性质组织犯罪的犯罪学分析。本书在理论框架上没有大的突破,但在具体问题上的描述与分析上,还是给人留下较深的印象。尤其是赵颖同志关于黑社会性质组织犯罪所占有的资料是较为翔实的,从而为对当代中国黑社会性质组织犯罪的犯罪学分析提供了鲜活的素材。应该说,本书的重点在于对黑社会性质组织犯罪的犯罪学分析,赵颖同志不满足于此,还对黑社会性质组织犯罪进行了刑法学分析,这也就是本书关于当代中国黑社会性质组织犯罪的法律思考。应当指出,犯罪学分析方法与刑法学分析方法是完全不同的:前者更多是描述性的,是一种事实分析;而后者更多是思辨性的,是一种规范分析。在黑社会性质组织犯罪的刑法学分析中,赵颖同志主要根据我国《刑法》第294条的规定和有关立法解释与司法解释,对我国刑法所规定的组织、领导、参加黑社会性质组织犯罪(《刑法》第294条第1款)、入境发展黑社会组织罪(《刑法》第294条第2款)以及包庇、纵容黑社会性质组织罪(刑法第294条第4款)这三个罪名进行了规范分析。在此基础上,赵颖同志还从立法完善的角度建言。这种现行法律规定—法律存在的问题—法律完善建议的进路,也是在我国刑法学研究中通行的一种思路。我个人并不十分赞同这种分析进路,因为它会使规范思考与超规范思考这两种语境发生错位。当然,在我国刑法学界这种分析结构还是较为常见的,只要把握得当,这种思路具有通俗易懂的优点,这也是不可否认的。赵颖同志在对当代中国刑法中的黑社会性质组织犯罪的法律思考中,我以为还是抓住了要点,对于正确厘清相关罪名的法律性质具有一定意义。当然,相对于犯罪学的分析而言,本书对黑社会性质组织犯罪的刑法学分析还是较为薄弱的。作为一本以犯罪学分析为重点的著作来说,尽管这是一种缺憾,但也为将来对当代中国黑社会性质组织犯罪的进一步研究留下了余地。

本书作者赵颖同志,长期在中国刑事警察学院从事刑法学的教学与科研工作,一直关注当代中国黑社会性质组织犯罪,并大量搜集了有关资料。在此基础上,经过辛勤写作,终于完成本书。从总体上来看,本书的结构完整,思路清晰,提出了一些个人见解,并对此进行了较为充分的论证,这是难能可贵的。值此本书行将付梓之际,我受邀为本书作序,并乐于推荐本书。

是为序。

陈兴良

谨识于北京海淀锦秋知春寓所

2009年6月3日

68. 于爱荣《四维矫正激励——基于未成年犯的视角》[①]序

当前,犯罪,尤其是未成年人犯罪已经成为一个严重的社会问题。对于犯罪问题的解决,当然需要采取综合治理的方针。但对犯罪人,包括未成年犯罪人的矫正,无疑是一个重要的环节。未成年人的可塑性强,对于未成年犯罪人的矫正,尤其具有重要意义。江苏省监狱局于爱荣局长长期从事监狱管理工作,具有丰富的管教罪犯经验,在《未成年犯矫正激励模式与应用研究》博士论文的基础上,于爱荣局长经过认真修订,终于完成了《四维矫正激励——基于未成年犯的视角》一书。在本书即将问世之际,我通读了全书,感到这确实是一本提升监狱学理论研究水平的成功之作,可喜可贺。

对罪犯的矫正,与其说是理论问题,不如说是一个实践课题。《四维矫正激励——基于未成年犯的视角》一书并不是将罪犯矫正作为一个纯理论的问题进行抽象的逻辑演绎,而是把它作为一个实践课题,采用实证研究方法,最终得出具有实证数据支持的结论。从这个意义上说,本书不像人们通常印象中的文科论文,而更像是一篇理工科论文。这无论在研究方法上还是在论文文体上,都是一个值得肯定的突破。

在以往的文科,也就是所谓社会科学研究中,满足于概念界定与观点论证。而在法学理论研究中,则受到法条主义的影响,理论视野往往被概念与法条所遮蔽。这种从文本到文本、从法条到法条的研究方法,存在较大的局限性。虽然在社会科学,也包括法学的基础理论研究中,抽象的思辨方法是必不可少的,但其应用理论研究则应当更多地面向实践,进行实证分析。在刑法学中,理论思辨与法条注释应当并重。而对于一般社会学性质的学科,例如犯罪学,就应当注重田野调查。真正有分量、有价值的犯罪学论文,应当是一项设计缜密的实证调查完成之后的研究报告。

[①] 于爱荣:《四维矫正激励——基于未成年犯的视角》,中国长安出版社2009年版。

只有这样,其结论才具有可信性。但目前我国的犯罪学论文还是闭门造车,以抽象思辨为主,因而在很大程度上影响了犯罪学研究水平的提升。类似于犯罪学研究,监狱学也具有明显的应用性,应当以监狱作为一个试验场所,在大量数据的基础之上进行实证分析。由于监狱的封闭性,学者在对监狱进行研究方面还存在较大的局限性。在这种情况下,我国的监狱管理者不仅仅是实践工作者,而且也成为监狱理论研究的生力军,为监狱理论研究作出了卓越的贡献。于爱荣局长的《四维矫正激励——基于未成年犯的视角》就是一个明证,本书达到了监狱理论研究的前沿。

本书提出了"四维矫正激励"这样一个命题,论文的本体可以分为以下两个部分:第一部分是理论前提的设定;第二部分是实证研究。在理论前提设定部分,于爱荣局长建构了一个未成年犯四维矫正激励的模式。这里所谓四维矫正激励,包括刑务激励、狱政激励、物质激励和情感激励。刑务、狱政、物质和情感这四个因素,对于未成年犯的矫正具有某种激励作用,这是基于对未成年犯的心理特点和行为特点进行分析之后得出的一般性结论。但这一结论是否能够成立,在这四个影响矫正的激励因素中,各个因素所起作用的大小,这些问题还有待实践检验。因此,在本书的实证研究部分,于爱荣局长利用掌握监狱管理资源的便利,利用一个研究团队的力量,以江苏监狱为主,对四维矫正激励模式和矫正效果进行实证性研究。在论文中对这项测试的数据进行实证分析,如果没有这一工程浩大的测试并由此获得丰富的数据和其他第一手资料,实证分析无从谈起。因此,在本书背后的辛勤劳动保证了本书结论的可靠性。在某种意义上说,本书忠实地描述了这次试验过程,并将数据与结论提供给读者。本书的结论也是令人深思的,例如情感激励对未成年犯的矫正效果十分明显,而刑务激励模式对未成年犯的心理没有显著影响等。在未成年犯的矫正中,应当强调情感的激励作用,做到动之以情,晓之以理,这对于未成年犯的矫正来说是极具启示性的。至于刑务激励对于未成年犯心理没有显著影响,但对于未成年的行为具有影响,这一结论也是值得关注的。如何在未成年犯的矫正中发挥法制教育的作用,这仍然是监狱管理中需要进一步加强的一项工作。未成年人犯罪,在相当大的程度上缘于不知法、不畏法,最终违法犯罪,受到法律惩罚。因此,在未成年犯的矫正中应当强调法制教育。

除了本书的正文之外，我还读到末尾关于本研究的不足与后续研究设想，这是令人高兴的。这表明本书只是一个阶段性成果，其研究还将在更大的广度与深度上展开。在本研究的不足中，我还想提出一项，就是将未成年犯的矫正激励与成年犯的矫正激励进行对比性研究，从而揭示未成年犯在矫正激励上的特点，这对于加强未成年犯的矫正是具有指导意义的。

　　我虽然致力于刑法学研究，但监狱与刑法具有某种天然联系，使我对监狱研究亦有所关注。我在 2001 年暑假曾经到南京进行劳动教养制度调研，得以与于爱荣局长相识，此后，我兼任中国监狱学会副会长，在监狱学术活动中，多次与于爱荣局长相见。在于爱荣局长的领导下，江苏省的监狱理论研究走在全国前面，尤其是在罪犯矫正理论研究方面取得了瞩目的成果。现在，于爱荣局长的博士论文《四维矫正激励——基于未成年犯的视角》又即将出版，对于关注监狱理论研究的我来说，确实是一个惊喜，使我对我国监狱理论研究的前景寄予更高的期望。

陈兴良
谨识于北京依水庄园渡上寓所
2008 年 9 月 14 日

69. 刘树德《法政界面的刑法思考》[①]序

近年来,我国刑法学研究获得了长足的进步,其突出表现之一就是刑法的超规范研究越来越深入,成为刑法理论研究的重要组成部分。在这当中,刘树德以《宪政维度的刑法思考》(法律出版社 2002 年版)、《宪政维度的刑法新思考》(北京大学出版社 2005 年版)、《政治视域的刑法思考》(北京大学出版社 2007 年版)等书展示了其对刑法超规范研究的学术成果。现在,刘树德又完成了《法政界面的刑法思考》一书,进一步延续了前面这些书所开始的对刑法的超规范考察,这是令人振奋的。

本书是基于政治而对刑法的思考,因而必然涉及政治与刑法的关系。在《刑法知识论》一书中我曾经指出:"在相当的一个时期内,刑法问题的思考都是一种政治考量、一种意识形态考量,因而所谓刑法知识完全混同于政治常识、意识形态教条,刑法知识的学术化完全无从谈起。刑法知识的政治化以及意识形态化,实际上是政治对刑法学的一种侵蚀,有损于学术的独立性和知识的纯粹性。"[②]正是在这种情况下,我提出了刑法知识去政治化的命题。刘树德曾经就此问题与我讨论,如何理解刑法与政治、刑法知识与政治之间的关系,能不能说:刑法知识应当去政治化,但刑法却不能去政治化。对于这些问题,是应当深入思考的。在刑法知识的政治化与去政治化问题上,我的立场是鲜明的:刑法知识应当去政治化,保持其与意识形态的相对区隔,唯此刑法学才有学术可言。那么,刑法呢?在某种意义上来说,刑法本身就是政治,因此,刑事政策也被称为刑事政治。刑法与政治能够分得开吗?是否同样可以得出刑法的去政治化的命题呢?对于这个问题,我陷入了长久的沉思。确实,刑法与政治的关系剪不断、理还乱。我思考的最终结论还是主张刑法与政治的分离,但这种分离并不是否认刑法与政治之间的联系,恰恰是为使刑法与政治各得其

[①] 刘树德:《法政界面的刑法思考》,北京大学出版社 2009 年版。
[②] 陈兴良:《刑法知识论》,中国人民大学出版社 2007 年版,第 3 页。

所,才应当保持刑法的自主性与独立性。我们的主流话语总是主张一切都要为政治服务,因此,刑法也应当为政治服务。但我们从来没有考虑过刑法如何才能更好地为政治服务。过去,我们在刑法为政治服务的口号下,使刑法沦为政治的工具、意识形态的奴婢。为政治服务,刑法可以不讲罪刑法定,为政治服务甚至可以出入人罪。在这种情况下,刑法的功能已经与政治的功能合而为一,最终的结果是无法无天,刑法遭受灾难性的后果,政治也难以清明。这一切告诉我们:政治关系到国家的生死存亡,当然是重要的,但政治不能代替刑法,也不能包办一切。政治的归政治,刑法的归刑法。只有这样,刑法才能通过自身机能的正常作用而实现其政治使命。因此,刑法保持相对独立性,才能更好地为政治服务,而不是相反。国家的政治主张,应当通过刑事政策,指导刑事立法与刑事司法。之所以在刑法与政治之间要保持一定的区隔,主要是因为刑法与政治各有其自身的规律。在刑法中,罪刑法定原则是当代刑法必须坚持的,它体现的是对公民个人权利与自由的保障,这是一种形式理性的体现。但政治则直接诉诸权力,是按照实质理性思考问题的。在某些情况下,政治思考与法律思考是有所不同的,甚至会存在一种紧张关系。例如,面对严重危害社会的行为,如果法律没有明文规定,刑法思考的必然结论是不为罪,这是罪刑法定原则的应有之义。但政治家可能会大不以为然:法律难道不是人制定的?在这种情况下,法律家对法律理念的信仰、对法律原则的坚守,恰恰是国家之幸、政治之幸。在这个意义上来说,政治考量不能代替刑法考量。作为刑法学家,我们当然不能沦为法条主义者,但我们只能在法律范围内获得政治价值,而不能为一时政治之需而践踏法律。否则,刑法与政治必将两败俱伤。

我曾经提出从政治刑法到市民刑法的命题,以此勾勒我国在相当长的一个时期内刑法的基本走向。从政治刑法到市民刑法,是我国刑事法治发展的必然趋势,也是刑法的独立性与自主性不断获得的过程。从1979年《刑法》到1997年《刑法》,我以为在去政治化方面还是有所进展的,其中将1979年《刑法》中的反革命罪修改为危害国家安全罪以及罪刑法定原则在1997年《刑法》中的确立,可以视为标志性事件。反革命是一个政治概念,因此反革命罪具有政治含义,而危害国家安全罪则是一个法律概念,其法律内涵十分明确。在历史上,刑法曾经用于镇压反革命,直接作为专政工具,因此反革命罪是这一历史的遗迹。尽管在我国刑法学界存在个别学者对于将反革命罪改为危害国家安全罪是一个危险抉择的担忧,这种政治敏感值得尊敬。但修改以后,这种担忧并没有成为现实,反而使我国刑法更加科学。此外,1997年《刑法》还在废除类推的基础上确立了罪刑法定原则,罪刑法定成为一个里程碑,标志着我国刑法在民主与法治道路上的进步。当然,目前政治意识形态内容还夹杂在刑法规范中,为此还要继续清理。我相信,刑法的进一步醇化,必将对我国的民主与法治作出更大的贡献。而在某种意义上说,民主与法治是我国当前最大的政治。

树德在最高人民法院工作,可谓身在规范之中却能够跳出规范进行超规范的思考,并且一而再、再而三地出版对刑法进行超规范研究的著作,是令我们学者汗颜的。作为学者,具有一种更为超然的地位,因此更有责任对刑法进行超规范的研究。树德的研究成果为我们学者的进一步研究奠定了基础,这是值得充分肯定的。当然,我还是期望树德能把更多的精力用于刑法的规范研究。尽管在规范研究领域树德也已经取得丰硕成果,但我还是在这一领域寄希望于树德。最后,我还希望树德在学术耕耘之中能够精耕细作,使学术成果精益求精。当然,这也许是一种苛求。

是为序。

陈兴良
谨识于北京依水庄园渡上寓所
2009年4月5日

70. 刘树德、喻海松《规则如何提炼：中国刑事案例指导制度的实践》[①]序

刘树德、喻海松合著的《规则如何提炼——中国刑事案例指导制度的实践》一书即将出版，树德邀我为之作序。树德已经出版多部著作，我亦数次为其写序。此次出版关于从指导性案例中如何提炼规则的著作，也正好是我正在从事的研究，因而欣然应允撰序。

最高人民法院负有对全国各级法院的审判指导之功能，这种审判指导以何种形式实现，这是一个值得研究的问题。以往，最高人民法院常常是通过颁行司法解释的方式进行审判指导的。司法解释是规范性文件，因而颁行司法解释就是在创制规范性文件，具有立法的意蕴。我曾经将司法解释称为司法法，就是在这个意义上说的。当然司法法是一种实然的描述，至于这种审判指导的形式是否合适，尚有待讨论。司法解释作为一种规范性文件，有其利亦必有其弊。司法解释之利在于司法解释具有广泛的适用性，能够提供一般性的规则。尤其是在我国法律规定较为抽象的情况下，司法解释以第二次立法的方式将法律规定进一步细化，为法院审判提供了更为具体的法律规则。司法解释之弊在于它本身是抽象的，因而在具体适用中还需要解释，并且难免挂一漏万，无法周延。何况制定司法解释有严格的程序，这种程序虽然较之立法是简单的，但仍然不能对审判实践中的问题作出及时的回应。在这种情况下，应当限制司法解释的作用，甚至也有学者提出以法官的个案解释替代规范性的司法解释。这种观点有一定道理，不过这里的个案解释我认为应当限囿于最高人民法院认可的指导性案例，这种案例本身具有准判例的功能。从这个意义上说，在我国目前不可能取消司法解释的情况下，充分发挥权威性案例对审判活动的指导作用，我认为是势在必行的。对此，最高人民法院也

[①] 刘树德、喻海松：《规则如何提炼：中国刑事案例指导制度的实践》，法律出版社2009年版。

是认可的。例如《人民法院第二个五年改革纲要(2004—2008)》中就明确规定:"规范和完善案例指导制度。最高人民法院要制定关于案例指导的规定,规范指导性案例的编选标准、公布方式、指导规则等。高级人民法院可以发布适用于本地区的参考案例,但所选案例不得与最高人民法院公布的指导性案例相抵触。"由此可见,最高人民法院已经将案例指导工作提上议事日程。强化案例指导工作,必须有一个平台。换言之,案例要有一个载体。以前的载体是《最高人民法院公报》,近年来最高人民法院的各业务庭又开辟了一些刊登指导性案例的渠道。《刑事审判参考》就是其中的一种。它由最高人民法院的刑事审判部门负责编辑,法律出版社出版。我亦忝列顾问之列,其实并未做更多的工作。《刑事审判参考》刊登的案例,一般都具有权威性,是案例指导审判工作的重要体现。在2002年,我曾经应邀写过一篇评议《刑事审判参考》的论文——《强化法院判例与司法解释功能——评〈刑事审判参考〉》,刊登在什么报纸(《法制日报》抑或《人民法院报》?)我记不清了①。从网上搜索下来,其内容与本书有关,照录如下,也可看作我的序的一部分:

  在建设社会主义法治国家的过程中,大力推进刑事法治具有十分重要的意义,因为它关系到公民的生杀予夺。值得欣慰的是,1997年修订后的刑法明文确立了罪刑法定原则,为刑事法治的建设奠定了基础。当然,从立法上的罪刑法定到司法上的罪刑法定,存在一个转化与落实的问题。为了不使罪刑法定成为一句法律口号或者一条法律标语,我们尤其应当关注刑事审判。换言之,罪刑法定的原则对刑事审判提出了更严、更高的要求。我认为,罪刑法定原则当然强调定罪量刑都应当严格地以法律规定为准绳,但罪刑法定原则并不否定司法的自主性与能动性,也不否定法官的自由裁量权,更不否定判例与解释在刑法适用中的补充作用。最近,我高兴地看到了最高人民法院刑事审判第一庭编辑出版的《刑事审判参考》(法律出版社),该书将以每年6期的进度长期出版。我相信,《刑事审判参考》的出版

---

① 经网络撰索,该文刊登在《法制日报》1999年8月26日第7版。——2019年12月4日补记

必将在规范刑事审判、强化判解功能,从而实现刑事法治方面起到积极的推动作用。

从已经出版的两期来看,《刑事审判参考》的内容主要可以分为两大部分:第一部分是案例,以及法律、法规、司法解释理解与适用,这是研究性内容;第二部分是法律、法规、司法解释和裁判文书,这是资料性内容。法律、法规、司法解释和裁判文书等资料性内容的及时刊登,对于规范刑事审判当然具有重要作用。尤其是选登那些具有全国性影响的重大案件的判决书,对于刑事审判工作具有示范效应。但就我本人而言,最感兴趣的还是第一部分内容,它不是对刑事审判资料的简单堆集,而是对案例与司法解释的分析与解说。无论是对司法实践还是对刑事法理论研究,都具有重要的指导意义与参考价值。

我国通常所说的案例,与国际上通行的判例,涵义并不相同。在我看来,我国的案例实际上可以分为两部分:一部分是刑法理论工作者为研究的需要,从司法机关搜集的具有典型意义或者疑难性的司法实例,通过对这种复杂疑难案例进行法理上的分析,以充实刑法理论,解说刑事法律;另一部分是由权威司法机关,尤其是最高司法机关公布的,对于各级司法机关的刑事司法工作具有指导意义的案例。前一种案例没有法律上的影响力,后一种案例具有法律上的影响力,实际上具有判例的性质,至少可以称为"准判例"。在此,我没有使用法律上的拘束力一词,而是代之以"法律上的影响力",主要是考虑到我国实行的是成文法,并且尚未正式建立判例制度这一现实状况。英美法系国家实行判例法,判例在刑事审判中的地位与作用是不言而喻的。大陆法系国家,尽管实行的是成文法,但同样十分重视判例的作用。判例虽然不被认为是正式的法的渊源,但对适用成文法具有重要的参考价值。我国虽然没有正式建立判例制度,但最高司法机关十分注重案例(在一定程度上就是判例)的作用。例如,《最高人民法院公报》每期都载有由最高人民法院批准,甚至经最高人民法院审判委员会讨论通过的案例,要求各级法院在审判工作中加以参考。由于《最高人民法院公报》篇幅有限，案例的裁判理由未加展开，因而难以满足司法实践的需要。在这种情况下，《刑事审判参考》以较大篇幅刊登这些案例（第 1 期 7 个，第 2 期 9 个，按序编号，两期已经刊登 16 个案例），可以说是开辟了一条公报以外的公布判例的正式渠道。尤其值得称道的是，案例除对案情和审理过程及其判决结果加以叙述以外，每个案例都提出了疑难问题，并在裁判理由中进行了深入分析，从而引申出一些对于刑事审判具有指导性的规则。例如第 1 期刊登的曹娅莎金融凭证诈骗案，在裁判理由中解决了单位犯罪行为与个人犯罪行为的区分标准问题。被告人曹娅莎虽然是海州实业有限公司经理，但进行金融凭证诈骗活动与该公司没有关系，尽管曹娅莎将部分赃款用于海州实业有限公司，也应视为个人诈骗犯罪违法所得的使用。由此可见，单位犯罪必须是以单位名义实施，并为本单位谋利。如果虽以单位名义但为个人谋利，或者虽然单位获利但未以单位名义都不能构成单位犯罪。我想，这样一些倾向性意见对于处理同类型的案件是具有指导意义的，它也在一定程度上起到了对法律解释的作用。

除案例部分以外，《刑事审判参考》关于法律、法规、司法解释理解与适用的内容也具有重要的参考价值。尤其是对司法解释的理解与适用，由于作者是参与制定与讨论这些司法解释的人士，对于司法解释的制定意图、背景、精神把握最为准确，由其撰文论述司法解释的内容，对于各级司法机关正确地适用这些司法解释无疑具有指导意义。在我国的刑事审判工作中，司法解释发挥着很大的作用。尽管我国实行罪刑法定原则，但由于立法仍然失之粗疏，这就为司法解释留下了广阔的余地。就我个人的观点来说，我国当前的司法解释在一定意义上具有"司法法"的性质。因此，及时、正确地颁布司法解释，对于刑事法治的建设是极为重要的。《刑事审判参考》刊登的文章，对于司法解释的理解与适用是大有裨益的。例如第 2 期刊登的《关于对在执行死刑前发现重大情况需要改判的案件如何适用程序问题的批复》的理解与适用的文章中，对于核准死刑的判决、裁定何时生效的问题、适用何种程序改判的问题作了论述,列举了在司法解释讨论中的不同意见,或者司法实践中的不同意见,然后发表了个人见解。由于作者参与了司法解释的制定与讨论,因而其意见的参考价值是不言而喻的。

最后还应指出,《刑事审判参考》的出版,对于刑事法理论研究的发展也具有促进作用,必将受到理论界的高度重视和热烈欢迎。我始终认为,一个国家的法学理论水平是受这个国家的法治现状制约的。《刑事审判参考》的出版可以看作我国刑事审判水平正在提高的一个征兆,并且为刑事法理论研究提供了大量实际素材(已经不是原始资料,而是经过理论加工的半成品),这就为刑事法理论的发展创造了条件。我们的理论应当贴近司法实践、立足于司法实践,唯此才有生命力。我们的理论又必须在司法实践的基础上进行更为深入的理论思考与理论升华,甚至上升到法哲学的高度,唯此才有创造力。因此,刑事法的实际工作者要与刑事法的理论工作者共同努力,发挥各自的优势,使我国的刑事审判和刑事法理论满足刑事法建设的客观需要。

现在,刘树德和喻海松对《刑事审判参考》中的案例进行研究,写就本书,这是值得肯定的。本书侧重的是形成规则。通过判例形成规则,是我所最关切的。我认为本书是对《刑事审判参考》中刊登的案例的一种"深加工",其重大意义不可小觑。从2004年开始,我也在对《刑事审判参考》以及最高人民法院其他载体发布的案例进行判例刑法学的研究,并且已经发表了20篇研究论文。规则当然在我的研究范围之内,但我更侧重对裁判理由的法理探讨。从文本刑法学到判例刑法学,这是一种研究路径的转折。我相信它必然给我国刑事法治的建设带来深远的影响。

是为序。

陈兴良
谨识于北京海淀锦秋知春寓所
2006年7月3日

71. 赵运恒、娄秋琴《从政警示：国家公务人员不可忽视的 66 种刑事法律风险》[①]序

公务员,在我国刑法中又称为国家工作人员,是刑法中一种特殊的犯罪主体。国家工作人员构成的犯罪,在刑法理论上称为职务犯罪。如何防范国家工作人员的职务犯罪,对于廉政建设来说具有十分重要的意义。赵运恒和娄秋琴两位同志合著的《从政警示:国家公务人员不可忽视的 66 种刑事法律风险》一书,可以说是对国家工作人员进行刑法普法教育的一本极好的教材,该书的出版对于防腐倡廉具有重要的现实意义。

在我国当前社会转型时期,腐败现象十分严重,成为一个不能不面对的社会问题。在治理腐败当中,我们应当采取多种方法,教育与惩戒相结合。在对国家工作人员进行守法教育当中,普及关于惩治国家工作人员职务犯罪的刑法知识,我认为是十分重要的一个方法。在我们所遇到的有关国家工作人员职务犯罪的案件中,有些涉嫌职务犯罪的国家工作人员,虽然具有从政的知识与经验,具有专业与业务方面的专门知识与技能,但在法律知识方面尤其是刑法知识,可以说是一无所知,完全是一个法盲。在这种情况下,这些国家工作人员走上职务犯罪的道路,虽然有其主观上的深刻原因,但因不知法而触犯刑法也是一个不能不说的客观原因。有些国家工作人员对于刑法知识不仅一无所知,甚至形成了受贿有理的某些怪论,为自己的职务犯罪进行辩护。在这种情况下,知法懂法虽然不能保证每一个国家工作人员不犯罪,但至少可以挽救一些人。国家工作人员犯罪,不仅对于其个人与家庭来说是一场灾难,对于国家与社会来说,又何尝不是一种损失呢?因此,在反腐倡廉当中,对腐败犯罪分子采取严厉的惩治措施,当然是必要与重要的。与此同时,对国家工作人员进行党纪政纪的教育,尤其进行刑法知识的普及教育,更是治本之道。只

[①] 赵运恒、娄秋琴:《从政警示:国家公务人员不可忽视的 66 种刑事法律风险》,法律出版社 2009 年版。

有使国家工作人员明确地知道从事公务活动中的罪与非罪的界限,才能使其止步于刑法划定的"红线",并以此来规范自己的言行。

在对国家工作人员进行刑法知识的普及教育当中,刑法文本和刑法教科书当然是最直接的教材。但是,国家工作人员并非都是学法之人,在枯燥的法律条文和晦涩的刑法理论面前,真正弄懂弄通是不太容易的。在这种情况下,编著一本以国家工作人员为读者对象的专门性的刑法普及读物,是一条切实可行的途径。我高兴地看到,赵运恒和娄秋琴同志编写了《从政警示:国家公务人员不可忽视的66种刑事法律风险》一书,可以说是填补了国家工作人员刑法知识普及领域的一个空白。本书的出版对于国家工作人员远离职务犯罪可以起到重要的作用,这是值得充分肯定的。

《从政警示:国家公务人员不可忽视的66种刑事法律风险》一书提出了刑事法律风险这样一个概念,具有一定新意。这里所谓刑事风险,是指国家工作人员可能触犯的犯罪。因此,本书以我国《刑法》分则所规定的国家工作人员为主体的各种犯罪为论述内容,涉及我国《刑法》分则第八章贪污贿赂罪、第九章渎职罪等相关罪名。本书在结构上,分为上下两篇:上篇是关于公务员不履行基本义务引发的刑事风险,下篇是公务员不履行特定职责引发的刑事风险。应该说,上述体系结构安排是较为合理的。在具体内容上,本书对刑事风险的阐述分为风险提示、风险分析和风险的自我控制三个方面,并且结合有关典型案例进行论述,使本书在具有警示性的同时还具有可读性。

在社会生活中存在各种风险,包括自然风险与社会风险,这两种风险都会对社会生活造成重大的破坏。当然,这两种风险都不是不能防范的。在社会风险中,法律风险是最大的风险,在一个法治社会尤其如此。而在法律风险中,刑事风险又是最大的风险,因为它涉及生杀予夺。对于一个公务员来说,居于对社会的管理地位,是社会的精英阶层,可以说是集社会的千般恩宠于一身。但如果犯罪沦为阶下囚,可谓身败名裂,一生功名毁于一旦。随着反腐倡廉的深入,越来越多的官员涉嫌腐败而"落马",以至于当官成为一个高风险的职业,这是令人唏嘘的。为官之道,在于清廉。莫伸手,伸手必被捉。哲人的名言,不得不察。我期望,本书可以在防范国家工作人员的刑事风险方面贡献力量。若能使某些公务员,哪怕一个、两个，能因阅读本书而在贪腐面前止步，那也可以说是功德无量。

本书作者赵运恒和娄秋琴，均为北京市大成律师事务所的执业律师。其中赵运恒是北京大学法学院毕业的法学硕士、北京大成律师事务所的高级合伙人。我和赵运恒律师较为熟悉，因为他曾在北大法学院学习，又曾经在北京人民警察学院从教，担任刑法老师。赵运恒专职从事律师工作以后，仍以承办刑事案件为主，尤其是承办了一些国内影响较大的职务犯罪的刑事案件，在律师界的刑辩同行中具有一定影响。我以为赵运恒脱离教学从事律师业务，就一心一意办案，与学术与理论无所关涉了。不曾想，不久前的某日，赵运恒律师突然给我打来电话，让我为他新近将出版的一本书作序。在通读了全书以后，我以为这是一本具有警示意义的刑法普及读物，故欣然应诺为之作序。

是为序。

陈兴良
谨识于北京大学法学院科研楼609工作室
2008年11月11日

72. 马柏伟主编《罪名例解选读——工商机关执法办案参阅手册》[①]序

浙江省工商行政管理局马柏伟副局长[②]主编的《罪名例解选读——工商机关执法办案参阅手册》一书即将付梓。马柏伟副局长嘱我写序,我慨然允之。

我国刑法中的犯罪可以分为自然犯与法定犯。自然犯与法定犯这一区分来自于意大利著名学者加罗法洛。加罗法洛把侵害怜悯与正直这两种情感的犯罪称为自然犯罪,在与自然犯罪相对应的意义上形成法定犯罪的概念。加罗法洛的自然犯罪理论,在一定意义上说是古罗马自然犯理论的复活。罗马法中存在自然犯与法定犯的区别。自然犯具有自体恶,这种自体恶是指某些不法行为本身即具有恶性,此等恶性系与生俱来,不待法律之规定,即已存在于行为之本质中。法定犯具有禁止恶,这种禁止恶系源自法律的禁止性规定,而非行为与生俱来的或行为本身所具有的特性。因此,有些不法行为,尽管法律对于它不加规定,但根据伦理道德的观点,依然是应予非难的行为。相反地,有些不法行为在伦理道德上是无关紧要的,它之所以成为禁止的不法行为,纯系因法律的规定。在加罗法洛的观念中,自然犯罪的理论是为了强调自然犯。但是事与愿违,自然犯理论提出以后却反衬出法定犯的特殊性,从而引起对法定犯的关注。法定犯,也称为行政犯,如前所述,它被行政法规规定为行政违法,然后经由刑法规定确认为具有刑事违法性,从而称为犯罪。十分明显,法定犯具有双重违法性的特征,这就是行政违法性与刑事违法性。因此,在认定法定犯的时候,首先应当参照行政法规确定其是否具有行政违法性,在确认具有行政违法性的基础上,才能进入刑事违法性的认定。可

[①] 马柏伟主编:《罪名例解选读——工商机关执法办案参阅手册》,中国工商出版社2009年版。

[②] 马柏伟现任浙江省司法厅厅长。——2018年7月12日补记

以说,双重违法性是法定犯区别于自然犯的实体法特征。正是基于这一实体法特征,就形成了法定犯的程序法特征,即先由行政执法机关进行管辖,在确认存在行政违法并且触犯刑律以后,由行政执法机关向公安司法机关移送管辖。虽然移送并不是法定犯管辖的唯一根据,但绝大多数法定犯都是在行政执法机关查处以后移送的。正是在这个意义上,行政执法机关在对法定犯查处中具有在先于公安司法机关的执法权,这也使行政执法机关负有移送刑事案件的义务。为此,我国《刑法》第402条还专门设立了徇私舞弊不移交刑事案件罪,将行政执法人员徇私舞弊,对依法应当移交司法机关追究刑事责任的不移交,情节严重的行为规定为犯罪。

工商行政管理机关是我国工商行政执法部门,在维护市场经济秩序中发挥着重要作用。工商行政管理机关在行政执法中,对于查处的行政违法案件有权进行行政处罚;如果构成犯罪的,应当向公安机关移交,使之进入刑事诉讼程序。由此可见,工商行政执法人员虽然不是刑事诉讼的参与人,但其对刑事案件的移交起到了直接启动刑事诉讼程序的作用。在这种情况下,我们可以说,工商行政执法人员实际上处于与犯罪作斗争的前沿。工商行政执法的力度,直接决定着对于经济犯罪的惩治力度。因此,工商行政执法人员不仅应当知晓工商行政法规,而且应当知晓刑事法规,尤其是对于工商行政执法中应当移交的刑事犯罪应当熟知。在这个意义上可以说,通晓刑事法应当是工商行政执法人员业务素质的应有之义。

马柏伟副局长主编的《罪名例解选读——工商机关执法办案参阅手册》一书,选择了26个与工商行政执法相关的罪名,采用以案说法的形式,进行了法理上的诠释,对于工商执法人员掌握相关罪名,具有十分重要的意义。本书的每个罪名,包括了案例摘引、罪名特征、立案标准、罪错界限、问题研讨和法条引证这六个部分。尤其是立案标准、罪错界限与问题研讨这三个部分,对于查处上述犯罪具有重要参考价值。而法条引证则为工商行政执法提供了工作上的便利。我认为,本书的编写宗旨明确,它面对工商行政执法人员具有实务性与实用性,是一本工商行政执法人员的必读书。我长期从事刑法理论研究,本人也编撰过各种刑法著作,但坦白地说,我所编写的刑法著作都是面对刑事司法人员的,是以这些人为读者对象的。现在,这本专门以工商行政执法人员为读者对象的作品的出版,可以说是填补了一个刑法论著的空白。

我与马柏伟副局长相识于十多年前,当时他在浙江省金华市人民检察院副检察长任上,邀请我去为检察干警讲学。此后,马柏伟从检察机关转行进入工商行政机关,主管工商行政执法工作。现在,马柏伟副局长基于工作需要主编了这本著作并邀我写序,我感到十分高兴,故而匆匆草成以上文字,权且为序。

陈兴良
谨识于北京海淀锦秋知春寓所
2009年2月26日

73. 劳东燕《罪刑法定本土化的法治叙事》[①]序

劳东燕在北大法学院度过了5年的学习生涯,其间,我一直担任她的导师。在正式写作本书之前,劳东燕曾专门与我商量,说想以罪刑法定为主题写一本专著,当时我是有些担忧的。因为罪刑法定当然是刑法中的一个重要问题,却也是一个写滥了的题目,如欲出新,其难可以想见。不过,考虑到劳东燕从德国搜集回来大量关于罪刑法定方面的资料,我也就应允她将这个题目做下去。当劳东燕把本书的初稿交给我的时候,我是感到满意的:本书使罪刑法定的研究提升到了一个相当高的理论水平,从而将这一学术成果置于我国刑法理论的学术前沿。这次正式出版,劳东燕又经过更为细致的打磨,并增补了有关内容,以一种体系性的文本呈现在读者面前。

劳东燕这本专著的中心词当然是罪刑法定,罪刑法定原则正是刑事法治的题中之意。因此,书名"法治叙事"之法治一词是作为罪刑法定的背景而存在的。它与罪刑法定具有意象上的重合性。而最使我感兴趣的还是"本土化"一词,它才是本书的关键词。在本书中,劳东燕并不是简单地讨论罪刑法定,甚至也不是要去揭示罪刑法定背后的法治意蕴。她想要描述的是罪刑法定如何在中国实现本土化这样一个学术问题,而这个问题恰恰是以往在罪刑法定的讨论中被忽视的。罪刑法定的本土化这一命题本身就包含了这样一个逻辑前提:罪刑法定是西方法治文化的产物,对于中国来说它是舶来品。在清末沈家本主持下的刑法改革中,罪刑法定被引入了中国。但一百年来,罪刑法定在中国可谓命运多舛。一方面,中国传统文化中追求实质合理性的冲动与罪刑法定所倡导的形式合理性价值之间存在尖锐冲突,因而有一个文化抵触问题。另一方面,中国社会数千年来形成的专制传统,犹如一个挥之不去的精神幽灵,成为罪刑法定司法化的客观障碍。因此,尽管我国

[①] 劳东燕:《罪刑法定本土化的法治叙事》,北京大学出版社2010年版。

1997年《刑法》确认了罪刑法定原则,实现了罪刑法定的立法化,但这仅仅是一个开端。如果不能解决罪刑法定本土化的障碍,罪刑法定仍然只能是一纸具文而已。围绕着罪刑法定本土化这一核心命题,劳东燕从观念与规范等多重视角揭示了罪刑法定本土化的困境,并对走出罪刑法定本土化困境进行了反思。从本书内容的逻辑安排来看,基本上是沿着"提出问题—解决问题"这样一种进路,似乎并无太大的突破。但我以为,本书的价值并不在于对问题的解决程度,而恰恰在于问题的提出。有时候,提出一个问题甚至比解决一个问题更为重要。罪刑法定的本土化,就是这样一个值得称道的重要问题。正是这个问题的提出,破除了传统上对于罪刑法定的一种简单化认识,而将罪刑法定还原为一个法治的问题、一个宪政的问题,从而极大地提升了我们对罪刑法定认识的深刻性,并对罪刑法定的司法化的艰难程度有了足够的思想准备。

如果说,劳东燕在这本专著中提出了一个重要问题,她提出问题所依赖的方法论更是值得肯定。本书第一章对于刑法的压制性的讨论,似乎与主题无关,但这却是一个方法论的前提。在这一章中,劳东燕提出了"民族国家"这样一个分析问题的视角。传统的研究进路是"个体—国家"的二元对立:通过对个体与国家之间的紧张关系的描述,解析民主、宪政、法治等重大的理论问题。例如,关于国家刑罚权的起源,古典学派作者就是以社会契约论为论证方法,揭示正是公民个人权利的转让才形成了国家的刑罚权。意大利著名刑法学家贝卡里亚就有这样一句名言:"正是这种需要(指生存与福祉——引者注)迫使人们割让自己的一部分自由,而且,无疑每个人都希望交给公共保存的这份自由尽量少些,只要足以让别人保护自己就行了。这一份份最少量自由的结晶形成惩罚权。"[①]在这样一种思路之下,刑法具有某种悖论性:既要面对犯罪保护社会,又要面对国家保护公民。因此,罪刑法定作为刑法的基本原则获得了其正当性:在人权保障的前提下追求社会保护的刑法机能。这样一种法治的、现代的分析进路,一般而言是正确的。但当具体到像中国这样的社会时,简单照搬往往缺乏足够的说服力。

---

① 〔意〕贝卡里亚:《论犯罪与刑罚》,黄风译,中国大百科全书出版社1993年版,第9页。

在"个体—国家"这样一种分析框架中,加入民族国家这样一个特定的参照要素,则有助于问题的解决。正如劳东燕在书中所言,民族国家是民族与国家的复合体,而民族与国家两者又是有所不同的。就问题的重要性而言,恰恰在于民族而非国家。民族国家是传统专制国家向现代法治国家过渡而形成的一种国家类型。一般的法治国家,主要矛盾在于个体与国家之间的紧张关系,因而通过限制国家权力以保障公民个人的权利,是通常的解决方案,罪刑法定由此而获得正当性。但对于后发的民族国家而言,在其现代化的过程中,受到外部势力的威胁,需要加强民族凝聚力,因而民族主义观念得以强化。在此基础上,国家权力的扩张往往具有其必要性与合理性。以中国为例,中国从1848年开始了中华民族的现代化转型的艰难历程,当时外有西方列强的侵入,内要通过民族意识整合社会、提升国力,因而面临着救亡与图强的双重使命。在这一历史背景下,建设一个强有力的国家,成为人民的共同信念。因此,个体必然倾向于接受、服从民族国家的压制性。个人本位的自由主义在中国近代社会中缺乏社会基础,是理所当然的。由此出发考察体现人权保障价值内容的罪刑法定引入中国以后百年多舛的命运,就获得了一种全新的视角。可以说,将民族国家作为压制性根源的论述,是本书的创新之处,也是点睛之笔。劳东燕引用了大量政治哲学方面的资料,使本书对罪刑法定的思考达到了相当的深度与广度,这是超越前人与前著之所在。

劳东燕的这本专著是对刑法的形而上的研究,可以归入刑法哲学的范畴。从书中可以看出作者的理论偏好以及所能达至的理论深度,对此我是持一种赞赏态度的。因为对刑法的形而上的思考代表了一个民族在刑法理论上所能达到的最高水平,因此应当有更多的人来进行这种思考,从事这种研究。当然,我也曾经提醒过劳东燕,在刑法研究中,仅有对刑法的形而上的哲学思考是不够的,还要有相当精致的规范刑法学的研究。劳东燕曾经有过两年检察官的经历,我想,在规范刑法学的研究方面,对劳东燕也是可以期许的。

做学问犹如爬山,以一种仰视的姿态才能越爬越高,而俯视只是登上一个山峰后短暂的小憩,从中获得的是"一览众山小"的快意。本书的出版,意味着劳东燕在刑法理论上一次成功的登顶。在片刻的停留之后又将整装待发,学术的高峰永远是一种心灵的召唤!

是为序。

陈兴良

谨识于北京大学法学楼

2009 年 10 月 14 日

74. 江溯《犯罪参与体系研究:以单一正犯体系为视角》[①]序

江溯的博士论文《犯罪参与体系研究:以单一正犯体系为视角》即将出版,作为导师的我,对于本书的出版感到十分高兴,因为它以全新的视角对共犯体系进行了考察,对于我国共犯理论来说,是前沿性的学术成果。

我的博士论文(1988年)也是关于共同犯罪的。当我着手撰写《共同犯罪论》的博士论文的时候,我国刑法学的学术园地可以说是满目疮痍,而共犯论更是一片废墟。当我小心翼翼地在各个大学图书馆的角落翻出尘土掩面的民国刑法学著作,从中发掘出诸如正犯、共犯、片面共犯、间接正犯这样一些当时不见于刑法学教科书的"旧法名词"时,是缺乏一种学术自信的。转眼之间,二十年过去了,我国刑法学恢复重建,学术成果丰硕。在共同犯罪领域,研究的深度与广度不断拓宽,已经从我以一级标题为博士论文题目,发展到以三级甚至四级标题作为博士论文的题目。当2006年我的博士论文《共同犯罪论》第二版再版时,我已深感落后。只不过作为一个我国共同犯罪的学术史的标志性作品,仍然具有其历史的价值。当我的博士生江溯在开题之初向我提出以共犯论为题的时候,我还是予以肯定的,因为共同犯罪的理论确实有更新的必要。但当江溯以单一正犯体系为题,并且对单一正犯体系作出肯定性评价的时候,还是吓了我一跳。因为以单一正犯体系为内容的犯罪参与论,是德日最新流行的共犯理论,它几乎颠覆了传统的建立在正犯与共犯相区分基础之上的共犯理论,甚至消解了正犯与共犯的分界,并以犯罪参与取代了共同犯罪,可以说这是一个相当叛逆的题目。当然,出于对学术自主性的尊重,我还是同意了江溯的博士论文选题。现在,江溯经过辛苦的写作,终于完成了博士论文并顺利通过答辩。

[①] 江溯:《犯罪参与体系研究:以单一正犯体系为视角》,中国人民公安大学出版社2010年版。

从我的共同犯罪的博士论文到江溯的犯罪参与体系的博士论文,其间学术的变迁是十分巨大的,可以说我国赶上了国际刑法的这股学术思潮,这与二十年前的封闭隔绝是有天壤之别的。即使从我和江溯的两篇论文的内容来看,其间的差别也是难以道里计。二十年前,当我提出以正犯与共犯的区分为中心线索建构我国的共同犯罪理论的时候,我国刑法学界对于正犯与共犯这些概念都还是陌生的。这些年来,正犯与共犯的概念逐渐被我国的立法与司法所接受,成为处理共同犯罪案件的一种分析工具。而现在江溯的论文则完全否定了正犯与共犯的区分,认为这种区分在理论上是不可能的,在实务上是不必要的。江溯在论文中按照单一正犯体系对我国刑法关于共同犯罪的立法规定进行了全新的塑造,认为我国刑法关于共同犯罪的规定更接近于单一正犯体系,并对相关问题进行了法理上的探讨。可以说,在共同犯罪的根本问题上,我与江溯是完全对立的。当然,这是一种法教义学上的对立。

在哲学上,古希腊著名哲学家亚里士多德曾经说过一句名言:"吾爱吾师,但吾更爱真理。"因此,哲学上的创新往往是以一种对师门的叛逆的形象出现的。只有这样才能突破传统的藩篱,开创理论上的新思。但我发现在法教义学上却存在一种十分有趣的现象,这就是师道的传承,因为教义学是"对自身能力未先予批判的纯粹理性的独断过程"(康德语)。因此,在法教义学中,教义或者信条(Dogmatik)是法律逻辑推理的起点,具有某种"先验"的性质,对它是不容置疑的。在这样一种教义学研究基础上形成的刑法知识,本身并没有对错之分,只是提供在不同条件下以及不同案件中可以选择的各种规则。通过法教义学向司法活动提供的规则,不像立法提供的规则那样具有强制性,而是可以在不同的教义学观点之间进行竞争的,如果被广泛地采用就成为通说,但即使是个别说也仍然具有其合理性。因此,通过法教义学向司法活动提供规则,类似于一种市场经济,其间充满了教义规则之间的竞争性。在这种情况下,师承关系及现象就成为这一学术市场中的一个景观。这一师承关系在刑法学中也体现得十分明显,尤其以德国与日本为甚。例如,2008年9月至12月,台湾东吴大学法律系的陈子平教授与我共同在北大开设"两岸刑法案例比较研究"课程。因为陈子平教授在日本早稻田大学留学时师从曾根威彦教授,因此在刑法学立场与观点的选择上,陈子平教授无一例外地以曾根威彦教授的观点为自己的观点,充分反映出师承性。虽然我也早有耳闻,但还是第一次亲眼所见。当时我在心里就暗自地想:一切以老师之说为自己之说,万一老师错了呢?老师错了学生也就跟着错了吗?学生个人见解的独立性又何在呢?这个想法是很朴素的,也是十分自然的。这一想法恰恰表明我对法教义学精神的领悟还不够深刻。其实,在法教义学上,学术观点是无所谓对错之分的,而且法教义学本身就是以"先验"的规则作为逻辑推理的起点的。因此,在复杂的学术背景中,选择一个老师作为自己的学术师承对象,以老师的观点作为学术研究的起点,这样,就能够不断地将某一师门的学术观点持之以恒地传承下去,从而极大丰富学术资源。由此看来,这样一种师承关系本身就具有教义学的性质,也使一个学科的学术脉络清晰。当然,这种师承也是有限制的,并非绝对地不允许突破。并且,在某些情况下也会因为对老师观点的不同理解而在同一个师门出现不同的传承路线。凡此种种,都是学术成熟的重要标志。

那么,我国是否可以推行这种师承关系呢?我以为条件尚不成熟,因为我国根本没有建立起法教义学的传统。老师之间尚未形成不同的学派,在这种情况下,专门师承一个老师是不可能的。因此,在我国目前刑法知识转型的过程中,学生不必以老师之是为是。这也正是我对江溯的博士论文的态度:即使师生之间对于某一个问题在学术观点上完全相左,也是十分正常的。我想,只有等到我国形成了法教义学的传统,这种学术上的师承关系才可能出现。

江溯是北大法学院法律硕士毕业的,其硕士论文就是我指导的,后来他又考上了我的博士研究生。在攻读博士学位的四年当中,江溯曾经到美国加州大学伯克利分校法学院访学一年,开阔了理论视野,奠定了厚重的英美法系的刑法知识基础,尤其是对刑罚社会学的造诣颇深。当然,江溯的博士论文的内容还是属于德日刑法教义学的范畴,这也是我所期待的。因为江溯的德语和日语都有相当好的基础,因而大量地吸收了德日关于共犯的有关学说,这从本书的外文书目中也可以看出来。就外语以及通过外语汲取学术资源的能力而言,江溯这一代人已经远远超过我们这些当老师的人,这就为我国刑法学知识与国际的接轨创造了条件。江溯在博士毕业以后又获得了到德国马普外国刑法与国际刑法研究所从事博士后研究的机会,这为将来的学术发展奠定了基础。在江溯明天即将远行赴德国之际,匆匆写下本序,也作为一种道别,期望江溯在学术之路上越走越远。

是为序。

陈兴良

谨识于北京大学法学院科研楼 609 工作室

2009 年 9 月 15 日即笔

75. 何庆仁《义务犯研究》①序

何庆仁的博士论文——《义务犯研究》，经我推荐，即将纳入"法律科学文库"，由中国人民大学出版社出版。作为导师的我，感到由衷的高兴。因为中国人民大学出版社的"法律科学文库"是一套在我国法学界具有重大学术影响的丛书，而何庆仁的博士论文《义务犯研究》是一部将会在我国刑法学界产生重要学术影响的专著，两者相得益彰，十分相配。

何庆仁本科是在吉林大学法学院就读的，硕士则在中国人民大学法学院学习，受冯军教授的学术影响较大。在我看来，何庆仁是得冯军教授之刑法思想真传的一位年轻学者。由于种种原因，何庆仁在硕士毕业以后远赴南粤，在北京师范大学珠海分校法律与行政学院任教。也由于种种原因，何庆仁考入北京大学法学院成为我的博士研究生，开始了为期四年的脱产学习。应该说，何庆仁在读博前，已经奠定了较为扎实的刑法专业知识的基础，北大法学院为何庆仁提供了在学术上进一步深造的平台。对于何庆仁的学术成长，我采取了一种较为宽容的放任态度，并未对其提出过多的学术要求，而是期望何庆仁能够按照自己的学术兴趣继续进行学术跋涉。在博士论文选题的时候，何庆仁拟以义务犯为题进行写作。因为义务犯这一概念在我国刑法学界尚属罕见，更谈不上研究，这完全是一个德国刑法学的题目。在这种情况下，对于何庆仁能否写出高质量的博士论文，在开题的时候，导师组还是存在不同意见的。而对学生的宽容是北大的一贯学风，因而同意了何庆仁的选题。当经过辛勤的写作，何庆仁把篇幅达数十万言的厚重的博士论文初稿交到我手里的时候，我是感到十分满意的：何庆仁没有辜负导师组的期望，交出了一份满意的答卷。

何庆仁在本书中所研究的义务犯，我国刑法学界是较为生疏的。义务犯的概念原本是德国著名学者罗克辛教授提出来的，它是相对于支配

---

① 何庆仁：《义务犯研究》，中国人民大学出版社2010年版。

犯的一个概念。支配犯是指对于犯罪行为的因果流程具有支配关系的行为人,这种支配关系可以分为行为支配(直接正犯)、意志支配(间接正犯)和机能支配(共同正犯)。与之对应,义务犯是指违反特定义务而构成犯罪的行为人。义务犯是正犯的一种特殊类型,它以特定义务作为成立前提,因而不同于以事实上的支配关系作为成立前提的支配犯。支配犯与义务犯的分析框架,对于我们正确地理解刑法中的不同类型犯罪,是具有重大理论意义的。

这里涉及一个如何对待外国的刑法理论的问题。我们往往认为,中国刑法学是研究中国刑法的,应该建立具有中国特色的刑法理论体系,而不能过分地、过度地依赖外国刑法理论。在这一认识中,存在中国刑法学与外国刑法学(德日刑法学、英美刑法学等)的中外之分,似乎强调了中国刑法学的主体性地位与主体性意识。然而,这种画地为牢的思维方式实际上是作茧自缚,无助于我国刑法学的发展。我国学者樊文博士提出了"没有国别的刑法学"的命题,指出:

> 没有国别的刑法学是指对于任何构成犯罪行为的前提来说,从基本原则中推导出普遍有效的规则命题并且着力于进一步确定基本概念及其界限的学问。①

在这里,没有国别的刑法学是相对于国别刑法学而言。当然,超越国别的刑法学,即没有国别的刑法学,也许是更为重要的。之所以存在没有国别的刑法学,是因为刑法学中的基本性学术问题,例如犯罪成立要件、刑罚体系等问题是共同的,或者相通的。因此,尽管刑法是有国别的,但刑法学却可以是没有国别的。基于没有国别的刑法学的理念,我们应当正确地对待源于外国的刑法理论,将之引入我国刑法学,作为一种知识框架或者分析工具。倡导一种没有国别的刑法学,是否会有损于我国刑法学的主体性呢?我认为,这种担忧是完全不必要的。因为没有国别的刑法学提供的是一种教义学规则,只要采用这种教义学规则来诠释中国刑法,那么,得出的结论就必然具有中国刑法的主体性,可以适用于中国的刑事立法与刑事司法领域。立足于没有国别的刑法学,我国刑法学者应当以一种坦然的心态对待源于外国的各种刑法理论,为我所用,以此发展

---

① 樊文:《没有国别的刑法学》,载《法学研究》2010年第1期。

我国刑法学。

应当说,何庆仁在本书中讨论的义务犯问题,主要源于德国刑法学,但它又超越国别,可以成为对我国刑法中的犯罪类型进行分析的一种工具。何庆仁在大量地掌握德国学者关于义务犯理论研究素材的基础上,对义务犯理论的起源、演变的线索进行了勾画,阐述了义务犯理论的各种问题,为我国学者亲近义务犯理论打开了一扇大门,这对于我国刑法学的发展是大有助益的。

通过博士论文的写作,何庆仁的刑法理论水平大为提升,也为将来从事刑法学术研究奠定了基础。从北大法学院毕业以后,何庆仁进入清华大学法学院博士后流动站,师从张明楷教授,进行为期两年的博士后研究。我期望,何庆仁以孜孜以求的钻研精神,经过多年的刑法理论修炼,并汲取各位导师的研究经验,形成独具个人特色的研究风格,从而为我国刑法学作出独特的理论贡献。

是为序。

陈兴良
谨识于北京海淀锦秋知春寓所
2010 年 2 月 27 日

76. 刘沛谓《宽严相济刑事政策研究》①序

刘沛谓的博士论文《宽严相济刑事政策研究》即将出版,因为我主编过同名的专著,并且参加了刘沛谓的博士论文答辩,因而刘沛谓盛情地邀我为其博士论文作序,我感到十分高兴。

刑事政策在我国当前刑事法学中几成显学,对其关注的学者越来越多。除了对刑事政策一般原理进行研究的著作以外,就司法的层面而言,对宽严相济刑事政策进行研究的成果尤其突出。在这种背景下,刘沛谓选择宽严相济刑事政策作为博士论文的选题,应该说是切合实际的,也是对宽严相济刑事政策的一个理论回应。尤其是刘沛谓还在检察机关挂职,对于司法实践中贯彻宽严相济刑事政策的实际情况十分了解,为其博士论文的写作提供了实证素材。

对于宽严相济的刑事政策,我也是较早予以关注的。我以为,从严打到宽严相济的刑事政策,是我国在刑事政策上的一大调整,这一调整势必在很大程度上影响我国的刑事立法政策与刑事司法政策。在过去20多年来,我国在刑事法领域一直实行依法从重从快惩治严重破坏社会治安和严重破坏经济秩序的犯罪分子的刑事政策。这一刑事政策,也就是我们通常所说的严打。严打刑事政策,是我国对改革开放之初出现的犯罪高发态势的一个反应,在当时的历史背景下,对于维护社会治安曾经发挥了重要作用,具有一定的合理性。我国社会与法治的发展,尤其是建构和谐社会的政治理念的提出,促使我们对严打的刑事政策进行反思。严打刑事政策与人权保障之间的紧张关系也更加尖锐地凸显出来。在这种情况下,对刑事政策进行调整的必要性与紧迫性日益突出。因此,从严打到宽严相济的刑事政策调整,我认为是一个十分重要的决策,也是刑事政策与时俱进的表现,对此我是深以为然的。当然,从目前的情况来看,在宽严相济刑事政策的立法实践和司法贯彻上也都还存在种种问题。就立法

---

① 刘沛谓:《宽严相济刑事政策研究》,中国人民公安大学出版社2010年版。

而言,把握宽严相济刑事政策对刑法与刑事诉讼法进行重大修改的工作还未展开,因为我国现行的刑法与刑事诉讼法是在1997年与1996年分别修改的,当时还深受严打刑事政策的影响。在宽严相济刑事政策提出以后,刑事立法首先应当积极地加以回应。因此,把握宽严相济的刑事政策精神对刑法与刑事诉讼法进行全面修改乃势在必行。否则,没有立法的保障并提供法律根据,宽严相济刑事政策在司法中的贯彻必然存在法律上的障碍。从司法来说,从严打到宽严相济刑事政策的转变,首先涉及司法理念的转变,从片面地强调打击犯罪到把人权保障放在一个重要的位置上,这一转变是十分巨大的,有一个逐步适应的过程。同时,在宽严相济刑事政策的贯彻中也要防止从一个极端走向另一个极端,避免一刀切,这对于司法机关以及司法人员的业务素质与工作作风都提出了更高的要求。

刘沛谞的博士论文对宽严相济刑事政策作了全面的研究,这对于正确地领会这一刑事政策是具有参考价值的。通读全书,我感到本书具有以下三个特点:

第一,视野较为开阔。在本书中,刘沛谞将宽严相济刑事政策纳入中外刑事政策的广阔背景中加以考察。其中,历史的纵向考察,勾画了宽严相济刑事政策的流变线索;地域的横向考察,比较了中外类似刑事政策的实际效果。通过这样一种对比性考察,我们对我国的宽严相济刑事政策获得了全方位的认识,这对于揭示宽严相济刑事政策的社会历史背景具有积极意义。

第二,方法较为科学。在本书中,刘沛谞将法理的分析与实证的研究有效地结合起来,这就避免了理论脱离实际,使本书的内容能够与司法实践相切合,这对于在司法实践中贯彻宽严相济刑事政策具有参考价值。

第三,论述较为深入。在本书中,刘沛谞对宽严相济刑事政策的研究,并不是局限于对这一政策的解读,而是力图揭示这一刑事政策的政治社会内容。尤其是侧重于对宽严相济刑事政策的正当性与合理性的追问,使本书对宽严相济刑事政策的理论研究达到了一定的深度。

尽管本书具有以上值得嘉许之处,但本书也存在值得推敲之处,这主要表现在本书第三章对宽严相济刑事政策的理论基础的论述。其中,哲学基础部分,本书从物质决定意识、运动是物质的根本属性、对立统一规律进行了讨论。例如作者提出:宽严相济政策符合物质决定意识的哲学原理。那么,能不能说宽严相济刑事政策符合物质决定意识原理,该原理就是宽严相济刑事政策的理论基础了呢?这里涉及对理论基础的界定。我们说权力制衡原理是罪刑法定主义的理论基础,是指罪刑法定主义是建立在权力制衡原理基础之上的,没有权力制衡原理就不可能实现罪刑法定主义。而物质决定意识原理对于宽严相济刑事政策存在这种关系吗?显然并不存在。作者的本意只是说,宽严相济刑事政策的提出是社会现实所决定的,但这与理论基础并无相关性。如果说区别对待是宽严相济刑事政策的理论基础还说得过去,而将物质决定意识说成是宽严相济刑事政策的理论基础则有隔山打牛之感,过于空泛有失偏颇。在此,特别提出与作者商榷。

博士论文对于每一位学术新人来说,都是一块通向学术圣殿的敲门砖。我期望着刘沛谞能够以此书敲开刑法的学术之门,并登堂入室,为刑法知识的增长作出个人独特的贡献。

是为序。

陈兴良
谨识于北京依水庄园渡上寓所
2009 年 9 月 20 日

77. 王飞跃《刑法中的累计处罚制度》①序

王飞跃博士撰写的《刑法中的累计处罚制度研究》即将付梓,来信请我为其著作写序。王飞跃博士以前在法院工作,与我交往不多。在其来北大法学院攻读刑法专业博士学位,特别是到高校任教以后,我对他的了解遂有所增加。因此,当王飞跃博士为其著作向我求序之际,我慨然应允。

本书是在王飞跃博士的博士论文的基础上修订而成的,王飞跃博士的博士论文研究的是刑法中的累计处罚制度。这里所称累计处罚对于一般人来说似乎有些生疏,其实称为计赃论罪或者併赃论罪,大家可能也就熟悉了。计(併)赃论罪是中国古代刑法的一项制度,主要适用于赃罪。例如清代律学家王明德在论及併赃论罪时指出:

> 併赃论罪者,将所盗之赃,合而为一,即赃之轻重,论罪之轻重,人各科以赃所应得之罪,故曰併赃论罪。②

无论是计赃论罪还是併赃论罪,都是将赃物数量予以累计,以此作为定罪量刑的根据。可以说,计赃论罪是我国古代刑法的一个特色,并且在我国现行刑法中仍然保留着计赃论罪的某些内容。在刑法理论上如何评价计赃论罪制度,这是一个值得深入研究的问题。计赃论罪自有其合理的一面,它具有刑法客观主义的特征,对法官的裁量权本身也是一种限制。因为赃物数额或者数量都是客观存在的,计赃论罪意味着法官必须严格按照赃物的数额或者数量所对应的刑罚予以科处,抑制了司法裁量权的滥用。当然,计赃论罪也有其不合理的一面,这主要是因为赃之所得具有一定的偶然性,完全以赃之轻重而论罪之轻重,在某些情况下不尽合理。例如,宋代曾布就曾经对计赃论罪的制度提出过异议,指出:

---

① 王飞跃:《刑法中的累计处罚制度》,法律出版社 2010 年版。
② 〔清〕王明德:《读律佩觿》,何勤华等点校,法律出版社 2001 年版,第41页。

盗,情有轻重,赃有多少,今以赃论罪,则劫贫家,情虽重,而以赃少,减免。劫富室,情虽轻,而以赃重,论死。是盗之生死,系于主之贫富也。①

应该说,曾布所言是有道理的。因为赃物的数额或者数量只是犯罪情节之一,除此之外还有其他反映罪之轻重的情节,同样也会对量刑发生影响。如果论罪仅论以赃物的数额或者数量,显然是有偏颇的。我国现行刑法承继了计赃论罪制度,同样需要克服唯数额论的思想。只有这样,才能实现合理的而非机械的罪刑均衡。

王飞跃博士的《刑法中的累计处罚制度》一书,对于计赃论罪的研究并不限于赃物数额或者数量之于量刑的对应关系,而且从以下三个方面展开了在我看来具有新意的讨论:

一是数额或者数量在犯罪构成中的体系性地位问题。关于这一问题,在我国刑法理论上历来存在构成要件说与处罚条件说之争。② 站在我国传统的四要件犯罪构成体系的立场上,当然不能承认数额或者数量是处罚条件,而必然采用构成要件说,即把数额或者数量视为犯罪构成的要素。当然,对数额或者数量在犯罪构成体系中的体系性地位问题,并没有展开深入研究。在引入三阶层的犯罪论体系之后,数额或者数量是构成要件要素,还是可罚性的违法性,抑或是客观处罚事由?这些问题同样也是存在争议的。在我创立的罪体—罪责—罪量的体系中,专设罪量要件,以容纳数额、数量以及其他犯罪的数量要素,我以为还是较为合理地反映了我国刑法关于犯罪数额或者数量的规定。对此,王飞跃博士在本书中也是赞许的。当然,这是一个具有中国特色的刑法问题,缺乏成熟的域外经验可供借鉴,因此尚需我国学者进一步探讨。王飞跃博士在本文中对于这一问题的讨论,也提供了一种解决方案,因而值得肯定。

二是从并合论罪的角度对数额或者数量问题进行研究,对于丰富我国刑法中的罪数理论具有学术贡献。累计处罚本身是一种对财产犯罪予以并合论罪的制度。应该说,以往我们对财产犯罪并合论罪的观念是较

---

① 上海社会科学院政治法律研究所编:《宋史刑法志注释》,群众出版社1961年版,第138—139页。
② 参见高铭暄、王作富主编:《新中国刑法的理论与实践》,河北人民出版社1988年版,第593页。

为淡薄的。例如我国台湾地区学者戴炎辉教授在论及唐律关于赃罪的频犯时指出：

> 以赃致罪而频犯者,累计其赃而倍折(对折)后,依此赃数科刑。赃罪的频犯,系频行赃罪之谓。此本为数罪俱发,应从一重或一等科断;但此数罪均为贪利,不可宽纵,律加重其刑,以补救吸收主义的流弊。①

唐律对于赃罪的频犯分为累科折半与累科不折半两种。对于职务上的赃罪,例如监临主守因事受财及监守自盗,累科不折半。而对于非职务上的赃罪,则累併折半,以此体现刑法对职务上的赃罪从重处罚的精神。赃罪的频犯,属于同种数罪,按照我国古代刑法处理数罪俱发的原则,一般采吸收原则,以重者论。但对于赃罪的频犯则作例外处理,即使是累併折半,也属于加重之律,因而才有戴炎辉教授以上所说的"补救吸收主义的流弊"。但与此同时,折半科罪又被视为计赃定罪之变法也。对此,清代律学家王明德指出：

> 或曰,折半之义何居？曰,财非一人之财,受非一日之事,频年累月而渐积之,汇少成多而统计之。既非枉国法以虐民,不过仅同夫箠箠之不飭。倘一如夫枉法之条,为之通算以全科,则人将曰,与其如此,毋宁如彼矣。将枉国法者,不愈众乎。故法虽减,而赃亦折半以为科,盖阴寓累减义于不言也。②

由此可见,我国古代已经从并合罪角度对赃物的数额或者数量之累计处罚问题进行讨论。王飞跃博士采用并合论罪的视角对累计处罚制度的研究,我以为是具有新意的。

三是对累计处罚制度的局限性加以揭示,表明王飞跃博士在理论研究上的理性态度,这也是值得充分肯定的。

当然,累计处罚制度是一个技术性较强的问题,如何从制度背后挖掘其价值,从技术当中引申出学术,在这些方面尚有待进一步努力。值此王飞跃博士的博士论文即将出版之际,匆匆草成此序。同时也向读者推荐

---

① 戴炎辉：《中国法制史》,台北三民书局1979年版,第85—86页。
② 〔清〕王明德：《读律佩觿》,何勤华等点校,法律出版社2001年版,第43—44页。

王飞跃博士的这一作品,并期待着王飞跃博士有更好的作品问世。

是为序。

陈兴良

谨识于北京海淀锦秋知春寓所

2010 年 6 月 11 日

78. 王顺义《学科的秩序
——关于检察理论体系的一些基本问题》[①]序

王顺义的大作《学科的秩序——关于检察理论体系的一些基本问题》即将出版，作者邀我作序。我颇为犹豫，主要是我对检察学理论并不熟悉。使我答应作序的是本书的书名——学科的秩序。这是一个十分学术化的书名，令人眼前一亮，引起我对该书的阅读兴趣。

现代人文社会科学知识，甚至包括自然科学知识，都是以学科形式而存在的，这样一种对知识的制度化安排，其特点是分门别类，由此形成所谓学科的秩序。在学科已经秩序化或者制度化的情况下，新学科要想在知识体系中获得独立的地位是十分困难的。因此，虽然新学科不断产生，但真正能够存活下来的并不多。本书是以检察学的基本问题为线索的，当然，作者的本意并不在于仅仅对检察学基本问题展开讨论，而是要想为检察学在目前的学科体系中找到其安身立命的位置。对于这一努力，我是十分敬佩的。确实，一门学科如果不能获得其在学科中的体系性地位，是难以长久的。

检察学，与之相关的还有审判学、律师学与警察学（公安学）等，是我国法学研究中久已存在的课题，投入的学术资源也不少，数十年前就已经出版了关于检察学的著作。但为什么现在仍然要为检察学的正当性与必要性继续论证呢？这一点是令人深思的。首先，检察学是以检察制度为研究对象的，因此，检察学如欲成为一个独立学科，必须与宪法和刑事诉讼法划清界限。因为宪法中涉及对检察制度的规定，检察制度本身就是一个国家的政治法律制度的重要组成部分。其次，刑事诉讼法也涉及对检察机关诉讼职能的规定，因为检察机关在刑事诉讼中扮演着重要角色。在这种情况下，检察学对检察制度的研究就可能与宪法、刑事诉讼法的部

[①] 王顺义：《学科的秩序——关于检察理论体系的一些基本问题》，中国检察出版社2010年版。

分内容重合。当然,也有部分内容是与宪法和刑事诉讼法不会完全重合的,这就是《检察院组织法》《检察官法》对检察机关和人员所作的具体化规定。就此而言,对检察机关进行专门研究还是必要的。以往的检察学之所以未能独立,主要还是因为与其他法学学科发生了过多重合,因而难以在知识上自立。本书力图构建一个检察学的学科体系,包括理论检察学、应用检察学和检察史学这三个分支学科。理论检察学又包括检察学原理、比较检察学、检察学概论、检察制度概论等。应用检察学包括实务类理论、职务犯罪侦查理论、狱政检察理论等。检察史学既是检察学的分支,也是一门法制史学科,包括检察制度沿革史、法律监督思想史等。从以上叙述来看,可谓学科结构十分宏大,由此形成的检察学知识体系蔚为大观。作者的想象力是令人敬佩的。相对于以往的小检察学体系,这是一个大检察学体系。

  当然,对于作者的这一构思,我还是存在一些疑问。归根到底还是涉及问题、知识与学科之间的关系问题。问题是研究的起点,对问题的深入研究形成知识,而这种知识积累到一定程度形成学科。学科一旦形成,对知识的发展起到某种制约作用。事实上,在社会生活中问题是到处存在的,对问题的思考也是每时每刻都会发生的,但对问题的思考未必都能形成知识,因为知识是对问题,尤其是宏大问题与根本问题的追根刨底的思考,甚至是形而上的思考。知识不同于经验,尽管知识来源于经验,但它必定已经是上升到理性的程度。与此同时,知识的积累也未必一定能够形成学科。因为学科是自身规律的反映,它是为知识划分疆界的。中国古人云:形而上者谓之道,形而下者谓之器。只有"道"才能形成学科性知识,而"器"则只能停留在经验层面上。我们也可以承认经验性知识这个概念,但这种知识是永远不可能上升为学科的,因为它具有个体性、体验性,有时它是难以描述、难以评价的。我记得大约在20世纪80年代后期,我曾经向中国人民大学法学院的徐立根教授(已故)请教过关于大学法学教育中从侦查学到物证技术学的转变。徐立根教授是我国物证技术学的创始人,他对这一问题的见解令我茅塞顿开。徐立根教授说,侦查活动是一种经验活动,尽管侦查过程中需要各种专门知识,但侦查学在大学中是很难传授的。而物证技术学是运用物理、化学、生物等自然科学知识对物证进行科学研究,因而它作为一门学科,是可以在大学中传授的。我对徐立根教授的上述见解深表赞同。有些知识的教研活动可以在一定范围开展，但须对学员有一个限定，例如侦查学一般在公安大学之类院校开设。有些实践活动的研究可以形成某种专门的学问，例如对"刑事辩护"进行研究可以形成辩护学，但它不可能是一个学科。换言之，不是加上后缀——"学"就可以成为一门学科的。学科是与大学教育紧密相连的，只有通过大学教育传播的知识才能形成一门学科。

　　王顺义长期以来从事检察工作，对检察工作和检察制度有自己的体验，试图建构宏大的检察学学科体系的心情是可以理解的，本书对此的论证，尤其从学科的秩序角度所作的论证，表明作者具有相当的学术眼界。尽管我不完全同意王顺义的某些观点，但我还是衷心期望王顺义的学术努力有所成就。

陈兴良
谨识于北京海淀锦秋知春寓所
2010 年 6 月 11 日

79. 陈璇《刑法中的社会相当性理论研究》[①]序

陈璇博士从德国马普研究所给我寄来他的博士论文"刑法中的社会相当性理论研究",向我求序。我与陈璇博士素不相识,从自我介绍中,我获知陈璇系我国著名刑法学家马克昌教授的博士生,在读博期间曾经于2008年9月至2009年9月获国家留学基金的资助到德国马普研究所访学一年,完成了其博士论文的资料收集与写作,并于2009年11月27日在武汉大学法学院通过了博士论文答辩。目前,陈璇博士正在德国马普研究所从事博士后研究。在了解了陈璇博士的求学经历以后,拜读其博士论文,深感陈璇博士的博士论文对于我国学者深刻理解德国刑法学中的社会相当性理论具有重要的意义。因而乐而为之作序。

社会相当性理论是德国著名刑法学家威尔泽尔于20世纪30年代(1939年)提出的,其初衷是为纠正法益侵害说之不足。因为根据法益侵害说,只要存在法益侵害就存在不法。然而,在现实生活中并非如此。在某些情况下,虽然存在法益侵害,但法益侵害的结果是处于共同体生活的历史形成之社会道德秩序之内的行为所造成,因而同样可以排除行为之不法性。由此,社会相当性理论将不法评价从结果无价值转向行为无价值,不法理论从法益侵害说转向规范违反说。当然,后者只是对前者的补充,而非对其颠覆。尽管如此,社会相当性理论的提出还是打破了结果无价值和法益侵害说一统天下的局面,为刑法教义学的发展带来了某种活力。从社会相当性理论可以引申出不法的相对性观念、法益衡量的观念以及人的不法观等原理,其对于不法理论的贡献甚巨。尽管社会相当性理论因其相当性标准的暧昧性而饱受诟病,但其对于刑法理论的贡献是不可抹煞的。

我是在开始刑法研究之初遇到社会相当性这个概念的。之所以称为概念而不称其为理论,是因为社会相当性对于我来说,当时确实只是一个

[①] 陈璇:《刑法中的社会相当性理论研究》,法律出版社2010年版。

概念。确切地说，是一个词条而已。为写本序，我特意查找了相关资料，结果发现我国第一部刑法词典中的社会相当性这个词条居然还是我撰写的，因为每个词条后面都有署名，要不然根本记不起来。这本词典就是《中国刑法词典》（学林出版社1989年版），而此时距离威尔泽尔提出社会相当性理论已经过去了整整50年。现将我所撰写的社会相当性词条的内容收录如下：

社会的相当性①

外国刑法理论关于违法阻却的一种学说。指在社会生活中，历史所形成的社会伦理秩序所允许的行为。例如医生的外科手术行为，拳击、摔跤等竞技行为，就是具有社会的相当性的行为的适例。社会相当性理论从动态的观点出发，将违法与社会生活的关系加以考察。根据社会相当性理论，违法的标准不是单纯地看法益是否受到侵害，如果凡侵害了社会生活的一切法益都作为违法而加以禁止，那么，社会生活就停止不前了。为了使社会发挥生气勃勃的机能，对于那些从静止、绝对的观点来看似乎是侵害法益，但从动态、相对的观点来看则是社会的相对行为，并不视为违法。只有那些超越了社会相当性的行为，才视为违法。因此，社会相当性理论是对法益侵害说的否定。社会相当性理论为判断违法阻却提供了一般标准，并可以用来解释构成要件该当性。因为构成要件是违法行为的类型，从而对社会也是不相当的行为。因此，凡是具有社会相当性的行为，就是构成要件的该当性阻却的行为。例如，利用职务上的便利收受非法利益的行为，是受贿罪的构成要件。但如果税务人员在调查对方时抽了几支招待的烟，就不构成受贿罪。其理由在于，根据社会相当性理论，这种行为没有超出社交习惯和礼仪的范围，与作为受贿罪的侵害客体的职务行为的不可收买性并无关系。一般认为，社会相当性理论根据社会生活的发展，从社会伦理秩序对违法性作出解释，比较符合社会生活的实际。但是，社会相当性理论因其内容过于空泛，标准失之抽象，令人难以掌

---

① 《中国刑法词典》编委会：《中国刑法词典》，学林出版社1989年版，第233—234页。

握,使构成要件失去了明确性,并且减弱了其保障机能。因此,有些刑法学家认为,社会相当性理论不妥当;有的甚至持完全否定的见解,认为社会相当性如果被视为构成要件该当性的阻却事由,则因构成要件的范围本身就不明确,所以阻碍了它的保障机能。如果把社会相当性视为违法阻却的原理,则因其内容与实质性违法理论的内容相同,因而没有立论的必要。(陈兴良)

在以上论述中,说社会相当性理论是对法益侵害说的否定,显然是不准确的,但该词条还是大体上介绍了社会相当性理论的内容。我不太记得撰写这个词条的资料是从那里来的。后来发现我的这个词条的内容与日本学者木村龟二主编,顾肖荣、郑树周译校的《刑法学词典》(上海翻译出版公司1991年版)一书是差不多的,但该书出版时间比《中国刑法词典》要晚一些。后来才想起来,《中国刑法词典》一书虽然署名是《中国刑法词典》编委会,但实际上是顾肖荣教授张罗的,当时顾肖荣教授正在翻译日本学者木村龟二主编的《刑法学词典》一书,就把尚未出版的译稿拿来供我们参考。这样,虽然《刑法学词典》一书出版在后,但出版在前的《中国刑法词典》一书实际上是参考了《刑法学词典》一书的。这段学术史,如果不去回忆,以后真就会变得阴差阳错。从社会相当性这个词条可以看出,当时我国刑法理论是如何在一片废墟上,几乎是一无所有的基础上逐渐地发展起来的,这充分反映了我们这一代刑法学人筚路蓝缕的开拓。

我接触社会相当性这个概念之初,给我留下的是似曾相识的印象。看到社会相当性这个概念,令人想起社会危害性这个我国通行的刑法概念。其实,我国刑法学中的社会危害性与德国刑法学中的社会相当性,虽然词义相近,但各自的功能却是完全不同的。对此,陈璇博士在其博士论文中略有涉及:社会危害性是犯罪的本质特征,也是四要件的犯罪构成的根本属性。而社会相当性只是不法的理论,它本身与责任无关。我认为,两者的根本区别还是在于:社会危害性是一种入罪理论,它为犯罪的认定提供了实质性根据。而社会相当性是一种出罪理论,它的功能永远在于限制刑罚权而不是扩张刑罚权。因此,尽管社会相当性的标准具有一定的含糊性,但作为出罪的实质性根据,社会相当性理论具有重要价值。

当然,对于社会相当性的体系性地位问题,从威尔泽尔本人的学术观点的演变来看,就是前后变动似无定见。正如陈璇博士在其博士论文中所描述的那样,威尔泽尔对于社会相当性的体系性地位也一度在构成要件和违法性这两个阶层之间摇摆不定。最初,威尔泽尔是把构成要件看作可罚不法的类型化,因而将社会相当性定位为排除构成要件该当性的事由。后来,威尔泽尔转而认为构成要件只是对禁止之行为的具体描述,它并不包含容许性规范的内容。构成要件只是规范违法性的成立,并不必然表明行为的违法性的存在。容许性规范是在违法性阶层被排除的,而社会相当性是排除容许性规范的违法阻却事由的实质根据。及至晚年,威尔泽尔又认为社会相当性具有跨构成要件和违法性这两大阶层的双重功能。在构成要件该当性中,利用社会相当性排除那些造成任何法益侵害的行为。在违法性中,通过社会相当性为违法阻却提供根据,排除那些具有法益侵害但被伦理秩序所容许的行为。威尔泽尔在社会相当性的体系性地位问题上的前后反复,表明社会相当性理论本身的复杂性。

陈璇博士在其博士论文中论及从形式构成要件论到实质构成要件论,其间,社会相当性理论起到了重要作用。当然,在这里还可以进一步探讨的是,构成要件的实质化,其实质化到底如何理解?我认为,是否可以把构成要件的实质化区分为事实的实质化与价值的实质化。事实的实质化是一个事物自身属性的问题,换言之,属于存在论的范畴。而价值的实质化是一个对事物的评价问题,属于价值论的范畴。这两种实质化是有所不同的:事实的实质化应当在构成要件阶层考察,而价值的实质化应当在违法性阶层判断。例如,把一种引起他人死亡的行为归结为杀人行为,这只是形式上该当与杀人罪的构成要件。该引起他人死亡的行为本身是否具有致人死亡的客观危险性,这就是一种实质判断。只有符合这一实质特征的杀人行为,才具有杀人罪的构成要件该当性。而在违法性阶层,需要判断的是这一杀人行为本身是否为法所允许。如果为法所允许,那就排除其违法性。如果不被法所允许,那就具备了实质违法性,这是一种价值的实质化。现在需要明确的是,社会相当性到底是解决事实的实质化还是解决价值的实质化问题?我认为,社会相当性解决的是价值的实质化问题,因而是违法阻却的一般根据。至于构成要件的事实的

实质化,目前主要由客观归责理论承担。对此,罗克辛教授指出:

> 虽然社会恰当性(指社会相当性——引者注)的理论追求的是正确的目标,而不是从行为构成(指构成要件——引者注)中消除符合举止行为方式的特别的不法类型,但是,它也没有为排除具有特殊"特征"的行为构成表现什么,并且能够作为解释的原则,由更准确的标准予以替代。今天,已经不再能够要求这种——在趋势上正确的——理论提供一种特别的信条性意义了。①

当然,我以为罗克辛教授主要是在构成要件论的意义上对社会相当性作出如是评价的。不可否认,在不法理论中,社会相当性理论仍然具有生命力。而且,对于社会相当性的功能,各人可能会有不同的见解。例如陈璇博士在其博士论文中认为客观归责理论并不能取代社会相当性理论的功能。社会相当性理论在其提出半个多世纪以后,围绕这一理论仍然存在如此之多的争议,足见该理论之学术魅力。

随着我国刑法知识的去苏俄化,德日刑法知识以一种强势的学术姿态进入我国刑法学界,这是一种历史趋势。我们当然应当保持学术的自主与自信,但也要对德日刑法知识的引入持一种开放与开明的学术态度。当然,我国刑法学研究对于德日刑法知识的需求与德日刑法学研究的前沿性学术问题可能并不是重合的。在这种情况下,我们固然应当了解德日刑法学研究的前沿性问题,但更要关注那些对于我国目前刑法理论所急需的知识内容。我认为,社会相当性理论就是这样一个对我国刑法理论研究具有启示作用的问题。

陈璇博士在其博士论文中,对德国刑法学中的社会相当性理论作了全面而细致的介绍,其皇皇数十万言的大作与我在二十多年前撰写的数百字的词条,不可同日而语。由最早将社会相当性理论介绍到我国的我,来为一篇具有相当的理论深度与开阔的学术视野的关于社会相当性的博士论文写序,恍惚之间若在梦中,真觉得冥冥之中存在某种缘分。我期待着,我国学者能够借助社会相当性的理论资源,对我国的刑法学理论

---

① 〔德〕克劳斯·罗克辛:《德国刑法学总论》(第 1 卷),王世洲译,法律出版社 2006 年版,第 195 页。

进行深化。例如,社会相当性与社会危害性就是一个可以在相当大的理论范围内展开的重大课题。

是为序。

陈兴良

谨识于北京海淀锦秋知春寓所

2010 年 5 月 18 日

80. 刘仁文《刑法的结构与视野》①序

刘仁文博士的《刑法的结构与视野》一书即将由北京大学出版社出版。作为"中青年刑法学文库"之一,该书的问世必将丰富这一文库。对此,我感到十分高兴。

近些年来,刘仁文博士是一位在国内外的刑法学界都较为活跃的学者,并且是一位善于言说者,著述颇丰。除了在西学东译方面作出的系列努力外,刘仁文博士的自身言说主要表现在以下三个方面:一是对刑法中的重大问题的探讨,例如死刑问题、劳动教养问题、刑事政策问题,对此刘仁文博士都发表了自己的见解,特别是在刑事政策领域出版了个人专著②,产生了较大的影响。二是对刑法学中的重大问题的探讨,例如过失危险犯问题、严格责任问题、期待可能性问题、敌人刑法问题,对此刘仁文博士也都作了较为深入的研究,其中针对过失危险犯③问题和严格责任④问题还出过专著。三是对当前法治建设中的问题以时评的方式发表学者的见解,充当公共知识分子的角色。在这方面,刘仁文博士也付出了很多的心血,他在有关报刊开辟专栏,其时评虽然言论不长,但大多能点到问题的本质,从法理与法治的角度进行解说,对于社会公众具有启蒙之功。我本人虽然限于精力,较少给报刊撰文,但对于像刘仁文博士这样活跃在公共论坛上的学者还是持敬佩态度的,经常拜读刘仁文撰写的时评,读到会意处也会不禁莞尔一笑。在以上第三个方面的成果中,刘仁文博士已经先后出版了其法学随笔"三部曲"⑤,蔚为壮观。而在前两个方

---

① 刘仁文:《刑法的结构与视野》,北京大学出版社 2010 年版。
② 刘仁文:《刑事政策初步》,中国人民公安大学出版社 2004 年版。
③ 刘仁文:《过失危险犯研究》,中国政法大学出版社 1998 年版。
④ 刘仁文:《严格责任论》,中国政法大学出版社 2000 年版。
⑤ 刘仁文:《想到就说:刘仁文法学随笔选粹》,中国人民公安大学出版社 2005 年版;《具体权利:刘仁文法学随笔续编》,中国人民公安大学出版社 2006 年版;《法律行者:刘仁文法学随笔之三》中国人民公安大学出版社 2010 年版。

面,据他对我讲,也有两个"三部曲"的设想:一是出版自己的"刑法之外看刑法"三部曲,这方面他已出版了《刑事政策初步》《刑事一体化下的经济分析》①两部,第三部《社会转型与刑法发展》正在写作之中;再就是出版自己的刑法与刑法学研究系列文集,本书作为这一计划的开始,相信连同他接下来的两本文集,能够比较集中地展示刘仁文博士在刑法与刑法学这两个领域的研究成果。

在这里,我把刑法与刑法学分为两个研究领域,似乎有点怪异,因为以往是没有人这样区分的。但我认为,刑法研究与刑法学研究的区分,是十分必要的,我们尤其应当从刑法研究向刑法学研究转型。我在这里所说的刑法学研究,是指刑法的教义学研究,即以刑法规范为逻辑起点的演绎推理,这是一种规范的刑法学,也是一种纯粹法学意义上的刑法学。而我国在刑法教义学方面的研究是十分薄弱的,没有形成独立的刑法教义学的学术传统。在这种情况下,笼而统之的刑法研究,实际上包含了立法论与解释论的内容,两者混杂在一起。尤其是我们往往习惯于对法律的批评,习惯于提出各种各样的立法建议,如此等等,都在刑法的研究中混杂了刑事政策的内容。而对这种刑法学术现状,我认为更应当倡导的是刑法教义学的研究。

就刘仁文博士的个人学术兴趣而言,我以为对在刑事政策视野中的刑法,包括刑事立法与刑事司法的研究,是做得较为深入的。尤其是整个国家的刑事法治建设的基本方向,刘仁文博士的宏观把握是十分准确的。例如,他提出了"当代中国刑法的九个转向"的命题,这就是从革命刑法转向建设刑法、从国家刑法转向公民刑法、从严打刑法转向宽严相济刑法、从政策刑法转向原则刑法、从民法的刑法化转向刑法的民法化、从身份刑法转向平等刑法、从个人刑法转向个人与单位并列的刑法、从刑罚之单轨制转向刑罚与保安处分之双轨制、从封闭型刑法转向开放型刑法。以上概括,我认为还是具有前瞻性的,对于理解我国处于转型时期的刑法性质具有重要的参考价值。我曾经提出过"从政治刑法到市民刑法"的命题,其含义与刘仁文博士的九个转向有相似之处。此外,刘仁文博士对"敌人刑法"的批判也是十分到位的。雅科布斯(Jakobs)提出的"敌人刑

---

① 刘仁文:《刑事一体化下的经济分析》,中国人民公安大学出版社2007年版。

法"理论,当然是为应对恐怖主义犯罪等对社会秩序的根本偏离者。雅科布斯将敌人刑法与市民刑法相对应,主张对有人格者适用市民刑法,对非人格者适用敌人刑法。他当然不是要用敌人刑法替代市民刑法,而是在极个别情况下适用敌人刑法。但雅科布斯的敌人刑法理论仍然不得人心,并引起哗然。在我们中国人这里,雅科布斯关于市民刑法与敌人刑法的区分,令人想起两类矛盾性质理论在刑法中的运用,即把犯罪分为人民内部矛盾的犯罪与敌我矛盾的犯罪,而区分的标准是政治态度等。因此同一种盗窃行为,要根据行为人对社会主义革命和社会主义建设是否抱有反抗、敌视和破坏的态度而加以区分。而这种区分,在操作上是根本不可能的。同样,雅科布斯关于市民刑法与敌人刑法的区分的观点,我们虽然不能怀疑其动机,但在司法上不具有可行性。尤其是我国正在从政治刑法向市民刑法转变,切不可受敌人刑法的影响,又使这种转变发生逆向的态势。对于敌人刑法的批判,表明刘仁文博士具有较高的学术鉴赏力。

在本书中,刘仁文博士对于刑法学的建构也发表了个人见解,其中立体刑法学的倡导具有一定的新意。刘仁文博士所言的立体刑法学,是指刑法学研究要瞻前望后、左看右盼、上下兼顾、内外结合。在刘仁文博士看来,这个命题既涉及刑法学研究的方法革命,也相应地涉及刑法学的内容革新。我以为,立体刑法学思路的核心是不能孤立地研究刑法,而要把刑法置于整个法律体系中进行研究,从而拓展刑法学研究的视野。因此,这一命题正好契合本书书名中的"视野"一词。我以为,立体刑法学的命题与储槐植教授提出的刑事一体化的命题具有异曲同工之妙。当然,立体刑法学的命题中,刑法学的主体性地位更为明确。刘仁文博士在以往的研究中,曾自觉采用了刑事一体化的分析方法,如他的《刑事一体化下的经济分析》,就是用经济学的分析方法来对犯罪学、刑法、刑事诉讼法、刑事政策、刑事司法、刑事执行等展开研究的;他的《环境资源保护与环境资源犯罪》一书,也用了较长的篇幅来阐述破坏环境资源的民事责任、行政责任和刑事责任,以及环境资源诉讼中的民事诉讼、行政诉讼和刑事诉讼。以上种种,都表明刘仁文博士身体力行地从事跨学科的刑法研究,从而为立体刑法学提供了一个最好的注脚。

在本书关于刑法学的研究中,还有一篇文章我很感兴趣,这就是刘仁文博士对中国刑法学30年(1978—2008)所进行的学术梳理。我近来也正在从事刑法的学术史的考察,近日完成的《刑法学:向死而生》一文,是对中国刑法学60年(1949—2009)的学术梳理,因而有30年与刘仁文博士的研究是重合的。我的基本观点是去除苏俄化、逐渐地接纳德日刑法教义学的学术传统,由此重塑我国的刑法学。在这一点上,我与刘仁文博士还是存在较大的分歧的,例如如何看待苏俄刑法学?如何看待犯罪论体系在刑法学中的学术价值?等等。对这些问题展开深入研究,乃至于进行学术的、学派的争鸣,我以为这将是我国刑法学之幸。

是为序。

陈兴良
谨识于北京海淀锦秋知春寓所
2009年7月12日

81. 陈伟《人身危险性研究》[①]序

陈伟的博士论文《人身危险性研究》即将由法律出版社出版，嘱我为之作序。因为我参加了陈伟的博士论文答辩，并且对人身危险性这一主题也有些兴趣，因而欣然应允。

人身危险性是一个与社会危害性相对应的概念，我在《刑法哲学》一书中曾经以社会危害性与人身危险性为中心，提出了犯罪本质二元论的命题，并以此为线索，建构罪刑关系中心论的刑法学体系。现在想来，当时提出这一命题是颇为大胆的，理论预期的实现也是具有相当难度的。在刑法学史上，历来存在行为刑法——刑法客观主义与行为人刑法——刑法主观主义之争，当然也存在二元论或者折中说。这些理论争议对于推动刑法学的理论发展当然是具有重要意义的。就此而言，社会危害性与人身危险性等概念都是刑法学的基石范畴。当然，就社会危害性与人身危险性这一对范畴而言，我国刑法学重视的是社会危害性，并以其作为犯罪的本质特征，在此基础上形成了社会危害性中心论的刑法学体系。当然，我并不认为我国传统刑法学中的社会危害性概念可以直接等同于刑法客观主义。其实，在社会危害性概念中，由于其形成过程的复杂性，使其包裹了太多复杂的意识形态色彩。尤其是社会危害性作为一种实质判断，它与罪刑法定主义所具有的天然冲突也是不可避免的。如果进一步考察，我认为社会危害性概念本身是具有历史进步意义的，这是相对于在封建中世纪，刑罚惩罚不以人的行为为客体，而是惩罚犯意。但主观犯意是缺乏客观标准的，因此导致当时的刑罚十分残酷。在这种情况下，自贝卡里亚始，提出犯罪对社会的危害程度是检测犯罪的唯一标尺的思想，是对犯罪本质在认识上的一次升华。然而，社会危害性虽然是客观的，但这是一个本质论意义上的客观性。那么，这种客观内容如何转化为刑罚惩罚的标准呢？这里存在一个认识论的问题。社会危害性作为

[①] 陈伟：《人身危险性研究》，法律出版社2010年版。

一个自在之物,必然要经过人的主观认识才能转化为自为之物。立法当然是第一次转化,正是通过立法,使社会危害性转化为具有可操作性的法律标准,使实质合理性转化为形式合理性。在这种情况下,法律规定就成为在司法活动中认定行为的社会危害性的根本标准,任何脱离法律规范的社会危害性都与犯罪无关,与刑罚无涉,这是我国罪刑法定主义的题中之意。而我们现在对社会危害性的研究还更多地停留在本质论的阶段,没有将社会危害性纳入刑法教义学的范畴,致使社会危害性的概念始终成为法外之物而非规范之物,这是应该引起我们重视的。仅仅从社会危害性的理论标榜而言,我国刑法学似乎是追求实质理性的,但由于社会危害性概念没有被刑法教义学所吸纳,因而在这个意义上,我国刑法学是充满形式主义的。与此形成对照的是,在德日刑法学中,并无社会危害性概念,但在其刑法教义学中,具有危险的概念,并对危险理论展开了深入的研究。例如,行为危险与结果危险、客观危险与主观危险、具体危险与抽象危险等。其危险犯的概念不只是对刑法分则某一具体危险类型的理论概括,而且在刑法总则中也引入了危险概念。比如,认为未遂犯也是一种危险犯,并在共犯论中也采用了危险理论,如此种种,不一而足。因此,如果我们不展开刑法教义学的研究,仅仅停留在社会危害性的宏大叙事,刑法学是不可能进步的。

相对于社会危害性概念,人身危险性概念更是命运多舛。其实,从本质上来说,人身危险性概念正如同社会危害性概念一样,对我们正确地理解犯罪的本质是一个重要的向度。在定罪处罚的时候,应当把人身危险性作为一个重要的参照指标。因此,除了那种极端的刑法主观主义立场,把人身危险性看作犯罪的唯一标准,甚至完全脱离行为的社会危害性去讨论人身危险性,这当然是片面的。我认为,人身危险性的问题主要还是在于其客观测定上的困难,这也是一个不争的事实。例如,北京大学法学院的张文教授一直倡导人格刑法学,关键问题在于:犯罪人格如何测定?如果这个问题不解决,人格刑法学也只能是一种理论想象而已。

我高兴地看到,陈伟的博士论文对人身危险性进行了系统研究,是我国刑法学界在人身危险性这一主题上所取得的创新性成果,对于人身危险性理论的发展具有重要理论价值。在本书中,陈伟博士对人身危险性的有关本质性问题进行了理论阐述,尤其是对人身危险性与社会危害性这两个概念之间的关系作了进一步的厘定。并且,在此基础上,陈伟博士对人身危险性与定罪、量刑、行刑的关系都作了具有新意的探讨,这些都是值得充分肯定的。当然,我更感兴趣的还是本书第六章关于人身危险性的评估部分。在本章中,陈伟博士指出:

> 人身危险性的评估关乎它的命运走向,如果不能从实践操作上解决人身危险性评估的技术问题,人身危险性将永远只是一个伪命题而难得其位。

对于这一观点,我是极为赞同的。陈伟博士对于人身危险性理论具有如此清醒的认识,实在是难能可贵。我们现在有些博士论文作者,过于执着于研究客体,为其所动、为其所俘,难以从中超脱,不能使研究获得中立性。在这种情况下,论文的科学性就会大打折扣。对此,任何一个学术研究人员,都是必须引以为戒的。

陈伟博士已在西南政法大学任教,从事刑法学的教学科研工作,这是一份崇高的职业,也是能够发挥一个人才情的平台。刑法学绝不能仅仅是法条之学,无论是法教义学还是法哲学,都可以在刑法学研究中加以采用,从而创造一种具有个人独特性的学术思想。对于陈伟博士,我抱有这样一种期待。

陈兴良
谨识于北京大学法学院科研楼 609 工作室
2010 年 1 月 14 日

82. 黄丁全《刑事责任能力的构造与判断》[①]序

　　刑事责任能力始终是三阶层的犯罪论体系中有责性的主要内容之一，尽管在刑法理论中存在责任前提说和责任要素说之争，但对刑事责任能力的功能定位是始终如一的，即为责任提供适格主体。黄丁全博士的新作《刑事责任能力的构造与判断》一书为我们展示了责任主义背景之下的刑事责任能力理论之全貌，可以说是刑事责任能力研究的一部颇具功力的著作，值得充分肯定。

　　刑事责任能力涉及责任年龄、精神病、生理缺陷等一系列技术性问题。然而，黄丁全博士力图从责任主义的语境中对这些问题进行理论探讨，从而使本书弥漫着某种人文精神。本书的代序，题为"刑事责任理论的回顾与展望"，它虽然不是本书正文的内容，然而却是贯穿本书的中心线索，也在很大程度上提升了本书的学术水平。应当指出，在代序中所探讨的刑事责任与苏俄及我国刑法学中的刑事责任是两种完全不同的概念。因为在四要件的犯罪构成体系中，只有犯罪主观要件，即罪过，包括故意与过失，而根本就没有责任要件，因而美国著名学者弗莱彻称为"无归责的罪过"。至于四要件以外的所谓刑事责任，是指犯罪后果，例如犯罪构成是刑事责任的唯一根据的命题就充分表明其主观要件不具有归责性。而德日刑法学中的责任，基于规范责任原理，是指主观上的非难可能性。这里的非难可能性是责任主义的核心内容。黄丁全博士在代序中对责任概念的演进史作了概括，从旧派的责任论到新派的责任论，从报应性责任概念到预防性责任概念，缕分条析，线索清晰。尤其是黄丁全博士引入科学主义，探讨其对责任能力的影响，正好契合本书之主题，从这一体系性安排中可见作者独具匠心。

　　本书以《刑事责任能力的构造与判断》为书名，可以看出本书在内容上包含了刑事责任能力的构造与刑事责任能力的判断这两个互相联系的

---

① 黄丁全:《刑事责任能力的构造与判断》，法律出版社2010年版。

组成部分。其中,刑事责任能力的构造主要是指本书的理论部分,它占绝大部分的篇幅。刑事责任能力的判断则是指本书的实践部分,它所占的篇幅虽小,但意义重大,亦是本书不可或缺的组成部分。而在刑事责任能力的构造部分,黄丁全博士又从责任能力的一般性理论和影响刑事责任能力的相关要素这两个方面进行了系统的讨论,在理论的深度与广度上都是前所未及的。

我向来对哲理探讨有兴趣,这是一个论题所能抵达的理论深度的标志。因此,对于本书的理论部分我是较为喜欢的。例如本书第五章"责任能力的基础",黄丁全博士主要对意志自由问题进行了探讨。意志自由本身是一个哲学问题,我在《刑法的人性基础》(第二版,中国人民大学出版社2006年版)一书中作过专门的探讨。在本书中,黄丁全博士并不是仅从哲学的面向对意志自由进行审视,而是从罪责理论的向度对意志自由加以探讨,从而为责任能力提供哲理根据。实际上,意志自由不仅是责任能力的基础,同时也是责任的基础。在本章中,黄丁全博士对责任理论与意志自由的关系作了相关性分析,将责任概念建立在非决定论的责任之上,揭示了非难可能性是责任的本质。在这一基础之上讨论刑事责任能力,则各种影响刑事责任能力的要素其实都是决定某一行为是否具有非难可能性,并因此而负刑事责任的条件,从而为刑事责任能力的立论提供了坚实的立论基础。

本书的精彩之处当然还是对于各种影响刑事责任能力的要素的探讨,而这部分内容涉及精神医学及心理学等多个学科领域,其知识范围深广而又精专,不仅写作难度较大,即使是阅读起来,若无相关的知识背景,也是较为吃力的。可以说,这部分内容也是刑法学中最具科学主义性质的专业知识。黄丁全博士为写作这部分内容,广泛地涉猎相关学科知识,例如医学知识可以说是造诣较深的,还专门出版过《医事法》(中国政法大学出版社2003年版)专著,这都为黄丁全博士对刑事责任能力的研究奠定了基础。例如本书第九章对因病性精神障碍的探讨,就涉及精神医学,对于各种精神疾病的描述与分析,没有相关专业学识是无从下笔的。当然,本书并不是一部专门的精神病学著作,精神病学知识只不过是刑事责任能力判断的背景知识。本书的着力之处在于利用这些专业知识对责任能力进行相关性的分析。在这方面,本书是具有独到见解的。

应该说,本书并不是一部纯理论的探讨著作,而是紧密联系司法实践,是一部具有应用价值的著作。关于刑事责任能力问题,一般在各国刑法总则中都有明文概念,但这种概念都是较为简约、较为抽象的,它只是为刑事责任能力的认定提供了一般原则。这些法律原则适用于司法个案的时候,还需要具备各种专门知识,从而解决刑事责任能力的判断问题。本书秉持理论联系实践,解决司法实践问题的理念,因而是对于司法实践部门判断刑事责任能力具有重要参考价值的著作。

本书作者黄丁全早年毕业于台湾大学法律系,先后获学士学位及硕士学位。1995年跨越海峡来到北京大学法律系攻读博士学位,1998年毕业,荣获博士学位,是北大刑法学科培养的第一位来自台湾地区的法学博士,其导师是北大刑法学科博士点的创始人杨春洗教授。黄丁全的博士论文就是《刑事责任能力研究》,该博士论文于2000年由中国方正出版社出版,并由杨春洗教授撰写了《刑法中有关刑事责任能力论的现状》一文作为代序。如今杨春洗教授仙逝有年,而原书在黄丁全博士进行大幅度扩容增量的基础上,即将以一本新著的形式面世,这也可以说是对杨春洗教授在天之灵的最好慰藉。从1998年从北大获得博士学位,至今已经整整十年过去了,黄丁全博士始终如一地坚持学术上的追求。就以本书为例,2000年出版的《刑事责任能力研究》一书只有八章,而本书已经扩展到十三章,篇幅增加有半,从而成为一本新著再行出版,这是令人高兴的。博士论文,对于撰写者来说,就像是第一个学术之子,一般的人,出版以后,也就置之不顾了。而黄丁全博士却惦记着她的成长,在十年后还为之梳妆打扮,使其以一种崭新的面貌重新获得新生,其意殊为可嘉。

记得今年十月初,我参加韩忠谟教授基金会举办的海峡两岸法学研讨会,辗转来到屏东的垦丁国家公园观光,黄丁全博士闻讯从高雄长途驱车赶到垦丁与我见面,并宴请全团的大陆学者,其情令人动容。这是我第二次在垦丁与黄丁全见面,第一次是在1999年8月,我和北大刑法学科的杨春洗、储槐植、张文、刘守芬等教授第一次访问我国宝岛台湾,也曾经来到垦丁,度过了虽然短暂但却难忘的时光。那次在垦丁的行程是黄丁全博士操持安排的,也是黄丁全博士与其导师杨春洗教授唯一一次在宝岛台湾的会面,了却了杨春洗教授畅游宝岛台湾的心愿。转眼之间,十年过去了。斯人已去,其情犹在。我第二次在垦丁见到黄丁全博士的时候,黄丁全博士提及他正在修改博士论文,吸收近年来刑事责任理论研究的理论资料,使旧作获得新生,对此我是极为赞赏的。这次在垦丁,不期然而遇台风,虽故地重游,却未能尽兴。但能在垦丁见到久未谋面的黄丁全博士,也算是意外之喜。我回到北京不久,就收到了黄丁全博士寄给我的新著的文字版。黄丁全博士的向学之心,令我敬佩。

在本书即将出版之际,受邀作序,对本书的前生今世略作铺陈,诚心地将本书介绍给读者,并且期望黄丁全博士老之将至而永葆学术上的赤子之心,将来还有佳作问世。

是为序。

陈兴良

谨识于北京海淀锦秋知春寓所

2009年11月27日

83. 周振想《刑事法治的反思与实践
    ——周振想文集》①序

周振想教授的《刑事法治的反思与实践——周振想文集》一书即将出版,本书的编辑者将电子文版发给我,邀我为之作序。这是我第二次为周振想教授的书作序,第一次是在振想教授去世不久,为他主编的《公务犯罪研究综述》(法律出版社 2005 年版)作序。在振想教授去世五周年之际,我又执笔为振想教授的书——也许是或者就是最后一本书作序,悲从中来,情难自禁。

振想教授虽然英年早逝,却著作颇丰,留下一笔宝贵的学术遗产。其代表作是《自首制度的理论与实践》(人民法院出版社 1989 年版)、《刑罚适用论》(法律出版社 1990 年版)以及《刑法学教程》(中国人民公安大学出版社 1997 年版)。在上述三本著作中,前两本是专著,是振想教授在其硕士论文和博士论文的基础上增写而成的;后一本是体系书,也就是我们通常所说的教科书。专著反映一位学者在本学科某一专题上的精深研究,而体系书则体现一位学者对本学科知识的整体把握。申言之,专著代表深度,体系书代表广度。振想教授对刑法学科的研究,无论是在深度上还是在广度上都达到了相当的程度,其著作证明了这一点。除此之外,振想教授还在有关杂志上发表了大量的论文,这些论文或长或短、或深或浅,以一种编年史的方式,勾画出振想教授学术成长之路,也许这是更值得我们看重的。1999 年,振想教授自己编纂了第一本论文集,这就是《当代中国的罪与罚——周振想刑法学文集》(中国人民公安大学出版社 1999 年版),该书收录了振想教授 1997 年以前的论文,因为该书的自序写于 1997 年 12 月 20 日,从附在书后的周振想主要著述目录中也可以看出来。说到论文集,我发现振想教授的第一本论文集的书名也采用了"当代

---

① 周振想:《刑事法治的反思与实践——周振想文集》,中国人民公安大学出版社 2010 年版。

中国"四字。对此之所以敏感,是因为到目前为止我的四本论文集,也都以"当代中国"打头,这就是《当代中国刑法新理念》《当代中国刑法新视界》《当代中国刑法新境域》《当代中国刑法新径路》。对于"当代中国"这一标记,我和振想教授具有共同的偏爱。距离振想教授的第一本论文集出版,正好十周年过去了,振想教授的第二本论文集只能由其亲人和学生来编辑了,并成为对振想教授最好的纪念。

本书作为文集,搜集了振想教授几乎所有的文字,包括1997年以前未收入第一本文集的有关作品。因此,本书的内容相对来说较杂一些,并不限于正式的论文,还包括随笔、报刊短文以及其他与刑法无关的文字。编辑者颇为精心地将振想教授的各种文字分为以下七个部分:

第一部分是刑事法理论,主要是振想教授在1998年以后发表的刑法论文。从内容来看,除单位犯罪与未成年人犯罪两篇以外,其他论文均是关于刑法分则中的个罪的。在1997年以前,振想教授对刑法总论问题的研究较多,尤其是对刑罚论造诣颇深。但在1998年以后,其研究方向明显从刑法总论转向刑法各论,其中又以金融犯罪、职务犯罪为重心。这一学术转向,使振想教授对刑法学科知识的整体把握能力更强。

第二部分是刑法实务,主要是一些案例分析性质的短文,发表在《北京律师》《北京司法》《检察时报》等期刊,大多是在20世纪80年代中期。那时,振想教授和我都还在中国人民大学攻读博士学位,可以说是一些习作。这些文章内容虽然浅显,但作为对司法实务中疑难案件的分析,还是反映了对现实法治问题的一种关注,因而具有其价值。

第三部分是青少年研究。这些文字与刑法关系不大,而与振想教授任职的中国青年政治学院的性质有关。振想教授是在1993年年底从中国人民大学法学院调入中国青年政治学院的,并一手筹办了法律系,担任了第一任法律系主任,后又升任中国青年政治学院副院长。青少年研究是中国青年政治学院的重点研究对象,青少年法律问题,包括青少年犯罪问题,则是中国青年政治学院法律系的重点研究对象。振想教授在中国青年政治学院创立了青少年法学研究所,并开展了卓有成效的理论研究,成为我国关于青少年法学研究的重镇。本部分的文字,反映了振想教授在青少年研究领域的成果,对于身为刑法学家的振想教授来说,这是一种跨学科的研究。

第四部分是译文。在发给我的电子版中,只有一篇译文,这就是《社会模拟入门》。其实,在翻译外国作品方面,振想教授不仅是一名译者,而且是一位重大译事的主持者。像曾经在20世纪90年代初在我国法学界产生过重大影响的译作——《牛津法律大辞典》(光明日报出版社1988年版),振想教授就是组织者之一,他呕心沥血,为之倾心,作出了巨大的贡献。此外,我和振想教授一起翻译过两本专业著作,其中一本是美国理查德·昆尼、约翰·威尔德曼著的《新犯罪学》(中国国际广播出版社1988年版),收入振想教授作为编委之一的"现代社会与文化丛书"。该书是在振想教授的张罗下承担的译事,译者有我、振想教授、张智辉(现任最高人民检察院检察理论研究所所长)、赵秉志(现任北京师范大学刑事法律科学研究院院长),我们四人当时是同一届的刑法专业硕士生。校者是邓正来①,现在著名的学人。该书薄薄13万言,共计五章,振想教授除前言外,承担了第一、第五章的翻译。在此,我建议将这两章,以章名即"对犯罪问题的批判性认识"和"犯罪与社会正义的前景"为题,收入本书的译文部分,以充实其内容,且免遗珠之憾。

第五部分是法学教育,是关于法学、法学学习与教学管理等方面的内容。其中收入了振想教授、赵秉志、我、张智辉合著的《研究生要把学习与研究结合起来》一文,载《高教战线》1985年第6期。该文是我们中国人民大学法律系刑法专业八四届毕业硕士生学习的经验总结,其经验就是:研究生期间要把学习与研究有机地结合起来。该文发表距今近25年过去了,我也早把它忘记了。现在从振想教授的文集中读到该文,顿时回想起我们共同度过的单纯而快乐的求学生涯——那些"恰同学少年,风华正茂,挥斥方遒"的青春岁月,不禁感慨万千。

第六部分是法学随笔。这部分的文字轻松一些,反映了振想教授的文字功夫。其中发表在《法学家茶座》第4辑(山东人民出版社2002年8月版)上的《有时,我很同情贪官》一文,令人印象深刻。尤其是本文的题目抓人,我在《法学家茶座》初读本文时就有这种感觉。振想教授在其兼职律师生涯中,曾经参与过有关大案要案的辩护,与不少贪官打过交道。因而,振想教授了解贪官,痛恨贪官,如其所言,"有时我也同情贪官"。所

---

① 邓正来(1956—2013),独立治学人(百度百科语)。——2018年7月9日补记

谓同情者,贪官本人就是缺乏制约机制的权力行使模式的牺牲品;不仅坏人干坏事,而且好人变坏人。由此可见,振想教授对于腐败犯罪这一体制性根源是有深刻认识的。在这些略带调侃语气的文字后面,是振想教授的真知灼见。

第七部分是法治感言。其中引起我的兴趣的是发表在《光明日报》1979年2月6日的《政策与法律的关系问题》一文。该文以往我只是从振想教授的书中见过标题,未读其文。现在我终于有机会读到三十年前写的这篇只有寥寥数百字的短文,感到十分亲切。因为文章一开头就是:"最近,北京大学法律系七七级就政策与法律的关系问题召开了讨论会。会上,同学们畅所欲言,各抒己见,就政策与法律问题提出了三种不同的看法。"该文综述了这三种不同的看法。我正是"北京大学法律系七七级"的一员,我想不起细节,但我肯定也参加了这场"讨论会"。我们是1978年2月底入学的,1979年2月正好入学一周年。这场讨论会一定发生在1978年下半年"国家与法的理论"这门课程的学习期间。当时,我和振想教授都才二十出头,思想活跃,喜欢争辩。30年后,我班同学何勤华教授(现任华东政法大学校长)在《法制时报》记者蒋安杰的大型访谈录:《法学研究30年:从小流到河流——倾听华东政法大学校长何勤华教授细数那些难忘的经历》(《法制资讯》2009年第1期,第51—66页)中,有这么一段话,可以作为振想教授这篇文章的背景:何勤华在回答蒋安杰"现在的大学生搞科研的积极性不如那时的大学生,到底是什么原因"的问话时说:

> 主要是时代变化了,学生的情况变化了。当时,法学研究领域几乎是一片空白,所以读法律的学生都希望在这一领域有所作为。但更为重要的是,当时绝大多数学生都是从社会上考来的,经受过各种生活的磨炼,甚至是受到严重伤害,所以,当他们一旦进入了大学这一知识的殿堂,又拥有一种可以比较自由地表达自己思想和感受的环境,那么,他们就很自然地试图把自己的成长经历、接触到的人和事以及对人生、对社会和对知识的体验表达出来,这就催动了他们写作搞科研的热情和激情。我们那时科研的情景就是这样的。

……

我们法律专业的学生写出来的文章,当然不如小说那么吸引人,但某位同学写了一篇文章,在同学之间传阅,让大家提意见,最后再让老师修改,等等,当时就是我们大学生活的一个组成部分。我们班上的何山、郭明瑞、姜明安、武树臣、李克强、陶景洲、陈兴良、周振想等,在当时都是这样的科研积极分子。

我和振想教授都被何勤华教授称为"科研积极分子",振想教授的这篇文章正是一个绝佳的注脚。但我在本科学习期间则没有发表过作品,记得也写过洋洋万言的关于民主问题的论文以及数万言的关于异化理论的论文,其中前者就曾经向《北京日报》投稿,但都石沉大海,这些作品现在都尘烟般地消失了。而振想教授的这篇短文则奇迹般地保留下来,弥足珍贵。

本书还附录了访谈与追忆的文章,从这个意义上说,从书也是对振想教授的纪念文集。其中,振想遗孀赵玲玲女士对先生真挚的感情令人动容。文中忆及振想教授一家在人大筒子楼的生活情形,对于我来说也是历历在目的。我家和振想教授家住在同一个楼,当时叫红二楼,我家住一层的120室,振想教授家住二层,具体的房号我忘了。振想教授的儿子周思比我的儿子陈博大两岁,小时是一起的玩伴。20世纪90年代初,我和振想教授先后搬离红二楼,小孩接触也就少了。几年以后,我儿子上小学了,刚上初中不久的周思已经长成一米八的大小伙子,嘴角留着一撮小胡子。一次,我们两家见面,正好小孩也带去了。我儿子猛然见到了周思,犹豫了半天对着周思腼腆地叫了一声"叔叔",把我们逗得大笑。陈博已经完全不认得周思了,习惯性地把大人称为叔叔。现在,又这么多年过去了,周思已从英国学成归国,陈博也大学毕业以后去美国读LLM,以后相见不知还是否会叫错?至今,我和夫人想起这一幕,还笑得捧腹,这也就成为我们逗陈博的一个段子。红二楼的家居生活,更凸显振想教授为人诚恳的一面。

振想教授是在2004年6月的一天下葬的,骨灰安放在万安公墓的东北角,一块静谧的土地上。我参加了那次葬礼,墓碑呈现一本打开的书本形状,墓碑上的铭文是以北京大学法律学系七七级同学的名义写的。那天到场的七七级同学代表有我和丛培国律师。转眼之间,五年过去了,墓碑上的字迹也该依稀了,墓地旁的树木该茂盛了。每每我去香山,从万安公墓门口那条幽静的路上经过,我忍不住要向振想教授墓地所在的方位多看几眼,耳边是微风掠过树叶发出的沙沙声。赵玲玲女士在怀念文章中说:

> 每年的清明日,我都站在你高贵的墓前,把酒祭洒你的陵碑,任冷冷的季风吹拂,带走我对你无尽的思念。

我想,今年的清明日,我也会站在振想教授的墓前,掬一把思念之泪,抒一声缅怀之情……

陈兴良
谨识于北京海淀锦秋知春寓所
2009 年 2 月 27 日

84. 方鹏《出罪事由的体系和理论》[①]序

方鹏的博士论文《出罪事由的体系和理论》一书,经过精心的修改、增补,即将交付出版,嘱我为之作序。作为方鹏的博士生指导教师,我感到十分高兴。

在本书中,方鹏研究的主题是出罪事由,我认为这是一个具有现实意义的题目。尤其是方鹏能够从法理与学理上对出罪事由进行研究,力图建构出罪事由的体系和理论,这是值得充分肯定的。

入罪和出罪,是司法活动中两种互相对立但又高度同一的裁判活动。之所以说互相对立,是因为一个案件要么入罪要么出罪,别无其他结果。因此,从裁判结果上来说,入罪与出罪是明显抵牾的,不可两立。但入罪与出罪又是在同一个司法过程中完成的,不能把入罪与出罪截然区分为两种不同的裁判活动。在这个意义上说,入罪与出罪作为裁判内容又具有高度的同一性。而对入罪与出罪,司法应当保持其中立性:确实符合入罪要件的,当然应当入罪;确实符合出罪要件的,当然应当出罪。中国有句成语,叫作"出入人罪",这是指不应当出罪的出罪,不应入罪的入罪。"出入人罪"明显是违反了法律关于出入罪的要件,具有实体上的不公正性。同时,"出入人罪"也是以罔顾事实、歪曲法律为前提的,其必然违背司法的中立性,具有程序上的不公正性。应该说,我国长期以来注重入罪而忽视出罪。我国的刑事司法制度主要是为入罪而设计的,出罪机制不畅。我国刑法理论更多是为入罪提供根据,出罪理论不彰。在这种情况下,方鹏提倡建立开放性、多元化、阶层性出罪事由体系,我以为是极有见地的。

出罪事由体系的建立,涉及对罪刑法定原则的理解。罪刑法定原则的宗旨在于限制入罪权,这主要体现在"法无明文规定不为罪"这一法律格言当中。基于罪刑法定原则的要求,构成犯罪,法律必须有明文规

[①] 方鹏:《出罪事由的体系和理论》,中国人民公安大学出版社2011年版。

定,因此入罪事由是封闭的。而出罪事由体系则是开放的,无罪(指刑法没有明文规定的为犯罪)一定不罚,有罪(指刑法明文规定为犯罪)也不一定必罚。无罪不罚,当然是罪刑法定原则的应有之义,表明入罪事由须由刑法明文规定,因而入罪事由是封闭的体系。有罪不罚,也未必违反罪刑法定原则。如果确实存在出罪事由,不罚是合理的,也是合法的。例如何耘韬案,就涉及执行上级决定是否构成犯罪的问题。2005年7月,时任廉江市国土局副局长的何耘韬,在开发区金都公司未缴足土地出让金的情况下被要求签发土地证。何耘韬称在此前曾多次以口头意见的形式向市政府领导反映此举违反规定。但出于招商引资等考虑,市政府修改会议纪要,允许暂收40%土地出让金办证。何耘韬自称被迫执行上级命令签发土地证。2010年7月6日廉江市人民检察院以玩忽职守罪向廉江市人民法院起诉,2011年4月14日何耘韬被逮捕,次日该案一审宣判,以玩忽职守罪判处何耘韬有期徒刑6个月。何耘韬提起上诉。2011年5月24日,湛江市中级人民法院认为,原审判决所依据部分事实不清,裁定撤销原判发回重审。2011年5月25日,廉江市人民法院另组合议庭重新审理该案,并决定对何耘韬采取取保候审强制措施。2011年5月27日,廉江市人民检察院以"案件事实、证据有变化"为由申请撤诉,廉江市人民法院准许撤诉,并取消对何耘韬的取保候审。在该案中,违法办理土地证的事实是客观存在的,何耘韬的行为是否构成犯罪,关键在于如何看待执行上级决定的问题。《公务员法》第54条规定:"公务员执行公务时,认为上级的决定或者命令有错误的,可以向上级提出改正或者撤销该决定或者命令的意见;上级不改变该决定或者命令,或者要求立即执行的,公务员应当执行该决定或者命令,执行的后果由上级负责,公务员不承担责任。但是,公务员执行明显违法的决定或者命令的,应当依法承担相应的责任。"在本案中,何耘韬明知是违法的上级决定仍然执行,自应负其相应的责任。但就此是否构成犯罪,我认为是值得研究的。就出罪事由而言,在何耘韬案中,以执行上级决定作为违法阻却事由来考虑是有一定障碍的。也就是说,何耘韬的行为的违法性难以排除。但当这种上级决定是以组织决定的形式出现的时候,个人实际上是根本不可能与之抗衡的。因此,要求何耘韬与组织决定对抗亦即不签发违法的土地证,缺乏期待可能性。从这个意义上来说,以期待不可能作为何耘韬的出罪事由也许更为恰当。当然,发布具有违法性组织决定的责任人员如何承担相应的法律责任,尤其是应否承担刑事责任,又是另外一个值得研究的问题。在何耘韬案中,存在出罪事由应当予以出罪。而我国司法机关对于出罪事由的理论并没有很好地掌握,在这种情况下,往往是入罪容易出罪难。只有建立起一个具有开放性、多元化和阶层性的出罪事由体系,才能实现刑法的人权保障机能。

出罪事由体系的建构,首先是一个法律问题,即立法问题与司法问题。方鹏在本书中对我国刑法中关于出罪事由的规定和司法解释中关于出罪事由的规定,都作了系统的梳理,这是值得肯定的。本书围绕着我国《刑法》第 13 条关于犯罪概念的但书规定,展开了较为充分的讨论,这是特别引人入胜的。但书规定不是我国刑法的独创,而是从《苏俄刑法典》中引进的,这点是必须首先澄清的。对于但书规定,我国刑法学界赞颂者众而质疑者寡。对于但书规定的肯定主要是把但书规定当作一种出罪事由来定位的。例如我国学者对但书的适用范围作了研究,根据能否适用但书规定,把犯罪分为三种:一是绝对不能适用但书的犯罪,这些犯罪以情节作为犯罪成立要件,因而没有必要适用但书规定出罪。二是一般不能适用但书的犯罪,这些犯罪要么是性质严重没有量的限制而不可能适用但书,要么性质较轻具有定量限制而没有必要适用但书。这些犯罪中,只有少数情况下可以适用但书。三是可以适用但书的犯罪,这些犯罪是指性质较轻而刑法分则条文又没有定量因素限制的犯罪。[①] 但我认为,不能把但书规定作为一般性的出罪事由,它只是一种对刑法分则罪名设置具有指导性的刑法总则规范,而不是法定的出罪事由。在我国目前的司法解释和司法实践中,确实存在以但书规定作为一般性的出罪事由的情况,例如,2003 年 1 月 17 日最高人民法院《关于行为人不明知是不满十四周岁的幼女双方自愿发生性关系是否构成强奸罪问题的批复》规定:"行为人确实不知对方是不满十四周岁的幼女,双方自愿发生性关系,未造成严重后果,情节显著轻微的,不认为是犯罪。"在此,司法解释虽然未引刑法的但书规定,但其内容就是以但书规定作为出罪的法律根据。那么,在这种不知对方是不满 14 周岁的幼女,双方自愿发生性关系的情况

[①] 张永红:《我国刑法第 13 条但书研究》,法律出版社 2005 年版,第 52 页以下。

下,之所以无罪,应当引用刑法的但书规定吗?我认为,显然不是。在这种情况下无罪,是因为缺乏"明知"这一主观要素,因而构成要件不具备,并不是因为犯罪情节显著轻微。此外,在司法实践中也存在极为个别引用但书规定作为出罪事由的判例,例如蒲连升、王明成安乐死故意杀人案。对此,在本书中方鹏也作了专门探讨。关于蒲连升、王明成案,法院判决认为:"被告人王明成在其母夏素文病危濒死的情况下,再三要求主管医生蒲连升为其母注射药物,让其母无痛苦地死去,虽属故意剥夺其母生命权的行为,但情节显著轻微,危害不大,不构成犯罪。被告人蒲连升在王明成的再三请求下,亲自开处方并指使他人给垂危病人夏素文注射促进死亡的药物,其行为亦属故意剥夺公民的生命权利,但其用药量属正常范围,不是造成夏素文死亡的直接原因,情节显著轻微,危害不大,不构成犯罪。"以上裁判理由被我国学者所津津乐道,因为该判决直接援引了刑法的但书规定作为无罪法律依据。但我认为,这一判决的解释是有问题的。本案被告人蒲连升、王明成实施的是一种安乐死的行为,安乐死在我国当前尚未获得合法化,但是否可以成为违法阻却事由与尚未合法化之间并不矛盾。本来应当通过该案确立安乐死作为违法阻却事由的法律地位,但上述判决并没有从这个方面考虑,而是笼统地以但书规定作为无罪的法律根据,这是令人惋惜的。基于出罪事由的多元化的思考,不同的出罪事由应当具有不同的根据,而且出罪并不需要法律根据,只有入罪才需要具有法律根据。在这一点上入罪与出罪是完全不同的,但我们目前把但书规定当作出罪事由的唯一管道,这样一种做法与认识,究其深层次的思想原因,还是在出罪上依赖于有法律规定,这种思想本身就是值得商榷的。而且,这种做法也妨碍了多元化出罪事由体系的形成,因而我以为并不可取。

  出罪事由体系的建构,不仅是一个法律问题,而且是一个理论问题,尤其是它与犯罪论体系之间具有密切关系。对此,方鹏在本书中也进行了较为深入的探讨。方鹏在本书中提倡阶层性的出罪事由体系,对此我深表赞同。这里涉及四要件与三阶层这两种犯罪论体系与出罪事由之间的优劣关系。四要件是平面的,各个构成要件之间并不存在阶层性。因而,在四要件的犯罪论体系中,并不存在阶层性的出罪事由体系。例如,在刑法中最为重要的出罪事由——正当防卫、紧急避险,也没有纳入四要件的犯罪论体系之中。在这个意义上我们可以说,四要件是没有出罪事由的犯罪构成,出罪事由在四要件的犯罪论体系中并不存在应有的地位,这也正是四要件的犯罪论体系的根本缺陷之所在。而三阶层的犯罪论体系在各要件之间存在位阶关系,这就为出罪事由的阶层性提供了逻辑根据。在三阶层的犯罪论体系中,不仅违法阻却事由自成一体,而且存在可罚的违法性、责任阻却事由等各种不同的出罪事由,由此为定罪过程的出罪提供了法律空间。在本书中,方鹏提出建立正当化的出罪事由—可宽恕的出罪事由—不可罚的出罪事由的构成,我认为是具有合理性的,充分揭示了各种出罪事由之间的阶层关系。

在我国刑法理论中,研究入罪问题的较多,研究出罪问题的较少。但刑法理论是由入罪理论与出罪理论这两个方面构成的,两者缺一不可。方鹏对出罪事由的体系和理论的深入研究,对于推动我国刑法中出罪理论的发展是具有重要意义的。方鹏是2006年从北京大学法学院博士毕业的,毕业以后进入中国政法大学从事教学科研工作,与此同时对博士论文进行了精心修订,终于使其以今天这样一种面目问世。本书与方鹏的博士论文相比,不仅在篇幅上有大幅增加,而且水平也大有提升。可以说,本书是我国在出罪事由领域的一部力作,特此向读者推荐。最后,我还期望方鹏在学术上不懈努力,将来有更高水准的学术著作问世。

是为序。

陈兴良
谨识于北京海淀锦秋知春寓所
2011年7月13日

85. 蒋熙辉《公司犯罪刑事责任问题研究》[①]序

蒋熙辉博士的《公司犯罪刑事责任问题研究》一书即将由中国人民公安大学出版社出版,该书内容原系蒋熙辉的博士论文,后申请了国家社科基金项目,在进一步深入研究的基础上形成本书。作为蒋熙辉的博士生导师,受邀为本书作序,我感到十分高兴。

蒋熙辉博士致力于单位犯罪问题研究,在硕士生期间,就以《单位犯罪刑事责任研究》为题撰写了长达7万字的硕士论文。在博士生学习期间,蒋熙辉在硕士论文的基础上对单位犯罪作了进一步研究,完成了长达32万字的个人专著《单位犯罪刑事责任探究与认定》,并由人民法院出版社出版。该书是蒋熙辉的第一部个人专著,表现出其深厚的理论功底,我曾经作序予以充分肯定。蒋熙辉的博士论文选择了公司犯罪,仍然属于单位犯罪的范畴,是这一研究的进一步展开。应该说,公司犯罪是单位犯罪的主要表现形态,也是单位犯罪认定与处罚中的疑难问题。蒋熙辉没有重复自我,而是在更为广阔的理论层面上展开对公司犯罪的研究,从而提升了我国单位犯罪研究的理论水准,这是令人欣慰的。

在本书中,蒋熙辉采取了专题研究的方式,除导论是对公司犯罪的宏观把握之外,分九个专题对公司犯罪的相关内容进行了充分论述。我以为,本书对公司犯罪研究具有以下三个特点:

一是把握公司制度的一般原理,为揭示公司刑事责任奠定基础。公司是一种现代企业制度,是市场经济的主体,对现代经济与社会发展贡献良多。但公司也并非天生善良,公司这种经济形式如果缺乏法律约束,它会对社会作"恶"。正是在这一背景下,提出了企业社会责任的问题。公司作为现代企业的一种主要表现形式,对社会负有更大的责任。在本书导论中,蒋熙辉借鉴国外对公司犯罪的研究,从法学的范畴转到经济学的范畴,侧重于考察公司犯罪的形成机理和防控机制,研究如何更为精致地

[①] 蒋熙辉:《公司犯罪刑事责任问题研究》,中国人民公安大学出版社2011年版。

从公司内外部环境加以设计以实现对公司犯罪的有效控制。这一思路,我认为是极有见地的。公司犯罪不仅是一种法律现象,而且是一种经济现象,因而不能满足于对公司犯罪的规范分析,而应当运用经济学的分析方法对公司犯罪的经济根源进行深入挖掘,从而为揭示公司刑事责任奠定基础。在本书中,蒋熙辉引用了有关公司制度的原理,对公司犯罪的现象进行描述,这对于正确地界定公司犯罪具有重要意义。因此,从经济学原理上把握公司犯罪,是本书的特点之一。

二是采用刑事一体化方法,对公司犯罪从犯罪学、刑法学、刑事诉讼法学和刑事政策学等多重视角进行研究。例如本书第五个专题对公司犯罪的规范学和犯罪学类型进行了拓展性的研究。这里的公司犯罪的规范学类型,主要是从刑法学角度对公司犯罪所作的类型性划分,同时涉及公司法规定的公司犯罪与刑法规定的公司犯罪的衔接问题。而公司犯罪的犯罪学类型,是指从犯罪学角度对公司犯罪所作的类型性划分,作者以公司从设立到运营再到消灭为线索,将公司犯罪分为设立阶段的公司犯罪、运营阶段的公司犯罪和消灭阶段的公司犯罪,并对此作了较为细致的分析。此外,本书还将公司犯罪分为公司经济犯罪和公司超经济犯罪两种类型,揭示其不同特征。公司犯罪主要是经济犯罪,但对于公司超经济犯罪也应当引起足够的警惕。因此,公司经济犯罪与公司超经济犯罪的划分,对于全面理解公司犯罪的性质都是具有参考价值的。在本书中,蒋熙辉还设专题讨论宽严相济刑事政策与公司犯罪控制,这是对公司犯罪的刑事政策学的研究。以往我们在刑事政策研究中,主要是针对个人犯罪,对公司犯罪的刑事政策研究还是较为少见的。本书将刑事政策研究的触角伸向公司犯罪,这是值得肯定的。总之,本书采用刑事一体化的方法,对公司犯罪进行了具有广度与深度的研究。

三是立足于我国关于公司犯罪的刑事立法与刑事司法,注重解决公司犯罪认定与处罚中的疑难问题,使本书具有对公司犯罪立法与司法的理论指导性。本书尤其引起我关注的是设三个专题对公司刑事责任追究中的疑难问题进行研讨,这些疑难问题既包括公司犯罪认定中的疑难问题与公司犯罪处罚中的疑难问题,还包括公司犯罪诉讼中的疑难问题,包括了实体法和程序法。这些疑难问题以往在刑法理论上都有所涉及,但不及本书这样全面系统。因此,这部分内容是最能反映本书的实用价值的。例如关于一人公司犯罪问题,在理论上存在一些模糊认识,本书从公司法的角度阐述了一人公司具备法人资格,应当承担刑事责任的法理根据。在关于公司犯罪疑难问题的探讨中,蒋熙辉还引证了大量案例,充实本书内容,使本书与司法实践更为紧密地结合起来。

公司犯罪虽然只是单位犯罪中的一个问题,但它具有标志意义。通过公司犯罪研究可以进一步推进单位犯罪的理论研究。蒋熙辉抓住一个问题,长达十年持之以恒地进行研究,这种钻研精神是十分可嘉的。当然,任何问题都有其限度,我期望本书是蒋熙辉对单位犯罪研究的一个告别之作。在今后的岁月中,蒋熙辉将会投入到其他刑法学课题的研究中,使其学术才华得到淋漓的发挥。

是为序。

陈兴良
谨识于北京海淀锦秋知春寓所
2011 年 8 月 12 日

86. 张苏《量刑根据与责任主义》[①]序

张苏的博士论文《量刑根据与责任主义》一书即将由中国政法大学出版社出版,作者邀我作序,我感到十分荣幸。张苏在读博期间,曾经从人大来北大听了我一个学期的刑法研究生课程,所以对张苏博士论文写作的情况还算比较了解。张苏这篇以量刑根据为主题的博士论文,由于加入了责任主义的视角,因而具有新意,值得推荐。

定罪、量刑与行刑,是刑法适用的三个环节。在这当中,量刑具有承前启后的功能,对于实现罪刑均衡具有重要意义。应该说,在过去相当长的一个时期内,我国刑法学界较为注重定罪问题,而对量刑与行刑则相对忽视。近年来,随着我国刑事法治的发展,在司法实践中开始注重量刑,尤其是最高人民法院推行量刑规范化改革,我国刑法学界也将量刑纳入研究视野。在这种情况下,量刑理论在我国取得了长足的进步,由此为量刑改革提供了理论指导,这是值得肯定的。张苏的博士论文《量刑根据与责任主义》就是在这种背景下写成的,并且是具有较高的学术价值与理论色彩的一篇博士论文。

量刑根据是量刑理论中的一个重大问题,甚至也可以说是根本问题。关于量刑根据,以往传统的理论是社会危害性说,认为刑罚轻重取决于行为的社会危害性:社会危害性大,则刑重;社会危害性轻,则刑轻。这种观点实际上是苏俄刑法学中的社会危害性理论在量刑研究中的运用,有过于简单化之嫌,而且也难以与定罪根据加以区分。此后,我国刑法学界又引入了人身危险性学说,将人身危险性作为量刑时应当考量的主要因素。例如,我也曾经在《刑法哲学》一书中提出犯罪本质的二元论,即社会危害性与人身危险性的统一,由此提出刑法目的的二元论,即报应与预防的统一,在此基础上展开对量刑根据的阐述。当时,责任主义的观念在我国刑法学界尚未普及,它被来自苏俄的刑事责任的理论所遮蔽。只是到了20

[①] 张苏:《量刑根据与责任主义》,中国政法大学出版社2012年版。

世纪90年代后期,随着德日刑法知识传入我国,责任主义才逐渐被我国刑法学所接受。在这种情况下,我国的量刑理论被纳入责任主义的视野,它才开始摆脱机械性,具有了相当的学术性。例如在量刑理论中,点的理论与幅的理论等德日学说,结合我国的量刑实践而被采用。至此,量刑理论完成了从苏俄到德日的转变。张苏的博士论文《量刑根据与责任主义》,就是在这样一种学术氛围中写成的,也可以说是采用责任主义研究量刑根据的一个标志性成果。例如在本书中张苏讨论了量刑的责任主义,认为量刑中的责任主义专指消极的责任主义,即"无责任则无刑罚"。这是因为责任主义是限制刑罚扩张、保障公民自由的原则,并非扩张处罚成立范围的原则。消极的责任主义是指在已经归责的前提之下,确定具体判处的刑罚的量,这个量当中可以加入责任以外的预防等政策因素的考虑,但刑罚不能逾越责任的量的上限(能否低于责任的量的下限存在争议)。这种将责任主义分为归责的责任主义与量刑的责任主义,以及积极的责任主义与消极的责任主义,就是在相当广泛的意义上将量刑纳入了责任主义的考量范围。张苏的博士论文能够在这一理论框架的基础上,将我国的量刑根据理论进一步展开,这是值得赞许的。在具体理论叙述上,本书也有一定的创新性,例如在本书中,张苏提出了"以责任为基础的量刑根据理论",并对此进行了理论阐述。此外,本书还提出了责任刑与目的刑的概念,相对来说,目的刑的概念较为成熟,而责任刑的概念则较为陌生。张苏认为,本书所称的责任刑,是指责任刑是以责任为基础的刑罚,责任刑的大小与违法性的大小与有责性的程度相适应。责任刑是确保量刑均衡,实现刑罚目的的操作基准。这些理论观点,对于我国量刑理论的深入发展具有重要的理论意义。

张苏的博士论文不仅是责任主义在我国量刑理论中的运用,而且在很大程度上回应了我国司法实践量刑规范化的改革。随着我国刑事法治的发展,我国司法机关从关注定罪问题到向关注量刑问题转变,在司法的公平正义的理念指导下,提出了量刑规范化的课题。量刑的规范化包括了量刑理念的转变和量刑方法的变革,是量刑法治化的重要径路。我国刑法在很大程度上承继了中国古代刑法计赃论罪的传统,具有一定的客观性以及难以避免的机械性。可以说,在定罪上的一定程度的擅断性与量刑上的一定程度的机械性,较为奇特、较为矛盾地结合在了一起。在量刑问题上,以数额与情节为分界点的量刑档次的划分,具有明显的唯结果论与唯数额论的性质,由此导致量刑的不合理性。例如,近日,媒体报道一起空姐走私化妆品案。被告人李某曾担任某航空公司空姐,在淘宝网上开有一网店,多次以客带货从无申报通道大量携带从韩国免税店购买的化妆品入境而未申报关税,偷逃海关进口环节税款达113万余元。2012年9月3日,法院以走私普通货物、物品罪判处李某有期徒刑11年,并处罚金人民币50万元。对于该案,社会民众普遍认为量刑过重,但司法界人士则认为这一量刑合乎法律规定。这是一起以营利为目的的以客带货偷逃关税案,由此不同于不以营利为目的的以客带货偷逃关税。对于后者来说,无论数额大小(当然,数额也不可能大到哪里去)都不能构成走私罪,而只是一个接受行政处罚的问题。因此,李某构成走私罪应该没有争议。其走私数额113万余元,根据原《刑法》的规定,确实达到了应处10年以上有期徒刑或者无期徒刑的数额标准(50万元)。但必须考虑到2011年的《刑法修正案(八)》已经取消了上述数额标准,改为数额特别巨大。在这种情况下,能否仍然采用原《刑法》50万元为判处10年以上有期徒刑的数额标准,就是值得考虑的。更为重要的是,走私罪的量刑不仅应当以走私数额作为量刑标准,而且还要考虑行为方式、主观恶性等主客观要素。但目前对走私罪的量刑以走私数额为分界,在此基础上再考虑其他要素。这是过于夸大了走私数额在走私罪量刑中的意义。从李某走私化妆品案可以看出,这种量刑结果虽然合乎法律规定,却与社会公众的一般公正观念相悖,这是值得深思的。我认为,在我国目前的司法实践中,除了定罪失当所造成的量刑失衡以外,由于刑法与司法解释的不合理性而造成的量刑过重现象是客观存在的。这里需要提出的问题是:只应该对量刑的上限加以限制,不允许超出量刑上限的裁量,否则就是擅断。但不应该对量刑的下限进行限制,否则责任主义无法贯彻。而我国目前对在不具有法定减轻情节的情况下特殊减轻加以程序上的限制,须报经最高人民法院核准,以及大量单一地按照数额大小决定量刑幅度等制度,都是以往严打的刑事政策的遗产,在一定程度上有悖于量刑上的责任主义,这是必须加以改革的。当然,这是一个漫长的法律改革过程,不可能一蹴而就。我认为,量刑的理念需要重塑,量刑的原则需要反思。在这当中,量刑理论,尤其是量刑根据理论需要完善。张苏的博士论文在量刑根据问题上所作出的前沿性研究成果,对于我国量刑制度的改革,我相信能够产生积极的与正面的影响。

张苏在考取博士研究生之前,就有司法工作的经历,通过博士阶段的学习,在刑法理论水平上有了较大的提高,博士论文就是最好的证明。尤其难能可贵的是,在博士研究生阶段张苏不畏艰辛,跨院校听课,表明了其求知的渴望与真诚。经过认真写作,张苏的博士论文《量刑根据与责任主义》也达到了较高的学术水准,这是值得祝贺的。博士研究生毕业以后,张苏进入北京社科院从事学术研究,期望张苏在未来的学术研究中能够取得更大的学术成就。

是为序。

陈兴良
谨识于北京海淀锦秋知春寓所
2012 年 9 月 17 日

87. 王俊《犯罪论的核心问题》[①]序

王俊所著《犯罪论的核心问题》一书即将由北京大学出版社出版,这是一部新人新作,我乐于为之作序,并郑重向各位读者推荐其人其书。

本书作者王俊,对于我国刑法学界来说,绝对是一个名不见经传的新人。我是在 2008 年 5 月通过信件认识王俊的,当时王俊是浙江大学城市学院法学院一名大二学生,刚进入大三他便把自己的一篇习作《危险接受理论的法理思考》一文发给我,我读了以后很难相信这篇论文出自一名大三学生的手笔。从该论文来看,选题前沿,文字流畅,资料梳理清晰,个人观点或有所见。一名新人写出如此水平的处女作,已经属于出手不凡,我回信予以了鼓励。该文经修改以后,刊载在我主编的《刑事法评论》第 24 卷,本书第四章"客观归责论:危险接受理论研究",就是在该文基础上整理而成的。此后,王俊又在 2009 年 8 月准备司法考试期间写出了《因果关系认识错误研究》一文,对刑法中的难题——因果关系的认识错误进行了较为深入细致的研究,该文刊载在我主编的《刑事法评论》第 27 卷,本书第五章"故意论:因果关系认识错误研究",就是在该文基础上整理而成的。因此,本书是王俊从本科阶段开始的刑法学术研究成果的一次检阅。从浙江大学城市学院毕业以后,2010 年 9 月王俊考上了中国青年政治学院法律系刑法专业研究生,师从林维教授。来到北京以后,王俊有机会接触更多的学者,阅读更多的书籍,参与更多的学术活动。只是这时,我也才有更多的机会与王俊当面接触,从而对王俊的学习情况有了更多的了解。对于王俊的论文写作,我当然是持肯定态度的。但我总觉得王俊目前尚在求学当中,应当将更多的时间花在读书,尤其是外语的学习上,以便将来有机会到国外留学,奠定扎实的理论基础,这样才能为未来的学术研究做好充分准备。所以,我对王俊说,你现在不要再热衷于论文写作了,因为你发表的论文已经证明你具备写作的能力,现在的问题是要把更

---

① 王俊:《犯罪论的核心问题》,北京大学出版社 2012 年版。

多的时间放在外语学习上,准备将来考博,或者出国深造。但王俊总是遏制不住自己的写作欲望,一篇接一篇地写,每篇论文都能保持在一个较高的学术水准,及至 2011 年 3 月硕士生一年级尚未结束的时候,王俊将本科阶段与硕士生一年级所写的论文进行整理以后,篇幅达到三十余万言,形成了本书的初稿。从本书写作进度来看,可以说王俊具有学术上的旺盛精力。

本书的内容涉及犯罪论的基本问题,可以看作一名刚刚进入刑法理论殿堂的新人在初步浏览了刑法理论以后的一些观感。目前,我国正在进行四要件和三阶层的犯罪论体系之争,在这背后角力的是苏俄的刑法知识与德日的刑法知识。像我这样在 20 世纪 80 年代初进入刑法学界的学人,都是在苏俄刑法知识的熏陶下成长起来的,因为当时我们所能接触到的就是这些在 20 世纪 50 年代从苏俄引入的刑法知识。在经历了近二十年(1957 年至 1977 年)政治动乱的浩劫之后,我国法制惨遭破坏,刑法学术更是一片废墟。在这种情况下,当我们读到 1958 年由中国人民大学出版社出版的、特拉伊宁所著的《犯罪构成的一般学说》一书时,都可以说是如获至宝,如饥似渴。因此,在当时历史条件下,我们毫不犹豫地接受了苏俄刑法知识,并作为我国刑法理论的通说。只是到了 20 世纪 90 年代以后,随着学术的对外开放,德日刑法知识才开始逐渐地引入我国并影响我国的刑法理论研究,这个过程是一个德日刑法知识从他者转变为自我的过程。德日刑法知识被我国刑法理论所吸纳,成为我国学者思考刑法问题的方法论。为此,像我这一代学人都存在一个刑法知识的转型问题。但王俊这一代学人就与我们当年的境况完全不同,从一开始进入刑法知识领域,他们接触到的就是德日刑法知识,而完全没有苏俄刑法知识的历史包袱。从王俊这本书的内容来看,涉及的七个专题,都是按照德日刑法学的路径展开理论研究的,没有任何苏俄刑法知识的痕迹,这使我对中国刑法知识的当代转型更有信心。

在本书中,王俊对犯罪论体系中的七个核心问题进行了深度研讨。第一章是对德日刑法学的比较,尤其从方法论上予以展开。以往我们并称德日刑法学,将德日视为一体,并未将德日刑法理论予以区别,这当然是不够精确的。其实,日本刑法学虽然来自德国,但经过半个多世纪的发展,已经形成日本刑法学自身的特色。随着德日刑法学著作不断地翻译介绍到我国,对于德日刑法学的区分也就具有了现实的可能性。而这种区分本身,对于我国刑法学的研究是具有现实意义的,例如在具体观点的借鉴上,是师从德国刑法理论,还是师从日本刑法理论,可能会由此展开讨论。当然,借鉴德日刑法知识的最终目的还是要形成我国自己的刑法学理论。在第一章中,王俊对德日刑法学从犯罪论、方法论和规范论三个维度进行了对比性考察。我注意到王俊在本书中有这样一句表明自己立场的话语:"究竟是德国化还是日本化,可能还需要视问题具体分析。"对此,我深以为然。我以为,对于德日刑法知识,应当为我所用,而不是为其所困。只有这样,才能形成我国自身的刑法理论特色,这也是一种对待德日刑法知识所应当具有的达观的学术态度。

本书第二章"构成要件论:形式与实质",是对构成要件论所涉及的争议问题的考察。在我国刑法学界,构成要件论成为刑法学的主战场。一方面,在三阶层与四要件的争论中,构成要件论越来越受到重视,我曾经在构成要件论上提出"回到贝林"的命题,这是一种学术态度,试图恢复构成要件的原始面貌,去除苏俄刑法学在构成要件上的遮蔽。另一方面,在三阶层的犯罪论体系框架内,又展开了形式解释论与实质解释论之争。这些学理上的争论,虽然也具有一定的德日刑法学的背景,但更多的是在我国特定理论语境中引发并展开的。王俊在本章对构成要件论中的形式与实质的争论进行了评论,并提出了构成要件二分性的观点,这里的二分性,是指将构成要件分为形式的构成要件与实质的构成要件。形式构成要件符合性必须确定坚持罪刑法定为指导的形式解释,而实质构成要件符合性则需要运用客观归责理论对行为作出实质判断,由此形成形式与实质构成要件的二分性理论。这些观点的提出,都是值得我们重视的。并不满足于对资料的处理,而是也能提出个人的见解,这表明王俊已经在学术研究的道路上向前跨越了一大步。

本书第三章"不法论:行为无价值与结果无价值",这主要是一个日本刑法学的话题。近年来也开始在我国发酵。行为无价值论与结果无价值论,主要是在不法论或者违法性论中开展的。在四要件中并没有不法论,而只有社会危害性论。因此,只有在三阶层的犯罪论体系中,才能讨论行为无价值与结果无价值的话题。可以说,行为无价值与结果无价值之争,是一个十分复杂的理论问题,进入其间就如同进入一个路回峰转的山谷，难免会迷失其中。但王俊面对这样一个复杂的问题，还是能够从容地作出自己的分析。例如将行为无价值与结果无价值，从本体论与规范论这两个方面加以讨论，将德日刑法学一并纳入研究视域，并建构了一个规范理论体系，认为行为规范源自法益保护的需求，立足于存在论，并在实质构成要件阶层依托客观归责理论起着事前判断作用。裁判规范则致力于规范效力的维护，立足于规范论，在行为违反行为规范后自动发起。王俊把自己的观点称为一元双层行为无价值论，这在行为无价值论与结果无价值论之争中，还是一种较有个人特点的观点。

  本书第四章"客观归责论：危险接受理论研究"，王俊从客观归责的视角，对危险接受理论进行探讨。王俊从故意自危和同意他人造成危险这样两个方面，对危险接受理论展开分析，尤其是能够结合具体案例进行讨论，这是一种很好的叙述方法。在危险接受理论与相关犯罪形态的研究中，王俊以我国刑法分则致人重伤或死亡条款为视角进行分析，从而使法理的探讨与法条的诠释有机地结合起来，这也是值得肯定的。

  本书第五章"故意论：因果关系认识错误研究"，论及因果关系认识错误问题。错误论是故意论的反面，因而立足于故意论的一般原理，对因果关系认识错误问题进行研究，同时也可以反过来对故意论的一般原理进行检测，这是一种十分有意义的研究进路。在我国刑法理论中，认识错误理论是较为薄弱的，因果关系认识错误更是一个薄弱环节。因而，王俊对因果关系认识错误的研究，对于我国错误论的展开是具有重要理论意义的。在因果关系认识错误适用论中，王俊具体探讨了因果关系认识错误的三种情况：狭义的因果关系错误、*Weber* 的概括故意、构成要件的提前实现。我国刑法学界以往对因果关系认识错误的研究，一般限于狭义因果关系错误，而对 *Weber* 的概括故意和构成要件的提前实现这两种情形甚少论及。此外，王俊在本章中还讨论了因果关系认识错误共犯论，这也是一个较为前沿的理论问题。在这些问题上，王俊的研究对于完善我国刑法中的错误论都作出了自己的贡献。

  本书第六章"过失犯论：注意义务违反与客观归责理论"，这是一种将过失犯置于客观归责理论框架内进行研究的思路，对于我国以往局限于对过失犯的法条注释，是一种进步。王俊对我国以往将注意义务违反视为过失犯本质的传统学说进行了批评，同时也反对引进日本的所谓旧过失论、修正旧过失论、新过失论等见解,而主张采用客观归责理论,以创设法所不允许的危险取代客观注意义务。这些对于过失犯理论具有颠覆性的见解,也不失为一己之见,可以丰富我国过失犯的理论研究。

本书第七章"不能犯论:印象说、具体危险说与客观危险说",涉及的是不能犯理论。2011年3月在台北举办的"海峡两岸刑事法论坛",其中一个专题就是不能犯,我也参与了这个专题的研讨。可以说,我国目前的不能犯理论正面临着巨大转型,这就是抛弃来自苏俄的主观性的不能犯理论,引入德日的以危险判断为中心的客观性的不能犯理论。当然,在德日刑法学中,由于两国在刑法上对不能犯的规定有所不同,理论上围绕危险判断的标准展开了纷繁复杂的学术争论,这一争论也不可避免地传入我国。因此,不能犯理论同样是我国刑法学中一个十分复杂的问题。王俊通过从存在论与规范论两个层面对不能犯理论进行考察,可以说是较为自如地把握与驾驭了不能犯理论,这是难能可贵的。在不能犯问题上,王俊采客观危险说,在这一点上与我的观点不谋而同。尤其是在本章的末尾,王俊提出了"回归 *Feuerbach*(费尔巴哈)"的命题,这也是令人为之一振的。

本科生和硕士生阶段,一般来说还处于学习的阶段,是一名知识的消费者,即使写一些习作,总也还带有"中学生作文"的痕迹,很难达到"文学作品"的程度。但王俊在本科生、硕士生阶段,在消费知识的同时就成为一名知识的生产者,较早地跨越了"中学生作文"的阶段,进入了一个学术产出的收获季节。从这个意义上来说,王俊在学术上是早熟的。当然,发展阶段是难以逾越的,王俊目前的作品也还不可避免地带有某种青涩,还需要进一步打磨。尤其是人的经历、阅历以及岁月的磨难都会在一个学者的学术作品中反映出来,从而使其作品带有某种时代的痕迹,这是一种历史的沧桑感,而这一点在王俊的作品中也是没有或者不可能有的。其实,过早地出道,即所谓早熟,虽然有好处,亦难免伴随着某种风险。如果不能规避这种风险,对将来的学术发展未必完全有利。俗话说:"起了个大早,赶了个晚集。"这也是一种经验之谈。就像一百米跑步一样,起跑快,当然很重要。但是,中途的匀速跑和最后的加速冲刺才是制胜之道。做学术何尝不是如此呢?科研不是凭兴趣和热情就能做好的,它贵在坚持,需要韧劲。因此,我始终认为,学者不是一种职业、一种身份，而是一种生存方式、一种生活态度。而且，做人与作品之间是相通的，作品也是随着人的成长而不断成熟的，因而揠苗助长也是不可能的。对于王俊来说，本书的出版只是其漫长的学术道路上迈出的第一步：不值得炫耀，更不值得自满。关键是，能否一生都保持这种对学术的执着、对学术的虔诚。王俊本书的出版，也为甫入刑法学界的年轻学子树起了一根标杆，每个人都可以在这根标杆前衡量一下自己的学术水平，这是一种激励，也是一种感召。

在当今这个日益世俗化的社会，学术作品的发表与出版是每一个学术人都很难跨过但又不能不跨过的门槛。出版界对于学术人的态度是功利的，往往表现为马太效应："凡有的，还要加倍给他使他多余；没有的，连他所有的也要夺过来。"因此，马太效应的结果是："多者逾多，少者更少。"一个人在成名之前，当最需要出版界扶持的时候，出版界越是吝啬；一个人成名之后，出版界则蜂拥而上，以出版名人名著为荣。因此，像王俊这样的在读学生，在所谓核心刊物上发表论文都几乎是不可能的，又何况是数万言的长篇大论。至于出版个人专著，则更是遥不可及的幻想。当王俊将创作的论文结集以后，我以为该书确实达到了出版水平，特此郑重地向北京大学出版社副总编蒋浩先生推荐。以我与蒋浩先生多年交往的经验，我知道蒋浩历来注重出书出人，以培养学术新人为己任。经过一番努力，北京大学出版社接纳了王俊的著作，并且不要求支付任何出版资助，这是令我感动的。我相信，王俊也会以自己将来的学术成就报答北京大学出版社的知遇之恩。

是为序。

陈兴良
谨识于北京海淀锦秋知春寓所
2012年1月

88. 古丽阿扎提·吐尔逊、阿地力江·阿布来提《中亚跨国犯罪问题研究》[①]序

古丽阿扎提·吐尔逊和阿地力江·阿布来提的《中亚跨国犯罪问题研究》一书是国家社科基金项目的最终成果,出版在即。古丽曾经受业于我,在我的指导下完成了博士论文。因此,古丽来函嘱我为其与阿地力江的新书作序,我感到十分高兴。2008年古丽的博士论文《中亚恐怖主义犯罪研究》一书在中国人民公安大学出版社出版,我曾经为该书作序,在序中我就对古丽在学术的征途上越走越远表示了相当的期待。本书是古丽在学术征途上的又一个足印,表明古丽在学术道路上迈出了坚实的一步。尤其可贺的是,本书是古丽和阿地力江这对学术伉俪的合作之作。在学术的道路上夫妻携手同行,本书是最好的见证。

古丽和阿地力江生长在祖国边陲新疆喀什。喀什,是维吾尔语"喀什噶尔"音译的简称,这是中国汉代典籍中称为西域的属地之一。喀什地处中亚腹地,也是古代丝绸之路的一个重要节点。我在20世纪90年代中期曾经到过喀什,对喀什的边塞风情留下了深刻的印象。在喀什期间,我从旅游景点的书摊上买了数本关于喀什的书籍,现在从我的书架上还能找到一本,这就是欧洲著名探险家马克·奥里尔·斯坦因著、殷晴等译的《沙埋和阗废墟记》(新疆美术摄影出版社1994年版)。斯坦因在1900年到过喀什噶尔,进行考古探险活动。该书第八章题为"在喀什噶尔逗留",斯坦因在探险途中曾经在喀什整修了五周,书中对一百年前的喀什城市面貌有所述及。斯坦因这样叙述刚到喀什城的情形:"天刚擦黑时,城墙突然出现在我的眼前。泥砌的城墙及其整整齐齐的城垛和方形城堡,看上去巨大而森严,不禁使我想起从许多古老游记中看到过的中世

[①] 古丽阿扎提·吐尔逊、阿地力江·阿布来提:《中亚跨国犯罪问题研究》,中央民族大学出版社2013年版。

纪城堡。"①这座城堡被斯坦因称为老城,此外还有新城。斯坦因这样描述:"一路骑行穿过新城北门,郊外完全是鲜明的中国情调,到处都有成群的中国士兵同异域不同民族的妇女。小商贩也大多是中国汉人,货摊陈列的货物也都是迎合汉人口味的。穿过城门后我们踏上的宽阔街道,更使人感到如置身于古罗马城堡之中。除各种公用建筑外还有兵营的主要市场,街道把整个新城从南到北一分为二。这里的中国店铺比起'老城'要多得多,光线明亮,看起来也整洁而诱人。"②斯坦因的这些文字为我们呈现了一百年前的喀什城市生活的风貌,令人回味。我在喀什只待了一天,印象最为深刻的是坐落在高坡上的老城:沿着陡峭的土路往上走,眼前是荒芜的院落、破败的房屋,似乎长久无人居住,充满了荒凉的古意。横跨街道上空的阁楼,窗户斜挂,风穿而过。这里的老城不知是否斯坦因所描述的老城,这些房屋也不知是否斯坦因百年前所见的房屋。百度旅游上对喀什老城有以下文字介绍:"新疆喀什市老城区犹如置身新疆维吾尔族民俗风情的生动画卷。喀什老城区位于喀什市中心,面积为4.25平方公里,约有居民12.68万人。老城区街巷纵横交错,布局灵活多变……是中国唯一的以伊斯兰文化为特色的迷宫式城市街区。老城以著名的艾提尕尔清真寺为中心向外放射延伸,蜿蜒而行,曲径通幽。街区民居以土木、砖木结构并存,不少优秀的传统民居已有百年历史,个别民居已保留了360多年,老城区因此成为喀什最受游客欢迎的还在使用着的人文风景区。"由此看来,这里的老城还真是斯坦因百年前所见的老城。当时不知,现在想来令人感叹。我们还去看了喀什的大巴扎,人潮涌动,大多数到艾提尕尔清真寺祷告的维吾尔族群众,除了我们这些外来的旅游者以外,汉人反而少见,这与一百年前斯坦因所见大多数汉人的景象有所不同。只有到了喀什,才能真正感觉到中亚这个地域之所在。而中亚正是古丽和阿地力江的家乡,也是本书的一个特定地域场景。

《中亚跨国犯罪研究》一书以中亚为聚焦点,对跨国犯罪进行了深入研究。在本书中,作者认为"中亚"概念的适用范围是指20世纪90年代

---

① 〔英〕马克·奥里尔·斯坦因:《沙埋和阗废墟记》,殷晴等译,新疆美术摄影出版社1994年版,第82—83页。
② 〔英〕马克·奥里尔·斯坦因:《沙埋和阗废墟记》,殷晴等译,新疆美术摄影出版社1994年版,第93页。

初独立的中亚五国——哈萨克斯坦、乌兹别克斯坦、吉尔吉斯斯坦、塔吉克斯坦、土库曼斯坦以及中国的新疆维吾尔自治区——包含涉及的范围。这些地区的特征是具有民族、宗教问题的复杂性,也是各种犯罪,尤其是恐怖主义犯罪易于滋生之地,对中国的国家安全具有重要意义。本书在对中亚跨国犯罪进行一般性论述的基础上,对中亚恐怖主义犯罪、中亚毒品犯罪、中亚偷越国境犯罪、中亚走私犯罪、中亚经济诈骗犯罪这五种主要的跨国犯罪类型作了较为细致的研究。在对每一种犯罪类型的研究上,除了对该种犯罪特征的描述以外,还从原因、对策等多个视角进行了具有新意的分析,这种将犯罪学的分析与刑事政策的分析紧密地结合起来的研究方法,使我们对中亚跨国犯罪问题有了更为深刻的理解,也为惩治与控制中亚跨国犯罪提供了理论根据。因此,本书的研究本身具有重要的理论意义与现实价值。

中国西北边疆的稳定,是本书的一个重要出发点。中亚跨国犯罪的危害性就在于严重地影响了我国西北边疆的稳定,只有有效地打击中亚跨国犯罪才能维持我国西北边疆的稳定。在本书中,作者通过对中亚跨国犯罪的研究,得出如下结论:"中亚国家的独立和独立后在中亚发生的一些社会、政治问题对我国西北地区产生了一定的影响。我国新疆的一些不稳定分子与中亚的恐怖主义组织沆瀣一气,煽动疆内少数民族从事分裂活动,并在疆内疆外制造了多起血腥事件。他们的恐怖活动严重危害了我国的统一和社会稳定。走私犯罪、合同诈骗、假冒商品严重影响中国和中亚国家关系的健康有序发展。虽然,经过双边协议和上海合作组织成员国的共同努力,一些问题得以及时解决,但是如果中亚国家的政府不能为自己的公民提供就业机会、不能减贫和有效地执行法律的话,中亚地区的有组织犯罪将继续在中亚活动和存在,并将对我国西北地区构成威胁。因此,为积极防止中亚跨国犯罪对我国和整个中亚地区的负面影响,我们必须从多方面、多层次上采取更多有力的措施,尽力切断跨国犯罪的传播途径。"我认为,这一见解是十分正确的。只有从我国西北边疆稳定的高度来看待中亚跨国犯罪问题,才能认识到打击中亚跨国犯罪的重要性与必要性。

中亚跨国犯罪不仅仅是一个法律问题,而且还是一个政治问题、经济问题、民族问题与宗教问题。因此,在防止中亚跨国犯罪的对策方面,本书作者并不是就犯罪而论犯罪,也不是就法律而论法律,而是提出了综合性的防范对策,例如作者认为:大力发展经济、消除贫困是防止中亚跨国犯罪的重要对策。作者还强调加强国际合作是打击中亚跨国犯罪的有效途径。此外,本书作者还专门就中国打击中亚跨国犯罪的对策进行了论述。以上观点都具有重要的参考价值,值得我国有关部门的重视。

关于本书,除了作者所提出的观点以外,在写作方法上也存在值得称道之处。例如,本书的资料翔实,可以看出作者为了本书的写作,竭尽全力收集相关资料,从本书附录可见,参考了中文著作87种、中文论文62篇、外文资料50种。另外还有网址70个。充沛的文献资料,使本书的结论建立在详实的实证资料基础之上。本书还有图目录和表目录,采用了大量的图表,更能够直观地反映所讨论的问题,也使本书具有更强的可读性。因此,本书是一部精心之作,也是一部在中亚犯罪问题研究领域的前沿性作品。

古丽和阿地力江目前都任职于新疆大学,从事教学与科研工作,是我国自己培养的维吾尔族年轻一代的法学家。除了具有本民族的文化与语言的优势以外,古丽和阿地力江还具有汉语、英语等其他民族与国家的语言优势。更为难得的是,古丽和阿地力江具有广阔的理论视野,并掌握了科学的研究方法。在关涉新疆乃至于中亚的法律研究、在少数民族权利和民族法学研究、在宗教与法律研究等领域,应该而且能够发挥更大的作用。我期待着古丽和阿地力江致力于上述领域的研究,掌握这些领域的学术话语权。

是为序。

陈兴良
谨识于北京海淀锦秋知春寓所
2013年4月22日

89. 吴情树《法律的断章》[①]序

吴情树的学术随笔集《法律的断章》即将由中国法制出版社付梓，3月初作者来电嘱我为其作序，我答应下来。未及动笔，从3月10日到3月16日我到台湾政治大学参加了一个刑法研讨会，从金门返回厦门，在厦门大学法学院举办了一场讲座，正好与在距离厦门不远的泉州的华侨大学法学院任教的吴情树见了面。虽然我与吴情树见面不多，但我经常通过法律博客获知吴情树的学术动态，也算是间接地了解吴情树的个人情况。这次见面，又增加了一些感性认识。对于作者的深入了解，才能更好地理解其作品。当然，这也并不是说吃了一个好鸡蛋，一定要拜见那只生蛋的老母鸡。对于写序来说，对作者更多的了解是更为必要的。

吴情树的大作取名为《法律的断章》，断章一词似乎容易引起误解，其中最大的误解是断章取义，而断章取义被认为是一个贬义词。其实，"断章"是中性词，其贬义出自"取义"。断章是指一篇文章的一个段落、一首诗词的一个联句。著名诗人卞之琳写过一首广为流传的诗，其题目就是《断章》："你站在桥上看风景，看风景人在楼上看你。明月装饰了你的窗子，你装饰了别人的梦。"在本书中，断章是指短文随笔，以此区别于长篇论文。在当前我国学术界，逐渐兴起一种文体：学术随笔。本书作品大体上就是这种所谓学术随笔。钱钟书先生在《窗》一文中曾经幽默地说："偏见可以说是思想的放假。"仿照这句话的句式，我们也可以说："随笔可以说是论文的放假。"在论文写作之余，信笔随思地写些随笔，也可以说是一种放松之道。当然，学术随笔也不是那么好写的，除了文思还要有好的文笔。更为重要的是，还要有一颗文人之心。好的学者应该是诗人，具有诗人的气质与禀赋，这是我在为周少华所著的《刑法理性与规范技术——刑法功能的发生机理》（中国法制出版社2007年版）一书的序中所言。其实，好的学者不仅应当具有诗人的气质，而且应当具有文人的情

[①] 吴情树：《法律的断章》，中国民主法制出版社2013年版。

怀。论文更多的是需要哲思,而随笔则更多的是需要文心。从吴情树的随笔来看,还是可以感觉到他在知人论世当中,具有某种悲天悯人的情怀。

在《法律的断章》一书中,有些篇章论及刑法以及更加开阔一些说是法治的内容,这些文字具有一定的专业性,因为是在报刊上过发表的,也在一定程度上照顾了普通读者的知识面,因此读起来并不觉得生涩。例如,在《从〈律政俏佳人〉看刑事法庭的布局》一文,作者从一部美国电影的法庭布局出发,看出其中蕴含的无罪推定的思想,并由此对比中国的刑事法庭,读出了其中蕴含的有罪推定的思想。这里表现了作者的法律敏感性。对此,我也是颇有同感的。虽然我没有看过《律政俏佳人》这部电影,但从美国其他电影也观察到其刑事法庭的布置确实与我国存在根本差别。此外,"港剧细节中的香港法治"一文也从港剧中阅读香港的法治精神,同样具有启迪意义。香港的法庭剧在我国内地十分流行,以至于在很大程度上塑造了我国公众对于法庭审理的理想模型。我国某些影视作品在描写我国法庭审理情形的时候,也不自觉地模仿了港剧的庭审形式。其实,法庭布置和庭审形式都是法治精神的特殊呈现,反映了一个特定司法区域的法治状况。吴情树的这些短文虽然是从影视作品谈起,但对于理解法治精神是有助益的。

在《法律的断章》一书中,有些篇章还论及一些基本的法治理念,由此可以看出吴情树对于法治的理解,这也是本书中具有思想性的一些内容,可谓开卷有益。例如,法律教条主义与法律虚无主义,就是本书多次涉及的一个问题。这个问题,在刑法中,尤其是在实行罪刑法定主义的情况下,具有特殊的意义。法律教条主义与法律虚无主义都是我们所要反对的,对此并无异议。但是,何者是我们当前反对的重点,却是值得重视的一个问题,它涉及刑法的价值选择。在《法律教条主义是实现法治的大碍》一文中,吴情树将法律教条主义作为法治的大敌,由此而倾向于对刑法进行实质解释,指出:"在解释刑法条文的时候,不能局限于刑法规定的那些用语,而是要探究刑法规范的目的,寻找事物的本质,通过解释的方式,将相同或者相类似的案件事实尽量囊括到刑法规范当中,最大限度地弥补刑法上的漏洞。"但在《实质解释还是形式解释》一文中,吴情树又把法律虚无主义当作反对的重点,由此而倾向于对刑法进行形式解释,指出:"与其让司法可能会陷入法律虚无主义的危险,还不如坚持法律教条主义,严格恪守规则,这对于培育司法人员和国民的法治规则意识更有好处,这就要求强调形式解释论,大力弘扬规则功利主义,提倡形式犯罪论和形式刑法观。"以上论述之间似乎是存在矛盾的,不过,由于前文发表于《检察日报》2008年11月12日,而后文发表于《检察日报》2011年6月9日,因此,我更愿意将这种观点的前后不同,视为是思想的某种转变。站在我的立场上,当然是十分欢迎吴情树的这种思想转变的。其实,每个人都存在这种学术观点的转变,只不过当把这些前后发表在短文编辑在一起的时候,把这种观点转变以一种更为极端的方式呈现出来而已。

  在《法律的断章》一书中,有些篇章论及某些人物,大多是学者,其中既有外国人也有中国人。本书两篇文章论及德国著名刑法学家雅科布斯,对雅科布斯的刑法思想作了系统介绍,尤其是对雅科布斯敌人刑法的学术观点作了评论。雅科布斯是一名思想特色极为鲜明的德国学者,其敌人刑法的思想在我国亦产生了较大的影响:当然是反对者众而赞同者寡。吴情树以"敌人刑法能走多远"为题,也可以看出对雅科布斯的敌人刑法理论是持一种怀疑态度的。尽管如此,吴情树还是品味到雅科布斯教授敌人刑法理论中的合理内核:"为诠释犯罪与刑罚之间的关系提供了另外一种指导理念。比如为我国保留和适用死刑提供了一个崭新的研究视角,也为我国死刑存在的正当性提供了某种解释根据。"这一评论还是具有一定道理的。在故意杀人罪的死刑适用中,司法解释一再强调要区分因婚姻家庭、邻里纠纷等民间矛盾引发的故意杀人犯罪与发生在社会上的严重危害社会治安的其他故意杀人犯罪之间的界限,甚至提高到两种不同性质的故意杀人罪的程度,对于限制死刑适用是具有重要意义的。而这里的死刑主要适用于严重危害社会治安的故意杀人犯罪,确实可以发现雅科布斯的敌人刑法的身影。本书还提到了两位中国学者:一位是吴情树的恩师马克昌教授,另一位是北京大学法学院的储槐植教授。对于马克昌教授,吴情树满怀情感。收入本书的大多是千字短文,唯独怀念马克昌教授的"我心中永远的先生"一文长达万言,是本书中篇幅最长的一篇文章。该文以饱蘸思念之情的笔触,细致地刻画了吴情树心目中与记忆中的马克昌教授的生动形象,令人唏嘘。吴情树写储槐植教授的文章也令人感动,储槐植教授在读了吴情树发表在报刊上的一篇文章以后,给素不相识的吴情树写来一封信,这当然是一封亲笔信。可以想见,吴情树接到这封信时的激动心情。吴情树与储槐植教授之间的笔墨往来,可以看作一种文人之间的情感交往,而不仅仅是学术观点的交流。虽然吴情树与储槐植教授之间年龄相差甚远,但这并不妨碍他们之间的心灵沟通。这也可以看作我国年老一辈刑法学者与年轻一代刑法学人之间思想传递的一段佳话,值得作为我们这一代刑法学人的集体记忆而珍藏。

更有意思的是,在《法律的断章》一书中还论及我。《陈兴良教授的学术轨迹》一文,是对我的学术思想的描述之作。因为说到我,所以可以援引"鞋合不合适,脚最知道"的逻辑,我是最有发言权的。对于我的学术轨迹,我自己在各种场合都作过一些描述,当然近些年来我所出版的著作可以看作我的学术道路上的脚印。吴情树对我的学术轨迹的描述也是较为契合我的实际状况的,例如对我的多次学术转向的概括也是认同的。更值得论到的是,在该文的结语中,吴情树指出:"在未来的日子,陈兴良教授的学术研究又会转向何方呢?值得大家关注和期待。"这些话好像是一根鼓励的鞭子,促使我在学术的道路上前行。我可做不到"马不扬鞭自奋蹄"。

《法律的断章》是吴情树的闲言碎语,尽管可读,我还是更期待吴情树的高头讲章早日问世。此是期许,亦是期盼。

是为序。

陈兴良
谨识于北京海淀锦秋知春寓所
2013 年 3 月 26 日

90. 茅仲华《刑罚代价论》[①]序

茅仲华院长的《刑罚代价论》一书即将由法律出版社付梓刊行，承蒙不弃，嘱我写序，我慨然应允。

"刑罚代价论"是一个十分理论化的题目，来自司法实务界的茅仲华院长如何能够将这个题目写成一本切合司法实务的书，这是我在拜读书稿之前担忧的。及至读完书稿，这个担忧一扫而空。茅仲华院长虽然在第一章"刑罚的根基与哲学"和第二章"刑罚的效益与代价"中，对刑罚基本理论问题进行了相当有深度的阐述，但在第三章"刑罚代价调控的事实认定"和第四章"刑罚代价调控的量刑均衡"以及第五章"刑罚代价的克减"中，从事实认定、量刑均衡和刑事和解这三个视角对如何化解与克减刑罚代价这一具有现实意义的问题，从理论与实践的结合上进行了颇有新意的探讨，由此而使书稿具有了对于司法实践的直接关联性，获得了实践品格。

第一章显然是一种理论视角的展开，为刑罚代价这个命题提供了一个十分广阔的思辨空间。在刑罚根据或者刑罚目的的问题上，历来就有报应主义与功利主义之争，由此形成的理论模型已经十分成熟，要想出新当然是不可能的，一般都是对各种学说加以整理，表明自己赞同的观点。茅仲华院长亦不例外，通过对刑罚根据的各种观点的规整，茅仲华院长得出结论：赞同预防性综合理论的刑罚目的观。预防性刑罚理论是一种功利主义学说，而综合理论则是在一定程度上兼顾了报应主义的内容。这在理论逻辑上是没有问题的。只是本书没有论及刑罚代价命题与各种刑罚目的理论之间的关联性，这是有所不足的。事实上，在报应主义的刑罚目的理论中，根本没有刑罚代价论存在的余地。因为这种刑罚目的的理论把刑罚说成是一种恶报，是正义的体现，甚至是一种爱。尤其是那种绝对主义的报应理论，是完全排斥功利追求的，也不承认刑罚代价的存

[①] 茅仲华：《刑罚代价论》，法律出版社2013年版。

在。只有在功利主义的理论视域中,刑罚代价才有其存在的逻辑空间。因为功利主义的刑罚理论,将刑罚目的确定为对功利效果的追求,这种功利效果与恶害收益之间具有一定的联系。如功利主义大师边沁对惩罚与罪过之间的比例进行了论述,认为所有法律的总目的在于防止损害。然而,在除惩罚之外没有其他办法可行的场合,有四种不值得惩罚的情况。在这四种不值得惩罚的情况之中,第四种是:不管要加以防止的损害是什么,以尽可能小的代价防止之。① 在此,边沁明确提到了刑罚的代价问题,阐明了以较小代价防止较大损害的功利思想。因此,只有以功利主义刑罚目的观为关照,才能为刑罚代价论提供理论支撑。

第二章是对刑罚效益与代价的一般性论述。效益与代价之间具有对应关系,刑罚之适用应该以最小代价而获取最大效益。在此,更重要的是对刑罚代价的科学界定。以往,我国刑法学界对刑罚代价问题的论述不多,某些概念也还需要厘清。例如,刑罚代价与刑罚的消极作用是否内容相同或者相似? 刑罚代价与刑罚成本之间是什么关系? 刑罚代价如何衡量与计算? 等等。茅仲华院长在本书中,将代价定义为:成本性代价、牺牲性代价和消极性代价。其中,在论及刑罚成本与刑罚代价的关系时认为,代价应当包括成本,研究代价不能离开成本。刑罚成本包括两类:一是经济成本;二是社会成本。这两类成本都是刑罚适用必须付出的代价。我认为,这一观点是较为可取的。本书还以我国实行的"严打"为例,对刑罚代价进行了分析,认为"严打"存在刑罚适用成本、机会成本、浪费成本等问题。这种将效益与代价的分析适用于"严打"的分析进路,还是值得充分肯定的,也为我们理性地看待"严打"的效果提供了参照。

第三章意在从事实认定角度阐述刑罚代价调控的手段。刑罚代价调控,是本书提出的一个概念,其内容是指减少刑罚代价。刑罚代价中包含了错误适用刑罚的代价,这是刑罚代价之最大者。因此,减少冤案是降低刑罚代价的首要之务。本章涉及证据问题与程序问题,是从刑事诉讼法的角度对刑罚代价调控的探讨,贯穿了无罪推定的现代法治原则。尤其是,茅仲华院长能够结合司法个案对如何防止错案进行论述,使得这部分内容具有针对性与可读性。在司法实践中,如何对待疑案,可以说是防止

---

① 参见〔英〕边沁:《道德与立法原理导论》,时殷弘译,商务印书馆2000年版,第225页。

错案的一个重要方面。基于无罪推定原则,疑罪从无是必然结论:不能证明有罪即为无罪。然而,在我国司法实践中,无罪推定的观念远远没有深入人心,对于疑案的久拖不决,甚至疑罪从有的做法时有发生,都是令人触目惊心的。我国刑事诉讼法学界对于如何防止错案的讨论已经很多,但从刑罚代价角度对此的探讨尚属首次。

第四章是从量刑均衡角度对刑罚代价调控的探讨。刑罚代价与刑罚轻重之间具有关联性。认识到刑罚本身具有一定的代价,在刑罚裁量的时候就应当避免刑罚滥用,尽可能地节省刑罚。因此,量刑均衡就是应有之义。茅仲华院长在本书中对量刑问题进行了实证研究,指出了量刑中存在的问题,例如同罪不同罚、同罚不同罪、罪刑不相适应。在我国司法实践中以往注重定罪问题,对量刑则重视不够。这种现象目前已经开始得到扭转,量刑规范化成为人民法院司法改革的亮点之一。在量刑规范化的努力当中,如何做到量刑均衡,使刑罚发挥最大的效益,并且尽可能地减少刑罚的代价,这是必须面临的一个课题。我以为,本书对此的探讨是具有启迪意义的。我们应当认识到,不仅刑及无辜是一种恶害,而且超过罪过的刑罚同样也是一种恶害,从刑罚代价的角度来看,都是应当尽量避免的。

第五章刑罚代价的克减,是从恢复性司法等刑罚替代措施的角度论及刑罚代价的克减,也是论文具有较为广阔的理论视野的篇章。在某种程度上,甚至可以说为将来刑罚代价的克减提供了一种可期待的径路。像刑事和解等具有恢复性司法特征的尝试已经在我国司法实践中开展,也已经取得了较好的社会效果与法律效果。当然,如果将其上升到更高的法律层级,这还有待于立法跟进。茅仲华院长以其司法者的身份对此的描述与憧憬,使我们看到了这些刑罚代价克减措施具有现实生命力,也是我们期待的。

刑罚代价虽然是一个理论话题,但茅仲华院长能够紧密结合司法实践写成一本具有实践品格的专著,这是值得充分赞赏的。茅仲华院长于20世纪80年代后期毕业于华东政法学院法律系。此后长达二十多年的时间里一直在法院从事刑事审判业务,尤其是对职务犯罪的审判,因此积累了丰富的司法经验。茅仲华院长不满足于对司法活动的经验把握,而是追求对司法活动的理性认知。在工作之余,认真钻研理论知识,并且在职完成了硕士和博士阶段的学习,成长为一名专家型的高级法官,这是令人敬佩的。这也在一定程度上使我反思对于在职攻读学位制度的认识。我历来不赞同在职攻读学位制度,尤其是在职攻读博士学位。我所任职的北京大学法学院也是最早取消在职攻读博士学位制度的法学院。主要关涉博士培养目标的设定,北京大学法学院博士生培养的目标主要是教学科研型人才,而不是实务型人才,因此不招收在职博士生是其必然选择。以往在职攻读获得博士学位者中,相当一部分是符合博士水平的,但不可否认也存在着把关不严、滥竽充数的情形,我也有直接经验。而像茅仲华院长这样结合切身的司法实践经验写成具有理论性的博士论文的,可谓难能可贵。这里应当指出,茅仲华院长的博士指导老师是南京师范大学法学院的龚廷泰教授,也是我相交多年的老朋友。龚廷泰教授虽然主要从事法理学研究,但也十分关注部门法理论。茅仲华院长以刑事法为主题,以刑罚代价为核心命题的博士论文之所以能够取得成功,与龚廷泰教授的悉心指导是分不开的。

最后,我期待茅仲华院长在未来的司法经历中践行法治理念,不辜负时代的期许,为刑事法治建设贡献才学。

是为序。

陈兴良
谨识于北京海淀锦秋家园寓所
2013年1月9日

91. 但未丽编《草木有本心
   ——王作富学术人生自述与侧记》[①]序

恩师王作富教授年事渐高,今年已八十五岁。王门弟子,大约从十多年前开始,每逢12月26日王作富教授生日,都会欢聚一堂,为王作富教授祝寿,这也是同学见面交流的一个机会。记得2011年12月26日聚会时,我提议为王作富教授八十五寿辰编一本纪念性的小书。这个提议得到了各位王门弟子的一致赞同与响应,而具体的编写工作落实到了小师妹但未丽的头上。我也参与了一些策划工作,但主要工作还是由但未丽承担的。例如王作富教授的口授自传,就是但未丽记录并整理的。各位王门弟子的回忆文章,也是但未丽联系催促才形成目前的规模,有些文章也是但未丽记录完成的。可以说,但未丽为本书的编写花费了大量的时间与精力。

本书名为《草木有本心——王作富学术人生自述与侧记》,收集了以王作富教授为主角的回忆性质的文字。王作富教授是我国著名刑法学家,过去我们所熟知的王作富教授主要是著作里的"他",以及日常接触到的严师慈父,但是对于他的成长经历与生活际遇并没有认识。通过王作富教授的口授自传,我们得以了解他的身世:他经历了社会动荡和政治运动,也经历了我国法制被毁弃并在此基础上恢复重建的整个过程。可以说,王作富教授是我国法治发展的历史见证人,其一生的荣辱毁誉都与此息息相关。幸运的是,他一直都留在法律教学的岗位上,而没有像其他同事一样被流放,脱离教学岗位。因此,当我国法制建设重新启动的时候,王作富教授得以在讲台上教书育人,使几乎已经成为绝学的刑法学得以延续并薪传至我们这一代学人。我们见到王作富教授的时候,他已经年过五十,而其主要科研成果也是在五十岁以后才完成的。在王作富教

[①] 但未丽编:《草木有本心——王作富学术人生自述与侧记》,北京大学出版社2013年版。

授学术的鼎盛时期,我们作为学生有幸师从于他,这也真是一种缘分。我们从他那里学到的不仅是道德文章,还有对国家命运的关切,对法治理想的向往。

本书收录了部分王门弟子的回忆文章。王作富教授执教六十载,受过其教导的学生不计其数。这些学生当然会以不同的方式回忆与他的交往,感怀他的言传身教。本书回忆文章的作者主要是在法学教育恢复重建以后,从1981级开始,王作富教授所指导的部分硕士生与博士生。他们是王作富教授的亲炙弟子,在他身边学习过,受过他多年教诲。这些弟子大多在司法机关工作,也有部分在教学岗位上,有些还担任了重要的领导工作,但他们永远都是王门弟子,永远都是我们的师兄(姐)师弟(妹)。在繁忙工作之余,他们撰写了回忆王作富教授的文章,文字情深意切,令人感动。

本书的出版得到了北京大学出版社蒋浩副总编的大力支持,陈蔼婧编辑为本书的出版也做了大量的工作,对此深表谢意。

陈兴良
谨识于北京海淀锦秋知春寓所
2013年9月1日

92. 文姬《人身危险性评估方法研究》①序

文姬的博士论文《英美法系罪犯危险性评估及其借鉴》在经过修改以后,将题目改为《人身危险评估方法研究》,即将在中国政法大学出版社出版,嘱我为其作序,作为文姬的博士论文指导教师,欣闻文姬的博士论文能够出版与读者见面,我感到十分高兴,并同意择日为其写序。

文姬的博士论文是以人身危险性的评估为主题的,显然,这不是一个刑法教义学的主题,这与我近来从事并倡导刑法教义学研究的径路是存在差异的。文姬之所以选择这么一个属于犯罪学的题目进行博士论文的写作,是与其求学经历有关的。因为文姬的本科是学习数学的,具备理科的知识背景。而人身危险性评估中,就涉及大量的统计学等方法的运用。例如,文姬在其博士论文中所推崇的贝叶斯原理指导下对危险性评估检验方法,就是建立在统计学基础之上的。正是由于文姬具有数学知识基础,才能掌握对从事法学研究的我们来说十分陌生的人身危险性的评估方法。因此,文姬以人身危险性评估作为其博士论文的选题,具有其知识上的优势。这是我赞同文姬这一选题的原因。老实说,对于文姬博士论文中的大量统计学的内容,我也是看不懂的,因此,在文姬确定选题以后开始写作之初。我还是多少有些担心的:文姬能否令人满意地完成其博士论文?当文姬写完其博士论文的其中一章给我看的时候,我才感到放心。

刑法有所谓行为刑法与行为人刑法之分:行为刑法在某种意义上可以说是以社会危害性或者法益侵害性为中心的刑法,而行为人刑法则可以说是以人身危险性为中心的刑法。德国学者罗克辛教授曾经对行为刑法与行为人刑法进行了界分,指出:"人们理解的行为刑法(Tatstrafrecht)概念,是一种法定的规则。根据这个规则,刑事可罚性是与在行为构成方面加以限定的单一行为(或者可能情况下的多个行为)相联系的,同时,处罚权仅

---

① 文姬:《人身危险性评估方法研究》,中国政法大学出版社2014年版。

表现为对单个行为的反应。而不是表现为对行为人整体社会导向的反应,更不是表现为对一种行为人所期待的未来危险的反应。行为人刑法(Tätertrafrecht)则相反,刑罚是与行为人的人格性(Persönlichleit)相联系的,同时,刑罚是由行为人对社会的危害及其程度决定的。"罗克辛教授还引用了 Bockelmannj 教授的这样一句名言说明行为人刑法的含义:"行为人不是因为实施了一个行为而有罪,而是因为他是'一个这样的人'而成为法定责难(Tadel)的对象。"[①]在此,罗克辛使用了"人格性"一词,其基本内容与人身危险性应该是可以打通的,它是行为人刑法的核心概念。根据罗克辛的观点,行为刑法与法治国原理相联系,因此,近代法治国家的刑法都坚持行为刑法。但任何刑法都不可能完全排斥行为人刑法,各国刑法中都有行为人刑法的成分。这里所讲的行为刑法与法治国相联系,主要是因为行为刑法以法定行为为中心而展开,符合罪刑法定原则的要求。但行为人刑法的人格性或者人身危险性之类的概念难以把握,容易导致司法权的滥用。因此,对于行为人刑法并非其设想不好,而是其操作性较差,设定的目标难以达到。可以说,只有科学地解决了人身危险性的评估问题,行为人刑法才能更多地被法治国接纳。这也正是研究人身危险性的评估这一课题的重要性之所在。

　　人身危险性的认定与法益侵害性的认定是完全不同的,对于法益侵害性的认定,主要通过客观上的行为、结果及其因果关系这样一种传统的方法来完成。因为,法益侵害性具有客观性,容易被鉴别。建立在法益侵害性基础之上的行为刑法,可以限制司法权的滥用,因此被法治国的刑法所认同。而人身危险性虽然也具有表现在外的某种症状,例如坦白、自首、立功、累犯等,这些情节都已经被立法者规定为法定的量刑情节。但这只是以下较为外在的人身危害性表现,那些更为内在的人身危险性必须是在目前的情况下,司法认定还有相当的困难。此外,还有一个法益侵害性与人身危险性在定罪量刑中所占的比重问题。一般认为,定罪主要考虑法益侵害性,量刑才适当考虑人身危险性。但无论哪个环节考虑人身危险性,都要求对行为人的人身危险性具有较为准确、可靠的评估与测定。文姬的论文就是围绕这个问题而展开的,提出了具有重要意义的观

[①] 〔德〕克劳斯·罗克辛:《德国刑法学总论》(第1卷),王世洲译,法律出版社2005年版,第105—106页。

点与方法,在推动人身危险性评估与测定的可行性方面做了具有开拓性的科研工作。

在文姬的博士论文中,主要是借鉴了英美的罪犯危险性评估的方法与实践,对英美危险性评估的沿革、发展与模型、公式等内容作了较为客观、真实的介绍,这种知识演进本身也是具有重要参考价值的。文姬的论文之所以主要参考英美国家的罪犯评估的研究成果,而没有涉及大陆法系国家的理论资料,主要还是英美国家注重实证性的研究方法,其罪犯危险性评估的研究成果在刑事诉讼中的运用积累了若干经验,其法庭科学的成果更值得我国借鉴。而大陆法系国家在这方面的研究还落后于英美国家。其实,文姬在读博期间就曾经自费到日本成蹊大学法学院收集资料。北大校友金光旭教授在成蹊大学法学院任教,文姬赴日收集资料的活动受到了金光旭教授的关照。文姬在日本期间,正好我受金光旭教授之邀,到成蹊大学法学院作讲座。我了解了文姬在日本收集博士论文资料的情况,根据文姬的介绍,日本在罪犯危险性评估方面也主要是学习英美国家,因此文姬在日本收集的是英美国家关于罪犯危险性评估的资料。

当然,文姬的博士论文并不止于对英美国家罪犯危险性评估方法的理论介绍与分析,而是力图将这些评估方法实际运用到我国的人身危险性的评估之中。在文姬的博士论文中,专章讨论了英美罪犯危险性评估方法在中国如何借鉴的问题,这个落脚点是完全正确的。因此,文姬的博士论文不是为了介绍而介绍,而是为了借鉴而介绍,这也使得文姬的博士论文不仅具有理论意义,而且具有现实意义。因此,文姬的博士论文在出版的时候,将题目改为《人身危险性评估方法研究》,我以为是名副其实的。在这部分内容中,文姬对于人身危险性提出了具有创新性的观点,例如认为应该像犯罪论体系那样建立人身危险性的具有层次的体系结构,指出:"我们需要建立一个有层次的体系结构(类似于犯罪论体系),去把握和规范人身危险性和保安处分。"这个体系结构是由以下这些层次构成的:

> 人身危险性的第一层次是违法历史,这一"违法历史"的内容在行为人没有"违法前科"的情况下,就是指行为人本次的"客观违法行为"。一般来说,对于只有一次客观违法行为的行为人来说,只存在社会危害性的判断而不存在人身危险性的判

断,但是,对于有的精神病人来说,因为其所行违法行为性质比较严重,例如杀人、放火、性侵犯致人死亡等,在确定其再次违法可能性比较高的情况下,还是有必要对其进行强制治疗或者处以隔离监视的保安处分。

人身危险性的第二个层次应该是行为人"再次实施违法行为的危险性",将之简称为"再次违法危险性",以区别于以前的再犯危险性。再次违法危险性的评估主要是以"违法历史"为事实基础,以"犯罪人格"为内在动力,以"人际环境"为触发条件的。

文姬还提出人身危险性的不同层次有着不同的体系性功能。这种体系性功能在第一层次是以违法类型和保安处分的"法定性"以及违法类型、人身危险性和保安处分的"均衡性"为目标。在第二个层次应该以保安处分的"有效性"为目标。这些观点对于进一步深化我国的人身危险性理论是具有重要价值的。以往,我国的人身危险性理论是以理论建构为主的,大多人身危险性的研究都过于专注于概念阐述与逻辑推理。按照这种研究路径往下走,我是不看好的,这也是人身危险性理论研究中的瓶颈。现在文姬的博士论文在一定程度上突破了这个瓶颈,走出了一条人身危险性研究的新路,这是值得充分肯定的。

当然,文姬的博士论文也还存在不足之处。当初的论文写作设计是想收集我国罪犯的实际资料,在此基础上进行分析。为此,我介绍文姬到浙江司法警官学院,因为该院在罪犯再犯及人身危险性研究方面在全国也是处在前沿地位。但这部分资料后来在文姬的博士论文中并没有用上,主要是文姬侧重于对英美犯罪危险性评估方法的介绍与研究。因为人身危险性本身是一个实证性的题目,我还是期望将来文姬在这方面进一步进行深入研究。

文姬目前回到故乡,在湖南大学法学院从事教学与科研工作。湖南的法学教育在全国都处于领先的地位,数所法学院在全国都具有较大的知名度,互相之间竞争也较为激烈。在这么一个大环境下,文姬的教学与科研都是有压力的。本书是文姬的第一部学术专著,它的出版标志着文姬在学术上迈出了第一个脚印:坚定而又有力。这是文姬既往学术研究的告一段落,也是文姬下一步学术研究的重新起步,期待文姬未来的新作早日问世。

  是为序。

陈兴良
谨识于北京海淀锦秋知春寓所
2013 年 6 月 22 日

93. 刘树德《实践刑法学讲义:刑法关键词》[①]序

刘树德的又一本新书即将出版,嘱我写序。为此,我阅读了刘树德《实践刑法学讲义:刑法关键词》一书的电子版,大体上了解了本书的体系与内容。随着刑法学研究的向前发展,各种刑法学著作大量出版。在这当中,相对来说较有学术水平的是博士论文,因为博士论文一般都是专著,是对某一个刑法问题的较为深入的探讨。此书秉持实践刑法学的理念,面对司法实践从事理论研究,是值得充分肯定的。在本序中,我想从本书的写作中引申出三个问题,借题发挥,谈点个人感想。

一、体系的确立与展开

一本书的体系与一个学者的理论体系,当然是不可同日而语的。并不是每一个学者都能够创造一个理论体系,但是,一本书还是需要有一个体系,以便铺陈该书的话语内容。体系是建立在叙述的逻辑基础之上的,使话语展开更为顺畅。我在著述当中,对于一本书的体系也是十分讲究的,甚至有些痴迷。

一本书的体系可以分为外在的体系与内在的体系。外在的体系只是形式的,而内在的体系则是实质的。以往我所追求的主要是外在的、形式的体系,现在我明白,内在的、实质的体系也许是更重要的,也是更高级的。内在的体系虽然没有体系之形式,却有体系之精神。此书是以"刑法关键词"为书名的,这表明,本书并不具有形式的体系。当然,没有形式的体系并不意味着内容完全涣散,没有内在逻辑关系。例如,刑法中的内容极为丰富,而作为关键词被选入本书的只有八个。从这八个刑法关键词来看,涉及刑法学的主要领域,视野还是较为开阔的。其中罪刑法定、罪刑平等和罪刑均衡属于刑法基本原则的内容,对于统领刑法具有纲举目

[①] 刘树德:《实践刑法学讲义:刑法关键词》,北京大学出版社2014年版。

张之功效,对于这些的论述是十分必要的。从总体来看,本书所选择的都是刑法学中的主要问题,并且也考虑了这些关键词之间的逻辑关联性。这些刑法关键词都限制在刑法总论,而没有涉及刑法各论。我认为这是正确的。因为刑法关键词应该是关涉刑法理论构造的重大问题,而只有刑法总论中的问题才具有关键词的性质。此外,刑法关键词的选择也会反映出作者的某种理论偏好。本书入选的刑法关键词,虽然绝大多数都是具有理论重要性的,但有些概念是否达到关键的程度,或许各见仁智。

二、案例的提炼与运用

刘树德基于在最高人民法院任职的便利,收集了大量案例。这些案例来自司法实践,以其鲜活的样态呈现在读者面前,这是他著作中的一大特色,本书也不例外。这些案例大多是一手案例,经过他的挖掘和加工,进入理论叙述体系,对于充实刑法理论的实践性具有较为重要的意义。随着指导性案例的颁布,案例对于司法实践的指导作用愈发彰显。在此背景之下,案例更多地进入刑法学理论研究的视野之内,成为刑法学研究的客体,从而在很大程度上改变了我国刑法学的知识形态。例如,李勇同志提出了"挖掘刑法学研究的判例资源"的命题,我是极为赞同的。李勇引用了德国学者罗克辛教授"德国刑法的发展,在很大程度上不仅是通过立法和学术,而且是通过司法判决来向前推动的"的论断,随即指出:"罗克辛先生的这句话,应该是无可反驳、不容置疑的,但是对照中国刑法学的现状确实难以理解。因为,我国的刑法学发展几乎不是通过司法判例向前推动的,长期以来,刑法学者们也不屑于靠司法判例来推动刑法学的发展。但是德国刑法学今日之如此发达、中国刑法学今日之如此落后的残酷现实,应该促使我们深思罗克辛先生的这句话。"①确实,我国已经到了应当重视案例的时候了,以司法以及案例为中心的刑法学时代已经到来。在这方面,刘树德是先行者。在其以往出版的著作中,案例都成为不可或缺的重要组成部分。他为自己的理论研究打上了实践刑法学的学术标签,对此我也是认同的。

---

① 李勇:《挖掘刑法学研究的判例资源》,载《法制日报》2014 年 5 月 21 日。

当然,当我们把案例引入刑法学的时候,如何正确对待案例,还是一个值得研究的问题。案例在刑法学研究中的功能可以是多元化的:可以将案例作为理论叙述的辅助性的资料来使用;可以将案例(主要是指指导性案例)当作研究客体来进行专门的理论分析;还可以采取以案说法的形式使用案例,即让案例成为印证理论观点的一种手段。无论以上哪种使用案例的方法,都是可以根据不同的研究目的而采用的。但是,除了纯粹资料性的使用以外,对于案例还是应该有所分析,而不是仅仅作为一种展示。在这方面,本书也还存在案例堆砌的瑕疵,可能应该引起注意。在书中引述的案例较多,这当然是好的,但不能使理论叙述与案例展示这两者形成两张皮,而是应设法有机统一起来,即从案例中发现问题,并从理论上解决问题。只有这样,才能做到案例与理论各得其所、两全其美。当然,这是一个比较高的要求,期望刘树德在以后的写作中予以重视。

<h2 style="text-align:center">三、观点的出新与论证</h2>

任何一本书都应该提出新观点,可以说观点的出新是一本书的价值所在。当然,这里所谓观点的"新",也是一个相对的标准,是相对于"旧"而言的"新",是推陈出新的"新",而不可能是前无古人的"新"。刑法学本身是一门应用学科,其价值在于为司法活动提供可以参考与操作的规则。在这个意义上,刑法学的观点之所谓"新",也只是技艺性的"新颖",而非学术性的"新奇"。在本书中,刘树德力图通过对八个刑法关键词的论述,尤其是采用大量的案例,增加对刑法理论研讨的新鲜度,这当然也是一种"新"。即便仅仅是大量新的案例的使用,也是值得肯定的。因为目前在刑法理论界与司法界之间还是存在某种隔阂,刑法理论的新观点不能及时进入司法者的视阈,司法实践中的新鲜素材也未必能进入学者的眼界。在这种情况下,本书将大量鲜活的案例呈现给我们,对于此后刑法学的理论研究必然会有带动作用,这是不可否认的。在本书中,刘树德还从实践刑法学的角度提出了某些新说,这是值得我们重视的,也是本书的价值之所在。

刘树德是一个勤奋的著述者,这对于一个在司法实务部门任职的人来说是十分不易、难能可贵的。我曾经说,学者在某种意义上应该说是作家;以写作为职业。不写作,何以称学者？其实,写作无关一个人的才能,只与一个人的勤奋有关。学者写作,就像工人做工、农民种地、士兵打枪一样,是一种技艺,唯一的规律是熟能生巧。刘树德是一个成熟的写作者,我有理由对其提出更高的要求,不仅是学术上的,而且是写作上的:不仅要高产,而且要每一本书的质量都有所提高。只有这样,才不会在学术上原地踏步、重复自己,而是百尺竿头、更进一步。

　　此为序。

陈兴良
谨识于北京海淀锦秋知春寓所
2014年6月4日

94. 邹志刚编《罪名认定及办案期限一览表》①序

浙江省人民检察院邹志刚同志编纂的《罪名认定及办案期限一览表》一书即将出版，邹志刚将书稿电子版发给我，请我为该书写序。我阅读了全书，感到这是一本对于刑事案件的办理具有重大参考价值的工具书，因而愿意为之作序推荐。

司法活动离不开作为其依据的法律及司法解释。根据司法三段论，找法活动乃是司法的重要内容。对于定罪来说，在罪刑法定原则的语境下，法律的明文规定是定罪的根据。在我国，定罪的根据既包括法律规定，也包括司法解释。这些规范性文件范围广泛，内容繁杂，如果没有专门性的工具书，找起来十分困难。目前在市面上，已经出版了各种刑法工具书，例如流传较广的李立众编的《刑法一本通：中华人民共和国刑法总成》（法律出版社）、何帆编著的《中华人民共和国刑法注释书》（中国法制出版社）等，前书已经出版到第十版。这些刑法工具书都对刑法及司法解释进行了编辑整理，便于办案人员查找，因而深受欢迎。邹志刚的《罪名认定及办案期限一览表》一书，就罪名适用一览表这部分内容而言，具有不同于以上刑法工具书的特点。这主要表现为以刑法分则规定的罪名为基本线索，将各种罪名认定的相关内容以表格的形式整理出来，更具有直观性与明了性，便于司法人员使用。本书对于罪名适用的内容设计了释义、立案标准、关联法律、定罪量刑标准、量刑依据、管辖等栏目，基本上满足了司法人员对于定罪量刑的实际需要。在释义这一栏目，作者将该罪的主要成立条件简明扼要地加以叙述。在叙述中，主要描述了罪名的行为特征，如果是特殊主体构成的犯罪，对主体特征也加以描述。因此，这种对罪名特征的描述是以刑法分则规定为依据的，是相对于某一具体犯罪的构成要件，而构成要件恰恰是定罪最为关键的要素。以刑法分则规定的构成要件作为罪名的特征，可以说是提纲挈领之举。在相关法律这

---

① 邹志刚编：《罪名认定及办案期限一览表》，上海远东出版社2014年版。

一栏目,作者列举了与这一罪名认定有关的法律和司法解释。虽然只是列举法律和司法解释的名称,但也是提供了一种简便的索引。如果需要查找,可以按图索骥。在立案追诉标准这一栏目,作者选取了公安部和最高人民检察院关于各种罪名的立案追诉标准的规定加以罗列,使各种罪名的立案追诉标准一目了然。在定罪量刑标准这一栏目,作者选取了最高人民法院和最高人民检察院的司法解释中对于各种罪名的定罪量刑的规定加以列举,对于定罪量刑都具有重要参考价值。这里应该指出,立案追诉标准与定罪量刑标准是存在一定区别的。立案追诉标准通常是由公安部和最高人民检察院颁布的,而定罪量刑标准则是由最高人民法院和最高人民检察院以司法解释的形式颁布的。对于同一种犯罪,有些同时存在立案追诉标准和定罪量刑标准;有些则只存在其中的一种标准。对此,应当根据具体情况依照或者参照适用。在量刑依据这一栏目,作者对各种罪名的处罚规定进行了列举。从以上内容来看,我认为还是非常实用的。

除了罪名认定以外,《罪名认定及办案期限一览表》一书还对刑事诉讼法、司法解释等规定的刑事案件的办案期限进行了细致的列表,对于了解各种办案期限具有重要意义。应当指出,刑事案件的办理涉及对犯罪嫌疑人或者被告人的人身自由的限制甚至剥夺,因此,严格遵守办案期限对于保障犯罪嫌疑人或者被告人的合法权益具有重要意义。本书从刑事诉讼法以及公安部、最高人民检察院、最高人民法院关于执行刑事诉讼法的规范性文件中对其刑事案件的办理期限的规定都进行了详尽列举,使司法人员可以依法掌握各种办案期限,因此具有实际意义。

《罪名认定及办案期限一览表》对刑法、刑事诉讼法以及相关司法解释的内容进行了表格化的处理,并且将罪名认定和办案期限的具体规定以一种直观简明的形式呈现在我们面前。这一工作虽然只是一种归纳整理、编纂加工,但还是包含了作者的创造性劳动,而不仅仅是一种简单劳动。尤其应当指出的是,本书编者邹志刚在2001年就以列表的方式编纂过与本书内容相同的书籍,这次在总结经验的基本上,又进行了深度加工,无论是内容还是形式都有重大提升,本书可以说是前书的升级版。中国社会科学院法学研究所研究员邓子滨教授参与了本书罪名释义部分内容的撰写,保证了这些内容的准确性,这也是值得充分肯定的,本书在某种意义上也可以说是司法人员和法学理论工作者合作的产物。

是为序。

陈兴良

谨识于北京海淀锦秋家园寓所

2013 年 10 月 14 日

95. 项明《逐日——项明检察长司法理念及实践集萃》[①]序

项明检察长,我们都尊称为项检,从北京市人民检察院第一分院检察长的岗位上退下来正好满两年。在2014年3月17日项检62岁生日行将到来之际,在项检在海淀区人民检察院(以下简称海淀检察院)任职时的同事和部下李玲(曾任海淀检察院副检察长,现已退休)的提议下,想将项检任职期间的讲话、报告以及其他能够反映其思想理念的文字编一本书,作为生日礼物献给项检。李检分配给我的任务是为本书写一篇序,我十分荣幸地认领了这一任务。

从1997年6月到1999年6月,我在海淀检察院以学者的身份挂职两年,其中差不多一年多时间是和项检一起工作。我与项检共事的时间虽然只有短暂的一年多,但从项检身上学到了在书本上学不到的东西,也为此后我的学术研究增添了实践素材,这是令人难忘的。我挂职海淀检察院,受惠于项检首创的学者挂职制度。1994年项明开始担任海淀区人民检察院检察长,有感于当时检察机关的人才匮乏,项检启动了人才工程。人才工程的重要创举之一就是基于海淀检察院大学环伺的地域优势,吸引学者到海淀检察院挂职。

1994年,项检代表海淀检察院与中国人民大学法学院签订了学者挂职的协议,我的同事姜伟教授作为首位挂职学者到海淀检察院担任副检察长。学者挂职的想法出自项检,在当时,学者挂职的做法还是十分前卫的。现在学者挂职的做法已经获得认同,最高人民法院和最高人民检察院也都实行了学者挂职制度,北京市的各级检察机关也都有学者挂职。但项检在海淀检察院首创学者挂职的做法,至少比其他单位早十多年。由此可见,项检在思想观念上的超前。

实行学者挂职,除了观念上的障碍需要克服以外,还存在一些制度上的障碍。例如正式担任副检察长,需要同级人大常委会的任命。在项检

[①] 项明:《逐日——项明检察长司法理念及实践集萃》,中国检察出版社2014年印行。

的运作之下,制度上的障碍也得以突破。姜伟教授是我国司法机关挂职的第一位学者,在挂职期间,姜伟教授与项检以及海淀检察院的其他同事紧密配合,出色地履行了职责。姜伟在1997年结束在海淀检察院为期3年的挂职,上调到最高人民检察院,担任公诉厅厅长,最终完成了从学者到官员的转换。而我就是接替姜伟,到海淀检察院挂职的。项检本身并非科班出身,基于他所处的特定时代背景,从内蒙古插队回北京以后,先是在一所小学任教。1979年海淀检察院恢复重建,项检得以进入检察机关工作。可以说,项检是在海淀检察院重建以后,第一批参加检察工作的干警。项检的法律专业的学习是在职完成的,也就是所谓后学历。对于检察业务来说,项检是从干中学,学中干,逐渐积累经验。但是,项检并不是一个经验主义者,他对理论有极大的兴趣。尤其是,进入20世纪90年代以后,中国法治建设进入了快车道,随着《刑法》与《刑事诉讼法》的修订,以及司法改革的推进,检察工作也面临巨大的挑战。在这种情况下,检察改革成为当务之急。而只有在法治理论的指导下,检察改革才能顺势而为,取得成果。因此,项检十分重视检察理论研究。而学者挂职是从外部引入理论的一条捷径,也为学者提供了一个学以致用的平台,检学双方都各有所获。

  以我自身的切实体会而论,在到海淀检察院挂职之前,我主要是从事刑法研究的。而检察业务大量涉及刑事诉讼法的内容,这对我来说,也是一个重新学习的机会。经过两年在海淀检察院的挂职,我对于刑事诉讼法理论有了深刻的认识,并力图将刑法理论与刑事诉讼法理论结合起来,采用刑事一体化的研究方法,这对我的学术径路也产生了重大影响。检察机关位于刑事诉讼的承前启后的重要环节:以批捕而前接公安机关,具有侦查监督的职能;以公诉而后续审判机关,具有审判监督职能。因此,从检察机关的视角出发,是最能够真切地感受到刑事程序的运作过程的。在刑法的研究中引入刑事诉讼的因素,就能够使刑法的言说呈现出动态。例如,对于犯罪概念,如果只是基于《刑法》第13条的规定,只是对法条的一种片面的诠释。但将犯罪概念置于刑事诉讼的动态过程之中,就会呈现出完全不同的面貌。在海淀检察院挂职期间,我曾经撰写了《庭审中的犯罪》(载《检察日报》1998年9月15日),这篇文章将犯罪特征表述为以下三个命题:(1)犯罪是刑法有明文规定的;(2)犯罪是有证据证明的;(3)犯罪是经庭审确认的。基于这样一种对犯罪的理解,在犯罪概念中不仅具有法律意识,而且揉进了证据意识和程序意识,是对犯罪概念在认识上的一种升华。除此以外,我还在挂职期间发表了"诉讼结构的重塑与司法体制的改革"(载《人民检察》1999年第1期)一文,提出了检警一体、控辩平等和法官中立等观念,主张将公检法三道工序的线性诉讼结构改造为控辩双方对等、法官居中裁判的三角形的诉讼结构。现在来看,这些观念还是有些超前,但我认为这是中国法治发展的必由之路。事实上,我在海淀检察院挂职期间,就在项检的领导下从事着法治的实验。

在1998年,海淀检察院开始试行主诉检察官制度,就是这种实验的绝好例证。长期以来,检察机关人浮于事,大量非检察事务占据了检察官的职位,致使从事检察机关主要业务活动的公诉人谋其事却无其位,工作在公诉第一线的年轻干警有职无权,工作辛苦,对于重大业务问题不能自主决定,既导致工作效率低下,也极大地影响了公诉部门干警的士气。在这种情况下,全国各地的检察机关都进行了公诉制度的改革,成为当时检察机关司法改革的一个亮点。较早提出主诉检察官改革的是河南郑州市检察机关。上海市杨浦检察院则提出了等级公诉人制度,这些改革都是要使公诉人成为享有实际职权的检察官。在海淀检察院,项检提出了"有为有位"的口号,在公诉部门的突破口就是建立检控分离的检察官制度。海淀检察院的李玲、王新环和苗生明撰写的"海淀区检察院关于主诉检察官制度改革的探索与实践"(载《政法论坛》1999年第4期)对海淀检察院的主诉检察官制度的改革情况进行了介绍,该文提到:"1998年3月,时任我院挂职副检察长的陈兴良教授首次提出实行检控检察官分离办案机制的设想,当即得到我院前任检察长项明同志的赞同,院党组经认真讨论,确定在院起诉一科试行这项办案机制的改革。"今天读到这段文字,使我回忆起15年前的情形。我清楚地记得,一天中午在项检的办公室,我向项检反映公诉人忙于出庭支持公诉,对于侦查活动的监督未能及时跟上,难以保证公诉案件的质量。在这种情况下,能不能为公诉人配备事务检察官,专门负责对批捕以后案件侦查过程的动态监督,使公安机关移送的案件达到基本起诉条件。这只是我的一个设想,在午间闲聊时随便向项检谈及。令我没有想到的是,项检对此予以肯定,并明确提出,要给履行公诉职责的检察官充分授权,对主控检察官和事务检察官进行分类管理,让年轻的公诉干警走上主控检察官的位置,使其有职有权,提高公诉质量。正是在项检的亲自领导下,海淀检察院的主控检察官制度的改革以检控分离为特色,不仅注重发挥公诉人的积极性解决公诉部门人手不足的问题,而且从公诉职能的内在规律出发,对公诉工作的模式进行改造。作为当年海淀检察院的主诉检察官制度改革的重要参与者,王新环检察官撰写了《检控分离制度研究》一文,该文就发表在我主编的《刑事法评论》(第4卷)(中国政法大学出版社1999年版)上。在主编絮语中,我对王新环的文章作了以下介绍:"王新环关于检控分离制度研究的论文,从检控分离这一实验性做法中引申出刑事诉讼法的某些新问题,涉及警检关系、检法关系、控辩关系、捕诉关系等。检控分离是我在北京市海淀区人民检察院挂职担任副检察长期间提出的一项创意,在项明检察长的支持下,对这项工作进行了理论论证与试点操作。王新环的这篇论文,就是理论论证的成果。"王新环在论文中,对海淀检察院的检控分离的刑事检察办案制度作了以下描述:"在现有法律框架内,通过对检察机关内部机构设置的某种调整及对检控检察官职务、职责的定位,建立一种主控检察官、事务检察官和检察书记官组成的刑事检控检察官分离制度。在这种制度下,主控检察官与事务检察官具有不同的分工:事务检察官主要面对侦查,对侦查进行动态的制约;主控检察官主要面对法庭,在庭审中形成与辩方的有力对抗,从而形成一种以庭审公诉为中心,以起诉制约侦查的合理办案机制。"[载《刑事法评论》(第4卷),第359页]海淀检察院的这项改革在当时取得了一些成果,当然,任何局部改革的成功都取决于全局的改革,在全局的改革没有推进的情况下,局部改革不可能取得最后的成功。但是,项检在海淀检察院所进行的检察办案制度的改革还是产生了较好的影响。我们所处的是一个改革的时代,各行各业都需要改革。而司法改革,包括检察制度的改革,正是在这种背景下展开的,具有其内在的动力。项检领导下的海淀检察院曾经在20世纪90年代,走在全国检察制度改革的前列。在这个意义上说,项检是检察改革的探索者。

作为一名从基层检察院成长起来的检察长,项检先是从事起诉工作,后来又从事反贪工作,对于各项检察业务都了然于心。这也使项检作为一名检察长,建立起将检察院的工作中心向检察业务倾斜的领导理念,注重检察业务干部的培养。一个好的检察长,不仅要自身熟悉检察业务,而且要为检察官的成长提供条件。因此,项检十分注重检察院的人才培养,将其作为第一号工程。从1994年开始,海淀检察院在地方党委和政府的支持下,大规模地从北大、人大、法大以及其他政法院校招收大学生进入检察机关。一个基层检察院,连续每年招收一二十人,这个数字在当时是十分惊人的,由此也可以说明项检的魄力。这些刚出学校大门的年轻学生,在海淀检察院很快适应了工作环境,一大批大学生脱颖而出,不仅成为业务骨干,而且成为领导干部。据不完全统计,从海淀检察院到北京市院、分院和其他区县院担任副处级以上领导干部的大学生就达二十多人,由此使海淀检察院成为检察干部的培养基地。不仅如此,海淀检察院还为其他部门输送了干部,例如现任北京市工商行政管理局副局长的王晓文,就是1995年中国政法大学毕业后入职海淀检察院,并在首届全国公诉人大赛中荣获全国十佳公诉人的第一名。现在王晓文虽然已经不在检察机关工作,但在海淀检察院的工作经历无疑是他成长过程中的一段宝贵历程,为他将来的进步奠定了基础。从1996年开始,海淀检察院又招收了硕士、博士等高层次的法律人才。来自北大法学院的就有张朝霞、苗生明、刘中发(以进入海淀检察院的时间先后为序)等三名法学博士。这三名博士,除了张朝霞是法理学博士以外,另外两位都是我所在的北京大学刑法学科的刑法学博士,苗生明还是我挂职期间推荐给项检的。这些高层次人才在海淀检察院能够充分施展他们的才华,在基层检察院也能够发挥他们的作用。目前,苗生明和张朝霞分别在北京市院和分院担任副检察长,而刘中发则放弃了去最高人民检察院工作的机会,仍然坚守在海淀检察院工作。这里还要说到当时我在人大法学院指导的硕士生王兆峰,1998年王兆峰从人大毕业,我正好在海淀检察院挂职,王兆峰到海淀检察院求职。海淀检察院每年求职的人数众多,因此采取了讲演、辩论等考察方式,竞争还是十分激烈的。王兆峰考上人大法学院的硕士生之前已经参加工作,社会经验也比较丰富。王兆峰的面试表现还是较为突出的,我也举贤不避亲,向项检推荐了王兆峰。尽管王兆峰的年龄比其他考生稍大,而且已经结婚成家,海淀检察院还是录用了王兆峰。参加工作以后,王兆峰果然爆发出了其工作实力,很快提拔到领导岗位,后来又调任北京市人民检察院研究室副主任。此后,王兆峰由于种种原因下海,我推荐他到北京德恒律师事务所从事律师业务。从检察官到律师,这对王兆峰来说是一个重要的转折。事实证明,王兆峰能够当好一名检察官,也同样能当好一名律师。在律师职业中,王兆峰大显身手,大有作为。2013年在薄熙来案件的审判中,王兆峰作为第二辩护人和德恒律师事务所副主任李贵方律师一起,圆满地履行了为薄熙来辩护的职责。

大批量的大学生进入海淀检察院以后,不仅存在如何培养这批人才,使他们进得来、留得下的问题,而且还需要处理如何使这些大学生能够适应海淀检察院的工作环境,认同海淀检察院的检察文化的问题。尤其是,如何与现有的检察干部协调关系的问题。这也是项检所考虑的。从海淀检察院1979年恢复重建以来,一批干部从各种渠道充实到检察院,成为业务骨干。在这些人中,除了少数年龄老化、业务能力较差,需要进行调整以外,大部分检察干警都具有丰富的检察工作经验。除了非科班出身以外,在其他方面都强于新入职的大学生。在这种情况下,除了加强对大学生的培养以外,还要充分发挥现有检察干警的工作积极性,为他们的成长提供空间。在这方面项检也能做好工作,避免两者之间产生矛盾。事实上,大学生虚心向老同志学习,老同志也做好传帮带工作,共同为海淀检察院的发展作出了贡献。原来海淀检察院的老同志赵志建、王常林等都担任了海淀检察院副检察长,而朱小芹担任了北京市人民检察院反贪局局长,李卫国担任了北京市人民检察院第一分院反贪局局长。从人才培养的角度来说,项检不愧为将帅之才,也正应了那句老话:"强将手下无弱兵。"这一点,作为以教师为职业的我来说,深有体会。教师以教书育人为天职,得天下英才而教育之,其乐无穷也。只有培养出超过自己的人才才是一名好老师,这始终是我的信念。

当好一名检察长,除了把工作重心放在检察业务上外,还有大量检察业务以外的事务需要关照。20世纪90年代,司法机关的办公场所还较为陈旧,难以适应工作需要。项检在海淀检察院担任检察长以后,就把新建办公楼当作工作的重中之重。我1997年6月到海淀检察院挂职之初,还在距离海淀街道不远的一座破旧的院子里办公。半年以后,海淀检察院就搬进了地处海淀万柳地区中心的海剑大厦——一座巍然屹立的现代化的办公大楼。现在设施虽然已经落伍了,但在当时还是十分前卫的,尤其是超前地配置了网络办公系统。记得在海淀检察院搬入海剑大厦的前几天,项检带我到装修一新的大楼检查。站在十七层高的海剑大厦楼顶,鸟瞰四周,周围尚是一片荒野。项检告诉我,万柳地区很快开发,将来要建成海淀区的高档生活区。当时,我对此还没有什么概念。现在,万柳地区已经成为海淀区最为宜居的地区,海剑大厦也被各种高档住宅所包围,略显几分寒酸。这一切,对于我来说,恍若梦中。随着办公条件的改善,项检又把干警的住房问题提到议事日程上来。于是在修建海剑大厦的同时,项检通过海淀区政府的协调与支持,开始修建干警宿舍。一年后,在职干警都欢天喜地地搬进了新居,使干警没有后顾之忧,也使海淀检察院能够以优厚的生活条件吸引高层次人才。令人没有想到的是,在我离开海淀检察院差不多十年以后,我的学生入职海淀检察院还分到了房子,而这些房子就是当年项检任职海淀检察院检察长时留下来的。

我在海淀检察院挂职一年多的时候,项检调任北京市人民检察院分院副检察长,与之对调的是伦朝平检察长。伦检和项检是同龄人,经历也相仿。但在性格上,两位检察长可以说是截然不同:项检外向,伦检内敛;项检语调高亢,伦检低声细语;项检争强好胜,伦检平易近人。就性格而言,我更接近于伦检,但对于项检这样性格的人,颇有一种虽不能至,心向往之的崇敬。与项检和伦检这两任检察长共事,使我受益匪浅。由于我一直身处高校,接触的领导干部并不多。但根据我的有限观察形成的认识,绝大多数领导干部要想到达一定的领导岗位,还是要有过人之处的,一般来说都是同年龄人中的佼佼者。这些干部大多工作能力较强,情商较高,能够胜任其职位。当然,在目前我国的政治体制下,领导干部对于一个单位的影响是巨大的,往往是一把手的思想境界决定一个单位的工作成效。在这种还具有一定人治色彩的体制下,领导干部确实是决定工作成败的主要因素。因此,这样一种政治环境给了某些具有政治抱负的干部很大的展示平台,使他们得以一显身手。从我的角度来看,项检和伦检都是属于想做事、能做事、做成事的干部。只不过,两人的性格不同,做事方式不同而已。

作为一名挂职的副检察长,我在海淀检察院较为超脱,对于人事安排等较为敏感的事务并不介入。当然,我在海淀检察院的挂职与此后其他单位的挂职还是有所不同的,在分管业务上我介入还是较多、较深、较实的，可谓有职有权，每天坐班是代价之一。基本上每天上班，参加在海淀检察院的各项活动，包括党组会、检委会等，使我对检察机关的日常工作也有了近距离的观察。在我的印象中，项检基本上是以检察院为家，除了外出开会，天天在单位处理各种事务，工作投入，这种敬业精神确实是令我佩服的。项检任职的年代，尚没有不同部门之间互相交流、对调任职这样一些制度，因此，项检从 1979 年从检，一直到 2012 年退休，三十多年来一直在检察机关任职。项检对于检察事业绝对忠诚，对检察职业十分推崇，很难想象，如果按照现在的干部交流制度，让项检对调到公安机关还是审判机关，他是否能够适应这样一种角色的转换。因此，项检在检察岗位上从一而终，这也是一种幸福。

  古人将立德、立功、立言视为人生最大的追求，谓之三不朽。对于项检来说，立德、立功较易达成，而立言则较难实现。当然，三立也并非每个人都能做到的，这里还有个职业分工问题。像我作为学者，立德是本分，立言是本职，立功则立无可立。李检提出编这本书，是想帮助项检完成立言之目标。收入本书的是项检在任职期间的工作报告、会议发言和其他材料。我知道，这些文字未必是项检本人亲笔所写，但还是反映了项检的工作思路和业务能力。况且，既然是以项检的名义发布或者发表的，将这些文字归到项检名下，应该是没有问题的，项检也会对这些文章内容负责的。我大致翻阅了一下，这些文字可以分为三类：一是工作报告，这是一种官样文章，具有较强的职务性。通过每年度的工作报告，我们还是可以了解项检上一年度的工作成效和下一年度的工作安排。其中自然包含了项检的工作思路，由此可以见证项检的工作历程。二是调研报告，这是一种对工作的总结，具有较强的业务性。调研是检察机关的常规性工作，对于检察业务水平的提高具有重要意义，因此，检察机关历来十分重视调研工作。在项检任职期间，海淀检察院在项检的带领下，进行了一些较为重要的调研活动，其调研结果对于检察业务具有指导意义。三是论文，这是参加研讨会提交的文章，具有一定的学术性。例如，"探索公诉引导侦查应把握好五个关键问题"一文，就是项检在公诉论坛上的发言，对公诉如何引导侦查的问题进行了具有前沿性的探讨。这些文字虽然大多属工作经验的总结，并非不朽之作，但毕竟记载了项检的工作轨迹，因而以此作为献给项检的生日礼物，具有特殊的意义。

是为序。

陈兴良
谨识于北京海淀锦秋知春寓所
2014年1月7日

96. 蔡桂生《构成要件论》[①]序

蔡桂生的博士论文《构成要件论》即将出版,嘱我为其写序,为此我感到十分高兴。为了写序,我又重新翻看了蔡桂生的博士论文,并找出一些与蔡桂生有关的资料,由此而生发出一些感想和感慨,以此作为本序的切入点。

蔡桂生的本科是在复旦大学法学院就读的,其本科阶段的学习就已经奠定了扎实而良好的科研基础。2006年蔡桂生被保送到北京大学法学院攻读硕士学位,选择了刑法专业,同时也选择我作为其硕士生导师。记得在保送面试的时候,蔡桂生就给我留下了深刻的印象。蔡桂生交给我一本他在本科阶段的论文集,这个论文集有两个版本。第一版是2005年8月制作的,此时蔡桂生是大三学生。第一版书名是《法学文集——我的复旦本科论文集》,全书共有194千字。第二版是2006年6月制作的,此时蔡桂生是大四学生。第二版书名改为《追问公平正义——我的复旦本科论文集》,字数增加到340千字。蔡桂生的论文集序言中有张乃根教授的一首诗:

读蔡桂生本科法学文集有感

欣然阅读吾生篇,

篇篇映其成长路。

百年复旦郁郁葱,

新枝更显满园春。

收入论文集的将近50篇文章,涉及宪法、行政法、法学理论、刑法、民法、法律史、诉讼法、经济法、国际法等各个主要学科。基本上每学习一门课程,蔡桂生都会写一篇论文。这些论文有的还在刊物上得以发表,可以说在本科阶段蔡桂生就已经完成了写作训练,具有了较强的文字能力,这

---

① 蔡桂生:《构成要件论》,中国人民大学出版社2015年版。

对于从事科研活动来说,是极为重要的基本功。

入学以后,蔡桂生的学习成绩优秀,科研成果突出。差不多在两年时间内,完成了数篇字数在3万左右的论文,先后在我主编的《刑事法评论》上发表。我检索了一下,发表在《刑事法评论》上的论文就有以下三篇:(1)《刑法知识的体系性反思》[《刑事法评论》(第20卷),北京大学出版社2007年版];(2)《刑事一体化的知识生产——〈刑事法评论〉前20卷之研究》[《刑事法评论》(第22卷),北京大学出版社2008年版];(3)《死刑在印度》[《刑事法评论》(第23卷),北京大学出版社2008年版]。这些都是长篇论文,达到了相当的学术水平。蔡桂生的自学能力颇强,例如以上关于印度死刑的论文,就是蔡桂生从网上寻找的资料,并且与印度教授取得联系,获得帮助。我在该卷主编絮语中,论及蔡桂生的该文时指出:"蔡桂生的《死刑在印度》一文,是我国第一篇系统考察印度死刑的论文。当初蔡桂生向我提出要研究印度死刑的时候,一方面我认为这个题目很有意义,另一方面又认为这个题目难度很大。蔡桂生不畏艰难,从互联网上搜集了大量关于印度死刑的资料,并与印度尼赫鲁大学巴特拉研究员取得联系,从而完成了本文,使我们对印度的死刑状况有了一个全面的了解。"的确如此,以往我们对印度的死刑情况停留在一知半解的状态。蔡桂生的论文则以翔实的资料论述了印度的死刑制度,得出了完全不同的结论。在该文中,蔡桂生指出:"在死刑研究上,我国的死刑保留论者往往简单地认为美日印是保留死刑的国家,就断然宣称:'虽然大多数国家废除死刑,但世界上有大多数人口均支持死刑的存在,所以执行死刑仍应予以支持。'基于本文客观的研究和分析,印度近九年间仅有1例死刑得到执行的事实,无疑宣告了这一结论的荒谬性。如果我们把这1例死刑和中国的死刑数相比较,就知道把印度归入死刑名存实亡的国家并不为过,如果可以把除西孟加拉邦(8 683.5万人)外的印度其他地区(104 506.5万人)归入事实废除死刑的地区,则有着巨大的意义,这将有益于我们更准确地认识死刑的世界地理和人口分布:废除死刑的法域越大,人口越多,死刑的存在和适用就越不公平。"这一结论是具有参考价值的,也使我们重新审视印度的死刑问题,并为反思中国的死刑制度提供了一个参照系。

硕士生就读两年以后,蔡桂生被推免直接攻读博士学位。在博士生期间,蔡桂生抓紧德语学习,并在博士二年级获得了国家留学基金管理委员会的资助,去德国波恩大学法学院留学,师从德国著名刑法学家沃斯·金德豪伊泽尔教授攻读博士学位。记得在 2009 年 7 月 28 日,我和梁根林教授还作为蔡桂生出国留学的保证人,到位于中关村知春大厦的北京市海诚公证处公证。在这种情况下,蔡桂生得以同时在北京大学和波恩大学攻读博士学位。到德国以后,蔡桂生开始翻译德国学者的作品。例如,罗克辛教授的《刑事政策与刑法体系》[载《刑事法评论》(第 26 卷),北京大学出版社 2010 年版],该文是罗克辛教授的一篇著名讲演稿,对于厘清刑事政策与刑法教义学的关系具有重要参考价值。该文与此后翻译的罗克辛教授的《建构刑法体系的思考》一文结集以《刑事政策与刑法体系》为书名,于 2011 年由中国人民大学出版社出版,使罗克辛教授的思想在中国得以传播。此外,蔡桂生还和何庆仁博士共同翻译了罗克辛教授的《德国最高法院判例刑法总论》一书,于 2012 年由中国人民大学出版社出版。以上成果,均反映了蔡桂生学习上的自觉性与能动性。2010 年 9 月 15 日至 19 日,在德国维尔兹堡大学召开的中德刑法学者第一次学术研讨会,主题是"中德刑法解释语境下的罪刑法定原则",蔡桂生从波恩赶到维尔兹堡参加了这次研讨会,我和梁根林教授在德国见到了蔡桂生。此时,蔡桂生已经能够进行一些简单的德语口译。2012 年 5 月,蔡桂生在北京大学参加了其博士论文答辩,取得了北京大学的博士学位。2013 年 9 月,蔡桂生通过了在德国波恩大学的博士论文答辩,取得了波恩大学的博士学位。蔡桂生在北京大学刑法专业是第一位以五年时间,同时取得中国和德国两个博士学位的学生,这个成果确实是令人赞叹的。

蔡桂生差不多同时撰写北京大学和波恩大学的两篇博士论文。而根据中国和德国的刑法学术状态,两篇博士论文的要求是完全不同的。就德国而言,因为其刑法教义学的研究已经十分深入,博士论文的选题已经达到刑法教科书五级标题的程度,而且要求具有前沿性。在这种情况下,蔡桂生选择了《未来事件诈骗罪研究》的分则性题目写作博士论文。而中国的博士论文,在与我商量确定题目的时候,我提议选择对于中国当前刑法理论研究具有现实意义的课题。中国现在存在四要件与三阶层之争,在这当中,对于起始于德国学者贝林的构成要件理论是一个基础性的问题。因此,我建议蔡桂生对构成要件进行研究。现在摆在我面前的博士论文《构成要件论》就是这一研究的最终成果,也是对我国刑法学研究具有重要参考价值的学术成果。可以想见,以《构成要件论》作为博士论文题目在现在的德国要想取得博士论文是完全不可能的。但在中国,这个题目恰恰是具有现实意义的。由此也可以看出中国和德国在刑法理论研究上存在的巨大差距,这也是中国学者所要追赶的。

构成要件是刑法教义学的一个核心概念,中国刑法理论中的构成要件概念是经由苏俄刑法学的犯罪构成的概念传入的,而苏俄刑法学的犯罪构成概念又来自于德国学者贝林的构成要件概念。在一百年构成要件概念流传的过程中,发生了一些误读与误解。为了正本清源,必须对构成要件理论进行系统研究。蔡桂生的博士论文《构成要件论》就是对构成要件的寻根问底式的研究,使其具有理论上的厚重感。本书对构成要件的研究可以分为历史与逻辑两条线索。其中,对构成要件的学术史研究占据了较大篇幅。本书从构成要件的起源开始,回顾了从贝林到罗克辛,德国整个构成要件的演变历史,其大量来自于德国的第一手资料,为历史叙述提供了条件。而在逻辑层面,本书分别对构成要件的体系性地位以及构成要件实质化等重大问题进行了分析,使我们得以观察到德国构成要件理论的内在理路。尽管本书叙述的是一个德国问题,或者说是在德国语境下叙述构成要件理论。但是,蔡桂生还是表达了其中国关怀。在本书的各个部分,都有与中国问题的观照。例如在构成要件概念梳理部分,蔡桂生就对德国的构成要件与苏俄的犯罪构成进行了对比,对来自苏俄的四要件的犯罪构成问题进行了分析,揭示了四要件的犯罪构成理论的不足,主张将构成要件作为犯罪成立条件的首要要件,指出:"将考察构成要件符合性摆在第一位,可以更有效地限制住价值判断的幅度,保障定罪的精确性。"这一观点是极有见地的。

博士论文是蔡桂生过去六年在北京大学刑法专业学习的一个总结,也是其学术研究起步的一个脚印,极具象征意义。蔡桂生的博士论文《构成要件论》2013年被评选为北京市优秀博士论文,这是一个肯定和嘉许,也是蔡桂生获得的首个学术荣誉,作为导师我亦与有荣焉。应该说,比起我们的学术成长背景,蔡桂生这一代人赶上了我国学术发展的黄金季节。尤其是出国留学,获得德国博士学位的经历,将成为蔡桂生从事刑法教义学研究的学术底色和底气,必将为我国刑法学科的发展作出更大的贡献。如今,从德国学成归来的蔡桂生即将作为博士后研究人员进入北京大学法学院,开始一段全新的学术征程,并为其后的学术生涯奠定基础与基调。

是为序。

陈兴良
谨识于北京海淀锦秋知春寓所
2014 年 3 月 19 日

97. 王发旭《有效辩护之道：
王发旭律师无罪辩护策略案例选》①序

王发旭律师以其所办理的刑事辩护案件为原始素材写成的《有效辩护之道：王发旭律师无罪辩护策略案例选》一书即将出版，邀我为之作序。我阅读了该书的电子版，感到本书内容真实，资料详实，具有法律专业上的可信性和文字叙述上的可读性，因而欣然为之提笔作序。

无罪辩护，这是刑事辩护的最高境界。我对无罪辩护一直是较为关注的。2010年10月16日在北京举行的"第四届尚权刑事辩护论坛"上，我曾经对无罪辩护作过一个简短的即席发言，基本观点是：律师为当事人作无罪辩护对于推动法治环境的改变，推动法治建设的发展具有一定的积极作用。但不可否认，在律师的无罪辩护当中也存在着滥用倾向，这应当尽量避免。我认为，律师的无罪辩护率相当高，而法院的无罪判决率相当低，两者之间形成了鲜明反差。如何看待律师无罪辩护问题，这个问题值得思考。我觉得存在两方面的问题：一方面从正面来看，律师作无罪辩护，无论是在法律上无罪还是证据上的无罪，律师可能主要是根据一种较新的司法理念，比如罪刑法定、无罪推定，作出法律上或者是事实上的无罪辩护。但是，司法机关在司法活动当中，在贯彻罪刑法定和无罪推定方面受到一些局限。因此，律师的无罪辩护和法律的有罪判决之间的反差，是较为前沿的司法理念和目前司法实践当中相对较为保守的现实状况之间冲突的反映。从这个意义上说，即使律师辩护没有被司法机关采纳，这种无罪辩护本身对于推动法治环境的改变，对于推动法治建设发展还是具有一定积极作用的。同时不可否认，在律师的无罪辩护当中，也存在着滥用无罪辩护问题，这里面有些可能是律师辩护的独立性没有得到重视，律师在辩护中更多受到当事人和当事人家属的影响，当事人和家属往往要求律师作无罪辩护。而事实上，案件本身无论是

---

① 王发旭：《有效辩护之道：王发旭律师无罪辩护策略案例选》，法律出版社2015年版。

从证据还是法律方面来说都难以得出无罪的结论。在这种情况下的无罪辩护,反映了律师不能坚持依法独立辩护的立场。因此,为了满足当事人的要求而作无罪辩护。这样一种无罪辩护的滥用的倾向,也是应当避免的。这种无罪辩护如果任其发展,也会对我们国家的法治建设,包括对律师的刑辩事业本身带来消极影响。我认为,依法辩护是刑事辩护基本的准则,也是刑事辩护事业的一个立身之本。刑事辩护必须要有它的独立性,只有根据事实和法律来进行辩护,才能在更大限度上为当事人提供法律服务,维护当事人的合法权利,同时也能够规避刑事辩护的执业风险。以上我对无罪辩护的见解,现在还是坚持的。王旭发律师这本关于无罪辩护的著作,正好为检验我对律师无罪辩护的观点提供了现实素材。

收入本书的共有九件无罪辩护的案件,在王发旭律师所有刑事辩护案件中所占的比例不得而知,但就其结果而言,法院最终真正作出无罪判决的只有1件,即刘传稳受贿、滥用职权案。因此,从总体上来看,律师的无罪辩护的数量和法院的无罪判决的数量差别还是较为悬殊的。当然,其他无罪辩护的案件,法院虽然没有最终作出无罪判决,但事实上作出了罪轻判决,有的案件从最先的无期徒刑到最后的免于刑事处分,两者之间结果较为悬殊,因此也是一种变相的无罪判决,只是为了给公诉机关留下颜面。这也恰好反映了我国目前司法的实际状态:法院作出无罪判决是十分不容易的。

刘传稳受贿、滥用职权案最终被判无罪,这是一起十分成功的无罪辩护案件。从案情来看,这是一起国家工作人员为亲属向他人借款的行为,这一行为并不构成受贿罪。在司法实践中,对于此类案件能否认定为受贿罪,关键是看是否存在实际的借贷关系,以此区别于以借贷为名的受贿罪。对此,司法解释曾经明确规定了以下七点区分标准:(1)有无正当、合理的借款事由;(2)款项的去处;(3)双方平时关系如何、有无经济往来;(4)出借方是否要求国家工作人员利用职务上的便利为其谋取利益;(5)借款后是否有归还的意思表示及行为;(6)是否有归还的能力;(7)未归还的原因;等等。根据以上规定,对于本案是属于借贷关系还是受贿罪,本来是容易作出判断的。在本案中,刘传稳不是本人借款而是为其亲属借款,款项也确实为其亲属所用。而且,本案的借贷关系有借据为凭证,约定了利息,并且在案发前归还了部分借款。因此,从实体法的角度来看,被告人刘传稳的行为就不构成受贿罪。但枣庄市市中区人民检察院起诉书将本案的行为概括为:刘传稳以"借款"形式向刘家昌、王祥伟索取贿赂20万元。在此,即没有真实地反映借款人是刘传稳的亲属这一事实,也没有确认借贷关系的客观存在。本来这是一个法律适用问题,但令人疑惑的是,本案被告人刘传稳是否有罪,却都是围绕证据问题展开的,其中包括非法证据排除。最终法院的无罪判决也是以事实不清、证据不足为由作出的,枣庄市市中区人民法院刑事判决书指出:"本院认为,公诉机关指控被告人刘传稳犯受贿罪,证据不足。证人刘家昌、王祥伟出庭作证时当庭翻证,当庭证实是通过刘传稳借给薛峰的钱。薛峰向刘家昌、王祥伟借款,是在刘传稳作为证明人的情况下在其办公室当场出具了借条。公诉机关指控被告人刘传稳涉嫌受贿罪是索贿性质,刘家昌、王祥伟应为受害人,在侦查阶段王祥伟被刑事拘留,后变更强制措施取保候审。证人薛峰在侦查阶段的证言与录音录像不一致,通知其出庭作证,在没有说明不出庭理由的情况下拒不出庭作证。被告人刘传稳供述称薛峰有要他帮助借款用于陕西开矿,和刘传稳曾介绍他人把钱借给薛峰的事实相互印证。故在侦查阶段刘家昌、王祥伟、薛峰的证言,本院不予采纳。薛峰在侦查阶段证言中称交给刘传稳30万元款项的来源和去向没有查明,没有确实证据印证被告人刘传稳收到30万元现金,钱款的去向指向薛峰,期间有还款10万元的事实。综上所述,按照证据裁判原则,公诉机关所指控被告人刘传稳受贿罪,证据不足,所指控受贿罪罪名不能成立。"其实,在本案中,借贷关系是否存在并不以出借人的证言所决定,而是要根据客观事实进行判断。就本案而言,根据出借的具体情况就应该得出属于借贷关系的结论,而不存在所谓证据不足的问题。在我国司法实践中,即使是无罪判决,也难得有法律适用上的无罪,大多数法律适用上的无罪都被转化成证据不足的无罪,这一现象是值得我们研究的。

在本书中,孙福泓诈骗案也是一起辩护成功的案件,虽然最终未能获得无罪判决,但结果也是满意的。对于该案,大连市人民检察院起诉书指控的事实是:"孙福泓为骗取国家动迁补偿款,编造虚假事实,非法占有公共财产18 774 000元,数额特别巨大,严重破坏了社会治安秩序,其行为触犯了《中华人民共和国刑法》第二百六十六条之规定,犯罪事实清楚,证据确实、充分,应当以诈骗罪追究其刑事责任。"因为指控的诈骗数额达到

1800多万元,因此大连市中级人民法院以被告人孙福泓犯诈骗罪,一审判处无期徒刑,剥夺政治权利终身,一并处没收个人全部财产。上诉以后,辽宁省高级人民法院以事实不清、证据不足发回重审。大连市中级人民法院重审以后,鉴于被告人孙福泓诈骗犯罪情节较轻,且主动退还非法所得,使国家损失得以弥补,可对其所犯诈骗罪免予刑事处罚。重审判决指出:"对被告人孙福泓及其辩护人关于不构成诈骗罪的辩解及辩护意见,经查,被告人孙福泓在已获悉大窑湾疏港高速公路要从其承包地里经过时,为多获得补偿款,采取了抢栽抢种的行为,并在得知核量人员将其抢栽抢种的葡萄苗认定为新植后,采取非法手段找核查人员将新植改为原植,进而非法获得更多的征地补偿,具有虚构事实,隐瞒真相的主观故意和客观行为,其行为符合诈骗罪的构成要件,故对其辩解及辩护人的辩护意见,均不予采信。被告人孙福泓及其辩护人关于不构成行贿罪的辩解及辩护意见,缺乏事实及法律依据,亦不予采信。依照《中华人民共和国刑法》二百六十六条、第三百八十九条第一款、第三百九十条第一款、第三十七条、第六十九条、第六十四条之规定,判决如下:被告人孙福泓犯诈骗罪,免予刑事处罚。"这是一个十分蹊跷的判决结果,我还没有见过一个诈骗1800多万元而被判处免予刑事处罚的案件。在本案审理期间,王旭发律师曾经邀请我们作过专家论证,该案被告人为多获得补偿款,在其承包地上抢栽抢种的事实是客观存在的,当然数量有待于进一步查实。但本案被告人孙福泓的行为是否构成诈骗罪,最为关键的是:该抢栽行为是发生在征地公告之前还是之后。如果发生在征地公告之前,则即使具有多获得补偿款的意思,也不能认定为诈骗行为。即使是在征地公告之后抢栽,也不能一概认定为诈骗行为,还要看是否具有将征地公告之后抢栽的苗木谎报为征地公告之前栽种的欺骗行为。根据本案的情况,被告人孙福泓是在风闻其所承包的土地要动迁的情况下进行抢栽的,虽有多获得补偿款的意思,但尚不能将该行为认定为诈骗罪。但法院判决却有意回避了这个对于定罪具有重要意义的时间点,将被告人孙福泓的行为模糊地表述为"被告人孙福泓在已获悉大窑湾疏港高速公路要从其承包地里经过时,为多获得补偿款,采取了抢栽抢种的行为"。这里的"已获悉"是在公告之前还是公告之后?判决没有加以明确。对于这个判决结果,王旭发律师在本书中认为:"大连市中级人民法院的这一判决可以理解为事实上的无罪判决。根据我国的《刑法》及相关司法解释,诈骗公私财物数额'五十万元以上'为'数额特别巨大',将处十年以上有期徒刑或者无期徒刑,并处罚金或者没收财产。在司法实践中,诈骗数额达千万的犯罪人一般将被判处无期徒刑。本案重审判决显然是否认孙福泓诈骗获得了动迁补偿款 18 774 000 元人民币。但是为了避免改判无罪的错案追究,重审依旧保留了对孙福鸿诈骗罪的有罪认定。"显然,这是一个妥协的产物。从这里也可以看出:法院判决无罪有多难!陈瑞华教授在接受记者采访时,对法院为什么不敢作无罪判决这个问题作了以下回答:"法院要想防止冤假错案,他得有一个能力,能够说'不!'敢于宣布无罪。但法院能做到吗?你们看看近年来法院宣判无罪人数的数字,无罪率到什么程度了?十几年前,全国各级法院全年几十万刑事案件,判无罪的数千人;到了最近几年,刑事案件数量一年超过百万了,但判无罪的人才多少?不到九百个。按这个速度发展下去,20 年后,中国大陆还有无罪判决吗?我把这称为'惊心动魄的数字'。这些冷冰冰的数字表明了什么?大陆的法院,从基层到最高,已经越来越不敢作出无罪判决了。但问题在于,刑事案件的质量在提高吗?犯罪嫌疑人真的都有罪吗?恰恰相反,那么多冤假错案表明,公诉案件只要一进入司法程序,结果几乎注定。从这个角度而言,大陆的法院在面对公权力的时候,已经失去了基本的纠错能力,这是难辞其咎的。警察刑讯逼供,检察院滥用国家公诉权,这在全世界任何一个国家都是存在的,但如果法院能够坚持原则、保持底线的话,照样可以防止冤假错案,这是社会正义的最后一道防线,但现在已经几乎完全失守。"此言是哉。

  王发旭律师长期致力于刑事辩护,这本以《有效辩护之道:王旭发律师无罪辩护策略案例选》为书名的著作是其执业生涯的闪光点。我相信,王发旭律师在刑事辩护中,一定经历过很多的艰难险阻,甚至是黑暗的时刻,只不过这一切没有反映在本书中。我倒希望将来有机会,王发旭律师能够将这些黑暗的部分写出来,这样才能全面地反映我国刑事法治的全貌。

  王发旭律师受过法律专业的系统训练,具有博士学位,曾经当过法官,此后又毅然下海当刑辩律师,其经历丰富,令人敬佩。在从业之余,秉笔疾书,写下了这本对于他本人具有纪念意义,对于读者具有教育意义的著作,这是值得嘉许的。特此推荐给读者,也可以供刑事从业人员阅读。是为序。

陈兴良
谨识于北京海淀锦秋知春寓所
2015 年 6 月 9 日

98. 王政勋《刑法解释的语言论研究》①序

《刑法解释的语言论研究》是王政勋在其博士论文基础之上修订而成的一本著作,王政勋的博士论文从 2008 年在北京大学法学院答辩通过到现在已经六年整,其博士论文申请到国家社科基金项目以后,又进行了后续的研究,现在终于问世。作为王政勋的博士生导师,为此感到十分高兴。

刑法当然首先是一种政治现象和社会现象;同时刑法又是一种语言现象和逻辑现象。因此,对于刑法的解释(我们也可以把这里的解释在广义上理解为研究),除了政治维度和社会维度以外,还应该有语言维度和逻辑维度。其中,对刑法的政治学和社会学的研究具有较强的价值判断色彩。相对来说,对刑法的语言学和逻辑性的研究具有相对的中立性。对于一个刑法学者来说,应当是一个政治学家、社会学家,同时还应当是一个语言学家、逻辑学家。在我国刑法学界,对于刑法的研究越来越趋向于刑法教义学的研究。在我看来,刑法教义学的研究主要是对刑法的语言学和逻辑性的研究,由此而形成一定的刑法学体系。当然,刑法的教义学研究并不排斥从各个向度对刑法进行的研究。其中,刑法的语言学研究就是一个重要的方面。例如德国学者考夫曼在论及法律语言时指出:"单一性法律语言的理想是不能达到的,它也不值得去追求,因为法律语言,也必须是一种活生生的、两个面向化的语言。否则,它将无法有一个向日常语言、市民的语言的延续线。像任何专业语言般,法律语言不能与日常语言任意地远离。也因此,它仅是较为抽象及精确,且依规则的素材的形式而有不同的程度。"②考夫曼在这里所说的两个面向,一是人工语言,二是自然语言。法律语言介乎于这两者之间:法律语言具有人工语言的某些特征,例如法言法语就是专门为法律而构建的专业语言。同时法

---

① 王政勋:《刑法解释的语言论研究》,商务印书馆 2016 年版。
② 〔德〕考夫曼:《刑法哲学》,刘幸义等译,法律出版社 2004 年版,第187 页。

律语言又必须面向市民,因此要求尽可能地贴近生活通俗易懂。王政勋本书的题目是《刑法解释的语言论研究》,而刑法解释本身就是一个复合型的概念,语言学是刑法解释的一种方法,而且是基本方法,这主要是指在刑法解释中广泛运用的语义解释。

　　刑法的语言学研究存在一个基本前提问题,这就是王政勋在本书上篇所讨论的刑法解释的立场问题,到底是主观解释还是客观解释?这是一个首要的问题。对此,王政勋的立场是极为明确的,这就是坚持客观解释论的立场,这也是刑法的语言学分析得以展开的逻辑前提。主观解释是以立法者的意思为解释的依归,以追求立法原意作为解释的目标。但是,立法者的意思具有明显的主观性,除了法律文本以及立法资料以外,很难想象还有何种途径可以获取立法者的意思。除非立法者自身行使对法律的解释权。但是,在法理上立法者解释本身就是存在质疑的,相当有力的观点认为立法者无权解释法律。因此,在通常意义上所说的法律解释都是指立法者以外其他人对法律的解释,主要是指司法者的解释。在这种情况下,客观解释具有其合理性而获得了通说的地位。客观解释将法律文本作为解释对象,在可能的语义范围内对法律进行解释,其解释结论不受立法者意思的拘束。关于客观解释论的理由,王政勋在本书中从语言学的角度进行了较为深刻的阐述。其中,语言的模糊性是一个重要的理由。如果法律语言都是十分清晰的,语义是单一的,那么就不需要再对法律进行解释就可以直接适用。但这是不可能的,这也就为法律的客观解释留下了空间。在本书的阐述中,王政勋提出了"法律在语言中存在"的命题,并对此进行了语言学的论证,这都给我留下了深刻的印象。可以说,王政勋对于语言学乃至于语言哲学在刑法解释研究中的娴熟运用,是本书的最大特色,也构成了本书的知识来源,为提升刑法教义学的知识蕴含作出了贡献。

　　语义解释是本书中篇的主要内容,也是王政勋着力研究的问题。在所有刑法解释方法中,语义解释是最为基本也是最为重要的解释方法。语义解释也是与语言学联系最为紧密的解释方法。我们以往的语义解释都是极为简单地局限在对语义解释本身方法的区分上,例如平义解释和特殊平义解释等,缺乏更为深入的论述。而在本书中,王政勋运用语言学的知识,对语义解释进行了具有相当深度的分析。王政勋认为,在解释刑法的语义意义时,应当从字、词入手,分析句子的结构、含义和条文之间的联系,掌握刑法的内在精神;再以此为起点,重新审视句子,考量词语,分析用字,经过这样的穿梭循环,往复逡巡,达到对刑法基本语义的准确把握。在这一思想的指导下,王政勋对语素、多义词和同义词等法律本文的语言构成要素都结合实例进行了具体的分析。此外,王政勋还对代词、副词,甚至标点符号在语义中的功能都——论及,可谓全面。在刑法解释中,确实存在大量的语义解释问题。从这个意义上来说,法律解释也就是一种语言作业或者操作。例如,在关于婚内强奸的讨论中,除了其他实质性的理由以外,还涉及中国法律中"奸"的理解。主张婚内有奸的学者把奸理解为性交,因而肯定婚内强奸。而主张婚内无奸的学者则将奸理解为婚外性行为,因而否定婚内强奸。在这个问题的讨论中,对奸的理解虽然不是实质性的理由,但对于婚内强奸问题的结论得出还是具有重要意义的。此外,我还曾经撰写过《相似与区别:刑法用语的解释学分析》(载《法学》2000年第5期),对我国刑法中描述交易行为的用语,包括买卖、经营、倒卖、销售、出售、出卖、收买、收购等,进行了语义分析。这些分析,对于涉及上述交易行为的罪名的正确适用具有重要的参考价值。例如,全国人大常委会《关于惩治骗购外汇、逃汇和非法买卖外汇犯罪的决定》(以下简称《决定》)第4条规定:"在国家规定的交易场所以外非法买卖外汇,扰乱市场秩序,情节严重的,依照刑法第二百二十五条的规定定罪处罚……"这里的《刑法》第225条的规定是指非法经营罪。在司法实践中,地下钱庄的经营者,无论是经营人民币业务还是外汇业务,其行为符合经营的特征。但是,利用地下钱庄进行外汇的进出境兑换业务的行为人,其行为只是非法购买外汇,是否符合上述《决定》第4条的规定,应以非法经营罪论处呢? 这里的关键是:如何理解《决定》第4条所规定的买卖一词。如果把买卖理解为买或者卖,只要具有两个行为之一就可以定罪。那么,利用地下钱庄进行外汇的进出境兑换业务的行为就可以认定为非法经营罪。如果把买卖理解为买进以后卖出以此牟利,必须同时具备买和卖两个行为,才能定罪,那么,利用地下钱庄进行外汇的进出境兑换业务的行为,因为只有购买而没有卖出行为,就不能认定为非法经营罪。我的观点,上述《决定》第4条使用的是买卖一词,如果单独理解,从语义解释角度看,理解为买或者卖的行为之一均可构成犯罪具有一定的合理性。但是,上述《决定》第 4 条规定并非独立罪状,而是引证罪状,最终要以非法经营罪论处。因此,在国家规定的交易场所以外非法买卖外汇的行为,必须符合经营行为的特征。而这里的经营,显然是指买进和卖出行为同时具备的复合性交易行为。因此,利用地下钱庄进行外汇的进出境兑换业务行为不能认定为非法经营罪。在以上法律论证过程中,完全是一个语义解释的过程,应当排除价值评价。即不应考虑利用地下钱庄进行外汇的进出境兑换业务行为的社会危害性,而是首先要看该行为刑法是否有明文规定。可以说,王政勋在本书中对语义解释方法的阐述,对于进一步深化对语义解释在刑法教义学研究中的运用,具有重要学术价值。

除了语义解释以外,本书的亮点还在于对语用解释的深入研究。一般来说,我们对语义解释比较熟悉,但对于语用解释则相对比较陌生。可以说,王政勋是在我国刑法学界首先对语用解释在刑法中的运用进行研究的开拓者。根据王政勋的理解,语用解释是在具体语境中确定刑法文本的意义,解释者应该在认知图式和刑法文本、法律规范和案件事实、判决结果和大众期待之间进行语篇外循环。刑法的语境包括言内语境、言伴语境和言外语境。因此,语用解释是把法律用语当作一个整体,从语境出发对法律用语所进行的分析。在这一点上,不同于语义解释。语义解释是分析性的,即将构成法律文本的各种要素进行分拆,个别性地考察语义要素。如果说语义解释是对法律文本的基础性研究,那么语用解释就是对法律文本的更高层次的研究。各种法律文本要素共同构成法律语境,只有从特定的语境出发,才能从整体上把握法律文本的正确涵义。在这个意义上,语用解释的功能已经在一定程度上超出了单纯的语言分析的境界,而与语言的外部环境紧密地联系在一起了。这个意义上的语言学,应该是一种语言社会学。王政勋对此的研究,我认为是极具开创性的,也是值得倡导和嘉许的一种学术创新。

刑法是人类精神生活中的一个点,围绕刑法所进行的研究,无不透过刑法揭示人类精神生活的各种形态。王政勋在本书中对刑法所进行的语言学研究,就是要还原刑法的语言本质,这对于我们正确地理解刑法的精神实质具有重要意义。储槐植教授曾经提倡从各种不同的角度对刑法进行研究,王政勋对刑法所进行的语言学研究,就是从刑法之外研究刑法的一种有益尝试。应该说,王政勋能够将语言学与刑法学紧密地结合起来,以语言学知识充实刑法学,为刑法学的知识拓展作出了应有的贡献,也为此后的进一步研究提供了样板。

王政勋本科毕业于北京大学法学院,毕业以后进入司法机关工作。六年以后又考入西北政法学院(西北政法大学的前身)攻读硕士学位,硕士毕业以后留校任教,得以重返学界。在2004年王政勋进入北京大学法学院攻读博士学位的时候,已经出版了《正当行为论》(法律出版社2000年版)、《刑法修正论》(法律出版社2001年版)等个人专著,并且于2003年被聘任为教授。可以说,王政勋的学术基础是坚固的,与此同时,其学术模式也已经固定。在这种情况下,在博士生学习阶段还能否完成知识转型,提升学术层次,这无论是对于作为其导师的我还是对于王政勋本人来说,都是一个难题。在这当中,王政勋经历了一个思想上十分纠结的过程,这也是一个理论上脱胎换骨的经历。对此,我也感同身受。好在王政勋顺利地通过了这个过程,其博士论文已经证明王政勋以一种学术新形象的崛起。对此,我也为王政勋在学术上取得的成就感到高兴。从《刑法解释的语言论研究》一书可以看出,王政勋的研究触角从刑法之内伸向刑法之外,理论深度从刑法规范的表面及于刑法背后的更深层次的语言现象。基于此,我们有理由期待,王政勋在刑法的理论研究中更多成果的问世。

是为序。

陈兴良
谨识于北京海淀锦秋知春寓所
2014年3月19日

99. 丁胜明《正当化事由的事实前提错误——基于故意论的系统思考的研究》[①]序

丁胜明的著作《正当化事由的事实前提错误——基于故意论的系统思考的研究》一书即将由法律出版社出版,该书是在丁胜明的博士论文的基础上修订而成的。在该书出版之际,作为丁胜明博士论文的指导教师,我感到十分高兴。

根据丁胜明的界定,正当化事由的事实前提错误,是指客观上不存在正当化事由的事实前提,行为人却误认为其存在的情形,最典型的是假想防卫。在我国刑法学界,对正当化事由的事实前提错误一语还是较为生疏的,但对于假想防卫等情形确是极为熟悉的。当然,正当化事由的事实前提错误的范围极为广泛,除了正当防卫起因的认识错误——假想防卫以外,还包括正当防卫对象的认识错误——对无辜第三者的错误防卫,正当防卫时间的认识错误——基于认识错误的事前防卫或者事后防卫,等等。对于这些正当防卫中的认识错误情形,我国学者并没有将其概括为正当化事由的事实前提错误,而是分散在正当防卫的各个条件中进行讨论。例如,我国学者都是将假想防卫作为不具备正当防卫条件的一种情形加以界定的,理所当然地将其纳入正当防卫中加以讨论。虽然在讨论的时候,也涉及对假想防卫属于事实认识错误的定性,但并没有在认识错误中给予其一席之地。因为事实认识错误主要讨论构成要件的事实认识错误,而非正当化事由的事实前提错误。那么,正当化事由的事实前提错误为什么能够阻却故意呢?对此问题,传统理论并没有给出令人信服的理由。

正当化事由的事实前提错误,在刑法理论上也称为违法性事实的认识错误。所谓违法性事实的认识错误是指并不存在违法性阻却事由的事

[①] 丁胜明:《正当化事由的事实前提错误——基于故意论的系统思考的研究》,法律出版社2016年版。

实,例如正当防卫中并不存在正在进行的不法侵害,但行为人误认为存在违法性阻却事由的事实,并基于这种错误认识而实施了正当化事由行为的情形。例如,假想防卫或者假想避险等。关于刑法中的认识错误,传统的刑法理论中经典的分类是事实错误与法律错误。那么,这种正当化事由的事实前提错误,究竟是事实错误还是法律错误呢?对此,在刑法理论上存在不同的理解。显然,这种违法性事实错误不能等同于违法性错误。因为,违法性错误是对事实是否具有违法性的认识错误,但违法性事实的错误则不是对事实是否具有违法性的认识错误,而是对违法性的前提事实的认识错误。从这个意义上说,违法性事实错误属于事实错误而非法律错误。但传统所说的事实错误是指构成要件的事实错误,而违法性事实并不是构成要件事实。因此,将违法性事实错误理解为事实错误也存在问题。在这种情况下,刑法理论上出现了第三类错误的观点,认为违法性事实错误是独立于事实错误与法律错误的第三种错误形式。以上种种观点的聚讼,表明这个问题在刑法教义学上的复杂性。

在本书中,丁胜明回顾了正当化事由的事实前提错误的两种径路,指出:"从传统理论的脉络来看,解决正当化事由的事实前提问题主要有否定故意(或故意效果)和有条件的正当化两大思路。"就这两大思路而言,有条件的正当化的思路显然是不可取的,因为在正当化事由的事实前提错误情况下,根本就不存在引发正当化事由的客观基础,因此也就不能对这种情形予以正当化。由此,丁胜明肯定了否定故意的思路。现在的问题是:正当化事由的事实前提错误为什么能够否定故意,这才是本书所要回答的问题。

对于正当化事由的事实前提错误的体系性地位的确定,是将它纳入错误论还是故意论,这是丁胜明在本书中所要处理的一个问题。如前所述,传统理论是将它作为一个事实认识错误问题,根据错误理论进行处理的。尽管其结论是正确的,但错误论并不能从根本上解决正当化事由的事实前提错误阻却故意的根据问题。在这种情况下,丁胜明提出了该书的核心观点,即正当化事由的事实前提错误属于故意论的问题,只有在故意论的框架下,才能为正当化事由的事实前提错误阻却故意提供逻辑根据。丁胜明认为:"只有在故意论中明确了故意概念的功能,才能确定故意的认识对象,进而判断正当化事由的事实前提是否故意的认识对象的一部分,然后,反过来,就回答了正当化事由的事实前提错误是否阻却故意"。这样,问题就转变为故意的认识对象。这里所说的故意,是指构成要件的故意,而非责任故意。构成要件的故意的认识对象受到构成要件的限制。因为,构成要件具有对故意的规制机能。凡是纳入构成要件的内容,都是故意所要认识的对象。那么,故意的认识对象是否只限于构成要件的内容呢?丁胜明在本书中揭示了故意的认识内容应该说为违法性奠定基础的事实,这是一种直抵事物本质的做法。在丁胜明看来,三阶层体系中的构成要件事实和正当化事由的事实前提都是为行为的违法性奠定基础的事实,这已毫无争议,那么,正当化事由的事实前提,也就必然是故意的认识内容。反过来,关于正当化事由的事实前提错误,也就阻却故意。故意的认识内容仅仅是不法事实,也就是所有为行为的违法性奠定基础的事实。而正当化事由的事实前提正是为违法性奠定基础的事实,因此,正当化事由的事实前提,也就是故意的认识对象。反过来,正当化事由的事实前提错误,也就阻却故意。对于这一结论,我是完全赞同的。当然,更值得称道的是本书的逻辑推演过程,充分体现了刑法教义学的精致和完美。在本书中,丁胜明主要处理的是正当化事由的事实前提错误为什么阻却故意的问题,至于正当化事由的事实前提错误是否成立过失,本书认为要结合过失犯的条件,判断行为人对此是否有认识可能性,如果回答是否定的,就阻却过失,如果答案是肯定的,就成立过失,在刑法处罚相关过失的情况下,成立过失犯。

本书的主题涉及在犯罪论体系中,故意论与错误论的关系问题。一般认为,错误论是故意论的反面。其实,仅仅说是反面,还不足以揭示故意论与错误论的关系。应该说,故意论是错误论的前提和基础。刑法中的事实错误永远是以故意的认识对象为前提的,因此,故意的认识对象的范围确定,对于错误论问题的解决具有至关重要的意义。传统的故意论只是将构成要件阶层的构成要件要素纳入故意认识对象的范围,而根据丁胜明的研究,不仅如此,而且违法性阶层的正当化事由的事实前提也应当纳入故意认识对象的范围。在这种情况下,在错误论中,才能将那些对正当化事由的事实前提发生错误认识的情形阻却故意,从而从根本上解决了正当化事由的事实前提错误之所以阻却故意的根据问题。

丁胜明的这本书虽然是以正当化事由的事实前提错误为其主题

的,但它并不是就事论事,而是站在故意论的高度展开论述,并且涉及故意在三阶层的犯罪论体系中的地位问题。随着目的行为论的兴起,故意被逐出责任论而前置到构成要件之中,成为主观的构成要件要素。在这种情况下,在构成要件中处理故意问题,当然也就不可能将正当化事由的事实前提纳入故意的认识对象之中。由此,丁胜明有力地论证了故意应当是责任的事实性要素而不是构成要件要素的观点,对此,我也是赞同的。将故意确定为责任要素,就可以避免飞镖现象,即在构成要件阶层认定行为人具有故意,构成故意杀人罪之后,再在违法性阶层,对假想防卫认定存在事实认识错误而阻却责任故意,再次讨论是否构成过失致人死亡罪的问题。① 丁胜明在本书中,虽然讨论的主题是正当化事由的事实前提错误问题,但其实是在讨论故意论问题,甚至是在讨论整个犯罪论体系的问题,可以说是一种以小见大的论文写作方式的生动体现。

丁胜明硕士毕业于西南政法大学,师从梅传强教授,在硕士学习期间打下了扎实的刑法专业基础,并具有较高的日语水平。在北大法学院攻读博士学位期间,丁胜明获得北大法学院和日本北海道大学法学院联合培养的机会赴日访学,接触到一手的日本资料,为博士论文的写作奠定了厚重的知识基础。经过辛勤的写作,丁胜明顺利地完成了博士论文并获得通过,得到评审和答辩专家的肯定。从本书的内容可以看出,本书结构合理,逻辑清晰,资料翔实,论述充分,表现出较高的学术水准。现在,丁胜明回到其母校——西南政法大学任教,为今后的学术发展开启了一条康庄大道。值此本书出版之际,我预祝丁胜明在学术道路上走得更远。

是为序。

陈兴良
谨识于北京海淀锦秋知春寓所
2016 年 4 月 23 日

---

① 参见〔日〕西田典之:《日本刑法总论》,刘明祥、王昭武译,中国人民大学出版社 2007 年版,第 54 页。

100. 刘艳红主编《财产犯研究》[①]序

《财产犯研究》一书是2015年10月24—25日在东南大学法学院召开的第十届"海峡两岸暨内地中青年刑法学者高级论坛"的论文集。至此出版之际,主编者邀请我为该书写序,我欣然接受。

财产犯虽然是一个刑法分则类罪问题,但其因为财产犯所具有的常见性、疑难性和复杂性,成为长盛不衰的研究课题。尤其是近年来,随着德日刑法教义学的引进,刑法分则理论的教义学化程度也逐渐提升,主要就表现在财产犯的研究成果上。第十届"海峡两岸暨内地中青年刑法学者高级论坛"以财产犯作为研讨的主题,是我和台湾地区高雄大学陈子平教授经过充分协商以后确定的题目。该次研讨会分如下四个专题,对财产犯进行了深入的研讨:第一个专题是"财产犯的保护法益",第二个专题是"财产犯的'占有(持有)'概念",第三个专题是"财产犯的'不法所有意图'",第四个专题是"不法原因给付与侵占罪、诈骗罪"。这四个主题基本上囊括了财产犯中较为复杂的问题。各位报告人事先都对各自的论文题目进行了精心的准备,评论人也在阅读论文的基础上事先撰写了评论文章。这些论文和评论就成为本书的主体内容。除此以外,其他作者也对相关问题进行了研究,并撰写了论文,也同时收入论文集。可以说,本书汇集了海峡两岸关于财产犯的最新研究成果,是未来对财产犯进行理论研究时无法绕过的学术重镇。

财产犯的保护法益虽然是一个较为抽象的学理问题,但它对于正确认识财产犯的性质具有重要意义。关于财产犯的保护法益,也就是所谓财产犯罪的侵害客体问题,我国传统观点是所有权说,认为财产犯侵害的是公私财产的所有权。当然,在个别情况下也包括财产的使用权。这套关于财产犯的保护法益的话语在一般情况下是能够解决财产犯的性质问题的,但在某些情况下,所有权说也是存在一定问题的。例如,对于"黑吃

[①] 刘艳红主编:《财产犯研究》,东南大学出版社2017年版。

黑"的案件,如何理解抢劫赌资案件的侵害客体,就成为难以解释的一个问题。因此,近些年来,我国学者在财产犯的保护法益问题上也开始引入德日学说。值得注意的是,德日在这个问题上的叙述话语并不相同。其中,德国刑法学者是围绕经济财产说、法律财产说以及法律—经济财产说展开争论的,而日本学者则是围绕本权说、占有说以及中间说而展开讨论的。正如该专题的评论人陈家林教授所指出的那样,这两套关于财产犯的保护法益的话语是存在差异的,法律财产说、经济财产说以及法律—经济财产说侧重于说明什么是财产犯罪中的财产,即某种物或者利益是否值得刑法加以保护。例如,违禁品、赃物是否属于财产犯罪所说的财产。如果是,对其的侵害就可能构成相应的财产犯罪;如果否定其财产属性,就不可能构成财产犯罪。而本权说、占有说以及中间说才是真正关于财产犯罪法益的学说,即财产犯罪究竟侵犯的是所有权等本权还是占有。两类学说虽然会存在比较多的交叉状况,但侧重点毕竟不同。从目前的情况来看,继受德国学说的学者都采用经济财产说、法律财产说以及法律—经济财产说这套话语,而继受日本学说的学者则采用本权说、占有说以及中间说这套话语。对于我国学者来说,当务之急还是要真正理解这两套话语体系之间的差异,研究其如何为我所用。

　　财产犯的占有(持有)概念是财产犯认定中的一个核心问题,尤其关系到占有转移型财产犯与非占有转移型财产犯之间的区分问题。因此,这个问题历来为我国刑法学界和司法实践所关注。围绕财产的占有,我国学者也曾经进行了充分的研讨,为本次学术研讨会奠定了理论基础。在财产犯的占有问题上,主要争论还是在于占有的事实性与规范性的问题。刑法上的占有概念应当以事实性占有为基础、以规范性占有为补充,看似成为报告人的主要观点。尽管如此,事实性占有还是规范性占有之间的争论还是客观存在的,例如马寅翔教授就旗帜鲜明地提出了规范性占有的命题,并作了详尽的论证,不无道理。当然,也不可否认,事实性占有说和规范性占有说之间的争论呈现出缓和的趋势以及折中的倾向。对此,梁根林教授作出了正确的评论:事实性占有概念与规范性占有概念之争,既不是学术上的伪命题,也非刑法学者自娱自乐的益智游戏,对于具体占有问题的解决,具有重要的教义学解释功能。无论是事实性占有概念的教义学展开,还是规范性占有概念的体系性建构,抑或事实与规范二重性占有概念的证立,都是值得高度肯定的学术努力。我相信,这种学术争论还将会延续下去。

财产犯的不法所有意图是一个财产犯的主观违法要素的问题。在我国传统的刑法理论中表述为以非法占有为目的的问题,这也是财产犯中占有型财产犯罪与毁坏型财产犯罪以及使用型财产犯罪之间的区分之所在。这个问题也同样反映出德日刑法学之间的区分。日本刑法学是肯定不法所有目的的,在此基础上讨论各种财产犯之间的差异。例如通过赋予不法所有目的以利用意思,使占有型财产犯罪区别于毁坏型财产犯罪;通过赋予不法所有目的以排除意思,使占有型财产犯罪区别于使用型财产犯罪。这种学说被留日学者引入我国以后,对于我国刑法理论和司法实践都产生了较大的影响。但目前我国留德学者开始否定不法所有意思,也就是非法占有目的。例如陈旋教授的论文的题目就是"财产罪中非法占有目的要素之批判分析",其否定性观点可见一斑。陈旋教授的基本结论是:(1)取得罪与毁弃罪的区分不应以行为人是否具有利用意思为标准,即便行为人是出于毁损的意图而取得财物的占有,也应以取得犯罪论处。(2)用于划定取得犯罪与不可罚的使用行为之间界限的,不是排除意思,而是推定的被害人承诺的原理;也没有必要试图用排除意思来区分取得罪与挪用罪,因为两者并非相互排斥,而是处在法条竞合的关系之中。(3)因此,没有必要将非法占有的目的作为取得型财产犯罪的独立的构成要件要素。可以看出,这种否定财产犯罪的非法占有目的的观点在我国的学术影响力正在逐渐扩大。例如肯定使用盗窃的可罚性观点,都开始在我国刑法学界占有一席之地。这次研讨会较为集中地展示了财产犯的不法所有意图的否定说,这对于引发对财产犯罪的主观违法要素的争论具有积极意义。

不法原因给付与侵占罪、诈骗罪这个专题在我国刑法学界以外的讨论中是较少涉及的,也可以说是一个极为冷僻的话题。不法原因给付是一种民法制度,在基于不法原因而给付的情况下,给付人的返还请求权将被剥夺。在刑法学中研究不法原因给付,当然不是为了解决给付人的返还请求权是否被剥夺问题,而是关注其对于侵占罪、诈骗罪是否成立问题。王刚博士从民法角度对不法原因给付进行了深入的研究,并将这种研究成果引入刑法,指出:不法原因给付虽然原则上排除给付者的所有物返还请求权和不当得利返还请求权,但却并不妨碍其侵权损害赔偿请求权。因此,在给付者因受受领人欺骗而为不法原因给付时,仍然可以基于侵权责任要求受领人返还所给付之财物。正是由于给付者享有民事上的返还请求权,受领人若将骗取的财物占为己有,仍然有成立侵占罪的余地。当然,此时受领人往往已经因欺骗行为构成诈骗罪,即便认定其再成立侵占罪,也应当评价为不可罚的事后行为,最终对其仅以诈骗罪论处。应该说,这一论证还是相当具有说服力的。通过对不法原因给付这样具有跨越刑民关系的法律问题的研究,可以促进刑法理论在借鉴其他部门法学说的基础上不断拓展。

本次研讨会的参与者可谓是海峡两岸学者荟萃一堂,尤其是中青年学者已经占据了主角的地位,这是值得欣慰的。在研讨会上,无论是报告人,还是评论人,主要都是年轻学者。尤其是从德日留学回国的年轻学者居多,这是我国刑法学界的新鲜血液和新生力量,是我国刑法学的希望之所在。我和台湾地区学者陈子平教授合作多年,倡导两岸刑法的学术交流,促进了两岸刑法学者之间的深入了解,对于推动两岸刑法学的发展都发挥了一定的作用。本书皇皇七十余万言,并非一人之著,而是群体之说,值得庆贺。

最后,我还要感谢东南大学法学院刘艳红院长以及她领导下的团队,为本次学术研讨会的成功举办投入了巨大的人力与物力,使得这次研讨会成果丰硕。东南大学法学院的刑法学科在刘艳红院长的带领下,近年来在学术研究方面取得了令人瞩目的成就,也为这次海峡两岸的学术研讨提供了必要的学术氛围。会议结束以后,东南大学法学院的老师和同学又对会议论文进行编辑,终于使论文集以目前的面目展现在我们面前。对此,感激之情油然而生。

是为序。

陈兴良
谨识于昆明滨江俊园寓所
2016 年 8 月 8 日

101. 林金文主编
《毒品犯罪案件证据认定的理论与实务》[①]序

毒品犯罪是当前我国刑法的打击重点。从司法实践的情况来看,在毒品犯罪的认定中,较为棘手的还是证据问题。孔丁英等同志长期工作在广西法院,办理了大量毒品犯罪案件。在两年实地调查研究的基础上,孔丁英等同志完成了《毒品犯罪案件证据认定的理论与实务》一书,求序于我。我看了书稿以后,深感这是一部结合司法实务,并具有理论价值的著作,因而十分高兴为之写序。

《毒品犯罪案件证据认定的理论与实务》一书,最大的特点也是优势就是结合司法实务,对毒品犯罪案件的证据认定问题,进行具有现实意义和理论价值的深入论述。对于证据认定的研究,是我国证据法中的一个具有较强的实践性的问题。除了一般性的理论阐述以外,我国也出版了对于类罪的证据认定的有关书籍,这对于司法实践中正确认定某类犯罪具有指导意义。本书是以毒品犯罪案件的证据认定为中心的,而毒品犯罪案件的证据认定具有不同于其他类型犯罪案件的证据认定的特点。本书在对证据认定的基本原理阐述的基础上,重点对毒品犯罪案件证据认定的特殊性进行了归纳和分析。在毒品犯罪案件中,最为重要的证据,也就是物证,就是毒品。本书作者对毒品作为一种物证在毒品犯罪案件认定中的重要性作出正确的说明:毒品是毒品犯罪案件中最为重要的核心证据。因为刑法规定的毒品犯罪类型都是以毒品种类和数量作为是否符合犯罪构成要件、确定法定刑幅度以及具体裁量刑罚的标准,因此,不论走私、制造、贩卖、运输毒品案件或是其他毒品犯罪案件,都应当以查获的毒品作为毒品犯罪案件定罪量刑的基本证据。我认为,这是完全正确的。当然,即使在毒品犯罪案件中存在毒品证据,也还要对证据的关联性进行审查。正如本书作者指出,物证一般多属间接证据,只能证明案件事实中

---

① 林金文主编:《毒品犯罪案件证据认定的理论与实务》,人民法院出版社2017年版。

的个别片段或部分细节,不能单独完整地证明案件事实,需依赖与其他证据相结合,直至组成证据链才能较完整地证明案件事实。例如现场查获的毒品和毒资只能初步证明在该场所发生了毒品交易以及交易的数量、价格等,不能证明是何人参与了交易以及交易的其他细节详情,需结合犯罪嫌疑人、被告人的指认、辨认笔录,指纹同一性鉴定,以及犯罪嫌疑人、被告人供述和证人证言等言词证据组成证据链才能加以证明。因此物证的认定要注重审查关联性,没有关联性的物证不能与其他证据组成证据链,也就不具有证明案件事实的证明力。显然,如果没有这种证据的关联性,就不能成为毒品犯罪的有效证据。在某些毒品犯罪案件中,作为物证的毒品由于各种原因而缺失,在这种情况下,是否可以仅凭其他证据,例如证言或者书证而认定毒品犯罪,这是一个值得研究的问题。考虑到毒品犯罪一旦成立,其刑罚处罚的严厉性,我认为对此应当持十分谨慎的态度。

在毒品犯罪案件中,经常采取特情侦查的手段,这就决定了通过特情侦查取得的证据具有其特殊性。本书设立专章对毒品犯罪的特情侦查问题进行研究,这是极为难得的。本书作者在论述了特情侦查证据合法性之外,对特情侦查证据使用的两种方式也进行了论述,这就是转化使用和直接使用。所谓转化使用是指对秘密侦查所获结果通过刑事诉讼程序予以公开化。转化使用的方法是将侦查成果用作线索情报,为进一步侦查措施的制定提供思路,进而获得法定形式的证据。如,将技术侦查成果作为讯问突破点,造成犯罪嫌疑人的心理压力,从而获得有价值供述。所谓直接使用是指在庭审中对特情侦查证据进行质证,在经过审查以后直接用于毒品犯罪案件的认定。对于特情侦查证据的直接使用,最高人民法院《关于适用〈中华人民共和国刑事诉讼法〉的解释》第107条作了明确规定:"采取技术侦查措施收集的证据材料,经当庭出示、辨认、质证等法庭调查程序查证属实的,可以作为定案的根据。使用前款规定的证据可能危及有关人员的人身安全,或者可能产生其他严重后果的,法庭应当采取不暴露有关人员身份、技术方法等保护措施,必要时,审判人员可以在庭外核实。"应该说,这些对特情侦查证据在毒品犯罪的认定中的适用规则的论述,对于某些特殊的毒品犯罪案件的证据认定都是具有参考价值的,因而值得肯定。

本书的作者都是司法实务人员,尤其是广西处于西南地区,毒品犯罪案件高发。作者具有较为丰富的毒品犯罪案件的审判经验,同时又具有较高的理论水平。在这种情况下,《毒品犯罪案件证据认定的理论与实务》对毒品犯罪案件的司法认定所作的体系性的论述,不仅对于广西司法机关,而且对于全国各地司法机关的毒品犯罪案件的证据认定都具有较强的指导意义。

特此推荐。

陈兴良
谨识于北京海淀锦秋知春寓所
2016 年 9 月 12 日

102. 姜金兵《现代监狱创制 ——江苏模式详解》[①]序

监狱是行刑机构,属于国家机器的重要组成部分。而行刑,也就是刑罚执行,是刑事法运作的一个重要阶段,因此对于从事刑事法理论研究者来说,对于监狱的关注都是十分自然的。随着我国刑事法治的发展,现代监狱的建立这一课题也摆在了我们的面前。可喜的是,江苏省监狱管理局(以下简称江苏监狱局)姜金兵局长撰写的《现代监狱创制——江苏模式详解》一书即将由法律出版社出版。受姜金兵局长之邀,为该书作序。该书以江苏建设现代监狱的经验和规划为基础,为现代监狱建设绘制了蓝图,厘定了目标,更新了理念,进行了论证。它不仅对于江苏现代监狱建设具有指导意义,而且对于其他地区现代监狱建设也具有参考价值。

《现代监狱创制——江苏模式详解》一书提出了建设现代监狱的宏伟目标,这对于我国监狱发展起到了导向的作用。自从刑法起源以来,就存在关押犯人的场所,这就是所谓牢房。在古代社会,牢房是关押犯人的场所,是一个令人畏惧的地方。直到近代监狱的诞生,它才从单纯地关押犯人的场所转变为在执行刑罚的同时,对犯人进行教育与矫正的场所。但现代监狱的建设并不能一蹴而就,它与现代社会的发展是同步的。只有在现代社会,才能建成现代监狱。在前现代社会,是很难想象存在现代监狱的。而在我国走向现代化的历史进程中,现代监狱建设的使命我们义不容辞。在1995年司法部就制定了现代化文明监狱标准,把建设现代化文明监狱确立为监狱发展方向。正如该书指出,现代化文明监狱与现代监狱在性质上是相同的,只不过前者更注重结果,而后者更注重现代监狱的建设过程。可以说,江苏监狱局提出的现代监狱建设是在延续司法部多年前提出的现代化文明监狱的基础上,对我国监狱建设目标的进一步提升,因而具有积极意义。该书提出了现代监狱的基本内容:①监狱形态

---

① 姜金兵:《现代监狱创制——江苏模式详解》,法律出版社2017年版。

规划与建设科学合理。②监狱运行安全有序。③监狱执法公平正义。④监狱教育改造科学有序。⑤监狱治理精细规范,警察队伍素质精良。⑥监狱行刑文明开放。这些内容基本上囊括了现代监狱的各个方面,该书正是以此为框架展开论述的。可以说,该书在提出现代监狱建设的蓝图的同时,对如何达至这一目标的具体步骤与途径都进行了深入论证。

《现代监狱创制——江苏模式详解》一书对涉及监狱至关重要的相关问题都进行了具有深度的探究。监狱并不是单独的存在,而是与刑法紧密联系的。可以说,刑法的任何变动,都会对监狱产生影响。例如,我国从《刑法修正案(八)》开始,按照减少死刑、加重生刑这样一种思路对刑罚结构进行调整。从减少死刑方面来看,《刑法修正案(八)》废除了13个死刑罪名,《刑法修正案(九)》废除了9个死刑罪名。与此同时,从《刑法修正案(八)》开始,逐渐加重了生刑,主要有以下举措:①限制减刑制度的设立。按照《刑法修正案(八)》的规定,对累犯以及部分暴力性犯罪,被判处死缓的犯罪分子,人民法院根据犯罪情节等情况,可以同时决定对其限制减刑。被限制减刑的死缓犯罪分子,依法减为无期徒刑的,实际执行不能少于25年,死缓刑满后依法减为25年的,实际执行不能少于20年。通过限制减刑制度,对部分被判处死缓的犯罪分子,实际上延长了刑罚执行的期限。②对被判处死缓犯罪分子的减刑措施。在死缓期满以后,减为无期徒刑,延长有期徒刑的期限。其中刑法规定,死缓期间如果确有重大立功表现的,2年期满以后,减为15年以上、25年以下有期徒刑。《刑法修正案(八)》修改为,减为25年有期徒刑。通过这项修订,对一般被判处死缓的犯罪分子,延长了刑法执行期限。③《刑法修正案(九)》规定,对贪污受贿数额特别巨大,或者有其他特别严重情节的,人民法院根据犯罪情节等情况,可以同时决定在其死缓期满依法减为无期徒刑后,实行终身监禁不得减刑和假释制度。终身监禁制度,主要是针对极个别的被判处犯贪污受贿罪的犯罪分子,代替对于贪污受贿犯罪分子判处死刑立即执行的制度。终身监禁制度的设立,在刑罚体系上来看就出现了名副其实的无期徒刑。这也是延长对极个别罪行极其严重的犯罪分子关押期限的立法动向,值得我们注意。加重生刑以后,罪犯刑罚执行的时间得以延长,给监狱造成了巨大压力。不仅刑期延长,而且减刑和假释都受到了更为严格的限制,罪犯在监狱的实际执行时间也延长。在加重生刑的同时,我国废除劳动教养制度以后,犯罪的门槛有所降低,刑法中增加了一些被判处3年以下有期徒刑的轻罪,从某种意义上可以说形成了一个轻罪体系,以取代劳动教养的功能。可以预见,将来刑法中轻罪的数量还会不断地增加。从目前的情况来看,判处轻罪的刑事案件占了相当大的比例。例如,按照最高人民法院的统计,醉酒驾驶构成的危险驾驶罪在判处刑罚案件当中的比重就达到了1/10,有些基层法院甚至达到1/3。这些轻型犯涌入监狱,对监狱是一个很大的考验。最近我国正在推行的认罪认罚从宽处罚制度的试点,就是要解决这部分轻型犯的问题。如果犯罪人认罪认罚,可以采取速裁程序获得从宽处罚。在推行了认罪认罚从宽处罚制度以后,对于那些被判处3年以下有期徒刑、情节较轻并且认罪认罚的犯罪分子就可以不判实刑,而是使用缓刑,进行社区矫正,还有极少数可以不判处刑罚。可以预计,认罪认罚从宽处罚制度的推行,可以解决一部分轻刑犯的问题。但是,轻刑犯对监狱的压力仍然存在,因此将来监狱在押罪犯可能会出现两极化的趋势,也就是一部分重刑犯的数量、比重会不断增加,另外一部分轻刑犯的数量、比重同样会不断增加。对这两部分人如何采取有效的教育改造措施,对于监狱来说都是值得关注的问题。针对这种情况,《现代监狱创制——江苏模式详解》一书提出了监狱分类与布局的设想,将监狱分为高度戒备监狱、中度戒备监狱和低度戒备监狱。其中,高度戒备监狱主要应对长期刑的罪犯,而低度戒备监狱则主要应对短期刑的罪犯。这些构想,对于我国未来监狱布局的科学化与合理化具有重要意义。

《现代监狱创制——江苏模式详解》对于监狱行刑问题也作了具有探索性的论述。因为监狱主要还是一个行刑场所,并且要在行刑过程中对犯人进行教育与改造。在此,有一项基础性的工作,这就是罪犯危险性评估。监狱需要建立罪犯人身危险性评估的指标体系,这是罪犯教育改造的基础,甚至也是整个刑事司法的基础。例如限制减刑,只能对那些人身危险性很大的罪犯才能限制减刑,对其他人就不应该限制减刑。因此,是否适用限制减刑就与人身危险性的评估有关。当然,限制减刑是法院在判决中确立的,由此可见人身危险性的评估结论不仅在监狱教育改造中需要使用,而且在法院进行刑罚裁量的时候也需要采用人身危险性评估的有关结论。那么,人身危险性评估工作,尤其是提出一套评价指标体系的任务,应当由谁来承担呢？应该说,在押犯的人身危险性评估工作最适合由监狱管理部门来做,因为监狱管理部门最有条件来做这项工作。这项工作如果做好了,不仅对我们监狱的罪犯教育改造具有非常重要的意义,而且对于整个刑罚的实施都具有重要的指导意义。江苏监狱局提出了构筑罪犯评估体系,推进罪犯危险性评估和罪犯改造质量评估的构想,并取得了成功的经验。《现代监狱创制——江苏模式详解》一书对罪犯危险性评估问题进行了全面论述,其经验对于建设现代监狱具有重要参考价值。由此可见,江苏模式虽然是从江苏的监狱管理实践中提炼出来的,但它又具有普遍适用性,值得在我国监狱管理系统推广。

江苏监狱系统具有调查研究的良好传统,是我国监狱理论研究的重镇,以前曾经出版了大量监狱理论研究著作。姜金兵局长所著的《现代监狱创制——江苏模式详解》一书展示了江苏监狱领导干部致力于理论研究的成果,这是值得嘉许的。值得一提的是,2002年我在进行劳动教养制度课题研究的时候,曾经到江苏进行调研考察。这是我唯一的一次对监狱,尤其是劳教场所的实地考察,给我留下了深刻的印象,对于我此后的刑事法理论研究也有重大的影响。当时,姜金兵同志担任劳动教养工作管理局局长,热情地接待了我们。现在姜金兵同志在江苏监狱局局长的任上,大力推行现代监狱建设,并且亲自撰写了《现代监狱创制——江苏模式详解》一书,我感到十分亲切。希望该书不仅对于监狱管理人员具有参考作用,而且对于从事刑事法理论研究人员也具有启迪意义。

是为序。

陈兴良
谨识于北京海淀锦秋知春寓所
2017年3月24日

103. 邓子滨《中国实质刑法观批判》(第二版)[①]序

邓子滨教授的《中国实质刑法观批判》一书自2009年8月出版以后,转眼之间已经过去了7个年头。该书出版以后受到刑法学界的好评,并且在2016年荣获中国社会科学院优秀科研成果二等奖,在该院法学成果中拔得头筹,可喜可贺。现在,邓子滨教授对《中国实质刑法观批判》一书进行了较大幅度的修订。值此第二版即将出版之际,我再次获邀为该书写序,感到十分荣幸。

自改革开放以来,我国刑法学理论取得了突飞猛进的发展,学术气氛浓厚,观点争鸣亦形成气候。其中,围绕实质刑法观的论辩成为一个热点问题,以形式解释论与实质解释论的对立,展开了深入而广泛的学派之争,这是值得肯定的。可以说,邓子滨教授的《中国实质刑法观批判》一书是其中一杆大纛,在其中起到了招展和招摇的作用。也就是召集立场相同者,并成为立场相异者攻击的显著目标。

十分有意思的是,邓子滨教授的《中国实质刑法观批判》一书出版的时候,作为其批判对象之一的刘艳红教授的《实质刑法观》一书还未出版。刘艳红教授的该书是与邓子滨教授的该书同年同月出版的。因此,两书至今并无交集。无论如何,邓子滨教授和刘艳红教授的以上两书,成为实质刑法观论辩中对立双方各自的宣言。此后,在2010年第4期的《中国法学》分别发表了我的《形式解释论的再宣示》和张明楷教授的《实质解释论的再提倡》这两篇针锋相对的论辩性文章,主要是在刑法解释的意义上展开了反对或者赞同实质刑法观的观点。

围绕实质刑法观的争论聚焦在形式解释论和实质解释论以后,如何看待形式判断与实质判断就成为核心问题。我之所以没有在与实质刑法观对应意义上提出形式刑法观,就是因为形式刑法观的提法容易被人误解为不要实质内容。事实上,即使是形式解释论也往往被人误解为只要

[①] 邓子滨:《中国实质刑法观批判》(第二版),法律出版社2017年版。

形式解释而不要实质解释。这里涉及形式解释与实质解释的关系。形式解释是指根据刑法条文的字面规定对刑法含义所作的解释,强调了刑法明文规定对于犯罪认定的限制机能,而实质解释则是指根据价值内容对刑法条文进行实质性的解释。例如,我国《刑法》第228条规定的非法转让、倒卖土地使用权罪,是指以牟利为目的,违反土地管理法规,非法转让、倒卖土地使用权,情节严重的行为。在一般情况下,该罪的行为是容易认定的。但在司法实践中,大量存在以股权转让方式转让土地使用权的案件。在这种案件中,土地使用权的主体并未变更,但由于股权变更,因此土地使用权的主体发生了事实上的转移。对于这类案件,如果采用实质解释论的立场,就会很容易得出构成非法转让、倒卖土地使用权罪的结论。理由在于:虽然形式上没有转让土地使用权,但通过转让股权的方式,变相地转让了土地使用权。显然,这是对转让土地使用权作了实质判断。但按照形式解释论的立场,则必然得出不构成非法转让、倒卖土地使用权罪的结论。理由在于:转让土地使用权是指土地使用权主体在法律上的变更。而在以股权转让方式转让土地使用权的案件中,土地使用权主体在法律上并没有变更,而是股权发生了变更。因此,在这类案件中,不符合转让土地使用权的构成要件。在上述案件的认定中,非常明显地反映出形式解释论和实质解释论在对某些案件的定性中结论的差异。在此基础上,我们进一步分析就会发现,实质解释论与形式解释论的分歧并不能简单地归结为形式解释与实质解释的择一性的对立,即形式解释论只要形式解释而不要实质解释,而实质解释论只要实质解释而不要形式解释。事实上,在解释论中,突破刑法条文的字面含义进行实质解释,就使得形式解释成为不可能。因此,对于实质解释论来说,确实存在一个只要实质解释而不要形式解释的问题。但在形式解释论中,先作形式解释,如果形式解释就排除了构成犯罪的可能性,当然也就不存在再作实质解释的问题。但如果经过形式解释,符合构成要件,在此基础上再进行实质解释。如果不具备犯罪的实质内容仍然可以从犯罪中加以排除。由此可见,形式解释论并不排斥实质解释,而是主张形式判断先于实质判断,由此而将实质判断的功能限于出罪。例如,《刑法》第188条规定的违规出具金融票证罪,是指银行或者其他金融机构的工作人员违反规定,为他人出具信用证或者其他保函、票据、存单、资信证明,情节严重的行为。

在一个违规出具承兑汇票的案件中,银行工作人员在他人前单承兑汇票到期无力还款的情况下,为了避免出现坏账,就与他人商议,进行以新还旧的操作。即让他人以其他银行的承兑汇票的本票为质押,开出本行的承兑汇票,他人贴现银行以后,支付保证金和归还前单承兑汇票的欠款。但在这种以票换票的操作中,新开具的承兑汇票存在两处违规:一是未缴纳保证金而开具承兑汇票,二是没有真实交易而开具承兑汇票。对此,检察机关以违规出具金融票证罪对银行工作人员起诉。那么,银行工作人员是否构成违规出具金融票证罪呢?从形式上来看,开具承兑汇票确实存在违规,即形式上符合该罪的构成要件,这是没有问题的。但形式解释论认为,并不能因为行为在形式上具备构成要件就一定构成犯罪。还要在此基础上进行实质判断,即是否具备法益侵害性?从该案的情况判断,银行工作人员采取以新还旧的操作,主要是为了单位利益,而且根据这种操作模式,违规开具的承兑汇票项下的款项仍然以保证金和还款的形式回到银行,银行不可能就此而受到损失。因此,该行为没有侵害银行的财产法益。这与在一般案件中,通过银行工作人员的违规操作,他人获取银行的承兑汇票,实际占有和使用承兑汇票项下的款项,实际或者可能对银行造成财产法益的损失,因而具有社会危害性的情形是完全不同的。因此,根据实质解释论,上述案件不构成违规出具金融票证罪。因此,形式解释论和实质解释论之争,对于形式解释论来说,并不是要不要实质解释之争,而是实质解释和形式解释的位阶之争,实质解释的功能之争。

目前,在我国刑法学界公开主张形式解释论的学者并不多,当然对实质解释论表示怀疑的学者逐渐增加。值得注意的是,魏东教授提出了保守的刑法实质解释论的立场,指出:入罪上要保守并充分重视形式审查,坚守刚性化、形式化的入罪底线,即入罪上的刚性与形式立场。与保守的实质解释论相对应的是魏东教授称为全开放的实质解释论,这种实质解释论主张入罪上的弹性与实质立场,不求立法上的最大公正,但求司法上的最大公正。魏东教授认为,这恰恰是保守的实质解释论所反对的。[①] 其实,魏东教授所说的这种所谓保守的实质解释论,与我所主张的

---

① 参见魏东:《保守的实质刑法观与现代刑事政策立场》,中国民主法制出版社2011年版,第9页。

形式解释论①的立场是完全一致的。魏东教授之所以将这种入罪上的形式解释与出罪上的实质解释并重的立场归入实质解释论,是出于对形式解释论的误解,因为形式解释论就是不要实质解释。其实,即使是形式解释论也不是说在入罪的时候只要形式解释不要实质解释,而是在形式判断以后仍然要进行实质判断。只有同时具备犯罪的形式要件与实质内容,才能最终构成犯罪。

根据魏东教授的分析,实质刑法观可以分为双面的实质刑法观和单面的实质刑法观,实质的入罪论和实质的出罪论,这是双面的实质刑法观。而形式的入罪论和实质的出罪论,则是单面的实质刑法观。在魏东教授看来,只有张明楷教授是彻底的、激进的、整体的实质刑法观,主张的是双面的实质刑法观。而刘艳红教授主张以形式主义罪刑法定原则为基石,以实质主义刑法观审查出罪论,这种入罪论上的形式主义与出罪论上的实质主义,是一种单面的实质刑法观。基于此,魏东教授认为邓子滨教授可能并没有对刘艳红式的实质刑法观予以仔细端详,从而其对刘艳红式的实质刑法观的批评可能缺乏深思熟虑。② 应该说,魏东教授的观察是十分细致的。刘艳红教授虽然以实质刑法观作为自己的学术标签,但就其具体论述来说,确实是想把罪刑法定原则的形式主义与社会危害性的实质主义结合起来。例如,刘艳红教授倡导包容性的刑事法治国概念,其内容是反对单纯提倡形式法治国或实质法治国,反对以实质正义突破形式正义;只允许在坚持形式的刑事法治国优先和形式合理性的前提下,以实质正义为价值补充解释刑法规范,以实质的刑事法治国作为形式的刑事法治国之补充的二元刑事法治国观念。③ 在以上这段话中,刘艳红教授讲得十分清楚,形式法治国(当然代表形式判断和形式解释)优先于实质法治国(同样代表实质判断和实质解释),实质判断只是补充。既然如此,刘艳红教授为什么将实质而不是形式作为自己的学术标签,这是令人难以理解的。正因为刘艳红教授将实质刑法观作为其学术标签,因此在对具体问题的解释上,刘艳红就会把实质解释置于优先于形式解释的位

---

① 参见陈兴良:《形式解释论的再宣示》,载《中国法学》2010年第4期。
② 参见魏东:《保守的实质刑法观与现代刑事政策立场》,中国民主法制出版社2011年版,第481页。
③ 参见刘艳红:《实质刑法观》,中国人民大学出版社2009年版,第115—116页。

置。例如在分析相对刑事责任能力人实施转化型抢劫行为时,是否应当按照抢劫罪承担刑事责任这个问题的时候,刘艳红教授对《刑法》第17条规定的相对刑事责任能力人应当承担刑事责任的抢劫罪是否包括转化型抢劫这个问题的分析,并不是从形式判断着手,而是从实质的可罚性出发进行实质判断,从而得出肯定性的结论。① 在此,是在入罪意义上采用实质判断的,而非只是用于出罪。

综上所述,到目前为止,对于形式解释论和实质解释论以及实质刑法观,还是存在较多的误解和模糊认识,对此应当进一步厘清。只有这样,才能深化并升华围绕实质刑法观展开的学术争论。

邓子滨教授的《中国实质刑法观批判》(第二版)一书,对初版进行了较大幅度的修订,包括删去一些章节和增写一些章节。经过修订以后,本书以崭新的面貌出现在读者面前。这些修订是邓子滨教授近年来对实质刑法观思考的进一步深入,对于我们会有更大的启迪意义。

值此《中国实质刑法观批判》(第二版)一书出版之际,发表以上这些感想,并推荐本书给对形式解释论和实质解释论之争感兴趣的读者。

是为序。

陈兴良
谨识于北京海淀锦秋知春寓所
2016 年 9 月 12 日

---

① 参见刘艳红:《走向实质的刑法解释》,北京大学出版社 2009 年版,第 178 页。

104. 车浩《阶层犯罪论的构造》[①]序

车浩的第一本专著《阶层犯罪论的构造》即将在法律出版社付印出版,车浩嘱我写序,我十分高兴,乐而为之作序。

自从 2006 年获得刑法专业博士学位以来,车浩从事刑法的学术活动已经十多年。在此期间,车浩先后在《中国法学》《法学研究》《中外法学》等刊物发表了具有学术影响力的论文数十篇,加上尚未出版的博士论文和博士后出站报告,已经完成了百万字以上的著述。这在年轻学者中亦属多产,学术积累可谓深厚。车浩对这些学术作品一直疏于整理出版,因而专著的空白始终未能填补。按照我的理解,车浩是想将学术蓝图绘就以后,以整体性和体系性的面貌呈现给读者。这是一盘很大的棋,不仅需要宏大构思,而且还要精耕细作,如果不假以时日,是不可能完成的任务。对车浩所秉持的这种著述出版思路,我并不十分赞成。因为学术对于一个学者来说,是一个路途遥远的跋涉过程,作为学术中人,我们其实并不能预知自己的学术能够走多远,达到什么境界。因此,我们只能走一步算一步,留下向前的脚印。在这种情况下,我们不能等到收获了学术的圆满结果才考虑著述的出版,而是应该及时出版自己的作品。就像直播一样,将自己学术跋涉的艰辛和喜悦呈现给读者。通过不同时期、不同年代出版的作品,在时间横轴上展示学术成长的历程。不过,车浩出书虽晚,却出手不凡。本书虽然是在以往发表作品的基础上进行编写而成,但它并不是这些论文的简单编排,而是对这些内容进行了二度创作,无论是观点的提炼还是资料的更替,都使本书以一种全新的面貌与读者见面,可谓旧貌换新颜。

本书的主题是犯罪论体系,而这正是当前我国刑法学界讨论的热点问题,没有之一。在本书导言中,车浩引用了我的一句话"三阶层与四要件之争已经硝烟不再"。这里所谓的硝烟不再,是指大规模的争辩式的讨

---

① 车浩:《阶层犯罪论的构造》,法律出版社 2017 年版。

论已经结束。但这并不等于以三阶层和四要件之争为内容的犯罪论体系的理论热度已经降温,而是在理论建构上展开深层次的学术竞争。因此,在将来相当长的一段时期,犯罪论体系还会是我国刑法学界的理论热点,并且也是刑法的学术增长点。

车浩是较早进入这个学术领域的年轻学者,从某种意义上说,犯罪论体系的探讨是他进行刑法学术研究的起点。2003年11月24日,我为车浩所在的2003年级的博士生讲授刑法专题,讲授的内容就是犯罪论体系。课后,我布置2003级博士生同学就犯罪论体系问题进行专题性研究,并多次组织共同讨论,在此基础上同学们完成了各自的论文。这些论文经过整理于2005年以《犯罪论体系研究》为书名在清华大学出版社出版,车浩以同名论文为题撰写了第二章"犯罪构成理论:从要素集合到位阶体系"。同名论文是车浩完成的一篇高水平的论文,现在经过修改收入本书的第三章,标题改为"犯罪论体系的逻辑进阶"。在该文中,车浩将犯罪论体系区分为要素集合和位阶体系这两种类型。所谓要素集合是指只要所需要素齐备,犯罪即可认定。被车浩归入要素集合的犯罪论体系的包括苏联和当代中国的犯罪构成理论;贝林之前的德国理论和早期日本学者的观点;直接师法日本的民国时期的刑法学;等等。其中,车浩重点分析了苏俄和我国四要件的犯罪构成理论,指出:将犯罪构成的要件分为犯罪主体、犯罪的主观方面、犯罪客体、犯罪的客观方面四个要件,但是,在指出犯罪构成的四个要件的同时,却没有指出四个要件之间的关联,这些要件之间几乎是平行存在的,没有严格的排列顺序,仅仅在犯罪构成理论之下集合在一起,是一种典型的要素集合式的犯罪构成理论。应该说,车浩对四要件的犯罪论体系的结构分析还是直抵要害的。四要件的犯罪论体系只是把犯罪成立条件区分为四个,将这些犯罪成立条件集合在一起,虽然从形式上考察,犯罪客体与犯罪主体相对应,犯罪客观方面与犯罪主观方面相对应,似乎这些犯罪成立条件之间存在某种逻辑秩序。但深入分析就会发现,这些犯罪成立条件之间只是一种相互依存的关系,而并没有设定这些犯罪成立条件之间的逻辑关系。因此,要素集合这个用语比较准确地揭示了四要件的犯罪论体系的性质。与之不同,车浩将三阶层的犯罪论体系称为位阶体系,位阶一词恰好生动地揭示了三阶层的犯罪论体系的逻辑特征。车浩指出:在三阶层的犯罪论体系中,各种要素被进一步整合成彼此相关的几个范畴,确立出逻辑始项、逻辑基项和逻辑终项,按照一定的顺序和阶层去构建体系,以此为根据在认定犯罪时具有步骤性和历时性的特点。车浩认为,在学术史上,自学者贝林和李斯特提出了古典的三阶层犯罪论体系之后,德国、日本、意大利、西班牙、波兰、希腊以及中国部分学者的犯罪构成理论,都逐渐地采用了各种形式的阶层体系。由此可见,阶层体系已经成为犯罪论体系的现代版。车浩肯定了刑法阶层理论的功能,指出:这种阶层犯罪理论不满足于仅仅说明犯罪成立的各种要素,更在于提供一套精确的定罪量刑的思维工具。根据犯罪事实的经常形态、特殊情况以及行为人个人的特殊状况,设计出一个决定行为的刑事可罚性条件的检验程序。既然是程序,就必然要求有严格的前后顺序,不能仅仅是要素和检验标准的罗列。阶层犯罪构成理论就是这样一种注重程序性要求的理论类型,它按照一定的顺序和阶层来依次检验行为,最终得出是否成立犯罪的结论。阶层理论是一种典型的位阶体系。

可以说,车浩以位阶体系概括三阶层的逻辑特征是极为到位的,逼近了事物的本质。在我看来,阶层和位阶,这是两个既有联系又有区别的概念。阶层具有层级的含义,描述了不同性质的事物各自分布、排列所呈现出的一种秩序关系。因此,阶层具有实体性的特征。而位阶则揭示了不同阶层事物之间的逻辑关系。三阶层的犯罪论体系的位阶关系,存在以下两种逻辑关系:

就前一个要件与后一个要件的关系而言,存在着:即无后者,亦有前者,即即使没有后一个要件,前一个要件也能成立。也就是说,前一个要件独立于后一个要件。

就后一个要件与前一个要件的关系而言,存在着:若无前者,即无后者的关系,即如果没有前一个要件,后一个要件就不能成立。也就是说,后一个要件以前一个要件为前提。

以上两种关系深刻地揭示了作为犯罪两大实体要素的不法与责任的关系。不法与责任之间的位阶关系可以表述为:存在没有责任的不法,而不存在没有不法的责任。对于不法与责任的关系来说,即无后者,亦有前者。因此,即使没有责任,也不能否定不法的存在。对于责任与不法的关系来说,若无前者,即无后者。因此,如果没有不法,也就没有责任。

《犯罪构成理论:从要素集合到位阶体系》一文,虽然是车浩在读博期间的一篇作品,带有习作的性质。但这篇作品所反映的车浩对于学术问题的概括能力,对于历史发展线索的梳理能力,对于不同观点的分析能力,都是较为成熟的。这些观点,即使是在十多年以后,也并没有过时。在编入本书的时候,车浩又对内容作了精心剪裁,可以说,本书第三章"犯罪论体系的逻辑进阶",是全书的点睛之作。

《阶层犯罪论的构造》一书虽然不是一部一气呵成的体系性著作,却是车浩在过去十多年中持之以恒地思考和探索犯罪论体系的成果。本书从犯罪论体系的整体考察和三阶层教义的具体展开这两个方面为读者展示了车浩对犯罪论体系理论思考的深度与广度、方向把握的气度与风度、问题解决的难度与力度,都令人耳目一新,留下深刻印象。

在整体考察部分,车浩从历史叙述与逻辑推演这两个维度,对犯罪论体系的一般性理论问题进行宏观展开。其中,车浩采用精英话语和大众话语的分析工具,对犯罪论体系进行考察,可以说是别出心裁、独辟蹊径,为读者观察与理解犯罪论体系提供了一个十分独特的视角。车浩指出,过去十多年中,我国刑法学界关于犯罪论体系变革大讨论的背后,隐藏着精英话语与大众话语之间的对立。由于历史原因和现实考虑,我国传统的犯罪论体系不同于德国等大陆法系国家,结构相对简单,学术含量较低,体现了一种大众话语的立场。但是随着法治社会的建立,法律专业化的趋势要求司法队伍精英化,学术界必须能够提供与之相匹配的理论工具,因此,犯罪论体系面临从大众话语模式向精英话语模式的转型。在此,车浩提出了犯罪论体系从大众话语模式向精英话语模式的转型的命题,并对此作了具有说服力的论证,给人印象深刻。车浩认为,德国的犯罪论体系比较典型地代表了一种精英话语的理论模式。其精英性集中表现在理论所使用术语的专业性和理论体系的逻辑性上。与德国的犯罪论体系相比,中国当下通行的四要件的理论,基本上是一种大众话语的理论模式。这一点首先也体现于这种理论所使用的术语上。类似"主体""客体""主观方面"与"客观方面"这样的理论概念,并不是一种为刑法专业所独有的概念,在法律体系的各个部门法中随处可见这几个概念的使用,甚至也不是一种法律专业的特有概念——在哲学、文艺理论以及大多的人文和社会科学中,我们常常会遇到"主体""客体"等概念。车浩在此对于德国犯罪论体系的体系性和逻辑性的揭示,展示了其所具有的专业性,因而车浩将其归纳为精英话语。而我国从苏联引入的犯罪论体系更多使用主体与客体等普及程度较高的哲学用语,因而车浩将其归纳为大众话语。就这一分析而言,我认为还是在一定程度上揭示了两种不同犯罪论体系的各种特征。当然,精英话语往往具有深奥性,掌握起来具有一定难度。而大众话语则具有一定的通俗性,司法人员容易理解。这两者之间需要取得一种平衡。以往我国的犯罪论体系的内容过于粗浅,结构过于粗糙,虽然具有通俗易懂的优点,但疑难案件和疑难问题的解决上有时捉襟见肘。因此,对于更具有逻辑性和实用性的三阶层的犯罪论体系的追求,具有现实合理性。

在具体展开部分,车浩对三阶层的犯罪论体系在认定犯罪中若干具有代表性的理论问题作了分析。从内容来看,涉及构成要件、违法性、有责性三个阶层,涉及面较广,由此为读者打开了视野,能够接触到三阶层的实际运用方面,这也是本书较为接地气的理论叙述。三阶层的犯罪论体系包括理论部分和实践部分,这两者共同构成了体系内容,使之既具有理论价值,同时又具有实践品格。本书第六章"不法阻却事由之被害人同意",涉及车浩所擅长的被害人同意的法理。"被害人同意"是车浩的博士论文题目,因为博士论文尚未出版,读者还不能见到车浩对被害人同意的完整论述,但通过本书第六章,读者可以欣赏被害人同意法理在犯罪论体系中的实际运用情况。车浩是在我国刑法学界较早研究被害人同意的学者,在被害人同意法理的基础上,近年来车浩对刑法分则的被害人教义学投注了不少学术心血。在我国刑法理论中,被害人同意的体系性地位等问题都还没有完全解决,因此这是一个前沿性的理论问题。在本书中,车浩将被害人同意定位为不法阻却事由,并对此进行了探讨。在进行这种探讨的时候,我们首先需要明确讨论被害人同意的理论意义。对此,车浩指出,支撑德国刑法学界讨论被害人同意的体系性地位的深层思想,对于解决关于被害人同意的"中国式困扰",非常具有启发性和解释力。因此,在目前暂时未对四要件理论从最根本上来一个总解决的情况下,本书希望通过对这一"德国问题"在四要件语境下的引入和转化,提供一个局部的解决方案。最后,"二元论"与"一元论"之争尽管是一个"德国问题",但是由其引申出来的一般性、跨语境思考的理论命题,超越了各个犯罪论体系架构的不同(无论是三阶层、二阶层还是四要件理论)。在此,车浩将被害人同意称为是一个"德国问题",这是意味深长的。但"德国问题"只是表明,这是一个德国刑法学者提出的问题,而并不意味着它对于解决中国的刑法问题是没有意义的。作为一名中国学者,我们的职责在于将其作为一种分析工具,用来解决中国问题,由此而使"德国问题"转化为"中国问题"。车浩在这方面所进行的学术努力,并不是没有意义的。我相信,随着刑法知识的转型,越来越多的德日刑法知识引入我国,对于这些舶来的刑法知识,我们应当结合我国的刑法规定和司法实践进行解读、理解和消化,最终实现本土化,由此形成中国的刑法知识体系。由此,在我国刑法理论的发展过程中,我们无论如何也不应当排拒来自他国的刑法知识。唯有如此,我国刑法理论才能获得跨越式的发展,从而为我国的刑事法治建设提供学术资源和理论引导。

学者的本职工作是从事学术研究,而著述正是学术成果的产出,是学术思想的载体。学者著述如同经过十月怀胎,而学者作品的出版如同一朝分娩。《阶层犯罪论的构造》是车浩的心血之作,本书的出版对于车浩的学术生涯具有象征意义。随着本书的出版,车浩的其他作品将会陆续出版。这是一个收获的季节、一个收成的季节、一个收割的季节。过往付出的汗水与心血,大自然都会给予加倍的回报,这就是所谓天道酬勤。预祝车浩在学术的道路上行稳至远,为读者奉献更多更好的学术成果。

是为序。

陈兴良
谨识于北京海淀锦秋知春寓所
2017 年 9 月 23 日

105. 车浩《刑法教义的本土形塑》[①]序

在车浩的论著中,摆在我面前即将与读者见面的《刑法教义的本土形塑》一书,是极为独特的。因为这部书的各章之间的写作时间相距十多年,并且是在车浩发表的论文中遴选出来编辑而成的。但在车浩的精心打造之下,本书以一种全新的学术专著的面貌问世,令人惊艳。当车浩邀我为本书的作序的时候,我再读了一遍本书,还是有一种新鲜感。不由得感慨,当珠子被能工巧匠穿成一串的时候,即使我们对其中的每一刻珠子都熟悉,而一串珠子的整体感还是吸引了我们的眼球,对每个珠子的熟悉感被整串珠子的生疏感所取代。在这个意义上说,当本书编成的时候,一篇篇的论文"死"了,取而代之的是一部独立的论著。

《刑法教义的本土形塑》是车浩的第二本学术论著,其第一本学术论著是《阶层犯罪论的构造》。从这两部论著的书名来看,第一本书侧重于对犯罪论体系的探讨,而第二本书则侧重于对刑法教义的阐述。在此,车浩的论著涉及了当前我国刑法学界的两个热点话题,这就是犯罪论体系和刑法教义学。其实,这两者之间又是存在密切联系的。其中,刑法教义学是指整个刑法知识的属性,而犯罪论体系则是以犯罪成立条件为核心的知识内容。就此而言,犯罪论体系只是刑法教义学的总论而已。但刑法教义学绝不止于知识论,而且是一种方法论。对刑罚论进行刑法教义学的研究,形成刑罚论的教义学;而对刑法分则进行刑法教义学的研究,形成个罪的教义学。因此,教义学才是这两本书的关键词,也是贯穿这两本书的逻辑线索。正如车浩在本书的出版说明中所言:"如果说《阶层犯罪论的构造》一书呈现的是以犯罪论体系为核心的总论教义学,那么,本书主要是教义学方法在刑法分论领域中的运用。这两本书合在一起,大体记录了我在传统刑法教义学领域中的耕耘。"其实,就两本书的主体内容而言,车浩都没有对刑法教义学进行系统的论述,而只是在导论

[①] 车浩:《刑法教义的本土形塑》,法律出版社2017年版。

中对刑法教义学的相关内容作了具有理论深度的考察。因此,这两本书可以说是车浩自觉或者不自觉地采用刑法教义学的方法,对刑法若干重大理论问题进行思考的成果。

任何一个学者都不是在规划好了学术路径和方向以后,然后按部就班地开展学术研究的。而是在学术兴趣的支配下,在一种较为懵懂的状态下踏上学术征途的,无可避免地会以误打误撞的姿态开场。对于有些人来说,可能会走一段弯路然后才找到自己的目标。幸运的是,车浩从一开始就将学术目光投向了学术的灯火阑珊处,从学界不甚关注的冷僻问题进入,这就是车浩最初发表在我主编的《刑事法评论》2002 年第 11 卷的《刑法公法化的背后——对罪刑法定原则的一个反思》和第 2003 年第 13 卷的《被遮蔽的世界:同居楼里的性和生育——对现代性问题的一个刑法学切入》这两篇论文。这两篇论文之所以吸引我,就在于它不是在现有的刑法话语内进行鹦鹉学舌式的写作,而是勇于对现实生活中的鲜活问题进行反思和提炼,并且在表述上也具有独特性。正如车浩自己所言,上述两篇论文"实际上属于自己'前教义学阶段'的作品;或者说,呈现的是尚未出现教义学转向之前的思想状态"。确实,在 2002 年前后,我国刑法学向教义学的转向也才刚刚开始,并没有成熟的刑法教义学知识体系摆在我们目前。即使是在刑法教义学已经形成一定规模和声势的今天,我还是不赞同初学者一头扎进刑法教义学的话语之中,将自己的想象力束缚在刑法教义学的框架之内。一个人,从孩童时代的天真,到接受知识以后,建立起成人的思维,再到进入一个专业,形成专业思维,这是一个成长的过程,也是一个从无拘束到拘束的过程。拘束的好处是将注意力聚焦于某个问题,由此而深入下去,避免精力的浪费。但无拘束的好处是思绪如同汪洋肆意泛滥,无所不及,极大地丰富一个人的想象力。进入一个专业,一般规律是先博后专:博然后专。因此,首先需要奠定扎实的理论根基,然后才是找准一个课题深入地钻研下去。而不能在没有对本专业进行上下左右打量的情况下,一头扎到一个具体问题中去而不能自拔。所以,车浩最初的论文虽然不是教义学的,但论文所表现出来的作者的思考能力和表达能力,显然对于此后转向刑法教义学是不可或缺的。因为我是车浩这两篇"前教义学阶段"的作品的首批读者之一,所以对于初读这两篇论文眼前一亮的感觉记忆犹新。

尽管本书的主体内容主要是对具体刑法问题的教义学分析,但在本书的导言中,车浩还是从三个方面,一是立场与方法,二是历史与现况,三是批评与回应,对刑法教义学的一般原理作了体系性的叙述,从而提供了教义学的分析工具,对于我国当下在部门法兴起的教义学偏好作了精到的阐述,这是本书的点睛之笔,值得重视。

对于刑法教义学,我也有些思考。不过,车浩的这篇可以称之为法教义学宣言性质的论文还是对我有所启迪。法教义学区别于所谓社科法学,这是在方法论上就可以明确予以界分的,对此争议并不大。但对于法教义学和法解释学之间如何厘清两者的关系,则是一个颇费心思的问题。法解释学,顾名思义,是对法进行解释而形成的理论学说。那么,法教义学呢?是将法视为教义的理论学说?如此界定,似乎难获教义学的真谛。因此,对于法教义学并不像法解释学那么容易界定。在导言中,车浩曾经引用德国学者耶林的论述对法解释学与法教义学的关系加以说明:"刑法解释方法,只是法学方法论中的一部分;通过具体解释来寻求刑法条文本意,这也只是法教义学工作的一部分。按照耶林的说法,法教义学存在高低层次之分。在他看来,那种只能对法律材料提出解释、厘清矛盾的法教义学,仅仅拥有分析和逻辑体系化的方法,属于'较低层次法学';而能够使法律材料摆脱命令形式,在分析、逻辑抽象的基础上进行进一步自由塑造,采用建构方法形成独特的'法学身体'的生产性法教义学,属于'较高层次法学'。"在以上论述中,耶林对于"较低层次法学"与"较高层次法学"的区分是容易产生误解的。这里的"较低层次法学"不如说是"基础性的法学",而"较高层次法学"则应当理解为"进阶性的法学"。因为,只有在正确解释法律基本含义的基础上,才能进一步进行法律的逻辑推理。值得注意的是,在此耶林还提出了"生产性法教义学"的概念,这是对所谓"较高层次法学"的一个最佳注脚。实际上,初始的法学,都是以对法律的解释为主要方法和内容的。例如,我国古代的律学,实际上是法律语言学,即以揭示律文的语义为主要使命。因此,所有律学方法都是围绕律文的语义而展开的。清代律学家王明德所著《读律佩觿》一书,提出了八种读律的方法,称为读律八法,即:一曰扼要,二曰提纲,三曰寻源,四曰互参,五曰知别,六曰衡心,七曰集意,八曰无我。这些所谓读律方法,其实只是中国古代注释六经的一般治学方法,甚至没有提出专门的法律注释方法，更不要说逻辑方法在法律解释中的运用。即使是采用语义解释等方法对法律规定进行注释，也还是局限在法律已有规定的范围内，而耶林所说的"生产性法教义学"也是不存在的。只有到了法学发展的较高阶段，才会出现"生产性法教义学"。因此，法教义学最为重要的特征也许就在于其所具有的生产性。这里的生产性，可以理解为生发性或者生长性，即不限于对法律规定的解释，而是以法律规定为出发点，进行逻辑推理，从而填补法律规定的盲区或者漏洞。这才是法律解释学所不具有的功能，也是法教义学的优势之所在。

值得进一步思考的问题是：法教义学中的教义是什么？这里的教义是法律规定吗？回答是否定的。对待法律规定就像对待宗教教义一般，这是法教义学的应有之义。但并不意味着法教义学中的教义就是指法律规定。如果法教义学中教义是法律规定，那么，法教义学只是法律学的重复，没有揭示其特殊性。这里的法教义学是指采用宗教教义学的方法对法律进行研究而形成的法学知识形态。法教义学是要在法律规定与没有法律规定的空白地带建立某种联结，最终实现从有限的法中发展出无限的法，由此填补法律的空白。正如车浩所言：

> 一个运用法教义学方法的学者，经常会站在一个缺乏法条的地方，向远处的某个法条扔去绳索，套在那法条上，从而让自己的观点与那法条之间建立起一种逻辑关联。于是，赞成或反对自己的观点，经过这逻辑绳索的传递，最后就变成了是赞成或反对法条。这样一来，自己的观点就与法条之间形成了一种逻辑共生关系，分享了实定法的权威性，从而可以运用这个观点去解决法律没有明文规定的问题。在这个意义上，法教义学规则的权威性或约束力，归根结底是来自于实定法。

可以说，车浩的以上比喻是十分到位的。在我看来，对于法律把握并不仅仅是一个语义解释的问题，而且更为重要的是，应当以刑法规定为根据进行逻辑推理，通过这种逻辑推理所产生的是刑法教义学之教义。这里的教义本身并不是法律规定，而是从法律规定中通过逻辑推理引申出来的教义规则，这种教义规则对于法官同样具有拘束力。例如，我国《刑法》第196条规定的是信用卡诈骗罪。其中，第3款规定："盗窃信用卡并使用的，依照本法第二百六十四条的规定定罪处罚。"这里的《刑法》第

264条是对盗窃罪的规定,因此,本款的含义是:盗窃信用卡并使用的,以盗窃罪论处。根据《刑法》第196条第1款第(三)项的规定,冒用他人信用卡的,属于信用卡诈骗行为。因此,在盗窃信用并使用的情况下,包含了两个行为:第一是盗窃信用卡的行为,构成盗窃罪;第二是冒用他人信用卡的行为,构成信用卡诈骗罪。在以上情况下,从理论上来说,存在多种定罪的可能性:以盗窃罪与信用卡诈骗罪数罪并罚;将此种情形认定为牵连犯,以重罪即盗窃罪论处;或者将此种情形认定为吸收犯,以信用卡诈骗罪论处等。但刑法对此作了明确规定:以盗窃罪论处。显然,法律规定的效力高于任何理论。在司法实践中,不仅存在盗窃信用卡并使用的现象,而且还存在抢劫信用卡并使用,抢夺信用卡并使用,诈骗信用卡并使用,捡拾信用卡并使用等各种情形,对于这些情形如何定罪呢?在这种情况下,我们就可以对《刑法》第196条第3款关于盗窃信用卡并使用的,以盗窃罪论处的规定进行逻辑抽象,从中提炼出以下规则:非法取得他人信用卡,然后使用他人信用卡的,以非法取得行为定罪。根据这一规定,如果取得行为是盗窃,则定盗窃罪;如果取得行为是抢劫,则定抢劫罪;如果取得行为是抢夺,则定抢夺罪;如果取得行为是捡拾,则定侵占罪。以上规则中,只有取得行为是盗窃应定盗窃罪是由刑法明文规定的,而其他规则都是刑法没有明文规定的,但它又是从刑法规定中通过逻辑演绎的方法推导出来的,因而具有一定的拘束力。这就是教义规则的来源以及拘束力,通过这种刑法教义学的逻辑推演,产生大量教义规定,从有形之法发现无形之法,从有限之法扩展为无限之法。正是在这个意义上,法教义学是一种法学的方法论。

  在本书中,车浩从刑法教义学出发,对刑法中涉及的若干重大理论问题进行了教义学的分析。其中,对立法的刑法教义学分析和对个罪与个案的刑法教义学分析这两部分给我留下的印象较为深刻。立法是创制法律,对立法的研究属于立法论的范畴。而法教义学属于司法论的范畴,本来立法论与司法论是处于对立状态的。但车浩在本书中对立法进行了法教义学的分析,这是十分新颖的一种思路。车浩认为,法教义学向来就有着引领和帮助立法的功能。因此,揭示法教义学的这种对立法的引导功能,就成为本书所努力的一个面向。在对《刑法修正案(九)》等相关立法规定的分析中,车浩就采用了法教义学的方法。例如,《刑法修正案

(九)》中出现了预备行为、中立帮助行为正犯化等现象,对此需要从刑法教义学的角度进行梳理,以此加深对这些法律规定的理解。同时,以刑法教义学原理为观照,还可以对立法进行某种程度的批评,正如车浩引用德国金德霍伊泽尔的一句话:"在讨论什么是正确的刑法这个话题上,刑法教义学者肯定是有能力来适当地回答相关的技术问题的。"① 当然,从刑法教义学角度对立法进行评价,这只是刑法教义学的附带功能,而不是它的主要使命。本书对个罪与个案的刑法教义学分析,也是具有特色的篇章。其中,对于扒窃的分析就十分精彩。对于扒窃,车浩上升到触犯贴身禁忌的高度,这可谓神来之笔,令人脑洞大开。在个案的分析中,对李昌奎案中涉及的"邻里纠纷"与"手段残忍"的涵义的分析,就给我留下了深刻的印象。

《刑法教义的本土形塑》一书是车浩以刑法教义为线索对以往科研成果的一种再挖掘和再梳理。尽管收入本书的各章内容都以论文的形式发表过,但经过编辑以后,还是形成了较为完整的理论体系,可以从一个侧面呈现车浩这些年来在刑法教义学研究上的学术产出,这是作为车浩的导师应当为车浩感到高兴的。当然,本书还不是对刑法教义学的全面的、体系性的、总论性的论述。我期待车浩在刑法教义学一般原理的研究上取得进展。

是为序。

陈兴良
谨识于北京海淀锦秋知春寓所
2017 年 11 月 20 日

---

① 〔德〕乌尔斯·金德霍伊泽尔:《适应与自主之间的德国刑法教义学——用教义学来控制刑事政策的边界?》,蔡桂生译,载《国家检察官学院学报》2010 年第 5 期。

106. 于佳佳《医疗过失犯罪的比较法研究》[①]推荐序

于佳佳博士的大作《医疗过失犯罪的比较法研究》一书即将由台湾元照出版公司在台北出版,因为于佳佳曾经在北大法学院攻读刑法专业硕士学位,因此邀请我写序。对此,我感到十分高兴。

医疗过失犯罪的研究属于医事刑法的范畴,而日本无疑是医事刑法研究的重镇。于佳佳到日本东京大学留学,师从著名刑法学家佐伯仁志教授攻读博士学位。于佳佳具有良好的日语基础和扎实的刑法专业知识,2008年到了日本以后,很快适应了学习环境。记得2010年6月初我应邀到仙台东北大学参加日本刑法学会第88届大会,见到了正在日本留学的于佳佳。也正是在这次大会上,收到日本早稻田大学法学院甲斐克则教授赠送的《生殖医疗和刑法》(日本成文堂2010年版)一书,这是医事刑法研究系列丛书之第4卷,由此了解了日本医事刑法研究的深度与广度。甲斐克则教授是日本研究医事刑法的权威学者,其多次来到中国大陆进行学术交流,此是后话。过后不久,于佳佳回到中国大陆探亲,来到北大拜访我,征求有关博士论文的意见。当时于佳佳已经初步选定医事刑法的题目,对此我是表示赞同的。现在,中国大陆学生到国外攻读博士学位的学生越来越多,有些学生要攻读双学位。例如北大就有这样的制度:在北大攻读博士学位的低年级同学,获得国家留学基金委的资助,可以同时到国外攻读博士学位。在大约四年多的时间内,分别撰写北大和国外大学的博士论文,经过答辩通过,同时获得北大和国外大学的博士学位。因此,这些学生往往面临如何确定国外博士论文的选题问题。于佳佳出国较早,是在北大攻读硕士学位期间,经选拔被公派到日本东京大学学习。因其成绩优秀,在完成了东大的硕士课程(即博士前期课程)以后,又继续进入博士(后期)课程学习。因此,于佳佳也同样具有中国大陆和国外的专业学习背景。在这种情况下,面临同样的问题,这就是

[①] 于佳佳:《医疗过失犯罪的比较研究》,元照出版公司2017年版。

如何选择国外的博士论文题目。这个问题的含义是：在国外的博士论文是选择所在国刑法学术的前沿性问题还是选择中国大陆关注的中心问题？之所以存在这个问题，是因为中国大陆的刑法学术发展相对德日等国具有滞后性。如果完全选择国外前沿性问题，则该问题对于中国大陆的刑法学界来说，是较为超前的，缺乏理论的现实意义。但选择中国大陆的关切问题，则在所在国是过时的问题，很难取得较高的学术评价。而于佳佳选择的这个题目，虽然对于中国大陆刑法学界来说还是一个较新的课题，但又不是一个完全陌生的课题。因此，这个题目的选择可以说是成功的。

在于佳佳确定以医疗过失犯罪为博士论文选题的时候，中国大陆对医事刑法的研究才刚刚开始，对于医事刑法的研究处于拓荒阶段。也就是在2010年，中国大陆出版了两本与医事刑法相关的著作。第一本是中国人民大学法学院冯军教授指导的博士生杨丹的博士论文《医疗刑法研究》(中国人民大学出版社2010年版)，这是中国大陆出版的第一部医事刑法的填补空白之作。第二本是刘明祥教授主编的《过失犯研究——以交通过失和医疗过失为中心》(北京大学出版社2010年版)，该书是当年4月24日至25日在苏州举办的"海峡两岸暨内地中青年刑法学者高级论坛"的论文集。此次论坛活动的子课题之一就是医疗过失，在会议上以"医疗过失"为主题，由重庆大学大学法学院陈忠林教授和中南财经政法大学刑事司法学院夏勇教授主持。台湾地区高雄大学法律学系陈子平教授和中国人民大学刑事法律科学研究中心冯军教授分别作了主题发言。陈子平教授的发言题目为"过失犯理论与医疗过失初探"，对过失犯理论进行了简要介绍，并结合台湾地区的具体医疗法规进行分析，重点论述了关于医师水准的判断标准问题。冯军教授围绕专断性医疗行为的刑事处罚及其界限问题进行了深入探讨和分析，介绍了从德日到中国大陆在理论和实务界对专断性医疗行为的评价，并提出自己对于现行做法的质疑。台湾地区世新大学法律学系甘添贵教授、北京大学法学院梁根林教授对这一单元进行了总结和点评。甘添贵教授对冯军教授的观点表示认同，并进行了进一步的论述。而梁根林教授则对冯军教授的论述持保留意见，其分别从生命的本质绝不仅仅是自由、患者自主决定权与患者利益最大化、专断性医疗行为的定义以及法律规则等方面进行了批判，逻辑严谨,理论精湛。随后,我点评认为,患者有限制的自我决定权是最高位的,并讨论了超越国别的刑法学问题,建议其可以作为研究和思考的方向。此后,医事刑法越来越成为中国大陆刑法理论中的一个备受关注的课题,也屡次作为中外学术交流的题目,并且出版了有关论著。例如,东南大学就建立了医事法团队,于 2014 年 5 月举办了"首届海峡两岸暨中日医事法国际研讨会",并出版了名为《医事刑法重点问题研究》(东南大学出版社 2017 年版)的学术论文集。凡此种种,都说明中国大陆刑法学界对于医事刑法的研究越来越成为一个学术热点问题,正在积极推进医事刑法的理论发展。

本书是医事刑法领域的一部重要著作,虽然本书也是讨论医事刑法问题,但她选择的路径是有所不同的,这就是采取了比较法的研究径路。比较法研究对于资料的完备性和真实性的要求较高,因此对作者的外语能力是一个不小的挑战。同时,以国别为单元的比较法研究,还要求作者具有较为开阔的理论视野,能够全方位地把握各个国家医事刑法的发展线索和理论脉络。于佳佳具备从事这个题目研究的能力和条件,她除了具有较好的外语水平以外,还在日本长期求学,对于日本医事刑法的理论资料掌握具有得天独厚的条件。除此以外,于佳佳还曾经到德国马克斯·普朗克外国刑法和国际刑法研究所和美国华盛顿大学(西雅图)法学院访学,从而为本书的写作提供了便利。值得肯定的是,本书并不是东京大学博士论文的原稿,而是在此基础上进一步精磨细作的加工以后的作品,不仅在篇幅上有所增添,而且在内容上也有所提升,这是值得嘉许的。

在本书中,于佳佳论及日本、德国、英国、美国和中国关于医疗过失犯罪的理论研究状况,并对此进行了比较研究。以上德日以及中国大陆属于大陆法系国家,而英美则理所当然地属于英美法系,两种法系之间的差异还是较大的。表现在医疗过失犯罪中,无论是罪名的设置还是处罚范围都是不同的。在本书中,于佳佳根据法条、判例以及学说,对上述各国刑法中的医疗过失犯罪进行了较为详细的介绍,对于我们了解这些国家对于医疗过失犯罪的立法与司法具有重要的参考价值。例如,关于中国大陆刑法中的医疗事故罪,作者就对罪名的立法沿革、司法判例等作了梳理,对于该罪的核心问题进行了论述,由此而使读者能够准确地掌握中国大陆刑法中的医疗事故罪。

于佳佳从日本归国以后,在上海交通大学凯原法学院从事刑法教学科研工作,并且在自己的工作岗位上取得了斐然的成就。《医疗过失犯罪的比较法研究》一书的出版,对于佳佳来说,是漫长的学术征途中的一个重要印记:既是对以往研究的某种总结,也是未来学术发展的起点。我相信,经过较长时间的学术积累,于佳佳将会在自己的学术领域取得满意的成果。

是为序。

陈兴良
谨识于北京海淀锦秋知春寓所
2017 年 6 月 11 日

107. 于改之主编《刑法知识的更新与增长——西原春夫教授90华诞祝贺文集》[①]序

2018年是日本著名刑法学家西原春夫教授的90大寿。在中国文化传统中,90岁寿辰称为卒寿。大家熟悉的有70古稀寿,这里的古稀来自俗语"人生七十古来稀"。而70岁以后,77岁称为喜寿、80岁称为伞寿、88岁称为米寿、90岁称为卒寿,均来自对文字的拆解:喜字的草书似"七十七",故77岁称喜寿;伞字的草体形似"八十",故80岁称伞寿;米字拆开好似"八十八",故88岁称米寿;卒字同"卆",拆开是九和十,故90岁称卒寿。在中国文化背景下,庆贺西原春夫教授的90岁卒寿,别具一番意味,它代表了中国刑法学者对西原春夫教授的崇敬之心。

西原春夫教授是最早与中国刑法学界交往的日本学者,促成了中日两国刑法学界长达30多年的学术交流,由此推动了中国刑法的理论发展和知识转型。西原春夫教授在20世纪80年代中期就与中国建立了友好关系:1988年开始与上海市人民对外友好协会合作开展中日刑事法学术交流活动,后来移师北京继续举办中日刑事法研讨会,与我的导师高铭暄教授以及马克昌教授等中国老一辈刑法学家一见如故,成为真挚的朋友。在中日两国老一辈刑法学者的共同努力下,中日刑法学术交流活动顺利开展,并建立了双向的、制度化的交流管道,为中国学者打开了了解日本刑法理论的窗户,对于了解和学习日本刑法理论起到了重要作用。作为高铭暄教授的学生,我参加了2001年在北京举办的和2002年在武汉举办的两次中日刑事法研讨会,并就过失犯罪和共同犯罪这两个专题作了发言,与日本学者共同探讨,对于我个人来说受益颇丰。可以说,西原春夫教授是中日刑法学术交流的开拓者。进入21世纪以后,中日刑法交流在年青一代学者的主导下继续开展,并且日益频繁。虽然西原春夫教授

[①] 于改之主编:《刑法知识的更新与增长——西原春夫教授90华诞祝贺文集》,北京大学出版社2018年版。

年事已高，但仍然对中日刑法交流予以高度关注。2007年我和张明楷教授访问日本东京大学，商谈中日刑法交流事宜，西原春夫教授独自驾车到酒店，专门宴请我们，表达了对中日刑法交流活动开展的殷切之心，令人感动。更值得敬佩的是，2017年9月，中日刑法研讨会在中国江苏无锡召开，西原春夫教授以年近九旬的高龄，风尘仆仆从东京赶赴南京，在东南大学法学院举办讲座以后，又赶赴无锡参加会议，并在研讨会上作了发言。这一切都表明了西原春夫教授对中国的友好之心，对中日刑法交流的殷切之情。中国刑法理论从一片废墟中浴火重生，得益于中国改革开放的国策，同时也离不开高铭暄、马克昌等中国老一辈刑法学者筚路蓝缕的艰辛，并且不能忘记像西原春夫教授这样的国际友人的无私贡献。因此，在中日刑法交流的历史上，我们应当铭记西原春夫教授的功绩。

在西原春夫教授的大力倡导下，中日刑法学术交流以多种形式和多种途径向前推进，从而使中国学者和学生获益。1994年7月1日，在西原春夫教授的推动下，中国人民大学法学院建立了日本成文堂文库，成文堂捐献了大量日文法律书籍，为中国学者和学子从事刑法理论研究提供了丰富的学术资源。这对当时学术对外开放的大门刚刚打开不久的中国法学界来说，无疑是雪中送炭。更值得一提的是，西原春夫教授还为中国学者和学子赴日留学创造了契机。1991年，西原春夫教授就任"安田和风纪念亚洲青少年交流基金"运营委员会委员长，该基金以发放奖学金的方式资助了23名中国青年刑法学者到日本各大学进行为期两年的访问留学，这些留学后回国的学者已经成为中国刑法学界的中坚力量，在各个高校发挥着重要的作用。例如，本书主编于改之教授就是其中的佼佼者，为中日刑法学术交流默默贡献着一己之力。

记得2008年3月，曾经在于改之教授当时任教的山东大学法学院召开了西原春夫教授刑法理论研讨会，以庆贺西原春夫教授80岁寿辰。在我的记忆中，这是中国刑法学界首次为一位外国刑法学家召开理论研讨会并庆贺寿辰，这也充分说明了西原春夫教授在中国的特殊地位。这次会议后，研讨会的论文于2009年由中国人民公安大学出版社结集出版，书名是《刑法与道德的视界交融：西原春夫刑法理论研讨》，于改之教授也是该书的主编之一，另一位主编是时任山东大学法学院副院长的周长军教授。我也参加了这次盛会，并撰写了研究西原春夫教授关于犯罪构成要件理论的学术论文,还在研讨会上发言,与日本学者进行交流。时隔10年之后,又迎来了西原春夫教授90大寿,于改之教授和顾肖荣教授共同在上海主办学术研讨会,庆贺西原春夫教授的卒寿,并再次编辑论文集。收入本书的论文作者主要是中国刑法学界的年轻学者,其中大部分是受惠于安田和风纪念亚洲青少年交流基金资助曾经到日本留学的学者。

于改之教授邀我为本书写序,我义不容辞。这不仅是因为西原春夫教授与我的导师高铭暄教授之间有着深厚的情谊,而且从事刑法理论研究以来,我本人从西原春夫教授的中日刑法交流活动中受益颇多。尤其是,拙著《刑法的知识转型(学术史)》一书受到国家社科基金中华学术外译项目资助即将在日本出版,江溯博士和戴波博士为出版事宜赴日,西原春夫教授对此事十分重视,帮助与日本成文堂交涉,并慨然应允为拙著撰写序言,还主动提出担任拙著日文版的监修者,为拙著日文版在日本的顺利出版贡献良多。作为一名学界晚辈,对于西原春夫教授的提携深受感动。

值此西原春夫教授90华诞之际,我期望西原春夫教授健康长寿,学术之树常青,继续为中日刑法交流作出贡献。

是为序。

陈兴良
谨识于海南三亚领海寓所
2018年1月27日

108. 王彦强《犯罪成立罪量因素研究》[①]序

王彦强博士的大作《犯罪成立罪量因素研究》一书行将出版,邀我为之作序。我拜读了本书的电子版,深为其所吸引,觉得这是一本值得推荐的优秀作品。

罪量因素是我国刑法规定的一个犯罪成立条件,刑法总则的但书规定和刑法分则的入罪门槛(数量、情节和后果)的设置,使得我国刑法中的犯罪成立不仅具有性质的评价,而且具有数量的评价。我国刑法分则对具体犯罪的数量因素在绝大多数情况下,采取概然性的规定,因此,正如我国学者储槐植教授所描述的那样:"立法定性,司法定量。"数量因素在我国刑法中具有定罪的功能,因此成为犯罪成立的条件之一。作者在本书中,对我国刑法中的罪量因素进行了全面、系统和深入的研究,可以说是我国刑法学界对于罪量因素研究的前沿性成果。归纳起来,本书具有以下三个亮点:

(一) 开阔的域外视野

罪量因素虽说是我国刑法关于犯罪成立条件规定的一个特色,但并非域外刑法没有类似问题需要处理,只不过采取了不同的途径而已。在本书中,作者采用比较刑法的研究方法,描述了域外在司法实践中对于微罪的处理方式,这就是犯罪成立罪量要求的域外经验。本书将域外经验总结为:微罪出罪的程序法路径,这是完全正确的。确实,其他国家虽然刑法中没有为入罪设置门槛,但也并不意味着只要实施了构成要件的行为,一概入罪。它们通常采取程序法出罪的途径,将那些没有处罚必要性的行为予以排除。对此,我国学者熊琦指出:"德语国家刑法并非不关注'量'的问题。相反,无论是从理论还是实践的角度,无论是从实体法还是程序法的角度,德语国家都对刑法中的定量问题给予了高度的关注,并从自身的理论、实践等情况出发,为合理解决这样一个问题而付出了不少值

[①] 王彦强:《犯罪成立罪量因素研究》,中国法制出版社2018年版。

得肯定的努力,也获得了不少值得外来法文化学习的成果。"①此言诚哉。当然,这样一种制度设计是以具有较为发达的程序法以及检察官和法官具有较大的裁量权为前提的,并且应当受到应有的制约。从实际状态来看,其他国家在微罪出罪方面的司法运作也是极为畅快的,并没有发生滞息。值得说明的是,因为域外对于微罪出罪采取程序法路径,因此对于我国刑法没有直接的借鉴意义。但本书同时揭示了域外学者关于微罪出罪的实体法根据,包括社会相当性理论和可罚的违法性理论等,这些理论对于我国刑法中犯罪的罪量因素的解读具有重要的参考价值。

比较研究是刑法的基本研究方法,在各种专著中,一般都有比较的内容。然而,比较也有优劣之分。有些所谓比较只是简单地罗列刑法条文,在此基础上进行对比,而没有涉及法条背后的理论基础,因而使得这种比较流于肤浅。在本书中,作者并不满足于简单的法条对比,而是对域外通过程序法对微罪予以分流的制度进行了较为深入的论述。例如作者对德国刑事诉讼法中的法定起诉原则作了介绍,同时又指出,在德国司法实务中适用起诉便宜原则,对大量的轻微犯罪并不起诉,以此作为法定起诉原则的例外。究其原因,作者提出了节省司法资源的解释,指出:"基于对轻微犯行人施加刑罚的意义与起诉、裁判此类案件所耗费的检控、司法资源之间的利益衡量的产物。在司法资源相对紧张的前提下,对于一个只有极少的罪责,犯行并无重要性的、对公共利益亦无影响的绝对轻微案件而言,进行一套繁琐的诉讼程序,实为不妥。"当然,这里还值得进一步深究的是,为什么在实体刑法中对入罪门槛不像我国刑法这样设置罪量因素,而且在刑事程序法规定了起诉法定原则的情况下,微罪出罪只是作为例外存在?这种在正式的法律制度与现实的司法实务之间的差异,是否可以说微罪出罪只是基于一种潜规则而存在的现实状态,还是历史传统使然?我认为,这些问题都还值得进一步探讨。尤其是,本书对于域外微罪出罪的现实还缺乏实证性的研究,因此还存在一定的空泛性。

(二)扎实的实践根基

本书对罪量因素研究的重点,当然还是中国的立法与司法。对此,作者浓墨重彩作了具有相当深入的研究,成为本书的华彩之章。我国刑法

---

① 熊琦:《德国刑法问题研究》,元照出版公司2003年版,第59页。

总则在犯罪概念中,以但书的形式规定了犯罪的数量因素;在刑法分则对具体犯罪的罪状规定中,又规定了入罪门槛,即犯罪成立的罪量因素。对于我国刑法中的罪量因素,作者进行了深刻的解读,指出:"受法文化传统和现代化后发国家现状的影响,我国实行'刑事处罚+行政处罚'二元制裁体系,并采交叉重合的立法模式,对相当数量的行为类型,根据行为程度的轻重分别作为行政违法行为与犯罪行为区别处置。在这种模式下,刑法典中形成了为数众多的、正面的、入罪意义上的罪量因素的规定。这种成文化的、正面入罪意义上作为犯罪成立必要条件的罪量因素,可谓中国刑法独具特色的立法现象。"我觉得,作者的这一解读是具有新意的。尤其是作者能够从我国的二元制裁体制出发,论证我国刑法中犯罪成立罪量因素,这是极为到位的分析。

二元制裁体制是我国的特色,这一特色所彰显的是行政权和司法权之间的关系。在传统的集权体制下,我国在权力配置上表现为:庞大的行政权和微弱的司法权。因此,行政处罚权成为制裁体制中数量庞杂的体系,而司法权只能管辖数量有限的犯罪行为。为此,同一种性质的行为,也被按照情节轻重分为两个部分:行政(治安)违法行为和犯罪行为。而犯罪成立的数量因素就成为罪与非罪,同时也是行政处罚与刑事处罚区分的界限。域外国家虽然也有微罪出罪的制度,但一旦出罪就不会受到其他任何处罚。而我国刑法中的微罪出罪,虽然不受刑事处罚,却有可能受到行政处罚。就此而言,我国刑法的微罪出罪与域外国家的微罪出罪之间还是存在根本区分的。对此,应当特别予以注意。

本书在对我国刑法中的罪量因素的立法规定的解释与司法实务的处理的描述上,都作了很大的努力,使得这一制度真实地呈现在我们面前。作者对刑法总则犯罪概念的但书规定和刑法分则的数额、后果和情节的论述中,都能够紧密联系我国的刑事司法实践,这对于正确地理解我国刑法的规定具有重要参考价值。

(三)厚重的学术功底

本书作者并没有满足于对我国刑法中犯罪成立的罪量因素的简单描述,而是力图从刑法教义学理论上对此加以深入的探讨,尤其展示了作者深厚的学术功底,这是值得充分嘉许的。

在本书中,作者提出了一个重要的命题:罪量因素在犯罪论体系中的地位问题,这也是本书最需要处理的一个理论问题。对于这个问题,虽然域外刑法理论可以为我们提供某种解释方向,但因为罪量因素这一制度所具有的中国特色,因此必须从我国的立法与司法的现实出发加以解决。从目前我国刑法学界对于这个问题的议论情况来看,存在较大的争议,对此,作者也予以了描述。在我个人看来,这确实是一个较为疑难的问题。我曾经试图引入域外的客观处罚条件理论,作为解决我国刑法中的罪量因素在犯罪论体系中的地位问题的一种方案。当然,这种观点也受到我国学者的批评,本书作者对此也提出了不同的意见,这些都是值得肯定的。

在本书中,作者对这个问题提出了自己独到的见解,指出:"构成要件要素还原说代表着客观的处罚条件概念的发展趋势。罪量因素中经常作为处罚条件事实讨论的丢失枪支不报罪、违法发放贷款罪、滥用职权罪等中的'严重后果''重大损失'等要素,因为是个罪区别于同质一般违法行为,表征行为达到需要刑罚处罚的可罚违法程度的犯罪成立条件,因此,它们不是不法中立的纯正的客观处罚条件,而应当被还原为不法构成要件要素;而且,因为它们的不法关联性,基于责任主义,必须为罪责所涵盖。但这些后果通常是基于第三人行为的独立介入而造成的,这种不同于实行行为与构成要件结果之间典型的刑法因果关系的客观关联上的特殊性,也决定了不能要求它们也像典型的危害结果要素那样,具有完整的故意认知和意志因素,而是应当如同行为主体、行为情状等要素一样,只要对它们有预见,即可认定故意的成立。因此,这些要素应当是与典型的危害结果要素并列的非典型的违法要素,称客观的超过要素抑或内在的、不真正的客观处罚条件皆不为过。"围绕这一结论,作者进行了较为系统的论证。我认为,这些论证意见都为正确理解罪量因素在犯罪论体系中的地位问题提供了一家之说,推进了罪量因素的研究。

我个人较早提出了罪体、罪责和罪量三位一体的犯罪论体系,试图将罪量作为独立于罪体和罪责这两个犯罪本体要件的犯罪数量要件。当然,如何深入地加以论述,还存在探讨的余地。本书对于我的进一步研究,具有启发意义。

本书是在作者博士论文的基础上改写而成的,并且作为社科基金项目又进行了更为深入的研究,反映了作者从事刑法理论研究以来的研究水平。我曾经作为答辩委员会主席,于2013年5月在南京师范大学法学院仙林校区参加了本书作者王彦强的博士论文答辩。现在,本书得以正式出版,我表示祝贺,并向读者郑重推荐。

是为序。

陈兴良
谨识于北京海淀锦秋知春寓所
2016年3月22日

109. 王复春《不能犯未遂的规范论研究》[①]序

王复春是白建军教授指导的博士生,其撰写的博士论文《不能犯未遂的规范论研究》与其师所从事的实证法学研究具有较大的差异。王复春的博士论文主要是对不能犯未遂的刑法教义学的研究,因为规范论研究是刑法教义学的方法论之一。由此可以看出,白建军教授在对其门下博士生指导的不拘一格的开放心态,这也正是北京大学法学院的自由开放的学术风气的真实写照。在博士论文行将出版之际,王复春邀我为其大作写序,作为导师组成员,我亲眼目睹了王复春的学术成长,为此感到十分高兴,欣然命笔。

不能犯未遂这个题目在我国刑法学界是一个学术热点话题。例如2011年3月在台湾政治大学法学院召开的"海峡两岸刑法论坛",主题是"犯罪实行理论(预备与未遂)",其中一个单元的题目就是"不能未遂"。我参加了这个主题的研讨,与台湾地区同行对不能犯未遂问题进行了深入讨论,论坛论文收入台湾政治大学法学院刑事法学中心李圣杰、许恒达编的《犯罪实行理论》一书(元照出版公司2012年版),其中的部分成果也在《清华法学》(2011年第4期)上刊登,其中包括我的论文《不能犯与未遂犯——一个比较法的分析》。此外,这些年来,以不能犯未遂为题的博士论文也不在少数。仅在前一年,北京大学法学院刑法专业的张志刚博士就以不能犯为题撰写了博士论文,并获得好评。这些情况都说明,不能犯未遂正因为是一个热门话题,因此也是一个较为复杂的理论问题。在王复春选题之初,我就表示过担忧:能否写出新意?王复春不为所动,坚持将不能犯未遂这个问题研究到底。现在摆在读者面前的就是王复春的研究成果,我以为王复春超越了自我,也超越了在不能犯未遂问题上的学术桎梏,这是令人欣慰的。

[①] 王复春:《不能犯未遂的规范论研究》,法律出版社2018年版。

王复春的博士论文对不能犯未遂的研究,不同于其他同行的研究的一个鲜明之处在于:采用了规范论的方法。可以说,这是一种规范论视野中的不能犯未遂的理论建构。我认为,本书最大的学术创新是提出了规范的危险概念。

危险概念是不能犯未遂的核心,也是整个未遂犯理论的核心。这里涉及不能犯与未遂犯的处罚根据问题,而处罚根据是建立在危险概念基础之上的。可以说,全部不能犯与未遂犯的理论都是围绕危险概念展开的。在传统刑法理论中,危险概念学说可谓五花八门,其说不一。诸如主观危险说与客观危险说,抽象危险说与具体危险说,等等。建立在这些不同的危险概念的基础上,又形成了不同的未遂学说。对此,王复春在博士论文中进行了详细的论述。本书将这些学说分为以下三种路线:第一,偏主观的抽象危险说和计划危险论,即以行为人的犯罪计划、犯罪故意为出发点认定和理解客观行为,从而为不法奠定基础;第二,偏客观的客观危险说,即以脱离行为人主观要素的客观事实为出发点,按照事后的科学判断或者假定可能性判断为基础,判断未遂不法是否成立;第三,居中的具体危险说,即以一般人能够认识的事实与行为人特别认识的事实或者仅以客观事实为出发点,按照经验法则判断是否存在结果发生危险性。在这三种学说的关系上,客观危险说的立场是纯粹的客观未遂论,而计划危险说、抽象危险说与具体危险说则是综合未遂论。那么,本书的立场是什么呢?王复春的回答是综合未遂论。对此,王复春作了以下说明:综合未遂论就是在综合的不法概念上,以主观因素和客观因素共同结合理解未遂的可罚性。根据综合未遂论,未遂是不具有结果无价值,只具有行为无价值的行为;不能未遂是既不具有结果无价值,也不具有行为无价值的行为。综合未遂论的判断标准是规范的危险概念。在已有的刑法理论中,除纯粹主观未遂论与纯粹客观未遂论之外,剩下的未遂理论与未遂学说都属于综合未遂论,然而在不同的学说与理论之间,对于主观要素、客观要素的定性存在不同的理解。部分理论可能偏重于主观要素,如抽象危险说和计划危险论。另外一些学说则更为重视客观要素,主张严格限制主观要素在未遂可罚性限定中的运用,如具体危险说。在以上归纳中,王复春论及规范的危险概念,其实,对危险的不同理解才是划分各种未遂理论的关键之所在。在本书中,王复春对危险概念进行了重新界定,提出了两种不同的危险概念,这就是事实的危险概念与规范的危险概念,并在比较的意义上对两者进行了深入到分析。作者认为,以事实意义上的具体客观危险作为标准,只有事实上引起了法益侵害的具体危险的行为才是可罚行为的理论,可以称为事实危险论。因此,事实的危险概念是建立在存在论的基础上的,也可以说是一种存在的危险概念。传统未遂理论基本上都主张事实的危险概念。在本书中,王复春对事实的危险概念进行了批判,认为事实危险的概念不是绝对无条件的成立,而只能在相对意义上承认,即在社会经验法则的意义上承认事实危险的存在。但这样一来,就会使事实危险说蜕变为脱离科学法则的非事实危险概念。因而,本书认为事实危险说中的事实危险概念,在刑法意义上难以成立。正是在批判事实的危险概念的基础上,王复春提出了规范的危险概念。王复春认为可以将危险理解为"规范的法益支配可能性"。在不能未遂行为的多种不同类型中,未遂犯是对某一法益的恶化提供了规范的支配可能性的行为。也就是说,行为人在规范的视角下,已经能够形成对法益的恶化建立了一种重要的影响地位。从这个意义上来说,不能未遂中的危险概念是一个以构成要件实现为其判断基点、以法益支配可能性作为其判断内容、以事后的规范评估为性质的规范判断概念。因此,需要在规范的层面来界定危险的判断结构。在提出规范的危险概念的基础上,王复春对于规范的危险的具体认定方法也进行了深入的论述。

规范的危险概念的提出,我认为不仅对于不能犯未遂的处罚根据具有重要阐述功能,而且对于一般的未遂理论也具有支撑功能,这是值得肯定的。

在北京大学攻读博士学位期间,王复春曾经以联合培养的名义到德国访学一年,由此接触了德国的刑法教义学。本书也吸收了不少德国的理论资料与分析思路,具有较为浓郁的刑法教义学的气息。可以说,本书对于推进我国不能犯和未遂犯的理论研究具有重要的意义,是该领域的前沿性学术成果。

《不能犯未遂的规范论研究》是王复春的第一部学术专著,我认为这部学术专著已经摆脱了处女作的稚嫩性。对于王复春未来的学术研究来说,这是一个较高的起点。我期待王复春以此作为敲门砖,进入刑法学术领域,并且登堂入室,将来有更多的研究成果奉献给读者。

是为序。

陈兴良
谨识于北京海淀锦秋知春寓所
2017 年 5 月 1 日

110.李波《过失犯中的规范保护目的理论研究》①序

李波在其博士论文基础上修订而成的《过失犯中的规范保护目的理论研究》一书纳入中南刑事法学文库,即将在法律出版社出版。这对于李波来说,是一件值得纪念的盛事,因为它是李波在漫长的刑法学术道路上迈出的第一步,也是最为重要的一步。李波约我为他的博士论文写序,基于对今天李波来之不易的学术成果的了解,我乐于作这篇序。

规范保护目的,是德国学者罗克辛教授所倡导的客观归责理论中的一个下位规则,相对于创设风险、实现风险和构成要件的效力范围等概念,规范保护目的是一个更为陌生、也更为复杂的概念。尤其是李波将规范保护目的理论运用于对过失犯的研究,使本书内容更为专深,这是值得肯定的。

客观归责理论可以说是三阶层犯罪论体系的精华之所在,也是刑法教义学的理论前沿。对于初次接触阶层式犯罪论体系的人来说,他们对于客观归责的理解确实还是存在一定难度的。因为传统的四要件的犯罪构成理论是以入罪为导向的,所谓犯罪构成要件是犯罪的成立条件,致力于从犯罪成立的角度处理问题。而客观归责则是以出罪为导向的,它所要解决的是在什么情况下构成要件可以被否定的问题,致力于从犯罪不成立的角度处理犯罪。德国学者金德霍伊泽尔教授把客观归责定义为从构成要件上进行责任限定的审查步骤,其功能在于:判断结果是否由某个由行为人所支配的、不容许的、具有风险性的因果流程所促成。这样,客观归责就有了一种消极的任务:将无关的因果流程从刑法上的结果答责的范围中剔除出去。由于这种归责对主观方面仍是全然不予考虑的,因而,称之为客观归责。② 在此,金德霍伊泽尔教授提出了客观归责理论所

---

① 李波:《过失犯中的规范保护目的理论研究》,法律出版社2018年版。
② 参见〔德〕乌尔斯·金德霍伊泽尔:《刑法总论教科书(第六版)》,蔡桂生译,北京大学出版社2015年版,第92页。

具有的所谓消极任务,这就是从客观上将那些虽然造成法益侵害结果但与因果流程无关的行为从结果归责中予以排除。如果是,因果关系是从事实上对构成要件要素进行筛选;那么,客观归责就是从规范上对构成要件要素进行筛选。在这种筛选过程中,也许有两个概念是最为重要的,这就是风险和规范目的。风险理论为对构成要件要素进行实质性的价值判断提供了根据,由此形成构成要件行为是否创设风险、构成要件结果是否实现风险等筛选步骤和规则。而规范保护目的则为对构成要件要素进行规范判断提供了根据,一般认为,规范保护目的理论可以分为两种情形:第一种情形是注意规范保护目的的理论,第二种情形是构成要件保护目的理论,二者分别从行为不法和结果不法两方面对归责进行限制。

这里涉及规范保护目的的判断与风险的判断之间的关系问题,我认为这两者之间存在阶层关系。即,在对行为不法进行认定的时候,形式上的构成要件符合性是第一次判断,以此排除不符合构成要件的行为;风险创设是第二次判断,以此排除虽然符合构成要件但没有创设法所不允许的风险或者风险降低等行为;注意规范保护目的则是第三次判断,将以此排除不符合注意规范保护目的的行为。与此相同,在对结果不法进行认定的时候,也需要按照上述步骤依次推进:具备形式上的构成要件结果,这是第一次判断;该结果是法所不允许的风险的实现,这是第二次判断;该结果在构成要件保护范围之内,这是第三次判断。当然,在具体论述中,也存在规范保护目的的判断被归入风险判断的现象,但这是两种不同性质的判断,应当加以区隔。

如何将规范保护目的理论适用于过失犯,这是李波在本书中需要处理的一个问题。相对来说,我国对过失犯理论的研究是较为薄弱的,在客观归责理论上也是如此。在德国刑法教科书中,关于故意犯的客观归责往往充分展开,但对于过失犯的客观归责则一般都只有寥寥数语。可以说,在本书中,李波对过失犯如何通过规范目的保护理论进行归责限制这个问题,还是进行了充分的展开,由此不仅推进了客观归责的理论研究,而且在过失犯的理论研究领域取得了前沿性的成果,这是本书的贡献之所在。

李波原先是在地方法律院校从事犯罪学的教学与研究的年轻教师,获得机会来到北大进行访学。在访学期间也是师从在犯罪学上具有深厚功底的白建军教授,本来沿着这条路往前走,也会有一个不错的结果。在北大访学期间,李波旁听过我的课程,期间也有交谈。在结束北大访学以后,李波产生了考博的想法。这对于李波是一个很大的考验,因为就考试内容而言,主要涉及刑法教义学。而对于从事犯罪学教学的李波来说,这恰恰是弱项。然而,李波克服了困难,顺利地考上了北大法学院刑法专业的博士生,并且在为期四年的博士生学习过程中,完成了从犯罪学向刑法教义学的圆满转型。现在摆在读者面前的《过失犯中的规范保护目的理论研究》一书,就是明证。当然,我并不是说,只有刑法教义学才是重要的,其实在刑法理论研究中,需要各种不同方法与不同视角的研究,由此形成不同的理论形态,这就是德国学者李斯特所倡导的整体刑法学的观念。然而,在整体刑法学中,刑法教义学是基础。只有在这一基础之上,才能进一步打通刑事法的各个分支学科之间的隔阂。因此,任何从事刑事法理论研究的人,都应该具备刑法教义学的知识基础。李波通过自己的努力,达到了刑法教义学的顶端,这是值得嘉许的。

李波在本书的后记中引用了我曾经对他说过的话,提及我曾经并不看好他,觉得他的基础较为薄弱。这确实是我当时的真实想法,现在李波取得了出人意料的成就,也并不表明我当时的想法错了,而是李波以刻苦勤劳的学习与钻研弥补了自己的不足,其间甘苦,唯有李波自知。作为一个旁观者,我也是深怀感慨。老师在招生学生,特别是在招收博士生的时候,是否具有培养前途,这是需要作出的一个判断。而这个判断本身是一种预测,需要建立在对学生现有水平的了解之上。但这种以现有水平为根据的判断又不是百分之百准确的,确实也存在例外。有些人现有水平虽然不是最为理想的,但经过自身的努力,最后取得了圆满的结果。也有些人虽然现有水平达标,但由于各种原因未能取得所期待的成果。这也说明,事物是在变动的,对任何人都要采取变化的观点看待,而不能把人看死了。这是一种看人的哲学,也是一种招生的哲学。以此观之,不能不说招生具有一定的偶然性和运气的成分。事实上,我们每个人都生活在偶然性之中,这不是我们所能把握的。只是无论在什么境遇中,我们都应当坚持向自己的理想与目标奋进,这才能在变动不居的世界保持我们的定力。

李波从北大法学院刑法专业毕业以后,来到中南财经政法大学刑事司法学院从事教学研究工作,面临工作与生活双重考验。以李波现在较高的学术起点为基础,我相信他会坚持不懈地努力并将在刑法学术研究上取得更大的成就,这是可期待的。

是为序。

陈兴良

谨识于北京海淀锦秋知春寓所

2017 年 5 月 23 日

111. 何志辉《澳门刑事法：制度源流与文本分析》①序

何志辉博士的大作《澳门刑事法：制度源流与文本分析》即将出版，邀我为之作序。何志辉博士的本书可以归属于刑法史的范畴，我对于法史是外行，但刑法则是我的专业，因此对何志辉博士的大作多少还能说上一些话，因而应承下来为本书写序。

我对澳门特区刑法的了解来自于澳门大学法学院赵国强教授赠送给我的几本著作，例如《澳门刑法概说（犯罪通论）》（社会科学文献出版社2012年版）和《澳门刑法各论（上）》（社会科学文献出版社2013年版）等。赵国强教授曾在中国人民大学法学院攻读刑法专业博士学位，师从高铭暄教授，与我有同门之谊。20世纪90年代初，我和赵国强教授曾有较多的学术合作。毕业以后，赵国强教授远赴澳门，成为澳门特区刑法研究的学界翘楚。当然，赵国强教授主要是从刑法教义学的角度对澳门特区刑法进行研究的，同时也汲取了中国内地刑法原理，在澳门特区刑法理论的本土化方面作出了卓有成效的学术贡献。

如果说，赵国强教授是对《澳门刑法典》的教义学阐述，使读者了解当今《澳门刑法典》的规范内容。那么，何志辉博士就是将澳门刑法置于历史的长河，使读者了解澳门特区刑法的前生今世。因此，何志辉博士对澳门特区刑法史的研究，可以补足历史的视角，获得对澳门特区刑法的更为深刻的把握。从这个意义上说，何志辉博士的学术贡献同样不可或缺。当然，本书并不仅仅是一部单纯的澳门刑法史著作，书中还涉及对澳门特区刑法典的文本评析，尤其是对澳门特区特别刑法的论述，这对全方位地了解澳门特区刑法制度具有重要的参考价值。因此，本书有别于通常的澳门特区刑法教科书，是对澳门特区刑法进行历史与现实、制度与文本、中国与外国结合起来进行研究的专著，其中的知识密度和学术含量都是值得嘉许的，这是一部填补空白之作。

---

① 何志辉：《澳门刑事法：制度源流与文本分析》，法律出版社2018年版。

澳门是中国的一个特别行政区,在实行的法律制度方面,澳门特区不同于香港特区。如果说,香港特区实行的是英美判例法;那么,澳门特区实行的就是的大陆法系的法典法,并且在历史上借鉴了葡萄牙的法律制度。刑法也是如此,甚至在被占领时期,直接适用《葡萄牙刑法典》。而在成为葡萄牙租借地之前,澳门特区作为中国领土,曾经适用明清的法律制度。在澳门特区回归之际,澳门立法机构专门制定了《澳门刑法典》,保持了其大陆法系的特征。由此可见,澳门特区的刑法制度从历史演变来看,如同沉积岩,累积了清朝法律、葡萄牙法律的余脉,现今又制定了独特的刑法典。可以说,对于澳门特区刑法制度,如果不从历史发展的角度来理解,是难以深刻把握其精髓的。何志辉博士本书对澳门特区刑法制度的演变历史进行了十分细致的梳理,对于研究澳门刑法提供了一个十分重要的历史视角,因而具有理论意义和现实意义。

何志辉博士在本书中,分三编分别对澳门特区刑法的历史渊源和法律文本进行了叙述和解读。

上编是历史渊源,对澳门适用明清法律的历史作了回顾性的分析,其中,明清澳门地方立法的讲述尤为难得。对此需要收集大量史料,并进行归纳与还原,形成叙述的线索。这部分内容属于地方史的范畴,即使在史学中也是较为困难的一个领域。此外,何志辉博士对《澳门刑法典》创制的背景与进程等都作了较为精确的论述。从这部分内容的叙述中,读者可以充分理解澳门特区刑法的复杂性与多元性。同样,这对于作者来说,也是一个较大的挑战。无论是对于中国古代法律的知识储备,还是对于被占领时期葡萄牙法律制度的系统掌握,以及对现行《澳门刑法典》的制定过程和实施现状的全面了解,对于本书这部分内容的写作来说都是不可或缺的。而何志辉博士以其较为深厚的法史基础和对刑法基本原理的专业造诣,为这部分内容的写作创造了条件。

中编是《澳门刑法典》的文本分析。《澳门刑法典》是目前澳门特区生效的现行刑法典,也是为适应澳门特区回归祖国以后法治的实际需要而创制的一部独特的刑法典。赵国强教授在介绍《澳门刑法典》时指出:目前在澳门特区生效的刑法典就是1996年1月1日开始实施并被保留下来的《澳门刑法典》。《澳门刑法典》是由葡萄牙学者参照1982年的《葡萄牙刑法典》起草的,分为总则和分则两大部分,共350条。《澳门刑法典》总则部分有127条,分为七编,包括:刑法之一般原则、事实、事实之法律后果、告诉及自诉、刑事责任之消灭、犯罪所致之损失及损害之赔偿、轻微违反等内容;分则部分有223条,分为五编,包括:侵犯人身罪、侵犯财产罪、危害和平及违反人道罪、妨害社会生活罪、妨害本地区罪五类犯罪,共涉及185个罪名。① 我们将《澳门刑法典》与《葡萄牙刑法典》的结构进行比较,《葡萄牙刑法典》分为总则和分则两卷。总则部分包括六编:第一编(刑法的基本原则)、第二编(行为)、第三编(行为的法律后果)、第四编(告诉与自诉)、第五编(刑事责任的消灭)、第六编(对犯罪所造成的损失与损害的赔偿)。分则部分包括五编:第一编(侵犯人身罪)、第二编(侵犯财产罪)、第三编(种族、宗教、性别歧视罪)、第四编(妨害社会生活罪)、第五编(危害国家罪)。② 可以看出,两部刑法典在结构与内容上还是存在较多的相似之处的,因此,这两部刑法典之间存在一定的渊源关系,这是没有疑问的。何志辉博士在本书中对《澳门刑法典》的文本分析,并非对《澳门刑法典》的教义学研究,而是比较《葡萄牙刑法典》与《澳门刑法典》的制度同异,包括刑事立法原则、犯罪构成、刑罚体系及分则结构等方面的内容发展。因此,这部分内容仍然属于法史的范畴。何志辉博士对从《葡萄牙刑法典》到《澳门刑法典》的发展进行了文本的分析,对于了解这两部刑法典之间的关系具有较大的参考价值。

下编是澳门特别刑法。特别刑法是刑法典的重要补充。刑法典具有稳定性的要求,不能朝令夕改。但现实犯罪又是随着社会生活而不断变化的,为此,需要同步地制定刑法规则,适应惩治犯罪的实际需求。在不同国家和地区,这个任务是以不同的法律形式完成的。例如,有些国家和地区较多地采用附属刑法的立法方式,有些国家和地区则较多采取单行刑法的立法方式。我国大陆则采取刑法修正案的方式,这种方式既不同于附属刑法又不同于单行刑法。葡萄牙除了刑法典以外,也较多地采取了特别刑法的立法方式。在本书中,何志辉博士对葡萄牙的特别刑法进行了较为详尽的介绍,《澳门刑法典》生效以后,澳门特区的刑事立法也延续了这个传统。在本书中,何志辉博士又揭示了

---

① 参见赵国强:《澳门刑法典概说(犯罪通论)》,社会科学文献出版社2012年版,第43—44页。

② 参见《葡萄牙刑法典》,陈志军译,中国人民公安大学出版社2010年版。

澳门特区在刑法典生效以后有大量制定特别刑法的特殊原因,指出:由于受过渡期之政治环境、立法观念、立法技术、立法管理等因素的影响,《澳门刑法典》并未囊括澳门特区所有的刑事犯罪行为。基于此,在该法典颁行后至澳门特区回归前,其他单行刑事法律和附属刑法(非刑事法律中的刑法规范)亦不断颁行,构成一套有别于前的本地特别刑法体系①,在当代澳门特区刑事法体系中有一席之地。应该说,这一论断是合乎事理的。因此,澳门特区除了刑法典以外,还存在单行刑法和附属刑法,这些刑法规范是澳门特区刑法的不可分割的组成部分。在本书的第三编中,何志辉博士也并不是对澳门特区特别刑法的教义学论述,而是重点阐述澳门特区特别刑法与葡萄牙特别刑法的渊源关系,揭示《澳门刑法典》制定以后,澳门特区特别刑法的新发展。在本书中,这部分内容占有较大篇幅,对于把握澳门特区刑法全貌来说,也是十分重要的内容。

何志辉博士在湘潭大学求学时,师从胡旭晟教授和邱兴隆教授,这两位都是我的老朋友。胡旭晟教授是法史名家,邱兴隆教授是刑法大家,如今何志辉博士在澳门特区刑法史领域的成就得益于这两位学者的教诲,这是值得肯定的。现在,何志辉博士任教于澳门科技大学法学院,以身居澳门特区之地利,全心投入澳门特区刑法史的研究,完成了本书的撰写。我相信,本书在内地出版,对于内地学者全面、系统和深入地了解和理解澳门特区刑法现状有莫大的裨益,因而乐于为之推荐。

是为序。

陈兴良

谨识于北京海淀锦秋知春寓所

2017 年 9 月 5 日

---

① 关于澳门特区所谓"本地特别刑法"的范畴,澳门特区刑法学界通常持狭义理解,仅指单行刑事法律和附属刑法(非刑事法律中的刑法规范),而不包括"宪法"或宪制性法律或国际条约中带有刑事责任的法律规范。参见赵国强:《澳门特别刑法之评析与完善》,载《华东政法学院学报》2004 年第 5 期,第 35 页注释 3。本书支持这一立场,并着重援引其相关观点。

112. 葛磊《犯罪控制策略研究——以刑罚变革为背景》[①]序

《犯罪控制策略研究——以刑罚变革为背景》一书是葛磊在其博士论文基础上,在相关选题入选国家社科基金后期资助项目以后,经过进一步深入研究最终完成的。葛磊的博士论文就具有较好的理论框架和思想内容,在后期研究过程中,葛磊又充实了相关资料,调整了体系结构。可以说,本书是在犯罪控制策略研究领域的一部力作,这是值得肯定的。

这些年来,刑事政策和刑法教义学是我国刑法理论研究的两个主要方向,对于刑法的立法和司法具有十分重要的意义。然而,就这两个领域的研究进度而言,刑法教义学研究进展较大,成为研究的热点,取得了丰硕的科研成果;而刑事政策研究则停滞不前,没有重大突破,未能发挥刑事政策对刑法教义学的引导功能。之所以出现这种具有强烈对比的不同效果,我认为原因在于:刑事政策研究没有找到方法论的突破口,因而无论是研究成果还是实践成效都明显落后于刑法教义学。

刑事政策和刑法教义学是两种不同的知识形态;刑事政策具有经验科学的特征,它具有对现行法律和制度的反思性和批判性。而刑法教义学则具有规范科学的特征,它是以现行法律为根据所进行的思考,这是一种规范性的研究。就两者而言,刑法教义学处于刑法的中心,属于刑法的本体学科;而刑事政策则在一定程度上处于刑法的边缘,属于刑法的辅助学科。在我看来,刑法教义学和刑事政策这两个学科应当齐头并进,互相砥砺,由此形成良性发展,这才是刑法学科之幸。

本书属于广义上的刑事政策研究,它以犯罪控制策略为主题,并且以刑罚变革为切入点,进行了具有深度的理论研究。犯罪控制是刑事政策的主题之一。如何有效地控制犯罪,是几代犯罪学家所孜孜以求的目标。刑事社会学派最先提出了社会防卫的思想,即通过刑罚和非刑罚的各种措施,达到预防犯罪的目的。在预防犯罪的各种措施中,刑罚显然是最主

[①] 葛磊:《犯罪控制策略研究——以刑罚变革为背景》,法律出版社2020年待出版。

要的一种手段。因此,在本书中,葛磊以刑罚变革作为叙事的主线,梳理了犯罪控制策略的历史演变。

概念是理论论述的逻辑起点。在本书中,葛磊对犯罪控制的概念进行了科学界定,将它与犯罪预防和犯罪治理等概念相区分。在此基础上,本书建构了犯罪控制策略的概念,这就是:以将犯罪的数量和严重程度限制在社会有机体正常运转可以接受的范围内为目的,并在实现该目的的过程中,根据不同历史时期复杂社会关系中各种力量的博弈和变化,所选择和运用的遏制和减少犯罪的方案和类型,每种方案和类型可能会包含多种具体的对策。可以说,犯罪控制手段和措施是多元的,而犯罪控制策略也是多样的。其中,刑罚的合理与科学运用正是犯罪控制策略的应有之义。而且,刑罚本身也是随着犯罪控制策略的调整而不断演变的。在本书中,葛磊对犯罪控制的三种形态,即现代监禁刑、保安处罚和社区矫正进行了专题性的论述。

监禁刑是以隔离为特征的,也是最为古老和传统的一种犯罪控制手段。通过将犯罪人与社会的隔离,使犯罪人在隔离期间不能犯罪,在一定程度上达到防止犯罪发生的效果。因此,古代的刑罚除肉刑以外,禁锢性的刑罚都具有隔离的效果。而现代监禁刑则在剥夺自由的同时,增加了规训的内容。"规训"这个词的本义是指规诫和训练,自从法国著名学者福柯在《规训与惩罚——现代监狱的诞生》一书中采用"规训"这个词以后,其含义被特定化了,是指一种特殊的权力技术,既是权力干预、训练和监视肉体的技术,又是制造知识的手段。从权力对犯人肉体的折磨与蹂躏,到权力对人的监视、检查等各种方法进行展示,刑罚经历了现代转型。在本书中,葛磊将权力展示策略在犯罪控制中的作用进行了论述,指出:"所谓权力展现策略,是指通过刑事立法、刑事司法及配套的其他措施,向社会公众展现刑罚权力的存在及其运作,强制或引导人们遵守规范,从而实现犯罪控制。这种策略通常与各种严厉的刑罚关联在一起,但它不仅仅是以威慑为主要内容的一般预防,还包含更多的内容和功能。"因此,对犯罪的控制不再简单地依赖暴力,而是更多地规训,从而达到预防犯罪的效果。这部分内容具有较强的理论性,葛磊在深刻理解福柯关于规训思想的基础上,进行了延展性的论述,显示了葛磊的学术素质。保安处分是刑事实证学派提出的犯罪控制的主要措施,它对刑罚具有补充功能。保安处分的出现,给刑罚带来巨大的冲击,从而进一步推动了刑罚的改革。如果说,刑罚天然具有报应的性质,那么,保安处分则从根本上摈弃了报应处分,完全以个别预防为皈依。不可否认,保安处分仍然以隔离作为其手段,但在适用对象和方法上已经发生了重大变化。而且,非监禁的保安处分措施越来越丰富,这对刑罚的非监禁化也产生了一定的影响。如果说,保安处分主要是大陆法系国家实施的犯罪控制措施;那么,在英美法系国家主要采用的是社区矫正措施。正如葛磊在本书中所指出的那样,大陆法系各国大力发展的保护观察、行为监督、警察监视、善行保证等强调使当事人复归社会的、非剥夺自由的保安处分措施,与英美的社区矫正制度颇有殊途同归的意味。从某种意义上来说,社区矫正以行刑社会化为特征,完全放弃了以隔离为手段的传统犯罪控制思想,具有其合理性。本书对保安处分和社区矫正等制度的历史梳理和逻辑展开,对于我们深刻理解这些大陆法系和英美法系国家的刑事措施具有重要参考作用。

  监禁刑、保安处分和社区矫正都起源于西方国家,对于我国来说都是舶来品。如何使这些犯罪控制措施在我国发挥作用,这是一个值得研究的课题。在本书中,葛磊重点对当代中国犯罪控制策略的选择这个问题进行了深入探讨。应该说,我国目前的监狱制度正在发生重大变革,从传统的注重劳动改造到现在注重行为矫正,各种对囚犯的规训措施被引入监狱,循证矫正方法在我国监狱的推行就是一个明证。循证矫正源自循证医学。循是遵循与根据的意思;证是指证据。循证顾名思义是指根据或遵循证据。循证矫正是指矫正工作者在矫正罪犯时,针对罪犯的具体问题,寻找并按照现有的最佳证据(方法、措施等),结合罪犯的特点和意愿实施矫正活动的总称。除此之外,我国还对非监禁犯罪人采用社区矫正,也取得了较好的社会效果。社区矫正(community correction)是指针对被判处管制、宣告缓刑、裁定假释、暂予监外执行这四类犯罪行为较轻的对象所实施的非监禁性矫正刑罚。社区矫正制度的推行,为我国刑罚的非监禁化创造了条件,对于有效地控制犯罪具有积极作用。值得指出的是,葛磊不仅对我国的社区矫正制度进行了正面评价,而且对我国社区矫正实施中存在的问题作了揭示,并提出了解决的方法和路径。

  本书所讨论的犯罪控制策略是一个很小的主题,但葛磊能够以小见大,展示了较为广阔的理论视野,尤其是采取了历史叙述的方法,将问题置于一定的历史语境之中,并从演进的角度予以展开,从而使本书的内容具有较强的思想性和学术性,表明作者具有对主题的深刻把握能力。在我看来,本书是近年来在刑事政策领域出版的一部重要作品,值得向读者推荐。

葛磊是北京大学法学院2003级刑法专业博士生,在校期间就一直对非监禁刑有兴趣,先后在我主编的《刑事法评论》(第14卷)发表了《罚金刑执行的实证展开》(中国政法大学出版社2004年版),在《刑事法评论》(第18卷)发表了《社区矫正性质的出版考察》(中国政法大学出版社2006年版),共两篇论文。葛磊的博士论文《刑事制裁体系近现代史纲》顺利通过答辩并获得好评,作为葛磊的博士生导师,我感到十分高兴。虽然近年来葛磊的论文产量不高,但本书还是能够在一定程度上证明葛磊在学术上的不懈追求。我期待着葛磊进一步推进对刑事政策和刑罚教义学的理论研究,为我国刑法学界贡献更多的学术作品。

是为序。

陈兴良
谨识于北京海淀锦秋知春寓所
2019年9月18日

113. 彭文华《刑法第13条但书与刑事制裁的界限》[①]序

但书是我国《刑法》第13条关于犯罪概念规定的重要内容,因为它采取了具有补充性的"但是"这一传统立法用语,因而在刑法理论中称为但书。我国刑法中的但书并不是独创,而是仿照了1962年《苏俄刑法典》第7条第2款,该款规定:"形式上虽然符合本法典分则所规定的某种行为的要件,但是由于显著轻微而对社会并没有危害性的作为或者不作为,都不认为是犯罪。"应当指出,《苏俄刑法典》第7条第1款对犯罪采取了实质概念,而第2款则是从形式上对犯罪范围加以限制,将显著轻微而对社会并没有危害性的行为排除在犯罪之外,因而具有对犯罪认定的限制机能。我国《刑法》第13条但书规定:"但是情节显著轻微危害不大的,不认为是犯罪。"这一规定同样具有将犯罪情节显著轻微危害不大的行为排除在犯罪之外的机能。但书对于我国刑法立法和司法都具有重要意义。就立法而言,但书确立了我国刑法中犯罪概念的数量要素,刑法分则对具体犯罪的规定,设立了数额较大、情节严重等入罪门槛。就司法而言,但书为犯罪情节轻微危害不大的行为提供了法定的出罪事由,有助于实现刑法谦抑主义。

我国刑法学者重视对但书的研究,例如储槐植教授从但书中引申出我国刑法中犯罪概念的定量因素的命题,揭示了但书规定的价值蕴含。[②] 此后,张永红出版了《我国刑法第13条但书研究》的专著(法律出版社2004年版)。这些对但书的研究,都极大地推进了对犯罪概念的深入研究,对于形成具有中国特色的刑法理论作出了学术贡献。现在彭文华教授的《刑法第13条但书与刑事制裁的界限》一书,是在前述研究的基础上,从刑事制裁的界限的角度,对我国刑法中的但书规定的进一步研

---

① 彭文华:《刑法第13条但书与刑事制裁的界限》,中国人民大学出版社2020年待出版。
② 参见储槐植:《我国刑法中犯罪概念的定量因素》,载《法学研究》1988年第2期;储槐植、张永红:《刑法第13条但书的价值蕴涵》,载《江苏警官学院学报》2003年第18卷第2期。

究,因而值得嘉许。

彭文华教授在本书中对我国刑法学界关于但书研究的资料和争议都作了系统的综述和梳理,并且在很大程度上拓展了但书的研究视野。例如,彭文华教授将但书与德国学者威尔策尔提出的社会相当性理论进行了对接,认为社会相当性理论与但书在本质上是一致的,在犯罪的评价上社会相当性理论与但书有异曲同工之妙。这样一种比较性的论述,对于我们正确理解但书的性质以及功能定位都是具有重要意义的。当然,在德国刑法学界,对于社会相当性理论的体系性地位还是存在争议的。有些学者认为社会相当性是对构成要件的实质审查,因而具有构成要件的限缩机能。有些学者则认为社会相当性是一种实质违法性理论,属于违法阻却的实质根据。无论如何,在德国刑法学界都认同社会相当性理论具有限制犯罪范围的作用。在这个意义上,说社会相当性与但书具有性质上的相同性,并无不可。当然,社会相当性和但书还是存在明显区分:社会相当性属于一种学说,而但书是一种法律规定。如果说学说只是理论创造物,那么法律规定就具有规范性,对于司法活动具有约束力。

在某种意义上说,德国刑法理论中的社会相当性和我国刑法中的社会危害性,在概念和内容上更具有相似性。如果进一步深究,为什么不是将社会相当性与社会危害性对比,而是将但书与社会相当性对比,这是一个有趣的问题。就机能上来说,社会相当性确实只能与但书对比而不能与社会危害性对比。这是因为,在德国三阶层的犯罪论体系中,构成要件本身首先具有对于入罪的形式性限制功能,基于形式判断先于实质判断的规则,只能在具备形式上的构成要件的基础上,才能进行社会相当性的判断,因而社会相当性为形式上符合构成要件的行为注入了实质内容,同时又将那些虽然形式上符合构成要件但不具有社会相当性的行为排除在犯罪之外。在这种情况下,社会相当性只能具有对犯罪范围的限缩机能,而不可能具有独立于构成要件的入罪机能。而我国的社会危害性是《刑法》第13条前段规定的犯罪概念的实质内容,即我国学者所称的本质特征。在此应当指出,本质特征在我国刑法学中是一个没有厘清而十分混乱的用语。只有在某个事物所要求的数个特征同时具备的情况下,我们才能说其中某个特征是该事物的本质特征,因为该特征对事物具有决定作用。但如果脱离了这一特点和语境,就会在只要具有该特征,事物就存在的意义上使用本质特征这个概念,因而陷入形式虚无主义或者实质主义的泥坑。例如,根据我国《刑法》第13条的规定,只有同时具备社会危害性、刑事违法性和应受处罚性这三个特征,犯罪才能成立。在以上语境中,就犯罪成立的三个特征而言,断言社会危害性是犯罪的本质特征,这是正确的。但如果将社会危害性是犯罪的本质特征理解为只要具备社会危害性犯罪就能成立,就会误入歧途。也许有人会说,这种误会是个别人的理解问题,并不影响理论的正确性。但是,如果一种理论总是被误解,那就不能不说该理论本身存在问题。例如,在朱某侵入他人股票账户对股票采用高买低卖的方式造成财产损失是否构成故意毁坏财物一案中,法官以故意毁坏财物罪的本质特征是使他人财产受损失这个大前提,推导出朱某造成他人财产损失,因而构成故意毁坏财物罪的结论。这就是以犯罪的本质特征作为定罪根据而不顾犯罪的构成要件形式要素的典型案例。从这个案例再来反思但书与社会危害性的关系,也就是我国刑法第13条前段与后段的关系,对于正确理解但书具有重大启迪。在本书中,彭文华教授对但书与社会危害性之间的关系进行了较为充分的论述,认为社会危害性是但书的理论依据。

本书将但书置于整个刑法学体系进行考察,例如对但书与犯罪构成的关系进行了论述,而这部分内容也正是确定但书的体系性地位的重大理论问题。尤其是涉及与犯罪构成理论的衔接问题,刑法学界存在较大的争议。我国传统的是四要件的犯罪论体系,而现在三阶层的犯罪论体系也开始占据学术市场。四要件是建立在立法既定性又定量的基础之上的,而三阶层则是建立在立法定性、司法定量的基础之上的。在四要件中,定量因素是在犯罪构成客观要件中解决的,例如数额、情节以及其他定量因素都纳入犯罪构成的客观要件。至于但书,可以视为兜底性的出罪事由。但在引入三阶层的犯罪论体系以后,如何安置我国刑法中的定量要素,这确实是一种难题。其中,客观处罚条件说、可罚的违法性说等德日理论都被用来解决这个难题,但还是未能获得共识。同样,我国刑法中的但书如何与三阶层的犯罪论体系相契合,也还是一个有待进一步探讨的问题。这里主要涉及但书的出罪机能。可以说,在我国刑法中但书是一个兜底性的出罪机能,具有明显的刑事政策蕴意。而在三阶层的犯罪论体系中,出罪事由具有阶层的区分:构成要件阶层的出罪事由、违法性阶层的出罪事由和有责性阶层的出罪事由。在这种情况下,但书作为一个出罪事由在三阶层的犯罪论体系中如何安置,就是一个需要认真对待的问题。

在本书中,彭文华教授对但书作了全方位的论述,其理论广度是以前关于但书的论著所不能及的,这表明我国学者对但书研究的进一步深入,并力图建立完整的犯罪概念的但书理论,使之成为犯罪概念理论的重要组成部分。在这种以广度见长的论述中,一般采用以小见大的方法,所做的是一种相关性的论述。例如,论述但书与社会危害性和犯罪构成等范畴的关系,难免要对社会危害性和犯罪构成等范畴进行铺垫性的论述。但如果分寸拿捏不好,就会出现离题的现象:将过多的笔墨投放在相关范畴,对本论题反而着墨较少。这些现象在本书中也同样存在。但瑕不掩瑜,本书作为一部我国刑法中但书的专著,无论是广度还是深度都超过以往的作品,从而将我国刑法中但书研究推向了一个新的高度,因而值得向读者推荐。

是为序。

陈兴良
谨识于杭州隐寓轩寓所
2019 年 10 月 2 日

114. 陈璇《正当防卫：理念、学说与判例》[1]序

正当防卫是我国社会公众关注度相当高的一个热门话题，同时也是立法与司法之间存在巨大鸿沟的一种刑法制度。在我国刑法学界，围绕正当防卫的争议从来没有中断过。在1984年我以正当防卫为题撰写硕士论文的时候，我国1979年《刑法》正式实施才不满5年，紧接着就是严打。在这种背景下，我开始了对正当防卫长达35年的关注。因此，对于正当防卫制度，我是一个忠实的观察者，同时也是一个积极的推进者。当陈璇教授邀请我为其最新著作《正当防卫：理念、学说与判例》一书写序的时候，我是极为高兴的。如果说，我在32年前在硕士论文基础上完成的《正当防卫论》（中国人民大学出版社1987年版）一书，是我国正当防卫制度研究的拓荒之作；那么，陈璇的这本书就是我国正当防卫制度研究的进阶之作。这两本书之间的差距，正好是我国正当防卫理论30多年来不断提升和演进的生动写照。

我是从1983年开始准备硕士论文的，之所以选择正当防卫作为论文题目，主要是因为1979年《刑法》实施之初，在司法实践中围绕正当防卫的认定出现了大量争议案件，在一定程度上反映了正当防卫制度在我国的水土不服。最初对正当防卫的研究完全是围绕争议案件展开的，具有就案论案、以法说案的性质，因而只是一种较低层次的研究。硕士论文要求一定的学术性，当然就不能满足于对案件的法律解读，而是应当从法理上加以论述。然而，当时我国刑法学还处在恢复重建的阶段，理论资料极为匮乏。在图书馆能够找到的资料只有数十年前的老旧书籍，例如徐朝阳的《中国刑法溯源》（商务印书馆1933年版）、王觐的《中华刑法论》（朝阳学院1933年版）以及早年间翻译的日本和苏俄的论著。这些书籍现在来看是一些无人问津的古董，而对于当时的我来说，从图书馆的角落抹去尘埃，翻检在手，却是如获至宝。因此，我是在对同时代的国外正当防卫

---

[1] 陈璇：《正当防卫：理念、学说与判例》，中国检察出版社2020年待出版。

的研究状态懵然不知的情况下,根据从故纸堆里扒出来的资料对正当防卫进行理论梳理,尤其是以现实发生的正当防卫争议案件为主要内容进行分析的。我的硕士论文导师王作富教授极为注重理论联系实际,要求我归纳总结出解决司法实践中存在争议的正当防卫案件的具体规则,以便司法人员适用。这一要求虽然具有较强的功利性,但对于初入刑法理论殿堂的我来说,却具有豁然开朗之效。而如今我国已经打通了对外学术交流的通道,年轻学者大多都有海外留学的背景,可以直接运用德日刑法的第一手资料。陈璇就曾经在德国留学,因而消除了语言障碍,采用德日刑法教义学的方法,对我国刑法中的正当防卫制度进行深层次的理论研究,并在各种学术刊物发表了关于正当防卫的重要论文,取得了丰硕的学术成果。本书就是在汇集这些正当防卫的学术论文的基础之上编撰而成的,可以说是陈璇对于正当防卫这个课题持续关注并深入研究的最新成果。

从1979年《刑法》到1997年《刑法》,关于正当防卫的立法规定发生了巨大变化,但司法机关对于正当防卫的认定却依然如故。《刑法》授予公民的正当防卫权没有得到司法机关的保障,这是令人遗憾的。这种立法与司法之间的鸿沟是如何形成的?这是一个值得思考的问题。在我看来,正当防卫制度虽然在我国古代刑法中就已有规定,但该规定本身受制于中国以社会为本位、以伦常为皈依的制度与文化。可以说,我国古代的正当防卫的功能主要在于维护社会秩序而非保护个人权利。因此,对于防卫殴击父祖或者防卫夜间侵入人家者等做了正当防卫的授权性规定,例如《唐律》规定:"夜无故入人家者,主人登时杀者,勿论。"对于防卫自己,我国古代法律做了较为严格的限制。中国法制史学者戴炎辉指出:唐律以请求公力救济为原则,不许以私力防卫自己。查《唐律·斗讼律》,相殴伤两论如律,虽后下手理直,亦只减二等。关于后下手理直,《唐律疏议》说:"乙不犯甲,无辜被打,遂拒殴之,乙是理直。"唯拒殴而至甲于死者,则不减。乙无辜被打,即是受甲的不法侵击,因而对甲加以反击,在现代法应是正当防卫;但律不许乙拒甲而予殴击,只酌情(后下手理直)减刑而已。再查别条,纵使他人以兵刃逼己,因而用兵刃拒他人而伤杀者,仍依斗伤杀法(只不以故杀论其罪)。① 因此,暴力的国家垄断乃是我国古代刑法制度的根基之所在。正当防卫只是在维护伦理纲常的情况下例外地被适用。在这个意义上,防卫权并不是公民的法律权利,毋宁说是公民的伦理义务。

我国《刑法》虽然在立法上确认了公民的防卫权,但在司法上基于暴力的国家垄断的观念,对于正当防卫的认定仍然缩手缩脚,不利于防卫人。在这种情况下,对于正当防卫的正当化根据的研究是极为重要的。在正当防卫根据的问题上,当前较为流行的是法益保护说和法秩序维护说。这些理论主要是从防卫人角度进行考察的,并且以防卫权为视角。在本书中,陈璇从侵害人角度对正当防卫的根据进行思考,以此重构正当防卫本质论,这是具有新意的。陈璇认为,在正当防卫中,法律为受害人的法益所设置的保护屏障已经在一定范围内被撤除。不法侵害人的法益之所以在相当大的范围内被逐出了法律的庇护所,是因为它值得保护的程度较之于遭受侵害的法益来说,出现了双重下降:第一,侵害人在本可避免的情况下自陷险境。在防卫人采取防卫措施实施反击之前,危险是否发生都还处在侵害人的掌控之中;正是侵害人把自己从一个相对安全的状态带入利益冲突的危险境地之中。第二,侵害人违反了不得侵犯他人法益的义务。既然防卫行为的受害人为侵害他人的法益而单方违背了自己对该人所承担的义务,那么在为保护该法益所必要的范围内,防卫人对受害人所负有的不得侵害的义务原则上也归于消灭。当然,陈璇也并不完全否定从防卫人角度对正当防卫本质的揭示,而只是认为这还不够,还应当从侵害人角度论证正当防卫的本质。正如陈璇指出的,"正当防卫的合法化根据除了在于法益保护之外,还在于侵害人利益值得保护性的双重下降"。只有从防卫人和侵害人这两个维度才能为正当防卫的正当化提供完整的论证。

在本书中,陈璇引入并且采用了德国刑法教义学的话语,对我国刑法中的正当防卫进行分析,提出了某些具有鲜明特色的论述话语,从而极大地丰富了我国正当防卫理论,这是值得嘉许的。这些具有特色的话语,可以例举如下:

---

① 参见戴炎辉:《中国法制史》(第3版),台北三民书局1979年版,第60页。

1. 道德洁癖

道德洁癖是一种极端化的道德要求。道德洁癖可以分为两种:第一种是对本人的道德洁癖,第二种是对他人的道德洁癖。如果仅仅是对本人的道德洁癖,那还只是对自己道德上的过分要求,对社会或者他人不具有太大的影响。而对他人的道德洁癖则是较为可怕的,历史上曾经出现的"斗私批修、狠斗私字一闪念"之类的政治规训,对于人性的摧残令人记忆犹新。陈璇在本书中采用道德洁癖这个用语,主要是要描述认定正当防卫中的某些现象:只有在防卫人完全无辜、纯洁无瑕的情况下,才能认定为正当防卫。如果防卫人存在道德上的瑕疵,则给予道德洁癖的本能而否定防卫人的正当性。陈璇指出:"大量的判例显示,我国的审判实践广泛存在着对正当防卫的主体资格额外设置限制性条件的倾向。具体来说,法官往往将防卫权的享有者仅仅限定在对于冲突的发生毫无道德瑕疵的绝对无辜者之上。一旦认定行为人先前的某个行为对于他人的不法侵害产生过惹起或者推动作用,则法院常常以双方之间纯属'斗殴'为由,认定被告人的反击行为不属于正当防卫,而是成立故意杀人、故意伤害、寻衅滋事等犯罪。"可以说,道德洁癖这个用语对某种情况的描述是十分准确的,通过这个用语我国司法实践中对防卫人的苛求跃然纸上。

2.误判特权

正当防卫是在防卫人遭受突如其来的不法侵害的情况下所实施的反击行为,这种反击行为在紧急状态下具有某种应激反应的性质,因而发生误判所在多有。那么,这种误判的不利后果是归之于防卫人还是侵害人呢?对此,陈璇在本书中提出了防卫人具有误判特权的命题,并以此作为分析根据,对某些误判类型作了分析。陈璇认为,在正当防卫中存在三种误判:第一种是关于侵害存在与否的误判,第二种是关于侵害严重程度的误判,第三种是关于侵害是否持续的误判。在传统刑法理论中,这三种所谓误判都是被纳入认识错误的范畴进行讨论的。而在本书中,陈璇采用了误判的表述,以此取代认识错误的概念,并且明确提出误判特权的命题。当然,误判特权并不是绝对的,而是具有一定边界的。显然,这种误判特权的边界是本书所特别需要讨论的。对此,陈璇指出:"正当防卫误判特权的边界主要由以下两个原则来划定:(1)只要被防卫者未以违反法义务的方式引起利益冲突并且诱发误判的形成,则由于被防卫者法益的值得保护性自始未发生减损,故不存在成立误判特权的余地。因此,关于不法侵害存在与否的判断,必须坚持事后的立场,否定行为人享有误判特权。(2)在被防卫者以违法的方式制造了利益冲突的前提下,无论是对于侵害强度还是对于侵害持续时间的误判,均需要根据防卫人个人化的事前标准考察误判的形成是否具有合理性;若防卫人原本有充足的能力辨识出侵害事实的真相,却在个人情绪因素的影响下疏于注意,则该误判不具有合理性,无法成立误判特权。"由此可见,陈璇是在误判特权的话语下,改变了正当防卫中的认识错误的叙事方式。其中,关于侵害存在与否的误判就是指假想防卫。在假想防卫的情况下,不法侵害根本就不存在,因而可以否定误判特权。关于侵害是否持续的误判涉及的是事后防卫的认定问题,即对防卫时间的认识错误。对此,陈璇在本书中以于海明案为例进行了深入分析。于海明案又被称为反杀案。在事发之初,是刘海龙首先持刀追杀于海明,在于海明夺刀以后,形势发生逆转。此时,刘海龙向其所驾驶的轿车逃窜,于海明继而追砍刘海龙。这就发生了对侵害持续时间的误判,即于海明能否认识到此时刘海龙的不法侵害已经停止,刘海龙逃向轿车不是为了寻找凶器继续进行侵害,而是为了躲避于海明的追砍。对于这种情况,因为刘海龙已经死亡,不再能够查清其主观意图,只能根据当时的客观状态作出判断,因而应当赋予于海明某种误判特权。关于侵害严重程度的误判是对侵害强度的认识错误,因而涉及防卫限度的正确认定。事实上,在正当防卫的紧急状态下,防卫人不可能十分精确地判断侵害强度。基于恐惧和自保的心理,会夸大侵害强度,因而发生对侵害强度的误判,导致防卫强度超过侵害强度。那么,能不能说只要防卫强度超过侵害强度就属于防卫过当呢?显然不能。这里需要考虑防卫人对侵害强度的误判特权问题。例如在上述于海明案中,刘海龙持砍刀追杀于海明,这里的追杀只是外表的呈现,是否具有杀人的实际内容,也可能发生误判。在这种情况下,就要以社会一般公众的认知为标准进行判断:如果社会一般公众认为这种追杀严重危及于海明的人身安全,则于海明具有采取强度相当的防卫行为的权利;反之则不然。即使客观呈现的情况与实际内容发生误差,也就是出现所谓误判,于海明也应当具有这种误判特权。由此可见,误判特权的概念具有一定的分析功能,而且增添了论述的新颖性。

在本书中,章节安排和叙述方式并不是像刑法教科书那样,按照正当防卫的条件逐个展开的,而是以专题的叙述方式对正当防卫的主要成立条件都进行了具有新意的论述,这对于完整理解正当防卫要件具有重要参考价值。尤其是各章都以典型案件为线索展开,并将案例分析贯彻在全书的每一个章节,因而使本书不仅具有较高的学术价值,而且具有较高的实践意义。可以说,本书在很大程度上回应了我国正当防卫理论研究中的疑难问题和司法认定中的疑难案例,因而本书是一部在正当防卫理论上的创新之作和前沿之作,推动并促进了我国正当防卫的理论发展,同时对于司法机关办理正当防卫案件也具有指导意义。

当然,本书的某些观点也还存在可以商榷的地方。在我看来,较为重要的是侵害紧迫性对于正当防卫成立的意义。值得注意的是,《德国刑法典》和《日本刑法典》对于正当防卫是否需要针对紧迫的不法侵害才能实施,在法条的表述上存在差异。《德国刑法典》第32条第2款规定:"正当防卫,乃为防御自己或他人现在所受之违法攻击,所为必要之防卫行为。"在此,并没有出现紧迫性的表述。德国学者对不法侵害作了以下四个方面的描述:第一,所谓侵害是人为地对法秩序所保护的行为人的或者他人利益所构成的侵害和危害。第二,对被侵害人所有处于法律保护之下的利益侵害,均可以进行正当防卫。第三,侵害必须是违法的,但未必是可罚的。第四,侵害必须是正在发生的。这里的正在发生的侵害是指迫在眉睫的或者仍然继续进行的侵害。① 从这里对迫在眉睫的描述来看,似乎要求侵害的紧迫性。但在相关判例中,则难以反映只有在紧迫性的情况下才能实施正当防卫的内容。例如德国学者指出:"如果汽车驾驶员想到道路旁的公用的仍有车位的停车场停车,但遭到他人阻挠,后者为确保尚未到达车辆的停车位子而站在此处,该汽车驾驶员原则上有行使正当防卫的权利。"② 在这种情况下,很难说存在紧迫的侵害。由此可见,在德国刑法中对于侵害的紧迫性并不是十分

---

① 参见〔德〕汉斯·海因里希·耶赛克、托马斯·魏根特:《德国刑法教科书》(上),徐久生译,中国法制出版社2017年版,第451页以下。
② 〔德〕汉斯·海因里希·耶赛克、托马斯·魏根特:《德国刑法教科书》(上),徐久生译,中国法制出版社2017年版,第453页。

强调,这也表明德国刑法中的正当防卫的范围较宽。《日本刑法典》则在法条中明确规定了紧迫性,该刑法典第36条第1款规定:"为防卫自己或他人之权利,对于急迫不正侵害而出于不得已之行为,不罚。"日本学者明确将急迫作为侵害的特征,例如山口厚教授指出:"'不法'的侵害必须是急迫的。即,是指法益侵害是紧迫的,或者法益侵害现实或者已经迫近。在存在这种状况的场合,无暇去寻求公权力机关的保护,为了保护正面临侵害之危险的法益,就有必要去实施某种反击行为。可以说,在紧急状态之下例外地允许实施正当防卫,其理由正在于此。"①因此,日本刑法中的正当防卫受到紧迫性的限制,而且要求不得已性,其范围较窄。我国《刑法》第20条关于正当防卫的规定并没有紧迫性的用语,但在刑法理论上一般都认为,只有对具有紧迫性的不法侵害才能实施正当防卫,因而紧迫性成为我国刑法中正当防卫的一个成立条件。只不过紧迫性在正当防卫成立条件的归属问题上存在不同见解。我是在防卫起因这个成立条件中论述紧迫性②,而张明楷教授则是在防卫时间这个成立条件,即不法侵害正在进行中论述紧迫性③。对此,陈璇在本书中认为,尽管紧迫性要件必要说并不违反罪刑法定原则,但该条件对于正当防卫成立来说既不合理亦非必要。尤其是陈璇认为,将紧迫性作为正当防卫成立条件是维稳思维的体现。对于这一观点,我认为值得进一步推敲。毫无疑问,将紧迫性作为正当防卫成立条件在一定程度上减缩了正当防卫的范围。但现在的问题是,即使是那些对具有紧迫性的正当防卫案件也不被认定。如果取消紧迫性,则正当防卫范围大为扩张,其认定更为困难。在这个问题上,我的思想可能会比陈璇保守一些。总之,这是一个需要深入探讨的问题。对该问题我国刑法学界过去是没有争议的,而陈璇的观点正好挑起了对此问题的理论争鸣,而学术正是在不断争论中向前发展的。

正当防卫是一个常议常新的话题,本书对正当防卫的论述使得这个话题进入到更为深入、更为开阔的理论场域,足以激发我国刑法学者对正

---

① 〔日〕山口厚:《刑法总论(第3版)》,付立庆译,中国人民大学出版社2018年版,第121页。
② 参见陈兴良:《正当防卫论》(第三版),中国人民大学出版社2017年版,第69页。
③ 参见张明楷:《刑法学》(第五版),法律出版社2016年版,第201页。

当防卫的研究热情。我期望对正当防卫的理论研究能够伴随着我国司法实践的进步而不断深入。

是为序。

陈兴良
谨识于北京海淀锦秋知春寓所
2019 年 10 月 11 日

115. 江溯主编《德国判例刑法(总则)》①序

部门法的研究不能仅是理论分析,而且应当结合一定的司法判例,这一点已经被大陆法系国家的法学学者所认同。随着德日刑法体系书以及专著翻译介绍到我国,我们对德日刑法教义学的知识有了系统了解,这对于我国刑法理论的发展当然能够起到推动作用。与此同时,德日刑法判例研究的著作也逐渐翻译介绍到我国,这就为我国判例刑法的理论研究提供了重要资料。以德国为例,德国著名刑法学家克劳斯·罗克辛教授的《德国最高法院判例·刑法总论》②一书,由何庆仁、蔡桂生两位翻译,中国人民大学出版社2012年出版。该书收集了100个判例,对案情、裁判理由进行了介绍,同时该书作者罗克辛教授对判例提出设问,并进行简单的题解。可以说,该书是我国学者接触到的以德国判例为主题的第一部重要著作。尤其是该书出自德国著名刑法学家罗克辛教授之笔,使我国学者深切地理解判例研究在德国刑法理论中的重要地位。此后,我国学者王钢编写的《德国判例刑法(分则)》③一书由北京大学出版社于2016出版。该书是我国学者编写的第一部关于德国刑法判例的著作。值得说明的是,在此之前我国翻译介绍的德国刑法著作都只限于总论,而缺乏对德国刑法分则理论研究著作的翻译介绍。王钢的《德国判例刑法(分则)》一书选择德国刑法分则中最为重要的罪名,以罪名解析为该书的主体内容,其间穿插若干案例。因此,该书与其说是叙述德国刑法分则判例的著作,不如说是解析德国刑法分则重点罪名的著作。之所以有如此安排,我以为,这与德国刑法分则的理论著作未在我国翻译出版有关。在这种情况下,我国学者对德国刑法分则中重点罪名的知识填补的重要性显然大于对德国刑法分则判例的了解。因此,王钢这部著作不仅是我国出

---

① 江溯主编:《德国判例刑法(总则)》,北京大学出版社2020年待出版。
② 〔德〕克劳斯·罗克辛:《德国最高法院判例·刑法总论》,何庆仁、蔡桂生译,中国人民大学出版社2012年版。
③ 王钢:《德国判例刑法(分则)》,北京大学出版社2016年版。

版的首部德国刑法分则判例的著作,更是我国出版的首部德国刑法分则理论的著作,其具有双重的学术价值。现在,江溯主编的《德国判例刑法(总则)》一书又即将由北京大学出版社出版。本书既是承接王钢的《德国判例刑法(分则)》一书,形成一个系列,同时又具有自身的特点,这就是单纯以德国刑法总则判例研究为主体内容,而德国刑法总论因为已经有大量著作翻译介绍到我国,因而在本书中不以其为重点。当江溯将本书的电子版发给我,嘱我写序的时候,我浏览了本书内容,对本书的体例编排、判例选择以及理论评析都十分满意。可以说,本书的出版将为我国学者打开一扇窗户,使我们通过德国刑法总则判例得以深层次地了解德国的刑法立法、刑法司法以及刑法理论的研究现状。

在《德国判例刑法(总则)》一书中,案情是不可或缺的内容,每个判例都有独特的案情。应该说,各个判例的案情是较为简单的,因为经过司法活动的不同审级,案情十分精简,与定罪无关的细节已经删除。我对德国刑法判例最感兴趣的是判例的名称。我国的指导案例,一般采用被告人的人名加罪名的方式,例如最高人民法院颁布的指导案例第3号,名称是"潘玉梅、陈宁受贿案"。又如,最高人民检察院颁布的指导案例第1号,名称是"施某某等17人聚众斗殴案"。德国则并非如此,德国刑法判例书中,一般都采用对案情的特征进行描述的用语。例如,罗克辛《德国最高法院判例·刑法总论》的第一个判例,就是集中营案①,因为该案的场所发生在集中营;以及癣马案②,因为该案的主角是一匹癣马。此外,在罗克辛教授的德国刑法教科书中,还有大量我们耳熟能详的判例,例如山羊毛案③。这种对判例的命名,令人记忆深刻,具有其优越性。

《德国判例刑法(总则)》是按照刑法总论的体系编排的,因而具有其内在逻辑性。这一点,也不同于王钢的《德国判例刑法(分则)》。王钢的著作是按照罪名的逻辑关系进行编排的,而且对罪名的解析占据了较大

---

① 参见〔德〕克劳斯·罗克辛:《德国最高法院判例·刑法总论》,何庆仁、蔡桂生译,中国人民大学出版社2012年版,第1页。
② 参见〔德〕克劳斯·罗克辛:《德国最高法院判例·刑法总论》,何庆仁、蔡桂生译,中国人民大学出版社2012年版,第113页。
③ 参见〔德〕克劳斯·罗克辛:《德国刑法学总论(第1卷)》,王世洲译,法律出版社2005年版,第254页。

篇幅,这是合理的。但刑法总则如果完全按照刑法典的总则体系进行编排,就难以照顾到刑法总论的理论体系的逻辑性。在这种情况下,本书是按照刑法总论的体系进行编排的,尤其是以三阶层的犯罪论体系为基本结构框架。例如第 2 章"因果关系与客观归责",第 3 章"正当化事由"和第 4 章"责任",在此基础上再讨论过失犯和不作为犯等特殊犯罪类型,以及未遂犯、共犯等特殊犯罪形态,最后一章是"刑罚与保安处分"。以上内容基本上全面反映了刑法总则的主要专题。

江溯主编的《德国判例刑法(总则)》与罗克辛教授的《德国最高法院判例·刑法总论》相比,案件数量较少:罗克辛的书中收集了 100 个案件,而本书只有 45 个案件。但两书的篇幅却相差不大。由此可见,《德国判例刑法(总则)》一书对判例的裁判理由和理论分析更为充分和详尽,具有一定的研究性质。尤其应当指出,这些案件虽然发生在德国,但其裁判理由对于我国处理同类案件具有重要的参考意义。例如,正当防卫在我国是一个热点问题,最高人民检察院还专门颁布了一批正当防卫的指导案例。在我国司法实践和刑法理论中,对于正当防卫的认定存在争议,因而出现了某些引起全民关注的正当防卫案件。其中,涉及的一个问题是:如何正确理解不法侵害之正在进行?这个问题在诸如反杀案中争议更大。例如最高人民检察院第 47 号案例"于海明正当防卫案",这是一个典型的反杀案,即死者刘海龙首先持刀侵害于海明,于海明在反击中夺取刘海龙的砍刀,并追杀刘海龙致其死亡。本案涉及对不法侵害之正在进行的理解。指导案例指出:"关于刘某的侵害行为是否属于'正在进行'的问题。在论证过程中有意见提出,于海明抢到砍刀后,刘某的侵害行为已经结束,不属于正在进行。论证后认为,判断侵害行为是否已经结束,应看侵害人是否已经实质性脱离现场以及是否还有继续攻击或再次发动攻击的可能。于海明抢到砍刀后,刘某立刻上前争夺,侵害行为没有停止,刘某受伤后又立刻跑向之前藏匿砍刀的汽车,于海明此时作不间断的追击也符合防卫的需要。于海明追砍两刀均未砍中,刘某从汽车旁边跑开后,于海明也未再追击。因此,在于海明抢得砍刀顺势反击时,刘某既未放弃攻击行为也未实质性脱离现场,不能认为侵害行为已经停止。"最高人民检察院在本案的指导意义中指出:"不能要求不法侵害行为已经加诸被害人身上,只要不法侵害的现实危险已经迫在眼前,或者已达既遂状态但侵害行为没有实施终了的,就应当认定为正在进行。"在此,我们可以看到,该案例的指导意见是以不法侵害迫在眼前的危险存在作为认定不法侵害的根据。在《德国判例刑法(总则)》一书,偷窥者案(Spanner-Fall)是值得我们注意的。在该案中,偷窥者前后七次晚上出现在被告人的家中与花园,一直没有被抓到。1977年9月9日晚1时50分左右,被告人被一阵声响吵醒,看见一名男子(下称S)站在床脚。他惊叫一声,从床上跳起来,抓起手枪并上膛。S转身逃跑,被告人在后面追赶,可是,这名闯入者跑得又比被告人快。被告人多次喊道"站住,否则我开枪了",但S并未停止,被告人最终向他的双腿开了两枪。被告人希望抓住这名闯入者,从而结束这种对他的家庭而言无法再忍受的局面。被告人开枪打中了S的左臀和左肋。显然,被告人是在偷窥者逃跑的过程中开枪将其打伤的。对于本案,初审法院认定被告人构成危险伤害罪与违反枪支法的轻罪的想象竞合犯。被告人不服一审判决提起上诉,主张其行为存在免责事由,不成立犯罪。最高法院否定了初审法院的判决,认定被告人无罪,被告人的上诉取得成功。本案中,存在一个对于法律适用具有决定意义的问题,这就是如何认定侵害或者危险正在发生。《德国刑法典》共有三个条款规定了危险,其中,第32条第2款关于正当防卫,规定了"正在发生的不法侵害";第34条关于阻却违法的紧急避险,规定了"正在发生的危险";第35条关于阻却责任的紧急避险,规定了"正在发生的危险"。德国初审法院认为,正当防卫的"正在发生的不法侵害"是指现时的不法侵害。因此,本案不符合正当防卫的时间条件,不能认定为正当防卫。对此,德国最高法院表示赞同。但初审法院同时以正在发生的危险属于现时的危险为由,否定被告人成立违法阻却的紧急避险和责任阻却的紧急避险。对此,德国最高法院并不赞同。德国最高法院认为:刑法典第35条所规定的"危险"也包括持续性危险(Dauergefahr)。当持续的危险如此紧迫,以至于可能随时或立即转化为实害时,即使实害的出现可能还需要片刻,也成立阻却责任的紧急避险。因此,德国最高法院判决被告人成立责任阻却的紧急避险。当然,这一判决在德国刑法学界也是存在较大争议的。例如,同样是"正在发生的危险",为什么被告人不能成立违法阻却的紧急避险而成立责任阻却的紧急避险?持续性的侵害或者危险这种解释,确实能够在一定程度上拓展正当防卫或者紧急避险的适用范围。但其限度如何来合理地把握?这些问题都是值得思考的。在偷窥者案中,现时的侵害或者危险都是不存在的,但可预见的将来危险是客观存在的。在这种情况下,被告人实施的枪击行为能否为法律所允许,就是法律应当解决的问题。总之,刑法教义学虽然具有某种抽象性,然而,案件是具体的并且是个别的,只有从个案出发才能提出真正的问题,这才是刑法教义学所应当面对的。本书的出版,对于我国刑法教义学的深入研究具有显而易见的参考作用。

《德国判例刑法(总则)》一书的作者,都是我国刑法学界的中青年学者,并且都有德国或者其他国家的留学背景。本书并不是一部译作,尽管书中大量内容需要翻译。本书也是一部研究之作,对于德国判例进行刑法教义学上的评析,使得本书具有较高的学术含量,因而值得向读者推荐。

陈兴良
谨识于北京海淀锦秋知春寓所
2019 年 12 月 8 日

二、

丛书序

1. "北京大学刑法学博士文库"① 总序

北京大学是一所百年老校,追求思想与学术的统一:以思想启迪学术,以学术传递思想;思想栖息在学术中,学术浸润在思想里,开一代风气之先。北京大学刑法学博士点在北大学风的熏陶下,以推动我国刑法现代化、推进我国刑法理论研究为使命,自1990年建点以来,推出了一批在思想性与学术性两方面均颇有建树的博士论文。这些论文,除个别已经公开出版以外,其他均未能面世,殊为可惜。有感于此,经与中国方正出版社联系,这些博士论文以"北京大学刑法学博士文库"的名义正式推出,使之成为社会共享的刑法理论资源。

刑法学是一门理论性与实践性很强的学问,尤其是随着我国刑事立法与刑事司法的发展,刑法理论本身也不断更新。可以说,没有刑法理论的指导,就不会有科学的刑事立法与自觉的刑事司法。北大刑法学博士点历来注重刑法理论的研究,前承蔡枢衡先生、甘雨沛先生等老一辈刑法学家的学术思想,将刑法的研究纳入人文社会科学研究的视域,古今中外相观照,以提升刑法学的理论水平。同时,北大刑法学博士点亦十分注重刑法学的应用性,关注刑事立法与刑事司法,力求解决立法实践与司法实践提出的各种疑难问题,从而使刑法理论立足于实践,在实践中获得强大的生命力。北大刑法学博士点在博士生的培养中,坚持上述原则,其他反映在博士论文当中。从博士论文的选题和内容来看,有一些属于理论性的论题,作者能够运用刑法理论分析问题、解决问题,取得了前沿性的研究成果。有一些属于实践性的论题,作者能够面对立法与司法的现实,选取某一个角度,从理论上加以研究,对于刑事立法与刑事司法具有直接的指导意义。还有一些是专门研究外国刑法的,在广泛搜集资料的基础上,对相关问题作了系统的梳理,从而对我国刑法的发展具有借鉴意义。尤其应当指出的是,北大刑法学博士点秉承刑事一体化的原则,除了刑法

---

① "北京大学刑法学博士文库"由中国方正出版社自2000年起陆续出版。

以外,研究方向还包括犯罪学和监狱学。因此,在出版的博士论文中,也包括犯罪学和监狱学的博士论文,在该领域处于领先的学术地位。

学术研究是一项需要持久努力的事业;同时,学术研究又是一项集体共同的事业。北大刑法学博士点就是这样一个刑法学研究基地,在向社会不断输送人才的同时,本身也不断发展壮大。这套"刑法学博士文库",正反映了北大刑法学博士点的理论实力。她不仅包含着各位作者的智慧,也凝聚着各位指导教师的心血,可以说是师生共同的学术成果。现在,将这些博士论文出版,也正是为了检验北大刑法学博士点的学术水平。我们相信,随着更多年轻人取得博士学位,将会有更多的博士论文收入文库,从而为我国刑法理论研究贡献一份力量。

"北京大学刑法学博士文库"由北京大学法学院刑法学博士点的博士生导师组成编委会,逐年出版本博士点通过的博士论文。但愿这些博士论文能够成为学术上的新生力量,不断地激活刑法理论。如此,则设立"北大刑法学博士文库"的初衷如愿矣。

"北京大学刑法学博士文库"编委会
1999年夏于北京大学

2. 北京大学法学院编"北大法学文存"(五卷本)[①]序

北大正在为建成世界一流的大学而努力,北大法学院正在为建成世界一流的法学院而努力,这是我们这一代北大学人的使命。那么,世界一流大学、世界一流法学院的标准是什么呢？我认为,这里的一流,不仅是教学一流,而且是科研一流。教学与科研是任何一所大学的两个工作环节,也是大学发展的两翼。在教学与科研这两者中,教学是基础,这是毋庸置疑的。但对于北大这样的大学来说,科研是更为重要的。只有取得一流的科研成果,才能将其引入课堂,从而达到一流的教学成果。我始终认为,北大法学院应当将科研放在一个更为重要的位置上,以科研促进教学,以科研带动教学。从以教学为中心的大学向以科研为中心的大学转变,是建设世界一流大学的开端。

北大法学院在科研方面有注重基本理论的优良传统,这一传统在新世纪得到了发扬光大。北大法学院有着一大批勤勤恳恳地从事各自专业领域的研究并不断地出版着各种科研成果的专家学者,正是他们的科研成果提升了北大法学院的学术水准和学术声望。在学校985项目的资助下,北大法学院的科研工作迎来了她的黄金季节。为了集中展示北大法学院教师的学术研究成果,我们与法律出版社商定,不定期地出版"北大法学文存"。收入"北大法学文存"的论文都是北大法学院教师最新的科研成果,这些科研成果曾经以北大法学院工作论文的形式印行,在法学院内进行交流。应当指出,有些论文在有关刊物上曾经发表,现在一并收入"北大法学文存"。在收入时,作者又对论文作了进一步的修改润色。

"北大法学文存"是北大法学院985项目阶段性成果的展示,对于985项目的资助表示感谢。"北大法学文存"在出版过程中,有关专业的硕士生和博士生参与了编辑工作,对他们的辛勤劳动表示感谢。"北大法学文存"的出版,得到了法律出版社社长贾京平先生、编辑蒋浩先生、丁小

[①] 北京大学法学院编:"北大法学文存"(五卷本),法律出版社2002年版。

宣先生的大力支持,在此尤其应当表示感谢。

"北大法学文存"还将继续出版下去,我相信,她将成为北京大学法学院科研活动历史发展的印记。

陈兴良
谨识于北京海淀蓝旗营寓所
2002 年 3 月 14 日

3. 王明、李振奇、谭京生主编"刑事名案精析系列丛书"①序

北京市法院系统历来重视理论研究,尤其是注重将审判经验上升为法学理论。现在,由北京市高级人民法院副院长王明、刑二庭庭长李振奇、刑一庭庭长谭京生主编的"刑事名案精析系列丛书"即将陆续由群众出版社出版,邀我担任顾问并为系列丛书作序,我感到十分荣幸和高兴。振奇庭长多次向我谈及出版这一系列丛书的计划与设想,我还翻阅了部分书稿,感到这系列丛书的创意是新颖的,内容是丰富的,意义是重大的,因此乐于为之作序。

收入本系列丛书的是刑事名案,我想对这里的名案略作说明。名案者,著名之案也。案之著名,原因无非有三:一是案件之被告人著名,例如成克杰受贿案、李纪周受贿案等;二是案情著名,例如黑哨案、黑熊案等;三是案件定性复杂,涉及一些重大刑法理论问题,因而著名。一般来说,社会关注的往往是前两种名案。确实,近年以来,北京市三级法院审理了不少此类名案。但我们更应关注的是第三类名案,这些案件在刑事审判中具有重大影响,对于刑法理论具有重要意义,称之为名案可以说是当之无愧的。收入本系列丛书的大部分是这个意义上的名案,因而具有学术研究价值。

本系列丛书不是对这些案件审理过程的简单展示或资料汇编,而是对这些案件涉及的相关理论问题进行了深入研究,这就是本丛书之所谓精析的蕴含之所在。首先,由于这些(名)案件,或者曾经引发社会的广泛关注,或者涉及某些刑法理论问题,因而它们不同于一般的刑事案件。在审理这些案件的时候,法官予以格外的重视,倾注了大量的心血。这些案件的处理结果,可以说是法官智慧的结晶。因此,对这些案件加以研究,是对司法实践经验的总结,对于提升刑事审判水平具有重要意义。其

---

① 王明、李振奇、谭京生主编的"刑事名案精析系列丛书"由群众出版社自2003年起陆续出版。本序首载王明、李振奇、谭京生主编:《经济犯罪名案精析》,群众出版社2003年版。

次，我国虽然不是一个判例法国家，但先前的权威判例，对于此后的刑事审判无疑是具有一定指导意义的，而上级法院的判决对于下级法院还具有一定的制约性。收入本系列丛书的(名)案件之判决结果，都是经过法官深思熟虑的，对于以后审理同类案件具有重要的参考价值。从这个意义上说，这些案件的判决结果在一定程度上具有判例的作用。第三，这些(名)案件及其判决结论对于法学教育与法学研究都具有重要意义。以往我国的法学教育与法学研究与司法实践之间往往存在严重脱节，而现在这种脱节正在逐渐弥合。一方面，法官对于法学理论的欲求越来越高，尤其是随着一大批高学历、高学位的法官的成长，他们将法学理论知识直接适用于审判工作。另一方面，随着在法学教育中引入判例教学法和在法学研究中采用实证研究方法，法学理论工作者对于司法实践也越来越重视。在这种情况下，本系列丛书的出版，不仅是司法实践经验的总结与提升，而且也为法学教育与法学研究提供了丰富的司法素材，因而对法学教育和法学研究具有推动作用。

本系列丛书的作者都是刑事审判第一线的法官，收入本系列丛书的案件就是他们审理的，因此熟知这些案件，由此对这些案件进行精析提供了良好的条件。在对各个案件的研究中，最引起我注意的是裁判理由。裁判理由是法官断案的根据与基础，它最能反映一个法官的审判水平与理论素养。以往的司法文书千篇一律，官样文章，不讲道理，因而乏善可陈。最近几年来，最高人民法院推行裁判文书的改革，其中一大重点内容就是加强说理，将裁判结论建立在充足的裁判理由之上，唯此才能服人，才能体现公正。我高兴地看到，收入本系列丛书的(名)案件精析，裁判理由都下足了功夫，以理服人，展示了法官的理论功底。裁判理由，主要是本案之理，因而难免具有其局限性。本系列丛书的作者不满足于就案论案，在裁判理由的基础上，进一步对本案涉及的法律问题进行了法理上的评析。这种评析因其超越了个案的限制，因而具有普遍的理论意义。从这个意义上说，作者不仅从这些案件中提出问题，而且试图从理论上解决问题，这是难能可贵的。作为刑法理论研究者，我也从这些鲜活的思想观点中受到启迪，并为我们从刑法理论的高度进一步进行学术研究提供了条件。

法官作为一名司法者，其使命是适用法律。对于刑事审判的法官来说,就是适用刑法。法官适用刑法的司法活动,由于罪刑法定原则而受到法律的严格限制。但这并不意味着法官只是一个法律的机械适用者,不可否认,在罪刑法定原则下,法官仍然具有一定的自由裁量权。因为司法过程是一个将法之一般规定适用于个别案件的过程,由于法律的抽象性与个案的具体性之间的矛盾的存在,在法的适用中必然出现各种各样的疑难问题要法官去解决。因此,法官的主观能动性在法的适用中如何正确地发挥是一个十分重要的问题。为保证法的正确适用,法官必须具有很高的法律专业知识水平。因此,法官不应成为法律工匠和办案机器,而应当在办案过程中不断总结经验,不断学习理论,从而逐渐提高审判水平。唯有如此,法官才能站在法的立场上,对案件作出公正的裁判。刑事案件涉及罪与非罪、重罪与轻罪,一个人的行为一旦被认定为犯罪,就会引申出生杀予夺的严重法律后果,因而从事刑事审判的法官更是责任重大,更须通过学习提高办案水平与办案质量。

"刑事名案精析系列丛书"将分册推出,首批出版的有《经济犯罪名案精析》《金融犯罪名案精析》《暴力犯罪名案精析》《毒品犯罪名案精析》。这些书涉及某一类犯罪案件,主题集中,反映了北京市三级法院对上述各类犯罪的刑事审判的水平,这样一种编排体例是成功的。以后还可以按照犯罪类型陆续出版,经过若干年的努力,自成一体,蔚然可观。我建议,在条件成熟的情况下,还可以按照法律主题编辑出书,例如判决无罪的案例精析、改判的案例精析等,这对今后的刑事审判活动都是具有指导性的。

值此"刑事名案精析系列丛书"即将付梓之际,应主编之邀写下初读本系列丛书以后的一些感想,权且为序。

陈兴良
谨识于北京海淀蓝旗营寓所
2003 年 3 月 2 日

4. 梁根林"刑事政策研究系列"[①]序

梁根林"刑事政策研究系列"的三部著作即将由法律出版社出版。这三部著作分别为：之一《刑事政策：立场与范畴》、之二《刑事法网：扩张与限缩》、之三《刑事制裁：方式与选择》。这一"刑事政策研究系列"，堪称梁根林的刑事政策三部曲。三书共计百万言，同进推出，颇有一鸣惊人之感，令人振奋。在此三部曲出版之际，梁根林盛情邀我作序，令我惶恐。梁根林的导师储槐植教授是最有资格为之作序的人。我只不过是梁根林刑事政策研究的一位旁观者，对其研究过程有所了解。在序中略谈一点我的感想，对于理解梁根林的刑事政策研究也许会有所裨益，因而欣然应允下笔作序。

梁根林的学术起点是刑罚理论研究，而刑罚理论恰恰是与刑事政策直接相关的一个领域。在我国，刑事政策并非显学，但也受到老一辈学者的关注。在老一辈学者中，马克昌教授、杨春洗教授、何秉松教授都分别主编了刑事政策教科书，为这一学科的发展奠定了基础。然而，我应当指出的是，储槐植教授虽然没有主编或者专门出版刑事政策方面的论著，但他关于刑事政策的数篇颇有分量的论文，实在是我国刑事政策研究的扛鼎之作，其中最有影响的当推《严而不厉：为刑法修订设计政策思想》（载《北京大学学报》1989年第6期）一文，该文提出了"严而不厉"的刑事政策思想，"严而不厉"与"刑事一体化""刑罚机制""关系刑法"等概念一起，构成储槐植教授最具标志性的学术话语。梁根林自1994年至1997年在北京大学师从储槐植教授攻读博士学位，是储槐植教授的开门弟子之一。从梁根林的学术成长轨迹中，可以明显地看出乃师的深刻影响。梁根林的博士论文《刑罚结构论》一书，正如同其在引言中所云，是受到储槐植教授的引导。该引言在论及选题的确定时指出："我的导师著名刑法

[①] 梁根林：《刑事政策：立场与范畴》，法律出版社2005年版；梁根林：《刑事法网：扩张与限缩》，法律出版社2005年版；梁根林：《刑事制裁：方式与选择》，法律出版社2006年版。

学家储槐植教授在向1992年中国法学会刑法学年会提交的《试论刑罚机制》一文中,有感于我国刑罚功能实现的效果不佳,刑罚理论研究局限于静态分析的现状,提出了'从实践价值考虑,有必要在刑罚理论方面开发一块新领域——研究刑罚机制'的主张。在该文中,储槐植先生首次表达了'结构协调、双边合力、物质支撑是完善刑罚机制的根本保障'的思想。1993年先生在《论刑法学若干重大问题》一文中,再次提出应当进行刑罚机制研究。在我师从先生门下攻读刑法学博士学位后,先生经反复权衡,将刑罚机制问题确定为我的研究方向。"正是储槐植教授的指点,确定了梁根林的研究方向。《刑罚结构论》一书超越了对刑罚制度的规范注释,是一种动态的、结构的分析,使刑罚结构的理论建构达到了一个较高的学术水平。我以为,该博士论文与储槐植教授的思想是一脉相承的。因此,梁根林可以说是继承了乃师学术衣钵的嫡传弟子,两者之间的师承关系是十分明显的。尽管《刑罚结构论》一书基本上未论及刑事政策的概念,但将其视为一种刑事政策的研究也并非唐突。

  我这里之所以强调梁根林与储槐植教授之间学术上的师承关系,一方面是想为梁根林关于刑事政策的研究寻找某种学术上的渊源,另一方面也为对这种研究的评价提供某种视角。就此而言,我认为梁根林的刑事政策三部曲的出版,不仅意味着是对自己的一种超越,而且也将储槐植教授倡导的刑事政策研究提升到一个更高的水平。在这个意义上说,梁根林的研究可谓青出于蓝而胜于蓝,达到了其学术高峰。我注意到,梁根林在《刑罚结构论》一书的后记中提及该书是拟议中的"刑罚机制研究"三部曲之一,三部曲的另外两部,在该书的引言中论及,分别是《刑罚关系论》和《刑罚运行过程论》。但实际上,梁根林并没有按照这一既定的学术进路走下去,而是另行开辟了刑事政策的研究。正如我在前文所言,《刑罚结构论》本身实际上就是一种没有刑事政策之名的刑事政策研究,而现在只不过自觉地在刑事政策的名义下展开学术研究而已。因此,在这两者之间是有着某种内在学术联系的。当然,两者之间也并非只是一种名义的交换,而且彰显了梁根林的学术视野的拓展,从刑罚的刑事政策考察扩展到对整个刑法的刑事政策分析。这里想说明,刑事政策三部曲是我为梁根林"刑事政策研究系列"的命名。前一个三部曲只以一曲而告终,而后一个三部曲则曲曲有声。我知道梁根林在写一部刑事政策的著作,但一直以为这是一本刑事政策原理性的著作,或者说是以教科书体系创作的刑事政策著作。不久前,梁根林告诉我,该书已经写了80多万字。后来,我浏览了书稿,认为这部书已经远远超出教科书体系,某些专题的研究达到了相当高的学术水准。但全书80多万言,内容庞杂,有损于该书的体系性。因此,我建议将该书分拆为三本:将关于刑事政策基本原理的总论性内容单成一书,命名为《刑事政策:立场与范畴》;将对犯罪现象的刑事政策考察纳入《刑事法网:扩张与限缩》一书;将对刑罚制度的刑事政策考察冠之以《刑事制裁:方式与选择》的书名。三书之间既互相独立,又存在内在逻辑关系,并且经过增补,各书稿约在30万言左右,足以单独成书。梁根林采纳了我的建议,就形成了这一"刑事政策研究系列"。

学者是以学术为志业的,因此,著作也就是学者的标识。"刑事政策研究系列"的出版,标志着梁根林在刑事政策研究上的成熟与自立,也足以使其在刑事政策领域树起一座学术的高峰。在年青一代学者当中,研究刑事政策而卓有成就的有卢建平、曲新久、严励等人。这些年轻学者在刑事政策研究上各有所成。梁根林对刑事政策研究从刑罚切入,进而扩展到整个刑法,形成了别具一格的学术个性,从而以自己独特的学术贡献推动了我国刑事政策研究的发展,这是令人欣慰的。从《刑罚结构论》到"刑事政策研究系列",我认为梁根林在学术上的进步是无可置疑与令人信服的。从1998年出版《刑罚结构论》一书,到2004年交付出版"刑事政策研究系列",其中间隔6年时间。聚6年之力而磨出此剑,功力自在其中。在我们这个充满诱惑力和充斥着功利心的社会,像梁根林这样执著于学术,是颇为不易的。因此,梁根林的学术定力也是值得赞赏的。

记得2002年梁根林从德国进修后回国,谈及在德国进修期间搜集了大量的资料,正在加快写作进度。当时,对梁根林的研究内情我也并非详知。但当作为"刑事政策研究系列"的阶段性成果一篇篇发表出来时候,我分明看到梁根林学术成长的足迹。尤其是"公众认同、政治抉择与死刑控制"一文,使我感觉到梁根林在学术上更上了一个新台阶。该文是我所见到的对死刑问题研究最为深刻的论文之一,其说理之透彻,视野之开阔,令人刮目相看。及至"刑事政策研究系列"的书稿展示在我面前,我以为这是我国在刑事政策领域的前沿性成果。梁根林已经年届不惑,在学术上不说是少年得志,至少也不是大器晚成。在最该出成果的时候,就出了成果,可谓正逢其时。我相信,刑事政策三部曲的出版只不过是梁根林学术经历中跨越的一座学术高峰。抬望眼,还有更多的学术高峰横亘在我们的面前,我们是否具有跨越的信心和实力?这需要由时间来回答。写在这里,与梁根林共勉。

是为序。

陈兴良
谨识于北京锦秋知春寓所
2004 年 11 月 29 日

5. "全国中青年刑法学者专题研讨会文集"丛书①总序

"全国中青年刑法学者专题研讨会"不是一个学会,而是一个每年举行的学术论坛。每年的研讨会都要出版一本论文集,以此作为研讨的学术成果。我受邀作序,却之不恭,因而从命,此乃本序之所由来也。

当前我国每年召开的学术研讨会多如牛毛,如果每会必到,一会一文,就会耗费一个学者全部的精力,因而可能沦为"会议学者"。可悲的是,我国这样的"会议学者"并非罕见。但凡"会议学者",大多没有自己的学术计划,更无学术追求与学术使命,而是被各种会议的议题牵着鼻子走,其文大多为应景之作,毫无学术创新可言。这样的学术会议除培养一批"会议学者"以外,其实并无太大的学术价值。现在,随着国际交流的加强,国际学术研讨会又开始盛行,诸如世界法律大会之类,不一而足,因而"会议学者"又升格为"国际会议学者",以参加各种国际会议为荣。对于学术会议的频繁举行,我是颇有微词的,也不以缺席为耻。实际上,一些大型的学术会议,动辄数百人,各种来自不同领域、具有不同背景、怀有不同目的的人聚合在一起,除了"交结老朋友,认识新朋友"的交谊功能以外,学术氛围已经淡而又淡,学术功能也就退居末位。我以为,学术是一种个人的志业,写作更是一种个体化的行为。先有个人的"自思",才有公众的"共思"。"共思"是以"自思"为前提的。若无前者则无后者。我并不否认学术交流的重要性及其对于个人研究的启迪性,但我国目前如此频繁、如此庞杂的学术会议,却与学术的宗旨与会议的初衷相去甚远。除了造就一些华威先生式的"会议学者"以外,我们的某些学术会议又复有何用?

当然,我并不是学术会议的虚无主义者,对于学术活动也不是一概的否定论者。只是对当下的某些以学术之名举行而无学术之实的学术会议

---

① "全国中青年刑法学者专题研讨会文集"丛书由北京大学出版社自2006年起陆续出版。

有所不满而已。大概与我有同感的学者不在少数,因而我们几位中青年刑法学者凑在一起,想举办一次我们想参加的学术会议。这一动议由来已久,在我的印象中至少可以追溯到1996年的乐山刑法学年会。当时有张绍谦、冯亚东、贾宇、吴振兴、游伟等人,可能还有其他人,但我已经回想不起来了,对张绍谦和冯亚东是印象较为深刻的。当时张绍谦还在郑州大学法学院担任院长,职务上的便利可以利用,想在次年召集一个小型的学术研讨会,讨论刑法基本理论问题。当时的设想很有吸引力,把与会者拉到某风景旅游区,可以携带家属,边游览边讨论,颇有些亚里士多德田园学派之遗风。可惜张绍谦很快想要调离郑州大学法学院,此一调动过程持续数年之久,会议的预想终于未遂。此后,2002年冯亚东又发起在成都开会,当时冯亚东刚从四川大学法学院调到西南财经大学法学院,为创牌子,院里拨了点经费,预定在2003年5月中旬,先到成都开会,然后到海螺沟、稻城等听到地名就令人向往的风景区旅游,谓之会议的延续。没想到人算不如天算,2003年春季一场席卷全国的非典,又使这次冯亚东已辛苦筹划许久的学术会议告吹。可谓一波三折。我也于1998年从中国人民大学法学院调到北京大学法学院任教。到了2004年,恰逢百年院庆,院里拨了5万元作为刑法学科举办学术庆典活动的经费,这才想起重圆那个做了近八年的学术会议的梦。这次天遂人愿,首届全国中青年刑法学者专题研讨会终于在深圳研究生院召开。这当然获益于派驻深圳研究生院的北京大学法学院副院长梁根林教授,他的全力筹办使会议圆满成功。在深圳会议上,约定第二届会议由西南政法大学承办,西南政法大学法学院院长陈忠林教授主持。在陈忠林教授的筹划下,第二届会议也获得圆满成功。如果不出意外,第三届会议将在2006年9—10月间在北京大学深圳研究生院举行,届时德国著名刑法学家克劳斯·罗克辛将受邀与会,和我国中青年刑法学者共同讨论犯罪构成体系的问题。外国学者的介入,使全国中青年刑法学者专题研讨会具有了涉外因素,这是可喜可贺之事。研讨会将来还会继续举办下去,争取成为每年一次的学术雅集:若干刑法学人对某个论题聚集在一起进行讨论、乃至于争论,若有所得,各得其所,不亦乐乎。

我以为,全国中青年刑法学者专题研讨会最大的特点在于:小规模、专题性、开放式和争辩化。这也是我们设计的初衷,现在按照我个人的理解阐述如下：

小规模，是相对于大规模或者超大规模的学术会议而言的。规模之小，参会人数约在20—30人左右，超出50人就不属于小规模，100人以上可谓大规模，1 000人以上可谓超大规模。在我看来，会议之规模大小恰与会议之学术含量成反比：会议规模越大则学术含量越小，反之亦然。从首届和第二届全国中青年刑法学者专题研讨会的规模来看，参会人数均未超过30人，第二届只有20人左右。唯有会议规模小，才有深入探讨某一问题的可能。因此，小规模是首先需要坚守的一条底线。

专题性，是相对于漫无论题式的研讨活动而言的。每个学术会议都号称有中心议题，但不是中心议题过于宽泛，就是存在多个中心议题，因而使学术讨论难以集中深入。全国中青年刑法学者专题研讨会以单一性专题和小专题为中心议题，不作泛泛而论，而是有感而发。我们设想以后每年的专题设计为刑法教科书中的三级标题甚至四级标题，以某一核心概念为主题，例如第二届的"违法性认识"即为范例。由于专题小，非有专门研究者与会不能有发言权，由此提高了会议的专业槽，将"会议学者"拒之门外。

开放式，是相对于封闭式而言的，包括议题开放和与会人员开放。全国中青年刑法学者专题研讨会是一个开放的论坛，凡对某一议题有兴趣者均可参加。它不是一个专门的学术机构，因而是"无组织"；它又遵循一定的学术规范，因而是"有纪律"。这种"无组织有纪律"式学术会议规则能够使之长久地坚持下去。当然，这里的开放式还指会议向举办地的同学开放，首届会议在北京大学深圳研究生院召开时，参加旁听的法律硕士多达百人，同学们还向与会者提问，展开互动。第二届会议在西南政法大学召开时，参加旁听的刑法专业硕士生和博士生也有数十人，由此增添了会议的"人气"，又使会议附带地收获"教学"的功效，可谓一举多得。

争辩化，是相对于以往会议只有发言没有交锋的状况而言的。在会议进行当中，学者之间可以就某一问题展开充分而深入的观点争辩，甚至不乏脸红耳赤之状，一改学者的温良恭俭之风。尤其是陈忠林教授、冯亚东教授、冯军教授，均以好争善辩而著称于会，可惜没有实况录像，未与会者无缘一睹争辩时各位教授的风采。

学术会议的学术性不仅贯穿在会议当中，更重要的是体现在会议达成的共识上。从已经召开的两届会议来看,初步达成了某种共识。尤其是第二届关于违法性认识的讨论,尽管对于违法如何理解、违法性认识的体系性地位等问题尚有分歧,但与会者一致认为违法性认识是归责要素,这就是一个学术共识。我甚至想,能否每次会议都由主办者起草一份"关于×××问题的决议",抑或是"宣言",以免会后遗忘,也告未与会者周知。

我们的会议名称为"全国中青年刑法学者专题研讨会",似有排斥老年刑法学者之嫌。当时起名的初衷有自谦之意,只是少数中青年学者的造次,未敢惊动刑法学界的老一辈学者。当然,有老年刑法学者参与指导则更是会议之幸矣。首届会议有北大法学院德高望重的储槐植教授、张文教授与会,使会议大为增色。当然,我们也有年老的那一天,届时会议名称仍为"全国中青年刑法学者专题研讨会",会议的主体将是那时的中青年刑法学者,而我辈则将退居二线矣。

以上感言,率性而随意,不文不白,不三不四,亦可为序乎?是为序也!

陈兴良
谨识于北京海淀锦秋知春寓所
2005年11月16日

6. "司法法学文丛"①序

北京大学出版社的蒋浩先生为其组织出版的"司法法学丛书"邀我作序,我欣然命笔。之所以"欣然",是因为我对"司法法学"这个概念或曰命题感兴趣。蒋浩在邮件中说,听刘树德说,"司法法学"这个概念是我曾经提过的,我还真忘了是否提过。但蒋浩一说起"司法法学"一词,我顿然有一种曾似相识的熟悉感,因而有话想说。

去年,强世功教授在生活·读书·新知三联书店出版了一本书,书名为《立法者的法理学》,其中第一章是"迈向立法者的法理学"。收到强世功的赠书,我很自然地从"立法者的法理学"联想到是否也存在"司法者的法理学"?由此又联想到从"统一的法理学"是否会走向"分化的法理学"。这些问题都关系到法理学,实际上也是法学的发展方向。对于强世功的"立法者的法理学"命题中的"立法者"一词,是不能望文生义的,因为在该书中,强世功明确指出:

> "立法者的法理学"绝不是目前流行的"立法学",这里所说的"立法者"也不是现代法意义上的法律制定者(law-maker),而是古典意义上创造政体的立国者或者立法者(legislator)。②

在这个意义上的"立法者的法理学",实际上是一种政治学或者政治哲学。强世功是把"立法者的法理学"与"法律人的法理学"相对应的:"法律人的法理学"是在法律之中研究法律,是对法规范与法技术的研究。而"立法者的法理学"思考的不是仿佛自足的法律秩序,而是法律秩序作为其有效组成部分的政治秩序。它从法律世界出发重返到法律世界,并由此来理解法律。③ 因此,"立法者的法理学"是在法律之前、之上、之外研究法律。如果有"立法者的法理学",那么是否也有"司法者的法理学"

---

① "司法法学文丛"由北京大学出版社自 2008 年起陆续出版。
② 强世功:《立法者的法理学》,生活·读书·新知三联书店 2007 年版,第 24 页。
③ 参见强世功:《立法者的法理学》,生活·读书·新知三联书店 2007 年版,第 24 页。

呢？"立法者的法理学"中的"立法者"不是指法律制定者，那么"司法者的法理学"中的"司法者"是否指法律的适用者呢？这些问题都值得我们思考而不必马上有答案。

从"立法者的法理学"这个命题，促使我对法学自身进行反思。什么是法学？关于这个问题，经典定义是古罗马的查士丁尼给出的："法学是关于神和人的事物的知识；是关于正义和非正义的科学。"① 在这一定义中，查士丁尼甚至没有提及法或者法律。我们现在的法理学教科书虽然仍然引用查士丁尼关于法学的定义，但已经不再直接用作法学的概念。现在的法理学认为，法学是以法律观念为研究对象的各种科学活动及其认识成果的总称。② 这里的"各种科学活动"，当然是可以把立法活动与司法活动包含进去的。至于这里的"法律观念"及其对"法律观念"的研究如何理解，美国法学家帕特森关于"of law"与"about law"的二元区分的观点是可以参考的。当然，这些观点都是从法理学层面考虑的，它注重的是法的一般原理，是在整体意义上理解法。如果从部门法意义上来说，法学在一定程度上或在主体意义上是法教义学。法教义学，又称为或译为法信条学或者规范法学，这是德国学者采用的概念。例如德国学者拉伦茨将法学定义为：

> 以处理规范性角度下的法规范为主要任务的法学，质言之，其主要想探讨规范的"意义"。它关切的是实证法的规范效力、规范的意义内容，以及法院判决中包含的裁判准则。③

这种以法规范为中心的法学，就是规范法学。尽管拉伦茨是从法学方法论角度论及法学的定义，但它对于我们理解法学还是具有启迪作用的。法教义学是法学知识中十分重要的一种形态，它采取的是"信条论"的思维方法。对此，德国学者考夫曼曾经作过深刻的阐述：

> 依据Kant的说法，法律信条论是"纯粹理性在现有理论框架上运作，而未先行批判它自身的能力"。信条论者以未经检验

---

① 参见〔罗马〕查士丁尼：《法学总论——法学阶梯》，张企泰译，商务印书馆1989年版，第1页。
② 参见张文显：《法理学》，高等教育出版社、北京大学出版社1999年版，第1页。
③ 〔德〕卡尔·拉伦茨：《法学方法论》，陈爱娥译，商务印书馆2003年版，第77页。

即视为真实的条件为前提,他"在现有的情况下"来思考。信条论者不问法律"究竟"是什么,也不问是否、在何种情况下、在什么范围内、以何种方式会有法律的认识。这并不必然意味着,法律信条论毫不批判地运作,但即使在它批判地思辨时,例如批判地检验一条法律规范,法律信条论者是在体系范围内论证,也就是说,先行有效的体系并未被碰撞。①

显然,法教义学是一种"of law"的理论而非"about law"的理论。法学具有多个向度,可以采用多种方法进行研究,这是我们重新审视法学这个概念的时候得出的结论。但现在的问题是:如何把各个向度的法学知识及其方法论加以适当的区隔,使各种理论都能够保持逻辑上的自洽自足,这正是我们所关注的。在部门法中,这一点尤其值得重视。以刑法学为例,我国目前还没有形成各自独立的刑法知识形态,没有区分立法者的刑法学与司法者的刑法学,而是将上述各种刑法知识混为一谈,以致发生语境上的混乱。在一般的刑法学论文中,总是按照这样的线索展开:历史沿革、概念特征、具体内容(因题而异)、司法适用、立法完善,这可以说成为一种标准的刑法论文格式,尤其在硕士论文中通行。对于这样的论文,我们无法对它进行归类:是规范刑法学的论文还是其他。在这样的论文中,从叙述口吻中反映出来的作者身份也是变换不定的:忽而是法学者,忽而是司法者,忽而又是立法者。在这种情况下,难以保持理论观点的内在统一性和逻辑推理的前后一贯性。法学以及刑法学的发展,应当从其自身知识形态的反思开始,这是我的切身感受。

法学研究具有多种向度。我认为,应当从以立法为中心的法学向以司法为中心的法学转变,这也是我赞同"司法法学"这一概念的原因。我国法治的发展,经历了从无法可依到有法可依的转变。在解决了有法可依以后又将有法必依提到议事的日程上来,因而进入一个更高的法治发展阶段。有法可依的关键是立法,而有法必依的关键则是司法。法学界的有识之士在10年前就开始关注司法问题,例如以贺卫方、张志铭、朱苏力为主持人、北京大学法学院司法研究中心于1998年9月在中国政法大学出版社出版了"司法文丛"。其宗旨是:

---

① 〔德〕考夫曼:《法律哲学》,刘幸义等译,法律出版社2004年版,第15页。

中心倡导对司法制度进行跨学科、多角度的综合研究。在运作以及成果上强调学术研究与司法实践之间的沟通、对话以及互动,强调成果的多层次和多侧面,强调项目参与者的广泛性和多样性,力求通过中心的研究成果以及学术活动本身既推进司法研究领域的学术进度,又对于中国司法制度的改进有所贡献。①

"司法文丛"的出版,对于法学的学术注意力从立法向司法转移是具有标志性意义的。当然,"司法文丛"出版的背景是对司法改革的研究,为当前开始起步的司法改革提供学术资源,并且注重的是对司法制度的研究。而现在北京大学出版社的"司法法学文丛",是在法学框架内,对司法实践问题的全方位、多学科的研究。例如对判例的研究,就是司法法学的题中之意。判例是司法活动的结果,裁判理由是法条之一般适用于案件之个别的逻辑推理的陈述,因此应当成为法学研究对象。以规范为中心的法学当然是重要的,但以裁判规则为中心的法学也是应当提倡的。可以说,随着判例制度在我国的逐渐形成,判例研究必将成为我国法学知识的增长点。"司法法学文丛"以司法为号召、以法律适用中的疑难问题为内容、以实证分析与规范分析为方法,采取开放性的态度,面向各个法学学科,形成我国法学研究的有生力量,以此推动法学向前发展。这是"司法法学文丛"所期望的,也是我所期待的。

是为序。

陈兴良
谨识于北京海淀锦秋知春寓所
2008 年 5 月 30 日

---

① 《司法文丛·编纂说明与志谢》,中国政法大学出版社 1999 年版。

7. 于爱荣主编"21世纪监狱管理创新丛书"①总序

　　作为一名刑事法研究者，监狱应当是在我的研究视野之内的。但监狱所具有的封闭性以及由此带来的隔阂等原因，我和其他刑事法研究者一样，对于监狱总是存在一种陌生感，这是十分遗憾的。当江苏省监狱管理局计划出版的"21世纪监狱管理创新丛书"即将在法律出版社推出之际，丛书编纂者让我为丛书作一总序，使我有机会接触到监狱工作者对监狱理论研究的前沿成果，从而破除了我对监狱的遮蔽，这是令人振奋的。

　　监狱是社会的缩影，也是社会文明进步的窗口。在某种意义上说，监狱文明程度恰恰是社会文明程度的标尺。在任何一个社会里，犯罪的总是极少数人，监狱人口在社会总人口中所占的比例是极小的，因而监狱往往成为一个被社会遗忘的角落。由于深墙大院的隔离，社会对于监狱也总是存在一种心理上的隔膜。实际上，监狱和任何一个社会生活领域一样，都经历着人类文明的洗礼。中国当前正处在一个现代化的剧烈变动之中，监狱也同样受到国家现代化浪潮所带来的冲击和影响。尤其是随着建设法治国家成为治国方略载入宪法，监狱作为国家的刑罚执行机关，如何因应法治建设的发展，在国家的现代化进程中获得同步发展，这是我国监狱面临的重大使命和紧迫任务。在这样一个历史背景下，监狱的功能发生着重大的、甚至是根本性的变化，这就是使监狱从一个犯人关押场所转变成为犯人的矫正场所，并且不断地提高矫正的水平和质量。

　　为完成监狱对犯人的矫正使命，必须提高监狱管理水平。由监狱的性质所决定，监狱管理具有不同于其他机构管理的特殊性与复杂性。监狱文明程度的提高，归根结底是监狱的管理能力的加强。监狱的中心工作是对犯人进行矫正，而矫正罪犯是一门复杂的人学，涉及各种专门的技术和艺术，需要自然科学与社会科学等各种知识的综合运用，并针对特定的主体采取具有针对性的方法和措施。这就需要我们的监狱管理者掌握

---

① 于爱荣主编的"21世纪监狱管理创新丛书"由法律出版社自2008年起陆续出版。

现代矫正技术,只有这样才能取得预期的矫正效果。这里存在一个监狱管理科学化的问题,这也正是新时期监狱理论研究的重点之所在。

监狱管理工作的出路在于创新。我国目前处在一个大发展、大变革的时代,因循守旧不是我们的习惯,只有创新才是唯一的出路,监狱管理工作也是如此。近些年来,江苏的监狱管理工作,以创新为追求,在监狱布局调整、监狱信息化建设、监狱体制改革、罪犯矫正的方法措施等方面都取得了令人瞩目的成效,这些改革创新的成果使江苏监狱的各项工作更上层楼,在全国处于领先的地位。

令我感到振奋的是,江苏省监狱管理局在监狱管理工作的创新过程中,始终把监狱理论研究放在一个重要的位置上。江苏的监狱管理者深切地体会到,当前处于改革发展的重要历史时期,改革风起云涌,发展时不我待。在这种形势下,重视监狱理论研究,运用监狱理论研究的成果,指导监狱实际工作,就显得尤为重要和紧迫。我一直参与中国监狱学会的工作,接触到大量来自监狱管理部门的监狱理论研究成果,对于监狱管理人员的理论研究积极性留下了深刻的印象。在这当中,江苏监狱系统在全国监狱理论研究方面也是走在前面的,对此我有切身的感受。这次,江苏省监狱管理局推出"21世纪监狱管理创新丛书",从监狱理论研究的深度出发,对监狱管理中的重大问题进行全卷式的研究,令人刮目相看。"21世纪监狱管理创新丛书"计划出版五本专著,分别是《矫正技术原论》《矫正质量评估》(修订版)、《矫正激励统论》《监狱警察执法质量评估》和《监狱信息化导论》。

《矫正技术原论》是2005年司法部法学研究部级课题。是将监狱学基础理论研究与矫正技术实证研究相结合的初次尝试,是目前国内对于矫正技术研究较为系统、较为全面、较为科学的罪犯矫正学专著。该书的主要特点是:较为系统地研究了监狱的器物形态、矫正的本体;是一次科学认识罪犯、正视罪犯法律地位的全新研究;是国内首次对矫正原理、矫正规律的系统性研究;是国内首次对罪犯的矫正技术进行的全面、系统的研究;构建了现代监狱制度下矫正罪犯的模式和体系;在研究方法上,注重多学科知识的综合运用,初步达到了将自然科学和社会科学诸领域的知识和技术融合的目的。

《矫正质量评估》(修订版)是在2004年法律出版社第一版的基础上

的全面修订。江苏是我国最早开展罪犯改造质量评估研究的省份,这方面的理论研究,在全国也是走在前面的。本次修订是在全省进行2年多试点、探索和实践的基础上进行的,对矫正质量评估的有关工具、量表、评估的方法、手段等进行了全面的修订,更加科学、严密、规范和便于操作,而且在运用上实现了网络化。

《矫正激励统论》是对罪犯矫正激励的研究。罪犯矫正激励旨在通过对罪犯的矫正实施有效的激励,充分调动罪犯接受矫正的自愿性和主动性,增强矫正效果,尽可能降低重新犯罪率,促进社会稳定与和谐。该书研究的主要内容有:构建罪犯矫正的激励理论体系,充分揭示罪犯矫正激励的特殊内涵和要求;建立符合罪犯矫正实际的激励方法体系,为罪犯矫正工作提供操作模式;建立罪犯矫正激励的运行机制,充分发挥矫正激励的功能,提高监狱工作人员的管理水平。

《监狱警察执法质量评估》是对监狱民警执法能力、执法行为以及监狱执法环境进行定量定性预测和评价的研究。本书研究的目的和价值,就在于通过科学的激励手段,定量定性的预测和评价方法,合理开发监狱民警的人力资源,有效配置警力,提升民警的执法能力,规范民警的执法行为,优化执法环境,切实提高监狱的执法质量,最大化地实现刑罚的目的,推进依法治监。本书主要由四部分构成:监狱执法质量评估的目的和价值、理论基础和原则,监狱执法质量评估的内容和标准、评估机构和方法,监狱执法质量评估的程序、管理和评估结果的使用,监狱执法质量评估的文件体系。本书有助于构建监狱执法质量评估的运行机制,实现监狱执法质量评估的科学性。

《监狱信息化导论》是我国第一次对监狱运用信息化技术的全面系统的研究。应当指出,随着信息化技术在监狱管理中的广泛运用,它对传统的罪犯矫正工作带来了巨大的挑战,需要我们引进现代科技手段全面提高监狱矫正罪犯的水平,这也是提升监狱管理水平的必然选择。该书对数字化和信息化监狱的理论基础进行了论述,重点研究了信息化监狱的功能,探索其如何突破传统监狱管理的理念,实现现代监狱功能的拓展。其中,信息化技术平台是信息化监狱的基础,是各种管理应用程序的承载体,具体包括监狱网络、网站和办公自动化系统的建构和应用,以管教为核心的各应用系统的建构和应用,监狱信息化系统维护和安全的应用。

对于上述五本专著，我虽然未能通读各书，但仅仅从上述简介当中就可以看出，这些著作的撰著者是在用一种科学的方法对监狱管理工作中的重大问题进行理论研究。这种以科学的态度对待监狱管理问题本身，就是监狱管理理念上的一个重大转变。更为难能可贵的是，上述五本专著涉及的五个问题，都不是建立在纯粹的逻辑推理与概念分析的基础上，而是紧紧围绕监狱管理工作的实际需要，从监狱管理的实践经验中提炼理论观点，又将理论研究成果推广和运用到监狱管理工作中去，从而较好地实现了监狱理论研究与监狱管理实践的紧密结合，使科研成果及时有效地转化为监狱管理创新的指导思想。

监狱理论研究在整个刑事法理论研究中具有独特性，它在更大程度上有赖于监狱管理部门的努力。"21世纪监狱管理创新丛书"的出版，使我看到了我国监狱理论研究蓬勃发展的态势，值得祝贺。

是为序。

陈兴良
谨识于北京海淀锦秋春知寓所
2007年12月8日

8. "台湾法学研究精要丛书"刑法系列①序

中国人民大学出版社推出的"台湾法学研究精要丛书"连续引入我国台湾地区法学领域的拔尖之作,在祖国大陆法学界产生了积极的学术影响。丛书开始出版的主要是民商法、行政法和诉讼法方面的著作,现在又要陆续推出刑法系列,这是令人欣慰的。

台湾地区的刑法学和大陆的刑法学之间存在密切联系。台湾地区的老一辈刑法学家韩忠谟教授等,都是在祖国大陆完成学业以后去台湾地区的,可以说是在台湾地区承续了自清末以降从大陆法学引入的刑法学传统。在大陆20世纪80年代初开始恢复刑法学的学术研究的时候,又恰恰是台湾地区的刑法学著作起到了一定的启蒙作用。例如韩忠谟教授的《刑法原理》一书就以影印的方式在大陆出版,为我们当时了解刑法理论研究的世界现状打开了一扇学术的门窗。

此后,随着大陆刑法学理论迅速发展,尤其是大陆法学和英美法学的刑法学教科书和专著大量地翻译出版,台湾地区刑法学的学术影响力有所下降。但由于两岸人员交流、学术交流的日益增加与扩大,加上同种同文的优势,祖国大陆和台湾地区之间在刑法学术领域的实质性交流更加深入,对于大陆刑法学理论研究的发展起到了积极的促进作用。

尽管目前两岸之间学术交流加强,我们也可以通过各种渠道获得台湾地区同行的刑法学著作,但对于更为广泛的刑法学教学科研人员,尤其是对那些在读的本科生、硕士生和博士生来说,获得第一手的台湾地区刑法学资料还是存在一定难度的。在这种情况下,中国人民大学出版社推出"台湾法学研究精要丛书"之刑法系列,可以说是两岸刑事法学术交流领域的一大盛举。自20世纪90年代以后,台湾地区的刑法学界逐渐完成了新老交替。老一辈刑法学者年事已高,有的已经过世,尽管其著作仍然对当下产生着学术影响力,但其人其作品慢慢地退出历史舞台,这是不

---

① "台湾法学研究精要丛书"刑法系列由中国人民大学出版社自2009年起陆续出版。

可抗拒的自然现象。与此同时，一批中青年学者占据了刑法学术的舞台中心，成为学术中坚，正是这些学者及其作品成为目前主导台湾地区刑法学研究的力量。这些年来，祖国大陆出版机构也零星地出版过台湾地区刑法学者的著作，但尚无系统的出版规划。这次我们经过征求各方面的意见，向出版社推荐了一批在台湾地区刑法学界具有较大学术影响力的著作，纳入"台湾法学研究精要丛书"刑法系列。从第一批著作来看，主要有以下两种类型：一是刑法体系书，主要是指刑法教科书。台湾地区在2005年完成"刑法"修订以后，刑法教科书也随之完成了修订。在这种情况下，选择一些具有代表性的刑法教科书在大陆出版，可以作为教学参考之用。刑法体系书的体系性知识及叙述的特点，使大陆读者能够较为系统地了解台湾地区刑法学理论的全貌，因而必然会受到读者的欢迎。二是刑法论著，包括刑法论文集和专著。这是在某些刑法论题上进行深入研究的著作，可以展示刑法理论研究的深度。随着大陆对刑法理论研究的不断深入，台湾地区的刑法论著的出版必将提供某种借鉴。

祖国大陆和台湾地区具有相同的法律文化渊源。这是在刑法学术交流上的优势。但也不可否认，经过五十多年的文化隔绝，两岸刑法学术话语之间已经产生了较大的区隔。例如大陆在1949年以后引入苏俄刑法学，尤其是作为刑法基本理论框架的犯罪构成体系，它是苏俄式的，沿用至今。台湾地区刑法学则以德日的犯罪论体系作为刑法知识的基本逻辑结构。在这种情况下，两岸的刑法学术话语存在相当程度上的不对接，这也增加了刑法学术交流的困难。这些年来，祖国大陆刑法学界还在引入和借鉴德日的犯罪论体系，对苏俄刑法学的犯罪构成体系进行反思与重构。我个人认为，祖国大陆的刑法学面对"拨乱反正"、知识转型的重大课题，唯有完成这一刑法知识的转型，祖国大陆的刑法学理论研究才能融入大陆法系的刑法学术传统之中，刑法学的理论格局也将为之发生巨变。在这样一个刑法知识转型的历史性时刻，我们刑法学人应当具有开拓的学术眼界、广阔的学术胸怀，为推进并完成这一刑法知识的转型而付出一己之力。在这样一个背景之下，台湾地区刑法著作在祖国大陆的出版，是具有独特作用的。大陆法学的刑法学术传统经过台湾地区刑法学者的长期努力，深深地打上了中华文化的印记，这对于亟待引入大陆法系的刑法学术传统的祖国大陆来说，无疑具有直接的借鉴意义。

我曾于 1999 年 8 月和 2007 年 5 月两度到访台湾地区,参访了台湾大学、东海大学、东吴大学、辅仁大学等高校,拜访过老一辈学者蔡墩铭教授,也与陈子平教授等中年学者长期交往,保持着深厚的友情。这次出版的"台湾法学研究精要丛书"之刑法系列,是这个系列的第一批书,我相信还会有更多的著作纳入这个书系,与祖国大陆的读者见面。

是为序。

陈兴良

谨识于北京依水庄园渡上寓所

2008 年 3 月 23 日

9. 王牧主编"中国犯罪学研究30年综述丛书"[①]序

值此中国犯罪学学会主持编撰的"中国犯罪学研究30年综述丛书"即将由中国检察出版社出版之际,受中国犯罪学学会及王牧会长的邀请,为丛书作序,深感荣幸,亦觉惶恐。

从1978年起算,中国犯罪学的恢复重建走过了30年的艰辛历程,"中国犯罪学研究30年综述丛书"可以说是这30年历程的一种学术总结,也是一份献礼。回顾30年来我国犯罪学研究的学术史,我以为取得了十分丰硕的成果,其主要标志表现为以下三个方面:

一是犯罪学的独立学科地位的确立。30年前我国的犯罪学研究是依附于刑法学的,没有成为一个独立的学科。依附于刑法学的犯罪学,受制于法条以及规范学科的研究方法,难以开展具有社会视野的犯罪学研究。随着我国犯罪学研究的深入发展,尤其是实证的与经验的研究方法的确立,我国的犯罪学从刑法学中摆脱出来,这就为我国犯罪学的繁荣发展奠定了基础。

二是犯罪学去意识形态化的努力。30年前,我国的犯罪学研究深受当时极"左"的意识形态的桎梏。例如,私有制是犯罪的总根源、犯罪是阶级斗争的表现等。这些观点形成了束缚犯罪学研究的政治教条,使犯罪学理论中充斥着意识形态的内容,极大地损害了犯罪学研究的科学性。现在,我们已经实现了在犯罪学理论中的去魅。犯罪学家面向社会、直面犯罪、从现实出发,展开犯罪学的理论研究,为治理犯罪提供理论依据。

三是犯罪学的国际化的融合。30年前,我国的犯罪学还具有封闭性,被限制在一个狭窄的范围内。随着对外开放,我国犯罪学逐渐融入世界范围内的犯罪学研究当中。例如,大量犯罪学的经典著作被翻译介绍到我国,为深入开展犯罪学研究提供了学术资源。同时,我国与外国的犯

[①] 王牧主编的"中国犯罪学研究30年综述丛书"由中国检察出版社自2009年起陆续出版。

罪学机构、组织进行了大规模的学术交流,尤其是我国犯罪学学会加入了国际犯罪学学会,使我国的犯罪学研究成为世界范围内的犯罪学研究的重要组成部分。

30年,无论是对于一个人,还是对于一个学科,都是一段不短的岁月,对于犯罪学来说,也是如此。"中国犯罪学研究30年综述丛书"为我们展示了30年来我国在犯罪学领域取得的学术成果,从而为将来的进一步研究提供一个平台。学术研究是注重积累的,以往的研究成果是一笔值得珍惜的学术资源。本丛书各位作者所做的并不仅仅是一种文献摘录的工作,而是包含了学术梳理与观点厘清的工作。因此,本丛书对相关各个学术领域的理论叙述,并不仅仅是为了回顾过去,而是为将来的学术研究清理道路。因此,我以为本丛书可以成为犯罪学相关学科研究的工具书。

中国犯罪学学会作为我国犯罪学的学术研究团体,以推进我国的犯罪学研究为己任,在前任会长康树华教授和现任会长王牧教授的领导以及其他同仁的共同努力下,为我国犯罪学研究的繁荣发展作出了重要的贡献。值此中国改革开放30周年,也是我国犯罪学恢复重建30周年之际,通过编辑出版"中国犯罪学研究30年综述丛书"的形式作为纪念,这是十分可喜的。尽管目前我国犯罪学研究取得了丰硕的学术成果,但与兄弟学科相比、与外国同行相比,还存在一定的差距,这也说明我国犯罪学研究还有成长的空间。我期待着因应社会进步与时代变迁,我国犯罪学研究必将更上层楼。

是为序。

陈兴良
谨识于北京大学法学院科研楼609工作室
2009年1月9日

10. 梁根林主编"当代刑法思潮论坛"①序

"当代刑法思潮论坛"是北京大学法学院梁根林教授主持,我们共同参与的一项刑法学术活动,持续时间已达五年之久,吸引了北京"四校一院"(北京大学、清华大学、中国人民大学、中国政法大学、中国青年政治学院)的莘莘学子的踊跃参加。现在,"当代刑法思潮论坛"前36讲的内容以文字形式、三卷本的宏大规模,呈现在读者面前,为我们展现了那热烈的讲座场景和睿智的思想碰撞。梁根林教授邀我为该书作序,我感慨系之。

当初梁根林教授以前瞻性的学术视野,提出举办"当代刑法思潮论坛"的设想,我十分赞同。当前,我国刑法学科面临着知识转型,学术争鸣活跃,观点交锋激烈。如果提供一个展示各种刑法学术思想的平台,这对于促进我国刑法学术的发展无疑具有推动作用。梁根林教授的设想获得了北京"四校一院"各位刑法学科同仁的积极响应,由此拉开了"当代刑法思潮论坛"的大幕。我清楚地记得第一讲的主讲人是清华大学法学院的张明楷教授,地点是北京大学二教309教室。正是在这次讲座中,梁根林教授确定了"当代刑法思潮论坛"的宗旨:

> "当代刑法思潮论坛"是开放性的学术论坛,提倡坦诚的学术交流、平等的学术对话与规范的学术批评。论坛的主办者与主讲者、评论者当然可以大张旗鼓地推销自己的学术主张,但不搞山头主义,不搞党同伐异。我们真诚地欢迎中外刑法学界的同仁加入这个学术共同体,抛玉引玉,我们希望每一次的专题论坛,都是一个刑法基本问题的专题学术研讨会,在最短的时间、用最省钱和最高效的方式来推动学术交流,扩大学术共识。

---

① 梁根林主编的"当代刑法思潮论坛"丛书分为三卷:《当代刑法思潮论坛(第一卷)·刑法体系与犯罪构造》《当代刑法思潮论坛(第二卷)·刑法教义与价值判断》《当代刑法思潮论坛(第三卷)·刑事政策与刑法变迁》,由北京大学出版社于2016年出版。

此后的论坛活动都遵循了这一宗旨,使论坛能够健康顺利地展开。张明楷教授第一期的讲座题目是"犯罪的实体是违法和责任",这个题目本身就是一个刑法学术命题,是德日刑法教义学的精髓之所在。此后,各位中外学者纷纷登场,给我们带来了一场又一场的学术盛宴。

在"当代刑法思潮论坛"这个名称中,"当代"意味着前沿,是对当下最为重要的刑法问题的讨论;"思潮"表明这个论坛是注重思想性和观念性的,具有启迪性和启蒙性;而"论坛"则显示学术的争鸣性和论辩性,拒绝学术垄断和独断。以上特点,都在各期论坛活动中得到了完美和圆满的体现。

从36期论坛活动的主题来看,几乎涉及所有当前刑法学界共同关注的重大理论问题。其中,犯罪论体系是最为集中的一个话题。例如,张明楷教授关于"犯罪的实体是违法和责任"这一命题的论证,其实就是对犯罪论体系的整体性思考。我发现,德国著名学者乌尔斯·金德霍伊泽尔教授的讲座题目是"犯罪构造的逻辑",尽管这是一个较为抽象的命题,其实也是犯罪论体系的结构问题,与张明楷教授的讲座形成了一种"隔空交流"。从金德霍伊泽尔教授的讲座内容来看,同样涉及对违法与责任关系的界定。金德霍伊泽尔教授指出,犯罪概念的初步定义可以是,犯罪是违法的举止,某个人必须对这一举止负责。由此犯罪可以通过两个规则系统加以构建:其一,规定了认定一个举止违法的所有条件;其二,规定了认定某人应对该举止负责的所有条件。由此可见,金德霍伊泽尔教授也是从违法和责任两个方面界定犯罪的,这是犯罪论体系的基础。当然,犯罪论体系的具体要件如何安排,这是存在争议的。其中,二要件说、三要件说甚至四要件说,都各有其主张者。除了犯罪论体系的结构以外,构成要件、违法性和责任等要件,在此后的论坛活动中都有所涉及。例如,关于构成要件,有我的"构成要件论:从贝林到特拉伊宁";关于违法性,有刘艳红的"实质刑法观的体系化思考"和邓子滨的"形式刑法观初反省与实质刑法观再批判";关于有责性,有冯军的"刑法中的责任原则"等。这些讲座都对犯罪论体系的各个要件进行了较为深入的分析,为犯罪论体系的转型提供了理论资源。

在这36期论坛活动中,关于刑法方法论的讲座对我具有较大的吸引力。刑法方法论问题,是刑法理论研究中的一个核心问题,对于刑法理论的深入发展具有原动力的意义。"当代刑法思潮论坛"成为我国刑法方法研究成果的一个展示平台。例如,冯军教授的"刑法教义学的立场与方法",系统地论述了刑法教义学的方法论,这对于刑法教义学在我国的推广与展开,具有重要参考价值。周光权的"价值判断与刑法知识转型",对价值判断的方法论进行了深入论述,并且从我国刑法知识转型这样一个视角切入,具有启发性。杜宇的"类型思维与刑法方法",对于类型的刑法思维方法进行了全面的阐释,开拓了我们的视野,丰富了刑法理论的思想工具。总之,"当代刑法思潮论坛"的讲座内容具有独创性和思想性,为我国刑法学科带来了一股清新的学术空气,这是令人难忘的。

"当代刑法思潮论坛"的每次讲座,在讲者和听者这两个方面,都给我留下了深刻的印象。

就讲者而言,将近20多位教授在论坛上竞相亮相,展示其最新研究成果。这些讲者大多是我国刑法学科的中坚力量,尤其是"四校一院"的刑法教授,更是当仁不让。值得肯定的是,一些中青年刑法学者登台亮相,表现惊艳。论坛还邀请了部分京外刑法学者参与讲座,拓展了讲者的来源。例如,京外学者冯亚东、蔡道通、刘艳红和杜宇等教授都有不俗表现。这里还值得指出的是,论坛邀请了外国学者和我国台湾地区学者参与论坛,极大地丰富了"当代刑法思潮论坛"的学术视野。在这些学者中,包括德国学者金德霍伊泽尔、希尔根多夫、许乃曼、魏根特、齐白等;美国学者罗宾逊;我国台湾地区学者陈子平、陈志辉等。这些学者给我们带来了独特的刑法思想和观点,极大地启发了我们的思路。

就听者而言,"当代刑法思潮论坛"并不是单向的思想传播,而是双向的观点互动。这里的听者,既包括参加论坛的点评嘉宾和其他教授,也包括各校的学生。这些听者都是论坛的积极参与者,他们的点评、提问和互动,构成了论坛热烈而生动的学术交流场景。"当代刑法思潮论坛"还经常出现一些"不速之客",即出差到北京的外地学者,正好赶上论坛活动,主办者邀请他们参加,增添了论坛活动的"变数"。例如,第一期张明楷教授的讲座,就恰逢重庆大学法学院陈忠林教授在京。陈忠林教授是我国刑法学界思想深刻、观点独特的一位刑法学者。从第一期讲座的现场录音资料就可以看出,陈忠林教授的加入为这次学术讲座增添了更为激烈的观点争论和更为激荡的思想交锋。

尤其值得说明的是，各校参加"当代刑法思潮论坛"的同学们，对于论坛活动表现出了极大的热忱。我现在还保存着一份中国政法大学准律师协会和中国政法大学刑事司法学院学生会制作的折页宣传材料。这是为2012年6月7日在中国政法大学昌平校区举行的第12期"当代刑法思潮论坛"专门制作的。该材料制作精美，对以往活动作了回顾，并对该期活动作了介绍，每期活动介绍中都有讲座老师的头像和内容简介。材料上有以下这样一段赠语，给我留下了深刻的印象：

> "当代刑法思潮论坛"自开办以来，一直备受法大学子的关注。论坛能够在法大昌平校区举办，让同学们亲身领略众位名家的风采是我们的心愿。整整一年的盼望和努力，长久的期待终于化为了现实，此次论坛的成功举办离不开老师您的奉献和支持，我们将一一铭记在心。在此，向您致以我们最崇高的敬意！希望本次昌平之行给您留下美好的回忆！

莘莘学子的期盼之心跃然纸上！

历时五年的"当代刑法思潮论坛"，我主讲了3期，其他各期讲座我也基本上都参加了，给我留下了深刻的记忆。现在，论坛内容以文字形式呈现出来，成为历史档案的一部分。我作为其中的一员，参与了这一论坛，感到幸运。

陈兴良
谨识于北京海淀锦秋知春
2016年3月21日

11. 金赛波主编"金融犯罪法律实务丛书"[①]序

金融犯罪在当前我国司法实践中呈现多发常见的特征,而且因为金融犯罪与金融活动密切相关,深深地嵌入金融业务的整个过程。金融活动本身所具有的复杂性和专业性,决定了金融犯罪在认定上的疑难性。在某种意义上说,我们对金融犯罪的实务了解与理论认知都是有所欠缺的。在这种情况下,北京金诚同达律师事务所高级合伙人金赛波律师组织编写了"金融犯罪法律实务丛书",并邀请我为这套丛书写序,我感到十分高兴和荣幸。

"金融犯罪法律实务丛书"选择了金融犯罪的主要罪名,以判决书精选的方式,呈现金融犯罪定罪量刑的实际状况,对于了解金融犯罪的司法实践和从事刑法理论研究具有十分重要的参考价值。在我国刑法中,金融犯罪包括《刑法》分则第三章第四节"破坏金融管理秩序罪"和第五节"金融诈骗罪"。这两类犯罪的共同特点是发生在金融领域,而不同之处在于破坏金融管理秩序罪属于行政犯,而金融诈骗罪则属于自然犯。当然,即使是金融诈骗罪也不是纯正的自然犯,而是与金融业务具有密切的相关性。因此,金融犯罪具有其自身的特殊性,如果没有对金融业务的深入了解,就难以理解金融犯罪的性质。相对于其他犯罪而言,金融犯罪是较为专业的一种犯罪现象,具有金融性和犯罪性的复合性质。在这种情况下,需要同时具备相当的金融知识和刑法知识才能深刻地把握金融犯罪的构成要件,从而为金融犯罪的定罪量刑提供根据。

为方便我写序,金赛波律师给我寄来了该丛书的一本样书,这就是《中国法院审理洗钱罪实务和案例判决书精选》。洗钱罪在金融犯罪中并不是一个十分突出的罪名,但在社会生活中具有较高的知名度。尤其是

[①] 金赛波主编的"金融犯罪法律实务丛书"由法律出版社自2016年起陆续出版。本序首载金赛波、付荣等编著:《中国法院审理洗钱罪实务和案例判决书精选》,法律出版社2016年版。

随着刑法修正案不断扩展洗钱罪的上游犯罪的范围,洗钱罪与《刑法》第312条规定的掩饰、隐瞒犯罪所得、犯罪所得收益罪之间的关系呈现此消彼长的趋势,洗钱罪的重要性也随之提高。正好我对洗钱罪也颇有兴趣。在《判例刑法学》一书中我专门对汪照洗钱案进行过研究,初涉洗钱罪。现在正好又要对洗钱罪进行专题研究,收到金赛波律师寄来的《中国法院审理洗钱罪实务和案例判决书精选》一书,为我的研究提供了案例资料,颇有如鱼得水的感觉。翻看该书,主要内容是收集了数十份洗钱罪的判决书,按照上游犯罪的类型进行分类,由此编纂而成。该书虽然只是洗钱罪的判决书的汇集,但对于我们了解司法实践中洗钱罪的定罪量刑情况有极大的助益。这里涉及案例的指导作用问题,值得进一步思考。

我国是一个成文法国家,尤其是在刑法领域,基于罪刑法定原则,定罪量刑都必须严格以刑法规定为根据。当然,两高司法解释在定罪量刑中也发挥了相当大的作用。但是,法官在刑事审判活动中,还是会参考既往案例。尤其是那些较为陌生的犯罪,对如何正确定罪没有把握的,更会去参考其他法院已经审结的案例。这种对于已结案例的参照性,是司法活动的特点所决定的。在这种情况下,对已经审结的典型案例进行广泛的收集和编纂,就成为一项具有重要意义的工作。当前,两高建立了案例指导制度,分别颁布指导性案例。这些指导性案例是司法机关在处理同类案件的时候,应当参照执行的,因此具有一定的拘束力。除了指导性案例以外,还有最高人民法院相关业务庭室在《刑事审判参考》等业务指导刊物上肯定的权威案例,《最高人民法院公报》等媒体刊登的典型案例,以及各省、自治区、直辖市高级人民法院颁布的参考案例等。应该说,这些案例对于司法活动都具有一定的指导作用。当然,这些案例还是不能完全满足司法机关审判活动的需要。因此,还需要其他非官方收集和编纂的各种案例加以必要的补充。例如,学者为满足教学之需而编辑的各种教学案例,以及为满足司法实务和理论研究之需而编纂的各种案例汇集,都具有各自的价值。我认为,在案例编纂上应当提倡百花齐放,调动各方面的积极性。金赛波律师组织编纂的"金融犯罪法律实务丛书",就是律师群体在案例编纂上所作出的贡献,这是值得充分肯定的。

"金融犯罪法律实务丛书"的出版,使这些散落的案例以集约的方式呈现在读者面前,对于提升金融犯罪的审判水平和律师的辩护能力具有重要意义。对于这些案件的控辩审各方参与者来说,也是一件有价值的事情。将这些案例公之于众,使这些案件参与者的工作效果不仅及于个案,而且对于此后处理类似案件具有参考价值。在这个意义上说,案例编纂工作是功德无量的一项善举。我期待着"金融犯罪法律实务丛书"以金融犯罪个罪的形式逐本出版,并向读者郑重推荐该丛书。

是为序。

陈兴良
谨识于昆明滨江俊园寓所
2016年8月8日

12. "司法实务培训丛书"①序

中国法制出版社即将出版"司法实务培训丛书",该套丛书的策划编辑陈兴邀请我为该丛书作序,我欣然接受。

美国著名大法官霍姆斯的一句名言流行于法学界:"法律不在于逻辑而在于经验。"这句话道出了英美法系司法活动的精髓。在大陆法系国家,司法活动更关注法理,然而司法的技能仍然是不可或缺的工具。可以说,法律理论与司法技能对于司法活动来说,都是必备的构成要素。我国传统上都比较重视法理,对于司法技能未能予以足够的关注。反映在法律出版物上,各种法律书籍可谓琳琅满目,但以法律理论著作为主,即使是司法工作者的作品,也以阐述理论为其追求。在这种情况下,法律理论工作者与司法实务工作者采取的是相同的话语体系和言说工具。由是之故,则道与器无由区分哉。

在司法活动中,司法人员既要有法律理念与法律原理的支撑,同时还要有操作规程与实践理性的指引。因此,我们既要注重司法工作者的法律素质的养成,又要提倡司法经验的总结与提炼。法治不是一句空话,每一个司法工作者都是法治的践行者。因此,司法工作者应当通过对日常事务的处理,充分体现法治的精神。在这种情况下,必要的司法技能与技巧就是十分重要的。就以在法庭上公诉人讯问被告人而言,讯问提纲需要事先精心准备,并且要根据法庭上被告人的回答情况进行现场调整。只有这样,才能达到讯问的目的。而在某些案件中,公诉人的讯问显得十分机械,甚至被被告人牵着鼻子走,这显然是公诉人的讯问能力不足所致。例如,我曾经见到公诉人按照被告人认罪准备讯问提纲。一旦在法庭上被告人翻供,不认罪,公诉人就显得十分被动,乱了自己的阵脚。而且,法庭上的讯问与侦查阶段的讯问,因其目的不同,讯问的方式方法也是完全不同的。侦查阶段的讯问,其目的是查明案件真相,或者对客观证

---

① "司法实务培训丛书"由中国法制出版社自 2017 年起陆续出版。

据进行印证。因此,侦查讯问的过程是一个不断地从犯罪嫌疑人那里获得案件真实情况的过程。但法庭上的讯问是一个展示被告人的犯罪事实的过程,作为一个公诉人应当是对整个案情了如指掌。因此,法庭上的讯问是明知故问,而且对被告人的每一个回答都应当了然于胸。在这种情况下,公诉人应当掌握讯问的节奏,在被告人翻供或者未能按照预期回答的情况下,就应当及时调整讯问进路。而这些讯问技能与技巧的掌握,不是一日之功,需要以长期的出庭经历和经验为基础。当然,通过培训也能更好更快地掌握这些司法技能与技巧。

中国法制出版社组织出版的"司法实务培训丛书",就是以总结司法实务经验为主要内容,并且为司法工作者进行技能培训提供教材或者参考资料的一套丛书。我认为这个出版创意值得肯定,也为法律书籍的出版开辟了一个广阔的领域。从陈兴编辑提供给我的拟出版的书稿来看,都是与司法实务密切相关的主题。例如,桑涛所著的《公诉语言学》一书,是一部应用语言学著作,将语言学的一般原理运用在公诉活动中,对公诉过程中的语言现象进行了深入的分析。该书既有对公诉语言的理论分析,又有对公诉语言的实际运用的讲解,可以作为公诉人培训的教材。值得说明的是,该书作者桑涛,从其简介来看,长期从事公诉工作,具有丰富的公诉经验,而且还曾经获得全国优秀公诉人称号。他的这种经历,对于公诉语言具有切身体会,因此论述起来可谓得心应手。除了《公诉语言学》一书具有较强的学理以外,吴克利所著的《镜头下的讯问》一书则将视角投向讯问这一职务犯罪的侦查技能。之所以说是"镜头下",是因为讯问时需要全程录音录像。在全程录音录像的条件下,如何对职务犯罪的嫌疑人进行有效讯问,这对职务犯罪侦查人员是一个重大的考验。当然,我也见过极不规范的讯问,即讯问不是在全程录音录像的情况下作出的,而是时录时断,为我所需。这种讯问就是违反法律的。我甚至还见过一份全程录音录像讯问的文字记录资料,与侦查人员所作的笔录完全不同,可以说是你录你的,我记我的。如果律师不听录音、不看录像,根本就看不出文字笔录与实际讯问之间的不同。更为搞笑的是,一个职务犯罪的全程录音录像的讯问,两位侦查人员,一人讯问,一人记录。记录的时候,把录音录像设备关闭;记完以后再打开设备,接着讯问。有一次讯问,在记录的时候忘记关闭录音录像设备,讯问的侦查人员与被讯问人闲聊,被讯问人说刚才说的都不是事实,而侦查人员也表示理解,并说让你说什么你就说什么。这一情况被细心的律师发现,成为一个笑柄。从这个事件可以看出,正确的讯问当然不仅仅需要高超的技能,更需要严格的规范与高度的素养。《镜头下的讯问》一书紧密结合职务犯罪的侦查实践,将讯问的技能与技巧讲述得十分透彻。尤其是对于职务犯罪嫌疑人的心理分析得十分到位,而对被讯问对象心理的准确把握,是讯问成功的必要保证。该书作者吴克利也是长期从事检察工作的司法实务工作者,并且查办过许多重大疑难案件,潜心钻研调查讯问的奥秘,成功地总结出了一套系统完整实用的审讯方法,并撰写出版了《审讯心理学》等著作。该书结合其丰富的讯问实践经验,对职务犯罪的侦查讯问进行了系统阐述,它对提高侦查讯问的实际效果具有重要的指导意义。

虽然我只是读了"司法实务培训丛书"中的寥寥数本,但从中可以发现丛书策划者的创意是具有超前性的,这套丛书的出版必将有益于司法实务的培训工作,也将对侦查、公诉等司法实务工作者有所裨益。

是为序。

陈兴良
谨识于北京海淀锦秋知春寓所
2016 年 6 月 18 日

三、

中译本序

1.〔美〕博西格诺著,邓子滨译《法律之门》中译本[①]序

《法律之门》一书终于译完了,当译者邓子滨将洋洋80万言打印整齐的译稿放在我面前时,一直关注着译事进展的我由衷地为之高兴。本书的书名,英文为"Before the Law",直译应为《法的门前》,是卡夫卡的小说《审判》中的一则寓言。寓言的内容是讲一个人站在法的门前,这个人带着对法以及对公民与法的交往能力的厚望而来,他本以为法应该是任何人在任何时候都可以接近的。然而,守门人挡在入口,阻碍了这个公民实现求见法的愿望。结合本书的副标题"法律过程导论"(An Introduction to the Legal Process),我想,作者的寓意是,本书不是像那个守门人一样把人挡在法的门前,而是要把这扇法律之门打开,带领我们进入法律适用过程中去。因此,我建议把本书的书名意译为《法律之门》。

《法律之门》是美国各大学法学院比较通用的一本法律教科书。在学习法律教科书过程中成长起来的中国学生,面对这样一本书,一定会感到十分新奇。确实,新奇感是我在阅读这本教科书之后的第一印象。也许,这也是英美法系法律教科书与大陆法系法律教科书的重大差别。大陆法系,包括中国,实行的是成文法典制度,因而法律教科书主要是围绕法条阐述法理,具有体系性;英美法系实行的是判例法制度,因而法律教科书主要是通过判例阐述法理,没有明显的体系性。由中国传统法律文化以及现行成文法制度所决定,我们对于大陆法系的制度、理念和教学方法有着某种天然的亲和力,十分容易接受。相对而言,对于英美法系的制度、理念和教学方法较为生疏。在这种背景下,《法律之门》一书的翻译和出版,为我们亲近英美法洞开了一扇大门。

《法律之门》可以看作是一部英美法的微型百科全书。读后感到本书内容具有以下三个特点:一是广泛性。本书全面介绍了英美法,它不是局限在刑事法或者民事法的某个方面,而是类似于我们的法学概论。不同

---

① 〔美〕博西格诺:《法律之门》,邓子滨译,华夏出版社2002年版。

的是,它不是浅显地陈述关于英美法的一般常识,而是深入浅出地描述了英美法的整个适用过程。以我这个刑法学者的眼光看来,涉及刑法的专门问题就为数不少。对于问题的探讨,可以说是十分专业的,有相当的理论深度。比如,对于死刑是否属于《美国宪法第八修正案》所禁止的残酷而非常的刑罚,因而应予废除,本书通过数个死刑判例,十分生动地叙述了死刑在美国的演变过程,给人留下深刻的印象。二是生动性。中国的法律教科书,由它的法条注释性所决定,往往是枯燥的,有着一副冷冰冰的面孔。习惯了阅读中国法律教科书的我,乍一接近本书,有着一种全然不同的阅读快感。本书将法理、判例、资料甚至文学素材有机地结合起来,在一种轻松的氛围中学习法律,让人对法律油然而生亲近之感。其实,法律并不仅仅表现为法条,在生活中处处都有法律,如影随形。法的理念也并不仅仅存在于法学家的书斋里,在文学、宗教以及其他文本中都有法理。生动可读,辅以丰富、翔实、新近的资料,使我相信本书会在中国读者中引起良好反响。三是开放性。本书采取一种讨论式的方法陈述法理,作者与读者之间是平等而没有疏离的。作者更多的是在提出问题,但并不直接回答问题,而是启发读者自己去思考。一本好的教科书,绝不是机械地回答所提出的每一个法律问题。实际上,法律问题是形形色色难以穷尽的,重要的是教授分析法律问题的方法。掌握了分析问题的方法,就能够自己来回答这些问题。由此可见,本书这种开放式的、不给答案的教学方法,确实反映了英美法系法律教学方法上的特点,值得我们借鉴。

  法律教科书的功能是引导法科学生进入法律之门,它在法律教学中占有重要地位。法律教科书的内容与形式在很大程度上取决于法律制度。就此而言,大陆法系与英美法系的法律教科书具有截然不同的风格。大陆法系的法律教科书是一些高头讲章,严肃有余而活泼不足。英美法系的法律教科书则是信手拈来,浑然天成,虽然有时不免有散漫之感。面对两种风格迥异的法律教科书,使我对于思想与文化的多样性有了更深一层的体味。相比之下,中国的法律教科书之不足是极为明显的,以至于某些学者把教科书这种文体称为最陈腐材料的代名词,这不能不说是一种悲哀。本书的翻译和出版,也为我们熟悉英美法教科书打开了一扇便捷之门。

《法律之门》是一本鸿篇巨制,内容广博,翻译这样一部著作,其艰辛是可想而知的。邓子滨以一人之力倾两年之功将译事进行到底,这种毅力确实值得嘉许,而其翻译的质量和认真精神相信也会得到读者的首肯。邓子滨师从我研习刑法,这本书的翻译就是他在北京大学攻读博士学位期间完成的。对于部门法的研习者,我向来主张突破法部门的囿限,从法的总体精神上去理解法。只有这样,才能使部门法的研究推陈出新。其实,学习的方法是多种多样的,正如对于学诗者来说,功夫在诗外,对于学法者来说,又何尝不是功夫在法外呢?在攻读刑法专业博士期间翻译这样一部法理学著作,在我看来,恰恰是一条走近法、进而走近刑法的捷径,为师者感到非常欣慰。

　　在《法律之门》中译本即将出版之际,应邀写下自己的一些感受,是为中译本序。

陈兴良
谨识于北京海淀蓝旗营寓所
2001 年 9 月 23 日

1. 〔美〕博西格诺著,邓子滨译《法律之门》中译本序

2. "刑事法学译丛"[①]总序

在《刑法的启蒙》一书的题记中,我曾经写下这么一段话:"文化,包括法律文化的承续性,是一个不争的事实。任何一种文化,都不是突如其来的,而是在先前文化的基础上演化而来的。没有深厚的文化底蕴,就不可能有真正的学术研究,这始终是我的一种信念。"当中国人民公安大学出版社"刑事法学译丛"即将出版,嘱我为丛书写序的时候,我的上述信念更为坚定。

刑事法学,这里主要是指刑法学,是法律科学中的重要组成部分。虽然中国古代刑法十分发达,在此基础上发展起来的律学也曾经兴盛一时,但随着清末刑法改革,延续数千年之久的中华法系为之中断,引入了大陆法系的法律体系与法学理论,我国的刑法及其刑法学也进入了另一条发展轨道。在这样一种历史背景下,目前我国刑法理论的整套话语系统都是从西方引入的,因而学习以大陆法学为主体的西方刑法理论显得尤为重要。事实上,近一百年来,尤其是改革开放的二十多年来,我国翻译介绍西方刑法理论著作的工作一直在进行着,这种译述对于促进我国刑法理论的发展具有十分重要的意义。但是,由于种种原因,这种译述是零散的,未形成体系。尤其是不同时期不同出版社出版的这些译著没有形成规模,并且由于有些译著出版时日久远,书坊间长久脱销,而图书馆存书有限,以至于刑法专业的研究生,包括硕士生、博士生,只有通过复印方式获得这些文本。现在,中国人民公安大学出版社决定出版"刑事法学译丛",分批出书,逐年累积,以期达到一定的规模,这对于刑事法学界来说,是一大善举。

中国人民公安大学出版社自建社以来,一直关注刑事法理论的发展,对于刑事法学的译述工作亦十分重视,先后已经出版了边沁的《立法理论——刑法典原理》、菲利的《犯罪社会学》、小野清一郎的《犯罪构成

---

① "刑事法学译丛"由中国人民公安大学出版社自2003年起陆续出版。

要件理论》等一批经典名著。这些著作在我国刑事法理论研究中发挥了重要作用,也是从事刑事法理论教学与研究工作的案头必备书和刑事法专业研究生的必读书。就我所知,这些书也是引用率最高的译著之一,这些书久已脱销。中国人民公安大学出版社决定将其纳入"刑事法学译丛"重新出版,并且还将逐渐扩大出书范围,将更多的刑事法译著纳入"刑事法学译丛"陆续出版。作为一名刑事法理论研究者,我对中国人民公安大学出版社的这一出版盛举表示由衷的感谢。相信这些译著的出版,必将推动与促进我国刑事法理论研究工作,从而为我国的刑事法治建设作出一份贡献。

是为序。

陈兴良
谨识于北京大学法学楼
2002 年 11 月 28 日

3. 〔日〕山口厚著,付立庆、刘隽译《从新判例看刑法》中译本[①]序

日本东京大学山口厚教授的《从新判例看刑法》一书即将由中国人民大学出版社出版,译者之一的付立庆博士邀我为本书的中译本作序。对本书的出版,我感到十分高兴。

山口厚教授是日本著名刑法学家,他对刑法总论与分论的研究都有精深的造诣,但在其《刑法总论》和《刑法各论》翻译引入我国之前,《从新判例看刑法》一书的率先出版,我以为是具有某种象征意义的。记得在2007年9月底,我和张明楷教授等参加在东京大学举办的中日刑事法学术交流会议,看到山口厚的《刑法总论》只有408页,而《刑法各论》却有661页,从篇幅上来说明显地"重各论而轻总论",与我国刑法学界"重总论而轻分论"形成了鲜明的对照,遂问山口教授其中之故。山口教授的回答出乎我的意料,他说刑法总论是原理性的,理论体系较为成型,作者发挥的空间不是太大,但刑法各论涉及对具体犯罪的研究,由于存在大量的判例,并且这些判例是活生生的、不断推陈出新的,因而为作者的学术研究提供了丰富的资料。在这种情况下,各论研究的发达就是十分自然的。山口厚教授的这段话给我留下深刻的印象,颠覆了我以为著名刑法学家更为重视总论原理的印象,领悟到当刑法理论研究达到一定程度,各论就会成为刑法知识的持续增长点。尤其是当我从山口教授那里了解到,日本东京大学法学部的刑法学科自小野清一郎以来形成一个传统,就是大约每两三个月,东京大学的教授等理论研究者和包括日本最高裁判所的法官在内的实务人士都会举办一次判例研讨会,已经坚持半个多世纪了。从这里也可以看出,日本刑法学界对于司法实务、判例的重视程度。正是不断地从司法实务和判例中吸收营养,才能使刑法理论不断地发展和创新。

---

① 〔日〕山口厚:《从新判例看刑法》,付立庆、刘隽译,中国人民大学出版社2009年版。

山口厚教授的《从新判例看刑法》一书就是以一种专题的形式对刑法中的重大理论问题进行研究的著作。它的内容除涉及因果关系、不作为、正当防卫、过失犯、未遂与既遂、罪数等刑法总论问题外，更多地涉及伤害罪、侵入住宅罪、盗窃罪、抢劫罪、诈骗罪、伪造文书罪、贿赂罪等刑法各论问题。本书以判例为基本线索，从刑法理论上予以展开，对裁判理由进行法理上的阐述与评论，从而实现了刑法理论与司法判例之间的良性互动：一方面从司法判例中抽象出某些法律规则，形成某些法理性的结论，以此充实与丰富刑法理论；另一方面，将刑法理论适用于司法判例的解释，对裁判理由进行法理审视，从而对司法实务具有指导意义。山口厚教授的《从新判例看刑法》一书在形式与内容上都有别于刑法体系书，对于学习与研究刑法者来说，都是一部不可多得的参考书。

山口厚教授《从新判例看刑法》中译本在我国的出版，对于中国的司法实务具有参考价值。尽管我国刑法与日本刑法存在重大差别，但还是存在一些共通的问题需要从法理上加以解决。例如，本书的第1章"被害者行为的介入与因果关系"，就涉及在被害者行为介入的情况下，如何认定因果关系的问题。山口厚教授选择的第一个判例是日本最高裁判所平成15年（2003年）7月16日决定。在该判例中，被害者在受到4名被告人长达3个小时的严重暴行以后，为逃脱被告人等的追赶而进入高速公路，被急速行驶的汽车撞倒，并被随后而来的汽车碾过而死。对此，一审判决否认被告人的上述暴行与被害人的死亡之间存在因果关系，二审判决则肯定被告人等的暴行与被害人的死亡之间存在因果关系，最高裁判所认可了二审判决的结论。通过上述案例分析，山口厚教授指出：判例并非是在明示地采纳像相当因果关系说等这样的特定的理论立场的基础上，具体适用上述立场的理解而给出个别案件的解决结论的。山口教授总结上述判例的判断框架是，在能够认定"被告人的行为的危险性现实化为结果"的时候，就可以肯定行为与结果之间的因果关系。在此基础上，山口教授提出了"行为之危险性的现实化"的命题。由此可见，日本司法判例在因果关系的判断上，也越来越向危险性的实质判断的方向发展。这与客观归责的原理是具有一定相似性的。我国也存在类似案例。例如王照双强奸案①,被告人王照双于2005年5月13日凌晨3时许,钻窗潜入北京市西城区灵镜胡同×号楼×门×室,从客厅的皮包中窃得人民币100元及手机1部。王照双又进入大卧室,看到熟睡的李某某(女,殁年39岁),遂将李某某唤醒,对李某某进行威胁并撕破李某某的吊带背心捆住李某某的双手,强行将李某某奸淫,后即钻窗逃离现场。李某某到阳台呼救时,因双手被捆,坠楼身亡。对此,裁判理由认定,在案证据显示,王照双为实施强奸捆绑被害人双手,正是这一行为直接导致被害人在阳台呼救时因难以控制身体平衡而坠楼身亡。捆绑被害人,在王照双犯罪时属于其强奸实行行为的一部分,被害人到阳台呼救时虽然犯罪人已完成强奸的实行行为,但此时被害人意识上不能确定对方是否已经结束侵害,被害人双手仍被捆绑意味着犯罪暴力尚在持续地对被害人发生作用,捆绑被害人双手实际上是被告人犯罪暴行的延续。在此情况下,被害人到阳台呼救行为应是其反抗犯罪人侵害行为的表现,并最终导致了被害人在呼救反抗时坠楼身亡的结果。也就是说,被害人死亡与犯罪人的犯罪暴力之间存在事实上的因果关系,客观上是由被害人反抗犯罪人的强奸所导致,而非意外事件。在本案中,被害人系在临高呼喊时坠楼身亡,因而存在被害人的介入行为。那么,能否据此肯定被告人的强奸行为与被害人的死亡结果之间的因果关系呢?判决结论持肯定的态度,并从暴力延续这一角度作了分析。但张明楷教授对此作了否定性评判,认为无论是根据直接性理论还是采用相当因果关系说乃至条件说,都难以认定本案的上诉人的捆绑行为与被害人的坠楼死亡之间存在因果关系。② 如果按照山口厚教授所说的"行为之危险性的现实化"的观点,可能容易得出在本案中存在因果关系的结论。因为毕竟在阳台上呼救时因捆绑而站立不稳导致坠楼,与被告人的捆绑行为之间还是存在一定的直接性的,它和那些强奸后自杀情形完全不同。因此可见,对于因果关系的判断,尤其是存在被害人或者第三人介入行为的因果关系的判断,是存在相当大争议的。关键在于,刑法理论应当对此作出法理上的论证。

---

① 参见国家法官学院、中国人民大学法学院:《中国审判案例要览》(2007年刑事审判案例卷),人民法院出版社、中国人民大学出版社2008年版,第29—33页。
② 参见张明楷:《结果加重犯的认定——评北京市高级人民法院[2006]京高刑终字第451号判决》,载《中国法律评论》(第1卷),法律出版社2007年版,第135—143页。

山口厚教授《从新判例看刑法》中文版在我国的出版,对于中国的刑法理论具有启迪意义。在相当长的一段时间内,我国的刑法理论还是局限在法条与司法解释的解释上,因而立法论与解释论占据着主导地位,适用论则十分薄弱。虽然我国学者也强调理论与实践相结合,但总是理论与实践之间存在隔膜,形成两张皮,即使对于司法实务问题的研究,也更多地停留在案例分析的水平上。这当然与我国不存在正式的判例制度有关,学者自身也要负相应责任。现在我国最高人民法院正在建立案例指导制度,以典型案例指导审判实践,进一步统一司法尺度,规范裁判标准,总结审判经验。在这种情况下,刑法学者应当将更多的学术资源投入案例研究当中。近年来,我一直关注案例指导制度,并从事着判例刑法的研究,已经完成了我承担的国家社科基金项目"判例刑法研究",其最终成果《判例刑法学》已由中国人民大学出版社出版。在这种情况下,拜读山口厚教授的这本书,某种亲近感油然而生。

　　在中日刑事法交流活动中,我与山口厚教授多有交往,2008年4月24日,我任职的北京大学法学院还专门邀请山口厚教授访问中国,并在北京大学作了"日本刑法学中的行为无价值论与结果无价值论"的报告。该报告的文字版载《中外法学》2008年第4期,第590—595页。本书译者之一的付立庆博士,是我在北大指导的刑法专业博士生,已经毕业,现为中国人民大学法学院讲师。付立庆在北大攻读博士学位期间,有幸于2004年至2006年在日本东京大学大学院法学政治学研究科访学两年,师从山口厚教授。现在,付立庆和另一译者刘隽经过努力,将山口厚教授的《从新判例看刑法》一书译成中文出版,这是中日刑事法交流中的一大幸事。获悉山口厚教授的《刑法总论》与《刑法各论》也将由付立庆主持译成中文出版,十分高兴,但愿早日见到山口厚教授的大作在我国问世。

　　是为序。

陈兴良
谨识于北京大学法学院科研楼609工作室
2009年1月6日

4.〔美〕乔治·弗莱彻著,邓子滨译《反思刑法》中译本①序

美国哥伦比亚大学乔治·弗莱彻(George P. Fletcher)教授的《反思刑法》(Rethinking Criminal Law)一书,由邓子滨研究员译成中文出版,嘱我为之作序,我由衷地感到高兴。

《反思刑法》可以说是英美刑法学界的一本名著,初版于1978年,也算历经了30年的学术考验了。该书在我国刑法学界亦有相当的影响,读过英文版的人不在少数。我在不同场合听好几位刑法学者说过,他们都曾产生过将这本书译成中文的冲动,但最终都被70多万字的巨大篇幅给吓回去了。现在,邓子滨研究员经过3年的努力,终于完成了本书的译事。译作即将与中国读者见面,这对中国刑法学界来说是一大幸事,乃至于一大盛举。

《反思刑法》之所以受到我国刑法学者的青睐,主要是本书所具有的学术上的独特性。这种独特性表现为:以大陆法系(这里主要指德国)刑法为参照,对英美(这里主要指美国)刑法进行体系性反思。这种视角的独特性,使本书具有跨越法系的、比较法的特征,因而本书具有双重意义:一方面,可以使读者,尤其是大陆法系国家的读者,更为深刻地理解并掌握英美刑法的结构与内容;另一方面,作者所具有的英美刑法背景,可以使我们对大陆法系刑法的结构与内容在英美刑法的观照下,产生更为真切的学术认同。

尽管大陆法系与英美法系的差别正在逐渐缩小,尤其是在刑法领域,英美刑法的成文化程度已经接近大陆法系国家,因而从形式上对英美刑法与大陆法系刑法加以区分实际上是十分困难的。但英美刑法与大陆法系刑法在性质上的区分,尤其是在思维方法、理论框架等方面的差别又是难以跨越的。我国基本上是一个大陆法系国家,虽然20世纪50年代初期引入苏俄刑法学,但现在正在发生刑法知识上的拨乱反正,重新回归

---

① 〔美〕乔治·弗莱彻:《反思刑法》,邓子滨译,华夏出版社2008年版。

以德日为代表的大陆法系刑法学的趋势已然十分明显。我国目前的刑法学术话语基本上是以德日刑法学为基底的,英美刑法对我国刑法理论的研究虽然具有参考价值,但我们对英美刑法知识的隔阂与遮蔽还是客观存在的。

从20世纪80年代末开始,一些在英美国家具有影响力的教科书被译介到我国,例如塞西尔·特纳的《肯尼刑法原理》(华夏出版社1989年版)、鲁珀特·克罗斯、菲利普·A. 琼斯的《英美刑法导论》(中国人民大学出版社1991年版)、C. 斯密斯、B. 霍根的《英国刑法》(法律出版社2000年版),等等。这些英美刑法著作,对我国刑法研究具有一定的借鉴意义,但由于是教科书体例,理论深度受到一定限囿。当然,在我国刑法学者中,因对英美刑法的介绍而独树一帜的是北京大学法学院的储槐植教授。储槐植教授的《美国刑法》(北京大学出版社1987年版)一书,虽然仍采用了教科书的形式,但它经过加工消化,按照大陆法系的刑法理论体例加以叙述,使我国读者更容易接受。因此,《美国刑法》实际上是一位中国刑法学者视野中的美国刑法,该书关于英美刑法中的双层次犯罪构成体系的叙述、关于法人犯罪的论述、关于刑法因果关系理论的论述、关于刑罚结构与体系的描述等,都成为我们研究中国刑法理论时十分重要的学术资源。可以说,我国刑法学者,至少是我的英美刑法的观念,在一定程度上是通过储槐植教授的《美国刑法》塑造的。这也说明,对于英美刑法理论,这种超越法系的学术视野是十分重要的。

《反思刑法》一书以比较法的方法把我们带入英美刑法的理论迷宫之中,并力图使我们从中走出来。在本书的前言中,弗莱彻教授论及了比较法方法对于本书论述的决定性意义。弗莱彻教授选择的比较对象是德国,而德国恰恰是近代大陆法系刑法理论的发源地。弗莱彻教授将本书命名为《反思刑法》,这是大有深意的。在某种意义上,本书不是一本简单地叙述英美刑法理论的著作,而是对英美刑法理论进行反思的著作,反思是本书的一条基本线索。英美刑法为什么需要反思?对于这个问题,弗莱彻教授并没有给出正面回答。但从本书的前言中,可以隐约感觉到弗莱彻教授对英美刑法理论现状的不满,认为存在某些因素,妨碍了英美刑法及其基础理论的精深。在此,弗莱彻教授承认英美刑法理论不够精深,而这种精深恰恰是德国刑法学所具备的。可以说,本书是一种提升英美刑法理论精深性的努力。这一努力在一定程度上实现了,这是我在通读本书以后的一个印象。

对于英美刑法理论,稍有接触的人总是感到其缺乏应有的体系性与逻辑性,更多的是判例规则的提炼与司法经验的总结。正如霍姆斯所指出的,"法律的生命不在于逻辑而在于经验"。这样一种法律理论,一如弗莱彻教授所言,是一种功利主义的刑法哲学以及制裁理论。在本书的叙述方法上,弗莱彻教授仍然坚持从个别到一般的归纳法,而未采用大陆法系从一般到个别的演绎法。本书从盗窃、杀人等典型的个罪出发,引申出一般总则性的原理。本书的精彩之笔在于对违法、责任等一般性命题的阐述。例如在本书关于归责的阐述中,对1950年至1955年间发生在苏联的关于罪过和罪责的一场大讨论进行了勾画,正确指出这场大讨论的背景是德国刑法理论的知识影响,特别是规范归责论的影响。在20世纪40年代,德国刑法学完成了从心理责任论到规范责任论的转变,规范责任论传入苏联,乌特夫斯基教授的《苏联刑法中的罪过》一书就采用了规范责任论,但被诬称为罪过评价论,受到当时主流刑法学家的猛烈抨击。由此可见,弗莱彻的理论视野不仅及于德国,而且及于苏联。在如此广泛的理论背景下反思英美刑法,得出的结论自有其坚固的理论基础。弗莱彻教授的这本书,在一定程度上使我改变了英美刑法没有理论的印象。

邓子滨研究员在北大博士生学习期间完成了《法律之门》一书的译事,我曾经为该书作序予以推荐。《法律之门》一书出版以后,颇受读者好评,该书畅销一时。在2002年华夏出版社出版该书英文第六版的中文译本以后,又于2007年出版了该书英文第八版的中文译本。《法律之门》一书的翻译,为译者带来的声誉实在不能补偿所付出的心血。现在,邓子滨研究员又完成了《反思刑法》一书的译事。相对而言,本书之翻译的难度远远超过前书。因为《法律之门》毕竟是一部法理性教科书,在专业上不至于过分艰深。而《反思刑法》一书则不同,不仅在语言的转换上,更重要的是在英美刑法与大陆法系刑法两种思维方法与专业范式的转换上存在相当的难度。在本书的翻译过程中,邓子滨研究员曾经多次与我讨论一些专业术语的翻译问题,例如疏忽与过失、免责与可宥等,真可谓一字一句斟酌,费尽心思。如果没有英美刑法与大陆法系刑法的双重知识支撑,要想准确地完成本书的翻译几乎是不可能的。邓子滨研究员以严谨的治学态度,圆满完成了这一在许多人看来不可能的译事,我为之庆贺,亦有先读为快之幸。我相信,邓子滨研究员在完成本书的翻译以后,英美刑法与大陆法系刑法的理论水平会大有提高,这为他将来从事刑法研究,尤其是刑法的比较研究,带来了极大的便利,他不仅可能而且应该在这一领域有所成就。

是为序。

陈兴良
谨识于北京依水庄园渡上寓所
2008年3月8日

5.〔日〕山口厚著,付立庆译《刑法总论》中译本[①]序

山口厚教授《刑法总论》一书的中译本即将出版,我十分期待。译者付立庆教授把中译本的电子版发给我,嘱我写序。在先睹为快之余,写下这篇序文,可以说是山口厚教授《刑法总论》一书的读后感,愿与读者分享。

在读山口厚教授的《刑法总论》一书之前,我们应当首先了解山口厚教授在刑法学上的基本立场。在我看来,本书鲜明地体现了山口厚教授在刑法学上结果无价值论的主张,并将之贯彻于解释论中。行为无价值论与结果无价值论之争是贯穿现当代日本刑法学的一条基本线索。山口教授于2008年4月24日曾经以"日本刑法学中的行为无价值论与结果无价值论"为题在北京大学作了一场学术报告,该报告为我们展示了自20世纪40年代末期以来,日本刑法学界关于行为无价值论与结果无价值论之争的全貌。山口厚教授在学术报告中指出:"行为无价值论和结果无价值论的对立关系,在如何理解违法性,进而如何理解刑法的作用问题上,今天仍然提供着一个重要的视角。"同样,结果无价值论也为我们进入山口厚教授刑法总论的理论大厦提供了一条径路。在本书第1版前言中,山口教授明确指出:"本书的基本立场是,在将自由主义原则置为基础的同时将法益保护作为刑法的任务,即所谓的结果无价值论。从这样的立场出发,对于错综复杂的犯罪论体系予以合理的重新构成,这是在本书中作者所追求的。"在本书中,山口教授把结果无价值论贯彻到解释论中,使其刑法总论独具特色。在我看来,山口厚教授的结果无价值论立场,十分明显地体现在以下三个问题上:

(一)在构成要件上坚持违法行为类型说

在坚持构成要件的定型化机能的同时,强调构成要件的违法推定机能和故意规制机能。山口厚教授明确地反对将故意、过失作为构成要件

[①] 〔日〕山口厚:《刑法总论》,付立庆译,中国人民大学出版社2011年版。

要素的违法有责类型说,指出:"根据本书的理解,犯罪是值得处罚的当罚的行为,从而,构成要件是法律所规定的当罚的行为的类型。这样,行为的当罚性,虽说是依据作为犯罪的实质成立条件的违法性以及责任而确定其基础,但不管怎么说,构成要件还是应该理解为违法行为类型。这是因为,在形成当罚的违法行为的类型之际,虽然也当然会考虑责任要素,但责任要素一旦作为构成要件要素而纳入构成要件之中的场合,除了后述的(盗窃罪中的不法领得的意思等)主观的要素的场合,其作为客观的要素,就具有了客观地划定违法行为类型的意义,同时也失去了作为责任要素的意味(其作为责任要素的意味,不过是通过行为人对相应客观要素的认识而得以肯定而已)。"以上对构成要件的理解,在相当程度上坚守了违法与责任的分际,这也是一种客观的构成要件论和客观的违法性论的立场。山口厚教授甚至认为,如果将故意、过失纳入构成要件,使构成要件成为犯罪成立积极要件的总和,这实际上是否定了构成要件。对于这一观点,我是十分赞同的。构成要件的特殊理论机能是不能否认的。饱受质疑的四要件论之所以说是一种没有构成要件的犯罪构成,就是因为其将所有犯罪成立条件都纳入犯罪构成之中,形成所谓"全构成要件",结果必然是使构成要件的定型化这一最为重要的机能丧失殆尽。山口厚教授在构成要件问题上所坚持的违法行为类型说,其根据来源于结果无价值论。因为在违法的本质上,行为无价值论与结果无价值论之间存在重大区别。正如日本学者曾根威彦所指出的那样:"行为无价值论与结果无价值论对立的原点,在于对违法本质有不同理解。犯罪是违法行为,但是,关于违法性的本质,(1)行为无价值论以规范论为前提研究违法性本质,相反的,(2)结果无价值论以法益论为前提探讨违法的实质。"山口厚教授把这个问题归纳为判断违法性时要不要考虑行为人的主观要素,如果应该考虑的话其根据何在?进而指出:"在这一点上,结果无价值论和行为无价值论的观点截然不同。行为无价值论认为,当存在故意时,与没有故意的场合相比,行为人的违法意志更加强烈,需要对其给予更为强烈的否定,因此故意是违法要素。但在结果无价值论看来,这种理由不外是论证行为人责任的理由,行为无价值论其实是混淆了违法与责任两个不同的概念。"故意、过失等主观要素之所以不能作为违法要素而只能作为责任要素,就在于违法的本质是法益侵害及危险,而故意、过失与法益侵害及危险并无直接关联。当然,山口教授虽然反对将故意一般性地作为违法要素来对待,但例外地承认主观违法要素。山口厚教授指出:"本书认为,违法性的实质是法益侵害、危险的引起,由于有无法益侵害和行为人的意思无关故而基本上不能认可主观的违法要素,但在属于构成要件要素的结果是法益侵害的危险的场合,例外地,也存在着行为人的行为意思(并非单纯的事实的认识)通过对于法益侵害的有无及其程度施加影响,而能够作为违法要素予以认可的场合。"(本书第95页)这里的主观违法要素,主要是指一部分目的犯中的目的以及未遂犯的既遂行为意思等。山口厚教授明确地否认了表现犯的内心状态以及倾向犯中的倾向属于主观违法要素,这也可谓基于其结果无价值论立场的归结,并且也构成了其在此问题上的一个重要特色。总体上,虽说采纳结果无价值论并不必然导致在构成要件的理解上采纳违法类型说(比如山口厚教授以前的同事西田典之教授和现在的同事佐伯仁志教授都是在采结果无价值立场的同时接受了构成要件的违法有责类型说),但是山口厚教授立足于结果无价值立场所坚持的构成要件的违法类型说主张还是具有很强的说服力的,令人印象深刻。

(二)结果无价值论在违法阻却论中的贯彻

在违法阻却的一般原理上,行为无价值论与结果无价值论也是存在分歧的。正如曾根威彦所指出的:"关于这一问题,行为无价值论从规范违反说的角度出发进行考察,而结果无价值论则从法益侵害说的立场出发进行考察。"从规范违反说出发,行为无价值论认为违法阻却的一般原理在于侵害法益是实现国家所承认的共同生活的目的所必要的手段,这就是目的说;或者违法阻却的一般原理在于行为在历史形成的社会生活秩序的框架之内,为法秩序所允许,这就是社会相当性说。无论是目的说还是社会相当性说,都倾向于对规范作主观解释或者相对解释,由此否定违法阻却事由的规范违反性,从而为违法阻却事由提供正当化的一般根据。目的说与社会相当性说的暧昧性,为人所诟病。那么,结果无价值论又如何解释在存在法益侵害的情况下何以否认其违法性呢?其答案是,某种法益侵害行为在保护另外一种更为重要的法益时,违法性被阻却,这就是法益权衡说。显然,法益权衡说提供了更为明确的判断标准,因而值得肯定。当然,法益权衡说更利于解释紧急避险的违法阻却根据,但对于正当防卫的违法阻却根据的解释却存在一定窒碍。对此,山口厚教授对正当防卫与紧急避险作了对比性研究,揭示了正当防卫作为违法阻却事由其原理的独特性,指出:"正当防卫通过'急迫不法的侵害'这一前提要件,通过肯定被侵害者针对'急迫不法的侵害'者的利益的绝对优位性,而在成立要件上得以与紧急避险加以区别。在这个意义上,正当防卫在坚持把作为违法性阻却原理终究是妥当的'法益衡量'作为基础的同时,从被侵害者的利益的绝对的优位性出发(在防卫的必要的限度内,'不法的侵害'者的法益的保护价值被否认),而成了与紧急避险具备所谓(不单是量上的)质上不同的要件的一种违法性阻却事由。"(本书第114—115页)可以说,上述论述极大地深化了法益衡量说在正当防卫的违法阻却根据上的解释,也是结果无价值论的一种延伸。此外,在正当防卫是否必须具备防卫意思这一问题上,行为无价值论与结果无价值论之间也是存在争议的。行为无价值论要求正当防卫具有防卫意思,但正如山口厚教授指出:"在结果无价值论看来,防卫意思不应该是正当防卫的要件。防卫的意图与动机的存在与否,只不过反映了行为人的主观恶性程度,因此充其量只能构成责任要素,对此不应在评价违法性时加以考虑。"这一分歧在对偶然防卫的处理上反映得最为明显。因为不要求把防卫意思作为正当防卫的要件,因此,山口厚教授在本书中认为:"就偶然防卫而言也不是不能成立正当防卫,但是,能够认定可能并非基于正当防卫而实现构成要件的场合,偶然防卫有余地理解为成立未遂犯,尽管这也和对未遂犯的理解挂钩。"(本书第124页)。据此可以看出山口厚教授力图保持基于结果无价值论的观点一致性。

(三)对法益侵害的危险性的判断

这主要是指未遂犯中的危险性如何判断:是该在一般人的立场上加以判断,还是更加科学地、客观地进行判断?在这个问题上反映了行为无价值论与山口厚教授所称的更加彻底的结果无价值论之间的对立。山口教授当然是坚持这种更加彻底的结果无价值论立场的,不同意具体危险说,而主张客观危险说(本书第277—278页)。

可以说,结果无价值论是贯穿山口厚的《刑法总论》的一条红线,这对于我们领会山口教授的刑法思路具有重要意义。行为无价值论与结果无价值论自德国传入日本以后,发生了重大变化,日本刑法学在这一问题上形成了自己的特色。山口厚教授作为结果无价值论的一个代表人物,其对推进日本刑法学的发展作出了重要贡献。目前,我国也从日本引入了行为无价值论与结果无价值论之争,并结合中国的实际情况展开了讨论,形成了一定的学派之争。例如周光权教授主张行为无价值论,而张明楷教授主张结果无价值论,这只是这一学派之争的开始。在这一背景下,山口厚教授《刑法总论》一书的翻译出版,对于促进我国这一学派之争具有重要参考价值。不仅主张结果无价值论的学者可以从中找到系统的理论支撑,即便是持行为无价值论者,也完全能够从本书中获得理论的刺激和开启进一步思考的素材。我认为,一部具有学术特色的刑法教科书,正是我国当前所急需。

本书译者付立庆教授在北大攻读博士研究生期间,经我推荐曾经到日本东京大学访学两年,师从山口厚教授。2009 年付立庆和刘隽博士合作将山口厚教授的《从新判例看刑法》一书翻译并在中国人民大学出版社出版,为本书的翻译进行了必要的语言准备和理论准备。现在,付立庆教授以一人之力翻译了本书,可以说是对山口厚教授在他访学期间所给予的学术指导的最佳报答。我期待付立庆教授在刑法学术上有更大的作为,尤其是在中日刑法学交流方面,有为有成。

是为序。

陈兴良
谨识于北京依水庄园渡上寓所
2011 年 6 月 29 日

6.〔日〕山口厚著,王昭武译《刑法各论》中译本①序

　　山口厚教授的《刑法总论》与《刑法各论》的中译本同时在我国出版,这是值得庆贺的。在上述两本书中,我对《刑法各论》中译本的出版,尤其抱有更大的期待。就山口厚教授本人来说,也是特别注重刑法各论研究的。例如在中文版序中,山口厚教授自认为其《刑法各论》在日本出版的各种系统研究日本刑法各论的书籍中最为详尽。此言不虚。就以山口厚教授《刑法总论》与《刑法各论》两书的篇幅而言,后者的篇幅几乎是前者的一倍。山口教授本人极为重视对刑法各论的研究,其《刑法各论》并不限于对个罪的解释,而且梳理了日本刑法解释的脉络及其演变,由此可以全面而深入地把握日本刑法各论的研究现状,对于深化我国刑法各论的研究尤其具有借鉴意义与参考价值。

　　在四要件的犯罪构成理论的框架内,我国刑法各论研究乏善可陈,几乎成为四要件的机械套用,没有展示刑法各论研究的独特魅力,这充分反映了我国刑法学重刑法总论而轻刑法各论的研究现状。事实证明,成熟的刑法学理论应该是刑法总论研究与刑法各论研究比翼双飞、争奇斗艳。可以说,没有深入的刑法总论研究,刑法各论的研究缺乏深厚的理论根基。因为刑法总论研究具有方法论意义,它在很大程度上制约着刑法各论的研究。反之,没有充分的刑法各论研究,刑法总论的研究也难以可持续地推进。因为刑法各论研究具有解释论的功能,它在相当意义上能够反哺刑法总论的研究。因此,刑法总论与刑法各论之间的关系可以说是唇齿相依,要么两强,要么两弱,而不可能有其他效果。我国尽管重刑法总论轻刑法各论,但脱离了刑法各论的深入研究,刑法总论也不可能独善其身。在我国刑法总论中,四要件的犯罪构成理论虽然独具特色,但在刑法各论中,四要件的犯罪构成恰恰成了个罪研究的桎梏,因为机械套用四要件成为我国刑法各论的独特景致。我国刑法各论对个罪阐述,都直

---

① 〔日〕山口厚:《刑法各论》,王昭武译,中国人民大学出版社2011年版。

接套用四要件,例如敲诈勒索罪,其构成特征分别是:(1)客体特征。敲诈勒索罪侵害的客体是复杂客体,不仅侵犯了公私财产所有权,而且侵犯了他人的人身权利等其他权利。(2)客观特征。敲诈勒索罪的客观方面表现为,对财物的所有者或者保管者以日后的侵害行为相威胁,当场或者日后占有数额较大财物,或者以当场实施暴力相威胁,迫使被害人日后交付数额较大财物的行为。(3)主体特征。敲诈勒索罪的主体是一般主体,凡年满16周岁,具有刑事责任能力的自然人,均可构成本罪。(4)主观特征。敲诈勒索罪的主观方面是故意,且是直接故意。行为人的犯罪目的在于非法占有公私财物。在以上四个要件中,其实只有客观特征是有必要充分展开的,其他三个特征对于阐述本罪并无特殊意义。我们可以对比一下山口厚教授在本书中对恐吓罪(相当于我国刑法中的敲诈勒索罪)的论述结构。山口教授对恐吓罪分别论述了以下内容:(1)客体,包括财物和财产利益,主要讨论了对不动产和财产利益的恐吓。(2)恐吓,包括暴力和胁迫。(3)交付行为,指基于因畏惧而产生的"有瑕疵的意思",交付物或者财产性利益。(4)物或者利益的移转(本书第327—334页)。由此可见,山口教授对于恐吓罪,主要是围绕恐吓罪的构成要件而展开的,尤其是对交付行为的论述,我国对敲诈勒索罪的研究中通常没有论及的,而这恰恰是其与抢劫罪的根本区别之所在,也是恐吓罪作为交付型财产犯罪与抢劫罪作为取得型财产犯罪的标志性特征。同样,山口厚教授关于物或者利益的移转,对于未遂与既遂的区分具有意义,而且对于揭示恐吓罪是占有转移型财产犯罪也是必不可少的特征。但在我国对敲诈勒索罪的论述中,也没有这方面的内容。可以说,我国对敲诈勒索罪的研究主要是经验型的,例如将敲诈勒索罪与抢劫罪的区分归纳为"两个当场"等。我国对个罪的研究,不仅在犯罪构成上套用四要件,而且在此罪与彼罪的区分上也套用四要件。例如我国学者论及敲诈勒索罪与抢劫罪的界限时指出:敲诈勒索罪与抢劫罪具有以下相同或相似之点:(1)二罪侵害的客体都是复杂客体,主要客体都是公私财产所有权。(2)在客观方面具有相似之处,例如,可能都采用当场使用威胁方式,恐吓被害人,迫使其交付财物。(3)在主观方面都是直接故意,且都具有非法占有公私财产的目的。在此基础上,我国学者又论述了敲诈勒索罪与以胁迫手段实施的抢劫罪之间的区别:(1)威胁方式的区别。(2)威胁内容的区别。(3)威胁内容可能实施的时间的区别。(4)威胁索取财物的区别。(5)非法取得利益时间的区别。其实,以上相同或相似之处完全没有必要论述,不同之处主要在于客观特征,对此我国学者还是作了较为充分的论述。但只论述敲诈勒索罪与以胁迫手段实施的抢劫罪之间的区别,是否意味着不存在以暴力手段实施的敲诈勒索罪,因而不需要对敲诈勒索罪与以暴力手段实施的抢劫罪加以区分呢?我国学者在对敲诈勒索罪的客观特征中只指出威胁或要挟,并没有指出暴力手段,但在司法认定中又指出:敲诈勒索罪中,行为人并非根本没有使用暴力。在迫使被害人在将来某个时间交付财物的敲诈勒索犯罪中,在对被害人进行威胁的过程中,行为人为了迫使被害人承诺其索要财物的非法要求或者巩固对被害人造成的精神强制,往往可能实施暴力。这是承认暴力可以作为将来取财的敲诈勒索罪的手段,但不能成为当场取财的敲诈勒索罪的手段,这是从敲诈勒索罪与抢劫罪之间的区分就在于是否具备"两个当场"这一观点中引申出来的结论。对比山口厚教授的《刑法各论》在关于抢劫罪的论述中,明确指出暴行可以作为恐吓罪的手段,只不过抢劫罪的暴行必须达到足以压制被害人的反抗的程度,而根据是否达到此程度,可区别恐吓罪与抢劫罪(本书第253页)。换言之,恐吓罪与抢劫罪的区分不在于是否具有"两个当场"中的当场使用暴力,而在于暴力的程度;如果当场使用的是足以压制被害人的反抗的程度的暴力,构成抢劫罪;没有达到这一程度的,则构成恐吓罪。这一结论是从抢劫罪系取得型财产犯罪,而恐吓罪是交付型财产犯罪这一区分中引申出来的,具有法理根据。以上我仅以敲诈勒索罪为例,说明了我国简单套用四要件的个罪研究难以满足司法实践对刑法各论的理论需求。

在此,我想提出我国刑法各论研究的法教义学化的命题。刑法理论的教义学化是我国当前刑法知识转型的必然要求,刑法理论的教义学化不仅是指刑法总论的教义学化,而且也包括刑法各论的教义学化,而在我国刑法学研究中,刑法各论的教义学化尤其缺乏。这里的教义学化是指对刑法条文的解释论研究,尤其是各种解释方法的娴熟运用。在论及刑法各论一书的写作宗旨时,山口厚教授在本书初版序中指出:"作为探究各个具体犯罪成立要件的刑法各论,应该基于对具体法条的解释,缜密详尽地开展下述工作:首先是就各个具体的犯罪构成要件,研究并确定其保护法益以及与此相对应的法益侵害结果的内容,在此基础之上,再进一步明示限定处罚的根据、理由,进而明确该犯罪所固有的类型性。显然,这里就有必要显示,就是出于这种考虑,本书通篇采取的论述模式是,在解说各个具体犯罪的成立要件之时,提示解释论上的具体问题,顺次阐述保护法益、结果、构成要件的行为,而且,在明确提出具体的问题之所在的基础之上,通过分析一直以来的判例、学说,以展开本人观点。"(本书初版序第1页)。在此,山口厚教授说明了对刑法各论的解释论方法,这种以具体法条为中心展开的法教义学研究,使刑法各论成为一种知识的展示与智力的竞争,从而极大地提升了刑法各论的学术性,这是我们所要追求的刑法各论研究的境界。

在此,我还想论及日本以及其他国家刑法各论理论对我国刑法各论研究的镜鉴及其限度。刑法各论是以具体个罪的法条为中心而展开的知识体系。各国刑法之间,刑法总则规定之同大于刑法分则规定,因而我们总是认同在刑法总论理论上对外国刑法知识的吸收与参考,由此也忽视了刑法各论上对外国刑法知识的借鉴。但实际上刑法各论研究的是人身犯罪与财产犯罪等重点罪名,这些重点罪名在各国刑法规定上相同之处甚多,我国完全可以用来作为参考。例如,我国《刑法》第239条规定的绑架罪,包括以勒索财物为目的的绑架罪,即所谓绑架勒赎。那么,这里的以勒索财物为目的是仅指向被绑架人以外的第三人包括其亲朋好友勒索财物呢,还是也包括向被绑架人本人勒索财物?对此,我国《刑法》条文并未指明,而外国刑法对此一般都有明文规定。例如《日本刑法》第225条之二第1款规定:"利用近亲属或者其他人对被略取者或者被诱拐者安危的忧虑,以使之交付财物为目的,略取或者诱拐他人的,处无期或者3年以上的惩役。"这就是《日本刑法》中的勒索赎金目的的略取、诱拐罪,相当于我国刑法中的以勒索财物为目的的绑架罪。关于本罪,山口厚教授指出:"本罪是目的犯,以'利用近亲属或者其他人对被略取者或者被诱拐者的安危表示忧虑者的忧虑,以使之交付财物为目的'为要件。"(本书第108页)据此,本罪只能是向被绑架人的近亲属或者其他对被绑架人的安危表示忧虑的第三人勒索财物,而不可能包括对被绑架人本人勒索财物。那么,能否参考外国刑法规定及刑法理论,对我国刑法规定的绑架罪中的以勒索财物为目的作出相同解释呢?我认为,这是完全可以的。我国学者阮齐林教授就借鉴外国刑法规定,揭示了我国刑法中的绑架罪具有侵犯第三人的自决权的性质,指出:"从法律规定的'以勒索财物为目的'来看,虽然不能得出必须向第三人勒索的结论。但是从法律规定的'绑架他人作为人质'的表述看,显然应当理解为需要向第三人勒索。因为既然是'人质',显然是对第三人而言的,不是对被绑架人而言的。在外国的刑法中,有的规定罪名是掠人(掳人)勒赎、诱拐勒赎,就包含使被掳掠、被诱拐人的亲属为人质安危感到担忧的内容。有的对绑架罪,在法律条文中直接明确规定有向第三人勒索的内容。"①以上观点是完全正确的。因此,借鉴外国刑法规定和刑法理论对我国刑法关于个罪的规定作出正确解释,是采取比较刑法的解释方法论的应有之义。反之,如果不能利用外国刑法规定和刑法理论的资源为我国所用,就不能提升我国刑法各论的法教义学水平。例如关于侵占罪与盗窃罪的界限,我国学者指出具有以下两点区别:"一是侵犯的客体不完全相同。前者侵犯的是公民个人的财产所有权;而后者侵犯的则是公私财产的所有权。这是两罪的本质区别。二是客观方面的表现不同。前者行为人在实施侵占他人财物行为时,所侵占的财物就在其实际控制之下;而后者的行为人在实施盗窃财物行为时,所盗取的财物并不在其实际控制之下,这是两罪在客观方面的显著区别。"②以上第一点否认了侵占单位财物的侵占罪,我以为并不恰当。当行为人基于与单位的平等主体之间的民事委托关系而保管本单位财物时,同样可能因将其所代为保管的单位财物据为己有而构成侵占罪,当然,这属于对法条的理解问题。以上第二点以财物是否在行为人实际控制之下区分侵占罪与盗窃罪,这是正确的,但尚未能从法教义学的高度揭示侵占罪与盗窃罪的区分根本上在于非占有转移的财产犯罪(侵占)与占有转移的财产犯罪(盗窃)的区分,因而存在缺憾。在日本刑法理论中,明确区分占有转移的财产犯罪与非占有转移的财产犯罪,以此作为盗窃罪与侵占罪的区分。例如山口厚教授在本书中指出:"侵占委托物罪的特征在于,其客体限于物,并且,属于不以占有转移为要件的非转移罪。这也正是侵占罪与作为占有转移的财产犯罪的盗窃罪的区分之所在。"(本书第336页)借鉴日本刑法理论,采用占有转移的财产犯罪与非占有转移的

---

① 阮齐林:《绑架罪的法定刑对绑架罪认定的制约》,载《法学研究》2002年第2期。
② 周道鸾、张军主编:《刑法罪名精释》,人民法院出版社2007年第3版,第525页。

财产犯罪的类型化划分,对于区分我国刑法中的盗窃罪与侵占罪具有重要参考价值。

当然,我认为借鉴外国刑法各论理论解释我国刑法规定也是有限度的,这主要就在于应当注意外国与我国刑法规定上的差异,如果无视这种差异而引入外国刑法理论,则可能会产生偏颇。例如关于盗窃罪,我国刑法学界一般都将盗窃行为解释为秘密窃取。所谓秘密窃取,是指行为人主观上自认为采取不会被财物的所有者、保管者或者经手者发觉的方法,暗中窃取其财物。① 因此,我国刑法中的盗窃罪是秘行犯,秘密性是盗窃罪的特征之一。但张明楷教授对此提出了质疑,否定秘密性是盗窃罪的特征,指出:"窃取行为虽然通常具有秘密性,其原本含义也是秘密窃取,但如果将盗窃限定为秘密窃取,则必然存在处罚上的空隙,造成不公正现象。所以,国外刑法理论与司法实践均不要求秘密窃取,事实上完全存在公开盗窃的情况。"② 我认为,外国刑法中的盗窃罪不以秘密性为特征,是因为不存在我国刑法中的抢夺罪。事实上,日本学者在论及盗窃行为时,也往往表述为夺取,换言之,夺取本身就是盗窃行为的表现形式之一。例如山口厚教授在本书中将窃取解释为:"违反占有人的意思,将他人所占有的财物,转移至自己或者第三人的占有之下的行为。"(本书第225页)。在此,并未提及秘密性的特征。尤其是关于盗窃罪的保护法益的相关内容中,论述了盗窃罪的下述三种具体类型:(1)无权限者从属于所有人处夺取;(2)无权限者从并非所有人的占有人处夺取;(3)所有人从占有人处夺取(本书第222页)。在此,山口厚教授明确采用夺取一词来表述盗窃行为。由此可见,在日本刑法中,夺取是盗窃行为之一。由于日本刑法中未设立抢夺罪,因而如果以秘密性作为盗窃罪的特征之一,就会出现张明楷教授所说的"处罚上的空隙"。但在我国刑法中,不具有秘密性、采取平和的占有转移方式侵犯他人财产所有权的行为,完全可以抢夺罪论处。至于如何界定盗窃罪的秘密性,该秘密性是主观的还是客观的,这是需要深入研究的问题。盗窃罪与抢夺罪的界限也有必要进一步厘清,但否认我国刑法中盗窃罪的秘密性,则可能并不可取。

山口厚教授的《刑法各论》一书在日本刑法学界具有重大影响,是刑

---

① 参见周道鸾、张军主编:《刑法罪名精释》,人法院出版社2007年第3版,第505页。
② 张明楷:《刑法学》,法律出版社2007年第3版,第727页。

法各论的扛鼎之作,本书在我国的翻译出版,对于促进我国刑法各论的研究必将起到重要作用,这是可以期待的。经山口厚教授《刑法总论》中译本的译者付立庆教授的推荐和协调,其《刑法各论》由王昭武教授负责翻译。王昭武教授本科阶段学习的是日语,后进入武汉大学法学院攻读刑法学的硕士学位,并赴日本同志社大学深造,师从日本著名刑法学家大谷实教授,获法学博士学位。我在中日刑事法交流中,多次与王昭武教授交流,并受益于他的翻译,得以与日本同行进行学术沟通。今年5月份我到苏州大学讲学,从正在苏州大学任教的王昭武教授处获知其正在翻译山口厚教授的《刑法各论》一书,我深表赞赏。王昭武教授对于译事情有独钟,乐而为之,我深以为然。我认为,翻译本身也是一种对学术的独特而重要的贡献。前些年王昭武教授与刘明祥教授共同翻译了日本西田典之教授的《日本刑法总论》与《日本刑法各论(第三版)》,并由中国人民大学出版社出版,成为译著中具有影响力的作品。现在,山口厚教授篇幅达70余万字的《刑法各论》又由王昭武教授以一人之力而译成出版,值得嘉许。

　　山口厚教授《刑法总论》的中译本序是十多天前写就的,中间这段时间我有机会再次游览了张家界的绝佳风景,感受颇深。张家界风景以群山的雄、奇、险、秀、幽、野集于一体而著称,而天门山的雄伟山体与袁家界的神奇山峰恰好可以比拟刑法总论与刑法各论的各自理论特色。刑法总论是基础性理论,正如同天门山雄伟的山体,安卧于大地,以其雄浑令人震撼。而刑法各论则是延展性理论,正如同袁家界神奇的山峰,挺拔在云端,以其秀美使人陶醉。刑法总论的理论一体性如同盘踞的山体,刑法各论的个罪独立性宛若林立的山峰,同样令人向往。读书如欣赏风景,游览天门山收获的雄伟意念与登临袁家界生发的神奇幻觉,在阅读山口厚教授的《刑法总论》与《刑法各论》时,同样能够感觉得到。可谓殊理相通。

　　是为序。

陈兴良
谨识于北京海淀锦秋知春寓所
2011 年 7 月 10 日

7. 〔日〕高桥则夫著，戴波、李世阳译 《规范论与刑法解释论》中译本①序

日本早稻田大学法学部高桥则夫教授的《规范论和刑法解释论》一书即将由中国人民大学出版社出版，译者嘱我为该书的中译本作序，我欣然应允。

《规范论和刑法解释论》是高桥则夫教授的一本专著，从内容来看，涉及刑法理论上的一些重大问题，诸如不法与责任的同时存在原则、主观违法要素、过失犯、不作为犯、共犯、间接正犯等；甚至还有个别分则性问题，例如事后强盗罪和伪证罪中的虚假陈述。因此，本书涉及面是较为宽泛的，由于篇幅所限，对相关专题不可能作较为深入的展开论述。但本书的最大特点是以规范论为视角，对上述刑法专题进行探讨。正如高桥则夫教授在本书前言中所言："本书是从'行为规范和制裁规范'这一范式出发，在对考察犯罪论重要问题的各篇论文加工修正基础上，体系性地整理排序而成的"。由此可见，行为规范和制裁规范这对范式，就像一条红线将本书各专题串起来，由此而使各专题之间具有内在联系性。行为规范和制裁规范的范式来自于英国著名法学家哈特的分析主义法学理论。在哈特之前，英国著名法理学家奥斯丁把法律视为主权者的强制命令，因而法律是以国家暴力为后盾的制裁力量。而哈特提出了第一性规则和第二性规则结合的法律概念，哈特指出：

> 如果我们要对法律制度的复杂性作出适当处理，要在两类不同的、尽管是互相联系的制度之间作出区别的话，就需要这个观念。按照可以被认为是基本的或第一性的那类规则，人们被要求去做或不做某种行为，而不管他们愿意与否。另一类规则在某种意义上依附于前者或对前者来说是第二性的，因为它们规定人们可以通过做某种事情或表达某种意思，引入新的第

---

① 〔日〕高桥则夫：《规范论与刑法解释论》，戴波、李世阳译，中国人民大学出版社2011年版。

一性规则,废除或修改旧日规则,或者以各种方式决定它们的作用范围或控制它们的运作。第一类规则设定义务,第二类规则授予权力,公权力或私权利。①

这样,哈特就赋予法律以全新的内容,使单纯地被理解为"被强制"(being obliged)的法律概念演变为同样具有"有义务"(having an obligation)与"被强制"(being obliged)要素的法律概念。这里的"有义务"的法律就是行为规范,而"被强制"的法律就是制裁规范。因此,哈特所主张的法律是第一性规则和第二性规则的结合这一命题,我们可以理解为法律是行为规范与制裁规范的统一。从法理学上对哈特的法律概念进行研究的著作可谓汗牛充栋,但是,高桥则夫教授将行为规范和制裁规范的二元规范模式引入刑法,这是颇具新意的。

高桥则夫教授对刑法中的行为规范和制裁规范作了区分,其要旨包括以下三点:

1.根据行为人能否违反加以区分:行为人只能违反行为规范,不能违反制裁规范。因此,把行为人能够违反的规范称为行为规范,而把行为人不能违反的规范称为制裁规范。那么,制裁规范不是约束行为人又是约束什么人呢?应该是约束司法官员的。在这个意义上,制裁规范即是裁判规范。我们通常说,刑法是行为规范与裁判规范的统一,但这里的统一并非同一。我们可以说,凡行为规范都是裁判规范,但反之则不然。换言之,存在并非行为规范的裁判规范。例如刑法关于未遂犯的规定,就是单纯的裁判规范而非行为规范。

2.根据某一规范要素是作事前判断还是作事后判断加以区分:如果是属于行为规范范畴的要素,就是进行事前判断的要素;如果是属于制裁规范范畴的要素,就是进行事后判断的要素。那么,什么是事前判断,什么是事后判断呢?事前判断与事后判断都是对违法性判断的方法。在违法性判断上,存在行为无价值与结果无价值之争。行为无价值强调事前判断(ex-ante),结果无价值则强调事后判断(ex-post)。一般认为,行为无价值更注重刑法是一种行为规范,而结果无价值则注重刑法是一种裁

---

① 〔英〕哈特:《法律的概念》,张文显等译,中国大百科全书出版社1996年版,第82—83页。

判规范。因此,行为无价值注重事前判断,结果无价值注重事后判断。而行为无价值与结果无价值的二元论(日本的行为无价值说)则主张既要作事前判断,也要作事后判断。高桥则夫属于二元论者,因此,高桥则夫主张违法性判断既有事前判断,又有事后判断。行为规范问题,例如行为、实行行为、作为行为的危险、故意(对实行行为性质的认识)、过失(预见可能性或事前的结果回避可能性)、行为无价值等,都需要作事前判断。应当指出,正如黎宏教授所提醒的,要注意"事前判断"的用语容易招致误解。它在不是"事后的"意义上是"事前的",尽管可能被误认为是"行为前",但是其实体存在于"行为时"的基准中。因此,严格来说,应当称为"行为时判断基准"①。制裁规范的问题,例如结果、作为结果的危险、因果关系、故意(对结果发生的认识)、结果无价值、未遂犯、正犯和共犯的区别等,都需要作事后判断。

3.根据违法与责任加以区分:违法一般是违反行为规范的问题,违法是"当为却不为",乃是关于当为(Sollen)的无价值判断。而责任是违反制裁规范的判断。责任是"能为却不为",乃是关于可能(Können)的无价值判断。犯罪是违法且有责的行为。因此,犯罪同时违反行为规范和制裁规范。高桥则夫教授认为,应当采用行为规范与制裁规范的二元论分析犯罪论体系。高桥则夫教授指出:

> 作为犯罪的本质论,犯罪成为违法的、有责的而且可罚的行为,现行刑法典将此犯罪的本质一方面规定了作为各个犯罪特有的要件(构成要件),另一方面规定了作为犯罪一般的共通要件(犯罪成立阻却事由)。因此构成要件既是违法类型又是有责类型,同时还是可罚类型。在对行为是否符合(该当)构成要件进行判断的基础上,接着再考虑是否存在妨碍犯罪成立的事由。也就是说,作为犯罪论体系,形成了行为—构成要件该当性—违法阻却—责任阻却—可罚性阻却这一判断顺序。从刑法规范的构造来看,行为规范是由禁止规范或命令规范和容许规范构成的。例如在正当防卫成立的场合,因存在容许规范,就不存在行为违法了。但是,从刑法上的构造来看,禁止或命令规范是置于

---

① 黎宏:《刑法总论问题思考》,中国人民大学出版社2007年版,第15页。

构成要件的位置,因此在正当防卫成立的场合,虽该当于构成要件,违法性却被阻却了。此外,比如在无责任能力的场合,因为不能承认义务规范违反,责任就被阻却了;比如在亲族相盗的场合,可罚性就被阻却了。①

应当指出,虽然高桥则夫教授把违法看作对行为规范的违反,而又把责任看作对制裁规范的违反,但他在构成要件上采违法、有责、可罚之行为类型说,因此,构成要件中既包含违反行为规范的要素,又存在违反制裁规范的要素。

高桥则夫教授辩证地论述了行为规范与制裁规范的关系,认为制裁规范是以行为规范为基础的,同时制裁规范又对行为规范之违反具有反作用。这种反作用包括:(1)对刑罚权发动的限制机能。即,并非只要存在行为规范违反,就必然导致制裁,制裁规范本身具有独立价值,它要考虑国家刑罚权的正当化与合宪性的问题。(2)对行为规范的恢复机能。即,通过对行为规范违反之行为的制裁,使这种被违反的行为规范得以恢复,这是一种积极的一般预防论。

尤其值得我们注意的是,对刑法规范的分析,我们通常采用的是行为规范与裁判规范的二元论。在德国刑法理论上,存在法规范(Rechtssaetze;Rechtsnomen)是评价规范还是决定规范,或两者兼而有之之问题的争论。这一争论对于违法性本质的见解,具有决定性作用。② 这里的决定规范大体相当于行为规范,而评价规范大体相当于裁判规范。德国通说是认为法规范具有双重特征:作为命令,它是决定规范;作为对行为进行法律评价的标准,它是评价规范。日本通说也认为刑法规范是一般的、客观的决定规范(意思决定规范)及作为评价规范的统一。③ 我国学者也主张刑法规范的二重性说,详言之:刑法规范既是面向裁判者的裁判规范,又是面向一般人的行为规范,即刑法规范同时兼具裁判规范和

---

① 〔日〕高桥则夫:《规范论与刑法解释论》,戴波、李世阳译,中国人民大学出版社2011年版,第17页。
② 参见〔德〕汉斯·海因里希·耶赛克、托马斯·魏根特:《德国刑法教科书(总论)》,徐久生译,中国法制出版社2000年版,第29页。
③ 参见〔日〕大塚仁:《刑法概说(总论)(第三版)》,冯军译,中国人民大学出版社2003年版,第367页。

行为规范两重属性。作为裁判规范,刑法规范为裁判者的裁判活动提供行为模式;作为行为规范,刑法规范又为社会大众的活动提供行为模式。① 那么,高桥则夫教授为什么不采用行为规范与裁判规范的分析范式,而采用行为规范与制裁规范的分析范式呢?高桥则夫教授认为,裁判规范是以行为规范的存在为前提的。因此,是行为规范还是裁判规范这一问题设定不是没有意义。但是高桥则夫教授对这一问题的论述有些轻描淡写,并没有加以展开。制裁规范也是以行为规范的存在为前提的,由此并不能得出行为规范与制裁规范的设定不是没有意义的结论。根据我的理解,高桥则夫教授所说的制裁规范与裁判规范还是不同的,两者是否存在交集尚有待研究。裁判规范在某种意义上是裁判者的行为规范,它与对社会公众而言的行为规范具有内容上的同一性。但高桥则夫教授所说的制裁规范,是指可罚性规范,属于刑罚的范畴。基于行为规范与制裁规范统一的观点,违法和责任都包含了可罚性判断。正如高桥则夫教授指出:制裁规范在违法阶段是被置于作为可罚的违法性地位,在责任阶段是被置于作为可罚的责任地位。因此,制裁规范的机能与我国犯罪概念中的应受刑罚处罚性这一特征具有同工异曲之妙。只不过,我国刑法学对应受刑罚处罚性的论述限于犯罪概念,并没有延伸到整个犯罪论。因此,高桥则夫教授以行为规范与制裁规范为中心线索,对犯罪论体系的展开分析,对于我国刑法学具有研究方法论的启迪。

高桥则夫是日本早稻田大学法学部教授、日本著名刑法学家。我曾多次与高桥则夫教授进行学术交流,记得第一次是2002年10月在武汉大学法学院举办的第八次中日刑事法学术研讨会上,我和高桥则夫分别以间接正犯为题作了主题报告。其中,本书第十章"间接正犯",就是高桥则夫教授在武汉会议上提交的报告。2008年10月,我又受邀参加日本早稻田大学孔子学院举办的日中刑法论坛。在这次学术研讨会上,我又与高桥则夫教授分别就共同正犯的承继性和重合性问题作主题报告。在这次见面时,高桥则夫教授将出版不久的《规范论与刑法解释论》(日本成文堂2007年版)一书赠送给我。2009年9月,我的硕士生李世阳入学不久,向我借阅日文刑法书籍,该生日语基础相当不错。我将高桥则夫教授

---

① 参见刘志远:《二重性视角下的刑法规范》,中国方正出版社2003年版,第111页。

的这本书借给李世阳,李世阳在阅读之余产生了把该书译成中文的想法,并把部分章节的译稿发给我审读。我看了以后,觉得本书内容精彩,李世阳的翻译也顺畅,就鼓励李世阳把本书翻译成中文,并推荐给中国人民大学出版社郭艳红、杜宇峰两位编辑。中国人民大学出版社又征询了冯军教授的意见,最后决定出版。在出版过程中,征得了高桥则夫教授同意,并经日本成文堂授权,其中成文堂副总编辑本乡三好先生予以大力协助。考虑到李世阳初次翻译日文著作,为保证翻译质量,经我出面邀请戴波博士参与翻译并校对。戴波博士曾在日本学习八年,回国后又在北大法学院刑法专业攻读博士学位,其刑法专业与日文水平俱佳,并且曾经翻译多部日文著作,包括西原春夫教授的《犯罪实行行为论》(北京大学出版社2006年版)一书。经过李世阳、戴波的共同努力,高桥则夫教授的《规范论与刑法解释论》一书的中文版即将与中国读者见面,作为一名参与者,我感到十分高兴。

近年来,中日之间的刑事法交流的渠道畅通,经过高层次的学术交流,我国从日本引入了相关学说,对于促进我国刑法知识的转型具有重要意义。2008年10月在早稻田大学举办的日中刑法论坛开幕式上,在我的发言中有以下这么一段,权且作为本序的结束语:

> 中国目前处在一个社会转型的重要历史发展时期,刑法知识也同样面临着这种转型。在这一时刻,加强中国与外国的学术交流,汲取先进的刑法知识为我所用,对于中国的刑法理论发展是具有重要意义的。作为中国新一代的刑法学人,我们将秉持"三人行,必有我师焉"的谦虚态度,坚守"朝闻道,夕死可矣"的信念,通过我们这一代人的努力,促进中国刑法知识完成学术转型,为中国刑事法治建设作出贡献。

是为序。

陈兴良
谨识于北京依水庄园渡上寓所
2010年11月7日

8. 〔美〕琼·比斯丘皮克著,方鹏、吕亚萍译《改变美国联邦最高法院:大法官奥康纳传》中译本[①]序

美国是一个法治国家,而且是一个法治发达的国家,而美国联邦最高法院在美国整个法律体制中发挥着重要的作用。美国著名法学家德沃金曾经著有《法律帝国》一书,在这个法律帝国中,美国联邦最高法院是最高殿堂,而美国联邦最高法院的法官就是高居于这个殿堂之上的国王。美国作家琼·比斯丘皮克所著的《改变美国联邦最高法院:大法官奥康纳传》一书,为我们了解并理解这样一位女性大法官打开了一扇大门。我的学生方鹏和吕亚萍伉俪共同努力,将美国联邦最高法院大法官奥康纳的这本传记译为中文出版,考虑到本书在美国本土以外国家出版这一事实,我建议在本书的副标题中加上美国这一限定语。

奥康纳是美国联邦最高法院的首位女性大法官,这位神奇的女性,对于学习法律的中国学生来说,应该是有吸引力的。尤其应当指出的是,奥康纳女士对中国极为友好,在担任大法官期间曾来中国访问,在卸任大法官以后,不久前又来中国访问,并且在我任职的北京大学法学院发表了演讲。在这种情况下,使我们产生了了解奥康纳的兴趣,而读完奥康纳的这本传记以后,我们心目中会树立起一个全新的女性大法官的形象。

通过本书我们可以了解奥康纳的成长过程,她是如何从一位法科学生成为一名具有重要影响力的大法官的。奥康纳毕业于美国加州的斯坦福大学法学院,对于中国法学院的学生来说,对斯坦福大学法学院当然并不陌生,但肯定不如对哈佛大学法学院和耶鲁大学法学院那么熟悉。但从本书中,当我们获悉与奥康纳同为联邦最高法院大法官并且是首席大法官的威廉·伦奎斯特是她的同班同学时,我们不禁要对斯坦福大学法学院刮目相看了。

---

① 〔美〕琼·比斯丘皮克:《改变美国联邦最高法院:大法官奥康纳传》,方鹏、吕亚萍译,上海三联书店2011年版。

奥康纳走上法律之路既有必然性又有偶然性。在大学本科期间,当时尚叫桑德拉的奥康纳(奥康纳是夫姓),就已经表现出天生的语言才能,这是从事法律职业的一个必要条件。奥康纳在大学本科是学习经济学的,当时的经济学教授拉思本对奥康纳踏上法律之路产生了重要影响。拉思本对法律持这样一种看法:"法律是对所有人都参与的游戏规则的表述——以便有组织的社会成员能够和谐相处。"可见,奥康纳在进入法学院之前,已经从其恩师拉思本教授那里受到了法律启蒙,认识到能够通过从事法律职业为这个社会作出贡献。而父母同意奥康纳学习法律的动机则十分功利:父母极度不愿意请律师来解决有关牧场生意上的问题,而如果自己家中有人是律师的话会有大大的好处,所以他们愿意支付奥康纳上法学院的学费。父母也许当时没有想到、也不可能想到,奥康纳后来会成为美国联邦最高法院的首位女性大法官。

奥康纳虽然在事业上一帆风顺,但生活中却历经磨难。尤其是1988年被发现乳癌并动了手术,由此而感悟到生命之轻。本书第十章名为"感悟生命之轻",我非常喜欢这个标题。但奥康纳并没有被病魔击倒,而是重新投入工作中去。本书虽然不是一部生活传记,但还是使我们能看到奥康纳在生活中是如何面对各种困难并勇敢地战胜它们的,这是一位非凡的女性。奥康纳一直工作到75岁,才从大法官的职位上退下来。从本书中,我们不仅可以看到奥康纳是如何对待法律的,而且可以看到奥康纳是如何对待生活的,也许后者对于读者尤其是年轻读者更有教益。

美国联邦最高法院对我们来说是神秘的,尽管我在2001年5月到美国访问的时候,也到访过美国联邦最高法院,并且旁听——其实是观摩过美国联邦最高法院的开庭。那是一次令人印象深刻的旁听,只是经过简单的安检,就进入大法庭,就像进入一个戏院,找个凳子坐下来就开始旁听了,不耐烦了可以随时退场。台上端坐着九位大法官,正在进行一场审判。现在想来在这九位大法官中,肯定应该有奥康纳。但当时对美国联邦最高法院并不熟悉,又坐在后面,远远望去,根本分辨不清大法官的面容。因此,当时根本就没有意识到台上坐着一位女性大法官。

本书通过奥康纳参与审判的一些重大案件,展示了奥康纳对法律的理解,以及对各种社会问题的见解。在美国联邦最高法院,根据对死刑、堕胎等一系列标志性问题的看法,把大法官分为两个不同的阵营:把一些大法官视为"自由主义者",而把另外一些大法官视为"保守主义者"。但正如美国著名法学家德沃金所说,这种区别的根据异常难以琢磨。奥康纳就是一位不能简单划入保守主义阵营或者自由主义阵营的大法官。例如在死刑问题上,奥康纳就是一个保守主义者,她甚至主张对精神障碍者,甚至年仅16岁的罪犯执行死刑。但在堕胎问题上,她却改变了对堕胎的立场,主张妇女具有堕胎权。提名奥康纳担任美国联邦最高法院大法官的前美国总统里根本人是坚定的反堕胎者,事后有人发出这样的哀叹:"罗纳德·里根本应挑选一名反对堕胎的亲生命派来担任首位女性大法官的,但他却没有这样选择。"在这种情况下,奥康纳成为关键的少数派,这也正是她能够在美国联邦最高法院成为最具影响力的大法官的原因。

阅读本书是需要一些知识背景的,例如对美国司法体制的了解、对美国联邦最高法院运作程序的了解等,甚至对美国法律也应有一定的了解,才能真正理解奥康纳从事的工作及其重要性。当然,阅读本书又何尝不是一个了解美国司法体制、了解美国联邦最高法院,甚至是了解美国法律的一个窗口呢?

在本书中,除了大量的司法案件以及审理过程的展开以外,作者还给我们提供了美国联邦最高法院工作与生活中的细节,极为生动地刻画了仿佛不食人间烟火的大法官们,其实都是一些凡人。例如,在本书第十章作者描写了大法官们的赌注活动,对政治事件,甚至为一场暴风雪中下雪的确切深度一事进行投注⋯⋯我们也许读过各种人物传记,政治家传记、文学家传记、企业家传记,在各种传记充斥书肆的当今,如果你能够读一读一位大法官的传记,而且是美国联邦最高法院首位女性大法官的传记,我相信一定会有意外的收获。

受本书译者方鹏、吕亚萍伉俪之邀,写下一些阅读本书的感受,作为本书中文译本的序。

陈兴良
谨识于北京海淀锦秋知春寓所
2007年6月9日

9.〔德〕乌尔里希·齐白著,周遵友、江溯等译《全球风险与信息社会中的刑法:二十一世纪刑法模式的转换》中译本[①]序

乌尔里希·齐白教授的《全球风险与信息社会中的刑法:二十一世纪刑法模式的转换》一书,即将由中国法制出版社出版,译者邀我作序,我深感荣幸。

进入21世纪以来,我国刑法知识加速转型,越来越多的德日刑法学著作介绍到我国,亦有不少年青学子赴德日学习刑法学,这对于我国刑法学的发展具有重要的促进作用,也是实现中国刑法学突围(周光权语)的一种方式。就介绍到我国的德日刑法学著作而言,日本刑法学著作较早而且较多,因而对我国刑法学的影响较大。这也许是语言和思维上的原因,因为日本与我国毕竟同为东亚国家,日本人无论在语言上还是在思维习惯上都更接近于国人。近年来,随着到德国留学的人越来越多,德国的刑法学著作也陆续翻译介绍到我国,尤其以刑法教科书影响最大。例如费尔巴哈、李斯特、耶赛克、罗克辛这些举世闻名的德国刑法学大家的刑法教科书都已经有中译本,它们使刑法教义学知识以一种体系化的形态呈现在我们面前。相比较而言,专著的翻译介绍较少,只有雅科布斯的《行为 责任 刑法——机能性描述》(冯军译,中国政法大学出版社1997年版)以及在我国台湾地区出版的《不移不惑献身法与正义——许乃曼教授刑事法论文选辑》(许玉秀、陈志辉合编,台湾春风煦日学术基金2006年版)等个别专著。现在,齐白教授的《全球风险与信息社会中的刑法:二十一世纪刑法模式的转换》一书的出版,为我们了解德国刑法最新研究方向和动态打开了一扇窗子,这是值得嘉许的。

德国刑法学的主体是教义刑法学,尤其是三阶层的犯罪论体系。它被称为王冠上的宝石(许玉秀语),这是没有疑问的。我国刑法学尚处在

[①] 〔德〕乌尔里希·齐白:《全球风险与信息社会中的刑法:二十一世纪刑法模式的转换》,周遵友、江溯等译,中国法制出版社2012年版。

一个法教义学化的过程当中,包括刑法总论的法教义学化与刑法分论的法教义学化。当前正在争论的犯罪论体系问题,就是一个核心问题。因此,德国的刑法教义学对于我国来说,是最为需要的。然而,由于发展上的不对应性,刑法教义学在德国经过将近一百年的积累,几乎已经达致极限,没有太大的学术伸展空间。在这种情况下,刑法教义学虽然仍然是刑法知识以及法学教育的中心,但却不再是刑法学研究的前沿性领域。例如我的博士生蔡桂生到德国波恩大学攻读博士学位,他在北大的博士论文题目是构成要件论,而这个题目在德国作为博士论文选题是完全不可想象的。构成要件在中国仍然是一个有待启蒙的课题,但在德国几乎已是一个老掉牙的问题。因此,蔡桂生在德国的博士论文选题是关于诈骗罪问题的。由此可以看出,我国刑法学中的前沿问题在德国都已经是落后的问题。那么,德国刑法学的前沿问题又是什么呢?齐白教授的本书就为我国学者展现了德国刑法学正在思考的问题,当然这只是德国刑法学前沿问题的一个向度。不能不说,本书的内容对于我国学者来说是极为陌生的,不是当下正在关注的。

齐白教授在本书中给我们提供的是一幅世界刑法的未来图景,颇有些未来学的味道。在本书中,我认为以下三个关键词可以用来概括其主要内容。

一、超国家、非国家的法律

以我们的传统观念,法律是国家制定的,以国家暴力为后盾,具有国家法的特征。在这种情况下,法律是有国别的。即使是国际法,也必须通过内国法的确认才能获得实际的法律效力,即采用间接适用模式,而国际法的直接适用模式尚处在萌芽状态。但齐白教授从法律全球化出发,指出了应对全球化挑战的措施之一,是出现超国家的和非国家的法律。所谓超国家的法律,也就是齐白教授在本书中所指出的跨国性法律。当然,所谓跨国性法律主要还是指法律的跨国适用和执行。在这种情况下,国内法的影响力可能突破国界,具有域外效力。此外,还可能出现凌驾于内国法之上的跨国法体系。例如欧洲刑法就是一例。随着欧盟的形成与巩固,欧盟范围内形成统一刑法体系的可能性正在出现。欧盟刑法是一种区域刑法,可为未来国际范围内的刑法整合提供示范。当然这一切都尚停留在理论探讨的层面,因此齐白教授本书的第二篇第三章采用"欧洲刑法的未来——刑法多层体系之目的和模式的新方法"这一标题,是有其深意的。

除跨国性的法律发展趋势以外,齐白教授还提出了非国家的法律这一概念,这对于我们来说更是生疏的。在传统法律概念之中,国家是法律的主体,也是法律的主导者,没有国家的法律是难以想象的。但齐白教授提出了法律的去国家化问题,非国家的法律是私人规则。齐白教授认为,私人规则(即非国家的法律)为市民社会提供了相对于规范的自由空间,从而使已有规范被严格限定、具有灵活性,可以迅速实现,而且不受民族国家边界的限制。换言之,非国家的法律更具有国家法律所没有的优势。

超国家的、非国家的法律是法律全球化的后果,只有在法律全球化的背景下才能深刻领会其内容。当然,这本身还不是一个刑法问题,或者说在很大程度上不是一个刑法问题,但它仍然会对刑法的发展带来影响,像欧盟刑法已经不完全是一个幻象,而是已经具有实在的内容了。

二、计算机刑法

齐白教授是国家知名的计算机刑法专家,对计算机刑法有着精深的造诣。在本书中,齐白教授关于计算机刑法方面的论文也占据重要的地位。

计算机刑法是随着信息社会的兴起而产生的。在某种意义上也可以说是信息法的一个重要组成部分。齐白教授指出了信息对于法律,包括私法与公法所带来的深刻影响。他在论及信息对于刑法的影响时指出:在刑法中,信息的这种跨境易传递性造成的情形是,行为人在地球的一个角落里实施操纵,而该行为能够通过数据连接在另一个国家立即产生后果。齐白教授指出了信息所带来的"法律的去领土化"问题。在这当中,对刑事管辖权带来的影响尤其巨大。齐白教授专文论述了全球性网络犯罪的管辖权问题。在我看来,这是本书中最具刑法教义学性质的论文。齐白教授分析了德国刑法的传统模式,是否可将德国刑法适用于发生在外国的传播犯和言论犯,取决于如何解释《德国刑法典》第9条第1款第三种情形意义上的"属于构成要件的结果"。当然,通过刑法教义学为发生在国外的网络犯罪提供刑事管辖权的根据,还是力不从心的,不能尽如人意。在这种情况下,齐白教授认为应当为因特网和全球网络空间另外订立特殊的管辖规则,并对此进行了探讨。我认为,这部分内容对于我国也是具有参考价值的。我国较早地进入了信息社会,因特网已经成为我国社会生活的一部分。在这种情况下,如何应对计算机的网络犯罪,同样也是刑法中的重要课题之一。我想,将齐白教授关于计算机刑法的学术观点介绍到我国,对于促进我国计算机刑法的发展应该是有所裨益的。

三、比较刑法

齐白教授是德国马普外国刑法与国际刑法研究所所长,因而其关注与重视比较刑法是理所当然的。在《比较刑法的目的与方法》一文中,齐白教授对比较刑法提出了若干具有启迪性的命题,对于我来说也是学有所得的。例如关于刑法趋同化问题,关于普世性刑事政策问题,都是较新的课题。从这些概念中我们可以体会到,齐白教授追求一种超越国境的刑法及刑事政策。这在目前虽然还只是一种构想,但不能否认将来会成为现实。

我国也有比较刑法这一分支学科,但水平较低,对刑法的比较尚局限在刑法条文的比较,而没有深入到刑法条文背后进行更有深度的理论考察。齐白教授关于比较刑法的论述,会使我们反思比较刑法的方法与目的。例如在《比较刑法的目的与方法》中齐白教授论及的以刑法为手段对普世人权与价值进行保护的观点,是具有相当思想深度的,也成为比较刑法正当性的根据。此外,齐白教授还提到刑法和谐化问题。这里的刑法和谐化是指各国刑法的协调与配合,以解决国际犯罪与国内犯罪之间的矛盾。我自然不懂德语,但还是对刑法和谐化(Straechtsharmonisierung)这一中文译法略有微词。因为"和谐"一词经"和谐社会"作为官方用语传播以后,其含义在一定程度上已经特定化了。这里的"和谐"译为"协调"也许更为确切。此外,本书中计算机刑法的和谐化,也同样存在这个问题。这里的"和谐"是指冲突的解决,仍然是协调之意。因此,译为"刑法协调化"或者"计算机刑法的协调化"也许更好。这只是我的一种猜测性意见,未必准确。

在此,我想对本书作者齐白教授作一个简要介绍。齐白教授自2003年起任德国马普外国刑法与国际刑法研究所所长,他同时是弗莱堡大学和慕尼黑大学的荣誉教授。齐白教授的主要研究领域是计算机刑法、比较刑法、经济刑法、欧盟刑法和国际刑法等,在德国、欧洲以及国际刑法学界享有声誉,并在国外获得多个荣誉博士学位。德国马普外国刑法与国际刑法研究所是全世界刑法学和犯罪学研究的重镇之一,作为所长,齐白教授非常重视与我国刑法学界之间的交流,特别是与我任职的北京大学法学院(刑法学科)建立了经常性联系。2011年1月,齐白教授曾邀请我、梁根林教授和江溯博士参加在该所举行的耶赛克教授纪念研讨会,并邀请我在该所发表题为《中国刑法学的再生》的演讲。更令人感动的是,在访问马普所期间,齐白教授邀请我、梁根林教授和江溯博士到他家做客,尽管其夫人刚刚在滑雪中摔伤而在家养伤,他仍然拨冗宴请我们,讨论马普所与北大法学院(刑法学科)未来的学术交流。

本书的翻译出版,还要特别提及周遵友、江溯两位编者和其他译者。正是他们不畏艰辛的翻译,使我们能够读到齐白教授的作品。在这些编者和译者中,绝大多数都与马普所有缘,要么在马普所获得博士学位(王莹)或者正在攻读博士学位(周遵友、王钢),要么在马普所访学过(江溯、喻海松、陈金林等)。其中,周遵友是齐白教授的第一位中国博士生。在今年1月我们访问弗莱堡期间,周遵友为我们提供了诸多便利。他为人诚恳,学问与外语俱佳,给我留下深刻的印象。我期待着本书的出版,相信它对我国刑法学会产生重要的启迪。

陈兴良
谨识于北京海淀锦秋知春寓所
2011年10月22日

10.〔德〕克劳斯·罗克辛著,蔡桂生、何庆仁译《德国最高法院判例选辑:刑法总论》中译本[①]序

克劳斯·罗克辛教授是具有世界影响的德国刑法学家,其作品先后被引入我国。2006年受北京大学法学院邀请,罗克辛教授到中国访问,并受聘担任北京大学客座教授,这是国外刑法学家中获此殊荣的第一人。在阅读罗克辛教授著作的过程中,我有一个强烈的印象:在其学术叙述中引用了大量判例,正如我国学者在论著中大量应用司法解释一样。可以说,判例在德国刑法学研究中的地位正如同司法解释在我国刑法学研究中的地位。此后,我从蔡桂生那里获知罗克辛教授曾经编著过一本教学案例集,当时我就鼓励他将该书翻译出版。但当时蔡桂生刚学习德语不久,我对这一译事并无确切的期待。2009年蔡桂生受国家留学基金委员会资助赴德国波恩大学法学院攻读博士学位,使这一计划更为遥远。未曾想,前不久的一天,在清华大学法学院博士后流动站工作的何庆仁博士把近40万言的《德国最高法院判例选辑:刑法总论》一书的中译稿交给我,说是他和蔡桂生共同翻译了罗克辛教授的该书刑法总论部分,即将由中国人民大学出版社出版,嘱我为之写序。手捧沉甸甸的书稿,我内心激动不已。一个遥远的期待不期然间化为现实,这种美丽的邂逅令人陶醉。

罗克辛教授的《德国最高法院判例选辑:刑法总论》一书,共收入了具有重要性、争议性和现实性(罗克辛本书前言语)的一百个判例,按照刑法总论体系予以编排,为读者了解德国刑事判例提供了一张路线图。对于学习德国刑法总论来说,无疑是一本不可多得的教学参考书。收入本书的案例由以下四个部分组成:

案情。案情是判例的事实部分,也是裁判规则赖以存在的基础。在本书中,案情都极为简短,这是令我意外的。有的案情甚至只有一句

---

① 〔德〕克劳斯·罗克辛:《德国最高法院判例选辑:刑法总论》,蔡桂生、何庆仁译,中国人民大学出版社2012年版。

话,例如判例一集中营案(KZ-Fall)的案情是:"被告人是第三帝国的一位警察局局长,在他的申请之下,三位犹太商人被送进集中营,后来他们在集中营被杀害。"如此简短的案情仍然包含了原因关系、备用原因、假定的因果流程等主要的法律问题。相比较之下,我国各种指导性案例,包括《最高人民法院公报》刊登的案例,其案情部分要繁复得多。当然,案情简繁与案件的复杂性相关。有些案件本身较为简单,其案情叙述当然也就相对简明。有些案件本身较为复杂,其案情叙述也就可能相对繁复。然而,案情复杂与否,和其中的法律问题并无必然联系。有时,案情很简单而法律问题却十分复杂;相反,有时案情十分复杂而法律问题却相对简单。显然,前者对于判例研究来说,是更为合适的。

裁判理由。裁判理由是判例的法律部分,主要是对判决结论的法理阐述,因而是判例的核心之所在。裁判理由是法官对某一案件进行法律思考的结果,也是活生生的法律素材。例如在上述集中营案中,陪审法庭作出了无罪判决,其理由是:"被告人的行为不是结果的原因,即使没有被告人的申请,被害人也会被送进集中营,并遭受同样的命运。"但德国联邦最高法院则认定存在因果关系,其裁判理由是:"陪审法庭认为,即使被告人不提出申请,被害人可能或者很可能也会遭受同样的命运,因为同样的结果会通过其他人的行为而出现。但是,这并不能使被告人的行为不成其为将被害人送进集中营这一结果的条件……如果存在以下可能性或者很大的可能性,即没有行为人的行为,另外一个行为人也会实施——尽管实际上并没有实施——能导致同样结果的行为,那么此时为了结果的发生,行为人的行为也是不可以想象其不存在的。"以上判例为我们展示了陪审法庭与德国联邦最高法院对同一案件的不同判决结果,尤其是不同的裁判理由。裁判理由是判决的根据,也是法理之呈现。我国目前的案例讲道理不够,尤其是不能从法理上阐述裁判理由,这是需要改进的。尤其是指导性案例制度建立以后,判决书的讲理性应当进一步加强,唯此才能为此后的判决提供更多的司法规则。

设问。在本书中,每个判例中都有设问部分。如果说案情和裁判理由属于资料的梳理和选择,那么,设问就是编撰者的见识之所在。设问虽然只是提出问题,但提出好的问题本身就是解决问题的一半,从中可见编撰者的功力。在上述集中营案中,罗克辛教授围绕因果关系问题提出了四个问题,引起我关注的主要是第三个问题,即关于假定的因果关系。陪审法庭的裁判理由采用了假定的因果关系的思考方式:"如果没有被告人的申请,被害人也会被送进集中营,并遭受同样的命运。"但德国联邦最高法院的裁判理由则采用了条件说,否定了假定的因果关系。对此,罗克辛教授提出这样的设问"判决表达的原则是,假定的因果流程是不重要的。该原则是无例外地有效的吗?还是说下列情形也是有可能的,即为了能肯定因果关系,必须追溯到一个假定的因果流程?"在此,罗克辛教授实际上提出了判决确定的否认假定的因果流程这一原则的边界问题。这一问题显然超出了裁判理由本身,需要从刑法理论上予以展开。也就是说,不能从上述裁判理由中得出对假定的因果流程一概否定的结论。

解题。解题是编撰者对设问的简要解答,也是最能反映编撰者学术思想的内容。当然,本书编撰者罗克辛教授著作等身,对于刑法中的重要问题都有专门论述。例如在上述集中营案中,编撰者指出,所有提到的因果关系的问题,可进一步参考罗克辛《刑法总论I》一书。所以,在本书的解题中,罗克辛教授只是有针对性地进行了简要的回答,而不是长篇大论。例如关于假定的因果流程,罗克辛教授在解题3中指出:"至少在一种情形下,必须追溯至假定的因果流程:中断救助的因果流程。谁使一个漂向溺水者的救生圈停住,按照主流观点,谁就对溺水者的死亡有因果关系,并会由于积极作为的杀人而被处罚。但是,只有当没有行为人的干预,溺水者几乎确定无疑可以被救时,这才是合适的。此时是根据假定的因果流程进行的判断。"这句话的意思是:假定救生圈不被停住,溺水者也必然死亡,则其行为对溺水者的死亡就没有因果关系。当然,对这一原理理解起来还是有一定难度的。为什么在上述溺水案例中可以援引假定的因果流程原理,而在集中营案中却不能?对此,罗克辛教授在《刑法总论》中有以下这段解释,也许是必要的知识补充:"行为人扣留了正向一位水上漂流的人流去的橡皮艇或者狗,而那个本来会得救的被害人现在却因此被淹死了。或者,有人毁掉了能够拯救另一个人的唯一的药,有人割断了救火队本来可以用来扑灭大火的消防水龙。这些条件的共同之处在于,当这个他所阻止的因果过程本来几乎一定阻碍了符合行为构成的结果时,实施行为的人都是作为一种既遂的实施性犯罪的行为人而应当受到刑事惩罚的。但是,令人怀疑的是,如何能够说明这个实施行为人的因果性的根据。"对此，罗克辛教授的回答是："为了确定这种状况，就必须追溯到一种假定的因果过程上去，即追溯到如果行为人不行动就本来会发生的解救上去。但是，这一点并不意味着反驳，而仅仅是一种对基本原理的精确化，即真实的事件关系从来也不允许代替假定的因果过程。在这里，行为人的行为也不会代替补充想到的因果过程，而仅仅是一种补充。"①以上论述也许可以帮助我们理解罗克辛教授关于假定的因果流程的思想。

判例是国外法学研究的主要实践资源。不用说采用判例法的英美法系，即使是在采用成文法的大陆法系，也十分重视判例，并将判例纳入法学研究的视野。在罗克辛教授的刑法教科书中，也同样引述了大量判例，例如上述集中营案就曾经出现在罗克辛教授的教科书中。罗克辛教授指出："在实施性犯罪中，如果不具有因果性的影响，那么，所有的一切在原则上就都是假设性的因果过程。因此，当有人由于杀人罪被起诉，因为他在'第三帝国'期间在一个集中营中发出了一个——结束被害人生命的——指令，他就不能在自己的因果性中这样争辩：如果自己不这样做，那么其他人也会发出这样的指令（《联邦最高法院刑事判例集》第2卷，第20页）。"②当然，我也注意到，刑法教科书中引述的这个判例与集中营案在案情上有些差别：刑法教科书引述的判例是被告人发出了结束被害人生命的指令，因而以杀人罪被起诉。而集中营案是发出送进集中营的申请，此后三个犹太人在集中营被杀害，但被告人与杀人并无关联，因而被告人是以严重的剥夺自由罪被起诉。但集中营案也出自《联邦最高法院刑事判例集》第2卷，第20—25页，因而以上案件是否同一个判例，尚存疑。

2011年9月16日至18日，中德刑法学者联合会（Chinesisch-Deutscher Strafrechtslehrverband）在德国著名的维尔茨堡大学（Universität Würzburg）举行中德刑法解释语境下的罪刑法定原则（Das Gesetzlichkeitsprinzip im Kontext der Strafrechtsauslegung in China und Deutschland）的论坛。在9月17

---

① 〔德〕克劳斯·罗克辛：《德国刑法学总论》（第1卷），王世洲译，法律出版社2005年版，第242—243页。
② 〔德〕克劳斯·罗克辛：《德国刑法学总论》（第1卷），王世洲译，法律出版社2005年版，第239页。

日举行的研讨单元中,我和罗克辛教授分别对中国和德国刑法的明确性原则作了主题报告。按照原先设计,这一单元的主题是罪刑法定原则的中国解读和罪刑法定原则的德国解读。后来,罗克辛教授先完成论文,题目是"德国刑法中的法律明确性原则",我只知其题未读全文,为与之题目对应,撰写了"中国刑法中的明确性问题"一文(载《中国法学》2011年第4期)。结果到了德国一看,罗克辛教授在标题中所说的法律明确性原则是指罪刑法定原则,而不是罪刑法定原则中的一个派生问题。尽管如此,我们讨论的问题还是相同的。例如罗克辛教授在报告中提出了口语惯用语作为区别解释与类推的标准之命题,强调解释不能超越文义解释的界限,否则就是类推。在对此的论证中,罗克辛教授举了两个例子,其中一个是这样的:"罪犯拎着受害者,将其头部撞到建筑物的墙上。"罗克辛教授针对这个案例指出:"这样的行为属于危险性人身伤害吗?"这里的危险性人身伤害是《德国刑法典》第224条关于加重伤害罪的规定,其中第2项将使用凶器或者其他危险的工具规定为危险的身体伤害。罗克辛教授回答:"口语惯用语不会将墙壁视为武器。是否可以将墙壁视为危险性工具?联邦最高法院否决了这个可能并解释道:将一面坚实的墙壁,自然土壤或者一块岩石视为工具,这有悖口语习惯。如果将其解释为工具,将被告行为认定为危险伤害罪而处以更严厉的刑罚可能更符合设立严重刑罚的目的,但是这并不能成为偏离字面含义进行解释的理由。否则就构成类推适用。"在讨论中,我们向罗克辛教授提问:"如果被告人从墙上抠出一块砖头砸被害人的头部,是否属于危险性伤害呢?"罗克辛教授回答:"这当然是危险性伤害。"我们又问:"那么,如果被害人推倒墙将被害人压伤,是否属于危险性伤害呢?"罗克辛教授回答:"要看这堵墙是否坚固。如果本来就是一堵摇摇欲坠的危墙,被告人推倒造成被害人伤害,就属于危险性伤害。如果是一堵正常的坚固墙面,偶尔推倒将被害人压伤,也不是危险性伤害"。这一回答似乎涉及主观上是否具有使用凶器或者危险性工具的故意这一内容。当然,在此重要的还是被告人是否实施了对凶器或者危险性工具的"利用"行为。这里的"利用"包含对凶器或者危险性工具的主动的掌控。例如推倒墙压伤被害人,被告人是把墙当作工具利用的,属于危险性伤害。但拎着被害人头部撞向一堵墙,即使把墙撞倒造成被害人伤害,也不是危险性伤害。由此可见,对于某些法律问题的深入探讨都必须借助于具体的判例。

本书两位译者都是我的博士生。何庆仁博士是 2009 年毕业的博士生,虽然何庆仁博士尚未去过德国访学,但是我可以说他是对德国刑法学,包括罗克辛教授的刑法思想领悟最深的年轻学者之一。即使是那些曾经留学德国的学者,对德国刑法学的把握也未必超过何庆仁博士。何庆仁博士的博士论文《义务犯研究》(中国人民大学出版社 2010 年版),共引用了参考文献 335 种,其中德国文献有 79 种之多。何庆仁博士的博士论文就是从罗克辛教授初版于 1963 年的教授资格论文"正犯与犯罪支配"(Täterschaft und Tatherrschaft)开始讲述的。因而何庆仁博士可以说是罗克辛教授本书的最佳翻译的候选人之一。本书另一译者蔡桂生,是北京大学 2008 级博士研究生,2009 年赴德国波恩大学刑事法研究所留学,攻读博士学位。在德国留学期间,蔡桂生翻译了罗克辛教授的《刑事政策与刑法体系》(中国人民大学出版社 2011 年版)一书,罗克辛教授为该书中文版亲自作序,认可了蔡桂生的翻译工作。2011 年 9 月在维尔茨堡大学召开的中德刑法学术研讨会,蔡桂生也参加了,并作了书面和口头的翻译工作。我相信,以蔡桂生的出众才学一定能够深刻地领悟德国刑法学的真谛,并将其引入我国刑法学。本书的出版,是何庆仁和蔡桂生共襄的译事,亦为我国刑法学的盛事。

最后还有一点也想说及,就是个别术语的翻译问题。因为我并不懂德语,对具体译法当然无从置喙。但是本书中涉及 Versuch 一词的翻译,是一个很有意思的问题,值得专门加以讨论。该词一般都译为"未遂",例如徐久生、庄敬华译《德国刑法典》(中国法制出版社 2000 年版)。但冯军教授译为"力图"[《德国刑法典(附德文)》,冯军译,中国政法大学出版社 2000 年版]。关于为什么把 Versuch 译为力图,冯军专门作了以下说明:

> "力图"原文为"Versuch"。宫泽译、蔡译、徐译均为"未遂",童译为"企行"。德文中的"Versuch"是动词"versuchen"的名词形式,versuchen 是努力实现某种困难的事情。虽然"未遂"一词在汉字圈的刑法学中已被通用,但是,我对将"Versuch"译为"未遂"仍持异议。首先,将作为名词的"Versuch"译为"未遂",就无法与作为动词的"versuchen"在译语上保持哪怕是大致

的统一。例如,《德国刑法典》第 30 条第 1 款中的"versucht",官泽译为"企てた"(企图了);第 315 条 c 第 1 款第 2 项 f)中的"versucht",官泽译为"試み"(试着)、蔡译为"试图"、童译为"企图"、徐译为"试图";第 334 条第 3 款中的"versucht",也无法译为"未遂"。其次,刑法规定处罚"Versuch",不是因为其消极性即"未遂",而是因为其积极性即"力图"。童译为"企行"显然比"未遂"更接近原意,不过,我感到"企行"仍然没能突出"Versuch"的强度,故在此译为"力图",以明示行为人努力完成犯罪行为的主观倾向。①

也许从德文字义上来说,将 Versuch 译为"力图"是较为忠实于原意的。其实,"力图"与"未遂"相比,就其含义而言:前者更强调肇始,而后者落脚在终局;前者更侧重主观犯意,而后者重视客观状态。《德国刑法典》第 22 条的规定,是较为强调行为人主观意图的,所以采用 Versuch 一词。但刑法处罚的不是主观意图,而是在主观意图支配下所达致的构成要件未齐备的客观状态。尽管《德国刑法典》中的未遂有其主观倾向,或者德语中的 Versuch 一词有其主观色彩,但这些都不能成为理由。冯军教授毫不避讳违反学术成例之嫌,将未遂译为"力图",将中止译为"回撤",将正犯译为"行为人共同体",将共犯译为"参与",将正当防卫译为"紧急防卫",将紧急避险译为"紧急状态",这将造成中德刑法学交流上的重大障碍,我颇不以为然。以此推理,则《德国刑法典》中的犯罪亦不能译为中文的犯罪,因为《德国刑法典》中的犯罪没有数量界限,而我国刑法中的犯罪存在数量限制,并且将应受治安管理处罚和行政处罚的行为排除在外。如此一来,徒增交流上的障碍。例如德日刑法中的未遂都是分为障碍未遂和中止未遂的,但中国刑法中的未遂只指障碍未遂,中止是与未遂相对应的另一种犯罪未完成形态,不存在中止未遂。但这并不妨碍未遂一词的使用。例如《德国刑法典》第 31 条共犯未遂的中止,如果把未遂理解为中国刑法中的未遂,上述一语是无法理解的。但如果承认中止未遂,则上述一语是指共犯中的中止,这就好理解了。但冯军教授将共犯中的中止译为"从参加的力图中回撤",我想学习刑法的中国人都很难

---

① 《德国刑法典(附德文)》,冯军译,中国政法大学出版社 2000 年版,第 219 页。

理解。上述一语中，"参加"是指"共犯"，"力图"是指"未遂"，"回撤"是指"中止"，中文意思是"共犯未遂的中止"。所以，对冯军教授的翻译还要进行二次翻译才能理解，这无论如何也不是经济的做法。

在本书中，涉及 versuchte Anstiftung 一词的中译。作者译为"力图教唆"，主要采冯军教授的译法。本书作者在注释中指出："关于'Versuch'的翻译，冯军教授始采'力图'译法，之后李昌珂教授亦如此翻译，而徐久生教授将之译为'未遂'。从德文文本和德语词义来讲，译为'力图'是更为准确的，我也接受这种译法，并在大多数情况下采用之……但是，考虑到我国已经广泛采用'未遂'一词，同时，'未遂'也没有曲解'Versuch'一词，在适当情况下，保留该词译为'未遂'也是可以的。因而，我以为，如果我国刑法学研究的现状发生变化，可以考虑全面采用'力图'这一译法。"我以为，能否改译为"力图"，与我国刑法学研究的现状是否发生变化无关，而与我国刑法条文是否发生变化有关。除非我国刑法将未遂都改采"力图"一词，才能将德文 Versuch 一词译为"力图"。否则，Versuch 一词最好还是译为"未遂"。这里存在一个法律翻译与其他翻译，例如文学翻译的差别。文学翻译具有个体性，完全应当按照信、达、雅的标准进行个人翻译。当然，是意译还是直译仍然存在争论。但法律翻译一定要以我国现行法律采用的概念术语作为对应词，除非法律条文改动。例如，《中华民国刑法》称"紧急避难"，因而民国时期翻译外国刑法典都译为"紧急避难"。我国现行《刑法》改称"紧急避险"，在这种情况下，对外国刑法典相关条款的翻译亦应改为"紧急避险"。在此，存在一个以我国现行法律术语为标准的翻译规则。凡是外国刑法用语与我国刑法存在对应关系的，都应以我国刑法术语翻译。冯军教授是一个特立独行者，不仅在对德国刑法的翻译中，而且在对日本刑法的翻译中，都与众不同。例如，在冯军译、大塚仁教授著《刑法概说（各论）（第三版）》（中国人民大学出版社 2003 年版）一书中，"窃盗罪"应根据我国刑法译为盗窃罪，"强盗罪"应根据我国刑法译为抢劫罪，"诈欺罪"应根据我国刑法译为诈骗罪，"恐吓罪"应根据我刑法译为敲诈勒索罪，"横领罪"应根据我国刑法译为侵占罪，"逃走罪"应根据我国刑法译为脱逃罪，如此等等。不能根据日文中的汉字直接采用，否则无法与我国刑法对应。冯军教授精通德文与日文，不仅在翻译德日刑法著作方面贡献颇大，而且对德日刑法理论也有独到领会。我对德文与日文毫无语言基础,但我并不认为这就意味着我在这个问题上没有发言权。其实,这并不是一个具体的翻译问题,而是一个翻译的原则问题。这是一个我思考了很久的一个问题,也许在本序中讨论并不是一个合适的场合。但从 Versuch 一词的翻译顺手拈来,也可以说是一吐为快。

本序的写作前后隔了一个月,这不太符合我的风格。我一般都是下笔成文,没有间断。不过好在这一个月间正好参加了中德刑事法研讨会,并在维尔茨堡见到了本书的作者罗克辛教授和译者之一的蔡桂生,从而加深了对本书的认识,终于写成本序,不亦乐乎。

是为序。

陈兴良
谨识于北京海淀锦秋知春寓所
2011 年 10 月 10 日

11. 〔日〕佐伯仁志、道垣内弘人著，于改之、张小宁译《刑法与民法的对话》中译本①序

顷接山东大学法学院于改之教授电话，请我为其与张小宁博士共同翻译的日本东京大学著名刑法学家佐伯仁志教授和著名民法学家道垣内弘人教授的《刑法与民法的对话》一书作序，我欣然应允。

我早已从我的学生付立庆博士那里听说过这本书，付立庆在攻读博士学位期间曾经到日本东京大学访学两年。在其回国期间，向我介绍了这本独具特色的书，并将目录翻译给我看。当时在法律出版社任职的蒋浩先生也有意在中国策划出版这样一本书，但终因条件不成熟而未果。现在，该书的中译本终于在我国出版，使我国读者得以受惠，这是值得庆贺的。

刑法在整个法律部门中处于一个十分独特的地位，它是其他法律的制裁力量，因而与其他部门法之间具有极其紧密的联系。如果说，刑法总论，包括犯罪论和刑罚论，具有刑法的专属性，更多的是刑法自身所特有的专门知识。那么，刑法各论，主要是指各类犯罪的理论，与其他部门法之间则存在不可分割的联系。财产犯罪与民法的联系，就是一个明显的例证。可以说，如果没有充分的民法知识，对于财产犯罪的研究是不可能深入的。在这个意义上说，刑法更多的是向民法学习，将民法知识融入刑法的教义学分析当中。例如我国1997年《刑法》设立侵占罪以后，曾经出现过这样一种观点，认为此后欠债不还的行为就可以按照侵占罪定罪处罚。因为所欠债务系他人财物，不还就是非法据为己有，因而符合侵占罪的特征。但后来又认为，欠债不还只是侵犯债权的行为，而侵占是侵犯物权的行为。只有借用他人的特定物而非法据为己有的行为才构成侵占罪，而货币系种类物，借钱即使拒不归还，也不能构成侵占罪。欠债不还

---

① 〔日〕佐伯仁志、道垣内弘人：《刑法与民法的对话》，于改之、张小宁译，北京大学出版社2012年版。

为什么不构成侵占,难道仅仅是债权与物权的差别吗?或者仅仅是种类物与特定物的差别?对此,我也未能深刻理解。后来,在应邀参加深圳市公安局经侦部门的一次经济犯罪案例点评会议上,我首次从著名民法学家梁慧星教授那里听到"对于货币来说,采用的是占有即所有这一原理",这对于我来说可谓茅塞顿开。侵占代为保管的他人财物,是以占有与所有的分离为前提的。但在欠债不还的情况下,占有即所有,因而不存在占有与所有的分离,也就不具备侵占罪所要求的"侵占代为保管的他人财物"的要件,所以欠债不还不能构成侵占罪。当然,在这里并不是说不存在保管他人货币的事实,因而也不是说不存在侵占代为保管他人货币的情形。在该书中,佐伯教授和道垣内教授对这些问题都进行了较为深入的探讨,例如佐伯教授提出基于他人的委托行为所受领的金钱,因为受领的金钱属于委托人所有,因此,如果受托人随意使用该金钱的构成侵占。这一定性是否违反民法上的金钱所有权是随着占有一并转移,即占有即所有这一原理呢?围绕这一问题,佐伯教授与道垣内教授展开了讨论。对此,道垣内教授指出:虽然末川博先生与川岛武宜先生确立了"占有人享有所有权,占有的所在与所有权的所在并不分离"的学说,但至少末川先生也承认,在例外的情况下金钱的事实性支配与所有权是分离的。由此可见,例外的情形是存在的,刑法对于货币的占有即所有原理的理解,也应当根据具体情况进行具体分析。我认为,在该书中,佐伯教授和道垣内教授对于上述刑民交错问题的探讨,对于我国学者正确地认定财产犯罪具有重要启迪。

在一般情况下,对于财产犯罪认定来说,都应当以相关的民法知识为前提,那么,刑法是否完全从属于民法而不具有自身的独立性呢?这个问题,也是在财产犯罪中处理刑法与民法关系的时候,必须应当关注的。应当说,刑法与民法的逻辑并非完全相同,两者在逻辑上的差异可能会影响到刑法中对财产犯罪的定性。例如我国学者以不法给付为例对刑法与民法的关系作了探讨。在民法上不法给付是不受保护的,但在刑法上侵占不法给付的财物同样可以构成侵占罪。我国学者由此得出结论:"刑法的保护并不以某种利益在民法上得到认同作为前提。财产犯罪的法益不是民法确立的财产性权利,而是事实上的财产利益。尽管在多数情况下,这一事实上的利益内容也可以表述为财产权利,因为刑法与民法指涉的社会生活具有相同性,因此对同一对象的指称存在互相借用的情况,毕竟同一生活情景拥有多种叙述方式,但后者不足以涵括前者,即作为刑罚制度出发点的法益较之民法中的权利具有更为广泛的生活内容。"① 这种观点强调了刑法与民法对于财产权利保护上的差异性,这种差异性在盗窃罪的保护法益是所有还是占有这个问题上也表现得十分明显,其中本权说和占有说的对立就深刻地反映了这一点。对此,日本学者西田典之指出:"本权说与占有说之间的对立,可以说是围绕以下问题展开的,盗窃罪这一规定究竟是为了保护私法上的正当权利关系还是保护事实上的财产秩序,进一步而言,以刑事法的形式禁止私力救济应控制在什么范围之内。为此,这一问题的对策就远远超越了对于从盗窃犯人处夺回自己之物这一行为的刑法处理,其解答还应包括对刑法介入民事纠纷应控制在何种程度这一现实问题的回答,例如,收回未支付租金的租赁物件、收回未支付货款的已销售的分期付款商品、因期限届满而收回担保物等。"② 由此可见,刑法逻辑的独特性也是应当受到尊重的。在强调刑法知识独特性的情况下,刑法与民法之间就会产生一定的冲突,如何解决这一冲突,也是刑法学者与民法学者应当共同面对的。在该书中,佐伯教授与道垣内教授围绕不法原因给付产生的讨论,对于解决刑法与民法之间的这种冲突具有参考价值。

《刑法与民法的对话》一书,在相当广阔的范围内展开了刑法与民法之间的知识整合,其所涉及的财产犯罪认定的民法基本问题,为我们打开了一扇知识大门,使我们得以深入浅出地体会刑法与民法之间的知识冲突、知识转换及其知识融合所带来的愉悦。

该书作者之一的佐伯仁志系日本东京大学教授,也是该书译者之一的于改之教授在东京大学访学时的导师。我与这两位教授都有较深的交情。佐伯仁志教授曾经多次来中国参加学术研讨会,也是中日刑事法理论交流的中坚力量。佐伯教授与日本成蹊大学的金光旭教授主持了日中经济刑法比较研究的项目,为完成此项目,我和张明楷教授等 2009 年

---

① 刘凤科:《刑法在现代法律体系中的地位与特征》,人民法院出版社 2007 年版,第 175—176 页。
② 〔日〕西田典之:《日本刑法各论(第三版)》,刘明祥、王昭武译,中国人民大学出版社 2007 年版,第 118 页。

前去日本参加学术研讨,佐伯教授和金光旭教授等则在2010年前来中国参加学术研讨。通过互相之间的交流,双方不仅增长了知识,而且增进了友谊。现在,佐伯教授与道垣内教授的《刑法与民法的对话》一书由于改之、张小宁两位中国学者翻译、介绍到中国来,这是令人高兴的。我期待佐伯教授更多的刑法著作能够在中国翻译出版,与中国读者见面。与此同时,该书涉及刑法与民法两大部门法的知识,而两位译者均是从事刑法研究的,可以说,该书在翻译上面临着知识与语言上的双重障碍。现在,两位译者克服重重困难,终于以流畅的中文完成了该书的翻译,这是极不容易的。对此,我也要对于改之和张小宁两位译者的辛勤劳动表示由衷的敬意。

是为序。

陈兴良
谨识于北京海淀锦秋知春寓所
2011年6月21日

12. 〔德〕乌尔斯·金德霍伊泽尔著,蔡桂生译《刑法总论教科书(第六版)》中译本[①]序

蔡桂生翻译的德国著名刑法学家乌尔斯·金德霍伊泽尔教授的《刑法总论教科书》一书即将由北京大学出版社出版发行。金德霍伊泽尔教授曾经多次来中国讲学,对于在中国传播德国刑法知识作出了重要贡献。现在,金德霍伊泽尔教授的刑法总论教科书又在中国翻译出版,使我们不仅能够"听"其言,而且还能够"读"其书,不亦乐乎。译者蔡桂生把金德霍伊泽尔教授的《刑法总论教科书》一书的电子版发给我,邀我为该书写序,在我浏览了译稿以后,欣然命笔,此为序。

蔡桂生是我在北京大学法学院指导的硕士生和博士生。2012年5月24日,蔡桂生在北京大学法学院完成了其以《构成要件论》为题的博士论文答辩,取得了博士学位。然而,蔡桂生的求学生涯还没有就此结束,因为他还要继续在德国波恩大学的学业,直至取得德国的博士学位。及至2013年8月12日,蔡桂生以《论诈骗罪中针对未来事件的欺骗》为题通过了德国的博士论文答辩,由此完成了在德国的求学生涯。回到国内以后,蔡桂生继续在北大法学院从事博士后研究。

在德国留学的四年时间,对于蔡桂生来说是极为重要的一段求学经历。无论是在德语上还是在学术上,蔡桂生都取得了重大的进步。就德语的翻译而言,除了已经翻译出版的罗克辛教授的《刑事政策与刑法体系》(中国人民大学出版社2011年版)以外,还与其师兄何庆仁博士一起翻译了罗克辛教授的《德国最高法院判例:刑法总论》一书,该书即将由中国人民大学出版社出版。在回国答辩期间,蔡桂生又给我带回了其第三部译著,这就是其德国导师乌尔斯·金德霍伊泽尔教授的《刑法总论教科书》。由此可见蔡桂生译事之勤,可嘉可敬。

---

① 〔德〕乌尔斯·金德霍伊泽尔:《刑法总论教科书(第六版)》,蔡桂生译,北京大学出版社2015年版。

我国刑法学目前正在经历从苏俄刑法学向德日刑法学的转型。就德日而言,我们过去往往将之并称,两者的细微差异难以辨识。尤其是由于地缘上的关系,我国引入日本刑法知识更多一些。反过来说,日本刑法知识也更容易为我国所接受。不过,这些年随着留德学生的增加,德国的刑法知识也越来越多地被引入我国,其重要表现之一就是德国刑法教科书更多地被翻译介绍到我国,使我们能够较为全面地了解德国刑法学的现状。从目前已经翻译出版的德国刑法教科书来看,主要有两类:一是大型的刑法体系书,例如耶赛克、魏根特合著的《德国刑法教科书》(徐久生译),其规模宏大,内容庞杂。又如罗克辛的教科书《德国刑法学总论》(王世洲译),以其恢弘的气势令人赞叹不已。二是小型的刑法教科书,例如韦塞尔斯的《德国刑法总论》(李昌珂译)等。这些刑法教科书具有简约、明了的特点,更加适合初学者。金德霍伊泽尔教授的《刑法总论教科书》大体上就属于上述第二种类型,作者在中文版前言中也表示这是犯罪论总论部分的浓缩版。本书在我国的翻译出版,使我们多了一个近距离观察德国刑法学的视窗。当然,我们也必须看到,目前翻译介绍到我国的德国刑法教科书,基本上都是刑法总论,甚至都是犯罪论部分,而没有刑法各论部分,刑罚论部分也篇幅较少。因此,我们对德国刑法学的了解还是不够全面的。

从我国目前的刑法知识需求上来说,犯罪论当然是最为迫切的,因而翻译介绍到我国来的德国刑法教科书都对我国犯罪论体系的讨论提供了某种理论资源。金德霍伊泽尔教授的《刑法总论教科书》,也是如此。随着德日刑法教科书的大量引入我国,犯罪论体系呈现在我们面前的是一种复杂纷繁的景象,以至于使我们有些无所适从。例如,我们一般把德日刑法学的犯罪论体系称为三阶层的犯罪论体系。但实际上除了三阶层的犯罪论体系之外,还存在二阶层的犯罪论体系,那么这两者之间到底存在何种区别呢?对此,我们过去不甚了然。在金德霍伊泽尔教授的《刑法总论教科书》中,对这两种犯罪论体系作了比较,指出:所谓的二阶层犯罪构造只区分不法和罪责,并且将犯罪的构成要件之前提条件视为积极的要素,将正当化构成要件的前提条件视为消极的要素,同时,这两种要素组成了统一的不法构成要件;这样,在一定程度上,正当化构成要件的前提条件就成了消极的构成要件要素。与之不同,所谓三阶层犯罪构造是区分构成要件符合性、违法性(无正当化的情况)和罪责的。三阶层的构造起源于贝林的构成要件论。按照今天对于犯罪的构成要件的理解,构成要件乃是"禁止素材",它包含了可以(积极地)证立某个行为之不法的所有要素。在金德霍伊泽尔教授看来,二阶层的犯罪论体系与三阶层的犯罪论体系只是对行为是否构成犯罪的审查步骤有所差异而已。

按照二阶层的犯罪论体系,故意犯的不法(符合构成要件并且不法的行为)要遵循以下步骤来进行审查:①犯罪的客观构成要件;②客观的正当化构成要件;③阶段性结论:客观的不法构成要件是否存在;④犯罪的主观构成要件;⑤主观的正当化构成要件;⑥阶段性结论:主观的责任构成要件是否存在。而按照三阶层的犯罪论体系,故意犯的不法(符合构成要件并且不法的行为)需遵循以下步骤来进行审查:①犯罪的客观构成要件;②犯罪的主观构成要件;③客观的正当化构成要件;④主观的正当化构成要件。在对比上述两种犯罪论体系以后,金德霍伊泽尔教授指出:在两种模式里,都是首先进行证立不法(犯罪的构成要件)的前提条件上的审查,然后,再进行阻却不法(正当化构成要件)之前提条件的审查。同时,都是先进行客观方面的审查,而后是主观方面的审查。仅仅是在客观和主观的不法要素的顺序上,两种模式存在区别:在二分构造中,是客观不法的所有条件先于主观不法的所有条件进行审查。而在三分模式中,是犯罪的主观构成要件先于客观的正当化构成要件进行审查。在犯罪论体系中,这种审查的顺序不同,会影响到定罪的逻辑结构。就我的罪体与罪责、罪量体系而言,似乎更接近于以上二阶层的结构。即:在罪体中审查:①罪体构成要件;②罪体排除要素;③阶段性结论:客观的不法构成要件是否存在。在罪责中审查:④罪责构成要件;⑤罪责排除要素;⑥阶段性结论:主观的责任构成要件是否存在。至于罪量,是根据我国所特有的犯罪概念中的数量要素而设立的犯罪成立要件。

在上述德国的三阶层的犯罪论体系中,犯罪的主观构成要件是在客观的正当化构成要件之前审查的,而不是与主观的正当化构成要件放在一起,在有责性的阶层进行审查的,这一点与贝林的三阶层的犯罪论体系已经存在较大的差别,即:构成要件已经不是如同贝林时代那样的客观的,而是主客观统一的。总之,在定罪中需要审查的内容包括:客观的行为要素、主观的心理要素、客观的评价要素与主观的评价要素。这些要素根据一定的逻辑结构进行排列,由此形成犯罪论体系。无论是二阶层还是三阶层,客观的行为要素必然先于主观的心理要素进行审查,但主观的心理要素是否先于客观的评价要素进行审查则存在两种不同的安排:主观的心理要素先于客观的评价要素进行审查的,属于三阶层;客观的评价要素先于主观的心理要素进行审查的,属于二阶层。应该说,金德霍伊泽尔教授在本书中对二阶层与三阶层的犯罪论体系的结构对比,使我们对德日的犯罪论体系认识更加深刻。其实,德日的犯罪论体系的根本属性还是在于阶层关系的确立,这种阶层性是与苏俄的四要件犯罪论体系的平面性的根本区别之所在。明确了这一点,我们就不必为二阶层与三阶层而困惑,直指德日犯罪论体系的本质。

在刑法知识上,我国是一个后发国家,因此,学习并借鉴国外的刑法理论成为我们必然的选择。在此过程中,翻译出版国外的刑法理论著作,包括刑法教科书,是十分重要的。蔡桂生不仅在学习德国的刑法理论方面下了功夫,而且在翻译介绍德国刑法理论方面也功不可没,这是值得充分肯定的。我期望通过蔡桂生的努力,我们能够更加准确、更加科学地了解德国刑法理论,从而为我国刑法知识的转型作出应有的贡献。

值此金德霍伊泽尔教授的《刑法总论教科书》中译本在中国出版之际,写下上述文字,预祝该书出版以后,在中国产生较大的学术影响。

陈兴良
谨识于北京海淀锦秋知春寓所
2015年3月26日

13. 〔德〕埃里克·希尔根多夫著,江溯、黄笑岩等译《德国刑法学:传统与现代》中译本[①]序

德国维尔茨堡大学法学院希尔根多夫教授的著作《德国刑法学:传统与现代》一书的中译本即将在中国出版,这对于中国学者系统地了解德国刑法学的历史与现状,都具有重要的意义。对此,我十分期盼。

为本序的写作,我阅读了本书的电子版。本书多达五百多页,每页在电脑的屏幕上蓦然闪过,如同坐在高铁上窗外的景色随着火车的高速运行而一闪而过,呈现出斑驳陆离的风景。本书给我的第一个观感就是——"杂",不是杂乱无章的"杂",而是丰富多彩的"杂":本书提供的显然不是体系化的教科书式的刑法知识,而是前沿性的刑法知识。对于一般的读者来说,最为熟悉的也就是教科书中的刑法知识。毫无疑问,教科书是对某一学科基本原理的体系化叙述,是我们了解某一学科知识的窗口。以往对于外国刑法著作的翻译,一般都始于教科书。以德国为例,已经翻译出版的就有(以作者年代为序排列):费尔巴哈刑法教科书,李斯特刑法教科书,耶赛克刑法教科书,罗克辛刑法教科书等。通过这些不同时代的德国刑法教科书,我们可以系统地把握德国刑法理论体系的全貌。在我看来,对于一个国家刑法知识的了解,仅有刑法教科书是远远不够的。因为刑法教科书呈现的是较为成熟的、稳定的知识,可以说是对于这个国家刑法学的过去的了解。如欲了解这个国家刑法学的现状,还是要阅读论文与专著,这才代表了这个国家刑法学的现在,并昭示着这个国家刑法学的未来。希尔根多夫的《德国刑法学:传统与现代》一书,就是这样一部能够反映德国刑法学研究的理论现状,并为我们勾画出德国刑法学研究的理论走向的著作。

《德国刑法学:传统与现代》一书,从书名上就可以看出,存在传统与

[①] 〔德〕埃里克·希尔根多夫:《德国刑法学:从传统到现代》,江溯、黄笑岩等译,北京大学出版社2015年版。

现代这两个视角。本书呈现了德国刑法学的多个面向与维度,闪烁着德国刑法学万花筒般的夺目光彩。

德国的刑法教义学是德国刑法学的瑰宝,本书对德国刑法教义学进行了专门的介绍,这对于中国读者来说,是较为有益的。在德国刑法学中,对于刑法学的表述,存在三个概念,一是整体刑法学,二是刑法教义学,三是刑法理论。整体刑法学是一个具有悠久历史的称谓,一般认为源自李斯特。整体刑法学相当于刑事法学,包括与犯罪和刑罚相关的各个学科,例如狭义上的刑法学,刑事诉讼法学,刑事执行法学(监狱学),刑事政策学,犯罪学等。整体刑法学强调将刑法置于整个刑事法的视野中进行考察,构建了一种体系化的刑事法知识,具有其合理性。刑法教义学则是狭义上的刑法学,它采用德国所谓教义学的分析方法,对刑法法规进行系统叙述。至于刑法理论,可以说是刑法教义学的代名词。在本书中,希尔根多夫教授明确指出:"刑法学的核心一直是刑法教义学或刑法理论。当本文以下提到'德国刑法理论',更为准确地说是德国刑法教义学时,主要就是指以体系构成为目的,对刑法规定以及其中的构成要件特征所进行的概念性分析。"值得注意的是,德国的刑法教义学在其内容上只是包括犯罪论,而不必包括刑罚论。德国刑法中的刑罚论,主要是在刑事政策学中进行研究。在这一点上,德国和日本基本上是相同的,而与我国不同。在以上对刑法教义学的定义中,希尔根多夫教授论及三个关键词,这就是体系构成、构成要件和概念性分析。体系化是刑法教义学的首要特征,刑法教义学是一种体系性的知识集成,对于刑法问题也主要是采用体系性的思考方式。构成要件是一个理论概念而非法律概念,但构成要件又是与法律规范密不可分的,它是从法律规定中提炼和抽象出来的一个概念,其特征是源于法律,高于法律。概念性分析是刑法教义学的基本方法,它具有哲理性和逻辑性。一般来说,概念性分析不同于语言性分析。因此,刑法教义学并不是一般意义上的法解释学,而更多的是对法律规范进行逻辑分析,因而具有法逻辑学的特征。

在论及刑法教义学的性质时,希尔根多夫教授介绍了德国刑法学者对刑法学的一般理解,也即是所谓刑法学功能的见解,指出:"刑法学是'刑法—限制科学'。也就是说,大多数刑法学者对于立法者所致力的刑法范围扩大化以及刑罚加剧化是持否定和怀疑态度的。刑法的作用在于当公民的合法权益遭受侵犯时,对其进行保护;刑法的核心在于通过保护公民的法益保障其自由。刑法教义学通过其尽可能明确可罚性的法定前提并且以此使得刑事追诉具有预见性和审核性,来保障犯罪人以及犯罪嫌疑人的自由。"这里所说的"刑法学是刑法—限制科学",可以说是对刑法教义学功能的最为深刻的阐述,对我国刑法学者也是具有重要的启示意义的。立法与司法都是天然地具有扩大性与扩张性的,尤其是在刑法作为专政工具的刑法价值观的指导下,刑法更倾向于打击犯罪。在这种情况下,刑法学者的使命并不在于为刑法的扩大化与扩张化提供理论根据,而恰恰在于发挥刑法教义学对于刑法适用的规范与约束功能,从而达到对公民权利与自由的保护与保障。在本书中,"刑法的体系与构成"一章曾经以论文的形式在2013年在北京大学法学院举办的中德第二届刑法论坛上发表,给我国学者留下来深刻的印象。作为这一论文的评论人,我对希尔根多夫教授在文中提到的"刑法的两极:体系构成与恣意"这个命题深有感触。刑法本身具有恣意滥用的可能性,为此,刑法教义学必须以体系性的教义学原理去约束刑法的恣意性。唯有如此,刑法教义学才能成为法治国的精神财富,而不至于成为专制的知识附庸。

  当今的德国,刑法教义学已经发展到极致,要想在传统的刑法教义学领域有所突破,有所创新,已经变得十分困难。因此,德国刑法学目前的学术前沿大多集中在特别刑法,例如本书中所涉及的计算机刑法(网络刑法)、医事刑法和经济刑法,等等。例如,希尔根多夫教授本人就是刑事产品责任领域的专家,对刑事产品责任问题颇有研究。在本书关于风险社会刑法的论述中,希尔根多夫教授对风险刑法的理论在德国的发展情况作了介绍,可以看出在风险刑法与自由刑法之间存在较大的价值上的分歧。风险刑法更为追求的是安全价值,为此对传统刑法进行改造,在立法上扩大犯罪范围,设置抽象的危险犯。风险刑法观念对刑法教义学也带来较大影响,如同希尔根多夫教授在本书中所说的,各种教义学机制,如因果关系、既未遂的理论、正犯与参与理论、故意和过失的理论,在风险刑法之下都被修改或被灵活化了。而自由刑法则仍然坚持法治国的刑法理念,把人权保障放在第一位,坚守刑法的限制机能。对于以上两种刑法价值分野,希尔根多夫教授并没有过多地进行正面评价,而是从刑事产品责任的角度提出了以下问题:刑事产品责任是否也具有"风险刑法"的特征,还是说,至少判决已经成功地在传统的受法治国原则约束的教义学框架内解决了所出现的紧迫问题?为此,希尔根多夫教授以德国著名的皮革喷雾剂案为例,进行了深度的分析,由此得出结论:"皮革喷雾剂案判决中并不存在那种有违法治国原则的对教义学结构的灵活化处理,相反,本案以过去相关判决和文献为基础构建了刑事产品责任的基础,而且努力地尝试以过去判决和文献上的观点来解决几乎所有的问题。虽然联邦最高法院的某些论证事实上并非毫无疑问,但笔者认为,批评者指责这份判决是在一个风险刑法意义上对刑法教义学结构的灵活化处理也是不能令人信服的。应当认为,刑事产品责任并不具有'风险刑法'的特征。"对于这一观点,我是赞同的。风险刑法在我国也是一个充满争议的话题。在"风险刑法理论的法教义学批判"(载《中外法学》2014年第1期)一文中,我站在刑法教义学的立场上,对风险刑法理论进行了批判,尤其是揭示了风险刑法理论与其赖以凭借作为理论根据的风险社会理论之间难以无缝对接,使风险刑法理论根基不稳。现在,读到希尔根多夫教授关于风险刑法理论的评论,十分亲切,使我产生"吾道不孤"的感觉。

  从本书对作者的简介可以看出,希尔根多夫教授研究领域广泛,著述颇丰,在德国中青年刑法学者中是佼佼者。尤其使中国学者感到亲切的是,希尔根多夫教授热心于中德刑法交流活动。在希尔根多夫教授担任德国维尔茨堡大学法学院院长期间,他与北京大学法学院的梁根林教授共同发起成立了中德刑法学者联合会,致力于中德的刑法学术交流活动。2011年9月15日至19日,首届中德刑法学者交流在德国维尔茨堡大学法学院举办,主题是"中德刑法解释语境下的罪刑法定原则"。我和张明楷等中方学者参加了这次中德刑法学者的盛会,令我们感动的是,德方与会的除了中青年刑法学者以外,著名德国刑法学家罗克辛教授虽已年过八旬,身体状况不佳,但还是亲自与会,并向大会提交了"德国刑法中的明确性原则"一文,并在大会上宣读。在参会期间,我们游览了美丽如花的维尔茨堡古城,参观了历史悠久的维尔茨堡大学,留下了深刻而美好的印象。2013年第二届中德刑法学者交流活动在北京大学法学院举行,希尔根多夫教授率领德国刑法学者来到北大未名湖畔,参与深入而深刻的刑法学术交流。虽然存在语言上的障碍,但对于刑法的领悟使我们心灵相通。今年9月第三届中德刑法学者交流活动又将在德国维尔茨堡大学举行,虽然我不能亲自莅临,但希尔根多夫教授的本书中译本在中国出版,将会是献给大会的一份最为美好的礼物,也是中德刑法学术交流的结晶。

最后值得一提的是,参与本书翻译的,是中国年轻的刑法学者,作为翻译工作的主持者,北京大学法学院的江溯副教授做了大量的组织工作,使本书的翻译能够顺利进行。本书翻译工作的另一位主持者黄笑岩博士,在德国维尔茨堡大学跟随希尔根多夫教授攻读博士学位,同时也是希尔根多夫教授从事中德刑法学术交流活动的有力助手,为中德刑法学者之间的学术交流作出了重要的贡献。其他译者都是中国年轻刑法学者,他们接受了中国刑法教育,同时又在德国学习或者进修过,对中国和德国刑法都有研究和造诣,是将来中国刑法学界的有生力量。这里尤其需要指出的是徐凌波博士,在北京大学法学院跟随我攻读博士学位期间,于2012年希尔根多夫教授来北京大学参加学术交流活动的时候,又跟随希尔根多夫教授去德国维尔茨堡大学法学院攻读博士学位。现在,徐凌波已经取得了北京大学的博士学位,也完成了维尔茨堡大学的博士论文的写作,即将举行论文答辩,成为中德联合培养的法学博士。中德刑法的学术交流活动,寄希望于这一代年轻刑法学者。

是为序。

陈兴良
谨识于北京海淀锦秋知春寓所
2015年3月23日

14. 林维主编《最高法院如何掌控死刑——美国联邦最高法院死刑判例经典选编》中译本[①]序

林维教授主持翻译的《最高法院如何掌控死刑——美国联邦最高法院死刑判例经典选编》一书即将由北京大学出版社出版,译者邀请我为该书作序。在作序之前,我阅读了本书的部分内容,深感这是一本对于理解美国的死刑制度具有重大参考价值的书籍。同时,对于我们思考当今中国的死刑问题也具有重要的启迪意义。

这本书的书名中所提及的最高法院,是指美国联邦最高法院,那个由9名大法官组成的法律帝国。收入本书的是在美国历史上对于死刑制度的变革具有重大影响的美国最高法院的判决,有些甚至是具有里程碑意义的判决。正是这些最高法院的判决决定了美国死刑制度的走向,塑造了美国死刑制度的历史。本书的标题是一个设问:"最高法院如何掌控死刑",本书的内容对这个设问作了回答:美国最高法院正是通过一份份判决对死刑进行掌控的。因此,本书虽然是一部美国最高法院关于死刑的判例选集,但通过本书我们可以窥见美国最高法院对死刑掌控的具体方式与路径。

在西方发达国家中,美国是少数至今仍然保留死刑的国家之一。在目前世界上废除死刑已经成为潮流的背景下,美国的死刑政策饱受责难,尤其是来自废除死刑大本营欧洲国家的指责。中国和美国在保留死刑这一点上,存在共同之处,并且引人瞩目。美国学者柯恩教授在为其所编著的《当代美国死刑法律之困境与探索:问题与案例》一书中文版所作的前言中指出:"在仍然保留死刑的国家当中,中国和美国因其强大的政治实力和明确反对废除死刑的立场占据了尤为显著的位置。……美国之所以引人注目,是因为它是最后一个经常性使用死刑的自由民主制国

[①] 林维主编:《最高法院如何掌控死刑——美国联邦最高法院死刑判例经典选编》,北京大学出版社2015年版。

家,33个州和联邦仍然保留了死刑。2011年,美国执行死刑人数为43人。"①虽然美国仍然保留死刑,但美国最高法院还是通过自身的努力,对死刑的适用加以严格限制。因此,从整体上来说,美国死刑的历史就是一部死刑不断被限制的历史。收入本书的弗曼诉佐治亚州案中,布伦南大法官指出:"虽然死刑的适用贯穿于我们的历史。但实际上这一刑罚的历史就是一连串限制的历史。原本是一种通常的刑罚,在持续不断的道德争议背景下,却变得越来越罕见。这一刑罚的进化史证明,它并非美国人感情之中不可避免的一部分。相反,它已经被越来越严重地证明给国民的良知带来困扰。这一运动的结果就是我们现行的刑罚运作体制,在这一体制中,死刑判决越来越罕见,而死刑的执行则更为罕见。"此言甚是。

美国最高法院围绕死刑而展开的法律活动,包括判决,都涉及宪法问题。尤其是美国宪法禁止残酷的和异常的刑罚(cruel and unusual punishments),在这种情况下,死刑是否属于宪法所禁止的残酷的和异常的刑罚,就成为美国死刑存废争议的中心。在美国联邦制的国体之下,各州关于死刑的法律规定是否违反美国宪法,也是经常争议的问题。在这个意义上说,死刑也是一个州与联邦的权力划分的政治问题。美国最高法院在美国政治生活中享有崇高的权力,在死刑问题上也是如此。当然,美国最高法院在死刑问题上也出现过前后的反复。尽管如此,美国最高法院一直在为减少死刑的恣意性而努力。相比较之下,我国最高人民法院在限制死刑方面的努力也是有目共睹的。在2006年之前,由于死刑复核权的下放,最高人民法院丧失了对死刑的控制权,导致各省在死刑把握上的尺度不一。及至2006年12月28日最高人民法院发布《关于统一行使死刑案件核准权有关问题的决定》,收回了死刑核准权。在最高人民法院收回死刑核准权以后,对于严格掌握死刑适用标准,减少死刑的适用,发挥了重要的作用。当然,最高人民法院在死刑核准上,也出现个别争议较大的案件。其中,夏俊峰故意杀人案就是一例。夏俊峰是一名商贩,被城管带到办公室以后,在办公室内发生了将两名城管队员捅杀刺死的后果,在

---

① 〔美〕柯恩等:《当代美国死刑法律之困境与探索:问题与案例》,刘超、刘旷怡译,北京大学出版社2013年版,前言,第1页。

冲出办公室大门时又将一名城管司机刺成重伤。本案争议的焦点在于：夏俊峰的行为是否属于正当防卫或者防卫过当，这直接关系到对夏俊峰能否适用死刑。但因为发生在办公室内的争执，两名城管队员已经死亡，而夏俊峰辩称在遭受暴力殴打的情况下刺死城管队员的证言未被法院采纳，一审、二审法院均以故意杀人罪判处夏俊峰死刑。最高人民法院亦对本案核准了死刑，最终夏俊峰被执行了死刑。在我看来，夏俊峰案主要还是正当防卫或者防卫过当的辩护能否成立的问题。在目前中国的司法语境下，如果正当防卫或者防卫过当的辩护不能成立，对夏俊峰判处死刑是必然结论。但是，在司法实践中如何认定被告人是否具有正当防卫或者防卫过当的情节，这里涉及举证责任、证据规则等一系列的问题，值得我们研究。随着最高人民法院死刑核准权的行使，死刑的争议案件将会越来越多，这也为我们对死刑司法制度的研究创造了条件。从本书中，我们可以看到，美国最高法院关于死刑的判例都是公开的，法官所发表的意见都可以查阅。同时，死刑判决的数字和死刑执行的数字也都是公开的。这就为对美国的死刑制度，尤其是死刑司法制度的研究提供了良好的条件。我们只能从律师那里偶然地看到一些死刑判决书。这种现状不利于学者对死刑制度的研究，也是亟待改变的。

  收入本书的是美国最高法院关于死刑的重要判例，对资料都进行了一些整理，更加便于读者阅读。例如，在每一个判例之前都有一个案件导读，归纳了本案的主旨。例如，威尔克森诉犹他州案，本案的导读明确指出，联邦最高法院通过本案确定了死刑执行方法中枪决的合宪性。这就为此后的阅读提供了基本线索。本书的主体还是最高法院的判决书，由美国普通法的特点所决定，最高法院的9名大法官对同一个案件具有相同或者不同意见的，都可以撰写法律意见。这些法律意见说理清晰，论证充分，洋洋洒洒数万言，俨然就是一份法学论文。反观我国的判决书，包括刑事判决书，都存在着说理不足、论证不够的缺陷，这是值得反思的。

  林维教授历来重视对死刑的研究。2012年3月3日，在林维教授的组织下，中国青年政治学院法律系和美国律师协会联合主办了"最高法院如何控制死刑"的学术研讨会。来自最高人民法院、司法部、各地方法院、律师事务所的司法实务人员与北大、人大、北师大、社科院法学所等高校、科研机构的专家学者，以及美国律师协会代表，围绕主题进行了历时一天的研讨。我也有幸参加了这次研讨会,并在"最高法院在控制死刑中的作用"这一议题的讨论中发表了意见,我认为对于死刑的司法控制优于立法控制,应当充分发挥最高法院在死刑控制中的作用,并对最高法院控制死刑的途径进行了分析。本书是美国最高法院如何控制死刑的一部著作,对于我们的参考价值是不言而喻的。

特此推荐。

陈兴良
谨识于北京海淀锦秋知春寓所
2014 年 3 月 15 日

15.〔日〕西田典之著,江溯、李世阳译《共犯理论的展开》中译本[①]序

西田典之教授的《共犯理论的展开》一书的中文译本,即将由中国法制出版社出版,本书译者之一江溯博士请我为该书的中文版作序,我欣然应允。在本书出版过程中,西田典之教授不幸于2013年6月14日因病去世,未能见到该书中译本的出版,令人扼腕叹息。

西田典之教授是日本著名刑法学家,也是在共犯论领域取得辉煌成就的一代宗师。共犯的问题是刑法学中最为复杂的一个理论问题,称之为绝望之章也不为过。不过,也正是因为共犯理论的复杂,才吸引了诸多学者将自己的主要学术精力投放其间,这也许就是"江山如此多娇,引无数英雄竞折腰"(毛泽东:《沁园春·雪》)这句诗词所表达的意境。在日本刑法学界,许多刑法学大家都对共犯问题倾注了心血。马克昌教授于1988年为我的博士论文《共同犯罪论》一书所作的序中,以极其简短的语言几乎勾画出一部日本的共犯学术史,留在这部学术史中的学者包括草野一郎、植田重正、齐藤金作、大塚仁、西村克彦、西原春夫等日本老一辈学者;同时,马克昌教授也论及当时日本的年轻学者,这就包括西田典之。马克昌教授论及西田典之时指出:"1982年西田典之出版了《共犯与身份》,以共犯概念为中心,论述了《德国刑法典》第50条的理论,批判地检讨了构成的身份、加减的身份的区别,提出了自己对《日本刑法》第50条的解释。"[②]应该说,这是我第一次听说西田典之的名字。正是马克昌教授第一次向中国刑法学界介绍西田典之教授,而这一介绍又出现在马克昌教授为我的博士论文《共同犯罪论》一书所作的序中,由此可见我与西田典之教授具有某种机缘。

如前所述,我的博士论文也是研究共同犯罪的,博士论文写作的时间

---

① 〔日〕西田典之:《共犯理论的展开》,江溯、李世阳译,中国法制出版社2017年版。
② 参见陈兴良:《共同犯罪论》,中国社会科学出版社1992年版。

大约是在 1986 年至 1987 年。当时,虽然西田典之教授的《共犯与身份》一书早已出版,但囿于彼时我国尚未开放的学术环境,我是在完全与外界隔绝的状态下进行论文写作的。当时西田典之已经以共犯与身份这一刑法教科书的二级标题撰写专著,而我还在以共同犯罪这一刑法教科书的一级标题撰写博士论文,而共同犯罪与身份只是我的博士论文的一个章节。由此可见当时我国与日本刑法学理论研究上的差距。此后,随着我国对外学术交流的开放,中日之间的刑法学术交流亦越来越多。在这当中,西田典之教授作为日本著名的刑法学者参与其间,成为中日刑法交流的中坚力量。尤其是从 2007 年开始,以中日两国的中青年刑法学者为主体的刑法学术交流,西田典之教授为促进中日两国的刑法交流起到了重要的组织作用。

这次翻译介绍到我国的《共犯理论的展开》一书,是近些年来西田典之教授在共犯领域研究的最新成果,正如西田典之教授在本书的前言所言:"本书是我体系性地整理自从在 1969 年(昭和 44 年)执笔的被东京大学法学部助手所采用的、《共犯与身份》为题目的助手论文以来,直到 2005 年在《法学协会杂志》第 122 卷第 4 号刊登的《不作为的共犯》,跨越 36 年间陆续写的关于共犯论的论文和判例评释以及与共犯论相关联的论文而成的一本书"。虽然本书不是一本一气呵成的专著,但唯其时间跨度长,涉及领域广,反映了西田典之教授对共犯问题毕其一生的思考成果,这对于我国共犯论的深入研究是具有重要的参考价值的。我认为,西田典之教授的《共犯理论的展开》一书具有以下三个特点:

一是广泛性。共犯论是犯罪论的一个缩影,也是犯罪论的一个翻版。由于共犯论的复杂性,在共犯论取得的成就可以成为对一个学者的犯罪论学术水准的重要衡量指标。在《共犯理论的展开》一书中,西田典之教授在相当宽阔的范围内展开其共犯理论,几乎涉及犯罪论的各个方面。以共犯为媒介,对犯罪论的各领域都逐一检验。从本书涉及的内容来看,除了共犯的基本问题以外,还包括与行为形式相关的不作为的共犯;与因果关系相关的共犯的因果关系,例如帮助犯的因果关系等特殊问题;与未遂犯相关的共犯的中止,以及共犯的脱离;共犯的认识错误;共犯与身份,包括纯正身份犯与不纯正身份犯;过失共犯以及共犯与罪数;等等。仅从以上所罗列的题目来看,基本上涉及了犯罪论的全部领域,从而展现出西田典之教授在共犯问题研究上的广泛程度。

二是深入性。西田典之教授对共犯的研究是极为深入的,在许多领域都具有其个人的独特见解。例如共犯的中止与脱离问题就是一个范例。日本刑法学中的共犯脱离是一个较为特殊的问题。因为日本刑法中的中止是未遂的一种情形,称为中止未遂,而与障碍未遂相区分。根据《日本刑法典》第43条的规定,无论是障碍未遂还是中止未遂,都以着手实行犯罪为要件。换言之,只有在着手实行犯罪以后才有障碍未遂与中止未遂可言。因此,在着手以后的共犯中止,可以按照《日本刑法典》关于中止未遂的规定予以减免处罚。但是,对于着手以前的共犯中止,因其不符合《日本刑法典》关于中止未遂的规定而不得减免处罚。在这种情况下,日本刑法提出了共犯的脱离这一概念,认为共犯的中止属于中止论,而共犯的脱离属于共犯论。在此基础上,西田典之教授把共犯脱离称为着手前的中止,并对共犯脱离的要件进行了详细的论述。基于因果共犯论的立场,西田典之教授将因果关系的切断作为共犯脱离的要件,指出:"如以因果共犯论为前提,即便是共犯,也只以自己行为有因果关系的结果为限,对正犯行为承担罪责。在'因果的纽带'(Band der Kausalitt)被切断的情况下,(共犯)就不负责任。也就是说,共犯脱离的问题基本上应根据这样的标准来解决:脱离者中止以前的加功行为与其中止之后其余的行为及结果的因果关系,是否被该中止行为切断。"这是共犯脱离的一般判断标准,根据这一标准,西田典之教授对教唆犯的脱离、帮助犯的脱离、共同正犯的脱离都进行了细致的探讨。例如,帮助行为可以分为物理帮助与心理帮助,这两者的脱离条件是有所不同的;尤其是涉及物理帮助是否同时包含心理帮助,则帮助犯的脱离要件的判断将会变得更加复杂。这种精细的法教义学的分析,对于我国学者无疑是具有启示意义的,由此也可见西田典之教授在共犯问题研究上的深入程度。

三是实践性。共犯论是一个与司法实践具有紧密联系的课题,如果脱离了司法实践是难以展开研究的,因而具有实践理性的品格。西田典之教授在本书中,结合日本刑法规定进行解读;结合司法案例进行评述,其内容对于司法实践的指导意义是显而易见的。例如,在关于在现场认识到了他人的犯罪行为却旁观这种犯罪类型是否属于共犯的讨论中,西田典之结合司法案例进行了以下分析作为否定刚好出现在他人的犯罪现场或者旁观者的共犯性之判例,有名古屋高判昭和29年10月28日裁特第1卷第10号427页;东京高判昭和32年7月20日高刑第10卷第8号第633页;大阪地判昭和2年3月28日下刑第9卷第3号第348页;冈山地判昭和44年8月1日刑月第1卷第8号第813页;东京高判昭和45年2月24日判例第249、251号等。反之,作为肯定的判例,有东京高判昭和40年6月7日判例第180、144号;东京高判昭和48年6月14日刑月第5卷第6号第1012页;东京高判昭和55年1月30日判例第416、173号等。东京地判昭和41年6月4日判例第194、173号,对于这一案件:A、B、C、D四人在工棚前碰面并作了这样的谋划,A从工棚内窃取装白米的袋子放在D的脚下,A、B、C再次进入工棚内窃取衣服等,在此期间,D就待在前述的米袋旁边等待,但此后收受了赃物。裁判认为,推定D容忍了A、B、C的窃取行为,监视并望风窃取作为赃物的米袋。虽然裁判认为这样判断是恰当的,但我认为也存在将其单纯认定为收受赃物的充分余地。"这样,就使这种分析和司法实践紧密地联系起来,由此可见西田典之教授在共犯问题研究上的实践理性品格。

我国的共犯论可以说是命运多舛的一章,立法上的先天不足与学理上的后天失调,使我国共犯论远远落后于整个刑法理论的发展。在这种情况下,我们急迫地需要汲取学术营养,为我国的共犯论提供更多的学术资源。西田典之教授的《共犯理论的展开》一书的翻译出版,对于我国共犯论的研究来说,虽是"他山之石",亦有"可以攻玉"之效也。

西田典之教授对于中国传统文化素有兴趣,例如李白的诗歌就是西田典之教授所钟爱的,他能够随口咏诵。2003年在武汉大学法学院召开的中日刑事法研讨会,主题也正好是共同犯罪,这是中日刑法学者第一次聚会探讨共同犯罪问题。在这次研讨会上,我也是第一次见到西田典之教授。此后,从2007年开始,日方以西田典之教授、山口厚教授主导,中方由我和张明楷教授主导的新世代的中日刑事法学术交流渠道得以创立,并先后在日本东京大学、中央大学和中国人民大学展开了学术研讨会。每次研讨会西田典之教授都十分关心,并亲自撰文,参与讨论,对于推动中日两国的刑事法交流起到了巨大的作用。近年来,随着西田典之教授的《日本刑法总论》和《日本刑法各论》在中国的翻译出版,使西田典之教授的刑法学术思想在中国年轻学子中得以传播,其刑法体系书也成为中国学者了解日本刑法理论的一个窗口。今年3月中旬,我到台湾地区政治大学法学院参加学术研讨会。会间,获悉西田典之教授也正好因为其《日本刑法总论》与《日本刑法各论》的繁体字版在台湾地区出版而携家人到访台湾,因此在陈子平教授和林钰雄教授的安排下,会议结束的当晚,我们在台北王子饭店顶层的咖啡厅与西田典之教授见面,同时也见到了陪同西田典之教授到台湾地区访问的王昭武教授,在座的还有大陆同去赴会的梁根林教授、刘明祥教授等人。在台北能够见到西田典之教授,是一个意外的惊喜。西田典之教授还特意叫来其夫人和其所钟爱的小儿子与我们见面。因为在去年7月份,西田典之教授携带其夫人与小儿子到中国上海、北京等地旅游,也是王昭武教授陪同翻译,我们在北京海淀的苏州街白家大院宴请时见过西田典之的夫人与小儿子。时隔半年之后再次见面,大家都感到很高兴。当晚,西田典之教授谈兴颇浓,同时并用日语、英语和德语交谈,同时也谈及今年将在西安召开的中日刑事法论坛,其关切之情,溢于言表。如今,中日刑事法学术研讨会如期在西安西北政法大学举行,而西田典之教授却再也不能与会,每念及此,令人痛惜。西田典之教授为中日两国的刑事法学术交流作出了重大的贡献,其不幸辞世,不仅是日本刑法学界的重大损失,也是中国刑法学界的重大损失。

最后,作为一名中国刑法学者,我对西田典之教授的逝世表示深切的哀悼。

陈兴良
谨识于北京海淀锦秋家园寓所
2012年10月22日初稿
2013年增补

16.〔日〕佐伯仁志著,丁胜明译《制裁论》中译本①序

日本东京大学法学院佐伯仁志教授的《制裁论》一书经西南政法大学丁胜明博士翻译,即将在北京大学出版社出版,对此我感到由衷的高兴。本书的日文版出版于2009年,出版后不久正逢我到日本参加刑法学术交流活动,佐伯仁志教授当时曾以此书相赠。若干年后,我指导的博士生丁胜明有意翻译此书,我对此事予以了积极的鼓励。现在,经过丁胜明的辛勤翻译,此书的中文版就要与我国读者见面了,这对于中日两国之间的刑法学术交流来说是一件值得庆贺的事情。因此,当丁胜明邀我写序之时,我欣然接受。

《制裁论》一书是佐伯仁志教授关于法律上的制裁制度研究论文的汇集,集中展示了佐伯仁志教授在法律制裁问题上的学术研究成果,值得我国学者参考借鉴。佐伯仁志教授在本书中并不是专门讨论作为犯罪的法律后果意义上的制裁制度(这种对犯罪行为的制裁,刑法理论称为刑事制裁),而是在法理学意义上一般性地讨论对违法行为的制裁,因此,本书的内容及其理论意义与现实意义都已经超越了刑事制裁的范畴。传统的刑事制裁就是刑罚,包括生命刑、自由刑、财产刑和资格刑。刑事制裁等同于刑罚,这是一种单一的或者一元的刑事制裁概念。随着刑罚理念的进化,刑事制裁呈现出多元化的趋势,刑事制裁也不再等同于刑罚,除了刑罚之外还包括经济补偿等内容。不仅如此,刑事制裁与行政制裁、民事制裁之间也具有非常密切的联系。当然,虽然本书是在一般意义上讨论制裁制度,但刑事制裁显然是重头戏,刑事制裁的相关问题在本书中得到了充分的讨论。

制裁制度是一个国家法律制度不可或缺的组成部分,因此,对制裁制度的研究不能离开一个国家的法律语境。例如,本书研究的行政制裁就是如此。根据佐伯仁志教授在书中的描述,日本的行政制裁,即对行政违

---

① 〔日〕佐伯仁志:《制裁论》,丁胜明译,北京大学出版社2018年版。

法行为的处罚,是由刑事罚、秩序罚、反则金、课征金、加算税、取消或者停止许可、公表等制度构成的。这里的刑事罚是指行政刑罚,其他行政制裁措施都属于非刑事制裁。在日本,相对于刑事罚而言,其他行政制裁措施显得较为单薄。因此,佐伯仁志教授认为日本的行政制裁制度存在过度依赖于刑罚的问题,并由此表现出了以下两个方面的缺陷:一是由于刑罚是制裁中最严厉的一种,因此人们在使用刑罚时过度谨慎,进而导致了义务的不履行被放任不管的结果;二是罚金虽然也属于刑罚,但由于日本的罚金刑科处的额度一般较低,故即使科处罚金也无法产生足够的抑制力。因此,对于完善日本的行政制裁制度来说,当务之急在于建立合理、有效的行政制裁制度。在实施非犯罪化的场合,在推进行政犯的非犯罪化、恢复刑法的本来机能的同时,对于行政制裁来说,有必要准备好与其作为制裁的性质相适应的实体规定和合理程序。应该说,这是基于日本行政制裁制度的现状而提出的合理对策。但中国的刑事制裁和行政制裁的状况不同于日本,在我国,与强大的行政权相对应,存在着一个强大的行政制裁制度体系,我国的行政制裁措施不仅包括财产罚,甚至还包括人身罚。在这种背景下,对于中国来说,当前的课题不是要强化行政制裁,而是要对行政制裁进行合理的限制;不是要实施非犯罪化,而是要推动犯罪化。这些区分是微妙的,是由国情的不同所决定的。因此,在阅读本书时,我们应当注意这些问题。

《制裁论》一书的视野极为开阔,涉及制裁制度的不同向度和不同层面。虽然本书讨论的核心是日本的制裁制度,但却大量引用了美国、德国的法律和判例,比较法的视角贯彻全书始终,这对于我国学者而言无疑具有重要的参考价值。即使本书中有些问题涉及的是与我国不同的日本法律制度,相关研究对我们也会有所启发。例如,本书设专节讨论了法人犯罪的制裁问题。在《日本刑法典》中,并没有对法人犯罪进行专门规定,然而这并不意味着法人犯罪问题在日本就不存在。事实上,正如佐伯仁志教授在书中所言,日本的有关法律(应指附属刑法规范)中含有大量法人处罚的规定,而日本最高裁判所也有相关的判例。在这种情况下,研究法人犯罪的处罚问题是十分必要的。本书对法人犯罪的处罚根据问题进行了较为深入的探讨,这些研究对于《刑法》中规定了单位犯罪的我国刑法理论来说,具有重要的参考价值。例如,我国《刑法》对单位犯罪采取的是以双罚制为原则、以单罚制为补充的模式,对绝大多数单位犯罪都设置了双罚条款,不仅处罚自然人,也处罚单位,即对单位判处罚金。如此一来,如何正确解释双罚制中自然人的处罚根据与单位的处罚根据之间的关系,便成了一个值得推敲的问题。目前,我国刑法学界的通说认为,只要单位直接负责的主管人员或其他直接责任人员构成犯罪,则单位必然同时也构成犯罪。其理由是,自然人的行为直接代表单位,体现单位意志,单位因自然人实施犯罪行为而承担刑事责任。这种观点虽然阐述了自然人行为对于单位的代理性,为单位承担刑事责任提供了实体性的事实根据,但并未解决单位与自然人各自、单独的刑事责任根据问题,因而在说服力上有所欠缺。在此问题上,佐伯仁志教授认为处罚法人和处罚自然人的根据是不同的,并指出:在认定法人固有的责任时,仅仅能认定自然人行为人具有故意或过失是不够的,哪怕这个自然人是代表人。而且,对法人本身必须能够作出独立于该自然人行为人的非难。因此,必须能够对法人作出这样的非难,即该法人本来可以不实施某违法行为,却仍然将此行为付诸实施。在自然人的场合,意欲实施行为的主体和应该形成反对动机、打消实施该行为的念头的主体当然是统一的。与此相对,在法人的场合,从内部监视行为人的行为并打消行为念头的机制并不仅仅存在于该行为人的内心,也存在于法人组织性的犯罪预防措施中。可以说,在法人的场合,自然人的人格被组织化了。在此基础上,佐伯仁志教授对法人犯罪中法人的责任根据问题提出了以下观点:①就不能视为法人行为的末端职员的违法行为而言,在职员的监督责任人存在监督上的过失,并且法人本身违反了设置组织制度性措施的义务因而未能防止这种监督过失的场合,法人应当承担责任;②就可以视为法人行为的代表人或其他高级管理人员的违法行为而言,法人违反了设置组织制度性措施的义务因而未能防止这种行为的场合,法人应当承担责任。我认为,这些理论观点对于深化我国刑法的单位犯罪理论具有重要的启发:不能简单地把自然人的行为归结为单位的行为,并以此作为单位承担刑事责任的根据,而应从单位对于自然人违法行为的监督管理义务的违反或缺失中寻找其刑事责任的根据,这是更为合理的。

目前,我国刑法理论的注意力主要还是集中在犯罪论体系的研究上,试图建立刑法教义学的知识体系。对于以刑罚为中心的制裁制度,我国的研究是相当薄弱的,这是一个不争的事实。但在日本,犯罪论体系与知识都已经成熟和定型,在这种情况下,学者将学术精力投向刑罚论的研究是十分正常的。佐伯仁志教授的《制裁论》一书就是该领域的前沿性成果,此书在我国的翻译出版对于激发我国学者对刑罚论问题的研究兴趣将会起到积极的作用。因此,对于我国刑法学界来说,此书的翻译出版可谓雪中送炭。

此外,此书还有一个翻译的技术问题值得探讨。丁胜明在翻译相关日文概念时,有很多都直接使用了日文的汉字,例如"过料""反则金"等。日文中这些法律用语本身就是用汉字表达的,但这些汉字在中文中却没有对应的词汇,因此,丁胜明在翻译时便直接使用了日文中的汉字。这种译法与其他语言翻译中的直译还是不同的。应该说,有些日文汉字虽然没有对应的中文词汇,但这些汉字的字面含义可以望文生义,所以可以逐渐被中文消化,直至演化为中文。但有些日文汉字的字面含义在中文中完全无法理解,此时直接使用这些汉字就会带来中文阅读上的障碍,本书中也有这样的问题。例如"过料"这个词,过去就有这么直接移植使用的译法。该词指的是行政法上的一种罚款,不同于刑法上的罚金。对于该词,我个人认为翻译为"罚款"较为合适。本书中另外一个直接移植使用的日文汉字"反则金",如果仅从字面上来看,无论如何也是难以理解其含义的。丁胜明在该词的脚注中指出:"反则,日语也称'犯则',意为违反规定、触犯规则等,含义接近于中文的'违规''违章',为避免意译之后词语转换造成不必要的误解,翻译时直接采用了日语原文的表述。"我个人认为,对"反则金"一词的翻译不宜直接移植,而是应该选择意译,即译为"违规罚款"。总之,因为日语与汉语直接的亲缘关系,日文的翻译工作具有一定的特殊性,在翻译时可能需要加以注意。当然这只是我个人的陋见,不一定正确。

佐伯仁志教授目前在日本东京大学法学院担任教职,东大是日本刑法研究的重镇。随着西田典之教授的早逝和山口厚教授退休并就任日本最高裁判所的法官,佐伯仁志教授当仁不让地成为东大刑法学科的领头羊。我与佐伯仁志教授在中日刑事法交流中多有接触,感受到佐伯仁志教授为学功力深厚,为人谦顺和善。本书是佐伯仁志教授第三部在我国翻译出版的著作,其中第一部是佐伯仁志教授和道垣内弘人教授合著的

《刑法与民法的对话》(于改之、张小宁译,北京大学出版社2012年版),该书也是我作的序,出版之后,该书受到了广泛好评。现在,佐伯仁志教授的《制裁论》一书也由北京大学出版社出版,我相信,本书同样会受到我国刑法学界的好评。

是为序。

陈兴良
谨识于北京海淀锦秋知春寓所
2018年1月3日

17. 甘添贵总主编、林东茂主编《德国刑法翻译与解析》,甘添贵总主编、余振华主编《日本刑法翻译与解析》[①]序

台湾东吴大学林东茂教授和台湾警察大学余振华教授担任主编,台湾著名刑法学家甘添贵教授、张丽卿教授、柯耀程教授组成的翻译团队,经过艰苦努力,新近翻译了《德国刑法翻译与解析》和《日本刑法翻译与解析》,即将由五南出版社在台湾地区出版,不久亦将在大陆出版,这是又一本德日刑法典的汉语译本问世。对于海峡两岸从事刑法理论研究的学者来说,这是一件幸事。林东茂教授热情邀我为德日刑法典的五南译本作序,我感到十分荣幸。

自从清末刑法改革以来,承袭了两千多年的中华法系传统为之中断,引入了以德日为主的欧陆法制,开始制定近代刑法典。以清末制定的《大清新刑律》为例,在很大程度上受到德日刑法典的影响。此后各个时期的刑法典,亦是如此。因此,德日刑法典对于两岸刑法理论研究的重要参考作用是不言而喻的。目前,坊间已经有数个不同的德日刑法典的汉语译本,这些译本都对刑法理论研究带来极大的便利。现在,德日刑法典的五南译本即将在海峡两岸出版,又增加了海峡两岸刑法学者的选择余地,为精准地理解德日刑法典的内容提供了可能。

各国刑法随着社会的发展和犯罪的演变,总是处于不断的变动之中,刑法典的修订亦是常有之事。例如,2017 年 6 月 16 日日本关于性犯罪的《修正部分刑法的法律案》获得国会通过,并从 7 月 13 日开始施行。该法案对日本刑法典中性犯罪的相关条款作了重大修改,取消性别差异,强奸罪这一罪名被变更为强制性交等罪。刑法典的不断变动性,决定了刑法典的翻译不是一劳永逸的,而是需要随着刑法典的修改而对译本的内容随时进行修订。德日刑法典的五南译本的出版问世,对于海峡两

---

① 甘添贵总主编、林东茂主编:《德国刑法翻译与解析》,台北五南图书出版公司 2018 年版;甘添贵总主编、余振华主编:《日本刑法翻译与解析》,台北五南图书出版公司 2018 年版。

岸刑法学者及时了解并跟进德日刑法典的最新立法动向，具有重要意义。

对本国刑法的研究，不能离开对他国刑法的参照，比较研究对于刑法理论研究来说，是一个不可或缺的视角。因此，对其他国家刑法典的翻译是获取刑法研究素材的一个重要窗口。目前，中国大陆已经翻译出版了数十个国家的刑法典，其中当然包括德日刑法典，而且不止一个版本。在此，我必须指出，德日刑法典的翻译具有其特殊意义。因为，当前中国大陆正在引入德日的刑法教义学，以此成为刑法知识转型的参照。而德日刑法理论在一定程度上是以其刑法规定为逻辑起点进行演绎推理的结果，因此各种刑法教义学原理都是建立在其刑法规定之上的。如果脱离了这种刑法规定，是难以准确地把握其刑法教义学原理的。而且，在引入德日刑法教义学的时候，还要照顾到两国刑法规定之间的差异性，并消除由于这种刑法规定之间的差异所带来的刑法理论适用上的窒碍，唯此才能顺畅地进行刑法教义学原理的交流与吸收。因此，我们不仅应当通晓德日刑法教义学原理，而且应当知晓作为德日刑法教义学原理的规范根据的德日刑法典。尤其值得向读者推荐的是，德日刑法典的五南译本在编排上别具一格，不仅中文与德文、中文与日文并列，以便对照参阅；而且对德日刑法典的条文作了简略的重点说明，具有极简版的注释书的性质，对于读者理解德日刑法典的条文精义起到指引作用，因而不同于其他德日刑法典译本。

任何语言之间的转换都是一件难事，更何况是以严谨细密为第一要素的法典。近人严复对翻译曾经提出信、达、雅三项标准。信是指译文的准确性，达是指译文的通畅性，雅是指译文的优美性。对于法典的翻译来说，信是最高的追求，只有建立在准确基础之上的翻译，才能正确地转达德日刑法典的规范内容。我期待德日刑法典的五南译本对于海峡两岸的刑法理论研究起到积极的推动作用，同时也期待该译本早日在中国大陆出版。

是为序。

北京大学法学院教授陈兴良
谨识于北京海淀锦秋知春寓所
2017 年 10 月 12 日

18. 〔日〕山口厚著,付立庆译《刑法总论(第 3 版)》中译本①序

日本著名学者山口厚教授的《刑法总论》(第 2 版)由付立庆教授翻译介绍到我国刑法学界以后,使我国学者得以直接抵达日本刑法理论的最前沿,对于推进我国刑法教义学理论的发展起到了重要的参考作用。现在,山口厚教授《刑法总论》(第 3 版)的中译本又摆在了我们的面前,借此使我国学者得以了解日本刑法理论的最新进展。

山口厚教授热心于中日之间的刑法交流,在山口厚教授担任日本刑法学会会长期间,我国学者赴日参加中日刑法论坛,受到山口厚教授的热情接待。山口厚教授也多次带领日本学者到我国参加中日刑法论坛,并前后两次受邀来我国访问讲学。山口厚教授从 2017 年 1 月开始担任日本最高法院法官,以刑法学者的身份出任该职,对于日本的刑法司法应该会起到较大作用。值得注意的是,2017 年 11 月 29 日,日本最高法院作出了具有重大影响的判决,该判决结论是认定强制猥亵罪不需要性意图。对于强制猥亵罪的成立是否需要性意图,日本以往的判例肯定了性意图对于强制猥亵罪成立的必要性。例如,日本最高法院 1980 年 1 月 29 日在被告人出于报复目的,强迫 23 岁的女性赤身裸体照相的案件中,认为"必须是在刺激、兴奋犯人的性欲,使其得到满足的性欲意图之下实施的",因此,否定本罪成立强制猥亵罪。② 在日本刑法学界,对此却是存在争议的。例如基于行为无价值论的立场,日本学者大塚仁教授持肯定说,认为本罪需要是以作为行为人的猥亵性主观倾向的表现而实施的(倾向犯)。即需要是在刺激行为人的性欲、使其兴奋或者使其满足的意图之下实施的,因此,例如,只是以报复或者侮辱、虐待的目的实施胁迫女子,使其裸体后进

---

① 〔日〕山口厚:《刑法总论(第 3 版)》,付立庆译,中国人民大学出版社 2018 年版。
② 参见〔日〕大谷实:《刑法讲义各论(新版第 2 版)》,黎宏译,中国人民大学出版社 2008 年版,第 104 页。

行拍照的行为,虽然成立强要罪,但是,不构成本罪。① 站在结果无价值论的立场上,山口厚教授持否定说,认为这种所谓性意图,与是否侵害了作为保护法益的性的自由毫无关系,因而无需此要件。② 在日本最高法院新近判决的案件中,被告人在知道被害人系未满13岁女子的情况下,对被害人实施了使其触摸被告人阴茎、将其阴茎塞入被害人口中、接触被害人阴部的行为。对于本案,被告人以没有性意图作为辩解,但一审判决认为,只要客观上实施了侵害被害人的行为,而且行为人对此有认识的话,就成立强制猥亵罪,行为人性意图的有无对于本罪没有影响。对于本案,日本最高法院的判决认为,什么样的行为具有性意味,从而应当看成值得根据该条处罚的行为这一问题,应当作为规范性评价,在考虑该时代女性被害犯罪的社会一般性理解的基础上进行客观判断。就本案而言,由于该行为本身就是性的特质十分明确的行为,无需考虑其他情况,就具有强烈的性意味的行为,很明显在客观上属于猥亵行为,因此维持了肯定强制猥亵罪成立的原判决的结论是妥当的。在该判决书的末尾署名的15位日本最高法院法官中,作为刑法学界的山口厚教授的名字赫然在列。

山口厚教授的《刑法总论(第3版)》对第2版进行了修订。从这些修订内容中可以看到日本刑法理论发展的状况。在《刑法总论(第3版)》后记中,山口厚教授特别提到了应该由实行行为危险性的现实化来判断因果关系,并且认为这一理解不仅适用于作为犯,而且也适用于不作为犯。根据日本传统理论,对于刑法因果关系的判断,采用条件关系和相当因果关系的双重判断结构。条件关系是事实因果关系,而相当因果关系则是法律因果关系。在相当因果关系中,又主要是对相当性的判断。然而,在相当性的判断上,存在着各种观点的聚讼,例如主观说、客观说和折中说等,莫衷一是。尤其是基于相当因果关系说,日本学者一般都对德国的客观归责理论持排斥的态度。近些年来,日本刑法学界出现了以行为危险之现实化的判断取代以刑法因果关系判断的趋势。例如,在《刑法总

---

① 参见〔日〕大塚仁:《刑法概说(各论)(第三版)》,冯军译,中国人民大学出版社2003年版,第124页。
② 参见〔日〕山口厚:《刑法各论(第2版)》,王昭武译,中国人民大学出版社2011年版,第122页。

论(第2版)》中,山口厚教授把相当因果关系的内容界定为从实行行为到构成要件结果的因果经过的相当性,并且具体化为:(1)能够肯定实行行为具有引起构成要件结果的充分危险性;(2)该危险性实现(现实化)为构成要件结果。应该说,这两项内容与客观归责的制造法所不允许的风险以及实现法所不允许的风险这两个规则是十分相似的。换言之,对于相当性的讨论,不再致力于结果是否能够预见,而是着眼于危险性的客观判断。山口厚教授主张直接以实行行为的危险性的现实化取代条件说与相当因果关系说的双重判断。山口厚教授指出:"由于在判断实行行为(构成要件行为)的危险性向结果的现实化时当然就包含着行为与结果间的事实上的关联的判断,所以,也就没有必要将因果关系分成(1)事实的关联和(2)规范的限定这样的两个阶段来加以考虑,而是直截了当地来追问有无危险性的现实化就足够了。"在《刑法总论(第3版)》中,山口厚教授进一步明确了这里所说的事实的关联就是指条件关系,而这里所说的规范的限定就是指相当因果关系。据此,实际上已经颠覆了日本以条件关系和相当因果关系构成的整个刑法因果关系传统理论。

山口厚教授《刑法总论(第3版)》的翻译出版,为我们观察日本刑法理论的新观点和新思路打开了一扇窗户。我郑重向读者推荐山口厚教授的《刑法总论(第3版)》,并对译者付立庆教授的辛勤翻译表示敬意。

是为序。

陈兴良
谨识于北京海淀锦秋知春寓所
2017年12月5日

19. 〔德〕埃里克·希尔根多夫主编,何庆仁、王莹、徐凌波、梁奉壮译《德语区刑法学的自画像》中译本[①]序

《德语区刑法学的自画像》一书是德国维尔茨堡大学法学院教授埃里克·希尔根多夫教授主编的,该书内容是 21 位德国当代刑法学家的自传(只有一位是他人所写的追忆)。现在,该书经过我国年轻刑法学者何庆仁、王莹、徐凌波和梁奉壮的艰辛翻译,呈现在中国读者面前,这是值得惊喜的,对于我们了解德国刚刚退出学术舞台的这一代刑法学家,提供了一个直接的窗口。

本书的 21 位德国刑法学家,出生于 20 世纪前三十年,对于出生于 20 世纪 50 年代的我来说,是父辈;而对于出生于 20 世纪 70、80 年代的译者来说,是祖父辈。这些德国刑法学家出生在第一次世界大战以后,而青少年时代是在第二次世界大战中度过的,第二次世界大战以后才完成学业,陆续走上教学科研岗位,成长为著名刑法学家。例如,出生于 1915 年的德国著名刑法学家汉斯·海因里希·耶赛克教授,在其自传中就对第二次世界大战这段经历进行了叙述,他参加了波兰战役、法国战役和苏联战役。其中还包括了一个戏剧性的场面:"1944 年 7 月,我口袋里揣着第 118 装甲侦查部队首长的委任状,来到位于布列斯特-立陶夫斯克(Brest-Litowsk)的指挥部。到了那里我大吃一惊,18 师和 118 装甲侦查部队已经全然不存在了。据说部队已在苏联中央军区进攻中被对方以压倒性优势歼灭。"在德国战败以后,耶赛克于 1945 年 4 月法国人占领弗莱堡以后,在野战医院成了战俘,并被押往法国,度过了两年监禁生活,直到 1947 年 7 月才获释。此后,耶赛克于 1954 年 4 月 1 日受邀出任德国马普外国刑法与国际刑法研究所所长,直到 1983 年退休。2009 年 9 月 27 日,耶赛克教授走完了 94 岁的漫长人生。对于我来说十分荣幸的是,2011 年 1 月 7 日至 8 日,应德国马普外国刑法与国际刑法研究所所长齐白教授的邀

[①] 〔德〕埃里克·希尔根多夫主编:《德语区刑法学的自画像》,何庆仁、王莹、徐凌波、梁奉壮译,社会科学文献出版社 2019 年版。

请,我和梁根林教授、江溯博士参加了在弗莱堡举行的、主题为"一个全球视野之下的刑法"的汉斯·海因里希·耶赛克教授纪念研讨会,我代表中国学者在大会上做了发言,还在马普所办了讲座。① 这是我最接近耶赛克教授的一次,而看了耶赛克教授的自画像以后,对这位具有世界影响力的刑法学家的人生和学术有了进一步的了解。

人生和学术是学者的两个面向,作为学术从业者,我们对于同行学者的学术思想也许十分熟悉,但对于他的人生经历就不甚了然。对外国学者尤其如此。但对于一位学者的学术思想的深刻理解,离不开对其人生经历的透彻了解。这个道理,现在越来越多地为人所知。因此,学者的生平作品也越来越多地出版。例如北京大学出版社在 2016 年出版了日本著名刑法学家西原春夫教授的《我的刑法研究》一书,此后又在 2018 年出版了我国著名刑法学家高铭暄教授的《我与刑法七十年》一书。中日两位刑法学家都出生于 20 世纪 20 年代,已是耄耋老人,和德国耶赛克教授都是同时代的刑法学家,并且他们彼此具有密切的私人情谊。当然,高铭暄教授和西原春夫教授的自传作品是单人成书的,篇幅较大因而能够较为全面而深入地展开传主的人生道路和学术思想。而本书虽然篇幅已经不小,但收入 21 位刑法学家的自传,落实到每位学者,篇幅较小,难以全景式地展开各自的学术生涯。而且,本书基本上是传主的自述,也许是作为刑法学者写惯了抽象的学术论文,因而对自己生平描述的可读性上不尽如人意。

本书的自传以描述人生经历为主,较少涉及传主的学术思想。收录本书的是第二次世界大战以后崛起的德国著名刑法学家的自传,这些刑法学家对德国,乃至于世界刑法学的发展和交流都作出了巨大的贡献。当然,也有个别传主还是展现了刑法学术研究成果,甚至以此为主。其中,特别值得指出的是恩斯特·约阿希姆·兰珀教授。在自传一开始,兰珀教授就说了这么一段话:"学者与艺术家和政治家不同,后者总是力争成为众所瞩目的焦点,并期盼得到公众的认可;而前者通常沉浸在图书馆或者实验室,即使偶尔出现在公众面前,其目的一般也是为了使自己的研究成果能够为世人所用。所以,学者的自传也(或者应当)不像艺术家和政治家的自传那样,以自我回忆或者展示自我的发展为主,而应当致力于

---

① 我在大会上的发言:《耶赛克教授与中国刑法学》,载陈兴良主编:《刑事法评论》(第 28 卷),北京大学出版社 2012 年版,第 96 页以下。

总结自己的研究成果。至于此外他们的个人经历还有什么可以分享的，很大程度上与其同时代的人是一样的，受他们开展工作的时代环境制约，并与时代精神交织在一起。在此意义上，他们的个人经历其实没有什么不平凡之处，只需（或者应当）简短地提及即可。"秉持这种态度，兰珀教授的自传除了第一部分对生涯历程作了概括性的叙述以外，主要篇幅对其学术作品作了介绍，涉及不法理论、正犯与参与、刑罚等刑法总论主题和经济犯罪等刑法分论主题，还包括刑事诉讼法和法律基础性研究，即法哲学原理等内容，可谓十分广泛。值得注意的是自传的第三部分"生涯与研究之交叉"。在此，兰珀教授提到了所谓时代精神的概念，谈到了人生经历对其刑法学术研究的影响，认为这些早期经历极有可能无意识地渗入了他的研究之中。也许，这也正是我们了解这些刑法学家个人经历的意义之所在吧。

进入 21 世纪以来，随着我国对外开放的进一步扩大，德国刑法学也开始引入我国，尤其是德国刑法教义学，对我国刑法学水平的进一步提升产生了不可低估的作用。本书主编埃里克·希尔根多夫教授出生于 1959 年，是我的同时代人，他长期在德国维尔茨堡大学法学院从事刑事法理论研究，并担任中德刑法学者联合会德方召集人，与中方召集人梁根林教授密切合作，以轮流在中国和德国举办刑法学术论坛的形式为推进中德两国的刑法学术交流作出了重要的贡献。不仅如此，希尔根多夫还招收和培养了多名中国博士生，其中就包括了北大刑法学科的博士生。例如在本书译者中，徐凌波和梁奉壮两位都是维尔茨堡大学的法学博士，希尔根多夫教授是他们的导师。而另外两名译者也都有德国学习经历，其中，王莹在北大硕士毕业以后到德国留学，在弗莱堡大学取得法学博士学位；何庆仁曾经在马普研究所进修学习。同时，我是何庆仁和徐凌波在北大的博士生导师。从这些译者身上，我们可以看到中国刑法学的未来。

受本书译者何庆仁教授的邀请，在本书出版之际撰写以上文字，并向读者推荐这本书。

是为序。

陈兴良
谨识于北京海淀锦秋知春寓所
2019 年 4 月 27 日

20. 〔日〕高桥则夫著,李世阳译《刑法总论》中译本[①]序

日本早稻田大学法学院高桥则夫教授《刑法总论》一书的中文版即将在我国出版,本书的译者李世阳博士嘱我为本书写序。我翻阅了本书的中文版,觉得这是一部具有个人特色的刑法体系书,值得向我国读者推荐。因此,我欣然接受李世阳博士的邀请,写下本序。

我国的刑法学术起步较晚然而进步较快,这在很大程度上有赖于对国外学术资源的吸收与借鉴。尤其是德日的刑法教义学对于我国刑法理论的复兴与发展起到了重要的助力作用。在此,翻译工作功不可没。目前,德日等国的重要刑法学术著述,尤其是刑法教科书都分批次地介绍到我国,成为我国刑法学术研究的重要参考资料。其中,又以日本的译著较为丰富,数量与质量均属上乘。就刑法教科书而言,日本著名学者的刑法教科书大多已经在我国翻译出版,例如大塚仁、大谷实、西田典之、山口厚等学者的刑法教科书都已经翻译出版。现在,高桥则夫教授的《刑法总论》又在我国翻译出版,为这个学术园地又增添了光彩。

高桥则夫教授的《刑法总论》一书即使是在日本学者中,也是十分独特的一部刑法教科书。日本刑法学者的刑法教科书都是个人独著,具有鲜明的个人特色。而且,日本刑法学界以行为无价值论与结果无价值论划分学派,刑法教科书亦以此区分。然而,高桥则夫《刑法总论》一书的独特性远不止于此,而在于以规范论为核心观点叙述刑法基本原理,由此形成与其他日本学者的刑法教科书截然区分。

高桥则夫教授曾经出版了其具有代表性的专著《规范论和刑法解释论》(中国人民大学出版社2011年版),该书是由李世阳博士和戴波博士共同翻译的。在该书中,高桥则夫教授采用规范论的方法对刑法总论的主要专题进行了深入探讨。而在《刑法总论》一书中,高桥则夫教授将规范论的研究方法推广到整个刑法总论,由此构造了规范论的刑法学理论

[①] 〔日〕高桥则夫:《刑法总论》,李世阳译,中国政法大学出版社2020年待出版。

体系。本书的第一章"刑法学序说"的第一节就是刑法的规范构造,可以说开宗明义地对规范论进行阐述,由此奠定了本书的理论基调。

关于规范论,高桥则夫教授的基本观点是:行为规范与制裁规范的二元论,即刑法规范是由行为规范与制裁规范构成的。在行为规范问题上,高桥则夫教授强调它与法益保护之间的关联性,认为行为规范是为法益保护而设定的,因此在是否具有行为规范违反的判断中,必须进行法益关联性的判断。在这个过程中,由于无法否定预防性的法益保护这一事前判断性,因此,只要存在对于法益的一般的、抽象的危险,就能够肯定行为规范违反。而在制裁规范问题上,高桥则夫关注它与刑罚目的之间的连接性,认为刑罚目的是制裁规范正当化的根据,刑罚具有恢复被违反的行为规范的功能。这些观点构成高桥则夫教授犯罪论与刑罚论的基本立场,也是理解本书内容的中心线索。

在《刑法总论》一书中,高桥则夫教授将规范论贯穿于法律犯罪论与刑罚论的论述之中。例如,在论及犯罪的本质时,高桥则夫揭示了犯罪的本质的规范性质,指出:行为规范指向一般人,由于违反了该行为规范,该行为就成为违法行为。而该判断是关于应为却不为这种当为(Sollen)的无价值判断。接着,必须进一步追问是否可能遵循该当为实施相应的行为。也就是说,这是关于能为却不为这种可能(Koennen)的无价值判断。据此,就可以对行为人自身进行非难,即追究责任。这是属于义务规范的范畴。从该义务规范派生出了应当遵循行为规范来作意思决定的义务(意思决定义务)。意思决定义务并不是从行为规范(法规范)派生出来的,而是在直面行为规范以前就在我们心中作为一般性的东西存在的。因此,在高桥则夫看来,犯罪的本质就在于对行为规范的违反。而这种对行为规范的违反,对于不法来说,是违反当为义务。对于责任来说,是违反意思决定义务。因此,高桥则夫教授对犯罪性质的规范论见解既不同于规范违反说,又不同于法益侵害说,确实具有其自成一类的特点。

在论及刑罚的性质时,高桥则夫教授提出了刑罚是作为对于犯罪的规范性报应的命题。这种规范性报应的观点正是规范论在刑罚论的必然延伸。高桥则夫教授指出:作为制裁规范发动的效果,刑法设置了刑罚这一制度。制裁规范首先意味着作为对于行为人违反行为规范的反作用。因此,作为制裁规范发动之效果的刑罚也具有这种反作用的一面,与此同时,还具有使被违反的行为规范恢复的一面。也可以将这两个侧面称为报应。刑罚的本质就是在这种意义上的规范性报应。但是,作为该报应的刑罚,并不是漫无目的的,而是通过怀着某种社会性目的而将其存在正当化。在此,高桥则夫教授从制裁规范是对行为规范违反的反作用这个意义上展开对刑罚性质的论述,由此而将行为规范与制裁规范紧密地连接起来,实现了行为规范与制裁规范的统一。

本书不仅在刑法中心观点上独具一格,而且在内容上也不同于其他日本刑法教科书。例如,在因果关系问题上,日本学者的传统观点是相当因果关系说,并对源自德国的客观归责理论不以为然。例如日本老一代刑法学家大塚仁教授论及客观归责时指出:客观归责想抑制条件说对因果关系范围的扩大,在这一点上,具有与相当因果关系说同样的志向,其适用的实际,可以说也与相当因果关系说没有大的差别。但是,所谓客观归责的观念本身和其刑法理论体系上的地位等,尚缺乏明确性,存在不少问题。在日本,也看到一部分见解赞同该理论。但是,应该没有放弃相当因果关系说而采用这种理论的必要。① 而高桥则夫教授对相当因果关系与客观归责的看法则发生了重大的变化。在本书中,虽然仍然以实行行为与相当因果关系为线索叙述构成要件的内容。但高桥则夫教授敏锐地发现了相当因果关系说的局限性,指出:最近,对相当因果关系说的判断构造提出疑问的判例也层出不穷。尤其是在大阪南港事件(最决平成2年11月20日刑集44卷8号837页)与夜间潜水训练事件(最决平成4年12月17日刑集46卷9号683页)等案件中,以介入事情之异常性的有无为问题对相当因果关系说提出了疑问。高桥则夫教授认为,在上述案件的判决中,日本最高法院的判例没有采用相当因果关系说,即并未通过行为时的事前判断来确定判断基底;把贡献度(影响力)置于因果关系判断的核心。此外,由于将贡献度作为核心问题,因此也没有采用条件说(以及原因说)。相反,从结论上来看,可以说判例的立场采用了危险的实现(危险的现实化)这一客观归属理论的框架。因此,虽然没有达到以客观归责替代相当因果关系说的程度,但以客观归责补充相当因果关系说的不足,这对日本刑法传统理论已经是一个突破。由此可见,高桥则夫教授

---

① 〔日〕大塚仁:《刑法概说(总论)(第三版)》,冯军译,中国人民大学出版社2003年版,第188页。

并不满足于现有的理论框架,而是进行了大胆的探索,这是极为可贵的。

通常来说,刑法教科书是对刑法通说的体系性叙述,然而它又不能反映学者个人的理论特色。如何平衡这两者是在刑法教科书撰著过程中需要拿捏与把握的一个难点。高桥则夫教授对此作了有益的尝试,尤其是在个人创新性方面较为突出,这也正是本书的新意之所在。

我与高桥则夫教授在中日刑事法交流中多次相遇,收获良多,受益匪浅。本书译者李世阳博士是我指导的硕士生,在硕士生阶段就参与翻译了高桥则夫教授的《规范论和刑法解释论》一书。在博士生阶段,李世阳师从梁根林教授,并留学日本,师从高桥则夫教授,同时攻读北京大学与早稻田大学两所学校的法学博士学位。经过不懈努力,李世阳终于获得了北大和早大的双博士学位,这是极为难得的。现在,李世阳博士入职浙江大学光华法学院,本书的翻译出版既是李世阳的学习成果,也是对高桥则夫教授师恩的报答。我相信,李世阳博士在未来的学术生涯中,会汲取中日两国的刑法研究成果,获得更大的学术成就。

是为序。

陈兴良

谨识于北京海淀锦秋知春寓所

2017 年 4 月 24 日

四、其他序跋

1. 理灵《女检察官手记》①序

理检（这是我对理灵②的习惯性称呼）在写《女检察官手记》，我是在 2002 年年初知道的。手记边写边发表在网上，引起网民热烈的反响。由于我是个网盲，因而我是从打印成册的文本中看到手记以及讨论的，深为这种作者与读者互动式的写作方式而感动。现在，手记积少成多，即将结集出版，理检嘱我写序。我却之不恭，恭敬不如从命，遂有本序。

我是在 1984 年前后在法庭上认识理检的，当时她参加检察工作时间不久，也许是刚刚开始作为助检员独立办案。我则在读硕士研究生，作为兼职律师偶尔出庭办案。记得那次她担任公诉人、我担任辩护人的是一起强奸案。被告人拦劫欲强奸一名妇女，因该妇女正在月经期内，强奸未能进行下去。理检指控被告人强奸未遂，我则作强奸中止辩。在庭审中，理检问这个被告人，你当时没有强奸成，为什么还约她再来？被告人回答："我还想强奸。"这一下坐实了强奸未遂，我暗自叫苦，第一次遇上这么一个不配合的被告人。果然，此案被告人被法庭认定为强奸未遂。在法庭上，我第一次领教了理检的伶牙俐齿。那时她年轻靓丽、英姿勃发，在法庭上真正是展示了女检察官的风采。正是这次法庭交锋，她给我留下了深刻的印象。十多年后，我曾经问过她这个案子以及这场法庭辩论，遗憾的是她已经想不起此番与我的对庭。这次我又仔细翻阅了《女检察官手记》，结果也没有这个案例，这下我确信，理检真是把这个案子给忘了。确实，理检十几年的检察官办案生涯，怎么也办了几百件案子，难怪记不起这个案子了，它只不过是理检出庭支持公诉案子中普普通通的一件而已。

从 1997 年 6 月到 1999 年 5 月，我到北京海淀区人民检察院挂职担任副检察长，有幸与理检成为同事，并且是同一个班子里的成员，还共同分

---

① 理灵：《女检察官手记》，作家出版社 2003 年版。
② 理灵的真名是李玲，理灵系笔名。李玲曾经担任北京市海淀区人民检察院副检察长。

管起诉业务。这段共事的时光,使我能够近距离观察她,感觉到她是一个十分好学的人,虽然经过十几年的工作磨炼,思想与业务更加成熟了,但工作热情还是那么高涨、那么投入,使我也颇受感染。对于理检的写作,我也是有一些耳闻的,说她是检察院的"一支笔"。当然,这里的"一支笔"指的是调研报告、工作总结之类的写作,每个单位都需要这么"一支笔"。不过,我到检察院时,理检已经当领导了,一般材料手下的人就可以写,只有在关键时刻才亲自动笔。因此,对于她的文采我了解不多。令我没有想到的是,理检不知从何时起迷恋起网络写作,一篇篇手记随写随发,吸引了一些热心的网上读者。

对于《女检察官手记》这类作品,如何予以定位,还是一个颇伤脑筋的问题,我姑且称之为网络纪实法制文学。由此可见,它有以下四个特征:

一是网络性。网络化生活,是时下流行的一种生活方式,由此带来网络写作、网络阅读,可以说是一场深刻的革命。理检的手记,是在网络上首发的,更为重要的是,在网上发表以后,引来无数网上读者的讨论,这些讨论作为手记的重要组成部分,一并出版。这种作者与读者之间的互动性,是传统写作所不具备的。手记的正文当然是值得一读的,但有时更吸引我的是那么多网民的讨论。这些讨论有赞美的、有批评的、有感叹的、有鼓励的,如此等等,不一而足。在这种网络空间里写作的作者,真是一种幸运。尤其是网友黑人阿明给本书写的跋,有对于本书作者的深刻的理解,还有就是网络文学所特有的那种洒脱的文字。这样一本网络文学作品,让我这个十足的网盲作序,实在是最不应该的。尽管我还是无意成为一个网民,但还是使我对网络有了更进一步的感悟。

二是纪实性。手记写的是案件,这些案件都是真实发生的,因此没有侦探小说中那种曲折离奇的案情,它也不是靠这种案情来吸引读者的,而是要通过这些案件来说法与说理。这些案件都是从理检在二十多年检察生涯中所办的数百件案子中筛选出来的,必定是印象深刻、令人难忘的。在 2002 年 7 月 27 日的评论中,作者自述:"我只是基层院的一个普通女检察官。从检二十多年来,经我办理、审查、采访过的案件,不下 500 件。但是,真正在我的记忆里沉淀下来,甚至常常会让我的思绪无法平静的,也就是手记里记录的这二十几宗案件了。"正是这些鲜活的、蕴含着当事人的喜怒哀乐的真实案情,构成了手记写作成功的基础。能够把过去了这么多年的案件描述得如此真切,这不能不归功于理检的有心。办案的人很多,律师、检察官、法官,一生都会经历很多案件,但真正能把其中有教益的案件写出来的,则少之又少,而理检就是这种不多的人当中的一个,这点是让人敬佩的。

三是法制性。手记并非一般的纪实文学,而是纪实的法制文学,其内容具有涉法性。这当然是由作者的身份与经历所决定的,因为案件是她的唯一的生活资源。作者并不是为了描述案情而写作,而是通过案情揭示生活中丑恶的与美好的东西,更重要的是使读者增强对法治的理解。应该说,这一写作初衷是得到了读者善意的回应的。例如网友无泛无堙在2001年12月17日的评论中写道:"我是学艺术的,看了以后感觉真像侦探破案的小说,也很佩服你把你的职业与文学结合得这么好,我喜欢看这样的手记,除了满足自己的猎奇爱好之外(见笑了,是不是很庸俗),还能体会到文中所反映的中国现行法律在现实生活里给我们的启示。"这一评论十分真实地反映了读者的感受,这种启示是一种法的启示,也是法治的启蒙。

四是文学性。文学性也许是最不好评价的,见仁见智,各有各自心目中的文学。以往对文学的界定过于狭窄,以为只有小说才是文学,现在对文学的理解宽泛多了,故而有纪实文学这样一类文体。手记也可以归入纪实文学的范畴,因而必然要求作品具有相当的文学性。理检的手记在写作技巧上,是越来越老练了,无论是遣词造句还是结构安排,都自然天成,颇见笔下功夫。当然,从更高的文学境界来看,手记中的某些篇章还是流于浅显的。

《女检察官手记》从网络文学到文本文学,使它有机会与你我一样的更多的网盲读者见面,这是值得庆幸的。当然,我期望理检不要以本书的出版而结束网络文学的写作,并有更多的佳作问世。

此为序。

陈兴良
谨识于北京海淀蓝旗营寓所
2002年9月12日

2. 孙顺林《古新集》①跋

孙顺林的《古新集》即将出版，通过李建平向我求跋。孙顺林将《古新集》的电子版发到我的邮箱，我才知道这是一部诗词集。在目前这样一个喧嚣的功利社会，居然还有人采用诗词这种文体表达思想感情，这是令人意外的。

在我看来，孙顺林的《古新集》与其说是一部诗词集，还不如说是一部以诗词为载体的自传，它描述了作者的坎坷一生。尤其是上篇，七个部分正好是孙顺林人生的七个段落。而我与孙顺林的人生发生交集的是"公安"这一时期，这也是孙顺林少年得志的时期。从诗词中获知，孙顺林是1971年12月21日进入建德县公安局工作的，从而完成了从下乡知青到公安干警的身份转变，此时孙顺林22岁，已经经受了三年半的农村插队生活。建德县（现为市）是杭州的一个远郊县，孙顺林是杭州知青，尽管未能抽调回杭州，但当时能够到公安局工作，还是很不容易的。我是1974年9月下乡的，因为我本身就在建德县的梅城古镇生活，所以就近下乡，离家只有5里地。1976年12月3日我上调到建德县公安局工作，此时我19岁。及至1978年2月底考入北京大学法律学系赴京读书，在这大约一年多的时间里，我和孙顺林同在建德县公安局工作。当时，孙顺林已经在公安局工作了5个年头，并成为中层干部。也就是在1977年8月，孙顺林在28岁的时候被提拔为公安局副局长，成为我的顶头上司。当时的孙顺林可以说是风华正茂、仕途通达。

我在进入公安局工作不久，在1977年元旦前后，我和同时参加工作的邵胜（现任杭州市民政局局长）曾经跟随孙顺林冒雪到山乡一行，给我留下了深刻的印象。当时是为了准备治安先进材料，我们于元旦当天先到建德乾潭公社仇村大队，3日从乾潭赶到梅城，然后乘船到三都公社，4日到洪岭公社，5日到姚村公社，一直到7日回梅城。这次出差之所以印

---

① 孙顺林：《古新集》，香港出版社2011年版。

象深刻,主要是因为那年的雪下得实在太大,加上我们去的是崇山峻岭,第一次雪地长途跋涉。这是我与孙顺林在公安局工作期间较长时间的工作接触,感受到了孙顺林的工作能力与个人魅力。此后,我在公安局的秘书股工作了一段时间。当时孙顺林正好分管秘书股,我因写工作简报而经常与孙顺林打交道。这段工作经历,对于初出茅庐的我来说,是一种锻炼,也是一种考验。在此期间,我从孙顺林那里学到了许多书本上学不到的东西。由于当时我对文学十分感兴趣,一直尝试着写一些文学作品,此后又因为高考复习,因而在公安局工作的短短一年多时间里,我与孙顺林的接触是十分有限的。但孙顺林是我在建德县公安局工作期间留下最深印象的人之一。尤其是孙顺林的聪明、灵光,即使以我阅人无数的经历,也是十分罕见的。例如,在我1977年高考时,先要参加杭州市的初试,数学是我的弱科,结果有一道大题没有做出来。回到办公室,我还在琢磨这道题怎么做,结果被孙顺林看到了,他三下五去二就做出来了,令我惊叹万分。尽管我以浙江省的文科高分考上了北京大学法律学系,但还是对于孙顺林没有参加当年的高考而感到惋惜。当然,后来孙顺林在职上了浙江大学,但与国民教育还是有所不同的。

1978年2月26日,我赴京求学,离开了建德县公安局。在北大学习期间,我也回过公安局看望老同志,但一直没有再见过孙顺林。后来,从报纸上看到孙顺林出任团省委副书记的消息,又听说他刚30岁出头就被派到绍兴市上虞县任县委书记,任期届满回省里担任副厅级干部,其仕途一路畅通。再后来获知孙顺林出事了,也就是孙顺林在诗词集中所记载的"蒙难"。因为专业上的原因,我从有关内部资料上对孙顺林的案情略有所知。对于我离开建德县公安局以后孙顺林的人生轨迹,我过去也只是略知一二,这次通过阅读《古新集》,才把孙顺林的一生经历串成一条线,得以有较为全面的了解。

大约10年前,通过与我一起进建德县公安局工作的李建平(我的高中同学,时任杭州市桐庐县公安局局长、现任杭州市公安局下沙经济开发区分局局长)的牵线,在杭州与孙顺林及其夫人张玉琴(我在建德县公安局秘书股工作时的同事)一起吃过一顿饭。这是我离开建德县公安局以后第一次见到孙顺林。尽管相别近20年,其间孙顺林历经坎坷,但我觉得当时孙顺林的精神状态还是很好的,依然健谈,而且风趣。

孙顺林的一生,前30年可谓一帆风顺,才尽其用,然后遇到重大挫折,人生轨迹整个地改变了。尽管后30年无官一身轻,孙顺林自强不息,可以说也实现了自己的人生价值。但我还是要为之扼腕叹息,不仅为孙顺林,也为这个国家、这个社会。以孙顺林的聪明才智,本来是可以为国家、为社会作出更大贡献的。但这一切都因为"蒙难"而成为不可能,真可谓壮志未酬,也平添了我对命运不济的感慨。在《蒙难周年·1990.10.27》一诗中,孙顺林有这样自况及自辩的两句诗:"垢水倾盆身皎洁,诬言指控气闲悠。"当然,我无力为之辩诬。然而,牢狱之灾对于孙顺林来说是猝不及防的。我很难想象孙顺林极其自信、自傲的个性,是如何挺过来的。人其实有多种活法,成功的标志也并不见得就一定是官场得意、权力在握,只要气定神闲、无愧我心,就不能说是失败的人生。

我在建德县公安局工作时就喜好文学,但从来不知道孙顺林竟然具有如此诗兴与诗才。因此,当我读到孙顺林的《古新集》时,还是感到十分错愕与意外。因为每首诗词都有日期,我很难想象这些诗词是此后补写的。如果说是按照落款的日期在长达四十多年的时间里逐渐积累而成的,则更令人赞叹。我对诗词是十足的外行,也没有能力对孙顺林的诗词从艺术上作出评价。但我以为,诗词,我这里指的是旧体诗词,作为一种文体,是与古代农村社会的生活氛围与情调相适应的,所谓诗情画意,只是古时有之。因此,旧体诗词就像古代农村社会的纪录片:景物、情绪——跃然纸上。例如宋代词人柳永的《雨霖铃》中描写离别情的佳句:"念去去、千里烟波,暮霭沉沉楚天阔。多情自古伤离别、更哪堪、冷落清秋节,今宵酒醒何处?杨柳岸、晓风残月。"此景此情,只有在乘坐舟楫,山高水长、旅途遥远、人迹罕至的情境中,才能油然而生。而在我们这个火车夕发朝至、日行千里的现代社会,这种离别情大概是不可能有的。而现代人之所以还愿意借助诗词来写景抒情,可能是因为诗词本身的含蓄婉转,有时能够表达一些采用其他文体所不能表达的情绪。诗词具有描景和抒情的功能,而这两者又是紧密地结合在一起的:情由景生,情景交融。在孙顺林的诗词中,也有描景与抒情这两方面的内容。我对描景部分更感兴趣,而抒情部分则略感空泛。例如,孙顺林写于1976年4月5日的《登梅城乌龙山》一诗:"清明放眼上乌龙,一掌山川落目中。浊水漫漫溪还碧,雾雨濛濛野正浓。阵阵雷雨飘北海,微微紫气透故宫。前程每步从头越,昂首依然是向东。"这首诗是写梅城乌龙山的。我在梅城生活过多年,小时候也经常去爬乌龙山。站在乌龙山的雷公岩眼望新安江、富春江和兰溪江的三江交汇处,眼界为之开阔。因此,孙顺林本诗的前四句描写景物还是十分到位的。后四句抒情言志,从乌龙山而联想到北京的北海与故宫,并作政治上的表态。因为1976年4月5日北京正在发生反对"四人帮"、纪念周总理的"天安门事件",这是一个敏感的日子。如果这首诗是后补的,则还能理解。如果是当日写的,后四句就有些唐突。当然,孙顺林的诗词只不过是为自己的人生留下一些印记,从孙顺林的诗词中,读懂作者的喜怒哀乐,则足矣。

转眼之间,孙顺林已经年届六十,渐入老境。而我也已经年过半百,真是流光如逝水。但在我的心目中,孙顺林的形象还是定格在二十多岁:那时的华彩、那时的意气。那是一个"少年不知愁滋味"的岁数,因而往往是"为赋新诗强说愁"。而如今,在经历了一番风雨,我们都已经到了"欲说还休、欲说还休,却道天凉好个秋"的人生境况。此时拜读孙顺林的《古新集》,如同阅读其不同凡响的人生,有喜剧也有悲剧,有通途也有逆境,大开大合,跌宕起伏,一幕幕地展现在我们面前,令人动容、也令人唏嘘。这就是人生,这就是生活,这也是这些诗词的真谛。

是为跋。

陈兴良
谨识于北京海淀锦秋知春寓所
2010年8月4日

3. 王志建《古城月色》①序

王志建律师是我的北大师兄,也是杭州老乡。这几年因为某些案件多有接触,获知王志建正在写一本回忆录。对于王志建在繁忙的工作之余,还有雅兴撰写回忆录,我是充满了敬佩的。几年下来,积少成多,王志建的回忆录得以成书。在出版之际,王志建邀我为其大作写序。盛情难却,我欣然允诺。

此前只知道王志建在写回忆录,看了书稿才知道,王志建写的并不完全是回忆性质的文字,而是将对人物的回忆与对景色的描述以及情感的抒发紧密地结合起来,由此而将我们带入王志建所经历的那段历史情境之中。

促使王志建写作这本书的初衷应该说是对过往的人事际遇的回忆,因为王志建的这个年龄段的人,也到了回忆的时节。太多的人、太多的事,留在一个人的大脑里,挥之不去。写下来,也许是一种消解的方法。人生是一种经历,年轻人是面对未来的,他们更多的是憧憬。因为经历浅薄,他们没有回忆的资本。而对于老年人来说,经历本身是一笔精神财富,因此当他回首往事的时候,历历在目的人与事就成为一种源源不断的写作素材。当一个人开始回忆的时候,说明这个人老了。这是极有道理的一句名言。但是,老之将至与老之已至,都是不可抗拒的自然规律。通过回忆的方法,将自己一生中有价值的人与事付诸文字,这也正是老有所为的表现。王志建和我基本上是同一代人,我们在1978年至1979年在北京大学法律学系学习期间,有过一年半的交集。王志建是1976级的选调学员,而我们是1977级的通过考试入学的学生。这是我国高校招生制度的一个重大转型时期,尽管王志建他们没有通过现在所说的高考,而是通过其他选拔方式进入大学的,但他们仍然是当时中国青年中的佼佼者。在王志建的年级中,后来也涌现出不少优秀人才,例如现任山西省省委书

---

① 王志建:《古城月色》,西泠印社出版社2014年版。

记袁纯清、最高人民法院副院长南英等。由于年龄相近,又同住一个宿舍楼,在学校时我们就有接触。从北京大学毕业以后,王志建回到家乡杭州工作,除了在警校的一段教师生涯以外,主要是从事律师业务,可以说是改革开放以后我国律师从业最早的一批人。与此相关,在王志建的回忆性文字中,较多地涉及警校时的学生,以及杭州律师事业的拓荒者。这些文字不仅可读,而且感人,使我们对于当时的一些律师发展历史有了更为确切的了解,也对王志建在警校任教期间与学生的关系有了更为感性的认识。总之,对于旧时同事、学生的回忆在本书中占有较大比例。这种回忆不仅是感人的,而且是温馨的。回忆总是这样,经过的一切,无论当时是什么感受,一旦进入记忆,就会抹上一丝温情。

在本书中,王志建不仅写人,还有大量的篇幅是在写景,并且人与景两者融合与交汇在一起,具有较强的感染力。杭州历来被人称为人间天堂,江南的美景对于文人骚客都具有极大的吸引力。对于身居外地的游客来说,与江南风景的偶然相遇,会有怦然心动的感受。王志建长期生活在杭州,与江南风景朝夕相处,但却没有消磨掉对江南美景的那份纯真的喜欢。从王志建对江南的春风秋雨、花卉虫鸟的细致描绘中,我们可以发现王志建对于构成江南美景的各种自然元素的敏锐审美力,这是令我羡慕的。故乡的风景对于长期客居北京的我来说,只隐现在回忆中,只有在偶尔回家省亲时,才得以与故乡的美景亲近。阅读王志建的这本书,使家乡的美景在我脑海中呈现,使乡愁得以消解。因此,王志建的这本书对于我们这些远离家乡的游子来说,都具有医治乡愁的疗效。

王志建将这本书取名为《月下古城》,这也是书中的一节。月下古城是一个具有多重寓意的书名。月色朦胧,使一切都带有一种神秘的色彩。人的记忆也都如黄昏时节的景象,披上了一层月色。而古城则是一个城堡的意象,与外界隔绝,具有深厚的历史沉淀。人的记忆只不过是从这个古城中飘出的几片月色下的浮云。王志建的书为这个古城打开了一扇门户,对于这个古城中的一切我们充满好奇,但终不得入内。

是为序。

陈兴良
谨识于北京海淀锦秋知春寓所
2013 年 8 月 31 日

4. 陈东升《浙江法治十年观察》[①]序

陈东升同志的《浙江法治十年观察》即将出版,嘱托我给该书写序。陈东升同志是《法制日报》驻浙江记者站站长,从事法治新闻报道已经二十多年,可以说是我国法治发展的一个见证人。尤其是陈东升同志以浙江人的身份长期在浙江从事法治新闻报道,以其地域性的法治报道而使我们得以窥见全国性法治发展的轨迹与趋势,这是一个法治新闻人所能达到的——不说最高,也是较高——境界,可谓难能可贵,令我辈敬佩。

浙江是我的家乡,对于浙江的经济、政治、文化的发展,我是理所当然地关心的。至于法治,以我从事法学研究与教育的身份,更是关注重点之所在。长期以来,我与浙江的司法机关都有较为密切的联系,包括我的一些学生也在浙江司法机关任职。浙江的经济发展状况以及成果,是举国瞩目,甚至举世闻名的。改革开放以来,浙江以市场经济为导向,民营经济蓬勃发展,浙商的影响遍及全国,对我国经济发展作出了重要的贡献。浙江经济的发展也带动了法治的进步,因为市场经济是法治经济。市场经济与法治之间存在相关性:市场经济是法治的基础,同时法治又为市场经济保驾护航。可以说,市场经济与法治缺一不可。

对于浙江在市场经济的推动下所带来的法治发展,是不能否认的。然而,浙江的法治现状与市场经济的需求又是不相称的,甚至可以说是落后于市场经济的前进步伐的。虽然我不赞同那种认为浙江是"经济发达,法治落后"的消极评价,但相对于经济领域的创新,法治领域则相对保守,这也是不可否认的。以我从事刑事法研究的角度观察,近些年来浙江曝光的数起冤案,就不是偶然的,而是刑事司法体制经年累积的各种弊病的一次总爆发。陈东升同志对发生在浙江的数起冤案进行了充分的报道,披露了冤案背后的某些信息,对于我们深刻了解冤案发生的根源是具有重要价值的。2013年4月在浙江萧山陈建阳等五青年抢劫杀人的冤案

[①] 陈东升:《浙江法治十年观察》,法律出版社2015年版。

在媒体披露之际，我曾经应邀到杭州参加了对该起冤案的研讨会，见到了该案的一审与二审的判决书。令人难以想象的是，涉及三人判处死刑的重大案件，一审判决书总共只有九页，证据列举也只有两页。二审判决虽然将三个被告人的死刑改判为死缓，但没有给出任何理由，只有一句"根据本案具体情况"的套话。而这里所谓本案具体情况，正是应该对本案判决无罪的根据。这样的判决书，不客气地说，是草菅人命的判决书。另一起冤案，即张氏叔侄强奸杀人案，公安机关的过错当然是很明显的，无论是刑讯逼供还是证据审查不严，都是十分明显的。那么，它又是怎么通过检察院和法院的重重关口的呢？陈东升同志在《请记住这些有良知的法律人——浙江主动纠正两起重大冤错案旧事新闻》一文作了以下披露：

> 时任杭州市人民检察院批捕处副处长的夏涛在认真审查了公安机关移送的案件卷宗材料后，发现诸多疑问。依照法律规定，他和检察员林航到看守所讯问了两名犯罪嫌疑人。虽然张氏叔侄都承认案子是他们干的，并无受过刑讯逼供，夏涛、林航仍然感到人命关天，客观性证据不足，仅凭犯罪嫌疑人一纸口供难以定案，提出了"不批准逮捕"的意见，但最终，市检察院还是作出了批捕决定。冯菁是张辉、张高平强奸案的审判长。接案后，她和同事到看守所找证人袁连芳谈话核实，找管教了解情况，找侦查人员询问是否依法办案，进行了大量庭外调查。合议庭评议时，冯菁认为该案存在诸多疑点，证据不足，疑罪从无，应宣判张氏叔侄无罪释放。她的意见未被采纳，杭州市中级人民法院审委会集体讨论后决定，判处张辉死刑，判处张高平无期。此后不久，冯菁赴加拿大留学深造。获悉张氏叔侄被宣告无罪，这位远在大洋彼岸的前主审法官说："这体现了国内法治的进步。作为法律人，我为当年的独立判断而欣慰，为无力改变裁判而歉疚。"

这里显示出案件承办人与案件最终结果之间的巨大差别：如果按照案件承办人的意见，这起冤案完全可以避免，但经过集体讨论决定，最终铸成冤案。这段旧事新闻再次印证了我的一个判断：我国近期曝光的几乎每一起冤案都不是办案人个人原因造成的，而是体制性的原因所导致的。因为我们深入了解一下就可以发现，几乎每一起冤案的合议庭意见都是无罪。我把这个意义上的冤案称为体制性冤案,而不是个别性冤案。体制性冤案防范的唯一出路是司法体制的改革,我国目前正在筹划的司法体制改革回应了这一点,这是令人期待的。正如浙江的法治进步是全国法治发展的一个缩影,浙江出现的冤案也是全国司法体制积弊之全豹的一斑而已。陈东升同志对此的深入报道,对于从体制上建立起防范冤案的铜墙铁壁,具有震耳欲聋的启示。当然,我对陈东升同志前引报道的标题略有异议:"主动纠正"的"主动"两字并不妥切。我们可以想见,如果没有蒙冤人及其家属长期以来的不懈申冤,如果没有像张彪检察官这样的体制内人士的大力声张,如果没有司法理念的逐渐改变,这些冤案的翻案就是不可能的。其实,没有得到平反的类似冤案如同石沉大海,而因偶发因素而得以平反的冤案只不过是冰山一角。像张氏叔侄冤案,蒙冤人身在监狱都已经通过电视报道发现了真凶,但是我们的司法机关却没有看到。因此我可以说,凡是造成冤案的体制性成因,同时也是平反冤案的体制性障碍。值得期待的是,造成冤案的体制性成因与平反冤案的体制性障碍都面临着破解。

除了书名中"浙江法治"这四个字以外,"十年观察"四个字也是吸引我的关注之所在。任何国家的法治都不是一蹴而就的,而是有一个发展过程。从总体上来说,我国的法治是向前发展的。尤其是1999年"依法治国,建设社会主义法治国家"的基本方略入宪以后,我国的法治发展进入了快车道。然而,我国法治的发展也并不是一帆风顺的,前进的道路是曲折的,甚至走三步退两步的现象也时有发生。因此,对于法治的忧虑并没有消失,至少我个人是如此。

当然,陈东升同志本书所观察的对象是浙江,浙江当然不同于重庆;2014年也已经不是2011年。不可否认,正如各地经济发展不平衡,各地的法治发展也是不平衡的。陈东升同志以一名新闻记者的身份,根据其对浙江法治过去十年的观察,以其敏锐的触角,描绘了浙江法治发展的一幅真实图景。全书的内容可谓丰富:"法治视野"所展现的浙江法治发展的全局性,"高端访谈"所展示的各级领导对浙江法治建设的重视性,"政经观察"所呈现的浙江法治嬗变的真实性,"法案聚焦"所披露的各色案件信息的内幕性,"独立调查"所得出结论的中立性,都给我留下深刻的印象,具有共同的可读性,使人产生一读为快的阅读快感。在此,我对陈东升同志以一名法治记者的努力要深表敬意。据我观察,我国法治新闻如同法治一样,也处在一个发展过程之中。对于各种案件的报道,还在很大程度上受制于司法机关,成为司法机关通稿的转达者,而没有独立的报道与深度的观察。在这样一种法治环境与媒体环境下,陈东升同志所具有的中立性与独立性的专业精神,更值得嘉许。

在本书中,陈东升同志的某些报道都属于独家新闻。给我印象深刻的是,陈东升同志首先披露了废除劳动教养制度的消息。根据财新网记者陈宝成"全国政法工作会议召开,劳教制度年内停用"一文的报道:

> 在2013年1月7日召开的全国政法工作会议上传出消息:中央政法委书记孟建柱宣布,中央已研究,报请全国人大常委会批准后,今年停止使用劳教制度。孟建柱还表示,在全国人大常委会批准之前,严格控制使用劳教手段;对缠访、闹访等三类对象,不采取劳教措施;中央政法委已制定征求意见稿,建议将涉法涉诉信访从普通信访中分离出来,纳入法治轨道,以改变信访不信法、信上不信下现象,树立法治权威。7日中午,微博认证为"法制日报浙江记者站站长"的"法制洋葱头"陈东升率先披露了上述消息;随后,参加全国政法工作会议的一位官员向财新记者证实了上述消息,并强调是"停止使用",而非"废除"。

由此可见,陈东升同志抢新闻的意识是较强的,而这一点与当下的所谓报道纪律之间存在一定的紧张关系。可以想见,陈东升同志在这两者之间尺度的拿捏是如何的困难。我国新闻从业人员数以十万人计,即使是从事法治报道的记者也数以万人之多,尽管这个数字也许是不准确的,但还是反映了要想在如此众多的新闻从业人员中脱颖而出是何等的不易。记者的文字具有时效性,这里所谓的时效性,直白地说,就是速朽性。因此,新闻记者的文字结集出版是较为少见的。陈东升同志做到了这一点,尽管并不能证明结集出版的文字就一定永朽。

以上文字,其实是借题发挥,权且为序。

陈兴良
谨识于昆明滨江俊园寓所
2014年7月18日

5. 鲁佳《美国法学院也有诗与远方》[①]序

每个年轻人都有一个留学梦,可惜我就未能圆这个梦。因此,对于具有留学经历的人总是好生羡慕。好在到了儿子这一辈,留学已经不再是美梦难圆,而成为一个外语成绩和经济能力的问题。几天前,从美国留学获得JD(法律博士)学位归国从事律师业务的儿子陈博,把他在美国印第安纳大学布鲁明顿法学院攻读LLM(法律硕士)时的同学鲁佳描写留学生活的作品——《美国法学院也有诗与远方》一书的电子版发给我,鲁佳邀请我为这部即将出版的作品写序。照理来说,我并不是写序的最佳人选,因为对留学生活我并不熟悉。转念又想,像我这种没有留学经历的人不正是本书的潜在读者吗?而且,本书还与我儿子陈博在美国的留学生活有着千丝万缕的联系。从这个意义上说,我也许最适合为本书写序。

《美国法学院也有诗与远方》这个书名取得就有点意思。"诗与远方"现在已经成为一个流行用语,表示某种令人向往的美好事物。而书名中的这个"也"字,可谓点睛之笔。在美国法学院读书是一件非常艰苦的事情,即使是美国学生也视若畏途。对于外国留学生来说,更是难上加难。而鲁佳却从美国法学院的留学生活中看到了诗与远方,这就使我感到好奇,由此而有一种阅读的冲动。在本书的自序中,鲁佳说这本书是"现场直播了我的留美体验",这是十分形象的。正是这种现场感,使读者随着作者的笔触走进美国法学院,感受在美国法学院的留学生活。

美国印第安纳大学布鲁明顿法学院在美国法学院的排名虽然不是名列前茅,但法学院的所在地布鲁明顿——Bloomington,也可以译为"开花城",却是一个十分有名的地方:鲜花盛放,阳光明媚。记得台湾地区的廖元豪写过一本《美国法学院的1001天》,也正好写的是布鲁明顿法学院。廖元豪是2003年获得JD学位以后离开布鲁明顿回到台湾地区的,而鲁佳是在2008年到布鲁明顿开始法学院的求学生涯的,前后相差五年。廖

[①] 鲁佳:《美国法学院也有诗与远方》,中国法制出版社2017年版。

元豪的《美国法学院的 1001 天》这本书在华人世界传播了布鲁明顿的名声,也为布鲁明顿法学院做了一个意想不到的广告。现在,鲁佳写的《美国法学院也有诗与远方》一书即将出版,与台湾地区廖元豪的《美国法学院的 1001 天》相映成趣,为中国读者提供了观察美国法学院,具体而言是布鲁明顿法学院的不同视角。如果两书对照着看,也许更有意思。

鲁佳在本书中主要是对在美国法学院的学习生活和日常生活进行了生动而有趣的描述,使读者感受到在异国他乡的有滋有味、原汁原味的留学生活。

就法学院的学习生活而言,因为中国和美国的法学教育体制不同,因此在法学院的教学安排上是存在较大区别的。中国的大学法学院目前实行的是双轨制,本科、法学硕士和法学博士这个体系是承继了欧洲大学法学院的传统,以素质教育和专业教育两者的结合为特点。而十几年前开始招收的本科非法律的法律硕士,则类似于美国的 JD,具有一定的法律职业教育的特点。美国法学院具有极为明显的法律职业教育的性质,以培养律师为职责,招收的是已经获得本科学位的学生。这些年赴美留学的中国学生基本上都是法学院本科毕业生,去美国读 LLM 的居多。而 LLM 是美国法学院专门为国际学生设立的一年制为主的专业硕士项目,与为美国学生设立的 JD 还是存在较大区别的。对于 LLM 项目的学生来说,主要是以较短的时间接触、感悟和体味美国法学院的法律专业训练,还不能算是十分完整的法律专业学习。因此,如果要进一步接受美国法学院的专业训练,还是有必要再读 JD。当然,如果要从事法学研究和教学工作,则还要读 SJD。尽管如此,鲁佳所描述的美国法学院 LLM 的学习生活,还是能为我们打开一扇窗户,由此而得以窥见美国法学院的学习生活。大学的学习生活,离不开选课、听课、老师、同学和考试这样一些基本元素。鲁佳在本书中也是通过这些细节,为读者展现了盎然有趣的美国法学院的学习生活。一般认为,中国法学院的学习生活是较为松弛的;而美国法学院的学习生活则是较为紧张的。之所以存在这种差别,主要原因在于两国的教学方法的不同。中国法学院的教学还是以老师的课堂讲授为主,学生消极接受知识。因此,对于学习特别感兴趣的学生会在课后主动寻找资料,阅读各种参考书籍。而对那些不求上进的同学来说,则止步于课堂听课,学习效果就不会好。而美国法学院则与之不同,以案例教学为主，引导同学进行讨论。如同鲁佳所说："美国的法学院都采用的是苏格拉底式教学方式，老师会在课堂上不停地启发与提问，引导学生说出自己的观点。"因此，每节课在课前都必须阅读老师指定的各种参考书籍和案例。否则，根本就没有办法听课。为此，听课的学生在课堂上就必须全神贯注，不能有丝毫分心。正如鲁佳所言，这是一个"让人精神高度紧张的法学院课堂"。美国法学院这种讨论式的教学方法，确实是值得中国法学院借鉴的。鲁佳在本书中对于美国法学院的教学过程也多有描述，给我留下较为深刻印象的，是版权法和刑法这两门课。版权法在中国法学院并不是本科生的一门独立课程，而是作为知识产权法的一部分进行教学的。当然，对于知识产权专业的硕士生来说，会专门设立版权法的课程。鲁佳之所以特别描述了版权法这门课，也主要是因为与他在出国之前就职于央视版权管理处的经历有关。为此，鲁佳不仅自己选修了版权法，而且鼓动其他中国学生选修版权法。以至于老师初现课堂，觉得怎么会有这么多国际学生。可以想见，布鲁明顿法学院并没有专门为国际学生开设这门课程，而是选修为美国 JD 开设的课程。鲁佳在书中有一段对选修版权法的心理自白："这门课我是要下功夫学的，而且由于有一种特殊的使命感和高要求，我是带着感情在学，心会跟爱一起走，说好不分手。我还想过，如果一切顺利，我是否要在学好这门课后，再继续读一个 SJD（法律科学博士，属研究型博士），深入研究美国的版权法呢？这样在回国以后，我或许可以成为一名版权法专家，可以实现我的梦想，去大学任教，当老师，做学者。中国在美国拿下美国版权法博士学位的法律学人，应该不会太多。"可惜，鲁佳回国以后还是回到了央视版权管理处重操旧业，而没有如同当初所遐想的那样，成为一位研究版权法的学者。我个人有一个观察，学习法律专业的人，大凡去美国法学院留学回国的，从事学术研究的人极为罕见，其比例应该大大小于从欧洲或者日本法学院留学回国的人。我想，这也许与美国法学院的教育体制有关。因为美国法学院是注重法律职业训练，更适合于从事法律职业，而磨灭了对形而上的法学学术兴趣。在本书中，鲁佳还描述选修刑法课程的经历，这就是关于死刑存废的 Seminar——研讨课。死刑存废这是刑法中的一个问题，在中国法学院也就是一个专题，在课堂上的讲授时间不会超过两个课时。如果学生有兴趣，可以自己进行课外阅读。而根据鲁佳的描述："Madeira 带领我们一起研究的'死刑的存废',就是一个非常专业也非常小众的话题,死刑的存废问题在刑法里面也只是一个非常微小的点。但就是这个点,我们就要研讨一个学期。"因此,这门课程只有10个学生选修。由此可见,美国法学院在教学上的精细,能够满足学生对各种法律问题的学习兴趣。很多年前,我曾经接触过一位早年从美国一所著名法学院毕业的中国学生,他对我说过一句令人印象深刻的话:"在美国法学院学习,不在于给我传授了多少法律知识,而在于教会了我法律思维方法,而这才是受益终生的。"此言甚是。韩愈《师说》中说:"师者,所以传道授业解惑也。"就教师的传道、授业、解惑这三项职责而言,传道是位居其首的,它的重要性大于授业和解惑。而这里的传道,其实就是传授某种思维方法。

就法学院的日常生活而言,中国法学院和美国法学院也是存在巨大区别的。中国的大学会为各个层次(本、硕、博)的学生提供日常生活条件,包括食宿。学生宿舍和食堂的条件都是一流的,可以完全解决学生在生活上的后顾之忧,这也是中国大学的优越性之所在。在美国大学求学的学生就没有这么幸运了,食宿都靠自己解决,与大学无涉:大学只是提供教学而并不提供日常生活条件。以食堂为例,在书中,鲁佳写到:"这里的所谓大学食堂跟我们中国大学的食堂是两个概念。中国的大学食堂就是学生就餐的主要场所,而IUB的大学食堂对于留学生来说,只是提供一种就餐选择地点而已。"此食堂非彼食堂也。在这种情况下,对于赴美求学的中国学生来说,不仅面对中美法学院不同教学体制的冲击,而且还面临日常生活的考验。鲁佳在本书中,对留学生的衣食住行等生活细节都作了描述。其中,中外差别最大的也许是"吃"这一项。在美国留学,虽然也可以吃些美国食物,但还是中国食物更适合中国胃。要解决吃中国食物的难题,途径有二:一是去中国餐馆,二是自己动手。对此,鲁佳都有描述。美国的中国餐馆还是比较多的,但大多是经过改良的。因此,在我去美国访问的时候,有人告诫:不要去给美国人提供食物的中国餐馆,而要去专门招待中国人的中国餐馆。此言不假,我曾经被招待我们的美国人带到一家中餐馆,而且是快餐。这就是以美国顾客为主的中餐馆,菜饭那个难吃,令人以为这是一家假的中餐馆。当然,在美国也能吃到口味纯正的中餐馆。布鲁明顿是个小地方,不可能中餐馆林立,但还是少不了有一家中餐馆。根据鲁佳的描述,这家中餐馆还是很有特色的,不过口味正宗是最要紧的。浙大光华法学院的胡铭教授在布鲁明顿法学院访学期间,据他后来跟我说,请我儿子陈博吃过一顿饭。读了鲁佳的书,我想,这顿饭一定是在这家中餐馆吃的。对于留学生来说,当然不可能每天都上馆子,还是要自己动手做饭。为此,在出国之前,还需要备些食材,以应不时之需。鲁佳在书中描述了从不会做饭到会做饭的过程,简直就是无师自通,这当然是从小生长在以川菜见长的重庆家庭耳濡目染的结果。因此,出国留学不仅长知识,而且长技能,包括做饭技能和其他社会技能。鲁佳在本书中,以浓重的笔墨描绘了留学生做饭的闲情逸致,读来令人垂涎三尺。其中,有段描写是关于火锅底料的:"住我对面的室友小博是北京人,按理说他应该是喜欢吃小肥羊那一挂,但天知道他怎么会鬼使神差地带了几袋重庆火锅底料来到美国。当我偶然在他们的冰箱中发现这袋红色牛油火锅底料的时候,简直是两眼放光,如获至宝,就如同饥饿的人扑在面包上一样,不,就如同对文学饥渴的人扑在古典文学名著《金瓶梅》上一样……经过我的专业鉴定,他带的这个火锅底料还真的是如假包换、货真价实的重庆火锅底料。红色的火锅底料包装袋上还印着'重庆大学火锅研究中心监制'的字样,虽然我对重庆大学是否真的存在这么一个研究中心颇有怀疑。"我清楚地记得,这些火锅底料是我带陈博去离家不远的沃尔玛超市购买的,这些火锅底料居然出现在鲁佳的书中,还真是具有带入感。

《美国法学院也有诗与远方》对于没有留过学的人,是一个了解留学生活的窗口。而对于即将出国留学的人,则是一本预知留学生活的教科书,都值得一读。本书作者鲁佳是一位游走于法律和文艺边缘的人。根据鲁佳给我的简历,他 2001 年毕业于四川外国语大学(原四川外语学院)获英语专业文学学士。2003 年毕业于清华大学法学院,获法学学士(第二学位)。毕业后,在中央电视台版权管理处任职。2008 年鲁佳从中央电视台辞职,进入了美国印第安纳大学布鲁明顿分校攻读法学硕士(LLM)。2010 年回国后,鲁佳通过招考重新回到中央电视台版权管理处继续工作。在工作之余,鲁佳于 2015 年 3 月考入北京大学艺术学院,攻读艺术硕士(MFA)学位,即将毕业。从以上鲁佳的求学经历来看,先后读了英文、中美的法律、文艺等多个学科,获得了两个本科学位、两个硕士学位。就读的学校,包括中国两所最为著名的大学:北大和清华,以及美国布鲁明顿法学院。由此可见,鲁佳是一个十分好学的人。虽然在中央电视台已经有了一份稳定且体面的工作,但还是求学不辍,不断提升自己的文化涵养。现在,我国每年到国外留学的人数以千万计,每年归国的人也数以千万计。但这么多留学生中,能够像鲁佳这样以细腻的笔触把留学生活记录下来的人,却是寥寥无几。这是令人感慨的,也是鲁佳本书的珍贵之处。难得鲁佳有此文艺范儿,将美国法学院的留学生活写得如此鲜活和传神。这是一本令人捧上就难以放下的书,也是一本令人遐想和回味的书,一本开卷有益的书。

是为序。

陈兴良
谨识于北京海淀锦秋知春寓所
2017 年 6 月 22 日

6. 李建平《在水一方》摄影集[①]序

李建平是我的高中同学,又曾经是我在浙江省建德县公安局的同事,在他即将从浙江省杭州市下沙公安分局局长的岗位上退休之际,拟出版一部自传体的摄影集,并邀请我为其写序。对于摄影我是外行,以摄影集的形式反映作者的人生经历,这也是十分罕见的一种形式。本来由摄影专家为之作序也许是更为合适的,但鉴于我对李建平的生平经历较为熟悉,从自传的角度来说,我还有一定的发言权。因此,我高兴地接下了写序的任务。

我与李建平的交集主要反映在三个阶段:一是高中同学阶段;二是公安局同事阶段;三是我长期在北京任教偶尔回到家乡的阶段。可以说,从青春昭华到年老退休,我们都是一起走过来的,彼此了解,这是十分难得的。

我们人生交集的起点是梅城,古称严州,这是一个浙西古镇。李建平是随着父母在20世纪60年代初迁居梅城的,因此,几乎是从他记事开始就生活在梅城,从幼儿园一直到高中,都是在梅城度过的。我则晚于李建平到梅城,我是在20世纪60年代末,即1969年迁居梅城的,当时我已经上小学六年级。初中我们不在一个学校,直到高中我们才相聚在历史悠久的严州中学。我们都是在"文革"中度过从小学开始的校园生活的,差不多小学三年级,即1966年,在我们识字还不多的时候,"文革"风暴刮到了偏僻的浙西小城。当我移居梅城的时候,"文革"最疯狂的时期已经过去,学校也开始恢复正常。尤其是1972年我们上高中的时候,一度学校的教学比较正常。而且,我们这个高中班级是择优录取的,学生的学习成绩较为优秀。严州中学在"文革"中曾经改名为东方红中学,我的身为印刷厂工人的母亲还作为工宣队代表进驻东方红中学。在我上高中的时候,已经恢复严州中学的校名。当然,当时除了文化课的学习以外,学工、

[①] 李建平:《在水一方》,2017年印行。

学农和学军，我们都经历过。在高中班级中，李建平属于学习成绩较好的学生。尤其是李建平的性格较为开朗，人际关系较好，具有较强的组织能力。这与他的家庭出身有一定的关系。李建平的父亲是一名参加过新四军的老干部，从宁波随着浙江省冶金工业学校（当地人称为冶校）迁移到梅城。冶校对于当时只有几万人口的梅城来说，是当之无愧的最高学府。因此，李建平颇有干部子弟的风格，做事情雷厉风行，执行力强。在高中阶段，我们正是长身体、长知识的时期，虽然身处"文革"的政治氛围仍然十分浓郁的年代，但还是过得有滋有味，留下一段美好的回忆。我们的高中上了两年半，也就是从1972年2月到1974年7月。现在回想起来，也就是1972年7月到1973年7月这个学年的学习还比较正常，真正学到一些知识。后来才知道，全国各地都一样，这段时间被称为是修正主义教育路线回潮的一个特殊历史时期。随后就被批判，正常教学又停止了。到了1974年年初，开始"批林批孔"运动，我们都被卷入这场政治运动。这是"文革"开始之后，七八年又来一次的政治运动，正好被我们赶上。我不太清楚李建平在这场运动中表现如何，反正我还是十分积极的。"文革"的时候我们年龄还小，正好处于高中阶段，对于政治运动有着一种似乎是天生的向往。当然，这与我们处在狂热的年龄是有关的。运动尚未结束，我们就带着遗憾离开了校园。接下来，就是上山下乡。

  1974年7月高中毕业，当时没有高考，除了极少数同学因为身体原因或者家庭原因以外，下乡成为我们唯一的出路。因为梅城本来就是个小地方，下乡也在近处。李建平到梅城镇的红旗大队（现为西湖村）插队落户，几乎就在家门口。我下乡到梅城近郊的千鹤公社黄栗坪大队，离家也不远。当时离开梅城西门汽车站再走一段路，有个古代留下来的地名曰三里亭，亭早已不在，只留下地名而已。过了三里亭就到了我下乡的生产队。所以，离家也就是三四里地。到了农村，我们属于知识青年，虽然也跟随农民干农活，但主要还是干一些轻活。我担任了生产队的记工员，也就是记出勤，这虽然是一个简单工作，但关系到社员年终分配的切身利益，因此让一个外来的知识青年来干，大家都放心。后来，我还担任了大队的出纳，负责管理财务。我们下乡的时候，知识青年的待遇已经有所改善，国家每月还补助10元作为生活费。后来，又建立了知青点，盖了统一的房子，知识青年居住在一起，并且安排在大队直属的五七队干活，不再分散到各生产队,这对知识青年的日常管理和生活保障都有好处,例如知青点办起了食堂,这样吃饭问题就解决了。除了接受贫下中农的教育,我母亲所在的印刷厂还为本厂职工子弟组建的知青点专门派来一位随队干部,负责对我们这些同厂知识青年的管理。因此,虽然下乡的时候我们只有17岁,但在下乡期间吃的苦并不算多。与那些离家千里到边疆插队的知识青年来说,我们还是十分幸运的。下乡以后,我们高中同学之间的交往还是较为密切的。农闲时间随时可以聚会,因为大家下乡的地方都离得比较近,因此也到过一些同学的知青点。聚会的内容以喝酒聊天为主,因为我们年龄都还小,对于祖国的未来和个人的未来都没有太多的想法。记得因为李建平下乡的地方就在家门口,所以在农村没有独立的住房,干完活晚上回家住。所以,我到过李建平家里一起喝酒,我并没有喝酒的嗜好,只是无聊而已。无论如何,在农村的这段岁月对于初出校门的我们都是很好的锻炼。李建平说,农村的经历让他刻骨铭心,饱尝了蚊叮虫咬、风吹日晒、饥寒交迫、流血流泪的岁月,更领悟了为人处世的道理。似乎李建平在农村过得比我还苦,在我的记忆中,农村干活主要是三夏的双抢(抢收抢种)季节日晒雨淋,要辛苦一些。平日里还没有感受到如何吃苦,这可能与我从事记工分和记账的管理工作有关。毕竟,每个人的境遇是不同的。当然,通过农村加深了我们对社会的认知,这对于此后的人生道路的正确把握还是具有重大意义的。我们下乡的农村,当时都属于江南地区,经济应该还是比较发达的。但在人民公社制度下,以生产队为集体记工计酬,因为吃大锅饭的缘故,生产力十分低下,农民的收入十分可怜,扣去粮食等各种开支,年底所得现金所剩无几。我们知识青年每天工分是7分,女生更少,大概6分,到年底分红也就十几元。如果没有国家每月10元的补助和家庭的贴补,确实难以解决生活来源问题。如果说,农村是一所学校,我们学到的是社会知识,包括对基层农村、农民的朴素认识。从这个意义上说,下乡还是有收获的。只是这种收获的代价太大,在一定程度上蹉跎了我们的青春。当然,我还算好,在下乡期间坚持读书学习,时间没有白白荒废掉。

我和李建平在下乡期间都属于表现突出的知识青年,所以当1976年8月开始知识青年上调工作的时候,正好县公安局买了一艘新安江上的巡逻艇,由此增加4个编制,名为招工实为招干,在表现优秀的知识青年中选拔。就这样,我和李建平一起于1976年12月3日到县公安局报到,成为一名干警。由此,我和李建平由高中同学转变成同事。与我们同时进入公安局的还有邵胜和郑冬云两位,他们是新安江片区的,也是各方面都十分优秀的知识青年。进入公安局以后,先培训了一段时间,然后开始分配工作。我被留在局里的秘书股,从事文字工作,其实干得比较多的还是各类文件的收发。而李建平则到派出所工作,直接到了公安工作的第一线。应该说,局里的文秘工作较为简单,而基层派出所与社会接触更多,对人的素质的要求也高。李建平在基层派出所进步很快,学会了处置社会治安的公安基本工作方法。及至1977年8月我获知将恢复高考,正好机关工作较为规律,我就全力进行高考的复习。而李建平在基层派出所,工作任务繁忙,因此错过了这次高考。我的复习高考引起局长的不满,李建平转告我说,局长在大会上批评我了。当时一心复习,也就顾不了那么多了。1977年年底高考结束以后,局里派我参加县工作队,到农村进行清理整顿。1978年春节以后,我回到工作队不久,收到北京大学的录取通知,结束了在公安局一年零三个月的干警工作,于1978年2月26日前往北大报到。此后,李建平接替我在局里的工作,从派出所抽调上来。现在想来,如果我当年高考没有考上,在公安局会面临很大的压力。好在当时对于高考,我是义无反顾,没有更多去想后路。这也是因为年轻时思想简单,不会患得患失。李建平至今为失去这次高考机会而后悔,如果给予他充分的复习时间,李建平也是能考上的。不过,1983年李建平考入杭州大学法律系进修学习两年,后来又经过自学获得法律本科文凭,补足了学历。这场高考改变了我的人生道路,我走上了学术之路,而李建平则依然在公安局从事基层法律工作。如果没有这场高考,我一直留在公安局工作,就从事公安工作的基本素质而言,李建平比我更强,因此也一定发展得比我好。因此,我还是庆幸高考给我带来机遇,使我能够从事对我来说最为适合的教学科研工作。

自从我上大学以后,我就再也没有离开过高校,因此,工作经历反而简单。而李建平则随着20世纪80年代改革开放的时代步伐,开始了丰富多彩的人生。1985年,李建平28岁的时候就被提拔为建德县公安局副局长,当时正好赶上大力提拔年轻化、专业化干部的热潮。这一年我正好在中国人民大学读博士一年级,而李建平已经走上领导岗位了,这是极不容易的。1990年,李建平调到建德县人民法院任副院长,与我的研究工作有了更为密切的关联,这一年我已经是副教授。当1976年我们进入公安局工作的时候,当时检察院尚未恢复重建,而法院虽然保留着这块牌子,但人手极少。到了1990年法院的工作越来越重要,李建平调任法院副院长,开始熟悉审判工作,感受到法院工作与公安工作的不同。及至1992年,李建平经历了一次工作岗位的重大跨界调整,担任建德市风景旅游管理局局长。建德是一个旅游资源丰富的城市,新安江穿越整个县域,旅游景点散布在新安江两岸。风景旅游管理局的工作当然没有公安局重要,但毕竟是在风景旅游管理局当一把手,在这个工作岗位上,李建平充分展示了其领导能力。那些年我也经常回到家乡,在同学聚会的时候,时常听到李建平讲他治理旅游行业的一些情况,感到李建平确实是干一行爱一行,全身心地投入工作中去,这是一个领导干部应当具备的素质。在风景旅游管理局工作了3年以后,李建平调任邻县——桐庐县任公安局长,又回到了自己熟悉的公安岗位。同时,李建平还担任桐庐县的县委常委、县委政法委书记。十分凑巧的是,2002年5月邵胜也调任桐庐县县委书记,正好是1976年一起从知青上调到建德县公安局的四人之一。这是26年以后,一起从建德县公安局入职的两位老同事的再次聚首。邵胜在我上大学以后,考入杭州大学政治系学习,毕业回到建德县公安局不久,就调到县组织部任职,后来先后担任建德县组织部部长和县委副书记。在1996年李建平调任桐庐县公安局长的时候,邵胜已经担任建德市委常委组织部部长、市委副书记。李建平在桐庐县公安局长的位子上干了7年,这7年对于李建平来说是顺风顺水的一段工作经历。李建平跟我讲述过桐庐县公安局的工作情况,尤其是破获大案要案的精彩时刻,以及治理干部队伍的心得体会。在桐庐县公安局,李建平充分展现了一个领导干部的工作魄力和水平,并且培养、向外输送了一批干部,在不同岗位担任领导干部,这是李建平十分自豪的。

在下沙公安分局整整工作了10年,李建平见证了下沙经济开发区的崛起,成为杭州城市副中心。2012年,李建平主动提出退居二线,让位与年轻干部。正是退居二线以后,工作压力减轻了,有了闲暇时间,李建平开始喜欢上了摄影。摄影是一种艺术门类,随着摄影设备的普及,摄影几乎成为一种国民共同的爱好,它既陶冶了情操,又欣赏了自然风光。因此,摄影与旅游也是一对孪生子。李建平学习摄影,并不满足于业余爱好的水平,而是刻苦钻研,按照专业的水平要求自己。因此,在摄影技术上提高很快,登堂入室,成为具有专业水平的摄影专家。自从微信流行以来,李建平也经常在微信的同学群里晒他拍的摄影照片,获得同学们的一致好评。李建平的多幅摄影作品获得全国摄影大赛优秀奖,这些照片大多在《中国摄影报》等摄影专业报刊上发表,并成为中国摄影家协会会员。李建平的主要摄影对象还是水——新安江、富春江和钱塘江的一江清水。可以说,江南的柔美的江水,是李建平照片的重要主题之一。《在水一方》这个书名正好点出了水的主题,我认为是十分贴切的。

  我和李建平都已经过了花甲之年,从认识到现在也已经有45年之久,但李建平的性格和脾气还是没有太大的变化,充满热情,充满正能量。这是难能可贵的,唯有如此,才能在过去数十年的复杂社会生活中傲然自立,完成自身的人格修炼,成为对社会作出贡献的人,也是一个大写的人。

  人的一生是短暂的,很快就会度过。在我们青春年少的时候,都会熟背苏联小说《钢铁是怎样炼成的》一书中的一段具有生活哲理的名言:"人最宝贵的是生命,生命对人来说只有一次。人的一生应当这样度过:当他回首往事时,不会因为碌碌无为、虚度年华而悔恨,也不会因为为人卑劣、生活庸俗而愧疚。"李建平以自己的摄影作品为载体,回顾了自己的一生,这是无愧于时代的一生,无愧于生命的一生。

  是为序。

陈兴良
谨识于昆明滨江俊园寓所
2017年8月3日

图书在版编目(CIP)数据

道外说道／陈兴良著. —北京：北京大学出版社，2020.4
ISBN 978-7-301-31101-1

Ⅰ.①道… Ⅱ.①陈… Ⅲ.①社会主义法制—研究—中国 Ⅳ.①D920.0

中国版本图书馆 CIP 数据核字(2020)第 017560 号

书　　　名	道外说道 DAO WAI SHUO DAO
著作责任者	陈兴良　著
责 任 编 辑	杨玉洁　靳振国
标 准 书 号	ISBN 978-7-301-31101-1
出 版 发 行	北京大学出版社
地　　　址	北京市海淀区成府路 205 号　100871
网　　　址	http://www.pup.cn　http://www.yandayuanzhao.com
电 子 信 箱	yandayuanzhao@163.com
新 浪 微 博	@北京大学出版社　@北大出版社燕大元照法律图书
电　　　话	邮购部 010-62752015　发行部 010-62750672　编辑部 010-62117788
印 刷 者	北京宏伟双华印刷有限公司
经 销 者	新华书店
	880 毫米×1230 毫米　A5　20.375 印张　627 千字 2020 年 4 月第 1 版　2020 年 4 月第 1 次印刷
定　　　价	68.00 元

未经许可，不得以任何方式复制或抄袭本书之部分或全部内容。
版权所有，侵权必究
举报电话: 010-62752024　电子信箱: fd@pup.pku.edu.cn
图书如有印装质量问题，请与出版部联系，电话: 010-62756370